21世纪经济学管理学系列教材

武汉大学"十三五"规划教材建设项目资助出版

人力资源管理

第三版

HUMAN RESOURCE MANAGEMENT

主编 李燕萍 李锡元

WUHAN UNIVERSITY PRESS

武汉大学出版社

图书在版编目（CIP）数据

人力资源管理/李燕萍，李锡元主编.—3 版.—武汉：武汉大学出版社，
2020.12（2024.4 重印）
21 世纪经济学管理学系列教材
ISBN 978-7-307-21728-7

Ⅰ.人…　Ⅱ.①李…　②李…　Ⅲ.人力资源管理—高等学校—教材
Ⅳ.F243

中国版本图书馆 CIP 数据核字（2020）第 151503 号

责任编辑:范绪泉　　　责任校对:李孟潇　　　版式设计:马　佳

出版发行：**武汉大学出版社**　　（430072　武昌　珞珈山）
　　　　　（电子邮箱：cbs22@ whu.edu.cn　网址：www.wdp.com.cn）
印刷:武汉邮科印务有限公司
开本:787×1092　　1/16　　印张:30.25　　字数:714 千字　　　插页:2
版次:2002 年 5 月第 1 版　　2012 年 3 月第 2 版
　　　2020 年 12 月第 3 版　　2024 年 4 月第 3 版第 2 次印刷
ISBN 978-7-307-21728-7　　　　定价:68.00 元

21世纪经济学管理学系列教材

编委会

顾问

谭崇台　郭吴新　李崇淮　许俊千　刘光杰

主任

周茂荣

副主任

谭力文　简新华　黄　宪

委员（按姓氏笔画为序）

王元璋　王永海　甘碧群　张秀生　严清华

何　耀　周茂荣　赵锡斌　郭熙保　徐绪松

黄　宪　简新华　谭力文　熊元斌　廖　洪

颜鹏飞　魏华林

第三版前言

在武汉大学本科生院、武汉大学出版社、武汉大学经济与管理学院领导和老师们大力支持和帮助下，我们在 2012 年再版了《人力资源管理》。在这 8 年中，这本教材先后 8 次印刷，被许多高校作为教材使用且反响良好。此外，人力资源管理课程于 2013 年获评"国家级精品资源共享课"，教材建设正是其一项重要工作。作为一门新兴学科，人力资源管理理论发展非常迅速，研究者取得了丰富的成果，在本教材编写中我们充分吸收了中外人力资源管理领域中最新理论和实践技术，包括"互联网+"时代人力资源管理新理论、新方法。特别是党的二十大报告对于"实施人才强国战略"有了新要求：一是要继续坚持党管人才原则，具有完善的人才战略布局，实施人才强国战略有了更高的高度；二是坚持各方面人才一起抓，促进人才区域合理布局和协调发展，不拘一格把各方面优秀人才集聚到党和人民事业中来，实施人才强国战略有了更宽的广度；三是要加快建设世界重要人才中心和创新高地，形成国际竞争的比较优势，加强人才国际交流，加快建设国家战略人才力量，用好用活各类人才，实施人才强国战略更加深入。在党的二十大报告中，特别强调把人才培养、人才造就、人才使用、人才引进与作用发挥相互联动，强调人才培养的自主性、主导性，强调教育培养的基础作用、科技创新的适用目标与人才发展的引领作用三位一体发展，较之以前独立讲人才，更具创新性。同时，随着 5G、大数据、人工智能、机器算法等新一代创新信息技术在企业深入推进以及不断迭代，并持续影响未来的工作变革，企业人力资源管理为应对工作技能不断变化、职能不断转变、团队不断重组等挑战而不断创新与变革，尤其是 2020 年突如其来的新冠肺炎（即"新型冠状病毒性肺炎"，后同）疫情暴发，企业面临的国内外竞争环境日趋复杂、不稳定性不确定性明显增加，人力资源管理者为企业的复工复产，利用大数据、云服务或云平台、线上线下相结合等多种方式开展人力资源管理职能活动，与业务部门一起协调和配置组织资源，全方位推动业务变革，创新人力资源管理实践，为疫情防控常态化下的企业生产经营活动提供有效的人力资源保障，我们努力将这些创新实践和做法也在本教材中进行了介绍。此外，我们在教材使用中也发现了一些问题，如文字的疏漏、案例的不太适合等，有些内容需要更新或一些新内容需要增添，这些都在本次修订中进行了相应处理。

为便于读者学习，我们保持了第二版教材的核心框架体系，包括两大部分、十二章。第一部分为理论部分，由第一、二章组成，建立了人力资源管理的概念与理论框架，介绍了人力资源的内涵、构成及其作用，企业人力资源管理的实践历程及其内容、职能、作用，中国企业人力资源管理发展历程及其展望；从经济学、管理学、教育学等视角分析了人力资源管理理论沿革与发展，阐述了人力资本理论和人力资源管理理论、中外人力资源管理理论思想渊源。第二部分为实务部分，自第三章到第十二章，基于人力资源管理职能对企业人力资源管理进行全面、系统探讨，从人力资源战略与规划、工作分析与工作设计、员工招聘与测评、员工培训与开发，到绩效管理、薪酬管理、职业生涯管理、劳动关系管理，再到人力资源外包、国际企业人力资源管理，全面贯彻充分发挥员工积极性与潜能的理念。在原教材基础上，我们优化了个别章节，丰富了教材内容，增添了新案例，修改了课后思考题和讨论题，增加了以脚注表现的引用文献，我们相信熟悉这本教材的广大读者会发现和体会到这些变化。同时在每章内容的修订中我们都融入了习近平新时代中国特色社会主义思想的课程思政相关素材和内容。对于我们增加的内容，教师、学生和其他读者可根据授课、学习、工作的需要对教材的内容进行合适的剪裁，以满足不同需求的读者的要求。

参加本教材编写的老师也有变化。主编是李燕萍教授和李锡元教授，参加编写的还有杜旌教授、陶厚永副教授、陈建安副教授、吴欢伟副教授、胡羚燕副教授、张三保副教授、余泽忠讲师、李绍龙讲师、胡翔副教授。本教材由李燕萍负责框架设计与编写的组织、总纂、校修工作；李锡元负责编写日常组织管理工作。第一章人力资源管理概论由李燕萍编写；第二章人力资源管理基本理论由胡翔编写；第三章人力资源战略与规划由李绍龙编写；第四章工作分析与工作设计由李锡元编写；第五章员工招聘与测评由胡羚燕与杜旌编写；第六章员工培训与开发由张三保和李燕萍编写；第七章绩效管理由陈建安编写；第八章薪酬管理由余泽忠和胡翔编写；第九章职业生涯管理由吴欢伟和李燕萍编写；第十章劳动关系管理由陶厚永和李燕萍编写；第十一章人力资源外包由陶厚永和李燕萍编写；第十二章国际企业人力资源管理由胡羚燕编写；胡翔补充和完善了第三、四、五、七、十二章的相关文献。

新书即将问世，我们非常希望读者们能从中得到帮助并喜欢她。作为教材的主编在此要向参加编写的各位同仁表示衷心的感谢，同时对他们的家人深表谢意，教材的字里行间都体现了各位同仁的辛勤汗水和他们家人的支持与热心关怀。

在教材编写中，我们依然参考、引用了众多前辈和国内外同行的研究成果和文献资料，在引用中我们都严格地作出了相应的注解，但也难免有疏漏，在此，我们对前辈和国内外的同行表示深深的谢意，也恳请同行批评和指正。

本教材是为工商管理、人力资源管理等专业的本科生教学而编写，也适用于企业管理者和从事人力资源管理工作的专业人员的教育与培训。

因我们知识与经验的局限性，书中的错误和疏漏之处在所难免，恳请广大读者提出宝贵意见和建议，帮助我们不断提升学术水平。

李燕萍

2020 年 5 月 22 日于湖北宜昌

目　　录

第一章　人力资源管理概论

【学习目的】

在学习本章之后，你应当掌握如下内容：

1. 人力资源的内涵、特点、构成、分类及其在企业管理中的作用。
2. 企业人力资源管理的历史背景及其发展历程。
3. 人事管理、人力资源管理到战略人力资源管理演进的特征。
4. 企业人力资源管理的内容与作用。
5. 企业人力资源管理职能及其变化。
6. 人力资源管理的"三支柱"模式或 HRBP 模式。
7. 中国企业人力资源管理实践历程、人力资源管理研究发展。
8. 中国人力资源服务业发展及其经验。
9. 中国企业人力资源管理展望。

【案例——问题提出】

中国南方电网有限责任公司差异化人力资源管理①

中国南方电网有限责任公司(以下简称"南方电网")是根据国务院《电力体制改革方案》②于 2002 年 12 月 29 日正式挂牌成立并开始运作的。公司经营范围为在广东、广西、云南、贵州、海南五省区和港澳地区负责投资、建设和经营管理南方区域电网，参与投资、建设和经营相关的跨区域输变电和联网工程；从事电力购销业务，负责电力交易与调度；从事国内外投融资业务；自主开展外贸流通经营、国际合作、对外工程承包和对外劳务合作等业务。公司设有 22 个部门，16 家全资子公司，7 家控股子公司，职工总数近 30 万人。从 2003 年到 2018 年，公司售电量从 2575 亿千瓦时增长到 9702 亿千瓦时，年均增长 9.2%；营业收入从 1290 亿元增长到 5355 亿元，年均增长 10.2%；资产总额从 2312 亿元增长到 8150 亿元，增长了 3.4 倍；累计实现利税 5377.7 亿元。公司连续 12 年在国务院国资委经营业绩考核中位列 A 级；连续 15 年入围全球 500 强企业，列第 111 位。

---

① 资料来源：根据中国南方电网(http://www.csg.cn/gywm/gsjs/)公司简介的相关材料、《从一体化到差异化——南方电网人力资源管理的研究与实践》(载于《中国人才》2007 年第 5 期)以及中国南方电网人事部撰写的《南方电网：差异化人力资源管理》(载于《中国电力企业管理》2007 年第 6 期)改编。

② http://www.gov.cn/zhengce/content/2017-09/13/content_5223177.htm.

　　早在 2005 年南方电网就提出了"强本、创新、领先"的战略发展思路和争取在十年内全面实现"经营型、服务型、一体化、现代化、国内领先、国际著名企业"的目标。为实现公司发展目标，南方电网对其人力资源管理工作提出了历史性任务：加快、加大人才培养力度，走内部开发为主的道路，充分挖掘潜力，让更多人才成长起来。尽管在南方电网成立之初，通过加大东、西部干部交流力度，实行大教育、大培训，建立了全网统一的岗位薪点工资制，推行绩效管理等措施，形成了良好的规范人力资源管理平台。但随着公司快速发展，人力资源管理深层机制不健全的问题也逐渐凸现出来。需要进一步实施人力资源管理机制创新，因此，公司实施了差异化的管理改革。具体过程如下：(1)科学划分五类人才。提出"坚持以人为本，大力建设人才队伍，进行针对性、个性化培养，实施差别管理"的战略目标。把员工划分为领导人才、管理人才、专业技术人才、技能人才和辅助人才五大类，根据其特点制定相应的培养目标、培训计划、激励制度等，实施分类、分层的差异化管理，强化、细化各项管理工作，确立公司人才队伍建设发展方向。(2)搭建差异化职业发展通道。通过对企业管理流程、组织机构的优化，按照五类人员和岗位特点与专业属性，将现有岗位序列划分为高层管理、组织管理、专业技术、技能和辅助五个职系，实现岗位分类管理；形成各自横向、纵向、交流的职业发展通道，实现岗位分层管理。(3)构建差异化的全员教育培训体系。实现培训工作"五个转变"：一是培训重点从过去以"办示范班营造培训气氛"为主向以"构建教育培训体系、夯实培训基础"为主转变；二是培训内容从过去以"提高通用管理能力"为主向以"提高业务能力与专业技能"为主转变；三是培训方式从以"大教育、大培训"为主向"分层、分类培训"转变；四是培训对象从过去"以中高级领导干部为主"向"全员"转变；五是培训目的从过去"为公司加强融合，推进一体化服务"为主向以"为做强做优南方电网，实现现代化服务"为主转变，为公司智力资本运作与扩张提供支撑。同时，把培训工作重点转到管理体系、课程体系、网络培训系统、师资队伍体系和基地体系五大体系建设上来。(4)建立差异化的人才评价机制。确立"以能力为基础，以业绩为导向""动态管理、能上能下""运用科学的量化指标体系，实行能力与业绩积分制""公开选拔，公平竞争"的原则。建立五类人才的不同评价标准体系：一是基于公司战略及核心价值观的领导人员和管理人员能力素质模型；二是基于专业技术资格评审体系，进一步优化、细分评审细则及量化标准，建立专业技术人才评价体系；三是基于国家技能鉴定标准，增加鉴定层级，优化鉴定标准，建立技能人才评价体系，编写《技能职系岗位选拔鉴定标准》，形成了基于国家标准，又具有供电企业特色的岗位选拔鉴定标准。(5)设计差异化的薪酬制度。为合理反映不同职系员工的劳动价值差别，充分调动各类人员积极性，设计了差异化薪酬，即在原岗位薪点工资的基础上，按照职系规范划分的岗位类型和不同特点，建立总体结构一致，单元类型相似，模块功能各异的差异化薪酬体系。

　　中国南方电网差异化人力资源管理实践成功证明：人力资源管理(human resource management，HRM)在支撑企业变革、使企业赢得竞争上起关键性的作用。公司始终把人才工作作为一项基础性、战略性工作来抓，把人力资源作为企业的战略性资源和第一资源，在实践中不断开拓创新，探索出一条差异化人力资源管理方式。这说明：人力资源是企业战略性资源；人力资源管理是企业获取竞争优势的重要途径。

第一节 人力资源的内涵、构成及作用

一、人力资源的基本概念

制度经济学家康芒斯(John R. Commons)是第一个使用"人力资源"的人，在其1919年的《产业荣誉》和1921年的《产业政府》著作中都提到"人力资源"[①]，但侧重于研究政府和制度的作用，对人力资源的理解与现在有较大内涵区别。那么，何谓人力资源(human resource，HR)？它是一种什么样的资源，又具备什么样的特性？这是我们首先需要弄清楚的。

（一）人力资源的内涵

资源是"资财的来源"。在经济学上，资源是为创造物质财富而投入生产活动中的一切要素。现代管理科学普遍认为，经营好企业需要四大资源，即人力资源、经济资源、物质资源、信息资源。其中，人力资源是最重要的资源。它是生产活动中最活跃的因素，也是一切资源中最关键的资源，被经济学家称为第一资源。

关于人力资源的内涵，人们从不同角度对其有不同理解。从广义上讲，智力正常的人都是人力资源。从狭义上看，它有多种定义[②]：人力资源是指能够推动国民经济和社会发展的、具有智力劳动和体力劳动能力的人口的总和，它包括数量和质量两个指标；人力资源是指一个国家或地区有劳动能力的人口总和；人力资源是指具有智力劳动能力或体力劳动能力的人口的总和；人力资源是指包含在人体内的一种生产能力，若这种能力未发挥出来，它就是潜在的劳动生产力，若开发出来，就变成了现实的劳动生产力；人力资源是指能够推动整个经济和社会发展的劳动者的能力，即处在劳动年龄的已直接投入建设或尚未投入建设的人口的能力；人力资源是指一切具有为社会创造物质文化财富、为社会提供劳务和服务的人。

本书中的人力资源内涵即指能够推动国民经济和社会发展的、具有智力劳动和体力劳动能力的人口的总和，包括数量和质量两方面的内容。

（二）人力资源与其他相关概念的关系

1. 人力资源与人口资源、劳动力资源、人才资源的关系。人口资源是指一定范围内的人口总体。这里的一定范围即指一个国家或地区。人口资源主要体现为数量上的界定，是其他有关人的资源基础。劳动力资源是指一个国家或地区在劳动年龄范围内具有劳动能力的人口总和，即人口资源中在劳动年龄范围内且有劳动能力的那一部分人。人才是指具有一定的专业知识或专门技能，进行创造性劳动并对社会作出贡献的人，是人力资源中能

① 何浪. 人力资源管理发展现状及趋势. 人力资源，2017(32).
② 胡君辰. 人力资源开发与管理. 第五版. 复旦大学出版社，2018：1-2.

力和素质较高的劳动者。人才是我国经济社会发展的第一资源①，突出体现为劳动力资源中优秀的那一部分人。广义的人力资源强调人们所具有的能够推动国民经济和社会发展的智力劳动和体力劳动能力，因此超出了劳动力资源的范围，涵盖了全部人口资源中具有劳动能力的人。人口资源、人力资源、劳动力资源和人才资源之间的包含关系和数量关系如图 1-1 所示。

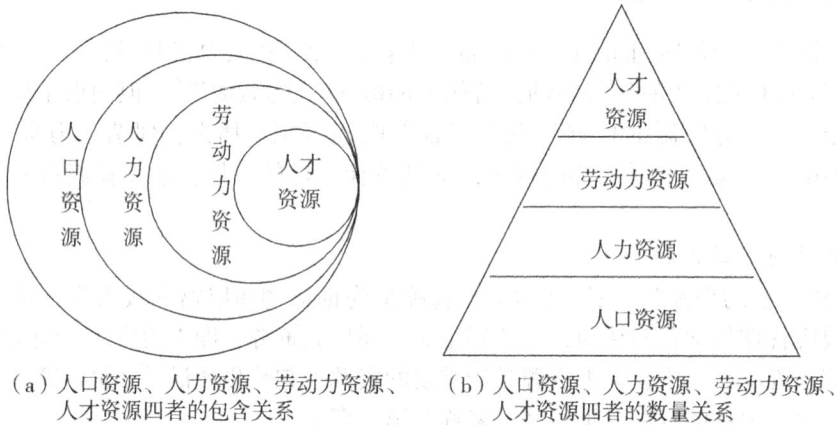

（a）人口资源、人力资源、劳动力资源、　　　　（b）人口资源、人力资源、劳动力资源、
　　　　人才资源四者的包含关系　　　　　　　　　　　　人才资源四者的数量关系

图 1-1　人口资源、人力资源、劳动力资源、人才资源四者之间的关系

资料来源：马新建，等 . 人力资源管理与开发 . 第二版 . 北京：北京师范大学出版社，2008：7-8.

在图 1-1 中，人口资源是对一定范围内人口总量的界定。其中，具有劳动能力的那一部分人是人力资源；人力资源中处在法定劳动年龄段的劳动力人口即为劳动力资源；人才资源是劳动力资源中比较杰出和优秀的人。人口资源和劳动力资源侧重于人的数量和劳动者的数量，人才资源强调人的质量。广义的人力资源突出人口数量和质量的统一，狭义的人力资源更为侧重企业劳动力的素质。

2. 人力资源与人力资本的关系②。人力资源与人力资本是两个密切相关而内涵不同的概念，各自有不同的理论体系。下面介绍两者的内涵、关系与区别。

（1）人力资本的含义。美国经济学家西奥多·舒尔茨（Theodore W. Schultz）认为，人力资本是以人为载体，表现为人的知识、技能、经验和技术熟练程度等，即表现为人的素质和能力，而人的素质和能力又是通过人力投资获得的。人力资本是对人力资源的开发性投资所形成的，并以一定人力存量存在于人体内并可带来财富增值的资本形式。人力资本具有七种独特的特征：①不可视性，即指人力资本以潜在形式存在于人体之中，只有通过劳动或生产活动才能体现出来；②收益递增性，即指人力资本的产生过程和消费过程相统

---

① 国家中长期人才发展规划纲要（2010—2020 年）. http：//www. gov. cn/jrzg/2010-06/06/content_1621777. htm.

② 马新建，等 . 人力资源管理与开发 . 第二版 . 北京：北京师范大学出版社，2008：18-24.

一，是一种具有收益递增性的高增值资本；③依附性，即指人力资本依附于人的身体和物质资本而存在；④个体差异与私有性，即指人力资本是蕴藏于人体内的能力，具有与人体不可分割的特性，这决定了其必然受人的心理、意识等多种因素的影响，从而具有异质性和私有性；⑤"用进废退"性，即指人力资本兼有自我累积和闲置状态贬值的特点；⑥外溢性，即指人力资本不仅影响到自身，同时还会影响其他变量；⑦社会性，即指由于人力资本的载体——个人本身是生存于特定的社会环境中，它必然受到各种社会条件的制约。

（2）人力资源与人力资本的联系。从两者的内涵看，人力资本的本质是对人这种经济要素资源进行投资、积累资本、获取收益回报的资本创造方式和过程。人力资本将人力资源——人的体质、智力、知识、技能、素质等看作可以用来投资增值的标的物或资本的一种状态，通过对人力资源投资开发，提高体现在劳动者身上的体力、智力、知识和技能等人力资本品质与含量，再通过人力资本在生产劳动中的转换价值和收益递增性，最终带来资本增值。从两者的理论联系看，先有人力资本概念和理论，后有人力资源概念和理论。人力资源是对人力资本内涵的继承、延伸和深化，人力资本理论是人力资源理论的基础（详细见第二章第一节和第二节）。从人力资本到人力资源实际上是需要一个智力加工的过程，前者是后者的重点和基础内容，后者是前者的继承和发展，二者关系密切。

（3）人力资源与人力资本的区别。两者的不同具体表现如下：①理论视角不同。人力资源将人力作为财富源泉看待，从人的潜能与财富间的关系角度强调人力作为生产要素在生产过程中的生产创造能力；人力资本则主要研究存在于人体中的能力和知识的资本形式，强调以某种代价所获得的能力或技能的价值，付出的代价会在人力资本的使用中以更大的价值得到回报。②内容侧重不同。人力资本强调劳动的非同质性，研究人力的价值和增值的速度和幅度；人力资源除人力资本涉及的内容外，还要分析人力资源的形成、开发、使用、配置、管理等多种形式及其规律。③量的规定性有区别。人力资源主要是存量含义，人力资本兼有流量和存量的概念特点。人力资源量的规定性表现为一定时期和空间内劳动力人口的数量和素质，人力资本量的规定性表现为投入在教育、培训和健康等资本在人身上凝结的多少。④内容的广泛性和外延有区别。作为具有劳动能力的人口的生产要素资源而言，人力资源的经济学内容较人力资本更为广泛且丰富；人力资源的外延也要大于人力资本。

（三）人力资源的特点

人力资源是社会生产活动中最基本、最重要的资源，与其他资源相比较，它具有如下特点：

1. 能动性。这是人力资源区别于其他资源的最根本所在。许多资源在其被开发过程中，完全处于被动的地位。人力资源则在被开发的过程中具有能动性。一是人的自我强化，即人通过学习能提高自身的素质和能力；二是选择职业，人可以通过市场来调节，选择职业是人力资源主动与物质资源结合的过程；三是积极劳动，这是人力资源能动性的主要方面，也是其发挥潜能的决定性因素。人能积极主动地、有目的地、有意识地认识世界和改造世界；人能通过意识对所采取的行为、手段及结果分析、判断和预测。人所具有的社会意识和在社会生产过程中所处的主体地位，使人力资源具有能动作用。对人力资源能动性调动的程度直接决定着开发水平。这一特点也被概括为"可激励性"。这就要求企业在进行人力资源开发工作时，必须充分注重对人的积极性的调动。

2. 两重性。人力资源既是投资的结果又能创造财富，具有既是生产者又是消费者的两重性。用于对人力资源的投资包括教育投资、卫生健康投资和人力资源迁移的投资，人力资本投资的程度决定了人力资源质量的高低。因为人的知识是后天获得的，为了提高知识与技能，就必须接受教育和培训，就必须投入财富和时间，投入的财富构成人力资本的直接成本(投资)的一部分。人力资本的直接成本(投资)的另一部分是对卫生健康和迁移的投资。个体的人由于投入了大量的时间用于接受教育以提高知识和技能，失去了许多就业机会和获得收入，构成了人力资本的间接成本(即机会成本)。从生产与消费角度看，人力资本投资是一种消费行为，消费行为是必需的，先于人力资本收益，没有这种先前的投资就不可能有后期的收益。另一方面，人力资源与一般资本一样具有投入产出的规律，并具有高增值性。因此，我们既要重视对人口数量的控制，更要重视对人力资源开发和人才培养。

3. 智力性。人不仅具有能动性，且拥有丰富知识与智力内容。人把物质资料作为自己的手段，在改造世界的过程中，创造了工具，通过自己的知识智力，使自身能力不断扩大，创造数量巨大的物质资料。尤其是新科技革命的兴起、高科技的迅猛发展，使人们视野不断扩大、知识智力急剧发展，人们普遍认识到：世界上的一切都有可能做到，都是可设计制造的。人力资源的智力性特点表明人具有巨大潜力。另一方面，人的智力具有继承性，这使人力资源所具有的劳动能力随着时间的推移，还能得到积累、延续和增强。

4. 时效性。人力资源是存在于人的生命之中，是一种具有生命的资源，其形式、开发和利用都受到时间方面的限制。从总体上看，作为生物有机体的人，有其生命周期，不能长期蓄而不用，否则会荒废、退化。人能够从事劳动的自然时间又被限定在其生命周期的中间一段；在不同年龄段，能从事劳动的能力也不尽相同。从社会角度看，人力资源的使用也有培养期、成长期、成熟期和老化期，且不同的年龄组人口数量及其间的联系，也具有时效性。因此，开发人力资源必须尊重其内在规律性，使人力资源的形成、开发、分配和使用处于一种动态的平衡之中。

5. 开发持续性。一般地，物质资源的开发只有一次、二次开发，形成产品使用之后，就不存在继续开发问题了。但是，人力资源则在使用后还能继续开发，使用的过程也是开发过程，且这种开发具有持续性。人在工作以后，可以通过不断学习更新自己的知识，提高技能；且通过工作可以积累经验，充实提高。因此，人力资源能够实现自我补偿、自我更新、自我丰富和持续开发。这就要求对人力资源的开发应注重终生教育，加强其后期的培训与开发，不断提高其德才水平。尤其随着适应高科技时代的知识结构、科学技术迅猛发展，知识更新快，人需要不断学习、不断充实和提高，所以对人力资源的开发也是持续不断的过程。

6. 再生性。经济资源分为可再生性资源与非再生性资源两大类。非再生性资源是不能依靠自身机制恢复的资源，其特点是在其使用中有可耗竭性；可再生资源是在开发和使用过后，只要保持必要的条件，可以再生的资源。人力资源的再生性是基于人口的再生产和社会的再生产过程，通过人类总体内各个个体的不断替换更新和劳动力消耗—生产—再消耗—再生产的过程实现的。人的再生性除受生物规律支配外，还受到人类自身意识、意志的支配,受到人类文明发展活动的影响,受到新科技革命的制约。

7. 时代性。人是构成人类社会活动的基本前提,一个国家的人力资源在其形成过程中受到时代条件的制约。人从一生下来就遇到既定的生产过程和生产关系,社会发展水平从整体上制约着这批人力资源的数量与质量,以及人力资源素质的提高;他们只能在时代为他们提供的条件下,努力发挥其作用,这就是为什么生产力水平不同的国家其人力资源素质之间存在差距的原因。即使在同一国家、同一个省区,社会经济发展水平不同,人力资源的素质也会不同。

8. 社会性。每一个民族(团体)都有其自身的文化特征,每一种文化都是一个民族(团体)共同的价值取向,但这种文化特征是通过人的载体而表现出来的。每个人受自身民族文化和社会环境的影响不同,其个人价值观也不相同,在生产经营活动以及人与人交往等社会性活动中,其行为可能与民族(团体)文化所倡导的行为准则发生矛盾,可能与他人的行为准则发生冲突。这就要求人力资源专业人员注重团队的建设,注重人与人、人与群体、人与社会的关系及利益的协调与整合,倡导团队精神和民族精神。

二、人力资源的构成与分类

(一)人力资源的构成

1. 人力资源数量。它是对人在量上的规定性,是指一个国家或地区拥有的有劳动能力的人口资源,亦即劳动力人口的数量,具体反映为由就业、求业和失业人口所组成的现实人力资源。劳动力人口数量统计与不同国家对"劳动适龄人口"或"劳动年龄人口"的规定相关。需要注意的是:在劳动适龄人口内部存在一些丧失劳动能力的病残人口;在劳动年龄人口之外,也存在一批具有劳动能力,并正在从事社会劳动的人口。计量人力资源数量时,应当考虑上述两种情况对劳动适龄人口数量进行修正。由此,一个国家或地区的人力资源数量由以下8大部分构成:①适龄就业人口,即处于劳动年龄、正在从事社会劳动的人口,构成人力资源数量的主体;②未成年劳动者或未成年就业人口,即尚未达到劳动年龄,但已从事社会劳动的人口;③老年劳动者或老年就业人口,即已超过劳动年龄,但继续从事社会劳动的人口;④求业人口或待业人口,即处于劳动年龄之内,具有劳动能力并要求参加社会劳动的人口;⑤就学人口,即处于劳动年龄之内,正在从事学习的人口;⑥处于劳动年龄之内,正在从事家务劳动的人口;⑦处于劳动年龄之内,正在军队服役的人口;⑧处于劳动年龄之内的其他人口。这8部分的人力资源数量构成关系见图1-2所示。

通常情况下,人力资源数量在统计与使用中常常区分为下列两种口径:一是现实人力资源数量与潜在人力资源数量。现实人力资源数量即指在现实国民经济活动中已被利用的人力资源数量,表现为已就业的人口和正在谋求职业的人口,亦称经济活动人口,如图1-2中的①至④四个部分;潜在的人力资源数量指在现实国民经济活动中可以被利用,但尚未被利用的人力资源数量,表现为因各种原因未就业的人口,如图1-2中的⑤至⑧四个部分。二是人力资源数量统计中的绝对量与相对量。人力资源绝对量是指包括上述现实人力资源数量与潜在人力资源数量之总和,其大小反映一个国家或地区实力。人力资源相对量又称为人力资源率,即指可以动员投入劳动运行的人力资源数量比例,是人力资源绝对

人口②年就未业成	①适龄就业人口			口就③业老人年
	④求业人口			
	⑤就学人口	⑥家务劳动人口	⑦服役人口	⑧其他人口
	病残人口			

0岁　少年人口　16岁　　　　　劳动适年龄人口　　　　60/55岁　老年人口

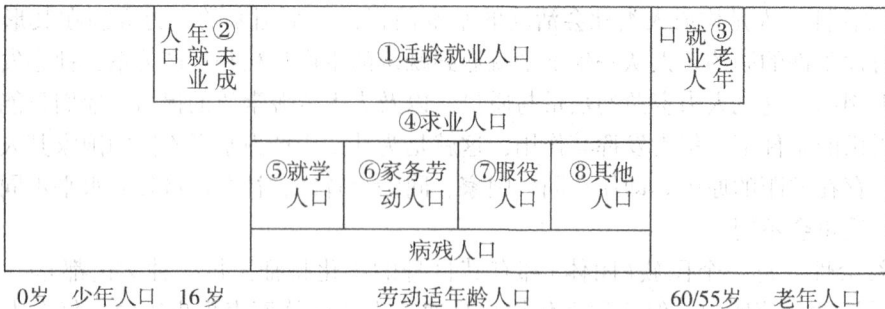

图1-2　人力资源构成图

资料来源：作者绘制。

量占总人口的比例，也是反映经济实力的更为重要的指标。一个国家或地区的人力资源率越高，表明该国家或地区的经济有某种优势。在劳动生产率和就业状况既定的条件下，人力资源率越高，则表明可投入生产过程中的劳动数量越多，从而创造的国民收入也就越多。所以，该指标可用来比较国家与地区之间人均人力资源拥有量：人力资源率越高，表明可以投入经济运行的人力资源越多，作为单纯消费者的人口越少。

影响人力资源数量的因素主要有三方面：①人口总量及其再生产状况。劳动力人口是人口总体中的一部分，人力资源数量又体现为劳动人口数量，因此，人口总量及通过人口的再生产形成的人口变化决定了人力资源数量；人口的状况决定了人力资源的数量。②人口的年龄构成。它是影响人力资源的一个重要因素。在人口总量一定的情况下，人口的年龄构成直接决定了人力资源的数量。③人口迁移。它可使一个地区的人口数量发生变化，继而使人力资源的数量发生变化。例如，我国三峡工程建设使沿江地带的人口分布发生重大变化，促使人力资源也发生重大变化。

2. 人力资源质量。它是人力资源在质上的规定性，具体反映在构成人力资源总量的劳动力人口的整体素质上，即指人力资源所具有的体质、智力、知识和技能水平以及劳动者的劳动态度。在统计与使用中，平均寿命、婴儿死亡率、每万人口拥有的医务人员数量、人均日摄入热量等指标可反映健康卫生状况；劳动者的人均受教育年限、每万人中大学生拥有量、大中小学入学比例等指标可反映教育发展程度；劳动者技术职称等级比例、每万人中高级职称人员所占比例等指标可反映劳动者的技术状况；工作的满意程度、工作的努力程度、工作的负责程度、与他人的合作性等指标反映劳动者的态度。影响人力资源质量的因素主要有三个方面：

（1）遗传和其他先天因素。人的体质和智能具有一定的继承性，这种继承性源于人口代系间遗传基因的保持，并通过遗传与变异使人类不断地进化、发展。人口的遗传从根本上决定了人力资源质量及最大可能达到的限度。但不同的人在体质与智力水平上的先天差异比较小，这不包括因遗传病而致残的人。

（2）营养因素。这是人体发育的重要条件，一个人儿童时期的营养状况必然影响其未来成为人力资源时的体质与智力水平。营养也是人体正常活动的重要条件，充足而全面地吸收营养才能维持人力资源原有的质量水平。目前，生活标准在全世界普遍得到提高。按照世界银行(WB)数据，2018年全球人口约为75.94亿，全球GDP总量为85.791万亿美元，全球人均GDP为1.13万美元①，是1978年的2158美元的5.23倍。1978年至2018年，我国人均GDP从世界第139名跃升到第67名②。根据世界卫生组织(WHO)2018年5月在日内瓦发布的最新报告《世界卫生统计2018》(*World Health Statisitcs* 2018)，全球总体人口平均预期寿命达到72岁，其中女性为74.2岁，男性为69.8岁。日本平均寿命84.2岁(男性87.1岁，女性81.1岁)蝉联全球各国平均寿命榜单第一。我国第六次全国人口普查资料显示，人口平均预期寿命已达74.83岁，比2000年的71.40岁提高3.43岁，其中，男性为72.38岁，女性为77.37岁，分别比2000年提高2.75岁和4.04岁③。随着我国社会经济的发展以及医疗卫生保障体系的不断完善，人力资源质量也不断提高。

（3）教育方面的因素。这是赋予人力资源质量的一种最重要、最直接的手段。教育使人力资源智力水平和专业技能水平都得到提高。人类体质尽管在不同民族、不同国家、不同个体之间具有一定差异，但从智能即在文化水平、专业技术水平方面的差异看是比较小的。一个国家或地区人力资源丰富程度不仅要用数量计量，更重要的是用人力资源质量评价。世界经济竞争和科学技术的进步，以及中国经济实现高质量发展，对人力资源质量提出了更高要求。人力资源质量的重要性还体现在其内部的替代性上，即人力资源质量对数量有较强的替代性，而数量对质量替代作用较差，有时甚至不能替代。为此，人力资源开发的目的在于不断提高人力资源质量。

企业人力资源主要指企业内外具有劳动能力的人的总和。企业人力资源数量一般由被企业聘用员工和企业能在劳动力市场招聘的即潜在的员工构成，前者主要包括企业全体员工，但不包括即将离开企业的员工(如即将被解聘的员工，辞职的员工，退休、病退和死亡的员工)；后者则可能来源于劳动力市场中的任何一部分。企业人力资源质量可用人力资源利用率评价，人力资源利用率指企业人力资源总量与企业总员工数(包括离退休人员、因特殊原因不能工作的员工)的比率，反映了企业的竞争力。该比率越高，则企业人力资源和可利用率就越高，企业竞争力就越强；相反，比率越低，企业人力资源可利用率也就越低，企业的竞争力就越弱。

随着互联网技术、分享经济对企业管理影响的深入，正如Zipcar前CEO罗宾·蔡斯(Robin Chase)在其《"伙伴"公司》中提出的，分享经济正在颠覆劳动力和人力资源管理，越来越多的企业和组织将演变成在线分享平台④。因分享经济的特点，生产者和消费者角色是可随时转变或兼而有之的，这一时刻是消费(生产)者，下一时刻可能是生产(消费)者。分享平台上的所有人包括生产者和消费者都是平台公司的人力资源，要搞清楚人力资

---

① 资料来源：最新全球各国人均GDP出炉，哪些数据出人意料？https://www.sohu.com/a/324466414_100023934.

② 数据来源：世界银行 https：// data.worldbank.org/indicator，2019-09-19/2019-09-23.

③ 数据来源：国家统计局，全国人口普查公报 http：//www.stats.gov.cn/tjsj/tjgb/rkpcgb/qgrkpcgb/.

④ 周蕊．全球扫描分享经济让更多雇员变成"伙伴"．中外管理，2015(7).

源的数量和质量绝不是一件轻易的事情①，因此，企业人力资源管理面临新的挑战。

（二）人力资源的分类

根据不同标准、不同分类方法以及不同角度，人力资源的分类不同。人力资源主要按行业和按职业来分类。

1. 按行业对人力资源分类。中华人民共和国成立初期，国民经济行业分类是按国民经济部门分组，主要有工业、基本建设、农林水气、运输与邮电、商业公共饮食业与服务业、城市公用事业、科学与文教卫生、金融保险、国家机关等部门。这个国民经济按部门分类标准一直沿用到改革开放初期，在该时期形成了比较稳定的部门（行业）分类目录。但最大的问题是对法人单位分类仅从部门管理角度考虑，忽视了活动性质，这样的归类与经济发展的实际以及国际标准是严重脱节的，对政府宏观决策产生误导作用②。为适应经济不断发展的需要，国家统计局于1984年正式发布《国民经济行业分类和代码》（GB4754-1984），随着我国经济结构调整步伐加快，国民经济行业分类标准在经历1994年、2002年、2011年三次调整和修订后，2017年进行第四次修订并于10月1日发布实施，国民经济行业分类与代码（GB/T4754—2017）保留GB/T4754—2011主要内容，对个别大类及若干中类、小类的条目、名称和范围作了调整，具体包括20大类：农、林、牧、渔业；采矿业；制造业；电力、热力、燃气及水生产和供应业；建筑业；批发和零售业；交通运输、仓储和邮政业；住宿和餐饮业；信息传输、软件和信息技术服务业；金融业；房地产业；租赁和商务服务业；科学研究和技术服务业；水利、环境和公共设施管理业；居民服务、修理和其他服务业；教育；卫生和社会工作；文化、体育和娱乐业；公共管理、社会保障和社会组织；国际组织等③。

在国际上，通用的行业分类标准为联合国编制的《国际标准产业分类》，全称为《全部经济活动国际标准行业分类》（*International Standard Industrial Classification of All Economic Activities*，缩写ISIC）。联合国制定ISIC的目的不是要取代各国的行业分类标准，而是为统计数据的国际比较提供一个可比参照的框架④，在世界各国的人口、生产、就业、国民核算以及其他统计领域中广泛应用，同时也用于国际比较和数据分析⑤。1948年，联合国经社理事会批准通过了ISIC第一版，此后，联合国统计委员会先后对ISIC进行多次修订，并分别于1958年推出了ISICRev.1.0、1968年推出了ISICRev.2.0、1990年推出ISICRev.3.0、2002年推出ISICRev.3.1。2008年，联合国统计委员会公布了ISIC第4版，即ISICRev.4⑥。国际标准化的行业分类在所有经济活动分类中具有中心地位。

2. 按职业对人力资源分类。所谓按职业分类，即采用一定的标准和方法，依据一定

---

① 叶剑波. 分享经济时代人力资源管理的挑战. 中国人力资源开发，2015(23).

② 潘强敏. 国民经济行业分类标准问题研究. 统计科学与实践，2012(6).

③ 2017年国民经济行业分类（GB/T4754—2017）. http://www.stats.gov.cn/tjsj/tjbz/201709/t20170929_1539288.html.

④ 潘强敏. 国民经济行业分类标准问题研究. 统计科学与实践，2012(6).

⑤ 李国秋，吕斌. 国际标准产业分类新版（ISICRev.4）的信息产业分类分析. 图书情报知识，2010(5).

⑥ 王卓. 我国行业分类与国际标准行业分类的比较研究. 统计研究，2013(4).

的分类原则，对从业人员所从事的各种专门化的社会职业进行全面系统的划分与归类。按职业分类对适应和反映经济结构特别是产业结构变化，适应和反映社会结构特别是人口、就业结构变化，适应和反映人力资源开发与管理特别是人力资源配置需求等具有重要意义。我国 1999 年 5 月由原劳动保障部会同有关部门组织编制并颁布《中华人民共和国职业分类大典》，这是"我国第一部对社会职业进行科学划分和归类的权威性文献"①，依据工作性质同一性，考虑我国行业分类、组织机构分类、学科分类、职位分类等，将职业共分为 8 个大类、66 个中类、413 个小类、1838 个细类（职业）②。这 8 个大类包括：国家机关、党群组织、企业、事业单位负责人；专业技术人员；办事人员和有关人员；商业、服务业人员；农、林、牧、渔、水利业生产人员；生产、运输设备操作人员及有关人员；军人；不便分类的其他从业人员等。

　　进入 21 世纪，随着经济社会发展、科技进步和产业结构调整升级，我国社会职业构成和内涵发生很大变化，我国于 2010 年底启动修订工作，历时 5 年，人力资源社会保障部等部门于 2015 年颁布了修订后的《中华人民共和国职业分类大典》，维持 1999 版的 8 个大类不变，增加 9 个中类、21 个小类，减少 547 个职业（新增 347 个职业，取消 894 个职业）③。这主要因为：一是有些传统职业开始衰落甚至消失，如"唱片工""拷贝字幕员"等；二是有些新的职业不断涌现并迅速发展，如"信息通信信息化系统管理员""基金发行员""光伏组件制造工"等；三是还有些职业为适应形势开始调整和转化，如"光盘复制工""市话测量员""话务员"等相应调整和转化为"音像制品复制工""信息通信网络测量员""呼叫中心服务员"。

　　随着"互联网+"、人工智能（AI）、大数据、云计算、共享经济、零工经济等新技术、新业态、新模式的产生，灵活就业的形式更加多样，在"大众创业、万众创新"的背景下，中国灵活就业、灵活用工的发态势展迅猛④，新的职业不断涌现。2020 年 2 月 25 日，人力资源社会保障部联合相关部门向社会发布了智能制造工程技术人员、工业互联网工程技术人员、虚拟现实工程技术人员、连锁经营管理师、供应链管理师、网约配送员、人工智能训练师、电气电子产品环保检测员、全媒体运营师、健康照护师、呼吸治疗师、出生缺陷防控咨询师、康复辅助技术咨询师、无人机装调检修工、铁路综合维修工和装配式建筑施工员等 16 个新职业，即 2015 年版的职业分类大典后发布的第二批新职业⑤。

　　在国际上，国际标准职业分类体系（International Standard Classification of Occupations，ISCO）得到普遍认可并被各国广泛采纳。国际劳工统计大会早在 1923 年就对职业分类必要性进行讨论，1929 年提出临时性职业分类标准。1952 年，国际劳工组织（International

---

①　国家职业分类大典和职业资格工作委员会. 中华人民共和国职业分类大典. 北京：中国劳动社会保障出版社，1999.

②　陈宇，张国英，程姝，徐欧露. 改革开放与中国职业变迁观察. 中国培训，2019(1).

③　参见：国家统计局. 统计标准. http：//www.stats.gov.cn/tjsj/tjbz/.

④　张成刚，祝慧琳. 我国劳动力市场新型灵活就业的现状和影响. 中国劳动，2017(9).

⑤　资料来源：人力资源社会保障部、市场监管总局、国家统计局联合发布智能制造工程技术人员等 16 个新职业. http：//www.mohrss.gov.cn/SYrlzyhshbzb/dongtaixinwen/buneiyaowen/202003/t20200302_361093.html.

Labour Organization，ILO)出版用于移民和工作布局的国际职业分类标准，包括 1727 种职业。1954 年第八届国际劳工统计大会通过 2 位码的职业分类。在第九届国际劳工统计大会上提出第一个系统的国际职业分类标准，即 ISCO-58，该分类有大、中、小三类三个层次。1966 年的第 11 届国际劳工统计大会对该临时性职业分类详细讨论、补充和完善，形成 ISCO-68，有 8 个主要类别，83 个中类、284 个小类和 1506 个职业类别。1987 年 6 月第 14 届国际劳工统计大会通过 ISCO-88，其变化在于分类的根本性原则和概念更加清晰和具体；以技能水平和专业技能作为归类的依据；它没有定义太多类别①。2007 年 12 月 ILO 召开国际标准职业分类修订大会，更新 ISCO-88，通过了新的职业分类体系，正式定名为《国际标准职业分类(2008)》(简称 ISCO-08)②。

　　3. 企业人力资源的分类。根据不同的分析目的，企业人力资源可有不同的分类。我国传统企业人力资源分类是典型的职能分类，基本沿用原劳动部统计企业人员的分类，即把企业中所有职能依据工作性质、权责大小、难易程度及所需的资格条件顺序，先横后纵地归入不同等级，作为员工劳动报酬、任免及考评的基本依据，主要有直接生产人员和非直接生产人员两大类，前者包括直接从事生产操作工人和工程技术人员；后者包括管理人员、后勤服务保障人员、其他人员，其中，管理人员包括行政管理人员、工程技术人员(专职工程技术人员、业务技术管理人员)、党群工作人员；后勤服务保障人员包括后勤保障人员、文教卫生人员、警卫消防人员、其他福利工作人员；其他人员包括长期学习人员、长期休病伤假人员、提前内退人员、外派的仍由原单位支付工资人员③。我国现行《劳动工资统计报表制度》面向国家机关、企业事业单位和其他组织以及个体工商户和个人等实施统计调查，对企业从业人员分类主要包括④：按人员类型分包括在岗职工、劳务派遣人员⑤、其他从业人员三类；按职业类型分包括中层及以上管理人员、专业技术人员、办事人员和有关人员、社会生产服务和生活服务人员、生产制造及有关人员五类；按用工形式分包括全日制人员和非全日制人员⑥两类。这些分类主要可用来反映企业人力资源的使用情况。

　　随着我国社会整体进入移动互联网技术时代，企业用工方式变革，出现灵活用工，企业人力资源类别越来越丰富。灵活用工也被称为灵活就业，分别是从用人主体和劳动者角度来描述劳动力市场灵活性的两个名词。灵活就业是中国官方使用的概念，其定义是在劳动时间、收入报酬、工作场地、社会保险、劳动关系等几方面(至少一方面)不同于建立

---

　　① 姚芳斌. 国际职业标准分类体系更新及与中国的比较. 东北财经大学硕士学位论文，2011(5).

　　② 张迎春. 国际标准职业分类的更新及其对中国的启示. 中国行政管理，2009(1).

　　③ 崔敏强. 企业员工分类及对策初探. 陕西煤炭，2019(5)：198-200.

　　④ 参见：劳动工资统计报表制度(2019). http://www.stats.gov.cn/tjsj/tjzd/gjtjzd/201909/t20190909_1696733.html.

　　⑤ 根据《中华人民共和国劳动合同法》第 66 条规定：劳动合同用工是中国的企业基本用工形式。劳务派遣用工是补充形式，只能在临时性、辅助性或者替代性的工作岗位上实施。

　　⑥ 根据《中华人民共和国劳动合同法》第 68 条规定：非全日制用工是指以小时计酬为主，劳动者在同一用人单位一般平均每日工作时间不超过四小时，每周工作时间累计不超过二十四小时的用工形式。

在工业化和现代工厂制度基础上的、传统的主流就业方式的各种就业形式的总称①。中国首次使用灵活就业的提法是在 2001 年发布的《国民经济和社会发展第十个五年计划纲要》中，在人口、就业与社会保障重点专项规划中提出了要引导劳动者转变就业观念，采取非全日制、临时性、阶段性和弹性工作时间等多种灵活的就业形式②。2004 年 4 月，国务院新闻办公室发布《〈中国的就业状况和政策〉白皮书》，对灵活就业给予高度评价并认为这是一种促进就业的重要形式。2016 年 3 月，中共中央在"十三五规划纲要"第六十二章"实施就业优先战略"中明确提出"加强对灵活就业、新就业形态的扶持，促进劳动者自主就业"，再次对灵活就业加以强调，并明确提出要加强对灵活就业的扶持力度③。国家发展改革委等部门在 2017 年 7 月制定的《关于促进分享经济发展的指导性意见》中明确强调，应当"积极发挥分享经济促进就业的作用"④。目前，灵活用工(灵活就业)方式非常广泛，根据不同标准可做不同分类。国外通常将灵活就业分为 11 种形式：非全日制就业、短期就业、派遣就业、季节就业、待命就业、兼职就业、远程就业、承包就业、独立就业、自营就业和家庭就业。我国一般把灵活就业分为 6 大类，即生存型的社会劳动组织就业、其他非正规部门就业、正规部门中的灵活就业、劳务派遣型工作、闲散劳动、自由职业者⑤。但目前在法律上和实务上均还存在多种理解：只要是非劳动关系之外的用工形式都属于灵活用工；灵活用工应当体现在雇佣关系的灵活性上；灵活用工体现在工作时间的灵活性上；企业拥有控制人员随时进入和退出的权利，这就是灵活用工⑥。显然，新技术革命使生产资料出现了数字化、信息化、智能化、网络化趋势，企业人力资源与生产资料的结合呈现出就业关系灵活化、工作碎片化、工作安排去组织化的特征⑦，出现了新的就业业态或新的企业用工方式：一是电商平台就业形态，以淘宝平台最具有代表性；二是创业式就业模式，依托孵化器、企业创业平台的创业者就业模式；三是分享经济就业模式，如美团、58 到家等平台最具代表性⑧。零工经济⑨或分享经济⑩的发展进一步推动我国劳动力市场的极大灵活性，创造了许多新型的就业岗位⑪。根据研究发现，2018 年我国分享经

①　中国劳动和社会保障部劳动科学研究所课题组．中国灵活就业基本问题研究．经济研究参考，2005(2)．

②　吕红．转型期灵活就业可行性的理论分析．当代经济，2007(3)．

③　涂永前．应对灵活用工的劳动法制度重构．中国法学，2018(5)．

④　发展改革委等印发《关于促进分享经济发展的指导性意见》的通知．http://www.gov.cn/xinwen/2017-07/03/content_5207691.htm.

⑤　涂永前．应对灵活用工的劳动法制度重构．中国法学，2018(5)．

⑥　李永超．厘清灵活用工要则．人力资源，2019(12)．

⑦　张成刚．就业发展的未来趋势、新就业形态的概念及影响分析．中国人力资源开发，2016(19)．

⑧　张成刚，祝慧琳．中国劳动力市场新型灵活就业的现状与影响．中国劳动，2017(9)．

⑨　赵松．"零工经济"挑战了谁．人民日报，2015-08-21：002．

⑩　国家信息中心信息化研究部将分享经济界定为"利用互联网等现代信息技术整合、分享海量的分散化闲置资源，满足多样化需求的经济活动总和"//中国分享经济发展报告，2016：5.

⑪　班小辉．"零工经济"下任务化用工的劳动法规制．法学评论，2019(3)．

济参与者人数约 7.6 亿人，其中提供服务者人数约 7500 万人，同比增长 7.1%①。中国"互联网+"就业无论是技术水平、应用范围还是就业规模均居世界前列②。灵活用工方式的蓬勃发展既颠覆了传统用工体系，也对我国企业人力资源管理、劳动关系管理带来巨大的挑战。

　　另一方面，从管理研究与管理实践视角看，企业人力资源存在不同的分类。根据员工代际间的差异将员工分为新生代员工与"老一代"员工。与"老一代"员工相比，新生代员工具有高度成就导向和自我导向，注重平等和漠视权威③，追求工作与生活的平衡④，在自我情感、物资环境、革新特征和人际关系等工作价值观方面存在差异⑤，对新生代员工要实施有针对性的管理措施。美国康奈尔大学 ScottA. Snell 教授探讨人力资源与企业核心能力关系时，从人力资本价值和独特性两维度将企业人力资源划分为四种类型（如图 1-3)⑥：高价值、高独特性的，即企业的核心人力资源；高价值、低独特性的，即企业的通用人才；低价值、高独特性的，即企业的特殊人才；低价值、低独特性，即企业的辅助人才。企业核心员工不仅是企业内部关键知识和技能的拥有者，也是丰富行业经验和资深专业能力的拥有者，市场稀缺且短期培养难度高，极具有市场价值。还有根据波士顿矩阵分析方法将企业人力资源分成不同类型，这是波士顿咨询集团（BCG)于 20 世纪 70 年代初期开发的分析方法。例如，选取个人的贡献指数和个人的潜力指数两维度，指数界定范围从 0 到 100 构成四个象限，将企业员工分为明星类员工、问题类员工、金牛类员工和瘦狗类员工四类（如图 1-4)⑦：贡献指数和潜力指数均高的，即为企业的明星类员工；贡献指数高但潜力指数低的，即企业的金牛类员工；贡献指数和潜力指数均低的，即为企业瘦狗类员工；贡献指数低但潜力指数较高的，即企业的问题类人员。又如，从"员工对企业的贡献"和"企业对员工的控制力"两维度将员工分为明星类员工、问题类员工、金牛类员工和瘦狗类员工四类：贡献大-控制力强的为明星类员工，包括研发人员和市场开发人员等；贡献大-控制力弱的为问题类员工，主要来自战略部门的员工；贡献小-控制力强的为金牛类员工，包括一般秘书、办事员、行政服务人员、车间操作工等从事事务性工作的员工；贡献小—控制力弱的为瘦狗类员工，包括因外包业务形成的后勤人员等⑧。这些分类有利

　　① 中国共享经济发展年度报告（2019). https：//baijiahao. baidu. com/s？ id = 1626712827766925295&wfr = spider&for = pc.

　　② 肖巍. 灵活就业、新型劳动关系与提高可雇佣能力. 复旦学报（社会科学报），2019(5).

　　③ Shri C. Developing the Next Generation of Leaders：How to Engage Millennial in the Workplace. Leadership Advance Online, 2011, (1)：1-6.

　　④ Twenge, Campbell, Hoffman & Lance. Generational Differences in Work Values：Leisure and Extrinsic Values Increasing, Social and Intrinsic Values Decreasing. Journal of Management, 2010, (3)：1-27.

　　⑤ 李燕萍，侯烜方. 新生代员工工作价值观结构及其对工作行为的影响机理. 2012(5).

　　⑥ Lepak D P, Snell S A. The human resource architecture：Toward a theory of human capital allocation and development. Academy of Management Review, 1999, 24(1)：31-48.

　　⑦ 王刚，吴凡. 基于波士顿矩阵的项羽集团人力资源管理研究. 合肥学院学报（社会科学版），2009(11).

　　⑧ 王沛. 基于波士顿矩阵的明星类员工激励策略探讨. 现代商贸工业，2011(17).

于企业采取不同的人力资源管理策略。其实，对于什么人是明星员工，存在不同看法，芝加哥大学的经济学家舍温·罗森(SherwinRosen)认为，在一个行业内，如果一小部分人占据了相关领域内很大比例的产出，就可以被定义成明星员工或者超级明星。此处的产出有多种含义，包括一个人的绩效、收入或影响力等①；明星员工因为其具有更高绩效贡献度、社会知名度和广泛的社会协作网络，对组织产生积极的"溢出效应"，据此在组织中享有众星捧月的地位②，因此，很多企业都注重明星员工吸引与培养，美国管理专家杰夫·海曼(Jeff Hyman)在 *Recruit Rockstars*(《瞄准明星员工》)提出，组织要创造一种有助于吸引和留住他们的文化。

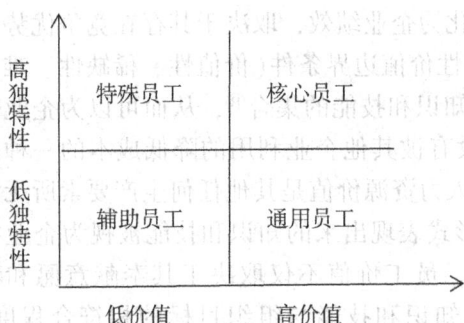

图1-3　企业人力资源分层分类模型　　　图1-4　基于波士顿矩阵的员工分类

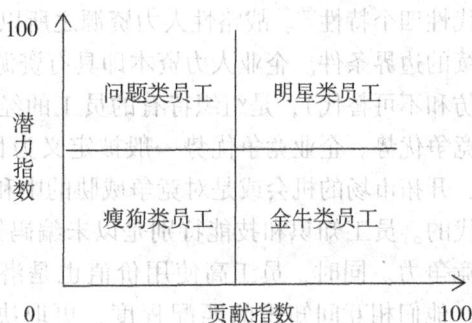

三、人力资源在企业中的作用

人力资源性质或特点决定其在企业中的作用和地位。彼得·德鲁克(Peter F. Drucker)曾经说过："企业只有一项真正的资源——人"。曾任联合利华公司总裁兼 CEO 的理查德·戈尔茨坦(Richard Goldstein)也认为："最好的管理决策：用对了人。最大的管理失误：用错了人。"这是因为人力资源在企业中具有重要的作用。

(一)人力资源是企业最重要的资源

人力资源是企业最重要的资源之一。具体体现：(1)它有别于物的资源的本质是其有意识性和价值性。当人具有从事工作的愿望时，其工作会主动；当人从事工作的意愿不足或根本不愿工作时，其工作起来就不会积极和主动。企业只要有效调动员工的工作积极性，强化他们对组织的认同感，建立与企业价值观相匹配的工作价值观，就可以促进员工工作绩效提高，从而提高企业绩效。(2)企业发展与员工成长是相互依赖的。人力资源管理实施各种调整和激励政策的目的，就是要鼓励员工不断地提高自身发展并愿意发挥其潜能与技能为企业工作，促使企业核心竞争力提高。(3)人是在特定环境中成长起来的，每个人形成了与其成长环境有关的生活和心理品质。由许多个体组成的企业为有效地实现其目标，需要统一价值观念，养成自身独特的组织习惯，即企业文化。任何企业不仅有属于

---

① 李宁，赵海临．"明星员工"光环真相．中欧商业评论，2019(2)．
② 马君，吴洁．领导更替，明星员工的光芒如何延续．清华管理评论，2019(7)(8)．

自己的企业文化，而且还必须对这些价值观念不同的人通过特定的政策进行引导，并辅之以相应手段，建立一个有利企业绩效不断提高的企业文化。

(二)人力资源是企业的一种战略性资源

人力资源是一种战略性资源，对人力资源开发与管理形成的人力资本①关系到企业生存和可持续发展。人力资源对企业价值贡献取决于其是否以及如何被用于企业特有的战略竞争目标②，当为实现该目标针对性投入企业可控的人力资源时，人力资源即为战略性资源。作为战略性资源，人力资源具有直接促进企业组织能力生成的特性。根据资源基础观③④⑤⑥，俄亥俄州立大学费雪商学院杰恩·巴尼教授(Barney, J.)提出战略性资源，即在企业面临竞争时提供最持久利益的资源，它们具有价值性、稀缺性、难以模仿性和不可替代性四个特性⑦。战略性人力资源之所以能转化为企业绩效，取决于其存在竞争优势可持续的边界条件。企业人力资本即具有资源战略性价值边界条件(价值性、稀缺性、难以模仿和不可替代)，是组织特有的员工的经验、知识和技能的集合⑧，从而可以为企业带来竞争优势。企业竞争优势一般被定义为目前没有被其他企业利用的降低成本的一种战略、开拓市场的机会或是对竞争威胁的中和⑨。人力资源价值是其他任何生产要素所无法替代的。员工知识和技能特别是以未编码知识形式表现出来的知识和技能被视为企业核心竞争力。同时，员工高使用价值也是潜在的，员工价值不仅取决于其奉献意愿和程度，他们相互间知识的匹配程度，更取决于其知识和技能与组织目标的相符合程度，取决于其专业知识和技能与企业其他职员之间的协同程度，还在一定程度上取决于工作环境。企业所拥有的各种资源永远都会受到一定条件限制，如何用最少资源获取最大经济效益是需要解决的永恒问题，而解决这个问题的核心就是人力资源，它具有低投入高产出的特征。

① Schultz T. Investment in Human Capital. American Economic Review, 1961, 51(1): 1-17.

② 高素英，赵曙明，张艳丽. 战略人力资本与企业竞争优势关系研究. 管理评论，2012(5).

③ Wernerfelt B. A Resource-based view of the firm. Strategic Management Journal, 1984, 5(2): 171-180.

④ Peteraf M A. The cornerstones of competitive advantage: A resource-based view. Strategic Management Journal, 1993, 14(3): 179-191.

⑤ Henderson R, Cockburn I. Measuring competence? Exploring effect in pharmaceutical research. Strategic Management Journal Winter Special Issue, 1996, 15(1): 63-84.

⑥ Eisenhardt K M, Martin J A. Dynamic capabilities: What are they?. Strategic Management Journal, 2000, 21(2): 1105-1121.

⑦ Barney J B. Firm resources and sustained competitive advantage. Journal of Management, 1991, 17(1): 99-120.

⑧ Carmeli A. Strategic Human Capital and the Performance of Public Sector Organizations. Scandinavian Journal of Management, 2004, 20(4): 375-392.

⑨ Barney J B. Firm resources and sustained competitive advantage. Journal of Management, 1991, 17(1): 99-120.

第二节 企业人力资源管理的实践历程

一、人力资源管理产生的历史背景

企业人力资源管理(human resource management, HRM)发展受经济、社会、政治、科学技术等企业外部环境、企业自身等因素的影响,经历了从雏形到相对成熟的阶段。西方人力资源管理的实践起源有其特殊的历史背景。

(一)劳动管理①

从管理历史发展看,企业人力资源管理最早可以追溯到诸如部落之类以单位运行的组织中。因采集食物、保卫安全等需要以及工具的发明和使用,具有血缘关系的部落的规模不断扩大。正是因为部落发展,部落成员发现需要制定一定规则和制度才能使其在不同部落之间的竞争中生存下去。因人们之间体力和认知的差异,集体任务会根据不同需求进行划分,于是出现了劳动分工现象,管理也随之产生,这可理解为最早期的人力资源管理实践。一旦存在分工,就自然而然地出现了层级制度。在原始部落中,一般由年长者或体力最充沛者担任领导,其他相对年轻的成员一般需承担不同的生产角色。通过简单的"人力资源管理",群体内部实现了劳动分工,群体成员共同努力,实现部落的最终目标。随着欧洲大陆的不断扩张,商业和贸易也不断发展,但当时主要以手工业劳动为主,主要的商品制作过程是在家庭中完成的,以家庭为单位进行生产,再由商人回收和销售。尽管这样,在手工业劳动中也存在等级制度,从学徒到师父再到行会,会形成一定的制约,比如行会会控制人们的工作类型,并对他们所生产产品的质量进行监督,最后才由商人进行采购和销售。在这种有限的劳动分工下,人们的工作积极性不高,生产效率也较低,尤其是在市场不断发展、商人之间的交易量越发增多的情况下,这种手工业劳动的方式被证明是难以适应市场需求的。

(二)工业革命

靠技术发展取得重大突破的第一次工业革命的发生,使得人们生产方式发生了重大变革,大机器生产代替了传统的手工劳动,这意味着人们谋生方式也将随之发生转变。工业革命导致劳动专业化和工人生产的产品数量激增。亚当·斯密(Adam Smith)在《国富论》中利用生产大头针的某工厂所进行的劳动分工说明劳动专业化的好处。查尔士·巴比特(Charles Babbage)在《论机器和制造业的经济》中指出了劳动分工的主要优点:因为新工人只需学一种技术而大大减少其接受培训的时间;减少了原材料的耗费;合理安排工人的工作而节约开支,也因此产生了以技能为基础的工资等级的划分;工人不必要从一种工作转向另一种工作,节约了时间,还使其对特殊性的工具更加熟悉,这种熟悉又反过来激发工人在使用工具中的创造性。斯密也注意到了劳动分工的不少弊端。"一个人如把他一生全消磨于少数单纯的操作……他要失掉努力的习惯,而变成最愚昧最无知的人。"②管理先驱

---

① 赵曙明,张敏,赵宜萱. 人力资源管理百年:演变与发展. 外国经济与管理, 2019(12).
② 丹尼尔·A. 雷恩. 管理思想的演变. 赵睿, 等, 译. 北京:中国社会科学出版社, 2000:41.

罗伯特·欧文(Robert Owen)曾试图解决由劳动分工产生的问题。他认为好的环境可以使人形成良好的品行,坏的环境则使人形成不好的品行。他在其工厂内推行了一种新的管理制度,其核心是废除惩罚,强调人性化管理。根据工人在工厂的表现,将工人的品行分为恶劣、怠惰、良好和优质四个等级,用一块木块四边分别涂成白、黄、蓝、黑四色分别表示。每个工人的前面都有一块,部门主管根据工人的表现进行考核,厂长再根据部门主管的表现对部门主管进行考核,考核结果摆放在工厂里的显眼位置上,所属的员工一眼就可以看到各人木块的不同颜色。这就是最早的工作绩效评价系统。欧文被认为是"现代人事管理之父""人本管理的先驱"①。

19世纪末的科学管理运动促进企业人力资源管理的产生。早期心理学、人际关系运动、行为科学等管理理论的发展对企业人力资管理实践具有推动和指导作用。

二、企业人力资源管理的发展历程

对人力资源管理实践发展历史的考察有助于提高对企业人力资源管理的内容、职能及地位的认识。不同学者对企业人力资源管理实践历程有不同认识,典型的观点包括六阶段论、五阶段论、四阶段论和三阶段论②。还有学者结合中国实践认为人力资源管理经过人事管理阶段、人力资源管理阶段(即科学人力资源管理)、战略人力资源管理阶段,现在正迈入人力资本管理阶段③。这里从企业人事管理的起源、传统人事管理、人力资源管理、战略人力资源管理等四阶段介绍人力资源管理实践经历。

(一)人事管理起源阶段

人事管理的起源可追溯到19世纪后期,在一些工厂中出现了一些关于人的"福利工作"。"人事管理领域有一宗双重遗产……这双重遗产来自:一是把人事工作看作'福利工作'或'改善工人境遇'的观念;二是科学管理。"④18世纪以前,盛行于欧洲的行会制度主要以家庭式的管理来处理学徒培训和雇佣问题。工业革命的兴起导致工作性质和雇佣关系的根本性变化:机器大工厂的建立需要大量的人集中到工厂来做工。工厂系统的诞生⑤改变了就业关系,工人需通过使用机器进行专业化的生产活动,而不是传统的手工业劳动。企业管理面临需要解决的主要问题:吸引农业劳动力放弃原有生产和生活方式到工厂来,传授其工业生产所需要的基本技能,且使其适应工业文明的行为规则,以最大限度地发挥劳动分工和生产协作所带来的巨大生产率潜力。这些本是现代人事管理的内容,但当时主要承担的却是福利工作。

亚当·斯密提出的劳动分工问题和泰罗的"经济人"观点,以及罗伯特·欧文在其工厂中提高童工参加劳动的最低年龄,缩短雇员的劳动时间,建立学校、幼儿园和娱乐场等

① 昀熙. 罗伯特·欧文:现代人事管理之父. 现代管理文化, 2012(6).
② 李燕萍, 陈建安. 人力资源战略与规划. 北京:高等教育出版社, 2016.
③ 彭剑锋. 战略人力资源管理:理论、实践与前沿. 北京:中国人民大学出版社, 2014.
④ 丹尼尔·A. 雷恩. 管理思想的演变. 赵睿, 等, 译. 北京:中国社会科学出版社, 2000:210.
⑤ Dulebohn J H, Ferris G R, Stodd J T. The history and evolution of human resource management. // Ferris G, Rosen S, Barnum D T. Handbook of human resource management. New York:Blackwell, 1995.

人事管理方面的实验，都标志着科学劳动人事管理思想的萌芽。19 世纪后半叶，得益于某些从商家族对人的关心，福利人事的概念产生并发展起来。英国企业家和管理学家、行为科学的先驱之一本杰明·西博姆·朗特里（Benjamin Seebohm Rowntree）在其约克可可厂设立了一个"心理学部"，聘请了一位社会学家在其中工作，由她督察公司的教育、保健、食堂、住房和娱乐事务①。1897 年，美国收银机公司（National Cash Register Company）首次设立"福利工作"部门。公司创建者和总经理约翰·亨利·帕特森（John Henry Patterson）任命莉娜·H. 特蕾西（Lena H. Tracy）为公司的第一任"福利部主任"。约瑟夫·班克罗夫特父子公司于 1899 年设立一位"福利秘书"，H. J. 海因茨公司在 1902 年任用一位社会秘书，许多其他的公司相继效仿。企业社会秘书的主要职责在于改善工人生活，由此出现了"福利"和"改善工人境遇"这样的术语②，同时还听取并处理职工的不满意见，提供娱乐活动和教育，安排感到不满的工人的工作调动，管理膳食，拟定营养菜谱，照管工厂未婚女职工的道德品行③。社会或福利秘书直接向公司经理或行政主管汇报工作，在关心工人福利主张的基础上建立了一套有关员工关系的管理体系。这种福利主义的人事管理是现代人事管理的来源之一。福利人事与诸如员工失业、病假工资和住房补贴等当时被认为有进步性的项目有关。这些项目实际上是对那时资本主义现状的积极反应。不过，某些企业家实施福利计划的动因并不是真正关心员工，不少是一种实际工资的变通与逼工会就范的伎俩。企业的"福利工作"大约从 1910 年开始弱化并逐步被"人事管理"所替代。此后的福利工作多限于制定若干规定，如公司为员工提供食堂和外出度假等便利。直至今日还能从人力资源管理中看到福利传统的影响。

"人事管理……开始于科学管理"④，这是企业人力资源管理的最初阶段。1910 年，一家实行泰罗制的出版社普利茅斯成立了人事部，其职责是通过职业分析确定适当的人选，训练和引导工人，保存工作记录，每月接见每个工人一次，每 6 个月为增加工资评定效率等级、听取意见，照顾出事故或生病的工人，管理储藏流行和技术杂志书籍的图书馆，为家庭提供财务咨询，提供餐厅以及其他服务，毫无疑问这是当时最完善的人事部门⑤。20 世纪初期，人事工作主要关注企业人员的录用、安置、上岗培训、工时记录、退职、报酬支付体系等，让工人掌握科学的操作方法和技巧，加大劳动强度，强调提高劳动生产率，增加效率。人事工作逐步系统化与职业化。

① 林德尔·厄威克，E F L 布雷奇. 科学管理的形成，十三位先驱者. 第 1 卷. 艾萨克·皮特曼父子公司，1951：58-70.//丹尼尔·A. 雷恩. 管理思想的演变. 赵睿，等，译. 北京：中国社会科学出版社，2000：216.

② 莉娜·哈维·特蕾西. 我的心如何歌唱：创办工业福利事业的故事. 纽约：R. R. 史密斯出版公司，1950//丹尼尔·A. 雷恩. 管理思想的演变. 赵睿，等，译. 北京：中国社会科学出版社，2000：211.

③ 至于其他公司和"社会秘书"的其他职责参见：威廉·H. 托尔曼. 社会工程. 纽约：麦格劳-希尔公司 1909：48-59//丹尼尔·A. 雷恩. 管理思想的演变. 赵睿，等，译. 北京：中国社会科学出版社，2000：211.

④ 丹尼尔·A. 雷恩. 管理思想的演变. 赵睿，等，译. 北京：中国社会科学出版社，2000：212.

⑤ 丹尼尔·A. 雷恩. 管理思想的演变. 赵睿，等，译. 北京：中国社会科学出版社，2000：213.

值得一提的是，"生产率运动"先驱者——比利时的欧内斯特·索尔韦(Ernest Solvay)认为，人的因素"在工业中头等重要且其重要性将日益增加"。1907年，他在所属的许多工厂中带头实行8小时工作制，1913年起实现假日双薪制，并实行利润分享、职工医疗和社会补助等制度，建立工人的教育结构。这对欧洲人事制度的发展起到了重要的开拓作用。1925年美国人路特首创了点数法，1926年由高速交通股份公司的本基(E. J. Benge)及其助手们最先提出因素比较法，为职位繁多的企业计量与评价相对工资等级和工资标准提供了比较科学的方法，也为工资管理奠定了基础。同年，洛托出版《工资尺度及职务评价》一书，标志着工作评价科学的成熟①。

第一次和第二次世界大战之间，随着公司组织规模不断扩大，人事管理渐渐成型并成为管理的支持体系。虽然福利人事也强调人的价值，但它难以适应现代企业发展所需的专业化。正如美国早期雇佣管理协会的迈耶·布卢姆菲尔德(Meyer Bloomfield)所言："'人事管理'比'福利工作'好是因为'福利工作'……通常缺少分析、自我批评和人的洞察力。而且，'福利工作'优点通常被多愁善感的感情因素所抵消，如果不是自我欺骗的话。"②因此，企业人事管理工作也逐步演进成由一位主要人员负责招聘、挑选等工作的标准模式。企业人事职能因完成该项工作的人越来越多而得到加强。通过引入工业心理学，科学管理给予了人事管理工作这种活力，使其才有了很大的发展。总之，福利主义和科学管理为现代人事管理开辟了道路。

(二)人事管理阶段

20世纪初期开始，科学管理与行为科学相结合，"社会人""自我实现人"假设理论的运用，为经理人员提供了企业人事管理实践的依据。这一时期的经理人员追求效用最大化，对员工的关注更多地体现在以"工作"为中心的人事管理上。越来越多的人加入人事工作，反映了企业对员工关心的重视程度。"人事"在企业具有了特殊的使命。例如，在招录人员时，强调人对工作的适应性；对员工工作绩效评价标准取决于工作的要求；工资分配的标准根据工作的特征来制定等。同时，人事管理又容纳了更多的内容，包括工资管理、基础培训和劳资关系咨询，但仍局限在战术而非战略水平上。尤其是企业组织规模不断扩张对促进劳资关系的特定变化起了举足轻重的作用。例如，劳资交涉明显从行业团体交涉转向公司层次，其结果是在人事管理层中出现了劳资关系专家。

与此同时，当梅奥的"霍桑试验"宣告了"工具人"管理时代的结束时，管理进入了新的时代。科学家们开始关注工人的需要，研究工人的行为特点，试图在管理中突出人的重要性，对企业人事管理有重要指导作用，例如弗雷德里克·赫茨伯格(Frederick Herzberg)的"双因素"理论、亚伯拉罕·哈罗德·马斯洛(Abraham Harold Maslow)的需求层次理论、克雷顿·奥尔德弗(Clayton Alderfer)的ERG理论、约翰·斯塔希·亚当斯(John Stacey Adams)的公平理论、维克托·弗鲁姆(Victor H. Vroom)的期望理论、道格拉斯·麦格雷戈(Douglas M. McGregor)的X理论和Y理论、伯尔赫斯·弗雷德里克·斯金纳(Burrhus Frederic Skinner)的强化理论，以及费德勒(Fred E. Fiedler)的权变理论等。

---

① 张德. 人力资源开发与管理. 北京：清华大学出版社，1997：96.
② 丹尼尔·A. 雷恩. 管理思想的演变. 赵睿，等，译. 北京：中国社会科学出版社，2000：213.

（三）人力资源管理阶段

20 世纪 50 年代以后，人事管理进入人力资源管理阶段。传统的人事管理正在成为过去，一场新的以人力资源开发为主调的人事管理正在到来①。1958 年，美国工业关系和社会学家怀特·巴克（Wight Bakke）在《人力资源功能》一书中首次提出人力资源管理的概念，将人力资源管理视为企业的一种普遍的管理职能，认为与其他管理职能如会计、生产、营销等一样，人力资源管理对企业成功至关重要，人力资源管理职能包括人事行政管理、劳工关系、人际关系以及行政人员的开发等各方面。他还认为所有的管理者都是资源管理者，其中包括人的因素。有所不同的是，与资金、物质等资源相比，他更为强调要提高人力资源的重要性。人力资源的核心并非"个人福利"，而在于"生产率提高"方面的作用。人的因素必须整合到每个组织的整体任务当中去。人力资源工作是所有管理人员的责任，而非仅仅是人事或劳动部门的工作②。1965 年，《哈佛商业评论》发表了雷蒙德·迈尔斯（Raymond E. Miles）的一篇论文③，他提出用人力资源模式来指导管理者，即如何充分满足员工的经济需求，并建议管理者们在管理中用人力资源来代替员工的概念。1972 年，美国管理协会（American Management Association，AMA）出版了达特尼克（R. L. Datnik）编著的《改革人力资源管理》，即供高级管理人员和员工关系管理人员阅读的实用手册。他强调员工的需求、兴趣、期望与组织目标之间的一致性，以及"在组织中，人是最重要的资源"的观点。

20 世纪 70 年代中期，"人力资源管理"一词已为企业所熟知，海勒曼（Henneman）、彼得森（Peter-son）、翠西（Tracy）、罗宾斯（Robinson）、德斯勒（Dessler）等认为，人力资源管理是人事管理的一个新名称，是由专业人员从事的员工管理，两者在含义上并无区别，把人力资源管理和人事管理等同起来。罗宾斯在《人事/人力资源管理》中描述："今天，人事管理就是研究组织的人力资源以及如何使他们能更有效地为实现组织目标服务"④。德斯勒也认为人力资源管理即人事管理，是指"为了完成管理工作中涉及人或人事方面的任务所需要掌握的各种概念和技术"⑤。到 70 年代末，企业管理者将人事管理纳入企业的"组织职责"范畴。企业管理者这种认识上的转变源于以下原因：（1）心理学、社会学和行为科学相关理论逐渐渗透到企业管理实践，并受到实践者的重视和支持；（2）该阶段生产率增长缓慢，员工懒散和管理的低效使企业管理者忧虑日增；（3）劳资关系日益紧张；（4）政府对企业人事管理进行不公正的干预；（5）劳动力多样化和教育水平的提高加大了对人管理的难度。为此，企业管理者从企业内部寻找出路，以人力资源管理作为寻求发展的突破口。美国和欧洲一些国家企业纷纷出现了人力资源管理组织，人事部门也更名为人力资源管理部，至此，企业逐渐从强调对物的管理转向注重对人的管理。

---

① Drucker Peter F. The Practice of Management. New York：Harper & Brothers，1954：264.

② E. 怀特·巴克. 人力资源的作用. 康涅狄格州，纽黑文：耶鲁劳工管理中心，1958//丹尼尔·A. 雷恩. 管理思想的演变. 赵睿，等，译. 北京：中国社会科学出版社，2000：485.

③ Miles R E. Human relations or human resources? Harvard business review，1965，43（4）：148-163.

④ Robinson S P. Personnel：The Managementon Human Resources. Englewood Cliffs，N. J.：Prentice Hall，1978：10.

⑤ 加里·德斯勒. 人力资源管理. 第六版. 刘昕，译. 北京：中国人民大学出版社，1999：2.

（四）战略人力资源管理阶段

进入 20 世纪 80 年代以来，为了应对日益激烈的竞争，人力资源管理职能也在不断丰富和发展，产生新的功能①。企业人力资源管理不再仅仅承担传统的、辅助性的行政管理事务，而是更加突出能够影响企业长远发展的战略性任务，成为企业的"合作伙伴"。1981 年，战略人力资源管理概念②被美国学者德兰纳（Devanna）、福姆布龙（Fombru）和蒂奇（Tichy）提出；1984 年，人力资本管理的概念③第一次被哈佛商学院教授迈克尔·比尔（Michael Beer）等人明确使用，标志企业人力资源管理实践进入战略人力资源管理（strategic human resource management, SHRM）阶段。

"如果企业想取得成功，人力资源就必须作为企业战略的组成部分。选人、培养、奖励和其他一些人事工作必须在企业战略中体现出来才行。从与个人及其福利相关这样一个微不足道的起点开始，人事/人力资源管理发展成了每一个组织完成其使命的至关重要的因素。"④尤其是进入 20 世纪 90 年代以来，移动互联网技术的广泛应用与产生于美国的新经济⑤的迅速发展，以及数字经济、共享经济⑥的产生，使企业人力资源越来越受到管理者的重视。因为科学技术创新和发展的最主要特点就是掌握知识的、高质量人力资源具有决定性作用。战略人力资源管理理念逐渐被欧、美、日企业所采纳并实践，将人力资源管理提升到企业战略高度，全方位参与发展战略制定和实践。另一方面，美国管理学家已从单纯的理性分析转向对管理实践的探索，反思美国企业管理水平整体下滑的原因以及部分成功企业的经验，管理实践者和研究者不约而同地接受了人本管理的理念与模式。尤其是随着战略管理的兴起，实践界的管理者们开始思考如何将企业战略与人力资源管理结合起来，发挥人力资源管理的最大效力⑦。

进入 21 世纪，企业越来越重视人力资本管理。2001 年 2 月《经济学家》杂志发布《新经济时代的生存与繁荣》调查报告称，北美、欧、亚的 227 位资深经理人大多表示，企业所面临的最大挑战是人力资本短缺。74% 的被调查者认为，增加和重新训练关键雇员是当前实现公司战略的决定性因素。93% 的被调查者认为，到 2003 年这将是一个巨大挑战⑧⑨。尤其是互联网技术对企业影响巨大，人力资源管理成为互联网在企业应用的主要

① Kochan T A, McKersie R B, Katz H C. U. S. industrial relations in transition. Monthly Labor Review, 1985, 108(5): 28-29.

② Devanna M A, Fombrum C, Tichy N. Human Resource Management: A Strategic Perspective. Organizational Dynamics, 1981, 9(3): 51-67.

③ 迈克尔·比尔. 管理人力资本. 程化, 译. 北京: 华夏出版社, 1998.

④ 丹尼尔·A. 雷恩. 管理思想的演变. 赵睿, 等, 译. 北京: 中国社会科学出版社, 2000: 485.

⑤ 李晓. "新经济"为什么出现在美国?. 东亚论坛, 2000(2).

⑥ Feslson M, Spaeth J. Community Structure and Collaborative Consumption: A Routine Activity Approach. American Behavioral Scientist, 1978, 21(4), 614-624.

⑦ 赵曙明, 张敏, 赵宜萱. 人力资源管理百年: 演变与发展. 外国经济与管理, 2019(12).

⑧ 新经济企业所面临的问题与对策. 百大英才网: http://www.baidajob.com/article-190324.html.

⑨ 《经济学家》认为新经济引发全球人力资本短缺. 北京青年报. http://edu.sina.com.cn 2001/02/19 07: 53.

领域①。同时，分享经济是"互联网+"时代最具特色的经济模式②。在分享经济③的资源中，特别是劳动力资源是稀缺的和有限的，是互联网平台的核心资源。为使生产和服务效益最大化，互联网平台应对分散的资源进行有效管理；互联网平台的价值不仅在于精准匹配供给与需求资源信息，更重要的价值在于能够对分散化的资源进行组织、协调与管理，以使供给侧的生产与服务实现经济效益最大化。只有把平台上的劳动力资源当成核心的人力资本，互联网平台才有可能设计和发展出平台人力资本管理体系④。分享经济改变了企业的雇佣模式和劳动力的全职就业模式，给那些富有创造力的个人提供一种全新的在家谋生方式，人们可以自由选择自己感兴趣和擅长的任务、工作时间和工资⑤，给企业人力资源管理也带来挑战。

三、从人事管理到战略人力资源管理的演进

从人事管理到人力资源管理，再到战略人力资源管理，是组织中关于人的管理的两次重大变革。下面先介绍人事管理活动及其特点，然后从企业外部环境、理论基础、管理视角、管理观念、管理模式、部门职能、部门性质、工作性质、工作地位、工作内容、重要关系以及工作效率与绩效等方面分析战略人力资源管理与人力资源管理的差别。

（一）人事管理

人事管理是指组织为了完成管理工作中涉及人或人事方面的任务所具有的思想和行为。它主要包括传统人事管理活动和"反映性"人事管理活动。早期的人事管理工作内容包括三大类：（1）人员档案管理，如记录并保管员工进出、工资晋升、职务升降、岗位变动及奖惩等情况的资料；（2）人员招聘、选拔、委派、工资发放等具体工作；（3）职务分析、职务编写、拟定绩效考评制度与方法、奖酬制度的设计与管理、制定人事规章制度、职工培训活动的规划与组织等方面的工作。从工作性质上看，人事管理基本上属于行政事务性工作，活动范围有限，以短期导向为主，主要由人事部门执行或完成，很少涉及组织高层战略决策。从在企业的地位上看，因人事活动被视为低档的、技术含量低的、无需特殊专长的工作，因此，人事管理工作的重要性并不为管理者所重视，人事管理只属于执行层次的工作，无决策权力可言。从工作职能看，属于参谋职能或辅助职能，并未进入直线职能。

（二）战略人力资源管理与人力资源管理的区别

从人力资源管理到战略人力资源管理，两者尽管在某些问题上基本立足点相同，但在很多方面存在差异（如表1-1所示）。

① 张建辉. 互联网与企业人力资源管理. 中国软科学，2002(2).

② 邬雪艳. 传统行业遭遇"互联网+"：变则通，通则久. 通信世界，2015(13).

③ Feslson M, Spaeth J. Community Structure and Collaborative Consumption: A Routine Activity Approach. American Behavioral Scientist, 1978, 21(4): 614-624.

④ 吴清军，杨伟国. 共享经济与平台人力资本管理体系——对劳动力资源与平台工作的再认识. 中国人力资源开发，2018(6).

⑤ 刘建军，邢燕飞. 共享经济：内涵嬗变、运行机制及我国的政策选择. 中共济南市委党校学报，2013(5).

表 1-1　　　　　　　　　　　**战略人力资源管理与人力资源管理的区别**

比较项目	战略人力资源管理	人力资源管理
外部环境	复杂的非线性的商业环境，迅速变化的动态竞争环境	单一的线性的商业环境，相对稳定的竞争环境
理论基础	战略管理理论与人力资源管理理论的有机结合	人力资源管理理论
管理视角	广阔的、长期的、未来的	狭窄的，短期的
管理观念	视人力资源为组织战略性资源、资产	视人力资源为一种成本
管理模式	以人为中心，人力资本管理	以事为中心
部门职能	战略与咨询为主，行政管理为辅	行政管理为主，战略与咨询为辅
部门性质	生产与效益部门，获得竞争优势的部门	非生产、非效益部门
工作性质	战略性、策略性；组织战略决策最重要的参与者和制定者	战术性、业务性；很少涉及组织战略决策
工作地位	管理决策层	工作执行层
工作内容	丰富的、复杂的，胜任完成业务伙伴的工作内容	简单，完成人力资源管理活动内容
重要关系	内部与外部顾客关系	上下阶层关系
工作效率	主动，重视人力资源培训与开发	被动，注重管好，忽视人力资源的开发
工作绩效	部门绩效与组织绩效一体化导向，长期绩效导向和竞争优势导向	部门绩效导向，短期绩效导向

　　资料来源：根据陈忠卫等[1]、颜士梅[2]、许小东[3]研究成果整理。

　　从企业外部环境看，人力资源管理所处的外部环境是单一的线性的商业环境、相对稳定的竞争环境，战略人力资源管理的外部环境则是复杂的非线性的商业环境，迅速变化的动态竞争环境。从理论基础上看，人力资源管理以人力资源管理理论为基础；战略人力资源管理以战略管理理论与人力资源管理理论的有机结合为基础。

　　从人力资源管理的视角看，战略人力资源管理较传统人事管理更广阔、长期，有未来性，这是两者最根本的区别，战略人力资源管理已从单纯的业务管理、技术性管理活动的框架中脱离出来，根据企业的战略目标而相应地制定人力资源的规划与战略，成为决定组织战略与策略管理实现的关键因素；人力资源管理的管理视角则是狭窄的、短期的。

　　从人力资源管理观念、模式和效率看，战略人力资源管理"视人力资源为组织战略性

　　[1]　陈忠卫，巍丽红，李庆九. 战略性人力资源管理与传统人力资源管理的差异及发展浅析. 中国管理科学，2006(10).

　　[2]　颜士梅. 试论组织中关于"人"的管理的两次转变. 外国经济与管理，2002(6).

　　[3]　许小东. 战略导向性的人力资管理：职能、特点与模式转型. 科学管理研究，2002(8).

资源、资产"，因而更主动，重视对人力资源培训与开发，采取"以人为中心，人力资本管理"的管理模式；人力资源管理则"视人力资源为一种成本"，忽略人力资源作为一种资源具有可开发性的特征，忽略对员工的培训与继续教育，因而工作是被动的，只注重管理人力资源而忽视开发，采取"以事为中心"的管理模式。

从人力资源管理部门职能和性质、地位来看，战略人力资源管理以战略与咨询为主，行政管理为辅，直接参与组织战略决策，工作具有战略性、策略性；是组织战略决策最重要的参与者和制定者，处于企业管理决策层；是企业的生产与效益部门，获得竞争优势的部门。人力资源管理部门与其他部门平起平坐，协调一致，以共同实现组织的目标，但主要是"以行政管理为主，战略与咨询为辅"，很多工作是战术性、业务性的，很少涉及组织的战略决策，处于企业管理工作执行层，而且被企业视为非生产、非效益的部门。

从人力资源管理工作内容、关系与绩效看，战略人力资源管理要树立人力资源客户观念，人力资源管理的客户是内部员工，要根据不同层面的内部客户需求，为高管、直线经理、普通员工提供专业的服务和支持，其工作内容丰富、复杂，人力资源管理要完成企业业务伙伴的工作内容，担任战略伙伴角色、组织变革角色、行政专家角色、员工支持者角色[1]，是一个主动从内部与外部挖掘客户需求到最后满足客户需求的商业价值创造过程，关注的是人力资源管理创造了什么价值；注重人力资源管理部门绩效与组织绩效一体化导向、长期绩效导向和竞争优势导向。但是，人力资源管理只需完成基本活动内容，工作关系主要是上下阶层关系，而且注重部门绩效导向和短期绩效导向。

第三节 企业人力资源管理内容、职能与作用

人力资源管理概念本身就存在争议[2]。众多学者对人力资源管理的内涵有不同理解：人力资源管理是采取一系列管理活动来保证对人力资源进行有效的管理，其目的是实现个人、社会和企业的利益[3]；是为了完成管理工作中涉及人或人事方面的任务所需要掌握的各种概念和技术[4]；是指影响雇员的行为、态度以及绩效的各种政策、管理实践以及制度[5]；包括会影响公司和雇员之间关系的所有管理决策和行为[6]。综上所述，本书将人力资源管理定义为：人力资源管理是企业通过各种人力资源的相关政策、制度和管理实践，合理搜寻与配置、有效开发和科学管理其人力资源，进而影响企业人力资源的态度、行为和绩效，以此实现企业战略目标的过程与活动。那么，人力资源管理包括哪些内容？人力

---

① Ulrich D. A New Mandate for Human Resource. Harvard Business Review, 1998, 76(1)：124-134.

② Michael J. Morley, Patrick Gunnigle & O'Sullivan M. New directions in the roles and responsibilities of the HRM function. Personnel Review, 2006, 6(35)：609-617.

③ 杰克逊, 舒勒. 管理人力资源：合作伙伴的责任、定位与分工. 第7版. 欧阳袖, 张海容, 等, 译. 北京：中信出版社, 2006.

④ 加里·德斯勒. 人力资源管理. 第14版. 刘昕, 译. 北京：中国人民大学出版社, 2017.

⑤ 雷蒙德·A. 诺伊, 约翰·R. 霍伦贝克, 巴里·格哈特, 等. 人力资源管理：赢得竞争优势. 刘昕, 译. 北京：中国人民大学出版社, 2005.

⑥ 迈克尔·比尔. 管理人力资本. 程化, 译. 北京：华夏出版社, 1998.

资源管理具有哪些职能？又由谁承担？人力资源管理作用何在？这是本节的内容。

一、人力资源管理的内容

有研究者认为，人力资源管理活动内容包括选人、育人、用人、留人[①]；也有学者结合中国国情提出国有企业的"6P"管理模式[②]、人力资源管理3P模型[③]和5P模型[④]。但在战略人力资源管理视角下，3P、5P模型存在不足，应深化人力资源传统的职能性知识；强化支持性、辅助性知识；调整职能性与支持性知识实践方式[⑤]。我国企业普遍实行的人力资源管理"六大模块"(人力资源规划、招聘与配置、培训与开发、绩效管理、薪酬福利管理、劳动关系管理)已严重束缚了自身发展[⑥]。尤其是随着全球经济一体化发展，专业化分工成为一种必然，人力资源外包、国际企业人力资源管理成为企业管理的重要内容。因此，为实现企业战略目标与绩效，实施战略人力资源管理，人力资源管理内容应包括人力资源战略与规划、工作分析与工作设计、员工招聘与测评、员工培训与开发、绩效管理、薪酬管理、职业生涯管理、劳动关系管理、人力资源外包和国际企业人力资源管理(如图1-5所示)。

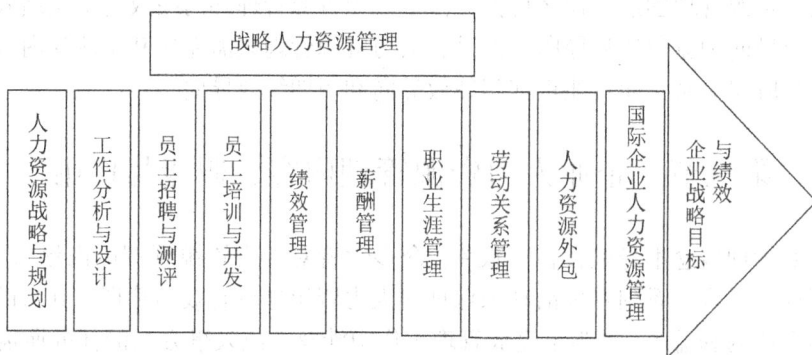

图1-5 人力资源管理活动

资料来源：作者绘制。

在图1-5中，人力资源管理的各项内容具有不同工作内容。

(一)人力资源战略与规划

根据企业的总体战略目标，分析企业所处经营环境变化对人力资源的供给和需求的影响，利用科学预测方法，制定必要的政策和措施以确保企业在需要的时间和需要的岗位上

---

① 林荣瑞. 世界500强选人用人育人留人. 厦门：厦门大学出版社，2004.

② 孙建安，李志铭. 国有企业应尝试人力资源"6P"管理模式. 中国劳动，2000(2).

③ 林泽炎. 3P模式：中国企业人力资源管理操作方案。北京：中信出版社，2001.

④ 廖建桥. 5P模型———种新的人力资源管理分类方法. 管理学报，2004(1).

⑤ 王凌峰. 人力资源管理模型十年演进：3P、5P到12P. 企业活力，2012(7).

⑥ 徐升华，周文霞. 新形势下人力资源管理职责与角色研究. 现代管理科学，2018(11).

获得各种所需的人力资源(包括数量和质量两方面)，并使企业和员工个体得到长期的利益。本书的第三章将介绍企业人力资源战略规划制订的过程、步骤及方法等。

(二)工作分析与设计

为了实现企业战略目标，适应企业组织结构的变化，企业要根据组织结构确定各职位说明书与员工素质要求，结合组织、员工及工作的要求，为员工设计激励性的工作。本书的第四章将介绍工作分析与设计的内容。工作分析是收集、分析和整理工作相关信息的一个系统性程序。工作分析的信息被用来规划和协调几乎所有的人力资源活动。如决定员工的招聘标准；选择最适当的测评技术或方法；制定培训方案；明确绩效评估标准；确定薪酬结构与水平等。第四章将介绍工作分析的各种方法及分析内容，以及职位说明书与规范书编写方法；介绍工作设计的各种方法及适应的范围。

(三)员工招聘与测评

根据人力资源的规划或供需计划而开展的招聘、测评、录用等工作是人力资源管理的重要活动之一。要完成企业的目标，企业用各种有效的招聘方法来定位和吸引申请具体职位的人，综合利用多种科学且客观的方法，对人力资源的知识、能力、技能、个性特征、职业倾向、兴趣、动机、价值观等特定素质要素进行定性与定量相结合的测试与评价，以判断被试者与岗位、职业和组织的匹配程度，选择企业所需要的人员，以迅速、合法和有效地找到公司需要的合适求职者。本书的第五章将介绍员工招聘与测评的内容。

(四)员工培训与开发

员工培训与开发是教导员工如何完成其目前或面向未来的有计划的学习，为将来做好准备。培训重在目前的工作技能，而开发则是针对员工未来的工作技能以及员工职业的开发。培训与开发主要目的在于通过提高员工的知识和技能水平去改进组织的绩效。本书将在第六章介绍如何进行培训需求分析、建立员工培训与开发体系、培训的方法及适应范围等。

(五)绩效管理

企业绩效管理工作衡量其员工的工作绩效，并把这些绩效评价结果传达给他们。绩效管理是人力资源管理核心内容之一。其目的在于激励员工继续其恰当的行为、改正不恰当的行为，引导员工的行为始终保持在企业战略目标需求的方向上。绩效评价结果可以给管理部门提供有关决策的依据，如职务晋级、降级、解职和提薪等。本书的第七章介绍员工绩效管理系统和各种评估方法或工具有效性的标准，以及有效的绩效评估的实施过程等。

(六)薪酬管理

薪酬管理是人力资源管理的一项重要活动。通过薪酬管理，可以提高员工工作积极性与工作努力程度，并为企业培育核心员工和获得企业利益提供激励。薪酬包括工资和津贴及奖金等。工资是员工所挣的薪水；津贴是提供给员工的、在工资以外的某种报酬形式，如健康保险等；奖金是奖励员工恰当工作行为与超出劳动定额以外的工作结果。本书的第八章将介绍员工薪酬结构、工资设计的基本过程、工资结构设计以及薪酬方案设计等。

(七)职业生涯管理

企业实施职业生涯管理的目的，在于调动员工积极性，帮助员工成长，挖掘员工潜力，最终促进企业发展。职业生涯管理主要是对职业生涯进行综合性的设计、规划、执行、评估和反馈，是企业帮助员工制定职业生涯规划和实现其职业生涯发展的一系列活动的总称。随着人力资源战略性功能的日益凸显，职业生涯管理已成为企业人力资源管理重要内容之一。本书将在第九章介绍职业生涯以及职业生涯管理的基本概念、职业生涯理论基础和组织职业生涯管理相关内容。

（八）劳动关系管理

劳动关系是指劳动者与用人单位依法签订劳动合同而在劳动者与用人单位之间产生的法律关系。劳动关系的有效管理能促进构成劳动关系双方的长期有效稳定的合作，尤其是随着中国企业劳动关系形态的多样性发展，和谐的劳动关系更有助于企业各项工作的顺利发展和提高企业效率。在第十章，我们将讨论我国建立劳动关系的原则、劳动关系的特点以及改善劳动关系的途径，劳动合同管理、劳动争议的处理与仲裁以及劳动者合法权益的保护，劳动保护等措施与方法，劳动保护的组织与管理等。

（九）人力资源外包

人力资源外包是近年来兴起的一种资源外包形式，随着企业业务流程优化、科学技术的发展而出现，已成为企业人力资源管理的工作内容之一。人力资源管理职能外包的主要原因在于不仅节省了企业人力资源专业人员的雇佣成本，还能有效利用企业之外的专业化、市场化的专家和技术，进而将企业人力资源管理的重心转移到战略人力资源活动上。在第十一章，我们将介绍人力资源外包的内容和领域及其过程，人力资源外包的实施原则，人力资源外包的风险和风险控制，人力资源外包战略的含义、特点及其决策模型等。

（十）国际企业人力资源管理

21世纪的经济全球化使企业的人力资源管理工作必须面对全球化。企业需要掌握跨文化下企业人力资源管理问题；国际人力资源管理的特点、影响国际人力资源的环境因素；国际企业人力资源政策模式及其选择；跨文化下人力资源管理的各环节的具体方法；跨国企业人员激励过程和因素分析；跨文化环境下激励理论的运用及员工的激励办法等。在第十二章中将具体介绍。

针对以上人力资源管理内容，本书将分别在各章节进行详细阐述。本书内容结构如图1-6所示。

二、人力资源管理的职能及其变化

在理论界，不少学者将人力资源管理职能、人力资源部门职能、人力资源管理专业人员职能、人力资源管理等术语交替使用，存在概念之间的混淆，实际上是不同的人关注的层次、对象、主体、问题、理论视角不同（如表1-2所示）。但是，人力资源管理职能与人力资源管理部门职能、人力资源管理者职能并不能被完全割裂，而是存在相互依存的内在关系。前者决定了后者的基本形式，而后者反映了前者的内在特征。本书主要关注人力资源管理的职能及其职能的主要承担者人力资源管理部门与人力资源管理者。

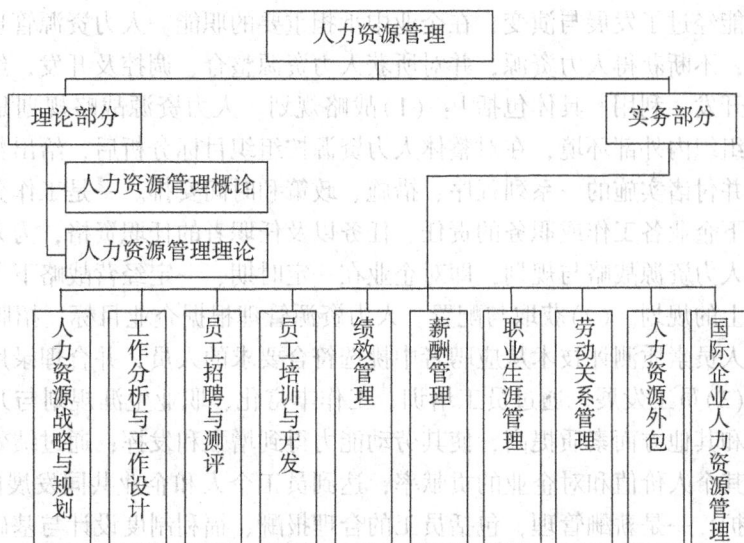

图 1-6　本书内容结构图

资料来源：作者绘制。

表 1-2　　　　　　　　　　　　　　**人力资源管理职能相关内涵**

项目	人力资源管理职能	
关注层面	组织层面	个体层面
关注对象	人力资源管理部门职能	人力资源管理者
关注主体	人力资源管理部门	人力资源管理从业人员，业务管理者的人力资源管理角色
关注问题	组织结构创新对人力资源管理职能形态的影响；人力资源管理职能配置方式对人力资源管理部门在组织中地位、身份的影响；人力资源管理集权与分权模式下的人力资源管理有效性；人力资源管理业务外包对人力资源管理部门工作方式及效能的影响等	特定情境下人力资源管理者的行为模式；人力资源管理的角色技能及其工作绩效关系；职能管理者的人力资源管理角色问题等
关注的理论视角	交易费用理论，新制度主义，资源基础观，社会交换理论，组织柔性理论，角色理论，谈判演化理论，角色选择理论等	

资料来源：李隽. 企业人力资源管理角色发展研究——跨组织边界的分析视角. 南开大学博士学位论文，2014.

（一）人力资源管理职能

如前所介绍，怀特·巴克提出将人力资源管理视为企业的一种普遍的管理职能①。人

---

① E. 怀特·巴克. 人力资源的作用. 康涅狄格州，纽黑文：耶鲁劳工管理中心，1958. //丹尼尔·A. 雷恩. 管理思想的演变. 赵睿，等，译. 北京：中国社会科学出版社，2000：485.

力资源管理职能经过了发展与演变，在企业中承担重要的职能。人力资源管理利用科学技术和管理理论，不断获得人力资源，并对所获人力资源整合、调控及开发，给予他们报偿而有效激励与开发、利用。具体包括①：（1）战略规划。人力资源战略规划是根据企业发展战略，审视组织内外部环境，在对整体人力资源按组织目标分析后，给出数量和质量上的明确需求，并付诸实施的一系列程序、措施、政策和时间安排。一是工作分析，即提出一定组织结构下企业各工作或职务的责任、任务以及任职者的任职资格，为人力资源规划做准备；二是人力资源战略与规划，即对企业在一定时期、一定经营战略下所需员工作出数量上、质量上的规划。（2）获取与配置。人力资源管理根据企业目标，招聘企业所需要的员工，通过人员素质测评技术从应聘者中挑选符合要求的人员，并合理录用并配置到各个岗位上去。（3）员工发展。通过员工培训、工作丰富化、职业生涯规划与开发，促进员工知识、技巧和其他方面素质提高，使其劳动能力得到增强和发挥；通过绩效管理工作最大限度地实现其个人价值和对企业的贡献率，达到员工个人和企业共同发展的目的。（4）员工保障与保护。一是薪酬管理，包括员工的合理报酬、福利制度设计与基础；二是劳动关系管理，包括劳动用工、劳动管理与监督、劳动者权利保护等诸多方面。

（二）人力资源管理职能的变化

人力资源管理职能不断发生变化。一是很多企业把人力资源管理视为一种能够强化和支持企业经营的活动，人力资源管理部门在企业经营中的作用提高②。二是人力资源管理部门与其他职能部门合作越来越密切，从单纯的管理职能转变为企业经营的战略伙伴。三是人力资源管理职能的角色外包。许多企业都已经将日常性的薪资管理、福利管理以及雇员的培训、甄选和招募等方面的工作外包出去。四是人力资源管理从一项专门化的、独立的职能向范围更广阔的企业能力转化，人力资源专业人员与直线管理者通过建立伙伴关系为企业赢得竞争优势。负责人力资源管理者被吸收到影响企业战略方向的高层管理委员会之中，人力资源专业人员不仅直接向公司的首席执行官、总裁或经营委员会汇报工作，且当企业遇到一些经营难题时，往往也会请他们提供解决问题的建议。

另一方面，随着人力资源管理越来越受企业经营者的重视，以及企业人力资源管理不断程序化、专业化、模块化，大部分企业人力资源管理部门因职能单一、组织官僚和脱离业务等，正逐渐被"弱化"或"边缘化"③，人力资源管理的工作价值不断受到挑战和争议。1996 年《哈佛商业评论》总编托马斯·斯图沃特（Thomas A. Stewart）发表《炸掉你的人力资源部》提出④，人力资源工作存在官僚化且效率低下、脱离业务还指手画脚、权威化且制

---

① Gary D. Human Resource Management. Eighth Edition. Prentice Hall, Inc., 2000. Original English Language Publish by Prentice Hall, Inc.

② 雷蒙德·A. 诺伊. 人力资源管理：赢得竞争优势. 刘昕，译. 北京：中国人民大学出版社，2001：5.

③ 陈洪权，陈舒文. 人力资源部被"炸掉"之后——基于 HRBP 战略本土化转型思考. 北京：中国人力资源开发，2015(20).

④ Stewart T A. Taking On The Last Bureaucracy People Need People-But do they Need personnel？It's time for Human Resources Department to Put up or Shut up[J]. FORTUNE. Jan 15, 1996(1).

约业务等问题。2005 年，基思·哈蒙兹(Keith H. Hammonds)也发文提出"我们为何憎恨 HR"①。2014 年，管理大师拉姆·查兰(Ram Charan)发表《是时候分拆人力资源部》指出②，人力资源管理工作存在专家化和脱离业务问题。大多数首席人力资源官不能将人力资源管理专业与业务需求结合，缺乏业务知识，对业务很少有实际的支撑和帮助，所做的工作产生不了价值，无法有效驱动业务目标实现。尽管这些思想遭到包括密歇根大学教授戴维·尤里奇(Dave Ulrich)一批学者的反驳，但代表了一种对人力资源管理职能持续改革的推进力量。1997 年，尤里奇在其经典著作《人力资源最佳实务》中提出③，要把关注的焦点从人力资源管理部门"做什么"转移到"达成什么成果"，强调人力资源应该在四个方面做出贡献：推动战略执行、促进组织变革、提升专业效率和提高员工贡献，并提出对人力资源部门的组织架构再设计。1998 年，他又重新审视人力资源本来价值和作用，提出创造全新的人力资源角色和任务，即人力资源的四个新角色④：战略伙伴(strategic partner)、变革推动者(change agent)、员工倡言者(employee champion)和行政专家(functional expert)(如图 1-7 所示)。在分析战略伙伴角色和行政专家角色的时候，他提出了"HR⑤ 三支柱"模式或 HRBP 模式⑥的雏形(将在后面详细介绍)。与此同时，不少世界 500 强公司从以上讨论中汲取精华⑦，一些企业对其人力资源管理体系重新设计，开始 HR 三支柱模式的实践探索。以 IBM 公司为例，自 20 世纪 90 年代早期开始致力于人力资源转型，并持续不断地创新实践，到 2007 年 HR 转型达到崭新的高度。在我国，华为⑧、阿里巴巴、腾讯⑨等知名企业的人力资源管理采取 HRBP 模式，其他企业也纷纷效仿，陆续开发出本土化的 HRBP 模式，提升企业人力资源管理的竞争力⑩。人力资源管理职能角色向人力资源业务伙伴转变。

---

① Hammonds Keith H. Why We Hate HR. FAST COMPANY. 2005(8).

② Charan R. It's Time to Split HR. Harvard Business Review, 2014, 92(07)：34.

③ Ulrich D. Human Resource Champions：The Next Agenda for Adding Value and Delivering Results. Boston：Harvard Business School Press, 1997.

④ Ulrich D. A New Mandate for Human Resource. Harvard Business Review, 1998, 76(1)：124-134.

⑤ HR：原本为人力资源 Human Resources 的简称，在人力资源管理职能讨论中也被引申为人力资源部门或人力资源部门主管、人力资源管理专员。

⑥ 以人力资源共享服务中心(human resource shared service center, HRSSC)、人力资源业务伙伴(human resource business partner, HRBP)和专家中心(center of expertise, COE)为"三支柱"(three-legged stool)的人力资源管理模式，即人力资源业务伙伴模式，简称 HRBP 模式。

⑦ Ulrich D. Human Resource Champions：The Next Agenda for Adding Value and Delivering Results. Boston：Harvard Business School Press, 1997.

⑧ 葛明磊. 项目 HRBP 后备人才培养的探索性研究——以华为公司为例. 中国人力资源开发, 2015(9).

⑨ 吴冬梅, 曾丽娜. 人力资源协同管理下的 HR 三支柱构建. 企业经济, 2018(4).

⑩ 饶荣豪, 段承瑶. 人力资源业务伙伴模式研究的知识结构与发展趋势——基于知识图谱的分析. 外国经济与管理, 2017(4).

面向未来/战略

成果：推动战略执行　　　成果：促进组织变革
角色：战略伙伴　　　　　角色：变革推动者

关注事（流程）　　　　　　　　　　　　　　　　　　　关注人

成果：提升专业效率　　　成果：提高员工贡献
角色：行政专家　　　　　角色：员工倡言者

面向日常/运行

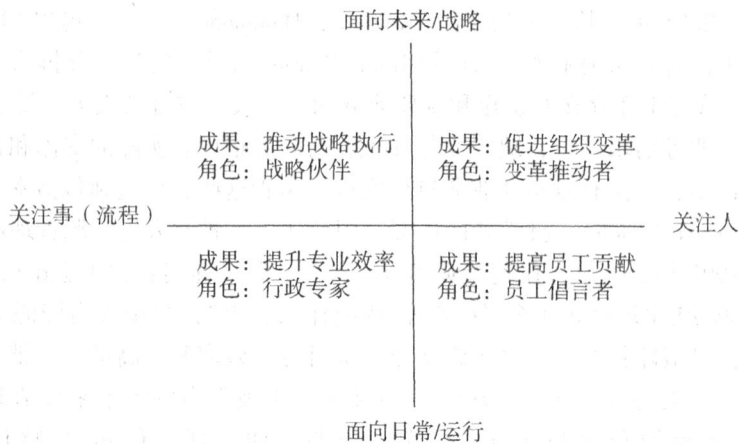

图 1-7　戴维·尤里奇人力资源管理的四角色

三、人力资源管理职能的承担者

人力资源工作是所有管理人员的责任，而非仅仅是人事或劳动部门的工作[①]。人力资源管理关系到每一位员工的切身利益，更关系到企业的发展。人力资源管理的利益相关者都应该参与到人力资源管理工作中，企业内部人力资源管理的利益相关者正是高层管理者、中层经理、人力资源部门以及普通员工[②]。人力资源管理职能并非只由人力资源专业人员和部门承担。直线经理和人力资源专业人员都应参与到日常的人力资源管理实践中。

（一）人力资源专业人员与直线经理的人力资源管理职责

从人力资源管理角度看，直线经理是负责贯彻人力资源管理实践的主要工作者，也是支持人力资源专业人员开展有效人力资源管理的力量。直线经理要执行许多人力资源专业人员设计的人力资源管理程序与方法，许多工作都需要直线经理参与并完成。表 1-3 描述了人力资源专业人员与直线经理的人力资源管理职责分工。

表 1-3　　　　　　　　　**人力资源专业人员与直线经理的人力资源管理职责**

工作内容	人力资源专业人员的职责（主要）	直线经理的职责（主要）
人力资源战略与规划	了解企业战略和经营目标等；制定人力资源战略与规划	协调人力资源及其他资源；协调与均衡人力资源计划与组织战略
工作分析与工作设计	进行工作分析与工作设计；编写工作说明书与规范	提供工作分析与设计的有关信息；对工作说明书与规范书提出反馈意见

---

① E. 怀特·巴克. 人力资源的作用. 康涅狄格州, 纽黑文：耶鲁劳工管理中心, 1958. //丹尼尔·A. 雷恩. 管理思想的演变. 赵睿, 等, 译. 北京：中国社会科学出版社, 2000：485.

② 林鹏, 李韬. 人力资源管理新理念：全员参与. 河北大学学报. 哲学社会科学版. 2015（1）.

续表

工作内容	人力资源专业人员的职责(主要)	直线经理的职责(主要)
员工招聘与测评	确定招聘的时间、方法和范围；发布招聘信息；设计素质测评体系与测评方案并实施；提供测评结果统计分析或测评报告给直线经理；配合直线经理的招聘录用、录用信息的发布、人员体检、合法性检查、劳资等相关法律的咨询与服务等	提出人员需求以及雇佣人员类型；为人力资源专业人员制定招聘与测评等工作提供信息依据；直接参加面试并决定人员的录用与分配
员工培训与开发	制定员工培训方案，包括：培训形式、项目和责任等；汇总、平衡各部门的培训需求，制定培训计划；组织实施培训；收集反馈培训效果或意见	提出培训需求；根据企业安排和工作要求对新员工指导和培训；参加有关的培训项目；对培训提出意见
绩效管理	制定绩效管理体系，包括考核或评估内容、方法、周期或过程以及步骤；指导各部门确定考核指标的内容和标准；制度的宣传以及对管理者进行绩效考核的培训；组织实施绩效考核；处理员工对考核的申述；归档考核结果；根据考核结果做出相关人力资源决策	确定本部门的考核内容和标准、指标等；参加考核者的培训；实施本部门的考核；给员工反馈绩效结果，与员工沟通制定绩效改进计划；根据考核结果向人力资源管理部门提出相关建议
薪酬管理	制定工资、福利制度体系，包括薪酬的结构、发放方式和标准等；核算员工的具体薪酬，审核各部门的奖惩建议；对工资、福利制度执行与监督；办理员工福利及其他特殊需要的服务等	向人力资源专业人员提供各项工作性质及其相对价值的信息，作为薪酬决策的基础；实施工资、奖惩制度及其他激励措施
职业生涯管理	制定组织的相关政策和实施方案、发布组织相关信息、为员工个人自我管理职业生涯提供指导与咨询服务等；为员工创造适于其个人开发的组织环境；帮助员工进行职业生涯规划	帮助员工审视环境和识别发展机会；规划其职业发展路径；在职业生涯管理过程中起沟通、评价、咨询、指导和激励等作用；给下属提供工作反馈信息；指导、帮助员工设计个人发展计划
劳动关系管理	制定沟通制度；分析导致员工不满的原因；保障沟通渠道的畅通；对直线经理实施劳动关系管理相关的培训；向直线经理提出处理员工投诉方面的建议，帮助双方达成协议；制定员工管理制度；审核与贯彻直线经理员工处理决策；开发确保员工受到公平对待的程序，对直线经理进行培训，使其掌握技巧；为离退员工提供咨询和服务	营造相互尊重、相互信任的氛围，维护健康的劳动关系；贯彻劳动合同的各项条款；确保员工各种申述程序按法律条款实行；保持组织与员工的沟通畅通；指导员工的合作与协调、冲突与处理；确保员工在劳动纪律、解雇、职业安全等方面的公平对待

续表

工作内容	人力资源专业人员的职责(主要)	直线经理的职责(主要)
人力资源外包	根据企业需求制定人力资源外包决策;结合企业的人力资源管理做出是否外包以及外包哪些活动的决定;选择人力资源外包商;人力资源外包商的管理与监督,评估外包商的绩效;确定与外包商合同续签或终止;寻求新的合作伙伴	根据部门需要提出人力资源外包需求;与人力资源专业人员共同确定人力资源外包活动、选择人力资源外包商;从业务角度对人力资源外包商的管理与评估外包商的绩效;与人力资源专业人员共同确定续签或终止外包合同;参与寻求企业新的人力资源外包合作伙伴
国际企业人力管理	人力资源专业人员负责企业海外人员派驻规划、选拔、培训、绩效考核、薪酬管理,以及外派人员回国的安置与管理等工作	直线经理配合人力资源专业人员完成海外人员派驻规划、选拔、培训、绩效考核、薪酬管理,以及外派人员回国的安置与管理等工作

资料来源:作者整理。

(二)人力资源管理专业人员与部门职责

如前介绍,人力资源管理专业人员与部门是企业人力资源管理职能的承担者。在一般情况下,人力资源管理部门会根据企业人力资源管理内容在部门内部进行工作分工,部门工作人员承担不同的工作内容。企业的快速发展,促使企业人力资源管理职能和角色发生变化。各业务部门期望人力资源管理者不仅具备人力资源管理专业水平,还应更多地从业务角度思考问题,提供适合业务部门的个性化人力资源解决方案,如何使人力资源管理更贴近业务,成为人力资源管理专业人员和部门热点任务。有的企业对其人力资源管理部门调整或变革,根据人力资源内容不同将人力资源管理专业人员分为人力资源高级管理者、"多面手"[1]与专家。人力资源高级管理者是直接向公司总裁或主要部门负责人报告的高层经理。"多面手"常常是高级管理者,负责完成各种与人力资源相关领域的任务。"多面手"要涉及人力资源管理职能的全部或部分。专家可能是人力资源管理的高级管理者、经理或是对人力资源管理的职能中某一方面特别关注的非经理人员。

人力资源管理专业人员与部门承担战略伙伴角色,HRBP 变革模式也应运而生。尽管 HRBP 模式在国外企业已得到广泛应用,但在我国企业中 HRBP 模式处于起步与发展阶段[2],并且企业实践要先于理论研究。据中国人民大学 2019 年发布的《HR 三支柱公益调查报告》显示,有44.8%的 HR 从业者表示所在企业未实施 HRBP 模式[3]。在企业实践中,实现 HRBP 模式较为常见的做法就是构建"HR 三支柱"模型(如图 1-8 所示)。一般而

---

[1]　R. 韦恩·蒙迪,等. 人力资源管理. 第六版. 葛新权,等,译. 北京:经济科学出版社,1998:12.

[2]　葛明磊. 项目 HRBP 后备人才培养的探索性研究——以华为公司为例. 中国人力资源开发,2015(9).

[3]　资料来源:2019 年 HR 三支柱公益调查报告. https://www.sohu.com/a/315629231_120054577.

言，建立三支柱模型的企业应该具有合适的条件：一是企业规模大、员工数量众多，企业有庞大的下属子公司或机构，且均设立人力资源管理机构，还重复性地设立了很多职能相似的部门；二是各子公司或下设机构人力资源活动有较高的相似性，可以将其统一到集团层面处理；三是企业高层领导重视人力资源管理，有通过人力资源管理提升企业竞争力的愿望①。

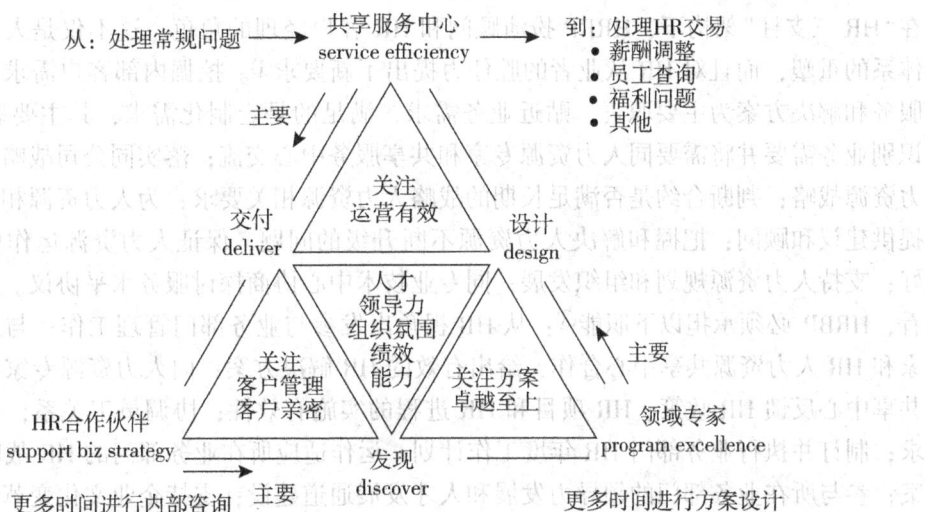

资料来源：IBM HR 研究成果。

图 1-8　三支柱人力资源管理架构

　　在图 1-8 中，HR 三支柱人力资源管理架构中人力资源业务伙伴(HRBP)、人力资源共享服务中心(HRSSC)、人力资源专家中心(HRCOE)并非各自独立运行，而是相互配合的，各自承担着不同的职能。这既是一种新的人力资源管理理念，又是一种新的人力资源管理职能结构，人力资源部门及人力资源管理者被认为是企业内部人力资源服务的提供者，员工则是这些服务的内部顾客，因此，有别于传统的人力资源管理②。HRBP 职能如同"市场部"，要了解客户(即业务单元管理者与员工)的需求，HRBP 要了解业务，与业务部门保持良好的沟通，及时把业务单元的需求传递给专业的咨询服务部门(HRCOE)和人事行政服务部门(HRSSC)，与 HRCOE 制定合理化、个性化的解决方案，与 HRSSC 密切协作共同确保解决方案的落实。HRCOE 是智囊机构，为业务单元提供专业咨询服务，帮助业务单元完善人力资源管理，改善流程，宣传和推动人力资源管理政策、企业文化的落地。HRSSC 是执行机构，负责政策、制度的落实，以执行和服务为主。

---

① 毛宇飞. HRBP 模式能否提升 HR 从业者的竞争力. 经济管理，2019(11).
② 饶荣豪，段承瑶. 人力资源业务伙伴模式研究的知识结构与发展趋势——基于知识图谱的分析. 外国经济与管理，2017(4).

1. HRBP 为业务提供战略合作伙伴服务。HRBP 是人力资源通才，是企业派驻到各个业务单元的人力资源工作者，是业务部门的战略合作伙伴，协助各业务单元经理完成本单元的人力资源管理工作，是"HR 三支柱"模型的核心环节，是决定 HRBP 模式成效的关键。因为 HRSSC 和 HRCOE 主要是围绕 HRBP 提出的人力资源服务需求开展工作的，是传统人力资源管理工作的延伸。HRBP 工作包括主动跟进业务部门的发展需要，制定解决方案，调整人事政策，或与 HRCOE 的专家一同提出解决方案，由 HRSSC 中心来执行。在"HR 三支柱"架构下，HRBP 扮演顾问和 HR 客户经理的角色。这不仅是人力资源管理体系的重塑，而且对 HR 从业者的胜任力提出了新要求①。挖掘内部客户需求、提供咨询服务和解决方案为主要职责，贴近业务需求，满足的是定制化需求，其主要职责包括②：识别业务需要并将需要同人力资源专家和共享服务中心交流；落实同公司战略相一致的人力资源战略；判断合约是否满足长期的战略人力资源相关要求；为人力资源相关业务问题提供建议和顾问；把握和解决人力资源不断升级的问题，保证人力资源运作模型运作良好；支持人力资源规划和组织发展；同专业技术中心协商探讨服务水平协议。从职能角度看，HRBP 必须承担以下职能③：从 HR 视角出发参与业务部门管理工作；与人力资源专家和 HR 人力资源共享中心合作，给出有效的 HR 解决方案；向人力资源专家和人力资源共享中心反馈 HR 政策、HR 项目和 HR 进程的实施有效性；协调员工关系，调查培训需求；制订并执行业务部门 HR 年度工作计划；运作适应所在业务部门的 HR 战略和执行方案；参与所在业务部门的领导力发展和人才发展通道建设；支持企业文化变革并参与变革行动；建立所在业务部门的人力资源管理体系。

2. HRSSC 提供集中化、标准化服务。HRSSC 发挥了 HR 行政专家的角色，负责集中处理人力资源事务性工作，为组织提供标准化、一体化和数据化的共享平台支持，即将企业各业务单元中所有与人力资源管理有关的基础性行政工作统一处理，负责为整个企业提供统一集中的人事行政服务，包括：员工招聘与甄选、员工安置、薪酬福利核算与发放、社会保险管理、人事档案管理、人事信息服务管理、劳动合同管理、新员工培训、员工投诉与建议处理、咨询服务等。HRSSC 还向员工和管理者提供各种网络查询服务，如上网自助查询 HR 政策、企业规章制度、工资、考勤纪律、培训、晋升和调动记录、绩效考核结果、人事档案等信息，以及提交或更新各种申请资料和表格，等等④。从用户导向角度看，HRSSC 有两种：一种是一个大型企业建立后，不仅向自身企业提供 HR 服务，还向企业外部客户组织提供外包服务，如英国的 BAE 系统公司；另一种是大部分跨国公司通过集中化的创新内部市场关系系统来重新构建其人力资源服务的提供方式，只向内部提供 HR 服务，如 SAP、IBM、HP、飞利浦、西门子、福特、宝洁、汉高、摩托罗拉、爱立信和壳牌等。大部分企业通常采用第二种，中国企业推行 HRSSC 也基本是第二种，即把

① 刘松博，裴册册，梁爽. 我国 HRBP 胜任力研究. 中国人力资源开发，2016(6).
② 陈岩，陈雷川. HR 新角色——业务合作伙伴(HRBP). 人力资源管理，2013(8).
③ 杨磊，陈静. 人力资源业务合作伙伴(HRBP)——HR 新角色. 经济研究导刊，2011(19).
④ 杜燕. 创新战略下的人力资源共享服务中心建设实证研究——以 A 公司为例. 中国人力资源开发，2016(4).

HRSSC 当作一个独立的运营部门来运作，就如同经营一个公司，HRSSC 与企业业务部门是平等的业务关系，HRSSC 要对自己提供的服务承担责任，其他业务部门有权选择外部外包，即 HRSSC 与外部外包商是竞争关系，这区别于传统的只作为管理职能部门存在的人力资源管理部门。

3. HRCOE 提供专业化服务和变革服务。HRCOE 是专门化的咨询服务部门，为 HRBP 和 HRSSC 提供本领域的专业咨询，推动人力资源政策的创新变革[1]。它聚焦了各方面的人力资源专家，根据公司的业务战略需要，负责为业务部门提供人力资源专业性建设和解决方案设计，而非从事常规的行政性工作，主要包括人力资源政策与战略规划、组织设计、素质模型构建、员工培育与发展、薪酬调查与薪酬设计、组织绩效管理体系设计、企业文化创新等专业性的工作，提供与公司战略相适应的人力资源管理变革服务，指导 HRBP 和 HRSSC 的工作。

中国企业推进人力资源管理转型与 HRBP 模式落实过程中，结合企业自身发展需求，出现了阿里巴巴的文化协同式 HRBP 模式——阿里巴巴政委，华为的业务协同式的 HRBP 模式，腾讯的人力资源管理内部协同式 HRBP 模式[2]。华为从 20 世纪 90 年代末就已引入多家知名智囊和咨询机构，不断优化人力资源管理制度。华为设立人力资源管理委员会、人力资源管理部和干部部三个职能机构，形成了独特且完善的人力资源管理系统。其中，人力资源管理委员会相当于 HRCOE，其职责是从公司整体层面进行思考和决策，并与董事会沟通汇报，以支撑公司增长，实现战略人力资源管理；人力资源管理部相当于 HRSSC，细化传统人力资源管理的六大模块；干部部相当于 HRBP，隶属于人力资源管理部，负责将总部人力资源政策与制度转化，与本部门业务特点相结合，保证落地实施。

(三)人力资源管理专业人员应具备的技能

人力资源管理从业者的专业技能和素质水平直接决定了 HRBP 模式的成效。人力资源管理从业者要想转型为合格的人力资源业务伙伴，需要主动适应管理变革趋势，通过长期学习和工作投入，增强知识储备，提升业务水平，从而胜任 HRBP 模式下的新角色[3]。HRBP 模式要求人力资源管理者融入业务部门，能够提供多元化和针对性的服务，灵活性较高。HRBP 人员既需要理解和掌握业务知识和技能，又必须掌握通用的人力资源知识与技能，才能做好直线部门和人力资源管理部门之间的桥梁，才能切实发现客户的需求；HRCOE 人员是高度专业化分工的，在员工招聘、人才开发、绩效考核、薪酬设计、职业生涯等方面都必须是够独当一面的高级专业人员，对其知识和经验的要求很高；HRSSC 人员要提供标准化、高效的服务，对其业务能力的要求很高。

企业需要培养合格的 HRBP。例如，华为从公司业务部门、人力资源管理部门选拔

① Wright C. Reinventing Human Resource Management: Business Partners, Internal Consultants and the Limits to Professionalization. Human Relations, 2008, 61, (8): 1063-1086.

② 吴冬梅，曾丽娜. 人力资源协同管理下的 HR 三支柱构建. 企业经济，2018(4).

③ 毛宇飞. HRBP 模式能否提升 HR 从业者的竞争力. 经济管理，2019(11).

HRBP，并对 HRBP 人才培养采取自主学习、赋能培训、在岗实战三阶段。自主学习阶段主要是借助 E-learning 平台学习 HRBP 岗位要求、HR 专业基础知识以及华为的人力资源管理理念和政策等；赋能培训阶段主要是学习公司文化和核心价值观、HRBP 的基础知识和关键技能，并进行 HRBP 的模拟训练；在岗实战阶段主要是进行项目实战演练。通过系统培训提升 HRBP 的人员管理、团队建设、组织发展的水平，并在实战中不断总结经验、提升能力[①]。HRBP 人员需要具备良好的商业敏感度；优秀的人际理解力、沟通协调能力；善于整合资源驱动目标达成，出色的多任务、多角色平衡能力；良好的个人信誉[②]。同时具备领导与管理能力，包括：领导力，如沟通与影响技术、问题识别与方案解决、项目管理能力、教练与辅导技术和客户导向[③]，以及较强的管理能力和 HRM 专业技能、适宜的个人特质(敏锐思维与洞察力、成就驱动与探究驱动特质、勇气和正直)[④]。

四、人力资源管理在企业中的作用

任何一家成功的企业都十分重视人力资源管理工作。人力资源管理在管理在实践中越来越重要。

1. 提升企业国际市场竞争力。移动互联网、大数据、云计算等科技应用，给传统商业模式、运营模式和管理模式带来挑战与机遇，尤其中国经济的发展、"一带一路"倡议的实施，更多企业"走出去"参与国际竞争。人力资源管理为跨国经营管理人才的培养提供保障，即培养越来越多的具有全球性思维模式，有与不同背景的人打交道的能力、远见卓识能力、应变能力、创造学习和改变机构体系的能力、激励员工积极性的才能、出色的谈判技巧、在海外任职的主动性与对各国文化的了解等素质的跨国经营人才[⑤]；人力资源管理使企业能应对文化差异的挑战。

2. 有利于企业经营绩效的提高。影响企业绩效因素很多，但人力资源管理是影响企业绩效的重要因素之一。有研究发现人力资源管理质量高的企业，其绩效显然优于那些质量低的公司[⑥]，而且有利于提高员工工作生活质量(quality of work life，QWL)。人力资源规划、培训与开发、工作分析、安全与健康等人力资源管理各项活动，都影响员工的 QWL。此外，人力资源管理有利于提高员工敬业度(employee engagement)。詹姆斯·罗宾斯(James·H·Robbins)认为敬业精神本质上是一种信仰。对于信仰而言，更重要的是形式和实践。信仰要靠形式来支撑，对敬业精神这种信仰，也需要类似的训练来支撑[⑦]。盖

① 吴冬梅，曾丽娜. 人力资源协同管理下的 HR 三支柱构建. 企业经济，2018(4).

② 向辞姣. HRBP 如何提升在企业中的影响力. 人力资源管理，2013(9).

③ 陈岩，陈雷川. HR 新角色——业务合作伙伴(HRBP). 人力资源管理，2013(8).

④ 蔡成喜，刘越. HRBP 转型路径研究——基于战略柔性角度. 中国人力资源开发，2013(17).

⑤ 约翰·B. 库伦. 多国管理：战略要经. 邱立成，等，译. 北京：机械工业出版社，2000：19-20.

⑥ 劳伦斯·S. 克雷曼. 人力资源管理：获取竞争优势的工具. 孙非，等，译. 北京：机械工业出版社，1999：10-11.

⑦ 詹姆斯·H. 罗宾斯. 敬业. 曼丽，译. 北京：世界图书出版公司北京公司，2004：2-3.

洛普咨询有限公司①和翰威特咨询有限公司②的研究表明了员工敬业度与企业绩效的关系。企业人力资源管理不断提高员工对公司认可度，使员工始终保持敬业的工作态度，为企业创造高的绩效。

3. 促使企业保持持续的竞争优势。美国斯坦福大学的教授杰夫瑞·非弗（Jeffery Pfeffer）指出，人力资源管理实践对竞争优势有潜在影响，主要借助于16种人力资源管理活动——就业安全感，招聘时的挑选，高工资，诱因薪金，雇员所有权，信息分享，参与和授权，团队和工作再设计，培训和技能开发，交叉使用和交叉培训，象征性的平等主义，工资浓缩，内部晋升，长期观点，对实践的测量，贯穿性的哲学等③。企业通过"人力资源管理活动—以雇员为中心的结果—以组织为中心的结果—竞争优势"的方式直接或间接地为其获得竞争优势。怀特和麦克玛罕（Wright & McMahan）认为，企业竞争优势源泉来自于企业人力资源系统中那些具有某种特殊技能和核心知识、处于企业经营管理的重要位置或关键职位的那些人力资本；人力资源管理的系统性主要表现为企业为获取和维持持续竞争优势所进行的一系列人力资源管理政策、实践、方法及手段。整个系统的默契配合使企业人力资源得到最佳配置实现组织绩效最大化④。

4. 促使企业社会资本增值。信息时代的市场竞争已经使企业物质资本的积累虚拟化，组织系统中存在的协调行为因其本身的竞争与合作而产生。企业需对公众负责，维持社会关系、社会伦理和道德，为客户制造"满意"（产品）等，都是企业社会资本系统的内容，人力资源管理能促进该系统的形成与开发。企业人力资源管理能直接或间接地使企业社会资本增值；另一方面，人力资源管理使员工更有效地利用企业的内外部社会资本从而更好地工作。同时，企业人力资源管理还应开发企业人员有效利用或获取社会资本的能力。企业将成为社会网络中的唯一参与者，员工则是每个组织网络中的单元。企业人力资源管理的社会资本功能为企业进行人力资源开发与管理拓展了空间⑤。

第四节　中国企业人力资源管理发展历程与展望

企业人力资源管理不仅与中国的经济、社会、技术环境变化紧密联系，且受国家人力资源管理相关政策、法律等影响。同时，作为一门管理学科，人力资源管理理论与企业实践紧密结合、相互促进。本节主要介绍中国企业人力资源管理实践历程、研究发展和人力

---

①　见盖洛普咨询公司（TheGallupOrganization）的英文网站：http：//www. gallup. com·；或中文网站：http：//www. gallup. com. cn/.

②　见翰威特咨询公司（HewittAssociates）的英文网站：http：//www. hewittassociates. com/或大中华区网站：http：//www. hewittassociates. com/Intl/AP/zh-CHT/Default. aspx.

③　劳伦斯·S. 克雷曼. 人力资源管理：获取竞争优势的工具. 孙非，等，译. 北京：机械工业出版社，1999：11-12.

④　Wright P M, and McMahan G C. Theoretical perspectives for Strategic Human Resource Management. Journal of Management，1992(18)：295-320.

⑤　李燕萍. 企业人力资源管理功能的绩效分析：一个社会资本的视角. 珞珈管理评论，2008(2).

资源服务业发展，以及中国企业人力资源管理实践展望。

一、中国企业人力资源管理实践历程

（一）传统的人事管理

中华人民共和国成立后，为尽快恢复和发展国民经济，提高人民生活水平，国家实施"公私兼顾，劳资两利，城乡互助，内外交流"总方针，出台了一系列有效经济政策。全国各省市也积极响应中央的号召，开展各项改革活动，经过一系列的改革和经济举措的实施，有效提高了生产力，且为人民增加了就业机会，较大程度地提高了人们生活水平，维护了社会稳定①。

在计划经济体制下，我国对企业管理采取行政手段直接管理，形成了具有时代特色的"铁饭碗"用工制度。工商业的人才供不应求，尤其是对专业技术人员需求难以得到满足。由此，我国针对企业实行了"统包统配"人力资源计划和调配体制，即根据各地区的分配计划和用人计划，国家统一安排和分配毕业生的工作。自1953年起，根据中央"统筹兼顾，适当安排"的方针，逐步建立起职工"能进不能出"的用工制度。但随着经济快速发展，这种用工制度不适应经济发展速度，因而出现了两次重大改革，即主要针对中华人民共和国成立初期出现的工资制度不合理问题，不再盲目地采取计时工资，而是采取计件工资。1957年，国务院又出台了一项新的规定，职工升级与工资调整均由国家统一安排和管理，工资管理体制显得更为集中和统一，这种人力资源配置方式与当时的计划经济体制是相适应的，因此，在一定时期内，有利于生产效率的提高，促进了经济的发展②。然而，在"大跃进"时期，我国取消了计件工资和奖励制度，一方面严重打击了职工的生产积极性，另一方面也使企业人力资源管理体制遭受到冲击。随后从1961年到1966年，我国经济进入调整期，《国营工业企业工作条例（草案）》即"工业七十条"的出台，使企业人事管理制度得到短暂的恢复与发展。总之，改革开放以前，我国企业实施的是传统人事管理（如表1-4所示）。

表1-4　　　　　　　　　　中国企业人力资源管理历史沿革一览表

年　代	企业人力资源管理发展历程	特　征
	人事管理阶段	计划经济体制下，人事管理制度统得过死，包得过多，实施"国家包揽，行政隶属，身份差别，终身固定"管理体制
1949—1952	萌芽期	统包统配 固定工制度
1952—1957	起步期	"一长制"的苏联管理模式 按劳分配，计件工资，奖励制度

①　赵曙明，张敏，赵宜萱. 人力资源管理百年：演变与发展. 外国经济与管理，2019（12）.

②　鲍立刚，卢易菊，林新奇. 跌宕起伏、风雨兼程——改革开放前27年中国企业人力资源管理改革制度辨析. 武汉商业服务学院学报，2014（1）.

续表

年　代	企业人力资源管理发展历程		特　征
1957—1966	发 展 期		厂长负责制，职工代表大会制 职工参与的民主管理 （两参一改三结合）
1966—1976 （文革时期）	停 滞 期		强化"三铁" （铁饭碗、铁交椅、铁工资）
1978 年以 后到现在	人力资源管理阶段		逐步改革计划经济体制下的人事管理制度，全方位的人力 资源管理的理论与实践创新
	1978—1992	人力资源管理 启蒙期	企业出现人力资源管理的意识，人力资源部门的职能在企 业得到应用，有些企业开始设置了人力资源管理部门
	1993—2002	人力资源管理 模仿与学习期	国内学者、外资企业以及国外咨询公司将西方人力资源管 理理论与方法大量引进本土企业实践，中国企业积极学习 西方企业人力资源管理方法
	2003 年至今	创新与原创人 力资源管理期	模仿学习的基础上探索自己独特的原创的人力资源管理理 念与方法，从互联网时代开始中国企业有自己原创的人力 资源管理理念、理论和方法；最优实践来自中国本土企业 的人力资源管理实践

资料来源：根据赵曙明①、彭剑锋②等研究成果整理。

（二）现代人力资源管理

改革开放以来，中国企业实施现代人力资源管理。主要经历了三个阶段③④：

1. 人力资源管理启蒙期（1978—1992）。1978 年以来，通过不断探索和总结经验，人们开始认识"铁饭碗"必须打破。国家于 1980 年提出了"三结合"的就业政策，即"在国家统筹规划和指导下，实行劳动部门介绍就业，自愿组织起来就业和自谋职业相结合"的政策。这时，中国企业改革人事管理制度，摸索人力资源管理，突破"统包统配"旧格局，就业渠道多元化的新格局开始形成。为此，国家除在所有制结构方面有所调整（主要是大力发展集体所有制的合作经济，恢复和发展个体工商户和私营企业）外，还采取了其他一些政策措施。例如，改革招工方法，实行向社会公开招聘、择优录用；创办劳动服务公司；加强就业培训等。同时，中国企业开始有了人力资源的概念和要进行人力资源管理的

①　赵曙明. 人力资源管理与开发. 北京：中国人事出版社，1998：15.

②　彭剑锋. 中国人力资源管理实践研究回顾——《中国人力资源开发》编辑部专访彭剑锋教授. 中国人力资源开发，2018(11).

③　彭剑锋. 中国人力资源管理实践研究回顾——《中国人力资源开发》编辑部专访彭剑锋教授. 中国人力资源开发，2018(11).

④　赵曙明. 时代巨变中的中国人力资源管理研究——《中国人力资源开发》编辑部专访赵曙明教授. 中国人力资源开发，2018(11).

意识，人力资源部门的职能也开始在企业应用，有些企业开始设置人力资源管理部门。

2. 人力资源管理模仿、学习期(1992—2002年)。1992年后，中国企业真正走向市场化过程，尤其是中国加入WTO全面融入全球化体系，西方企业人力资源管理理念、方法全面系统地开始引入中国企业。国内学者将西方人力资源管理理论与方法大量引进企业，企业进入模仿学习人力资源管理。不少知名学者都致力于将西方人力资源管理理论与方法引进中国企业实践应用，如《国际企业：人力资源管理》①为中国企业带来全新人力资源管理理念与方法论；《现代管理制度、程序、方法范例全集》②把欧美及日本企业最优管理实践案例编译过来推荐给中国企业。同时，企业大量模仿和学习西方人力资源管理理念和方法，如华为、美的、海尔、联想等优秀企业。人力资源管理已成为企业管理的重要内容，人力资源管理部门由传统人事行政管理职能转变为战略人力资源管理职能，成为企业发展战略的参谋部、执行部和支持部。外资企业人力资源管理成为中国本土企业争相学习的标杆，IBM、惠普、摩托罗拉等大批企业在华设立分子公司，输出其管理理念和方法。同时，国外的优秀管理咨询公司如麦肯锡等公司也开始进入中国，给中国一大批本土企业提供专业、先进的人力资源管理咨询。

3. 创新与原创人力资源管理期(2003年至今)。在经过模仿学习后，中国企业开始有自己独特的原创的人力资源管理理念与方法，如腾讯、阿里巴巴采用的三支柱模式、阿米巴经营模式、华为的员工持股计划、海尔集团的"按单聚散、人单合一"模式、苏宁的事业经理人制度等。随着以华为为代表的中国企业开始成为世界企业，这些企业在发展过程中逐步形成自己的原创管理思想和方法；另一方面，移动互联网、IT技术、大数据及人工智能快速发展与应用，催生许多新兴行业、新业态，全球受到的影响几乎是同时期的，全新的商业模式对企业人力资源管理提出了全新的要求和挑战。处于新的商业模式环境下，没有成熟人力资源管理方法可以借鉴，中国企业只能在发展中探索具有自身特色的人力资源管理模式。在互联网时代，中国企业有自己原创的人力资源管理理念、理论和方法。在这一时期，人力资源管理的思维超越和颠覆了工业文明时期的人力资源管理。西方国家代表的是工业文明时期的最优管理实践，中国需要学习这些方面。但到知识文明时期和产业互联网时代，人才要真正实现跨界融合、全球整合，要尊重个体力量并充分发挥人的内在潜能，激活人才，包括员工的工作价值核算、工作场景与消费者场景链接等，这些都是全新的事物，这个时期的最优实践应该是来自中国本土企业的人力资源管理实践。

(三) 中国企业人力资源管理最佳实践③

中国企业人力资源管理的最佳实践，是中国企业原创的、具有中国特色的人力资源管理。传统的思想与现代的西方理念、中国的最优企业实践三者有效结合，再加上企业家创新精神，使中国企业人力资源管理既具有传统文化、又具有西方理念，同时有企业自己的原创，还具有企业家非常浓重的个人色彩。无论是阿里还是华为、海尔、腾讯都具有独特

---

① 赵曙明. 国际企业：人力资源管理. 南京：南京大学出版社，1992.

② 彭剑锋. 现代管理制度、程序、方法范例全集. 北京：中国人民大学出版社，1993.

③ 彭剑锋. 中国人力资源管理实践研究回顾——《中国人力资源开发》编辑部专访彭剑锋教授. 中国人力资源开发，2018(11).

的用人理念和原创的人力资源管理理念、方法和工具。中国有很多企业实施人力资源管理的最佳实践，比较代表性企业包括：(1)华为的基本法，从 1995 年萌芽，到 1996 年正式定位为"管理大纲"，到 1998 年 3 月审议通过，历时数年。它确立了华为独特的知识型人才管理模式。华为的人力资源管理三权分立、基于小熵理论的人才持续激活机制，虚拟股权计划与获取分享制，价值管理循环都是独特的，对中国企业人力资源管理形成了极大的标杆作用。(2)海尔的自主经营体、人单合一的模式，是一种组织与人的关系的重构，是人的价值创造体系的重构，引起了全世界管理学界的关注；互联网已经颠覆了传统的模式，海尔集团从科层制转变为扁平化的创业平台，企业员工从"组织人"转变为"自主人"，从有边界转向无边界，海尔集团坚持"企业即人"的宗旨，打造"人人创客"的平台与氛围，强化全员共治的理念。(3)阿里政委制的推出，代表了中国式文化管理的创新。(4)腾讯人力资源平台部(Shared Delivery Center，SDC)的落地，是人力资源三支柱在中国情境下的改进和落地。(5)德胜洋楼的幸福企业建设，是以人为本的思想在中国企业落地的典型代表。(6)海底捞的员工关爱与服务模式的创新，代表了对一线员工的尊重与自主管理在中国企业的探索。(7)中粮集团的分层战略绩效体系，宁高宁[1]创造的战略绩效模型 6S。(8)中国航天科技集团公司一院 703 所系统人才培养管理机制，代表国企和高科技企业的人才培养创新成果。(9)国家电网的班组管理、基层员工管理模式创新。(10)韩都衣舍与温氏集团的平台化+分布式人力资源管理系统。此外，还有小米的粉丝人力资本实践等都是人力资源管理最佳实践中的代表。

二、中国企业人力资源管理研究发展

企业人力资源管理实践离不开理论指导。中国企业人力资源管理研究发展离不开国内学者对人力资源管理理论成果的应用以及本学科的发展壮大。同时，中国企业人力资源管理实践也促进了人力资源管理理论研究的深入与创新。

(一)中国企业人力资源管理理论发展

在 20 世纪 80 年代之前，我国企业基本处于劳动人事阶段，仅有部分学者对纺织行业进行实地调查，并在 20 世纪 60 年代对飞行员的选拔进行过研究，其他研究仅限于对国外工业心理学文章、著作等的翻译和介绍，如陈立于 1935 年出版的《工业心理学概观》[2]。改革开放以后，中国经济、社会、文化等各方面均得到了空前的发展，与之相对应，我国现代人力资源管理出现和发展，取代了传统的劳动人事管理[3]，依次经历了人力资源管理理念的导入、探索、系统深化以及创新时期[4]。具体如下[5]：

---

① 宁高宁为中国中化集团有限公司党组书记、董事长。

② 张杉杉，罗震雷，徐晓峰. 人力资源管理心理学. 北京：首都经济贸易大学出版社，2009.

③ 赵曙明. 中国人力资源管理三十年的转变历程与展望. 南京社会科学，2009(1).

④ 赵曙明. 时代巨变中的中国人力资源管理研究——《中国人力资源开发》编辑部专访赵曙明教授. 中国人力资源开发，2018(11).

⑤ 在赵曙明、彭剑锋等研究成果基础上加工整理。

1. 人力资源管理理论导入期(20 世纪 80 年代至 90 年代初期)。20 世纪 80 年代,"人力资源管理"理念刚被学者们引入国内,人们对其内涵还比较陌生,学者和管理者们均把人力资源管理当成"人事管理"。另一方面,随着人力资源管理概念引入,人力资源管理逐渐演变成一门独立的学科。为急需解决企业人力资源管理的问题,很多国内学者做出了突出贡献。不过早期他们对人力资源管理研究焦点主要是劳动人事管理和人才管理。如王通讯从 1978 年开始研究与人力资源管理或人才开发相关问题,曾指出,人力资源管理与开发必将在中国兴起,并对中国传统的人事制度改革产生深远的影响,企业发挥人力资源功能,就是通过培训等手段激发员工所具备的与工作相关的现实能力与潜能,从而提高生产效率、实现组织目标①。此外,赵履宽也是较早意识到人力资源管理的重要性的学者并提出,中国的振兴取决于人力资源的开发。人力资源开发和管理被提升到国家战略大计的层面,进一步促进了人力资源管理理论深入发展和广泛传播,该学科也日益成长并壮大起来。

2. 人力资源管理理论探索期(20 世纪 90 年代中期)。当时,企业管理体制和劳动力市场经济体制的改革尚不能够有力地支撑现代人力资源管理规章制度的建立和健全。企业人力资源管理存在很多弊端,尚未建立专业化人力资源管理机制。针对这些问题,很多研究从不同视角分析企业人力资源管理面临的问题。如赵曙明教授在 1999 年针对各大企业人力资源管理实践,在全国范围内进行大规模的调研发现,更多企业选择从招聘、培训、绩效考核、薪酬等来规范企业人力资源管理职能。同时,学者们还通过一些实证研究探索,尝试运用西方人力资源管理理论解决中国本土企业发展过程中的问题。如有研究者强调中国企业人力资源管理中科学管理的重要性,通过介绍国外管理理论提出人力资源管理的核心问题是激励,以及如何进行有效的激励②。还有学者走进企业提供管理咨询服务,如彭剑锋和包政、吴春波从 1995 年开始承担华为咨询项目,并推动华为开始建立人力资源部③。

3. 人力资源管理理论研究系统深化期(20 世纪 90 年代末至 21 世纪初)。这时人力资源管理已成为企业管理的重要内容,人力资源管理部门正由传统人事行政管理职能转变为战略性人力资源管理职能。学术界对人力资源管理研究也稳步提升,研究和开始从不同的视角去探索解决企业实践所面临的各种问题的方法,以及如何更好地发挥人力资源管理在企业中的作用。当时的理论研究重点集中在:人力资源管理与企业效益的关系,探讨人力资源管理对企业绩效发生作用的机制;企业发展演化与人力资源管理的关系④;适合中国

① 王通讯. 人力资源管理与开发必将在中国兴起. 人事与人才, 1994(10).

② 于衍平. 科技人力资源管理与激励模式. 科研管理, 1997(6).

③ 彭剑锋. 中国人力资源管理实践研究回顾——《中国人力资源开发》编辑部专访彭剑锋教授. 中国人力资源开发, 2018(11).

④ 刘洪, 赵曙明. 企业的发展演化与人力资源管理. 南开管理评论, 2002(2).

情境的人力资源管理模式，如"3P 模式"①"6P 模式"②等；还有中国企业家的薪酬制度、知识员工管理以及高新技术企业和学习型企业的人力资源管理，等等。

4. 人力资源管理研究创新期(21 世纪初至今)。随着外部环境重大变革以及基于创新驱动的新业态、新组织发展，中国企业在学习和引进发达国家人力资源管理基础上不断创新实践，为中国企业管理理论研究创新与学科发展提供了大量的原料和养分，激励中国人力资源管理学科的从业者们去尝试重新阐述原有理论，或者借此机遇发展新理论来诠释新实践、新现象。具有中国特色的人力资源管理实践得到越来越多的关注，如海尔"自主经营体"③④"按单聚散、人单合一"模式⑤，华为人力资源管理模式⑥⑦⑧，腾讯、阿里巴巴的三支柱模式⑨等。另一方面，中国学者积极探讨具有国际领先水平、兼具中国特色和全球价值的人力资源管理理论体系，开展了人力资源管理新议题的研究：(1)新生代员工管理。针对不同于传统观念的个性和理念的"80、90 后"新生代步入职场后的管理问题开展研究⑩⑪，以发挥新生代员工最大的价值。(2)大数据背景下的人力资源管理。互联网的高速发展颠覆了传统的信息交流方式，人们更多地依赖互联网的传输，大数据的用户画像也改变了商业发展模式以及传统的人力资源管理模式⑫。(3)共享经济下的人力资源管理。作为一种新兴的业态，共享经济的发展模糊了组织的边界，相应地，顾客和员工的边界也将逐渐消融，更具自主性、灵活性和主动性的人力资源管理⑬应运而生，现有的符合传统经济模式的人力资源管理面临着诸多挑战，需要学者们去解决。(4)跨国企业人力资源管理。经济全球化使全球市场联系越发紧密，尤其中国"一带一路"倡议的推进，越来越多的中国企业开始"走出去"，如何有效管理海外员工、培养员工的全球化意识等，是研究

① 林泽炎. 3P 模式：中国企业人力资源管理操作方案. 北京：中信出版社，2001.

② 孙建安，李志铭. 国有企业应尝试人力资源"6P"管理模式. 中国劳动，2000(2).

③ 白立新. 张瑞敏与稻盛和夫：一盘没有下完的棋. 软件世界，2010(2).

④ 章凯，李朋波，罗文豪，张庆红，曹仰锋. 组织—员工目标融合的策略——基于海尔自主经营体管理的案例研究. 管理世界，2014(4).

⑤ 王大刚，席酉民，周云杰. 海尔全球化品牌战略：人单合一. 科学学与科学技术管理，2006(10).

⑥ 彭剑锋. 华为人力资源管理四大法宝对国企人力资源管理改革的启示. 中国人力资源开发，2014(8).

⑦ 葛明磊. 项目 HRBP 后备人才培养的探索性研究——以华为公司为例. 中国人力资源开发，2015(9).

⑧ 李艾琳，何景熙. 共享经济视角下人力资源管理职能的变革——以华为 HRBP 为案例. 中国人力资源开发，2016(24).

⑨ 吴冬梅，曾丽娜. 人力资源协同管理下的 HR 三支柱构建. 企业经济，2018(4).

⑩ 李燕萍，侯烜方. 新生代员工工作价值观结构及其对工作行为的影响机理. 经济管理，2012(5).

⑪ 侯烜方，李燕萍，涂乙冬. 新生代工作价值观结构、测量及对绩效影响. 心理学报，2014(6).

⑫ 龙彦君. 人工智能(AI)技术在人力资源管理信息系统的应用. 自动化与仪器仪表，2016(10).

⑬ 程熙镕，李朋波，梁晗. 共享经济与新兴人力资源管理模式——以 Airbnb 为例. 中国人力资源开发，2016(6).

者关注的问题。

（二）中国人力资源管理学科发展

人力资源管理理论研究发展与中国人力资源管理学科相辅相成。中国人力资源管理学科起源于人事管理学。改革开放以来，人力资源管理学科经历了一个从无到有、从单一到多元化、丰富化的发展过程。表1-5描述了人力资源管理学科发展过程中出现的标志性事件，反映了该学科发展的历程。

表1-5   改革开放以来中国人力资源管理学科发展标志性事件一览表

时间	事件名称	历史意义
1984 年	《劳动与人事》杂志创刊(由北京经济学院劳动经济系申办，北京市委宣传部批准)	改革开放后中国第一本探讨劳动经济与人事管理的专业期刊，为《中国人力资源开发》的创刊奠定了基础
1988 年	《中国人力资源开发》杂志创刊(由《劳动与人事》改名，并交由国家计划委员会人力资源中心主办，现由国家发展和改革委员会主管、中国人力资源开发研究会主办)	中国第一本人力资源管理的专业期刊创立，为中国人力资源管理理论的发展和传播奠定了非常坚实的基础
1986 年	人力资源管理学科体系建设研讨会召开	对中国人力资源管理学科的学科定位、发展趋势、培养目标奠定重要基础
1988 年 9 月	"国际劳工组织亚洲人力资源开发、中国人力资源开发研究中心成立暨首届学术研究会"①在贵阳召开	中国人力资源管理理论研究开始
1988 年 8 月	中国人力资源开发研究会成立	人力资源开发研究者有了共同的学术平台
1992 年	中国人民大学劳动人事学院将人事管理教研室更名为人力资源管理教研室	高等学校"人力资源管理"教学及教学研究的开始
1993 年	中国人民大学首次将人事管理专业改为人力资源管理专业，并进行了人力资源管理学本科专业第一次招生	高等学校"人力资源管理"人才培养的开始；中国的众多高校开始设立人力资源管理专业，招生人数不断攀升
1998 年	全国人力资源课程师资研讨会第一期正式举办。由国家教育部高等学校工商管理类学科专业教学指导委员会、全国工商管理(MBA)专业学位研究生教育指导委员会、中国管理现代化研究会组织行为与人力资源管理专业委员会主办，南京大学商学院承办。	提高了中国 MBA 及本科院校人力资源管理课程教学水平，为全国从事人力资源管理课程教学与研究的教师提供经验交流机会与沟通平台。自 2019 年已经举办 19 期

---

① 辛仁周. 中国人力资源开发研究中心成立大会暨首届学术研讨会述略. 经济学动态，1998(12).

续表

时间	事件名称	历史意义
2000 年 8 月	中国人力资源开发研究会教学与实践分会（China's Association of Human Resource Management Teaching and Practicing，缩写为：CAHRMTP）成立（http://www.chrdtp.net/）	为致力于中国人力资源管理研究的高校、企业和个人研究人力资源管理教学与实践活动的人，搭建本领域的学术性平台
2000 年 8 月	我国首届人力资源管理教学与实践研讨会在山东烟台中国煤炭经济学院召开。	对中国人力资源管理专业的发展和人力资源开发利用水平的提高产生重要影响。到 2019 年已经举办了 20 届。
2003 年	中国人民大学人力资源管理独立的博士点和硕士点成立	人力资源管理专业本科、硕士、博士的一体化培养体系初步形成
2010 年	《人力资源管理评论》创刊（南京大学商学院编辑出版）	人力资源管理领域有了本专业的学术刊物
2012 年	中国人力资源管理论坛成立（由南京大学商学院、华中科技大学和《管理学报》等联合举办）	由中国管理现代化研究会人力资源管理与组织行为专业委员会联合国内知名高校和有影响力的学术期刊，共同打造的高水平学术交流平台。截止到 2019 年已经举办 7 届。

资料来源：根据赵曙明①杨河清等②及其他研究成果整理。

三、中国人力资源服务业的发展

企业人力资源管理发展与人力资源服务业发展密切相关，多层次多元化的人力资源管理服务体系的形成，对中国企业人力资源管理发展有重要的影响。

（一）我国人力资源服务业的发展

我国人力资源服务业从早期的人才交流服务中心、职业介绍所逐步发展成为一个包括招聘、猎头、测评、培训、薪酬外包等在内的服务体系，在推动产业发展、提升劳动者素质、优化人力资源配置中发挥了重要作用。改革开放后，我国的人力资源服务业经历了起步探索、业态多元发展、体系形成到创新发展的过程（如表 1-6 所示）。

① 赵曙明. 时代巨变中的中国人力资源管理研究——《中国人力资源开发》编辑部专访赵曙明教授. 中国人力资源开发，2018（11）.

② 杨河清，王欣. 回望改革开放：人力资源管理专业在中国大学的诞生及其初期发展. 中国人力资源开发，2018（11）.

表 1-6　　　　　　　　　　　　　**中国人力资源服务业的发展**

年代	阶段名称	时代背景	国家相关政策法规与举措	人力资源服务业发展成效
1978—1991 年	起步探索阶段	·拉开改革开放大幕，党的工作重心转移到经济建设上来 ·统包统配的人力资源配置制度开始打破 ·企业开始实行劳动合同制 ·劳动人事部门在全国开展调整，用非所学专业技术人员、人才余缺调剂工作 ·劳动人事部门开始创立并组织劳动服务公司，解决待业人员就业问题，逐步演进为就业服务机构	·1984 年，劳动人事部发出《关于成立劳动人事部人才交流咨询服务中心的通知》① ·1988 年，中组部、人事部发布《关于加强流动人员人事档案管理工作的通知》② ·1989 年，中组部、人事部发布《关于进一步加强流动人员人事档案管理的补充通知》③ ·1990 年，国务院发布《劳动就业服务企业管理规定》④；劳动部和人事部分别下发了《职业介绍暂行规定》⑤ ·1991 年，人事部下发《关于加强人才招聘管理工作的通知》⑥	·1979 年，北京外企人力资源服务有限公司（FESCO）成立并派出第一名中方雇员，市场化人力资源服务开始出现 ·1983 年，沈阳市人才服务公司、广东省人才交流服务中心相继成立 ·1984 年，劳动人事部成立全国人才交流咨询中心，之后各地纷纷建立类似人力资源服务机构 ·1987 年，浙江温州出现第一家民营人才职业介绍机构 ·1988 年，全国人才流动中心成立
1992—2001 年	业态多元发展阶段	·1992 年，我国社会主义市场经济体制目标确立，正式确立建设劳动力市场和人才市场。 ·民营、外资经济快速发展对人力资源服务提出了强大需求。 ·国有企业改制大力推行，大量劳动者需要转换工作，对人力资源服务提出更高要求。 ·以计算机、互联网为代表的信息技术在中国迎来第一次发展高潮 ·2001 年我国加入世界贸易组织，对外开放的环境进一步优化	·十四届三中全会通过《中共中央关于建立社会主义市场经济体制若干问题的决定》，首次明确提出"劳动力市场"概念。 ·1994 年，中组部、人事部联合下发了《加快培育和发展我国人才市场的意见》⑦ ·1994 年，《中华人民共和国劳动法》已由中华人民共和国第八届全国人民代表大会常务委员会第八次会议通过 ·1995 年，劳动保障部、人事部出台《职业介绍规定》⑧ ·1996 年，劳动保障部、人事部分别出台《人才市场管理暂行规定》⑨ ·劳动部、人事部实施所属服务机构的体制改革，即向公共就业服务转变，推进"管办分离""事企分开""公共服务与市场经营性服务分离"，探索多种发展模式	·1994 年 9 月，人事部与沈阳、天津和上海市宣布人事部将与天津、沈阳、上海三市人民政府共同组建中国北方人才市场、中国沈阳人才市场、中国上海人才市场 ·人事部陆续与各地建立了一批国家级人才市场 ·1998 年起，各地开始成立"再就业服务中心"，用三年左右时间各地均建立"再就业服务中心"

①　劳动人事部关于成立人才交流咨询服务中心的通知. 中国劳动，1984(S4).

②　中共中央组织部、人事部关于加强流动人员人事档案管理工作的通知. http：//www.law-lib.com/law/law_view1.asp？id=50008.

③　中共中央组织部、人事部关于进一步加强流动人员人事档案管理的补充通知. http：//www.law-lib.com/law/law_view.asp？id=51075.

④　国务院. 劳动就业服务企业管理规定. 中国劳动，1991(1).

⑤　劳动部关于职业介绍暂行规定——法律快车法律法规. https：//law.lawtime.cn/d595932601026.html.

⑥　关于加强人才招聘管理工作的通知. 中华人民共和国国务院公报，1991(17).

⑦　中共中央组织部、人事部关于印发《加快培育和发展我国人才市场的意见》的通知. 中国公务员杂志，1994(10).

⑧　劳动部. 职业介绍规定. 创业者，1996(4).

⑨　人才市场管理暂行规定. 新法规月刊，1996(6).

续表

年代	阶段名称	时代背景	国家相关政策法规与举措	人力资源服务业发展成效
2002—2012年	体系形成阶段	·2002年,我国社会主义市场经济体制初步建立 ·我国经济发展开始进入高速增长,劳动力市场在内的各类要素市场流动日益活跃,劳动力的跨地区、跨行业流动成为一种常态 ·人力资源市场管理、人才管理制度等深入变革,政府所属人力资源服务机构实施体制改革和业务分类改革,将市场经营性服务业务陆续剥离,民营人力资源服务机构的数量和营业总收入逐步成为市场增长主力,外资人力资源服务机构得到进一步发展。	·2002年,劳动和社会保障部、公安部、国家工商行政管理总局发布《境外就业中介管理规定》① ·2003年9月,人事部、商务部、国家工商行政管理总局发布《中外合资人才中介机构管理暂行规定》② ·2003年12月,中共中央、国务院下发《关于进一步加强人才工作的决定》③ ·2005年,国务院发布《关于进一步加强就业再就业工作的通知》④ ·2007年3月,国务院印发《关于加快发展服务业的若干意见》⑤ ·2007年8月,《就业促进法》首次在国家法律层面明确提出"人力资源市场"的概念 ·2008年,人力资源社会保障部组建后,开始筹划建立统一规范的人力资源市场 ·2009年,第十一届全国人民代表大会常务委员会第十次会议通过《中华人民共和国劳动法》(2009年8月27日修正版) ·党的十七大⑥、国家"十二五"规划先后作出建立健全统一规范灵活的人力资源市场的重要部署,首次将人力资源服务业写入国民经济和社会发展规划 ·2010年国家颁发《中长期人才发展规划纲要(2010—2020年)》提出要"大力发展人才服务业"⑦	·2010年,上海第一个建立国家级人力资源服务产业园 ·2012年底,全国各类人力资源服务机构28356家,从业人员336393人。公共就业服务机构6914家,占其总量比重24.4%(下同);人才公共服务机构2939家,占10.4%;国有性质人力资源服务企业1204家,占4.2%;民营性质人力资源服务企业17087家,占60.3%;港澳台及外资性质的服务企业212家,占0.7%。⑧

① 境外就业中介管理规定. http://www.mofcom.gov.cn/article/bh/200301/20030100063224.shtml.

② 中外合资人才中介机构管理暂行规定. http://www.mofcom.gov.cn/article/b/f/200310/20031000134813.shtml.

③ 中共中央 国务院关于进一步加强人才工作的决定. http://www.most.gov.cn/kjrcgz/rczc/200411/t20041116_17260.h.

④ 国务院关于进一步加强就业再就业工作的通知_2005年第35号国务院公报_中国政府网. http://www.gov.cn/gongbao/content/2005/content_129498.htm.

⑤ 国务院关于加快发展服务业的若干意见. http://www.gov.cn/xxgk/pub/govpublic/mrlm/200803/t20080328_32773.html.

⑥ 胡锦涛在党的十七大上的报告. http://www.cnr.cn/2007zt/sqdjs/wj/200711/t20071102_504610399_7.html.

⑦ 国家中长期人才发展规划纲要(2010—2020年). http://rencai.people.com.cn/n/2013/0125/c244802-20328041.html.

⑧ 杨晓东. 我国人力资源服务业实现大发展. 中国组织人事报,2013-5-31.

续表

年代	阶段名称	时代背景	国家相关政策法规与举措	人力资源服务业发展成效
2012年至今	创新完善阶段	·中国经济增长由高速增长转向中高速增长 ·从2012年起，我国人力资源状况也发生新的变化，即劳动年龄人口总量以及其占全部人口的比例出现下降① ·2017年，党的十九大报告指出我国经济已由高速增长阶段转向高质量发展阶段	·2012年1月，国务院批转《促进就业规划（2011—2015年）》② ·2012年12月，《服务业发展"十二五"规划》首次提出建设人力资源服务体系③ ·2013年，人力资源和社会保障部制定《关于加快推进人力资源市场整合的意见》④，首次在全国范围内对建立统一规范的人力资源市场进行正式部署 ·2014年2月，中组部、人力资源和社会保障部等五部门《关于进一步加强流动人员人事档案管理服务工作的通知》⑤ ·2014年12月，人力资源和社会保障部、国家发改委、财政部下发《关于加快发展人力资源服务业的意见》⑥，首次对加快发展人力资源服务业进行全面部署。 ·2017年1月，《"十三五"促进就业规划》⑦提出要培育人力资源服务产业园，实施"互联网+人力资源服务"行动。 ·2017年6月，国家《服务业创新发展大纲（2017—2025年）》提出鼓励发展专业化、国际化人力资源服务机构。 ·2017年9月，人力资源和社会保障部下发《人力资源服务业发展行动计划的通知》⑧，对今后一段时期人力资源服务业发展进行谋划和安排 ·2017年10，党的十九大报告指出，要"在中高端消费、创新引领、绿色低碳、共享经济、现代供应链、人力资本服务等领域培育新增长点、形成新动能" ·2018年6月，国务院700号令公布《人力资源市场暂行条例》⑨，首次从立法层面明确政府提高人力资源服务业发展水平的法定职责 ·2018年12月，第十三届全国人民代表大会常务委员会第七次会议通过对《中华人民共和国劳动法》作出修改	·截至2017年底，全国各类人力资源服务企业总量约3.02万家，行业从业人员约58.4万人。全年营业收入14400万元，帮助2.03亿人次实现就业或转换工作岗位，服务企业3190万家次，高级人才寻访（猎头）成功推荐选聘人才130万人 ·2017年，全国共设立固定招聘场所2.1万个，建立网站1.2万个，全年共举办现场招聘会22万多场，参会求职人员1亿多人次，提供岗位信息1亿多条，帮助20269万人次实现就业和流动

资料来源：作者根据已有研究文献整理。

---

① 田永坡. 劳动力市场和产业环境变革下的我国人力资源服务业发展对策. 理论导刊, 2016(6)：75-77.

② 国务院批转《促进就业规划（2011—2015年）》. http：//www. gov. cn/jrzg/2012-02/08/content_2061241. htm.

③ 国务院关于印发服务业发展"十二五"规划的通知. http：//www. gov. cn/zwgk/2012-12/12/content_2288778. htm.

④ 人力资源和社会保障部关于加快推进人力资源市场整合的意见. http：//www. mohrss. gov. cn/SYrlzyhshbzb/jiuye/zcwj/renliziyuanshichang/201303/t20130325_91928. html.

⑤ 中共中央组织部　人力资源和社会保障部等五部门关于进一步加强流动人员人事档案管理服务工作的通知. http：//www. mohrss. gov. cn/rlzyscs/RLZYSCSgonggaotongzhi/201412/t20141215_146304. html.

⑥ 人力资源和社会保障部与国家发展改革委、财政部联合下发《关于加快发展人力资源服务业的意见》. http：//www. mohrss. gov. cn/SYrlzyhshbzb/jiuye/gzdt/201501/t20150121_149772. html.

⑦ 国务院关于印发"十三五"促进就业规划的通知. http：//www. gov. cn/zhengce/content/2017-02/06/content_5165797. htm.

⑧ 人力资源和社会保障部关于印发人力资源服务业发展行动计划的通知. http：//www. mohrss. gov. cn/SYrlzyhshbzb/jiuye/zcwj/201710/t20171011_278956. html.

⑨ 人力资源市场暂行条例. http：//www. mohrss. gov. cn/SYrlzyhshbzb/zcfg/flfg/xzfg/201904/t20190415_314935. html.

表1-6中描述了我国人力资源服务业发展的各个阶段的时代背景、国家出台的促进人力资源服务业发展的相关政策法规与举措，以及各个阶段人力资源服务业发展的成效。显然，我国人力资源服务业历经了从局部创新到整体性制度安排、从推动人力资源服务发展到促进市场体系形成、从政策引导市场管理到依法监管的过程。

（二）我国人力资源服务业发展的经验

我国人力资源服务业从萌芽到快速成长壮大成为独立门类现代服务业，对企业人力资源管理发展具有影响。总结其历程和取得的辉煌成就，主要有以下经验[1]：（1）始终坚持市场建设必须更好地服务于发展这个第一要务和人力资源市场化配置方向。围绕服务各时期经济社会发展大局谋行业发展，不断满足经济社会发展对人力资源总量、素质、结构的要求。通过不断激发用人单位、求职主体和市场服务机构的积极性创造性，解决自身建设中的突出问题。（2）始终坚持以人为本的理念，保证市场配置的有效和公平。把增进人民福祉、促进人的全面发展作为发展人力资源服务业的根本任务，真正建立起统一规范的人力资源市场，促进人力资源合理流动与有效配置。坚持提升服务能力，特别是通过信息化手段不断提高服务质量，提高市场配置效率，保证市场配置公平。（3）始终坚持处理好市场决定性作用和政府调控作用的关系。充分发挥市场在人力资源配置中的决定性作用和更好发挥政府的调控作用。法规制度建设和监管同时执行和落实，用立法和建章立制为市场发展保驾护航。（4）始终坚持一手抓健全完善公共服务，一手抓经营性机构规范服务。不断提高人力资源市场配置能力，完善服务提升水平，坚持构建覆盖城乡、惠及全民的公共人力资源服务体系，壮大经营性服务产业。发展壮大国有人力资源服务机构，积极吸引民间资本、国境外资本参与人力资源市场建设。形成公有制为主体、公共服务机构为依托、多种所有制共同发展的人力资源服务产业格局，满足市场不同层次需求。（5）始终坚持用改革助推人力资源服务业做大做强做优。人力资源服务业发展肩负市场整合改革、市场立法、事中事后监管、"放管服"等一系列改革任务，必须坚持解放思想，实事求是，打破思维定势，顺应国际国内形势抓改革促发展。坚持目标和问题导向，深入思考人力资源服务业各阶段的突出矛盾和问题，着力破解瓶颈难题，不断推动人力资源服务业发展壮大。

四、中国企业人力资源管理展望

在互联网时代、数字化时代和人工智能时代，企业对人才的需求变得格外强烈，在创新驱动的背景下，人才是企业创新的根基，企业能否顺应时代潮流转型成功，取决于人的变革与转型[2]，任何企业都需要适合自身发展的人力资源管理模式来应对外部竞争与挑战。

---

① 人力资源和社会保障部人力资源市场司：人力资源市场建设辉煌四十年. 中国劳动保障报，2018-12-28.

② 彭剑锋. 华为人力资源管理四大法宝对国企人力资源管理改革的启示——国企人力资源机制创新应如何向华为学习. 中国人力资源开发，2014（8）.

（一）提升企业人力资源管理者能力素质

随着众多企业人力资源管理"三支柱"转型，HRBP 模式不仅适用规模大、业务范围广的企业①，或员工规模在 10000 以上的互联网企业②，也适合中小企业，因"这类企业的 HR 天生具有危机感，具有 HRBP 强业务导向的思维"③，因此，人力资源管理者需要多维胜任力，成为合格的 HRBP。同时，人力资源管理者还必须具有互联网思维。互联网思维是一种多元的、开放性的思维，人力资源管理者应开阔工作视野，从战略视角审视"互联网+"时代为企业所带来的发展机遇，将自身从命令者的角色定位转变为合作者，借此产生多元化、合作化以及学习的管理方法系统，从创新和智慧层次上去解放生产力、释放员工的智慧。在实践管理过程中，人力资源管理需要从企业战略发展出发，调整管理模式，全面掌握"互联网+"管理方式，适应数字化时代创新人力资源管理。

（二）打造数字化企业人才生态系统

根据 2017 年德勤公司发布的《全球人力资本趋势》数据可知，目前全球范围内有 71% 的受访企业认为将员工数据分析应用于其人力资源管理过程中应成为企业的重要发展日程④。在数字化时代和人工智能时代，企业要高度重视组织与人的关系重构，包括未来企业组织与机器人的关系建构。组织与人的关系基于数字化重构，组织平台化赋能、微化自主经营体、对个体力量的尊重、人才自驱动与事业合伙制将成为数字化组织的核心运行要素与机制。互联网技术为人力资源管理工作提供新的、更为高效的员工组织形式。企业组织数字化、智能化的变化归根结底是人的变革，要确立大数字化人力资源管理思维，培育人力资源数字化生存能力，打造数字化人才生态系统。机器人取代人是数字化过程中的一个必然趋势。人与机器人的关系将会变得越来越复杂，企业组织好人与机器携手并进，将是企业未来的挑战。

（三）构建开放的企业人力资源管理系统

不少企业人力资源管理系统是机会导向的，还不是人力资源战略导向，没有真正在系统管理上提升企业的组织能力、提升组织的系统创新能力。尤其是全球经济一体化以及企业国际化背景下，企业必须构建更加开放的人力资源管理系统，面向全球整合人才，全球人才为我所用，让全世界的优秀人才愿意到中国来创新创业；建立人才机制创新，改革约束人的创造力的机制体制，让人才有更好的工作环境与生活环境。尤其要进一步深化国有企业的机制创新与改革，通过机制创新进一步去释放人才内在的潜能和活力，要真正尊重个性，创建包容开放的文化，释放和解放人的生产力。中国解放生产力的第一轮是靠制度

① 宋晓波. HRBP 人力资源管理新模式案例研究. 广东工业大学硕士学位论文，2012.

② 蔡成喜，刘越. HRBP 转型路径研究——基于战略柔性角度. 中国人力资源开发，2013(17).

③ 陈祖鑫. 中小企业如何落地 HRBP 模式. http：//www. wewehr. com/ point/2748，2015-04-10.

④ Global Human Capital Trends 2017-Rewriting the Rules for the Digital Age. Deloltte University Press, 2017. https：//www2. deloitte. com/global/en/pages/ human-capital/articles/introduction-human-capitaltrends. html.

释放，第二轮要借助技术来进行互联网思维革命，进行体制的变革，释放中国人的价值创造活力和潜能①。

（四）创新和转变人力资源管理工具

互联网时代，人力资源管理逐渐向大数据方向发展，如何有效运用大数据技术创新和转变人力资源管理工具，使人力资源管理工作更快捷、准确、更有效，是企业面临的挑战。大数据在企业人力资源管理中的应用方式多样，不仅能帮助企业获取更多的人才信息，实现人才挑选和职位匹配，帮助企业培养和激励人才，使其更适合企业发展的需要，还能帮助企业建立完善的人才跟踪体系，在企业发展过程中为其配备行之有效的人力资源管理模式。同时，大数据技术还能帮助企业更清晰和准确地掌握内部员工的情况，实现人力资源结构的持续优化。此外，企业合理使用大数据技术实现数据共享，为职能部门、人力资源中介部门提供有效数据，推动大数据实现价值最大化的根本目标。例如，2020 年，新型冠状病毒性肺炎疫情暴发，不少医院充分利用信息化管理手段，搭建了基于"互联网+"的疫情防控人员管理服务平台，实现了对隔离病区医务人员全程信息化管理，凸显出了"互联网+"平台快速、准确、高效、灵活的优势②。

小　结

1. 人力资源是最重要的资源，也是生产活动中最活跃的因素，被经济学家称为第一资源，即指能够推动国民经济和社会发展的、具有智力劳动和体力劳动能力的人们的总和。人口资源、人力资源、劳动力资源和人才资源四者之间的关系依次为包含关系和数量基础关系；人力资源与人力资本是两个密切相关又内涵不同的概念，各自有着不同的理论体系；人力资源具有能动性、两重性、智力性、时效性、开发的持续性、再生性、时代性、社会性等特点。

2. 人力资源由数量和质量两个方面构成。影响人力资源数量的因素主要有人口总量及其再生产状况，人口的年龄构成，人口迁移。影响人力资源质量的因素主要有遗传和其他先天因素，营养因素，教育方面的因素。分享经济时代，分享平台上的所有人，包括生产者和消费者都是平台公司的人力资源，要搞清楚人力资源的数量和质量绝不是一件轻易的事。

3. 人力资源可以按行业、职业对人力资源分类。企业人力资源根据不同分析目的可有不同的分类；随着我国社会整体进入移动互联网技术时代，企业用工方式变革，出现灵活用工，企业人力资源类别越来越丰富；从管理研究与管理实践视角看，企业人力资源存在不同的分类。

---

① 彭剑锋. 中国人力资源管理实践研究回顾——《中国人力资源开发》编辑部专访彭剑锋教授. 中国人力资源开发，2018(11).

② 郭庆峰，杨扣琴，赵丽婷，王秦丽. 基于"互联网+"构建新型冠状病毒性肺炎疫情防控人员管理平台. 护理研究，2020(5).

4. 工业革命、科学管理运动、早期工业心理学、人际关系运动与行为科学等是人力资源管理产生的历史原因；从管理的发展看，人力资源管理工作在企业管理中很早就已经存在，它大致经历了人事管理的起源、人事管理、人力资源管理、战略人力资源管理四个阶段。

5. 战略人力资源管理与人事管理、人力资源管理的基本立足点相同，但在企业外部环境、理论基础、管理视角、管理观念、管理模式、部门职能、部门性质、工作性质、工作地位、工作内容、重要关系以及工作效率与绩效等方面存在差别。

6. 人力资源管理内容包括人力资源战略与规划、工作分析与工作设计、员工招聘与测评、员工培训与开发、绩效管理、薪酬管理、职业生涯管理、劳动关系管理、人力资源外包和国际企业人力资源管理等。

7. 人力资源管理被视为企业的一种普遍的管理职能，包括战略规划、获取与配置、员工发展、人力资源保护等四方面职能。越来越多的企业实践表明，人力资源管理职能不断发生变化，承担全新的人力资源角色和任务，即战略伙伴(strategic partner)、变革推动者(change agent)、员工倡言者(employee champion)和行政专家(functional expert)。

8. 人力资源专业人员与直线经理在人力资源管理中分别承担不同的责任，并扮演不同的角色。人力资源管理专业人员与部门承担战略伙伴角色，"HR 三支柱"模型或 HRBP 变革模式也应运而生。三支柱人力资源管理架构中人力资源业务伙伴(HRBP)、人力资源共享服务中心(HRSSC)、人力资源专家中心(HRCOE)有机结合，紧密协作，各自承担着不同的职能。人力资源管理从业者的专业技能和素质水平直接决定了企业 HRBP 模式的成效。

9. 人力资源管理的好坏直接关系到企业竞争的成败业已成为共识。任何一家成功的企业都十分重视人力资源管理工作。人力资源管理能提升企业应对国际市场竞争能力，有利于企业经营绩效的提高，以及促使企业保持持续的竞争优势。

10. 中国企业人力资源管理实践经历了两大阶段：第一阶段是人事管理阶段。计划经济体制下，人事管理制度统得过死，包得过多。第二阶段是人力资源管理阶段。1978 年改革开放以后，企业人力资源管理经历了从人力资源管理的启蒙期、模仿与学习期，再到创新与原创人力资源管理期，并实现了中国企业人力资源管理最佳实践。

11. 企业人力资源管理实践离不开理论指导。中国企业人力资源管理研究经历了人力资源管理理念的导入、人力资源管理的探索、人力资源管理的系统深化以及近年来的人力资源管理创新时期。中国企业人力资源管理的发展离不开国内学者对人力资源管理理论研究成果的应用以及本学科的发展壮大。

12. 企业人力资源管理发展与人力资源服务业发展密切相关。中国的人力资源服务业发展于改革开放以后，主要经历了人力资源服务业起步探索、业态多元发展、体系形成到创新发展。说明了 4 个方面的经验：始终坚持市场建设必须更好地服务于发展这个第一要务和人力资源市场化配置方向；始终坚持以人为本的理念，保证市场配置的有效和公平；始终坚持处理好市场决定性作用和政府调控作用的关系；始终坚持一手抓健全完善公共服务，一手抓经营性机构规范服务。

13. 在互联网时代、数字化时代和人工智能时代，任何企业需要适合自身发展的人力资源管理模式来应对外部竞争与挑战，包括：提升企业人力资源管理者的能力素质；打造数字化企业人才生态系统；构建开放的企业人力资源管理系统；创新和转变人力资源管理工具。

复习思考题

1. 人力资源的内涵是什么？人力资源与人口资源、劳动力资源、人才资源的关系是什么？人力资源与人力资本的联系与区别是什么？

2. 人力资源的基本特征是什么？人力资源具有哪些重要的作用？

3. 人力资源的质量与数量构成如何？哪些因素影响人力资源的素质？

4. 人力资源存在哪些分类？互联网时代、分享经济时代，企业人力资源有哪些分类？

5. 人力资源管理产生的历史基础是怎样的？它经历了哪几个发展阶段？战略人力资源管理与人事管理、人力资源管理有哪些差异？

6. 企业人力资源管理具有哪些基本职能？人力资源管理职能发生哪些变化？这些变化发生的历史背景是什么？

7. 企业人力资源管理活动包括哪些具体内容？企业人力资源管理的作用表现在哪些方面？

8. "HR 三支柱"模型或 HRBP 变革模式产生的原因和背景是什么？人力资源专业人员应具备哪些基本素质才能胜任工作？

9. 中国企业人力资源管理实践经历了哪几个阶段？企业人力资源管理改革的成效是什么？

10. 中国企业人力资源管理研究发展过程如何？对中国企业的人力资源管理实践有哪些指导作用？

11. 中国人力资源服务业发展历程如何？有哪些成功的经验？

讨 论 题

1. 结合管理理论的发展，请你谈谈人力资源管理理论的发展。

2. 中国企业人力资源管理有哪些最佳实践？为什么中国企业有人力资源管理的创新模式？

3. 如何认识和把握企业人力资源管理职能变化及其趋势？

4. 你认为 HRBP 模式适合在哪些企业中实施？HRBP 应该具备怎样的能力素质才能胜任？

【案例】

双星集团战略转型前的人力资源管理①

双星集团是一个有着近百年历史的传统制造企业，是国内外著名的上市公司。自1921年成立后，分别于2002年、2005年收购了华青轮胎、东风轮胎，实现了企业从单一产业的转型，逐步形成以轮胎、机械为主要产业，地产、体育等为辅助产业的企业集团。2014年1月，双星集团坚持第一、发展、开放的战略方针，吹响了"二次创业，创轮胎世界品牌"的新征程，加速服务模式创新、管理模式创新、产品创新、品牌创新及营销模式创新。双星集团率先在行业内进行组织改革，推倒传统的领导发令的金字塔式组织架构，建立由用户和目标发令的平台式组织架构。双星集团组织结构由平台（PF）、业务单元（BU）和经营单元（U）组成。企业下设产品线、研究院等各业务单元和经营单元。经营单元是关键，根据不同的用户群，建立不同的经营单元，每类单元围绕自己的用户在企业的平台上自主经营、创新，在协同创造产品线竞争力的同时，为用户创造价值，并通过创造价值，分享价值。

双星集团战略转型前总人数近万人，但人员整体综合素质水平偏低：整个集团人员大部分的学历分布在专科及以下，本科及以上人员仅占总人数的5%；年龄分布在40岁以上的，占总人数的45.5%，平均年龄为41岁；整个集团的人员结构失衡，研发、技术、营销及管理类人员仅占总人数的18%。双星集团二次创业的战略转型对高素质人员需求量非常大，转型前的人员结构根本无力支撑集团战略发展对人才的需求。其中，管理类人员多为内部提拔，也没有标准的流程体系，就是领导看谁好，就提拔谁；营销类人员多为工厂工人转为营销岗位，缺乏创新的营销管理理念，更没有市场细分的概念；研发人员学历主要集中在大专水平，本科及以上学历的研发人员较少，且年轻人员偏多，无研发经验的人员偏多。与此同时，集团没有统一的人力资源架构，只设立人事处，下设的各单位人力工作零散地归在行政管理中，没有人力体系的概念，没有统一的人力资源管理平台和制度。根据一项对双星集团人力资源管理人员和业务人员访谈调查结果发现，人力资源管理组织主要问题如下：一是各岗位说明书和任职资格标准体系缺失。任职资格标准体系欠缺不仅影响招聘的准确性，也制约了后续绩效管理、薪酬、培训、招聘和晋升等人力资源开发活动。二是业务部门对总体人力资源需求没有规划，在招聘方面存在大量的反复工作。在员工能力开发方面，企业文化培训、战略培训、业务培训缺失，员工不能快速融入新的环境中。三是绩效管理体系缺失，没有根据企业战略分解的部门及个人的绩效目标，导致人力资源工作与企业战略相偏离的现实问题的出现；没有评价，员工干与不干一个样，没有激励和惩罚，更没有对绩效目标的实现做出辅导，不利于员工潜能的激发以及自身价值的开发，影响了员工的工作积极性，也影响了整个企业的工作效率的提升。四是集团核心

---

① 根据王晓林.《基于三支柱理论的人力资源组织再造研究：以 SXGP 为例》（《中国人力资源开发》2016年第24期），双星集团有限责任公司网站相关资料改写。

骨干员工的保留和激励工作是薪酬体系建设面临的重要挑战；二次创业所需要的战略型人才、储备型人才的引进，要求建立市场化的薪酬机制。

◎ **问题**

1. 如何评价双星集团战略转型的人力资源管理现状？

2. 为适应双星集团战略转型，集团人力资源管理职能应承担怎样的职能？人力资源管理组织应怎样进行变革？

第二章　人力资源管理的基本理论

【学习目的】

在学习本章之后，你应当掌握如下内容：

1. 人力资源管理的理论基础
2. 中国古代的人性观
3. 西方管理中的人性假设理论
4. 人力资本理论出现的理论源流
5. 人力资本理论的基本内容
6. 人力资本理论的产生、发展、应用及其展望
7. 人力资源管理理论的演进

【案例——问题提出】

新奥集团从人情管理到人力资本管理①

　　新奥集团成立于1989年，总部在河北省廊坊市，始终以"创建现代能源体系，提高人民生活品质"为使命，已经形成了贯穿下游分销、中游贸易储运和上游生产开采的完整清洁能源产业链和覆盖健康、文化、旅游、置业等领域的幸福健康产品链。新奥集团深刻洞察数字时代客户需求，依托云计算、物联网、大数据、人工智能、区块链等技术，打造泛能网、来康网平台，创建清洁能源生态圈和生命健康生态圈。旗下拥有新奥能源、新奥股份、新智认知、西藏旅游四家上市公司，业务覆盖中国27个省、市、自治区的209座城市及东南亚、南亚、非洲、大洋洲等地区。2019年，新奥集团位居中国民营企业500强榜单第40位。

　　新奥集团发展经历了四个阶段：创业启航，情定能源(1989—1996年)；事业扩张，走向全国(1997—2003年)；产业升级，清洁能源全面布局(2004—2007年)；科技创新，开发智能新能源(2008—2018年)。2019年是新奥集团创业30周年，集团明确了"拥抱数字时代、开创生态未来"的行动纲领，开启新的奋斗征程，研究高效储

---

　　① 根据区乐廷、王丹的《新奥：从人情管理到人力资本管理》(《人力资源》2008年第16期第44-49页)和新奥集团网站 https：//www.enn.cn/about/company.html 相关资料改写。

能技术，开发无碳能源①。集团现有员工近 5 万名，2018 年经营收入 1161.35 亿元人民币。而在 2004 年底，其员工只有 1.5 万余人，总资产才 98 亿元人民币。在新奥集团发展过程中，其人力资源管理也在不断发展，支撑乃至推动着公司发展与变革，经历了不同的阶段：(1)人情管理阶段(始于 1989 年)。新奥诞生时，是一家创业的小公司，其内部管理远远谈不上严格规范。当时老板带着一批熟人做业务、闯市场，大家同心协力闷头干，干好干坏以主观判断定夺，管理中也并没有明确的制度约定，奖惩措施同样是非制度化的。(2)传统人事管理阶段(始于 1996 年)。经过 6 年多的发展，新奥集团开始具有一定影响力，业务范围不断扩大，组织层级开始增加，其内部管理发生了变化——"老板一个人管不过来需要其他人帮着管的时候，判断的尺度和标准就完全不一样了。"如何对员工行为进行规范？规范的尺度如何把握？怎样保证公平？对规范管理的要求也随之浮出水面。"建章立制"成为这一阶段人力资源管理的主题。为此，公司从 1996 年开始引进"外脑"为新奥集团发展提供智力支持，在组织文化和内部管理方面建立起了初步的规章制度，基本做到了有章可循。(3)现代人力资源管理阶段(始于 2002 年)。在咨询公司参与下，新奥集团开始建设全套人力资源管理体系，进入"人力资源管理"阶段。(4)战略人力资源管理阶段(始于 2006 年)②。通过战略人力资源管理工作推进，组织可有效地实现构建新的组织结构模式和文化氛围的战略意图。通过设置高层人力资源管理职位直接参与战略制定，主导战略绩效管理主线，使战略规划体现人力资源的重要性，促使人力资源部门参加战略管理；强化人力资源对业务直接支撑，把人力资源管理重心从下端转到上端③，具有战略导向型的供给性能。人力资源部门与各部门经理建立相互支持的良好合作伙伴关系，重点打造三类人力资源管理人员：一是从事专业人力资源服务的人员；二是了解业务和人力资源技能的人力资源客户经理，为直线经理提供人力资源咨询服务；三是人力资源管理人员。④

新奥集团从创业时期靠人情、关系维系的管理，走向制度化、有序化的阶段，再从体系化人力资源管理、战略人力资源管理，走向主动让权、转换角色的人力资本管理转型；从人事管理阶段的"发工资问题"，到人力资源管理阶段"吸引、激励与保留行业内的优秀人才"，发展到了现在的"视员工为事业伙伴，保护员工权益，发掘员工潜能，尊重和引导员工职业发展规划，营造积极向上的文化氛围，提供充分的职业发展空间，实现员工和公司的共同成长。"新奥集团人力资源管理工作都已经围绕在人才的吸引、激励与保留以及人力资本管理上了。

---

① 参见 新奥集团创业 30 年 王玉锁：当年世界变局是百年机遇. http://finance.sina.com.cn/chanjing/gsnews/2019-08-07/doc-ihytcerm9182729.shtml.
② 葛玉良，何明镜. 新奥战略人力资源管理实践. 科学学与科学技术管理，2007(12).
③ 郭伟. 新奥集团——经济危机下的人力资源策略. 管理@人，2009(7).
④ 葛玉良，何明镜. 新奥战略人力资源管理实践. 科学学与科学技术管理，2007(12).

以上的例子充分表明，企业要可持续发展不仅要重视人力资源，而且要不断加强人力资源管理工作，向战略人力资源管理转化。战略人力资源管理也是人本管理，以人为本的管理就应重视"人性"，充分发挥人的潜能，而人性假设理论、激励理论是人力资源管理理论基础；战略人力资源管理是以开发为导向的管理，人力资源开发投资形成人力资本，人力资本理论也是人力资源管理的理论基础。因此，本章将从人力资源管理的理论基础，人力资本理论产生、发展及其作用，以及人力资源管理理论的演进等介绍人力资源管理基本理论。

第一节　人力资源管理的理论基础

从广义而言，心理学、管理学、经济学、社会学等领域相关理论为人力资源管理提供了理论基础。具体而言，人力资源管理的理论基础包括人性假设理论、激励理论和人力资本理论。纵观人类历史，关于人性的看法，比较典型的有中国古代的人性观和西方管理中的人性假设。所谓人性，即指人通过自身活动所获得的全部属性的综合，是现实生活中的人所具有的全部规定性，即人的共同本性。人性假设是关于人的本质特征和共有行为模式的设定。人力资源管理的对象是人，要实现人力资源管理效率最大化，必须明确人的本质特性和共有行为模式。同时，因人的工作能力在短时间内很难有所提高或变化，员工工作绩效在很大程度上取决于其工作态度，如何激发员工工作热情、调动其工作积极性和主动性是人力资管理的首要问题，故激励理论也是人力资源管理的理论基础。人力资本理论促使人们对人力资源在社会、经济乃至企业的地位和作用认识发生深刻变化，为企业人力资源管理具有更重要的指导作用。

本节主要介绍中国古代的人性观、西方管理中的人性假设理论。西方管理中的激励理论是管理学理论的重要内容之一，本节将不赘述。人力资本理论将在第二节、第三节详细介绍。

一、中国古代的人性观

以人性理论为基础对人的全面认识是中国古代思想家的一个显著特点，对现今的人力资源管理实践有一定的指导意义[①]。下面主要介绍性善论、性恶论、性无善恶论、性超善恶论、性有善有恶论、性善情恶论和有性善有性恶论等人性观。

（一）性善论的人性观

以我国春秋战国时期的孔子、孟子为代表人物，主张人性本善。

1. 孔子的性善论。孔子没有直接提及人之性善或性恶，只是指出"性相近也，习相远也"[②]。美国汉学家黄仁宇认为，孔子倾向于性恶论。但孔子在"畏于匡"时，曾说过"天生德于予，匡人其如予何！"神圣的上天所给予他的德，当然不可能是不良之德。这种"天

---

① 陶铁胜. 中国传统文化与人力资源管理，上海：上海三联书店，2000.
② 出自《论语·阳货篇》，本篇共 26 章。

生之德"是不是近于善呢？孔子一贯主张"忠恕"之道，"忠"为尽己为人之谓；"恕"为推己及人，将心比心之谓。实行"忠恕"之道的前提，就必须是主体本身的心情要端正，否则只能导致恶而不可能导致善。孔子提倡恕道说明对人心的善良是有信心的。另外，孔子强调德治的基本前提是以人性近善为出发点，这也是中国儒家的基本出发点。孔子非常强调后天的"习"，他所说的"习"是指后天的成长环境和道德实践。不同的"习"会塑造不同的人。关于怎样"成人"，孔子认为"若藏武仲之知，公绰之不欲，卞庄子之勇，冉求之艺，文之以礼乐，亦可以成人矣"①。它对人力资源管理有着借鉴作用。在人力资源管理中，不同"习"即企业管理环境会造成不同素质的员工。管理者应努力创造有效的环境，并使在其中工作的每个成员都能竭力作出最大贡献。

2. 孟子的性善论。它是中国思想史上第一个较为系统的人性学说。性善论是孟子伦理道德、仁政学说以及成人理论的基础。主要内容包括：一是人皆有"四善端"。孟子认为，人都有不忍之心。如"今人乍见孺子将入于井，皆有怵惕恻隐之心——非所以内交于孺子之父母也，非所以要誉于乡党朋友也，非恶其声而然也"②。为什么呢？孟子认为，"由是观之，无恻隐之心，非人也；无羞恶之心，非人也；无辞让之心，非人也；无是非之心，非人也。恻隐之心，仁之端也；羞恶之心，义之端也；辞让之心，礼之端也；是非之心，智之端也。人之有是四端也，犹其有四体也"③。根据孟子的理解，恻隐之心、羞恶之心、辞让之心、是非之心是人所以为人的尺度，没有这"四心"就不是人。但这"四心"是具有道德属性的：善的道德属性来源人性本身，只不过这"四心"仅是善"端"，还未全部展开或扩充。恻隐之心是仁之端，羞恶之心是义之端，辞让之心是礼之端，是非之心是智之端。"端"即始端，孟子将这四端比喻为"若火之始燃，泉之始达"④。"四心"若火之始燃，泉水之始流，"四心"只要扩而充之，就可以成为仁、义、礼、智四德。二是人的善端是先天的。孟子认为，人的四个善端，即道德心理是与生俱来的，并非后天所具有。他又强调说："恻隐之心，人皆有之；善恶之心，人皆有之；恭敬之心，人皆有之；是非之心，人皆有之。恻隐之心，仁也；羞恶之心，义也，恭敬之心，礼也；是非之心，智也，非由外铄我也，我固有之也，弗思矣。故曰：'求则得之，舍则失之。'或相倍蓰而无算者，不能尽其才者也。"孟子认为，人性为善是共同本性，人性是平等的，道德也是平等的。这种人性假设有着积极的意义。激励与发展潜力、承担责任的能力，为组织目标而奉献的意愿，所有这些都现存于人们的身上，不是管理者或管理部门所赋予的。管理者应使员工认识到并自己去发展人的这些特征。

(二) 性恶论的人性观

以荀子、韩非子等为代表人物，主张人性本恶。

1. 荀子的性恶论。荀子主张"性恶"的基本出发点是"性伪之分"。一是"性"，"生之

---

① 出自《论语·宪问》。
② 出自儒家经典著作《孟子》中的《孟子·公孙丑上》。
③ 出自儒家经典著作《孟子》中的《孟子·公孙丑上》。
④ 出自儒家经典著作《孟子》中的《孟子·公孙丑上》。

所以然者谓之性。性之和所生，精合感应，不事而自然谓之性"①，即生来就是这样的叫作性，性是由阴阳相结合的气所生，主观精神同外界事物相接触产生的一种感应，不经过人为而具有的自然本能叫性。荀子又说："凡性者，天之就也，不可学，不可事""不可学，不可事而在人者，谓之性"②，性是自然（"天"）所赋予。二是"伪"，"可学而成，可事而成之在人者，谓之伪"③。荀子又说："心虑而能为之动谓之伪。虑积焉，能习焉而后成谓之伪"④，即指经过学习、思想、积习发挥人的能动作用而形成，叫人为，即"伪"。比如，人学习礼仪，懂得"子之让乎父，弟之让乎兄"⑤，"文理隆盛"⑥，这是人为的结果，礼义文理是社会的产物，根本不存在天赋的道德观念。在"性伪之分"基础上，荀子指出人性"好利恶害""凡人有所一同：饥而欲食，寒而欲暖，劳而欲息，好利而恶害，是人之所生而有也，是无待而然者也，是禹桀所同也"⑦，而"好利恶害"是人的自然属性，"若夫目好色，耳好声，口好味，心好利，骨体肤理好愉佚，是皆生于人之情性者也；感而自然，不待事而后生之者也"⑧。

荀子"好利恶害"的自然属性就是人之性恶的明证。他在《礼论》中指出：礼起于何也？曰：人生而有欲，欲而不得，则不能无求，求而无度量分界，则不能不争。争则乱，乱则穷。先王恶其乱也，故制礼义以分之，以养人之欲，给人之求。使欲必不穷乎物，物必不屈于欲，两者相持而长，是礼之所起也。礼是怎样起源的呢？人生本就有欲望要求，即有好利恶害的要求。有欲望得不到，就不能不追求，欲求要没有一定的限度和界限，就不能不争。争就乱，乱就不可收拾。

荀子的性恶论及其"隆礼"思想由来的见解对人力资源管理有可汲取的价值。企业在用人过程中是可借鉴的：人是社会的人，不同层次的员工有不同欲望，如何满足这些欲望，调动其主动性，其中就有"度"的问题，也就是有一个等级的满足程度；人都有对权利的欲望和渴求，这是人之天性。上级对下级合理授权是成功地用好人的重要内容之一；授权应有限度，可把权利与责任联系起来，也可在授权的同时集权，无论以何种方式授权，都不要超过"度"。适时适当地授权下属，既能满足人对权利的欲望，又能调动人对工作的热情和责任心⑨。

2. 韩非的性恶论。面对动荡残酷的社会现实，韩非以法家冷峻的眼光审视人性问题，揭示人性的自为自利的天性。"夫安利者就之，危害者去之，此人之情也"⑩。"利之所在

---

① 出自《荀子》第二十二篇《正名篇》。
② 出自《荀子》第二十三篇《性恶篇》。
③ 出自《荀子》第二十三篇《性恶篇》。
④ 出自《荀子》第二十二篇《正名篇》。
⑤ 出自《荀子》第二十三篇《性恶篇》。
⑥ 出自《荀子》第一篇《礼论》，是著作中最重要的一篇。
⑦ 出自《荀子》第四篇《荣辱篇》。
⑧ 出自《荀子》第二十三篇《性恶篇》。
⑨ 陶铁胜. 中国传统文化与人力资源管理. 上海：上海三联书店，2000：54-56.
⑩ 出自《韩非子》第十四《奸劫弑臣》。

民归之，名之所彰士死之"①。他用自私自利的人性观点，剖析每个人的行为动机，认为一切社会关系都浸淫在利害关系之中，如"君以计畜臣，臣以计事君，君臣之交，计也。害身而利国，臣弗为也；富国而利臣，君不行也。臣之情，害身无利；君之情，害国无亲。君臣也者，以计合者也"②。"父母之于子也，产男则相贺，产女则杀之。此俱出父子怀衽，然男子受贺，女子杀之者，虑其后便，计之长利也。故父母之于子也，犹用计算之心以相待也，而况无父子之泽乎"③？

人的天性为何如此？韩非认为"人无毛羽，不衣则不犯寒。上不属天，而下不著地，以肠胃为根本，不食则不能活。是以不免于欲利之心"④。如何评判人与生俱来的欲利之心？他主张人性自然论，指出"故王良爱马，越王勾践爱人，为战与驰。医善吮人之伤，含人之血，非骨肉之亲也，利所加也。故舆人成舆，则欲人之富贵；匠人成棺，则欲人之夭死也。非舆人仁而匠人贼也，人不贵则舆不售，人不死则棺不买，情非憎人也，利在人之死也"⑤。韩非认为，因人之情，不仅是对人性的正确态度，且是治国治天下的出发点。"凡治天下，必因人情，人情者有好恶，故赏罚可用，赏罚可用则禁令可立，而治道具矣"⑥。"设民所欲以求其功，故为爵禄以劝之；设民所恶以禁其奸，故为刑罚以威之"⑦。人人都有趋利好利之心，他主张就用名利来诱导民众，满足其欲望。人人都有恶害避害之心，主张严刑峻法，威慑民众，惩罚犯禁者，实现社会的长治久安。管理一个企业特别是大型企业好比治理一个国家，就必须正视人性问题。韩非的人性学说为人力资源管理带来诸多启示。

（三）性无善恶论的人性观

以老子、告子等为代表人物，主张"性无善无不善也"。

1. 老子的性无善恶论。老子人性论的主要特点是人性自然，人性无善恶之规定，人性没有先天的道德属性。老子主张"见素抱朴"⑧，与他崇尚"自然""无为"的逻辑相吻合。他的"见素抱朴"人性论就是"明自然之道和守自然之道"。"见素"：没染色的丝叫"素"，"见素"就是明自然之道。"抱朴"：没经过雕刻的木叫"朴"，"抱朴"就是守自然之道。"朴素"即为事物的本色，这是老子人性论中的中心观念。他认为，宇宙间的一切都是自然的，人的本性也是这样，见素抱朴，少私寡欲⑨。五色令人目盲，五音令人耳聋，五味令人口爽，驰骋田猎令人心发狂，难得之货令人行妨。是以圣人为腹不为目，故去彼取

---

① 出自《韩非子》第三十二《外储说左上》。
② 出自《韩非子》第十九《饰邪》。
③ 出自《韩非子》第四十六《六反》。
④ 出自《韩非子》第二十《解老》。
⑤ 出自《韩非子》第十七《备内》。
⑥ 出自《韩非子》第四十八《八经》。
⑦ 出自《韩非子》第三十六《难一》。
⑧ 出自老子《道德经》第十九章。
⑨ 出自老子《道德经》第十九章。

此①。是以圣人欲不欲，而不贵难得之货；学不学，复众人之所过；能辅万物之自然，而弗敢为②。什么是"朴"呢？老子认为人的自然本性"朴"包括内心无利害则外物不伤害、柔弱道之用、心气平和则精气充足等三特点。人性随着人的社会化过程中的或善或恶，都是叛逆了人的自然本性，是人的自然本性的异化。正是基于这种自然人性论，老子提出"绝圣弃智""绝仁弃义""绝巧弃利"，从而"返璞归真"便是成长之道。老子的人性自然观点对人力资源管理具有重要影响。

2. 告子的性无善恶论。告子在中国人性论史上第一个阐述了人的自然属性并予以积极的肯定③。他提出"生之为性"命题，认为人生而所具的资质就是人性。人性不能从茫茫苍天的神秘本体中去祈求，而要从人的"自身"反思中去寻索。告子对人性进行理论抽象："食色，性也……吾弟则爱之，秦人之弟则不爱也。是以我为悦者也，故谓之内。长楚人之一仗以长吾长，是以长为悦者也，故谓之外也"④。这说明，生而所具的自然属性包括两方面：一是生存本能和人人具有的生理上的共同需要；二是人人具有的共同的心理情感趋向。后者集中体现在他的"仁内义外"说中。告子也认为"性犹湍水也，决诸东方则东流，决诸西方则西流。人性之无分于善不善一也，犹水之无分于东西也"⑤，他也看到了人的社会属性⑥。

从自然属性上说，告子认为，"性可以为善，可以为不善；是故文武兴，则民好善；幽厉兴，则民好暴"⑦，"有性善，有性不善；是故以尧为君而有象，以瞽瞍为父而有舜；以纣为兄之子，且以为君，而有微子启、王子比干"⑧。在告子看来，人的本性无所谓善恶，可以为善，也可以不为善，其善与不善的表现取决于所处的环境⑨；作为社会属性的善恶，主要看往哪个方向引导，就像流水因形势变化一样，这生动表明了后天环境和教育对人性形成的决定作用，这些思想对企业人力资源管理具有积极的借鉴价值。

(四)性超善恶论的人性说

以庄子为代表的道家人性论是"人性自然说"或"性超善恶论"⑩。"吾所谓臧，非仁义之谓也，臧于其德而已矣。吾所谓臧者，非所谓仁义之谓也，任其性命之情而已矣"⑪。"物得以生谓之德；未形者有分，且然无间谓之命；留动而生物，物成生理谓之形；形体

---

① 出自老子《道德经》第十二章。

② 出自老子《道德经》第六十四章。

③ 郭忠义. 告子人性说探微. 齐鲁学刊, 1998(12).

④ 出自《孟子·告子上》。

⑤ 出自《孟子·告子上》。

⑥ 郭忠义. 告子人性说探微. 齐鲁学刊. 1998(12).

⑦ 杨伯峻, 孟子. 孟子·告子. 北京：中华书局, 1960.

⑧ 杨伯峻, 孟子. 孟子·告子. 北京：中华书局, 1960.

⑨ 程峰. 中国古代人性观和西方现代"人性假设"的比较. 山西青年管理干部学院学报, 2001(3).

⑩ 徐莹. 庄子与韩非子人性论思想之比较. 内蒙古农业大学学报. 社会科学版, 2007(4).

⑪ 出自《庄子·外篇》。

保神，各有仪则谓之性。性修反德，德至同于初"①。"道者德之钦也，生者德之光也，性者生之质也，性之动谓之为"②。"道家的性论，在一意谓上，可以说是无善无恶论；在另一意谓上，也可以说是性至善论。然道家是唾弃所谓善的，是不赞成作善恶的分别的，所以如将道家之说名为性善论，实不切当。究竟言之，当说是性超善恶论"③。

　　庄子思想渊源于老子的自然主义，继承和发展了老子的"道法自然"观，批判世俗社会对人性的桎梏，通过无限扩大相对的思维方式，达到"齐物""无己"，从而获得精神自由。他从自然主义出发，认为人与自然界的万物一样，仅是"造化"之功的一物而已，"造化者"并没有给人特殊的地位。庄子说："性者，生之质也。性之动，谓之为；为之伪，谓之失"④，他把人性理解为人的本然存在状态。"彼民有常性，织而衣，耕而食，是谓同德；一而不党，命曰天放"⑤"居不知所为，行不知所之，含哺而熙，鼓腹而游，民能以此矣"⑥"其卧徐徐，其觉于于；一以己为马，一以己为牛"⑦。可见庄子认为人的"常性"就是种田织布，穿衣吃饭，无知无欲，如牛马一般，人类纯自然化了。在其理想社会里，他对人的本性做了很好的解释："夫至德之世，同与禽兽居，族与万物并，恶乎知君子小人哉！同乎无知，其德不离，同乎无欲，是谓素朴；素朴而民性得矣"⑧。

　　庄子崇尚素朴的人性。他的自然素朴之人，基本是形体健全、精神健全的人。他反对礼乐仁义对素朴人性的浸染和戕害，表明他尊重人性，希望每个人都得到自由全面的发展。尊重员工、充分发挥每个员工的积极性和创造性，是现代人力资源管理的基本规律。尤其在非规范化和非标准化、崇尚个体创作的企业，管理者要有意识地培养自由宽松的文化氛围，尊重每个人的个性和特长。

　　(五)性有善有恶论的人性说

　　性有善有恶论是说人性分为善恶两种。该论始于战国时的儒家世硕，其书没有传承⑨，东汉王充对各家学派观点做了深入比较分析，唯独赞赏周人世硕和公孙尼子的观点⑩，在《论衡》中记录了他们的思想，以为人性有善有恶，"举人之善性养而致之则善长，恶性养而致之则恶长"⑪"夫中人之性，在所习焉，习善而为善，习恶而为恶也"⑫"万

---

①　出自《庄子·外篇》。

②　出自《庄子·杂篇》。

③　张岱年.中国哲学大纲.北京：中国社会科学出版社，1982：194-196.

④　出自《庄子外篇·庚桑楚》。

⑤　出自《庄子·马蹄》。

⑥　出自《庄子·马蹄》。

⑦　出自《庄子·应帝王》。

⑧　出自《庄子·马蹄》。

⑨　李寿初.中国古代人性思想述评.上海市社会科学界第五届学术年会文集(2007年度).

⑩　杨萍，王全权.王充天体论、人性论和性命论中的伦理思想探析，淮海工学院学报.社会科学版，2009(3).

⑪　出自《论衡·本性篇》。

⑫　出自王充《论衡·本性篇》。

物皆有良能，如每常禽鸟中，做得窠子，极有巧妙处，是他良能，不待学也。人初生，只有吃乳一事，不是学，其他皆是学"①。这些均强调环境教育对人性的决定作用。"蓬生麻间，不扶自直；白纱入缁，不练自黑"②"夫人之性，犹蓬纱也，在所渐染而善恶变矣"③。善恶是禀气所决定的"禀气有厚泊，故性有善恶也"④，王充认为是气的差异性决定了人性的善恶之分。王充的"人性有善有恶论"对企业人力资源管理具有积极的意义，建立好的管理环境或氛围对员工培养和开发具有决定作用。

（六）性善情恶论的人性说

这以西汉哲学家董仲舒为代表。董仲舒以天和阴阳作为人性论理论依据⑤。他认为，人是受命于天的，"天者，万物之祖"⑥，天是"性"的逻辑起点，是人性的判断依据。他还以阴阳观念来阐明人性的性质，"天道之大者在阴阳"⑦；并区分贪、仁两种人性，认为仁性为性，贪性为情，含有性善情恶的思想倾向。唐代哲学家李翱在《复性书》中明确提出性善情恶的观点，认为"人之性皆善，而情者性之邪也。"又说"性者，天之命也，圣人得之而不惑者也；情者，性之动也，百姓溺之而不知其本也"⑧。性善是天赋的圣人能够保持先天的本性而不惑于情；普通百姓则为情所惑，丧失了原来的本性。性是纯粹至美的，情是惑性、害性的，提出灭情复性，以成圣人的主张⑨。董仲舒的人性论克服了孟子"性善论"的虚幻，也不同于荀子"性恶论"的悲观思想，是积极地面向现实生活，突出了教化对人性改造的可能性，有效的人力资源管理可促使员工不断提高积极性为实现企业目标而努力。

（七）有性善有性恶论的人性说

以西汉末思想家扬雄为代表。扬雄提出"人之性也善恶混"的人性论思想⑩。"人之性也善恶混，修其善则为善人，修其恶则为恶人"⑪，人性具有善恶两种因素，它们都是与生俱来的，经后天熏染学习，发展善的因素则成为善人，发展恶的因素则成恶人。"人之所好而不足者，善也；人之所多而有余者，恶也。君子乃强其所不足，而拂其所有余，则玄道之几矣"⑫。扬雄强调后天的学习和修养，认为"学者所以修性也""学则正，否则

---

① 出自程颢、程颐：《语录》卷十九。
② 出自王充《论衡·程材篇》。
③ 出自王充《论衡·率性篇》。
④ 出自王充《论衡·本性篇》。
⑤ 徐睿. 董仲舒人性论思想及其评析. 科教导刊. 中旬刊，2011(5).
⑥ 出自《春秋繁露·顺命》。
⑦ 出自《汉书》卷五十六《董仲舒转》。
⑧ 出自李翱哲学著作《复性书》。
⑨ 程峰. 中国古代人性观和西方现代"人性假设"的比较. 山西青年管理干部学院学报，2001(3).
⑩ 郭君铭. 扬雄人性思想本义. 石家庄铁道大学学报. 社会科学版，2010(12).
⑪ 出自扬雄《法言·修身》。
⑫ 出自杨雄《太玄·玄摘》。

邪"①。他的"性善恶混"观点是对孔子"性相近也，习相远也"的发挥，是一种抽象的人性观。扬雄人性论所关注的，是作为社会个体的个人何以成为一个道德完美的君子，如何通过道德修养成为一个君子，进而向圣人的目标挺进。所有的人都在"善恶相混"的同一人性起点上②。他的人性论思想进一步认识到人性问题的复杂，承认人后天转化的可能，使圣人成为可以企及的目标，把为善成圣的希望给予了更多的人，这些对企业人力资源管理基础有借鉴意义。

二、西方管理中的人性假设理论

美国管理心理学家道格拉斯·麦格雷戈在其 1957 年的《企业的人性方面》一文中提出"人性假设"概念③。他认为，在每一个管理制度和措施的背后都有某些关于人性及其本质的基本看法，这称为"人性假设"。他将企业内的人性假设总结为"X 理论""Y 理论"两种基本模式，认为较之"X 理论"，"Y 理论"更为积极。美国麻省理工学院斯隆商学院教授、心理学家与行为学家埃德加·沙恩(Edgar H. Schein)在 1965 年出版的《组织心理学》书中，将前人提出的"经济人假设""社会人假设""自动人假设"和自己提出的"复杂人假设"，归纳成四种人性假设理论。

（一）经济人假设

X 理论是麦格雷戈总结泰罗制的基础上，以"经济人"假设为前提提出的一种管理理论，其核心观点是在管理中要针对"经济人"的特点，采取金钱刺激与严格控制等管理措施。

麦格雷戈将"经济人"假设与人的行为作为决定管理者行为模式的最重要因素的管理假定。管理者基于他们关于人性的假定，按照不同方式对人进行组织、领导、控制和激励，这种假定概括为"X 理论"。其后，沙恩也对经济人假设进行新的概括和分析。基本观点如下：(1)一般人天生好逸恶劳，只要有可能便会逃避工作；(2)人好逸恶劳的本性使多数人缺乏社会责任感与进取心，总是希望获得别人帮助而不愿意承担责任；(3)多数人工作是为了满足自己的生理需要和安全需要，金钱与地位是刺激人努力工作的最大诱因；(4)一般人都缺乏理性，基本上不能自我约束和自我控制，易产生盲从行为；(5)人的行为活动在本质上是被动的，但可以通过经济刺激和强制手段，迫使他们为实现组织目标而作出适当努力。

在 X 理论与经济人假设前提下，管理者对员工的管理方法主要：(1)任务管理。将管理工作重点放在如何提高劳动生产率和完成任务上，建立一套任务明确、组织严密、分工具体、考核严格的管理规则；(2)强制劳动。主要通过集权化管理对组织成员实施劳动监督和控制；(3)物质刺激。主要依靠增加工资、奖金、福利等物质手段激发组织成员的工作积极性；(4)严肃纪律。对消极怠工者运用罚金、记过或停职等方式进行严厉惩罚。

---

① 出自扬雄《法言·学行》。

② 郭君铭. 扬雄人性思想本义. 石家庄铁道大学学报. 社会科学版，2010(12).

③ McGregor Douglas M. The human side of enterprise. The Management Review，1957，46(11)：22-28.

（二）社会人假设

20 世纪 20 至 30 年代，乔治·埃尔顿·梅奥(George Elton Mayo)通过"霍桑试验"创立了人际关系理论，50 年代后定名为行为科学。行为科学管理理论的"社会人"假设是梅奥在霍桑试验的基础上提出的。

梅奥在总结和概括霍桑试验基础上提出社会人假设。把重视社会性需要、轻视物质性需要的人称为社会人。后来，沙恩对社会人假设进行过研究。社会人假设的基本观点如下：(1)人的工作积极性主要是由社会性需要引起。物质利益刺激对人的工作积极性有一定影响，但归属感、身份感、尊重感等社会心理因素对调动其工作积极性有更大作用。(2)人际关系是影响工作效率的最主要因素。工作效率主要取决于士气，而士气高低又取决于组织成员在家庭、群体及社会生活各方面人际关系的协调程度。(3)非正式组织是影响组织成员行为的一种潜在力量。因共同的社会需求和情感而形成的非正式组织，以其特殊的价值取向、行为规范与沟通方式，潜在地影响着组织成员的工作积极性。(4)管理者的领导方式对激励组织成员有不可忽视的作用。

在行为科学理论与社会人假设前提下，管理者对员工的管理方法主要包括：(1)满足组织成员的社会性需要，不能只考虑生产任务的完成，而应关心人、体贴人、爱护人、尊重人，鼓励员工参与管理，尽可能满足员工对交往、归属、尊重等社会需要；(2)建立融洽的人际关系，应尽可能实行集体奖励制度，避免单纯的个人奖励，善于营造和谐的组织氛围和建立良好的人际关系；(3)因势利导做好非正式组织工作，协调正式组织与非正式组织的关系，以形成有利于实现组织目标的合力；(4)提高组织管理者的素质，由单纯的监督者变为上下级之间的中介，善于倾听组织成员的意见，协调人际关系，运用激励手段鼓舞士气。

社会人假设对人性的认识比经济人假设要进步，不仅看到了人具有生理的、物质的需要，还看到了人具有安全的、社会的需要，比较深刻地揭示了人的本质。但社会人假设的观点并不是对人的社会性的全部概括，它强调的是个体对群体的依赖关系，忽视了人同整个社会的关系。与社会人假设相应的行为科学理论注重发挥人际关系、非正式群体和领导行为在提高工作效率中的作用，但该理论忽视了人的行为的经济动因，具有片面性。

（三）自我实现人假设

麦格雷戈在总结马斯洛(A. H. Maslow)关于人的需要层次研究成果以及"自我实现人"概念的基础上，于 20 世纪 50 年代后期提出 Y 理论。

所谓"自我实现人"，即指人都需要发挥自己的潜力，发现自己的才能，只有人的潜能充分发挥出来，人才会感到最大的满足。继马斯洛之后，麦格雷戈与沙因等都对"自我实现人"假设理论进行研究，形成下列基本观点：(1)一般人都是勤奋的，厌恶工作并不是人的普遍本性，如果环境条件有利，工作就自然而愉快；(2)当人的衣、食、住等最基本需要得到满足后，就会致力于获得高层次需要的满足，即力求最大限度地利用自己的才华与资源去实现其抱负；(3)人具有可以开发的巨大潜力，大多数人都存在解决社会或组织中各种问题所需的想象力、创新力及其他方面的智慧潜力；(4)在正常情况下，人会主动承担责任，力求有所作为和成就，缺乏抱负、逃避责任并非人的本性；(5)人具有主动性，在实现所承诺的目标活动中，人都能自我管理和自我控制，外来的控制和惩罚不是鞭策人为组织目标努力工作的唯一方法。

在 Y 理论与自我实现人假设前提下，管理者对员工管理方法主要包括：（1）创造适宜的工作环境，管理者不只是重视组织任务的完成，还要创造良好的工作环境，包括物质环境与精神环境，有利于人们充分发挥自己的潜能；（2）促进组织成员自我实现，减少和消除组织成员自我实现过程中的障碍，使其工作变得更有挑战性；（3）充分运用内在激励的方式，主要不是依靠增加工资、提升职务、改善福利等外在激励，而是让组织成员在工作中获得知识、成长、发挥潜力，而后在内心得到最大的满足；（4）建立能够满足员工自我实现需要的管理制度。管理的策略是建立组织决策民主化、工作内容丰富化与工作时间弹性化等方面的制度。

Y 理论与自我实现人假设是对行为科学管理理论与社会人假设的补充和发展。后者虽然看到了人的社会需要对调动其工作积极性的作用，注重在管理中满足被管理者在安全、社会等方面的社会性需要，但忽视了人的高层次需要的满足对调动其工作积极性的更重要的作用。自我实现人假设和 Y 理论尊重人的自我发展，强调人的主动精神，注重对人的内在激励和促进员工自我实现，弥补了社会人假设和行为科学理论的不足，具有理论上的合理性与实践上的针对性。因此，在管理实践中产生较大影响。但该理论只重视到了"自动人"人性实现的生理基础，忽略"自我实现"观形成的社会制约性，忽视了人的理想、信念在一定环境下可以抵制低层次需要而服从高层次需要的作用，因此，仍然是一种不完善的理论。

（四）复杂人假设

超 Y 理论是由美国管理心理学家约翰·莫尔斯（John J. Morse）和杰伊·洛希（Jay. W. Lorsch）对"复杂人"假设作了进一步研究与完善，于 1970 年以该假设为依据提出的。超 Y 理论在对 X 理论和 Y 理论进行实验分析比较后，提出了一种既结合 X 理论和 Y 理论，又不同于 X 理论和 Y 理论的理论，是一种主张权宜应变的经营管理理论，实质上是要求将工作、组织、个人、环境等因素作最佳的配合。

无论是"经济人""社会人"，还是"自动人"，虽各有其合理的一面，但并不具有普遍适用性。因为人与人不同，且每个人的需要与潜能又随着个人年龄、知识、地位与外部环境、条件的变化而变化。因此，人不可能是纯粹的经济人、社会人或自动人，而是变化不断的、因时、因地制宜地作出不同反应的"复杂人"。复杂人假设理论的基本观点包括：（1）人的能力与需要是复杂的，纷繁复杂的社会与千差万别的个人决定了现实中的人的能力与需要的丰富性与多变性；（2）人在同一时间内的需要与动机是复杂的，人所处的内外环境在不断变化，人在同一时间内也有多种需要与动机，由此构成复杂的动机模式支配人的行为；（3）人的需要表现形式是复杂的，与外部环境密切相关，人在不同组织或同一组织的不同部门中，可能会表现出不同的需要并获得不同的满足，一个在正式组织中受冷落的人可能在非正式组织中找到自己的社交需要和自我实现需要的满足；（4）人具有对各种复杂管理模式的适应性，人能根据自己的动机、能力和所从事的工作性质对多种互不相同的管理模式作出反应，但没有一种万能的管理模式能适用于一切人。

在复杂人假设与超 Y 理论指导下，管理者对员工管理主要有下列特点：（1）树立权变管理观念，善于运用权变观点看待管理中的人和事，把人看成因时、因地、因事而变的复杂人。（2）采用权变的管理模式，没有一成不变、普遍适用的管理模式，管理者要根据内外环境及条件变化加以选择。（3）运用权变的管理方法。组织中的每个人的需要与动机千差万别、千变万化，管理具体方法上也不能"一刀切"、简单化，而要具体问题具体分析，灵活多样地选用不同的管理方法。

在复杂人假设基础上提出的超 Y 理论，重视对人的需要的形成、变化复杂性的研究，强调在管理方式上必须采用权变观和方法。复杂人假设强调了人的需要的复杂性、多变性与满足方式的多样性。但过分强调了人的差异性，忽视人与人之间的共同性，未能认识到复杂人的人性本质；复杂人假设和超 Y 理论过分强调了管理的权变性与特殊性，忽视了管理的一般规律性，仍然存在着一定的局限性。

（五）文化人假设

Z 理论是由美籍日裔学者威廉·大内（William Ouchi，一译乌契）通过比较研究美国、日本两种管理模式，1981 年在其《Z 理论——美国企业界怎样迎接日本的挑战》（Z Theory）一书中提出的，其研究内容为人与企业、人与工作的关系。Z 理论同 X 理论、Y 理论并无直接联系，强调"彼我一体"的团队精神、"义利合一"的价值取向、"情诚统一"的处世之道、"奉献与感恩相应"伦理原则等，其实质都视企业员工为"文化人"。1981 年，特雷斯·迪尔（Terrence E. Deal）和阿伦·肯尼迪（Allan Kennedy）在《企业文化》一书中，通过收集总结美国数百家企业大量的资料后指出，强有力的企业文化是企业成功的金科玉律，也强调企业文化和员工为"文化人"的意义。

Z 理论与文化人假设的核心是要在组织中建立起一种"彼我一体""情诚统一""休戚与共"的文化。其具体观点如下：（1）人能相互信任。因为生存环境相同，价值目标一致，组织成员之间可产生相互信任感。（2）人与人之间具有亲密性。在相互信任、相互支持基础上形成的人际间的亲密关系，使人愿意为他人和团体服务，甚至作出某种牺牲。（3）人与人之间具有微妙性。人们既有共同利益与目标，也有各自的欲望与需求，每个人都是多种矛盾的统一体。

在 Z 理论与文化人假设指导下，管理者对员工可注重采用下列措施：（1）注重目标沟通，使组织目标与宗旨为全体组织成员理解和接受，促进人与人之间尤其是管理者与被管理者间相互信任，齐心协力贯彻企业宗旨；（2）力求整体评价管理者对人的评价多从整体考虑，使团体结构保持稳定化，提倡爱心和鼓励爱心。（3）协调人际关系。注重研究人际关系的微妙性，完善沟通渠道，提倡相互谅解，实行慎重评价与缓慢的升迁制度。

三、西方管理中的激励理论

所谓激励理论，即指依靠特定的管理方法或手段使员工对组织的承诺最大化，充分满足员工各种需求，从而调动起其积极性。激励的最终目的是要正确地诱导员工的工作动机，调动其工作积极性和创造性，使他们在实现组织目标的同时实现自身的需要，增加其满意程度，以使他们的积极性和创造性继续保持和发扬下去。激励理论兴起于 20 世纪 50

年代，经过半个多世纪的发展，激励理论可分为四大类。

1. 内容型激励理论。它关注个体内部的激发、定向、保持和停止行为的因素。这些理论试图确定能够激励个体的特定需要。这类理论主要包括：马斯洛需要层次理论（Maslow's hierarchy of needs），亚伯拉罕·哈罗德·马斯洛 1943 年提出；ERG 需要理论（ERG theory），由美国耶鲁大学克雷顿·奥尔德弗于 1969 年在马斯洛的需要层次理论基础上提出；双因素理论（two factor theory）也称"激励保健理论（motivator-hygiene theory）"，由美国行为科学家弗雷德里克·赫茨伯格于 1959 年提出，成就需求理论，由美国哈佛大学教授戴维·麦克利兰（David McClelland）于 20 世纪 50 年代在其一系列文章中提出。

2. 过程型激励理论。它描述和分析行为是如何受个体外部因素作用而被引发、怎样向着一定的方向发展、如何保持以及怎样结束这种行为的全过程。主要包括：期望理论（expectancy theory），由北美著名心理学家和行为科学家维克托·弗鲁姆于 1964 年在《工作与激励》中提出；亚当斯的公平理论（equity theory）又称社会比较理论（social comparison theory），由美国心理学家约翰·斯塔希·亚当斯于 1965 年提出，员工的激励程度来源于对自己和参照对象（referents）的报酬和投入的比例的主观比较感觉；目标设置理论（goal setting theory），由美国马里兰大学管理学兼心理学教授洛克（Edwin Locke）和休斯（C. L. Huse）于 1967 年提出。

3. 行为改造型激励理论。主要研究如何来改造和转化人们的行为，变消极为积极，以期达到预定的目标。其典型为强化理论（reinforcement theory），是由美国的心理学家和行为科学家伯尔赫斯·弗雷德里克·斯金纳、保罗·赫塞（Paul Hersey）和肯尼斯·布兰查德（Kenneth Blanchard）等人提出的一种理论，也称为行为修正理论或行为矫正理论。斯金纳的强化理论是"以学习的强化原则为基础"的"关于理解和修正人的行为"的一种基础管理理论。

4. 综合型激励理论。它试图综合考虑各种因素，从系统的角度来理解和解释激励问题。主要包括：（1）场动力理论（field dynamic theory），即早期综合型激励理论，由德裔美国社会心理学家库尔特·勒温（Kurt Lewin）结合物理学中"场"的概念所提出的心理学理论，主要用于解释个体行为产生及其变化的空间场域和深层原因[1][2]。（2）波特和劳勒的综合型激励理论，由美国行为科学家爱德华·劳勒（Edward E. Lawler）和莱曼·波特（Lyman Porter）在期望理论基础上提出。该理论认为，期望值和效价（报酬的价值）决定了努力的程度（激励的强度和发挥的能量）；绩效取决于个人努力程度、工作能力、对工作认知和环境因素；绩效与报酬关联度越高，员工主动性、积极性越高，反之，则动力、干劲不足。实际绩效和报酬是否公平合理直接影响个人是否感到满足以及对报酬价值的认识。

员工激励是企业管理的一项重要职能。激励理论也是企业管理学的重要内容之一。上述激励理论的产生、发展、理论内容及其影响作用在此不赘述。

---

① Lewin K. Resolving Social Conflicts. New York：Harpperand Brother publishers，1948.11.

② Lewin K. Field Theoryin Social Science. New York：Harpper and Brother publishers，1951.239-240.

第二节　人力资本理论出现的思想源流

美国经济学家欧文·费雪(Irving Fisher)首次提出"人力资本"(human capital)概念，他在其1906年出版的《资本和收入的性质》中将人力资本纳入经济分析的理论框架。1924年，苏联经济学家斯特鲁米林(Strumilin)在其发表的《国民教育的经济意义》一文中提出教育投资收益率的计算公式——劳动简化计算法，算出了对工人进行一年的初等教育可比同样时间在工厂工作提高劳动生产率1.6倍。他成为最早用数量计算公式来阐述教育经济意义的经济学家。1935年，美国哈佛大学J.R.沃尔什(J.R. Walsh)在其发表的《人力资本观》一文，以个人教育成本现值和收益现值相比较计算教育的经济效益。1958年，新制度学派的代表人物加尔布雷斯(John Kenneth Galbraith)在出版的《丰裕的社会》中指出，现代经济活动需要大量受过训练的人，对人的投资和对物质资本的投资同样重要，改善资本或技术进步几乎完全取决于对教育和科学的投资。没有对人的投资，物质投资虽也能使产量增加，但这种增长是有限的。① 但真正形成比较完善的人力资本理论则是在20世纪五六十年代②。从理论历史来看，人力资本理论出现的思想渊源是经济增长理论、教育经济学以及现代企业管理理论的研究与发展③。

一、经济增长理论与人力资本理论的出现

(一)人力资本理论出现的背景

英国经济学家舒马赫(Ernst Friedrich Schumacher)曾提出："全部历史以及当前的全部经验说明这样一个事实：最基本的资源是人而不是自然提供的。一切经济发展的关键都是从人的头脑中产生的。"④随着西方经济从第二次世界大战废墟中的恢复和发展，以及取得独立的第三世界国家对发展民族经济的追求，经济增长问题成为经济学研究的热点，人力资源与经济发展关系备受经济学家关注，导致人力资本理论的产生。随着20世纪五六十年代科学技术进步与发展，西方发达国家都将发展科学技术作为促进经济增长、提高竞争力的主要手段。如美国科学技术的研究开发支出占国民生产总值(GNP)比重从1920年的0.2%、1940年的0.6%和1955年的1.5%提高到2.7%⑤。日本、联邦德国、法国和英国的研究开发(R&D)投入也不断增加。科技进步使生产的社会性不断增强，对劳动者技能要求逐步提高，职业技能专业化程度日益增加，需要提高劳动者的质量。另一方面，20世纪四五十年代，发展中国家政府在物质资本决定论指导下，大量吸收外国资本，追求国

① 王明杰，郑一山. 西方人力资本理论研究综述. 中国行政管理，2006(8).

② 麻彦春，等. 人口、资源与环境经济学. 吉林大学出版社，2007：90.

③ 李燕萍. 美国、加拿大人力资源开发研究. 博士论文，2000(5)：第2章.

④ E.F. 舒马赫. 小的是美好的. 虞鸿钧，郑关林，译. 北京：商务印书馆，1989：48.

⑤ 美国统计摘要，1991：588，1992：585；联合国经社理事会. 科学技术在经济发展中的作用. 1970：31.

民经济的迅速发展，但经济发展并未收到预期的效果，资本短缺，自然资本尚待开发，人口数量多，所蕴藏的人力资源数量也多且质量低，人力资本积累少。与此同时，形成鲜明对比的是第二次世界大战后的西欧与日本，尽管它们的工厂、铁路、港口等物质资本遭到严重破坏，但在外资援助下它们的经济迅速恢复。发达国家与发展中国家的经济发展实践引起经济学家们的关注，以及对经济发展经验教训的反思。同样利用外资和技术援助，为什么在不同国家有大不相同的效果？由于新古典经济学的增长理论和资本理论聚焦于资本同质、劳动力同质的假设，而基于这种假设的理论对新出现的经济问题很难解释，经济发展中的很多不解谜题，即"经济增长余值之谜""收入分配之谜""里昂惕夫之谜""马尔萨斯困惑之谜"①，成为这一时期经济学家们研究的热点。一些学者开始对前人在人力资本领域的思想进行挖掘和发展，开创了现代人力资本理论的研究。

（二）经济增长理论的困惑与人力资本理论的出现

自凯恩斯(J. M. Keynes)《就业、利息和货币通论》发表之后，哈罗德(R. F. Harrod)以凯恩斯"有效需求"论为基础来考察国民收入在长期内保持稳定均衡增长的条件，试图把凯恩斯采用的短期、静态（比较静态）均衡分析方法应用于国民收入或就业决定问题的长期化、动态化分析，开创了战后经济学研究，即现代经济增长理论，促使了人力资本理论的形成。

1. 资本决定论。它起源于古典政治经济学的资本理论，也是最具有影响力的一种增长理论。哈罗德-多马(E. D. Domar)模型强调资本对经济增长的作用，资本形成是经济增长的决定因素②；模型只表明储蓄和投资、资本-产出比率与产量增长间的数量关系；模型中的资本-产出，无法考虑劳动与资本的替代问题，把财富看作是资本的产物，劳动只是资本增值的条件，劳动附属于资本，因而被称为"资本决定论"的经济增长理论③。其结论之一就是只要通过政府干预就可使经济获得长期、稳定、均衡增长，但它无法解释资本边际收益递减规律带来的资本利润下降与生产规模收益递增的矛盾。现实中的经济增长总伴随着技术进步，即由于生产知识的增进、单位生产要素投入带来的产量增长，或生产单位产品所需的投入减少。新古典学派将技术引进新古典经济增长模型成为增长理论研究的重要内容。

2. 技术决定论。从 20 世纪 50 年代开始该理论成为经济增长理论的主流。索洛(R. M. Solow)、斯旺(T. W. Swan)、米德(J. E. Meade)等经济学家对"资本决定论"提出了挑战，放弃了资本-产出不变的假设，引入了技术进步变量。索洛建立的技术进步模型④认为，在不增加生产要素投入情况下，技术进步可改变生产函数，提高产出而实现经济的长期均衡增长。索洛把无法用要素的投入解释的"增长余值"归结为"技术进步"，1957年，他首先对美国 1909—1949 年间的统计数据测算表明，技术进步对美国这一时期经济

---

① 靳文志. "经济之谜"与"理论之谜". 理论前沿, 2005(5).

② 迈耶, 等. 发展经济学的先驱. 北京：经济科学出版社, 1998：2.

③ 宋承先, 等. 增长经济学. 北京：人民出版社, 1982：37.

④ 索洛. 经济增长理论：一种解说. 上海：上海三联书店, 1989.

增长率的贡献是 87.5%。据此，索洛认为经济增长的唯一源泉是技术进步，打破了资本决定论一统天下的局面。肯德里克(J. Kendrick)、丹尼森、库兹涅兹(S. Kuznets)等人进一步对经济增长因素的研究也验证了索洛的观点。丹尼森把索洛的"技术进步"因素进行分解，划分成六大类、两大方面，即"就业人员的教育年限"与"知识进展"，发展了技术进步决定论，但并他没有提出人力资本概念。然而技术决定论仍是强调生产过程中"物"的因素，忽视"人"的因素，把劳动看作仅仅需要少量的知识和技能就可以从事的体力劳动，劳动者所具有的生产能力也被假定为同质。

3. 一般的人力资本理论。面对"增长余值"问题，20 世纪 60 年代中期，长期从事农业经济学研究的舒尔茨也在寻求合理的、充分的解释。他在美国经济学年会上发表了题为《论人力资本投资》的演讲，轰动了西方经济学界，也成为人力资本理论确立的标志。他批评传统"资本"概念，提出用人力资本理论来解释经济增长源泉；将"资本"分为人力资本和常规资本(或物质资本)两种形式，通过教育、健康方面的投资可增强人的体力、智力和技能，使一般人力资源转变为人力资本，即体现在人身上的技能与生产知识存量。他说："我们之所以称这种资本为人力，是由于它已经成为人的一个部分，又因为它可以带来未来的满足或者收入，所以将其称为资本"①。舒尔茨通过人力资本的"知识效应"和"非知识效应"解释经济增长的原因，成为人力资本研究的先驱，但在解释经济增长"余值"源泉中并没有提出以人力资本为中心的增长模型，人力资本理论还比较一般化。

4. 专业化人力资本决定论。20 世纪 70 年代末至 80 年代初期，麦迪逊等人通过对发展中国家经济增长因素的实证研究发现，技术进步对经济增长的贡献在发达国家大于发展中国家；资本积累对经济增长的贡献在发展中国家大于发达国家。所以，技术决定论再次得到重视。另一方面，以技术决定论为核心的新古典增长理论又不能解释：穷国与富国的经济增长率和人均收入水平差距拉大，以及国际资本向发达国家"倒流"等现实的经济现象。对此，罗默(P. M. Romer)把劳动力分成纯体力的"原始劳动"与表现为"劳动技能"的人力资本②；罗伯特·卢卡斯(Robert E. Lucas Jr.)把舒尔茨的人力资本概念与索洛的技术进步概念结合起来并具体化为"每个人的""专业化的人力资本"和"无形资本"，通过模型分析认为，只有人力资本才能使经济增长。这些理论逐步形成新经济增长理论，也把人力资本理论研究推向了新的阶段，建立了人力资本为"增长发动机"的宏观经济增长模型③。

舒尔茨的人力资本理论重在解释经济增长"余值"源泉，但未提出以人力资本为核心的增长模型，人力资本的概念也比较一般化。贝克尔(G. S. Becker)分析重在微观，于1964 年发表了《人力资本》，提出了较为系统的人力资本理论框架，进一步发展了人力资

---

① 舒尔茨. 论人力资本投资. 吴珠华，等，译. 北京：北京经济学院出版社，1992：92.

② Romer P. Endogenous Technological Change. *Journal of Political Economy* 98. 5 (Part2, October 1990).

③ Lucas R E Jr. On the Mechanics of Economics Development. *Journal of Monetary Economics*，1998，22（1）：3-42.

本理论，使之成为系统而完整的理论体系。20 世纪 80 年代中期开始，以罗默、卢卡斯为代表的"内生经济增长理论"出现，学术界称其为"新经济增长理论"。新经济增长理论的核心修改了古典模型中的生产函数，在新古典的生产函数中加入人力资本的投入，给人力资本理论增添了新的内容。

二、教育经济学与人力资本理论的出现

(一)教育经济学中人力资本理论产生的背景

第二次世界大战后，各国日益意识到教育对经济发展的重要意义，认识到提高人的素质教育是加速经济增长的重要决定因素，为此，各国对教育的干预也不断增加。这对教育经济学起到了直接的推动作用。如美国在苏联人造卫星抢先上天后，敏锐地认识到美国在科技与教育上落后于苏联。20 世纪 60 年代世界其他国家，尤其是日本和联邦德国经济的腾飞，使美国清楚地看到其经济上面临的挑战。1958 年的《国防教育法》以及 1964 年《职业教育法》都反映了教育对科技和经济发展具有重要意义。又如，主要欧洲国家组成的经济合作与发展组织，日益认识到科技人才的重要性和培训科技人才的教育事业的重要性，1961 年经济增长和教育投资政策会议就开始表现出对教育的热情。发展中国家也普遍认识到人力的质量不足。日本更是一个清楚认识到教育对经济增长作用的国家，1951 年日本颁布了《产业教育振兴法》，目的"在人民中提倡一种正确的劳动态度，教给人们有关产业的实用知识，发展他们设计和创造能力。"1953 年颁布了《科学教育振兴法》，以在小学、初中、高中推广科学教育①。在 20 世纪 60 年代初期提出国民经济增长计划的同时，日本就明确把教育纳入与经济同步发展的轨道，政府的"国民收入倍增计划"第一次详细说明了教育是独立经济计划的主要方面。教育经济学的各种理论尤其是人力资本理论，在政府对其的接受和首肯下，无疑受到推动，同时这些理论也恰好适应了各国制订促进国民经济增长的政策需要。

另一方面，人才竞争在企业竞争中的作用日益重要。第二次世界大战后，世界科技革命浪潮迭起，国际间的科学技术与经济竞争日趋激烈，作为国民经济活动的细胞企业纷纷认识到：经济竞争就是技术的竞争，而技术竞争又成为教育竞争。因为教育增强的直接成果是高素质的人力资源，这正是教育经济学中人力资本理论的核心观点。企业的教育、成人教育和继续教育迅速扩张且重要性日益提高。

(二)教育经济学中人力资本理论的出现

20 世纪 60 年代，西方许多学者关于教育对经济的作用及程度的研究进入系统的探索阶段。据统计，本领域的主要研究论著在 60 年代以前的数十年间只 43 项，而 1961—1966 年间达到 747 项，到 1978 年达到 2000 余项②。在教育经济学研究领域中，最有影响的就是人力资本理论。舒尔茨作为分析教育与人力资本投资生产率的第一人，日本有人称其为"现代教育经济学的创始者"。美国也有经济学家对人力资本经济价值的量方面做了深入

---

① 李荣安. 日本教育与发展. 杜晓萍, 译. 外国教育资料, 1997(6).
② 吴忠魁. 当代世界教育的经济主义思潮. 比较教育研究, 1996(4).

研究，如丹尼森对经济增长的智力因素的分析，贝克尔通过对家庭行为分析提出个人教育收益的计算模式等。随着教育经济的发展，西欧和日本一些学者的研究对人力资本理论的发展具有一定推动作用。

整个 20 世纪 60 年代，美国的人力资本理论风靡一时并在教育经济学中占主要地位。第二次世界大战后，世界各国的教育发生了重大的历史性变革，教育事业的发展取得惊人进步。教育结构和体系复杂化，学校数量和受教育人口增多，教育领域的拓展和教育内容多样化，使现代教育拥有了新的历史性特征；几乎每一个国家都把教育纳入经济发展的战略轨道，教育在国民经济中的地位更加突出，采取适应经济发展需要的教育措施，成为规范教育发展和学校行为的重要标准。因此，各国普遍进行重大教育改革，规划和调整教育结构，直接促进职业技术教育大发展。在教育经济学理论推动下，像世界银行等国际机构也把投资教育作为资助发展中国家的重要方面。

三、企业管理理论中的人力资源管理思想

19 世纪末期，随着生产技术日益复杂、生产规模发展和资本日益扩大，以及社会化大生产发展，西方国家在企业管理制度、企业结构方面进行重大改革，即企业管理职能逐渐与资本所有权相分离。经过泰罗、亨利·法约尔(Henry Fayol)等管理学家的努力，企业管理变成了一门学科。随着管理科学的发展，以"人为中心"的管理成为管理的发展趋势，企业人力资源管理理论思想也形成体系。

（一）科学管理中的企业人力资源管理思想

企业管理职能与资本所有权的分离促使专门管理阶层的出现。管理工作也成为有人专门研究的一门学问，并产生了"科学管理"理论，以 1911 年泰罗的《科学管理的原理》和1916 年法约尔的《工业管理与一般的管理》诞生为标志。

被称为"科学管理之父"的美国管理学家泰罗著有《计件工资制》《车间管理》《科学管理原理》《科学管理》《在美国国会的证词》等，其理论成果对后几十年的管理实践具有重大影响，他提出的管理基本原则仍是我们管理思想的重要部分[①]。泰罗的理论著作中有许多人力资源管理思想，主要包括如下：（1）科学确定劳动定额。泰罗认为，劳动定额是通过成立相应的机构，由专业人员进行"时间和动作研究"科学地加以确定，并用科学方法来确定工人们用其现有的设备和原材料所应能完成的任务，这也是科学管理的开始。"企业里的每一个人，无论职位高低，每天都应该有明确的任务摆在面前。这项任务不应有丝毫的空洞或不明确之处，必须全部加以详细规定，并且应该不是那么轻易就能完成的"[②]。（2）科学选拔与合理配置员工。泰罗主张把过去由工人挑选工作，改为由工作挑选工人，每项工作都应挑选第一流的工人。这项工作应由专门机构来实施。"应让每一个工人做他

---

① 弗莱蒙特·E. 卡斯特，詹姆斯·E. 罗森韦克. 组织与管理：系统方法与权变方法. 第四版. 傅严，等，译. 北京：中国社会科学出版社，2000：75.

② 弗雷德力·泰罗. 车间管理. 哈珀-罗出版社公司，1930：30.

的能力和体力所能胜任的尽可能高级的工作"①。(3)科学培训员工。泰罗指出：第一是精心挑选工人，第二是诱导工人，之后是对其进行训练和帮助，使之按科学方法去干活。具体而言，就是"把工人一个一个地交由一位称职的教师，用新的操作习惯去培训，直到工人能连续而习惯地按科学规律(这是别人设计出来的)去操作。"(4)差别计件工资制。泰罗改变了传统的工资制度，推行"差别计件工资制"。他认为，通过工时的研究进行观察和分析以确定"工资率"即工资标准等。(5)人员素质。泰罗认为一位"全面"的管理者"所应具备的九种品质：智能；教育；专门的或者技术的知识，手脚灵巧和有力气；机智老练；有干劲；刚毅不屈；忠诚老实；判断力和一般常识；身体健康"②。不同的工作岗位对素质的要求有明显的差别。泰罗认为，要找到具备上述 3 种品质的人并不太困难，找到具备上述 5 或 6 种品质的人就比较困难，而要找到具备 7 或 8 种以上品质的人，那几乎是不可能的③。因此，人力资源管理应按工作性质的不同分门别类，并由具有不同才能的人负责。

法约尔在管理范畴、管理组织理论、管理原则方面提出了崭新观点，为以后的管理理论奠定了基础，但其《工业管理与一般管理》中蕴藏着丰富的人力资源管理的思想。他研究了企业各类人员应具备的素质和能力，认为企业人员必须具备身体、智力、道德、一般文化、专业知识、经验等方面的素质；所具备的能力主要包括管理能力、技术能力、商业能力、财务能力、安全能力、会计能力六大类，在不同岗位工作的人，其能力结构不同，他认为应高度重视人员的培训工作。一个好的工作人员——技术的、商业的、财政的、管理的或其他方面的——其才能不是天生就有的。为了使他们具有这些能力，就要对他们进行培养。这种培养一般体现了家庭、学校、工厂与国家所做的长期艰苦的努力④。法约尔对学校、家庭、工厂与国家在人员培养中的作用都有深刻的认识。

(二)行为学派的人力资源管理思想

科学发展到 20 世纪，学科越分越细，学科间的联系也愈加广泛。相继出现了不少边缘科学如控制论，为此科学家们开始考虑如何用各种科学知识来研究人的行为。行为科学是一门研究人类行为规律的科学，它的出现为企业人力资源管理提供了科学的理论依据。

以泰罗为代表的科学管理理论在企业人力资源管理做出了重要贡献，但其主要目的是提高劳动生产率，仅侧重于对劳动力生产技能和管理方法的培训与素质提高，对劳动者社会和心理方面开发注意不够或忽视。行为科学学派从认识人的本质出发，提出"人性假设"，把它作为人力资源管理的基础和前提，丰富了人力资源管理的内容。

从斯密到科学管理学派都把人看作是为追求经济利益而活动的"经济人"，或是对工

---

① 弗雷德力·泰罗. 车间管理. 哈珀-罗出版社公司，1930：30. // 丹尼尔·A. 雷恩. 管理思想的演变. 赵睿，等，译. 北京：中国社会科学出版社，2000：147.

② 弗雷德力·泰罗. 车间管理. 哈珀-罗出版社公司，1930：96. // 丹尼尔·A. 雷恩. 管理思想的演变. 赵睿，等，译. 北京：中国社会科学出版社，2000：150.

③ 丹尼尔·A. 雷恩. 管理思想的演变. 赵睿，等，译. 北京：中国社会科学出版社，2000：150.

④ H. 法约尔. 工业管理与一般管理. 周安华，等，译. 北京：中国社会科学出版社，1999：17-20.

作条件变化能够做出直接反应的"机器模型"。但行为科学学派提出了"社会人假设""自我实现人假设"的"人性假设"，认为工人不仅具有追求经济利益和满足物质需要的动机，还具有参与社会活动和满足精神、感情和心理需要的动机；只有满足工人的社会要求、精神、感情和心理需要，才能使其持久地提高劳动力生产率；该学派还比较重视企业内职工的非正式组织对影响员工工作情绪的作用。为此，西方一些大公司特别是日本公司从众多方面不同程度地采取措施，以改善领导与工人、工人与工人间的关系，满足工人的社会、情感需要以提高其工作热情。

20 世纪 60 年代以后，美国出现的现代管理理论否定了科学管理理论关于"经济人"假设和行为学派关于"社会人"假设，认为员工是"决策人"，即从员工的决策行为出发，研究企业应如何开发人力资源潜在能力；承认员工有经济和物质需要，又有社会和精神需要，并认为从决定员工行为来说，非经济的、社会的动机比经济动机更重要，组织中的成员具有自主性和个性；员工与经营者一样具有决策能力和"自由意志"；职工具有自我完善、自我实现的需要，企业领导者的责任就在于创造必要条件和环境鼓励员工参与企业决策，让其发挥潜能。

20 世纪 80 年代初，企业文化理论进一步系统化，既是行为科学的继续发展又预示新的管理学派——文化管理学派的诞生。在文化管理时代，企业文化是整个管理的关键一环，也是人力资源管理的关键，这说明"以人为中心的管理"——企业人力资源管理已由开发人的行为上升到开发人观念的层次，用一种群体价值观去管理企业人力资源，发挥群体的劳动热情和首创精神，形成配合默契的团队，这是企业竞争力和组织活力的真正来源。

总之，行为科学学派使人力资源管理的思想重心发生转移，即由注重人力资源外在要素量的开发与管理，转移到注重人力资源内在要素质的开发与管理①。

(三)其他管理理论中的人力资源管理思想

在管理理论的发展过程中，还存在众多的管理学派都在人力资源管理领域做出了贡献。

管理科学学派与泰罗"科学管理"实际上属同一思想体系，但不是"科学管理"的简单延续，即将数学模型、计算机技术引入管理领域。第二次世界大战后的经济全球化使世界大市场初显轮廓并使竞争激化，企业再不能忽视市场对内部管理的影响；另一方面，由于战争中应用数学与统计学定量分析工具被用于解决军事作业问题，促使第二次世界大战后美国的运筹学发展及其运用，开发了大量的实用性数学模型，同时"第一台"计算机在美国出现更使运筹学如虎添翼，使管理进入了精密科学的宫殿，开辟了定量研究人力资源管理并分析其经济效益分析的道路。

系统管理学派把管理的对象看作一个整体，用一个有机联系的系统研究企业管理的任何个别事物，企业包括生产系统、物质系统、人员系统、信息系统等。它将古典管理理论

---

① 张德. 人力资源开发与管理. 北京：清华大学出版社，1997：60-61.

与行为科学相结合，把企业人力资源管理放在组织整体系统中加以考虑，将人力资源系统作为组织整体系统的子系统来分析和研究，全面地研究各因素及其对人力资源管理的影响，并认为人是企业系统的第一因素。企业的主人是人，企业的一切活动要靠人。只有充分调动人的积极性，才能提高经营管理和生产的效益等。

权变学派(contingency theory school)认为管理必须视具体情景做出具体分析，因地、因时、因情制宜，它在人性假设方面，独树一帜地提出"复杂人假设"，即"超 Y 理论"，提出对不同心理成熟度的人员用不同方式的开发，以此调动各种人员的积极性①。

以德鲁克为代表的经验主义学派关成功企业的管理经验并上升到理论，在更多的企业中推广。它们认为工商企业的资源分为三类：资本、人力、时间，但真正的资源只有人。要充分开发人力资源，发挥人的潜力，一是要使工作具有生产性；二是要使工作人员有成就感。

以哈罗德·孔茨(Harold Koontz)为代表的管理程序学派则按照管理职能分门别类地对管理进行研究，他把人事作为管理五大职能之一，对人事工作进行了详尽的研究，也对企业人力资源开发做了研究。

第三节　人力资本理论及其作用

人类与国家进步和经济发展的关系较早就成为人们探讨的课题。早在二三百年前，一些经济学家就有关于人力资本思想的阐述，20 世纪 30 年代人力资本理论雏形逐渐显现。威廉·配第(William Petty)、亚当·斯密、约翰·穆勒(John Stuart Mill)、让·巴蒂斯特·萨伊(Jean-Baptiste Say)和弗利德里希·李斯特(Friedrich List)、卡尔·马克思(Karl Marx)与阿尔弗雷德·马歇尔(Alfred Marshall)在其经济理论中均有关于人力资本理论问题的研究。

一、人力资本理论的产生

威廉·配第 1676 年在其《税赋论》中首次阐述了"土地是财富之母，劳动是财富之父"的经济思想②，首次正式运用人力资本思想并估计人力资本价值，孕育了早期人力资本思想萌芽；他在另一部著作《政治算术》中首次尝试对一个国家人力的价值的量化估算，并认为教育和训练会对个人产生货币价值功效③。亚当·斯密最早明确将人或人的能力划归为固定资本，提出了人力资本投资的思想。在其《国民财富的性质和原因的研究》(1776年)中分析了社会财富来源及财富积累，认为劳动是一切财富的源泉，确立人力资源在社会经济中的地位。斯密认为可以通过教育、学校和做学徒学习而获得才能，在这个过程中所花费的资本可通过另外一种价值形式如"提升劳动技能"实现在学习者身上形成固定资

---

①　谭力文，等. 管理学. 武汉：武汉大学出版社，2000：46-52.

②　威廉·配第. 赋税论. 北京：商务印书馆，1978：66.

③　威廉·配第. 马妍译，政治算术. 北京：中国社会科学出版社，2010：28.

本。无疑，斯密对固定资本的内涵进行了重要拓展，不仅包括传统的机器、建筑物和土地，而且还纳入了通过学习获得的知识和技能①。他对国家提出建议要"鼓励、推动，甚至强制全体国民接受最基本的教育"②，认为劳动者作为人力资本增长的载体，"劳动者的技巧因业专而日进"，阐述机械的发明是典型发挥智力简化劳动，运用人力资本的物化结果。约翰·穆勒在其著作《政治经济学原理》中打破了传统意识中将货币或贵重金属作为衡量财富的一般指标，强调人的能力所发挥和产生的作用，并认为技术人员所拥有的技能和知识与工具和器械一样都属于国家财富的重要构成，且技能和知识可以影响促进劳动生产率的提高③。他的人力资本核心思想主要体现在对"财富"的理解及人在生产中地位和作用的分析。古典经济学家让·巴蒂斯特·萨伊继承并发扬了斯密学说。他认为，任何通过教育和培训获得的技能只要能够产生生产效用都可以视为一种资本，教育是一种资本，而教育从投资到资本形成的过程中，一定需要进行长期、大量成本投入，需要为这一部分投入支付一定的费用。他将劳动者报酬结构分为劳动者的一般性"工资"报酬及除"工资"外的"资本的利息"的"剩余"两部分。他还认为，工作中需要高等教育培训的岗位薪酬应高于不需要大量教育培训的岗位；健康因素会影响人力资本的状态，利息率应高于普通金融资本；教育投资和培训会直接影响人们的知识和技能水平，如果教育投入不能持续进行，人们的技能水平也会停滞发展，甚至会导致社会倒退。④ 他对人力资本的概念及其投资的阐述具有全新的角度。弗利德里希·李斯特在《政治经济学的国民体系》中提出，教育支出应作为一个国家最大的经济支出，加大对国家下一代的教育投入可提升国家未来的生产力。同时还建议将教师列入生产者行列，因为教师能培养和教育下一代生产者，从而进一步将资本细化为"物质资本"与"精神资本"。这在一定程度上已非常接近当代西方经济学所使用的人力资本概念⑤。卡尔·马克思的经济学说是建立在劳动价值学说基础上的，其人力资本理论集中体现于巨著《资本论》对资本主义积累规律、社会总资本扩大再生产等分析中。他在《1857—1858年经济学手稿》中阐述和界定了"劳动"和"劳动力"的区别。他认为劳动强调的是对劳动力使用的过程，而劳动力包含了劳动者本身所具有的能力、精力和力量的总和⑥，并通过价值和使用价值两个方面论述了劳动力商品具有的特殊性⑦。

英国古典经济学的继承和发展者阿尔弗雷德·马歇尔1890年在其出版的《经济学原理》中指出："我们必须考察人的体力的、精神的、道德的健康及其程度所依存的各种条件。唯有这些条件才是劳动生产率的基础。物质财富的生产是依存于劳动生产率的。另一方面，物质财富，重要的在于通过很好地利用此财富提高人力的、体力的、精神的、道德

① 亚当·斯密. 国民财富的性质和原因的研究. 上卷. 北京：商务印书馆，1972：257-258.

② 亚当·斯密. 国民财富的性质和原因的研究. 上卷. 北京：商务印书馆，1972：257.

③ 约翰·穆勒. 政治经学原理. 上卷. 北京：商务印书馆，1991：98.

④ 萨伊. 政治经济学概论. 北京：商务印书馆，1963：368-369，375.

⑤ 毕菲. 我国人力资本投资对经济增长影响研究. 吉林大学博士论文，2018(6)：14.

⑥ 马克思. 1857—1858年经济学手稿. 马克思恩格斯全集. 第46卷. 北京：人民出版社，1979：137.

⑦ 付宇. 人力资本及其结构对我国经济增长贡献的研究. 长春：吉林大学出版社，2014.

的健康和程度"①。主张把教育作为国家投资，因为他认为教育投资所产生的经济价值是巨大的，且远超过教育投资本身的价值②。

无论是古典经济学家还是新古典经济学家们，均在其著作中指出人及其能力和获得的技能都应被包含在资本的范围之内，都肯定了人在生产的经济价值，以及人的知识和技能对经济增长和收入提高的重要意义，但他们仍然认为劳动报酬只是工资，而资本的报酬才是利润。不管是斯密的三要素说，还是马歇尔的四要素说，都是建立在资本一元导向的基础上的。至多是在比喻意义上认为劳动也是一种资本，但从来没有真正地把它当作资本；承认对人力资本投资的重要性，但却反对使用这种方法做任何计算③，没有形成完整的理论体系。直到 20 世纪 60 年代，舒尔茨和贝克尔等经济学家创立了人力资本理论，才完善了资本的概念，即资本包括物质资本和人力资本。

二、人力资本理论及其发展

(一)舒尔茨的人力资本理论

美国经济学家、1979 年的诺贝尔经济学奖得主舒尔茨是人力资本理论的创始人。他在《人力资本投资》《教育的经济价值》等论著中使人力资本理论系统化、理论化，使人们认识到"人力"是经济发展中的主要因素，提高"人力"质量成为经济发展的关键。鉴于其贡献，瑞典皇家科学院称"舒尔茨是研究人力资本理论的先驱"。其人力资本理论内容如下：

1. 人的知识和技能是资本的一种形态，称之为人力资本。舒尔茨认为资本有两种形式，即体现在产品上的物质资本和体现在劳动者身上的人力资本。劳动者在受教育和训练后，其能力、智力、技术水平等提高程度也不相同。人力资本是以劳动者质量或其技术知识、工作能力表现出来的资本。人力资本与物质资本相对应，两者共同构成国民财富。他认为，人力资本的形成包括：学校教育，包括初等、中等和高等教育；医疗与保健，包括影响一个人的寿命、力量、耐力、精力等方面的所有费用；在职人员训练，包括企业旧式的学徒制；企业以外的组织为成年人举办的学习项目，包括农业中常见的技术推广项目；个人或家庭为适应就业机会的变化而进行的迁移活动④。具体概括为：(1)教育投资，用于发展教育事业，提高劳动者的工作能力、技术水平和熟练程度。通过教育可提高劳动者质量，从而提高劳动生产率，增加个人收入和国民收入。教育投资是人力资本投资的主要方面，是提高人口质量的主要途径。(2)医疗保健投资，用于发展医疗保健事业，以减少人们的疾病和死亡，提高劳动者的素质，增加其工作能力，延长其服务期限。广义上讲，医疗保健投资包括用于维持和提高一个人的寿命、耐久力、精力和生命力的所有费用；狭义上看，主要指为提高健康水平而在医疗服务和健康保障方面所耗费的经济资源。用于卫

① 马歇尔. 经济学原理. 伦敦：麦克米伦公司，1930：787-788.
② 马歇尔. 经济学原理. 上卷. 北京：商务印书馆，1964：229.
③ 王明杰，郑一山. 西方人力资本理论研究综述. 中国行政管理，2006(8).
④ 舒尔茨. 论人力资本投资. 北京：北京经济学院出版社，1990：9-11.

生医疗保健费用是人力资本形成的重要途径之一。（3）劳动力迁徙投资，用于发展劳动力市场行情调研机构，以提供有关信息并协助劳动力流动，促进解决劳动力余缺调剂和专长发挥。通过医疗保健和教育投资等形成人力资本价值的实现和增殖，往往要通过劳动力的流动来完成。

2. 人力资本存量对劳动生产率提高和经济增长具有重要作用。1960 年，出任美国经济学会会长的舒尔茨在题为《人力资本投资》的演讲中，对人力资本理论做了系统的阐述，明确阐述了人力资本概念与性质、人力资本投资内容与途径、人力资本在经济增长中的作用等思想。人力资源是一切资源中最主要的资源，人力资本理论是经济学中的核心问题。不是一切人力资源都是最重要的资源，只有通过一定方式的投资，掌握了一定知识和技能的人力资源才是经济发展的决定因素。他引述丹尼森（E. F. Denison）的论断，美国"1909—1929 年间物力资本对经济增长的贡献几乎是学校教育对经济增长的贡献的 2 倍，但在 1929—1957 年间学校教育的贡献却超过物力资本"，认为这是教育投资迅速增长的结果。他用战争期间物质资本受极大破坏的国家能在战后迅速复兴经济的实例证明：在经济增长中增加对人力资源的投资要比增加对物质投资更加重要。

3. 教育投资应以市场供求关系为依据，以人力价格的浮动为衡量符号。舒尔茨认为，只有根据人力市场的供求变化，按照"有人乐于出钱上什么大学，你就办什么大学"的原则，才能满足国家对各种人才的需要。这就是说，各个时期对教育投资的多寡，对各大学专业投资的多寡，都必须遵循自由市场的法则。

4. 创建了人力资本投资收益的计算方法，提出人力资本的投资标准。人力资本的未来收益包括个人预期收益和社会预期收益，要大于其成本，即大于对人力资本的投资。由此舒尔茨创立了人力资本投资收益的计算方法。所谓人力投资收益率就是人力投资在国民收入增长额中所占的比率，其计算方法集中体现于两个公式上：

社会教育资本积累总额 $= \sum$（各级教育的毕业生的每个平均教育费用 × 社会上各级学历的就业人数）

某级教育投资的年收益率 =（某级教育毕业生平均年收入 – 前一级毕业生平均年收入）÷ 某级教育人均费用

（二）加里·贝克尔的人力资本理论

加里·贝克尔是一位极具有独创性的现代经济学家，曾与舒尔茨同在芝加哥大学执教，是人力资本理论研究热潮的推动者。贝克尔的贡献表现在对人力资本投资的微观分析，其人力资本理论研究成果集中于 1960 年后发表《生育率的经济分析》《家庭论》《人力资本投资：一种理论分析》①中，后者被西方学术界认为是"经济思想中人力资本投资革命"的起点。贝克尔的基本思想表现如下：

1. 补充和完善人力资本的内涵。教育是资本的形式之一。"人力资本的投资增加主要

---

① Becker G S. Investment in Human Capital：A Theoretical Analysis. *Journal of Political Economy*，1962（70）：9-49.

是技术进步",并导致"增加技术人员的相对供给",因此,"许多工人通过在工作中学习新技术并完善旧技术而提高了他们的生产率"①,使新的更好的物质资本发挥更大的作用。贝克尔还认为人力资本的内涵不仅需要有知识、技能和才干,更重要的是还需要有健康和时间。他对舒尔茨以教育为核心界定人力资本的概念做了重要补充和创新。

2. 提出人力资本投资收入效应理论。他将人力资本理论从教育经济学领域扩展到人口和家庭经济领域,极大地拓宽了人力资本理论的研究视野。他运用经济数学方法对家庭生育行为进行经济决策和成本-效用分析,提出了生育、培养孩子的直接成本和间接成本的概念、家庭时间价值和时间配置的概念;还通过人力资本收入函数分析拓展人力资本收入效应的内涵。他指出生产与消费在人力资本投资中得到有机统一。人力投资的全部成本是直接成本与间接成本之和,投入要素可归为时间投入与产品投入两大类,投资方式以"在校学习"或接受在职培训为代表。人力资本投资的全部收入表现为货币收入与心理(消费)之和,人力资本投资与产出的均衡条件是"人力资本投资的边际成本的当前价值等于未来收益的当前价值"。他通过人力资本收入函数分析认为,人力资本的增加不仅可改变市场上"时间的生产力",还可以改变家庭消费或人力资本本身的"时间与产品的生产力",人力资本的积累可以"改变"人力资本本身的生产函数。

(三)雅各布·明瑟尔的人力资本理论

雅各布·明瑟尔(Jacod Mincer)是 20 世纪 50 年代对人力资本理论研究比较突出的美国经济学家,其研究极大地促进了现代劳动经济学研究体系形成,对劳动经济学的贡献突出地体现于 50—70 年代的人力资本理论研究中②。其主要观点和内容包括以下:

1. 人力资本投资是劳动者收入差异的决定因素。他基于对人力资本理论的研究论述了个体收入的决定条件和差别原因及其相关规律问题③。在他的研究之前,大多数经济学家认为劳动者收入差异与劳动者所接受的馈赠遗产、劳动者能力及个人运气等个体情况有关。他在 1958 年的《人力资本投资与个人收入分配》中首次建立个人收入分配与其接受培训量之间关系的经济数学模型,提出劳动者所接受的正规学校教育,以及在工作当中积累的工作经验才是决定个人收入之间存在差异的原因。个人收入增长和个人收入分配差别缩小的根本原因是人们接受教育水平的普遍提高,这是人力资本投资的结果④。他在另一篇论文《在职培训:成本、收益与某些含义》对劳动者个体收益差别进行研究,估算出美国对在职培训的投资总量和在这种投资上获得的私人收益率。他是最早提出"收益函数"的经济学家之一,运用收益函数说明劳动者受教育程度、工作年限与劳动者收入差异之间的相互关系。这些研究均领先于同时期的学者,现在则已成为各国经济学家研究收入问题的基础⑤。

---

① 贝克尔. 人力资本. 梁小民,译. 北京:北京大学出版社,1987:62,6.

② 方芳. 明瑟尔人力资本理论. 教育与经济,2006(2).

③ 吴红梅. 雅各布·明瑟劳动经济学思想评述. 经济学动态,2001(4).

④ Mincer J. A Study of Personal Income Distribution. New York:Columbia University,1957.

⑤ 吴红梅. 雅各布·明瑟劳动经济学思想评述. 经济学动态,2001(4).

2. 研究妇女劳动力供给行为及其影响因素。他开创了人力资本理论全新的研究领域，以家庭为研究背景，考察已婚妇女的劳动力供给行为问题后发现，已婚妇女的劳动力市场行为会受到诸如配偶收入状况、家庭中孩子情况和孩子年龄以及家务劳动等多种因素影响。在全面研究劳动力市场工资率基础上，构建妇女劳动力市场就业行为模型，探讨工资变化对妇女就业的两方面影响，即对收入效应（收入增加—增加闲暇—减少劳动）和替代效应（用劳动代替闲暇）的影响，因此，妇女的工资增长替代效应大于收入效应，提高了妇女参加工作的比率。

3. 探究男性和女性劳动力之间的工资差别问题。将妇女劳动力供给行为研究成果和其人力资本理论相结合，他论证男性和女性劳动力体现于工资上的差别。其成果主要体现在他与保罗契克（Solomon Polochek）合著的《家庭人力投资：妇女的收入》（1974 年）一文中。通过回归分析发现，在因工作经验积累而引起的收入增加中，男性收入增加额明显大于女性收入的增加额；通过对女性劳动供给行为分析发现，母亲会因为年幼孩子的存在而退出劳动力市场，至少是暂时性的退出。因此，已婚妇女对人力资本投资动机要比男性投资动机较弱。这使已婚妇女在劳动技能增长速度和劳动经验积累量上都受到一定负面影响，导致女性工资增长率及平均工资率相较于男性偏低[1]。该理论得到来自相关统计数据支持。有研究有力支撑其论证：那些未结过婚的女性被证明在其职业生涯中与那些未婚的男性有着相似的收入水平。这说明，若一女性倾向于独身，那么其劳动力市场行为将相似于男性市场行为特征，她对人力资本投资兴趣和其劳动力市场行为特征与价值都将和男性非常相似[2]。

除舒尔茨、贝克尔、明瑟尔外，美国经济学家丹尼森在 20 世纪 60 年代初，运用实证计量的方法，依据美国历史统计资料证明了人力资本在美国经济增长中的作用。由于在用传统经济分析方法估算劳动和资本对国民收入增长所起的作用时，会产生大量未被认识的、难以用劳动和资本的投入来解释的"残值"，丹尼森对此做出了最令人信服的解释。丹尼森在人力资本经济分析方面的主要贡献在于使用传统经济方法估算劳动和资本对国民收入增长所起的作用时，他最著名的研究成果是通过精细的分解计算，论证出美国 1929 年至 1957 年期间的经济增长有 23 %归功于教育的发展，即对人力资本投资的积累。自此以后的六七十年代，人力资本理论在其自身理论体系不断深入完善的基础上，进一步向更广泛的研究领域扩展，并大大促进了相应领域的研究进展。

（四）人力资本理论的新发展

进入 20 世纪 80 年代，尤其是 80 年代后期，人力资本理论研究的势头更加猛烈。保罗·罗默（Paul·M·Romer）、卢卡斯等经济学家们研究视野进一步拓宽，强调人力资本存量和人力资本投资在从不发达国家向发达国家经济转变过程中的重要作用，确立了人力资本和人力资本投资在经济增长和发展中的重要作用，给人力资本理论增添了新的内容。

1. 乌扎华的扩展的新古典经济增长模型。20 世纪 60 年代中期芝加哥经济学派的日裔

---

① 毕菲. 我国人力资本投资对经济增长影响研究. 吉林大学博士论文，2018(6)：22.

② 吴红梅. 雅各布·明瑟劳动经济学思想评述. 经济学动态，2001(4).

教授乌扎华(Hirofumi Uzawa，又译宇泽)在 1965 年发表题为 *Optimum Technical Change in An Aggregative Model of Economic Growth* 一文，修改了索洛单纯生产部门的模型，引进教育部门，把只包含单纯生产部门的新古典经济增长模型拓展到包含教育部门和生产部门的两部门模型。因为乌扎华模型中加入了教育因素，从而被认为是最早的人力资本增长模型①。

　　2. 罗默的"内生经济增长模型"。罗默的新增长理论分为两阶段：一是 1986 年的论文《收益递增和长期增长》②，在新古典的完全竞争假说下运用人力资本理论考察经济增长；二是构建"收益递增型的增长模式"，代表文章是 1987 年的《基于因专业化引起收益递增的增长》和 1990 年的《内生的技术变化》。在垄断竞争条件下把人力资本具体化并作为内生变量考察经济增长，他以技术内生和规模收益递增为前提，建立"收益递增型的增长模式"，将特殊的知识和专业化的人力资本作为经济增长的主要因素，它们不仅能形成递增的收益，而且能使资本和劳动等要素投入也产生递增收益，从而使整个经济的规模收益递增，递增的收益保证着长期经济增长。后来，他又构建一个更加完整的经济增长模型，即把产量设为技术、人力资本、物质资本和劳动等生产要素的函数，技术和人力资本具体化为生产的专业化知识和一般知识并对经济增长具有决定性的作用。知识(或技术)被赋予一个完全内生化的解释，它是经济主体利润极大化的投资决策行为的产物，由专门生产知识的研究部门生产。它具有独特的性质，既不是传统的经济产品(具有竞争性)，也不是一般的公共物品，它是非竞争性的、与部分排他性的物品。罗默将知识作为一个独立因素纳入增长模式，认为知识积累是促进现代经济增长的重要因素。知识的外溢性使资本收益率是资本的递增函数，修正了传统增长中收益递减或不变的假定，这充分解释了世界经济高速增长的原因，也说明了发达国家和发展中国家经济水平差距日益扩大的缘由。

　　3. 卢卡斯的"专业化人力资本积累增长"模式。1995 年诺贝尔经济学奖获得者卢卡斯从另一角度解释了经济增长的内在机制。卢卡斯于 1988 年发表著名论文《论经济发展的机制》③，提出了以人力资本为核心的另一新增长模型，尝试用人力资本解释持续的经济增长。他证明了人力资本增长率与人力资本生产过程的投入产出率、社会平均的和私人的人力资本在最终产品中的边际产出率正相关，与时间贴现率负相关。"专业化人力资本积累增长"模式运用更加微观化的变量分析方法，将舒尔茨的人力资本引入索洛模型，视其为索洛模型中技术进步的另一增长的动力形式，并具体化为"每个人的""专业化的人力资本"④。"两时期模型"是一个"人力资本积累模式"。人力资本积累取决于由物质资本和人力资本相互作用形成的专门学习时间的多少、人力资本存量及人力资本的产出弹性。通过

　　① 王明杰，郑一山. 西方人力资本理论研究综述. 中国行政管理，2006(8).

　　② Romer, Paul M. Increasing Returns and Long-Run Growth. *Journal of Political Economy*，1994(5)：1002-1037.

　　③ Lucas R E Jr. On the Mechanics Of Economics Development. *Journal of Monetary Economics*，1988，22(1)：3-42.

　　④ 薛进军. 经济增长理论发展的新趋势. 中国社会科学，1993(3).

人力资本不断积累与增长率的提高，经济增长就可以持续和提高。他把资本区分为物质资本与人力资本两种形式，将劳动划分为"原始劳动"与"专业化人力资本"，并认为专业化的人力资本是促进经济增长的真正动力。他区分人力资本所产生的两种效应，即舒尔茨通过正规或非正规教育形成人力资本产生的"内生效应"（internal effect），它表示为资本和其他生产要素的收益都发生递增，以及阿罗（K. Arrow，1962）的"边学边干"（learning by doing）形成人力资本所产生的"外在效应"（external effect）作用的结果。卢卡斯用"两商品模式"（two goods model）表述其观点：人力资本不是通过学校学习，而是通过"边学边干"形成外在效应；同时也说明，一般人力资本不是产出增长的主要因素；生产某一种商品所需的特殊的或专业化的人力资本（即专业化的劳动技能）才是产出增长的决定性因素。舒尔茨（1989）认为，对人力资本两种效应的区分是卢卡斯对增长理论的主要贡献。

4. 斯科特的"资本投资决定技术进步"模式。英国经济学家斯科特（A. D. Scott）提出"资本投资决定技术进步"模型，虽然该模型与"新"增长理论相同，认为技术进步是经济增长的主要因素，但强调技术进步的作用是与投资密不可分的，从动态视角考虑了劳动力质量提高对经济增长的推动作用，建立了一个有物质资本投入和"质量调整过的劳动力投入"两个变量的简单模式。他根据10个国家100多年经济增长统计和技术专利的研究发现，技术进步对资本投资的依存关系，是资本投资决定技术进步，但他不是简单地重复古典资本积累论，而是强调经济增长中知识和技术对劳动力质量和劳动效率的影响。除此之外，他还强调不发达国家发展国际贸易的意义，即国际贸易可以产生一种"赶超效应"，通过贸易来吸引外国先进技术和管理经验，就会少走弯路，从捷径赶超发达国家①。

人力资本理论的产生与不断发展的过程，实质上是人们对人力资本在经济发展及增长中的地位的正确认识的过程。这些理论为我们进行人力资源管理实践提供了有价值的理论指导。

三、人力资本理论的应用

人力资本理论的产生不仅对经济增长理论、经济发展理论发展具有重大的意义，而且随着人力资本理论研究的深入，也促进了诸如卫生经济学、家庭经济学和人力资源会计学相关的一些新兴的经济学科迅速成长和发展。

（一）卫生经济学

卫生经济学（health economics）以人力资本理论为基础，把国家医疗卫生和个人为保健而支付的费用看作是对人力的投资，其结果以人力资本形式存在下来，给个人和社会带来相应的经济收益。美国经济学家西克里斯特（H. E. Sechrist）1940年发表的《医疗经济学绪论》是卫生经济领域最早的研究成果，他首次阐述了卫生保健、家庭经济和国民经济三者之间的相互关系，认为医疗经济学应阐明阻碍现代医学应用的各种社会经济条件，分析贫困与疾病给国民经济带来的巨大损失，解决医疗价格与患者经济负担能力间的矛盾。另一位美国经济学家

---

① 王明杰，郑一山. 西方人力资本理论研究综述. 中国行政管理，2006(8).

马尔达 1952 年在《世界卫生组织纪事》上发表《卫生的经济问题》一文认为，无论从微观还是从宏观的角度看，卫生投资无疑会提高家庭和社会的人力资源质量，导致生产效率和国民收入的增加，马尔达被世界卫生组织确认为卫生经济学研究领域的早期代表。接着，从事卫生经济学研究工作的美国学者穆希京(S. J. Mashkin)1958 年在华盛顿出版的《公共卫生报告》上发表《卫生经济学定义》一文，明确提出卫生经济学定义："研究健康投资的最优使用的科学"。20 世纪 60 年代以后，卫生经济学的研究在欧美国家进一步开展起来，1968 年，世界卫生组织在莫斯科召开了第一次国际性的卫生经济学讨论会，出版了论文集《健康与疾病的经济学》。此后，卫生经济学进入更为广泛发展的时期。

（二）家庭经济学

家庭经济学(family economics)在人力资本理论产生以后被赋予了崭新的内容。贝克尔的家庭经济学集中研究家庭规模、孩子需求和生育决策，被称为新家庭经济学，他也被称为"新家庭经济学"之父[1]。新家庭经济学是人力资源开发和微观人力资本理论的主要组成部分，提出了家庭生产函数概念，把家庭看作如同厂商一样的生产单位，主张在安排家庭经济活动时也要遵循一般经济法则，如在家庭生育选择上可利用生产函数理论说明家庭对孩子数量和素质的生产；在家庭时间分配上怎样把稀缺时间用于市场活动和非市场活动，又如何把非市场活动时间用于家庭闲暇。在这些分析中，孩子被看作是一种高档耐用消费品，其效用与其他高档耐用消费品没有根本区别，用效用最大化的经济方法分析同样适用。在向市场提供的家庭产品——劳动力如何适应和满足市场需求上，新家庭经济学认为，正是高技术条件下的就业竞争压力使家庭作出强化人力资本投资的选择，如对家庭成员教育、培训和医疗保健投资。虽然新家庭经济学把家庭行为如生育孩子理解为纯粹经济行为，不尽合理，但其独特的研究视角和分析的具有启迪意义。

另外一名家庭经济学学者是美国女性经济学家玛格丽特·里德(Margaret G. Reid)，她运用多学科结合的方式探究家庭经济问题，被认为是错失诺贝尔经济学奖的著名学者[2]。里德研究发现，家务劳动对美国国民生产总值的经济贡献大约在 20% 到 44% 之间[3]。全职家庭主妇在 1940 年对国民收入的贡献值达到 150 亿美元，1945 年贡献值提高至 340 亿美元。在每 100 美元的国民收入中全职家庭主妇 1940 年贡献了 20 美元，1945 年贡献了 22 美元。她在其《家庭生产经济学》中指出[4]，除非把家务劳动视为具备劳动力成本的生产性工作，否则不能正确理解女性面对劳动力市场的决策，很难准确理解女性对国民经济的贡献。她将家庭经济视为社会经济的一个缩影，详细讨论了工作对家庭主妇生产力的影响，

①　刘义圣，何英. 玛格丽特·里德对家庭经济学和消费行为学的贡献——著名女性经济学家学术贡献评介. 经济学动态，2018(3).

②　刘义圣，何英. 玛格丽特·里德对家庭经济学和消费行为学的贡献——著名女性经济学家学术贡献评介. 经济学动态，2018(3).

③　Reid M G. The economic contribution of homemakers. Annals of the American Academy of Political Social Science，1947，251：61-69.

④　Reid M G. Economics of Household Production. New York：John Wiley，1934.

以及家庭生产商品的成本和价值、家庭消费、家庭劳动力资源和家庭科学管理等问题。里德明确指出，提升家务劳动技能和新技术在家庭中的应用会导致重新分配家庭内外的劳动力资源，对于家庭而言具有重要意义。

　　毫无疑问，里德和贝克尔的家庭生产概念有很大区别①。里德集中研究无偿家务劳动的经济价值，并认为其能够被市场商品和服务所替代；贝克尔则关注家庭成员在市场工作与消费(包括家务劳动)之间的时间分配。贝克尔认为，家务劳动和闲暇时间都是无偿的，且女性的家务劳动或闲暇休息都是放弃工资的行为，所以包括闲暇时间在内的家庭时间都属于"消费时间"，且没有任何经济价值。对于家庭生产中同样的现象，两位经济学家有着截然不同的观点，这是因为他们对问题的关注点和思考角度不同。里德首先提出家庭生产的概念和定义，为贝克尔的新家庭生产理论提供理论基石。贝克尔在里德研究的基础上更加深入地分析女性的就业、生育、养育、婚姻、离婚、教育，侧重分析女性在市场工作与家务劳动之间的时间分配②。贝克尔理论中最重要的概念是时间价值，它已被广泛应用于以家庭主妇参与劳动力市场行为为中心的时间使用研究、就业女性和家庭主妇的消费模式研究，以及教育研究与信息搜索经济学研究③。

　　(三)人力资源会计

　　人力资源会计学正式确立于 20 世纪 60 年代末、70 年代初。人力资源会计(human resources accounting)是企业及各类组织运用会计学理论和方法，对招聘、录用、开发、培训人力资源所花费成本与员工所做出的贡献进行经济计量分析的一门学问，是会计学和人力资源管理学互相结合、渗透的会计学科，也是计量、报告组织人力资源成本和价值的一种程序、方法，是会计学科发展的重要领域。美国会计学家赫曼森(G. Hermans)在 1964 年发表的《人力资产会计》中首次提出人力资源会计概念，指出"人力资源构成了大多数企业最有效的经营资产，财务报表中应该包括人力资源"。美国经济学家埃里克·弗拉姆霍尔茨(Eric G. Flamholts)起了重要作用，他于 1974 年出版第一部《人力资源会计学》专著，标志着人力资源会计走向成熟④。该书根据第二次世界大战后不断增加的对人力资源重要性的认识，阐述了建立和发展人力资源会计学的必要性，提出了人力资源会计管理的一系列的具体方法。后经全面修订和补充于 1985 年推出该书第二版，并不断修订完善，它全面介绍了这一新兴领域的理论和方法，且增加了相当的篇幅来反映人力资源会计学最新发展的具体实例，是人力资源会计学领域的一部权威性著作。

　　人力资源会计有重要作用：一是能够提供人力资源的取得成本及效益等会计信息资料，有助于企业更好地管控人力资源，降低其成本费用，提高效益；二是为企业管理层提

　　① 刘义圣，何英. 玛格丽特·里德对家庭经济学和消费行为学的贡献——著名女性经济学家学术贡献评介. 经济学动态，2018(3).

　　② Becker G S. A theory of the allocation of time. Economic Journal，1965，75(299)：493-517.

　　③ 刘义圣，何英. 玛格丽特·里德对家庭经济学和消费行为学的贡献——著名女性经济学家学术贡献评介. 经济学动态，2018(3).

　　④ 闫振江，陈岩. 人力资源会计的可行性研究. 天津财会，2004(3).

供科学的决策信息，及时发现人力资源管理过程中存在的问题，从而制定科学人力资源管理制度，帮助企业长远发展；三是人力资源的真实价值往往难以量化估计，尤其是高新技术企业，其人力资本能更直观地反映企业资源和实力，信息使用者对该类企业人力资源信息披露情况更加重视；四是能充分反映各员工在企业发挥的价值，从而激励员工充分发挥工作的积极性和自身的潜能；最后，帮助政府机构更加了解整个社会人力资源发展状况，从而采取适当的政策激励企业的发展，并对国家相关部门进行宏观调控①。

四、人力资本理论研究展望

从人力资源本质特征、人力资本开发与管理研究来看，人力资本理论研究还存在有待突破之处：

1. 量化人力资本。世界银行 1995 年 9 月宣布新的国家财富计算方法并指出，一国应把经济、社会和环境综合起来计算各国的财富，这包括自然资本、创造资本、人力与社会资本②。各国实现新的人力资本核算体系，如美国测算人力资本存量方法与贾根森和佛拉梅尼提出的方法（Jorgenson-Fraumeni approach）相似，即按照特定性别、年龄、受教育程度的群体人均生命周期预期收入的折现值计算人力资本③。但如何量化人力资本一直是理论界的难点，究其原因如下：首先，由人力资源投资活动决定。舒尔茨认为，人力资本是体现在生产者身上的资本，即是对生产者进行普遍教育、职业教育、继续教育、卫生保健等支出（直接成本）和其在接受教育时放弃的工作收入（机会成本）等价值在生产者身上的凝结，其表现形式就是蕴涵于人自身的各种生产知识、劳动技能和健康素质存量的总和。因此，只要有人力资源开发投资就必须计算人力资本。但如何将维持人力简单再生产（即形成自然人力资源）与人力资本投资（即形成人力资本资源）进行区别则是一个难点。其次，随着科学技术发展和人们生活水平的提高，人力资本核算范围的界定出现困难。再次，人力资源开发活动的内容广泛，量化困难，从人的出生起一切有利于提高人素质的开发或投资均形成人力资本，这种投资具有经济性，要建立完整的量化体系不容易。最后，人力资本特征增加了量化难度。物质资本是一种有形的资本，而人力资本因构成的知识与技能是潜在的，表现为无形资本，因而难以量化无形资产。

2. 量化人力资源投资收益。人力资源投资收益的复杂性对其量化工作带来难点。具体表现如下：（1）收益者与投资者非一致性，即人力资源开发投资主体可以是政府、企业或家庭（个人）三者中的某一方或两方、三方共同投入，其收益一般来说三方都能获得。（2）收益取得的滞后性，如人力资源投资的人口生产和教育费用，一般需要长时间后才发生作用并获收益。（3）收益的间接性。人力资源投资收益一般不直接表现为实物产值的增

---

①　蔡蕊蕊，廖国威. 企业人力资源会计的应用研究. 财会学习，2019（23）.

②　参考资料. 第 25106 期. 新华社，1995-11-08.

③　Jorgenson D W, Fraumeni B M. The Accumulation of Human and Non-Human Capital, 1948-1984. in Lipsey R E & Tice H S eds. , The Measurement of Savings, Investment and Wealth. Chicago：University of Chicago Press，1989：227-282.

加，而表现为人的健康、知识和技能的增加，只有把人力资本存量投入到生产运行中才能间接地掌握其对经济活动的实际影响。(4)收益本身的非量化性。人力资源投资只有在人力资本存量投入到生产运行中才能间接地掌握其对经济活动的实际影响，且难以精确估量。(5)收益的多样性。对人力资源的开发投资能直接带来人们生活水平的提高，可以说是直接取得社会收益，而用于教育、卫生保健、劳动保护、人力流动等方面投资，还可提高人的教育水平，从而提高人的社会地位和有利于社会平等，改善劳动者工作环境，减少疾病对人类危害，增加劳动者自主性，在多方面有利于人类社会的进步和发展，具有多方面的效益①。

3. 人力资本"载体"人的研究。人力资本不同于其他任何资本的区别在于，其承担者是人，而不是物，人有思想、有意识、有个性、有情感，有社会交往和个体经验等。其生产能力的发挥不可能不受个人的思想、感情、经历和环境的影响，甚至会起着决定性的作用。

4. 人是"社会的""活的"资源。在一定经济体制条件下，政策、体制运转对人力资源的影响不可忽视，不考虑以上因素，理想化的套用人力资本理论，很难与经济发展的实际相吻合。

第四节 人力资源管理理论的演进

作为管理学领域不可或缺的一个分支，与其他管理学分支一样，人力资源管理理论有其自身的发展过程。如第一章第二节所介绍，企业人力资源管理实践经历了两次重要的转变，即从人事管理到人力资源管理，再到战略人力资源管理。从理论角度看，人力资源管理理论也经历了人力资源管理理论的萌芽、人力资源管理职能研究到战略人力资源管理研究的过程。

一、人力资源管理理论萌芽

如本章第二、第三节所介绍，管理理论中的很多理论是人力资源管理的理论基础，从人力资源管理视角看，它们也是人力资源管理的萌芽。

(一)科学管理运动

19世纪末，随着人口和市场需求的迅速膨胀以及对产品的需求增加，有力地促进了生产的发展，用机器取代人力和寻找更高效率的工作方法成为当时管理的首要问题。科学管理之父弗雷德里克·泰罗(Frederic Taylor)进行的科学管理研究，将工作分为最基本的机械元素并加以分析，再将它们最有效地组合。除了科学地研究动作本身(时间-动作研究)，他还认为，所选的工人在体力和脑力上应与其工作要求尽可能地匹配。员工应由主管人员进行很好训练，以保证其操作动作恰如科学分析所规定的那样精确。然而，在任何

---

① 李燕萍. 美国、加拿大人力资源开发研究. 武汉大学世界经济专业博士学位毕业论文，2000 (5)：第6章.

情况下都不能要求工人在有损于其健康的节奏下工作。为鼓励工人遵循规定的工作程序，只要工人正确地按规定时间完成了工作，泰罗认为应增发相当于工资的 30%～100% 的奖金，这也是一种计件奖励制度。科学管理的原则就是通过科学的工作方法来提高人的劳动效率，把人当作一种纯粹的生产工具。尽管所采用的科学管理手段剥夺了人性的尊严，但劳动效率提高了 300%，创造了辉煌的产业革命历史。

（二）早期工业心理学

工业心理学的创始人胡戈·明斯特贝格（Huso Munsterberg）1913 年在《心理学与工作效益》书中，描述了录用汽车司机、舰艇人员和电话接线生的经历。他对人事管理作出了值得重视的贡献在于他注重：（1）"最最合适的人"，研究工作对人们的要求；（2）"最最合适的工作"，即寻找在什么样的"心理条件"下才能够从每一个人那里获得最大的、最令人满意的产量；（3）"最最理想的效果"，即研究对人的需要施加符合实业利益的影响的必要性。他在挑选工人时采取测试方法、在培训工业人员中应用的关于学习的研究、在对增加工人干劲和劳动心理方法的研究等方面提出了明确的建议[①]。1917 年，明斯特贝格在其《经营心理学》书中提出了用选择性问答的方式做调查的内容。这种调查是向很多工人发放问卷调查表，并要求不署名回答诸如对工作的态度、参加劳工运动的态度和业余活动的兴趣等问题，其调查得到了第一任美国劳工联合会主席塞穆尔·冈珀斯（Samuel Gompers）和其他劳工领袖的支持。无论泰罗还是明斯特贝格都很关心如何选择工人以适应工作需要的问题，也很关心工人的工作感情和志向。尽管在很多问题上两人存在不同的见解，但提高生产效率一直都是人力资源管理的目标之一。

（三）人际关系运动

1924 年冬季在芝加哥西方电气公司进行的霍桑（Howthorne）试验提供了有史以来最著名的行为研究成果之一。目的是研究照明对工人生产率的影响。试验中有的是生产率随照明增加而提高，有的是生产率随照明增加而降低，这种结果反复持续了 3 年，获得研究结论：在人们参与的工作中随着某一种条件（如照明）的改变，不可能不给其他变量带来影响；但对雇员的激励和群体意识才是影响生产率的主要因素。1927 年 4 月开始，哈佛商学院的埃尔顿·梅奥（Elton Mayo）、弗里茨·朱利斯·罗特利斯伯格（Fritz J. Roethlisberger）与诺思·怀德黑格（T·North White）等教授又继续霍桑试验，一直到 20 世纪 30 年代初才得出重要结果：生产率直接和集体合作与协调程度有关，而集体合作与协调程度又与主管人员及研究人员对工作群体的重视程度有关，与缺乏带有强制性的提高生产率的办法相联系，还与为变化过程中的工人提供参与制相联系。霍桑试验中采用的"访谈"方法正是人力资源管理最实用的技术方法之一。此外，"霍桑试验研究的结果是号召人们掌握一种综合的管理技能。这些技能对处理人际问题至关重要。这些技能包括：理解人类行为的诊断技能；对工人进行咨询、激励、引导和信息交流的人际关系技能"[②]。要处理好像霍桑工厂的问题，只有技术方面的技能是不够的，这也正说明企业人力资源管

---

①　丹尼尔·A. 雷恩. 管理思想的演变. 赵睿，等，译. 北京：中国社会科学出版社，2000：221.

②　丹尼尔·A. 雷恩. 管理思想的演变. 赵睿，等，译. 北京：中国社会科学出版社，2000：323.

理的重要性。

（四）行为科学

行为科学被视为一种可以用于处理人类行为问题的更强有力的分析和概念工具①。它是人际关系研究的成果之一。行为科学的很多分支被应用于人力资源管理的知识和方法中。具体包括：一是研究人在工作中的行为的工业心理学；二是研究人们如何相互影响与被影响的社会心理学；三是有关组织为什么存在、职能如何设计以及怎样更为有效的管理组织论；四是研究个人及群体行为的原因，以及如何利用这一研究在组织环境中使人的生产力更高、工作更令人满意的组织行为学；五是研究社会、社会机构及社会关系的社会学。

另外，还有许多其他的管理理论对人力资源管理理论产生相当大的影响。如综合系统理论把管理的对象看作一个整体，用一个有机联系的系统研究企业管理的任何个别事物，企业包括生产系统、物质系统、人员系统、信息系统等，企业管理都要从系统的整体出发。系统管理学派将古典的管理理论与行为科学相结合，把企业人力资源开发放在组织整体系统中加以考虑，作为人力资源子系统来分析和研究，可以全面地研究各个因素及其对人力资源开发的影响。它认为，人是企业系统的第一因素。企业的主人是人，企业的一切活动要靠人来进行。只有充分调动人的积极性，才能提高经营管理和生产的效益。

二、人力资源管理职能研究

从管理学角度看，韦伯（Weber）是较早论述人力资源管理职能的学者之一。在论及官僚组织结构典型特征时，韦伯对组织内部人力资源管理专业人员的"权利"（right）进行探讨②。他认为组织之所以任命专门的人力资源管理者来承担诸如人员任命、员工指导、富余人员安置等任务，原则上是基于他们具备的经验和资格，这使得他们能够胜任"工作描述"所要求完成的任务。人力资源管理者正是"通过在管理层级（the managerial hierarchy）中的正式角色（formal role）完成其组织任务"。

从理论与实践结合视角看，人力资源管理理论起源于20世纪50年代，主要是从人事管理活动与职能变化和调整的角度来探讨人力资源管理理论。这一时期的学者主要关注人力资源管理职能研究。1954年彼得·德鲁克在《管理的实践》中提出人力资源概念，并认为人力资源是特殊的资源，只有利用有效的激励机制，才能进一步得到开发和利用，并为企业创造更大的经济价值。但是，真正首次提出人力资源管理概念并探讨人力资源管理职能理论的学者是怀特·巴克。他认为人力资源管理职能范围包括：一是必须适应的标准："理解、保持、开发、雇佣或有效地利用以及使这些资源成为整个工作的一个整体。"二是必须在任何其他管理职能（如会计、生产）开始时就要实施；三是目标是尽可能地利用员工与工作相关的技能使工作达到更高的效率；四是不仅包括和人事劳动相关的薪酬、福

---

① 丹尼尔·A.雷恩.管理思想的演变.赵睿，等，译.北京：中国社会科学出版社，2000：476.

② Watson T. Organization Theory and HRM. Oxford Handbook of Human Resource Management，2004：108-127.

利，还包括企业中员工之间的工作关系；五是与组织中的所有人相关，包括首席执行官（CEO）；六是必须通过负责监督他人的每一个成员来实现，也就是说，非人力资源部门的经理要承担基本的人力资源职能；最后是关注的一定是企业和员工根本利益的同时实现①。其次是雷蒙德·迈勒斯1965年提出了人力资源模式理论②。他通过一项管理态度调查显示，大多数经理倾向使用人事关系管理模式管理下属，且倾向于要求其主管使用某一人力资源模式来对下属实施管理。他建议在管理中用"人力资源"代替"员工"概念。如何运用人力资源模式理论指导管理者充分满足员工的经济需求？他认为：管理者应把员工作为单个的人，关心员工福利和幸福，通过沟通使员工确信自己对组织而言是重要的；员工的经验和知识对组织具有很大的价值；员工参与和充分利用人力资源都能达到改进决策和自我控制的目的，从而实现提高员工生产力和工作满意度目标。

到20世纪70年代中期，人力资源管理职能研究越来越丰富。这一时期"人力资源管理"与"人事管理"混杂或等同使用，正反映了从人事管理向人力资源管理过渡的理论探索。例如，皮格尔斯（Pigors）、迈尔斯（Myers）和马姆（Malm）等人于1964年在《人力资源管理：人事行政管理读本》中，将"人力资源的管理"看成是比人事管理更广泛和更全面的概念，强调人的管理是管理的中心。随后，海勒曼（Henneman）、施瓦伯（Schwab）、弗塞姆（Fossum）、戴尔（Dyer）等人将该学科称为"人事/人力资源管理"。1978年，罗宾森（Robbinson）在其出版的《人事/人力资源管理》书中也认为，"人事管理就是研究组织的人力资源以及如何使他们能更有效地为实现组织目标服务"③。同时，随着组织心理学、组织行为学的发展，企业人力资源管理活动的重要性和有效性日益显现。20世纪70年代末，人力资源管理理论集中于有效人力资源管理活动开展，通过对员工行为和心理分析确定其对生产率和工作满意度的影响，以及关注员工的安全与健康等。如彼得森（Peterson）和翠西（Tracy）于1979年在《人力资源系统管理》书中提出，企业人力资源管理或人际与工业关系应包含招聘、甄选、绩效评估、薪酬和员工（包括管理人员）开发及劳资谈判等活动。这一时期的研究聚焦于人力资源管理职能及活动问题。

三、战略人力资源管理研究

20世纪80年代后，戴瓦纳（Devanna）等在《人力资源管理：一个战略观》④中首次提出战略人力资源管理，也成为战略人力资源管理研究诞生的标志⑤。哈佛大学迈克尔·比

①　E. 怀特·巴克. 人力资源的作用. 康涅狄格州，纽黑文：耶鲁劳工管理中心，1958. //丹尼尔·A. 雷恩. 管理思想的演变. 赵睿，等，译. 北京：中国社会科学出版社，2000：485.

②　Miles Raymond E. Human relations or human resources? Harvard Busines Review, 1965, 43(4)：148-163.

③　Robins S P. Personnel：The Management or Human Resources. Englewood Cliffs, N. J.：Prentice-Hall, 1978.

④　Devanna M A, Fombrum C, Tichy N. Human Resource Management：A Strategic Perspective. Organizational Dynamics, 1981, 9(3)：51-67.

⑤　李燕萍，陈建安. 人力资源战略与规划. 北京：高等教育出版社，2016.

尔(Michael Beer)①、弗布鲁姆(Fombrum)等许多学者呼吁②，企业需要合适的战略人力资源管理去帮助其应对外部竞争和自身创新所提出的要求。因此，学者们开始积极探究人力资源管理发展中，战略人力资源管理是如何形成的及其功能何在，由此产生了丰富的人力资源管理理论成果。主要体现于三方面：基于行为基础的 SHRM 研究，强调 HRM 的战略性；基于资源基础的 SRHM 研究，突出 HR 的战略性③；基于整合观的 SHRM 研究，聚焦 SHRM 的战略性④。具体介绍如下⑤：

（一）人力资源管理的战略性研究

在 SHRM 理论形成初期，深受主导企业战略管理理论的以"结构-行为-绩效"（structure-conduct-performance，SCP）范式为基础的产业组织理论影响，研究者主要基于行为基础研究 HRM，围绕 HRM 如何促进企业绩效的改善，形成了三种理论模式。

1. 权变模式。Devanna 等一开始就强调权变思想，主张 HRM 应与企业战略及时协调整合，保障企业能适应外部环境变化带来的挑战⑥。20 世纪 80 年代中期，迈克尔·波特（Michael E. Porter）战略管理经典著作《竞争优势》出版，打通了企业由竞争战略通向竞争优势的逻辑路径，为企业获取卓越经营绩效指明了战略方向，让 HRM 战略性研究有了突破点，即 HRM 通过与企业竞争战略的纵向匹配进而对企业绩效产生影响。罗纳德·舒勒（R·S·Schuler）基于角色行为理论，首先将 HRM 实践与企业竞争战略和绩效相联系，为不同竞争战略开发与之相匹配的能够激励员工形成相应角色行为的 HRM 实践模式⑦。贝克尔（Becker）和休斯里德（Huselid）也提出，企业战略支配 HRM 系统设计，HRM 需要将员工行为与组织功能及具体工作内容整合，以培育员工的创造力、生产力及自主性行为，HRM 的输出结果会影响产品质量、生产率等企业产出水平，从而决定企业利润率、增长率等绩效，最终影响企业市场表现，并据此提出相应的 SHRM 理论模型⑧。其他研究者沿着理论与实证两条线进行相关后续的研究表明：不同战略主导下的员工特定角色行为在 HRM 实践活动和企业绩效之间确实具有中介变量的作用。

---

① Beer M, Specter B, Lawrence P, Mills Q, Walton R. Managing human assets. New York：The Free Press. 1984.

② Fombrun C J, Tichy N M, Devanna M A. Strategic human resource management. New York：Wiley, 1984.

③ Allen M R, Wright P M. Strategic Management and HRM. CAHRS Working Paper Series, Cornell University, Ithaca, NY. , 2006.

④ 寇跃，等. 整合视角的战略人力资源管理研究述评. 管理评论, 2014(12).

⑤ 后面内容参见：寇跃，等. 整合视角的战略人力资源管理研究述评. 管理评论, 2014(12).

⑥ Devanna M A, Fombrun C, Tichy N. Human Resource Management：A Strategic Perspective. Organizational Dynamics, 1981, 9(3)：51-67.

⑦ Schuler, Jackson. Linking Competitive Strategies with Human Resource Management Practices. Academy of Management Executive, 1987, 1(3)：207-219.

⑧ Becker B E, Huselid M A. High Performance Work Systems and Firm Performance：A Synthesis of Research and Managerial Applications. Research in Personnel and Human Resources Management, 1998, 16：53-101.

2. 系统模式。该研究模式的理论贡献包括：提出存在理想的 HRM 实践模式，对企业绩效影响更优，企业应不断创新实践寻求最佳模式。在不断探寻单项最佳实践的基础上，研究者尝试组合和整合最佳实践，通过增强不同 HRM 之间的互补协同性来提升企业绩效。休斯里德(Huselid)首先明确证实了一组相关的 HRM 实践活动与企业绩效间存在正相关关系，然后提出了高绩效工作系统的 SHRM 系统观①，该研究具有开创性意义。之后，不少学者全面地考察了 HRM 系统影响员工行为的多种因素，如知识、技能、态度、动机以及更深层面的心理契约、组织承诺、工作嵌入等。尽管不同研究者的关注重点不同，对基于内部契合的 HRM 系统特征的定义各有所侧重，如高绩效工作系统、高承诺工作系统、高参与工作系统与多维度的 AMO 结构②等，但与权变模式研究者仅注重员工外在角色行为塑造不同，系统模式研究者强调 HRM 基于内部契合互补协同地促进员工认知能力与态度动机相统一，提高员工满意度和承诺度等 HRM 系统输出水平，以实现企业绩效改善的核心论点，这是对 SHRM 理论发展做出的重要贡献。

3. 形态模式。该模式的兴起是战略管理领域资源基础观(resource-based view, RBV)③对其产生影响的结果。研究者从 RBV 与组织形态观(configuration)④相结合视角出发，通过 HRM 系统形态独特性来阐释 SHRM 的战略性，认为整合性强的 HRM 系统具有特质化、复杂性、难模仿和路径依赖等特点，能为企业提供可持续竞争优势。怀特(Wright)指出⑤，只有当企业 HRM 实践活动能共同促进企业战略目标的实现时，这种契合才是最佳契合。对于如何实现 HRM 系统内外部契合的融合？研究者从不同角探讨了二者的融合：以组织战略为导向的，提出了基于战略归类的 HRM 活动"捆绑"式匹配⑥，通过比较不同类型战略牵引下 HRM 系统内不同实践活动的组合对组织绩效的影响，进而将匹配效果好的战略类型与 HRM 实践模式捆绑定型为所谓的 SHRM 系统形态；着眼于员工战略行为塑造的，提出了基于 HRM 系统内外部契合相融合的 SHRM 体系构架观(architecture)。贝克尔(Becker)和休斯里德(Huselid)指出⑦，人力资源体系构架是一个权变的差异化价值创造体系，正是 HRM 系统与组织战略实施过程的差异化匹配决定了人力

①　Huselid M A. The Impact of Human Resource Management Practices on Turnover, Productivity and Corporate. Academy of Management Journal, 1995, 38(3): 635-672.

②　Appelbaum E, Bailey T, Berg P and Kalleberg A L. Manufacturing advantage: Why high performance work systems pay off. Cornell University Press, Ithaca, 2000: 27.

③　Wernerfelt B. A Resource-based View of the Firm. Strategic Management Journal, 1984(5): 171-180.

④　是一种基于结构主义和系统论的思想或方法论，强调多种要素相互依存组成的整体或变量之间的和谐组合，能够产生同一组织内部要素构成的组合形态之间的互补协同效应。

⑤　Wright P M. Strategy-HR Fit: Does it Really Matter?. Human Resource Planning, 1998, 21(4): 56-57.

⑥　MacDuffie J P. Human Resource Bundles and Manufacturing Performance: Organizational Logic and Flexible. Industrial & Labor Relations Review, 1995, 48(2): 197-221.

⑦　Becker B E, Huselid M A. Strategic Human Resource Management: Where Do We Go from Here?. Journal of Management, 2006, 32(6): 898-925.

资本的战略属性，输出高绩效、差异化的员工战略行为。

（二）人力资源的战略性研究

尽管人力资本概念已有 40 余年的历史，但从组织层面对人力资本资源的研究还处于初创期①。虽然对战略人力资本创造可持续竞争优势的研究国外仍处于积极探索阶段，国内的研究也不多见②，但基于资源基础的 SHRM 研究大体上存在如下两类：

1. 基于资源基础观的 HR 战略性与企业可持续竞争优势关系研究。随着 RBV 将竞争优势的探索引向企业内部的战略性资源，研究者尝试将人力资本理论与 RBV 结合起来阐释企业 HR 的战略性。怀特（Wright）等将 HR 定义为企业所掌控的且具有直接雇佣关系的人力资本存量，最早基于价值性、稀缺性、不可模仿性与不可替代性的组织战略性资源判定标准阐述 HR 的战略性，并论证企业可持续竞争优势源自 HR 本身而非 HRM 实践③。鲍克斯奥（Boxall）进一步构建了 RBV 的 SHRM 研究，阐释了基于人力资本优势和 HR 过程优势的 HR 优势与企业竞争优势的关系，从因果关系模糊性、社会复杂性以及与组织学习、合作、革新等过程的历史关联性等方面，阐述了 HR 过程优势的缘由④。但普里姆（Priem）和巴特勒（Butler）则认为，建立在租金理论基础上的静态 RBV 虽对组织竞争优势来源有一定的理论解释力，但对管理实践者而言却缺乏可操作性⑤。科尔伯特（Colbert）从创造性和适应性、复杂性与因果关系模糊性、不平衡、动态与路径依赖性、系统层面的资源四方面分析⑥，概括了资源基础 SHRM 研究中存在的重要且棘手的问题，指出这些问题与复杂适应系统（complex adaptive systems，CAS）⑦研究具有极为相似的特征。以 HR 系统的抽象等级与 SHRM 理论模式的演进作为纵向与横向两维度，建立一个包含复杂性研究的 SHRM 理论框架，把 CAS 原理整合到资源基础的 SHRM 研究中，提出了复杂资源基础观（complex RBV）：基于 HR 准则、政策、活动、活动输出结果四个层级 HR 体系构架（architecture）是一个具有内在一致性的复杂系统体系，试图通过组织层面 HR 与组织特定情境之间的复杂路径依赖性来阐释其与组织可持续竞争优势之间的逻辑联系。

2. 基于核心能力观的战略性 HR 开发与组织可持续竞争优势研究。20 世纪 90 年代中

---

① Wright P M, McMahan C G. Exploring Human Capital：Putting Human Back into Strategic Human Resource Management. Human Resource Management Journal, 2011, 21(2)：93-104.

② 高素英，等. 战略人力资本与企业竞争优势关系研究. 管理评论，2012，24(5).

③ Wright P M, McMahan G C, McWilliams A. Human Resources and Sustained Competitive Advantage：A Resource-based Perspective. International Journal of Human Resource Management, 1994, 5(2)：301-326.

④ Boxall P. The Strategic HRM Debate and the Resource-based View of the Firm. Human Resource Management Journal, 1996, 6(3)：59-75.

⑤ Priem R，Butler J. Is the Resource-based "View" A Useful Perspective for Strategic Management Research?. Academy of Management Review, 2001, 26(1)：22-41.

⑥ Colbert B A. The Complex Resource-based View：Implications for Theory and Practice in SHRM. Academy of Management Review, 2004, 28(3)：341-358.

⑦ CAS 理论由霍兰（Holland John）于 1994 年提出。该理论认为，系统演化的动力本质上来源于系统内部，微观主体的相互作用生成宏观的复杂性现象。

后期，核心能力观①逐步成为战略管理领域的重要流派。核心能力观完善了静态资源理论与企业竞争优势间的逻辑联系，也带动了 SHRM 理论研究：将组织竞争优势源泉的探索由原来关注先占拥有及独占拥有的有形稀缺资源，转向更多依靠后天开发积累的，诸如知识资本、社会资本等无形资源以及更具开发与整合潜能的 HR 上来。拉多(Lado)和威尔逊(Wilson)首先借助核心能力理论考察了 HR 系统与组织可持续竞争优势的关系，从组织核心能力及相应的组织层面战略性 HR 开发的视角提出了 HR 系统(HR systems)概念，指出 HR 系统包括资源层面的 HR 活动、职能性的 HRM 活动以及增强组织核心能力积累和开发的一系列活动过程。在将组织核心能力界定为企业具体的、能够创建复杂社会关系的、嵌入企业特定历史和文化中的、能够形成组织隐性知识的独特能力基础上，进一步将组织核心能力划分为管理的、以输入为基础的、转化的、以输出为基础的四个关键环节，并分别阐述了 HR 系统在组织核心能力各环节开发中进而在构建组织竞争优势中的重要角色②。怀特(Wright)等从 RBV 与核心能力观两视角对资源基础的 SHRM 研究进行全面回顾后指出，战略管理与 SHRM 两个领域的交汇融合为基于资源基础研究 SHRM 提供了理论基础，这个交汇点就在于组织战略性的 HR 是组织可持续竞争优势的真正源泉，并围绕战略性 HR 的开发建立了一个基于智力资本、知识管理与动态能力三个结构要素相整合的SHRM 理论构架，探讨了人的管理系统在组织层面战略资源整合进而在组织核心能力开发中的重要作用③。

（三）战略人力资源管理的战略性研究

研究者从整合的视角研究 SHRM 的战略性，聚焦于解决 HRM 内外部契合的融合以及 HRM 和 HR 战略性的统一。从怀特(Wright)和斯奈尔(Snell)首次提出 SHRM 整合观(integrative view)④到他们着手 SHRM 与战略管理两大领域的全面整合⑤，十年间，SHRM的理论基础及研究构架不断完善，SHRM 在企业战略管理中的战略地位日渐突出。期间以怀特(Wright)为核心代表的基于 RBV、核心能力观与 SHRM 领域的行为观交汇融合的整合研究发挥了重要作用，并逐步成为引领 21 世纪 SHRM 研究发展的主流趋势。怀特(Wright)和博斯威尔(Boswell)⑥进一步从深度整合视角探讨了 SHRM 领域宏观导向与微观

① Prahalad G Hamel. The Core Competence of the Corporation. Harvard Business Review, 1990, 68(3): 79-91.

② Lado A A, Wilson M C. Human Resource Systems and Sustained Competitive Advantage: A Competency-Based Perspective. Academy of Management Review, 1994, 19(4): 699-727.

③ Wright P M, Dunford B B, Snell S A. Human Resources and the Resource-based View of the Firm. Journal of Management, 2001, 27(6): 701-721.

④ Wright P M, Snell S A. Toward an Integrative View of Strategic Human Resource Management. Human Resource Management Review, 1991, 1(3): 203-225.

⑤ Wright P M, Dunford B B, Snell S A. Human Resources and theResource-based View of the Firm. Journal of Management, 2001, 27(6): 701-721.

⑥ Wright P, Boswell W. Desegregating HRM: A Review and Synthesis of Micro and Macro Human Resource Management Research. Journal of Management, 2002, 28(3): 247-276.

导向研究的统一，提出打破宏微观研究之间隔离，促进互融互补，建立统一理论构架的时机已经成熟，并将成为未来趋势。下面介绍基于整合视角研究 SHRM 战略性的两个经典理论模型。

1. HRM 内外部契合的融合。贝尔德（Baird）和麦休拉姆（Meshoulam）在提出 HRM 内外部契合概念时指出①，如何统一管理两个契合是 SHRM 理论研究和管理实践面临的首要问题。之后，研究者尝试通过 HRM 内外部契合的"捆绑"式匹配来寻求 HRM 能够影响组织绩效的最佳系统模式。但怀特（Wright）将此类研究称为基于"共变关系"的第一代 SHRM 研究模式，并指出该模式在研究方法上缺乏严谨性②。贝克尔（Becker）和休斯里德（Huselid）最早探讨③ HRM 内外部契合在员工行为塑造中的交汇式融合，并提出企业战略支配 HRM 系统的设计，二者共同决定员工的创造力、生产力及自主性行为，员工行为会影响产品质量、生产率等产出水平，从而决定企业利润率、增长率等财务绩效，最终影响企业的市场价值。在此基础上，他们进一步指出④，尽管 Wright 等从资源整合视角建立更加全面的 SHRM 研究框架⑤，但该理论构架却未能在人的管理系统与最终组织绩效之间建立清晰明确的逻辑联系，而且传统资源基础理论有"资源"与"能力"两个基本概念不做区分、相互替代的弊端。贝克尔和休斯里德认为，组织核心能力不仅具有公司具体性、嵌入性，更重要的它是一种旨在增强组织中其他资源生产力的基于输入输出转化的中介物。为此，他们构建了基于员工战略行为塑造的权变的差异化 HR 体系构架模型（architectural model）（如图 2-1 所示）。

贝克尔（Becker）和休斯里德（Huselid）认为，企业实施战略的过程非常符合 HR 体系构架与组织绩效之间的"黑箱"。他们将战略实施过程视为 SHRM"黑箱"机理的核心中介结构，提出正是 HR 系统与组织战略运营流程的差异化匹配为企业获取可持续竞争优势提供了基础，这个基础由二者相匹配融合的结果即员工战略行为构成。图 2-1 显现了基于员工战略行为塑造的权变的差异化 HR 体系构架与企业可持续竞争优势及超常绩效之间的因果逻辑联系，首次显示了 HR 系统内外部契合相交融的重要性。贝克尔和休斯里德明确指出，将契合聚焦在以员工战略行为为基础的战略实施上对 SHRM 契合观具有重要意义，HRM 内外部契合将不再是两个相互独立的结构（independent constructs），不考虑外部契合

①　Baird L, Meshoulam I. Managing Two Fits of Strategic Human Resource Management. Academy of management review, 1988, 13(1): 116-128.

②　Wright P M. Next Generation SHRM Research: From Covariation to Causation. CAHRS Working Paper Series, Cornell University, Ithaca, 2003.

③　Becker B E, Huselid M A. High Performance Work Systems and Firm Performance: A Synthesis of Research and Managerial Applications. Research in Personnel and Human Resources Management, 1998, 16: 53-101.

④　Becker B E, Huselid M A. Strategic Human Resource Management: Where Do We Go from Here?. Journal of Management, 2006, 32(6): 898-925.

⑤　Wright P M, Dunford B B, Snell S A. Human Resources and the Resource-based View of the Firm. Journal of Management, 2001, 27(6): 701-721.

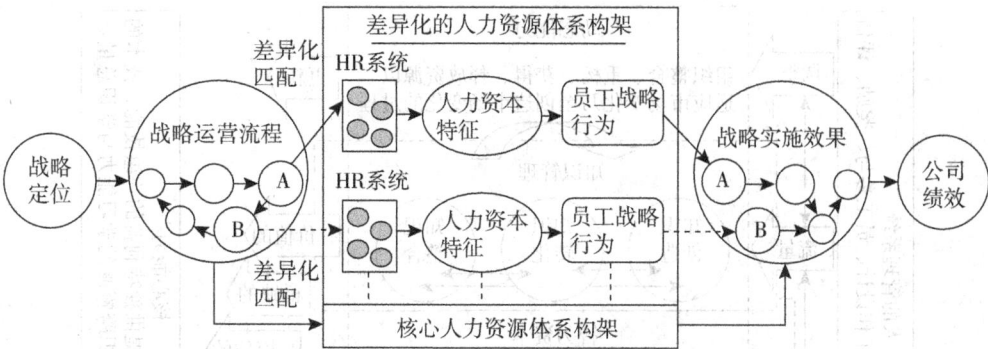

图 2-1　权变的差异化人力资源体系构架

资料来源：Becker B E, Huselid M A. Strategic Human Resource Management：Where Do We Go from Here?. Journal of Management, 2006, 32(6)：898-925.

的系统内部契合没有任何战略价值，而一个聚焦企业战略实施的 HR 体系构架则必然要求系统内在的契合。图 2-1 模型从企业核心能力理论视角探索基于行为基础和资源基础 SHRM 研究在企业可持续竞争优势构建中进行整合的一个代表性研究，为推进 HR 系统内部契合与组织战略实施过程外部契合的融合提供了新的理论借鉴。

2. HRM 与 HR 战略性的统一。这是基于组织竞争优势构建的整合研究构架。Snell 等[①]对 HR 战略性研究进行了全面回顾，并将其演化进程划分为人岗匹配、系统匹配和竞争优势三个纪元，并认为人们对 HR 战略性的认知与战略管理理论的深入发展密不可分，战略管理领域诸如向 RBV、知识基础观转变以及对智力资本等无形资产的关注趋势，已促使 HR 相关问题成为组织竞争优势的核心，这些理论根本性地改变着人们的 HR 战略观，SHRM 领域已进入以战略性 HR 开发与组织核心能力构建为研究主题的竞争优势研究新纪元。这种转变包括三个要素：用知识基础的方法来补充完善行为基础的方法；用敏捷性概念来调和组织柔性与战略契合；建立更加精细的 SHRM 体系构架模型（architectural models）。随后，怀特（Wright）等[②]提出基于智力资本、知识管理与动态能力三个结构要素的人的管理系统与组织核心能力构建相统一的整合性 SHRM 体系构架模型（图 2-2 所示）。

图 2-2 模型的左侧是人的管理系统，右侧是企业核心能力，中间部分的智力资本、知识管理两个构成要素起着将二者连接起来的桥梁作用，动态能力的作用是对企业资源进行动态更新与整合。人的管理系统的战略价值体现为对组织静态的知识存量（智力资本）、动态的知识流量（知识管理）以及将二者结合起来的组织动态能力的影响上。智力资本、知识管理与动态能力是构成组织核心能力的基础。怀特（Wright）等认为，尽管这样的结构

---

①　Snell S A, Shadur M A, Wright P M. Human Resources Strategy：The Era of Our Ways. CAHRS Working Paper Series, Cornell University, Ithaca, NY., 2000.

②　Wright P M, Dunford B B, Snell S A. Human Resources and the Resource-based View of the Firm. Journal of Management, 2001, 27(6)：701-721.

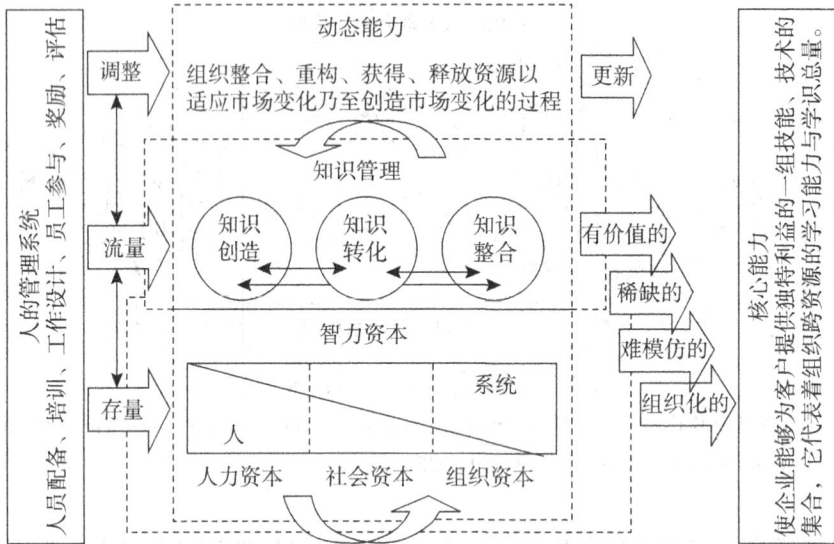

图 2-2 基于组织核心能力构建的 SHRM 体系构架模型

资料来源：Wright P M, Dunford B B, Snell S A. Human Resources and the Resource-based View of the Firm. Journal of Management，2001, 27(6)：701-721.

安排并不意味着企业竞争优势完全源自人的管理系统，但却代表了 SHRM 领域一个新的主张，SHRM 在开发整合和动态优化企业核心资源、构建核心能力上担任至关重要的战略角色。

怀特（Wright）等指出，图 2-2 模型中尽管企业核心能力是以知识为基础的，但这绝不意味着是对企业 HR 重要性的否认，而恰恰是一种放大与拓展。RBV 为研究 HRM 在企业战略性 HR 开发方面所发挥的作用提供了更广泛的理论基础。因此，SHRM 战略角色已不仅仅限定于影响员工技能和行为，而是要在一个更广泛的，包括规范体系、运营流程与终极目标的组织可持续竞争优势框架中来造就员工队伍整体性的胜任力。这意味着在 HRM 与组织竞争优势之间不能再简单地假定存在某种关联关系，而必须认识到人的管理系统是在多方面对竞争优势发挥作用的，比如创建组织文化和共同观念模式，促进相互信任、知识共享等的组织社会关系以及建立一支组织路径依赖的异质性高素质员工队伍等。

小　结

1. 从广义而言，心理学、管理学、经济学、社会学等领域相关理论为人力资源管理提供了理论基础。具体而言，人力资源管理的理论基础包括人性假设理论、激励理论和人力资本理论。

2. 以人性理论为基础对人的全面认识是中国古代思想家的一个显著特点，对现今的人力资源管理实践有一定的指导意义。中国古代性善论、性恶论、性无善恶论、性超善恶论、性有善有恶论、性善情恶论和有性善有性恶论等都有对人的本质的不同认识。

3. 西方管理中的人性假设理论包括经济人假设、社会人假设、自动人假设、复杂人假设和文化人假设，是人力资源管理的理论基础。

4. 西方管理中内容型激励理论、过程型激励理论、行为改造型激励理论以及综合型激励理论是指导人力资源管理的重要理论。员工激励是企业人力资源管理的一项重要工作内容。

5. 人力资本理论是人力资源管理的重要理论基础。从理论历史来看，人力资本理论出现的思想渊源于经济增长理论、教育经济学以及现代企业管理理论的研究与发展。

6. 古典的西方经济学把人(或者说劳动、劳动力)与土地、资本并列为生产要素，但是同时又都认为作为生产要素的人是"非资本的"。20 世纪 60 年代，舒尔茨和贝克尔等一些经济学家创立了人力资本理论，人力资本理论的出现对经济学发展，尤其是对经济增长理论、经济发展理论、卫生经济学、家庭经济学、人力资本会计的发展都具有重大的意义。

7. 舒尔茨认为，人力资本包括形成和完善劳动力的各种投资学校教育，医疗与保健，在职人员训练，个人或家庭为适应就业机会的变化而进行的迁移活动等。

8. 经历了舒尔茨、加里·贝克尔、雅各布·明瑟尔等对人力资本理论研究贡献后，人力资本理论新发展有：乌扎华的扩展的新古典经济增长模型，罗默的"收益递增型的增长模式"，卢卡斯的"专业化人力资本积累增长"模式，斯科特的"资本投资决定技术进步"模式。

9. 从人力资源本质特征、人力资本开发与管理研究来看，人力资本理论研究还存在有待突破之处：量化人力资本、量化人力资本投资收益以及对人力资本"载体"人的研究、对人"社会的""活的"资源的研究。

10. 从企业人力资源管理理论角度看，人力资源管理理论研究经历了人力资源管理理论的萌芽、人力资源管理职能研究到战略人力资源管理研究的过程。人力资源管理理论的萌芽阶段包括科学管理运动、早期工业心理学、人际关系运动、行为科学等；人力资源管理智能研究起源于 20 世纪 50 年代，主要是从人事管理活动与职能变化和调整的角度来探讨人力资源管理理论。战略人力资源管理研究起源于 20 世纪 80 年代后。

11. 战略人力资源管理研究的理论成果十分丰富。这些研究成果主要体现于三方面：基于行为基础的 SHRM 研究，强调 HRM 的战略性；基于资源基础的 SRHM 研究，突出 HR 的战略性；基于整合观的 SHRM 研究，聚焦 SHRM 的战略性，即解决 HRM 内外部契合以及 HRM 和 HR 战略性的统一。

复习思考题

1. 人力资源管理的理论基础包括哪些方面？

2. 中国古代性善论、性恶论、性无善恶论、性超善恶论、性有善有恶论、性善情恶论和有性善有性恶论等对人的本质认识是怎样的？对人力资源管理者有何启发？

3. 什么叫"经济人假设"？它与我国古代的"性恶论"有什么内在联系？

4. 什么叫"社会人假设"？它与我国古代的"性善论"有什么内在联系？

5. 什么叫"复杂人假设"？它与我国古代告子"性无善恶论"理论有什么内在联系？

6. 西方管理中的人性假设理论对人力资源管理工作有哪些指导作用？

7. 西方管理中激励理论对人力资源管理工作有哪些指导作用？

8. 简述人力资本理论产生的历史、发展以及人力资本理论的内容。

9. 简述人力资本理论的发展及其应用于哪些领域。

10. 泰罗的科学管理在人力资源管理方面有哪些基本内容？对你有何启发？

11. 法约尔的人力资源管理思想有哪些内涵？怎样借鉴？

12. 人力资源管理理论的发展历程是怎样的？

13. 研究者是如何探讨战略人力资源管理的形成及其功能的？

讨 论 题

1. 中国古代的人性观体现了哪些人力资源管理思想？有哪些独到之处？应如何继承发扬其中的优良传统？

2. 人力资本理论对企业人力资源管理工作有什么作用？

3. 从人力资源管理理论的演进过程看，不同时期的人力资源管理理论，尤其战略人力资源管理理论对人力资源管理实践有哪些指导意义？

【案例】

一家电子元器企业的人力资本投资

A 企业是一家成立于 2000 年从事电子元器件研究、开发、制造、销售的高新技术企业。注册资本 3900 万元人民币，总资产 1.65 亿元，现有员工近 500 人。企业立足自主研发、自主创新，产品技术上拥有自主知识产权。经营业务范围：电子元器件的生产、销售；自产产品及技术的出口业务；生产、科研所需的原辅材料、仪器仪表、机械设备、零配件及技术的进口业务等。员工主要以生产型为主，规模占全体员工 70% 以上。因企业销售渠道固定，技术相对稳定，更新换代相对不频繁，销售岗位和技术岗位的员工数量不多。企业对生产岗位员工的学历要求不高，大部分员工是中专学历。但随着企业市场竞争日渐加剧，近年来企业逐渐开始重视员工学历结构，如 2018—2019 年员工中大专生和本科生的比例有所提高。员工队伍的平均年龄为 29 岁。其中 30 岁以下的有 209 名；30~40 岁的有 103 名，40~50 岁的有 55 名，50 岁以上的有 12 名，是一支年轻化的队伍。

在整个运营过程中，企业总体投资由物力资本投资和人力资本投资构成（如表 2-1 所示）。企业越来越认识到人力资本的重要性，人力资本投资的力度逐渐加大。但在人力资本投资过程中遇到员工流失、企业管理层对人力资本投资积极性不高的问题，管理者认为对人力资本的投入不少，但效果并不很明显，给企业带来的效益增加不多。

表 2-1　　　　　　　　　　　**2016—2019 年 A 企业总体投资额**

项　　目	2019 年	2018 年	2017 年	2016 年
总投资(万元)	11886.21	11960.595	11729.72	11904.81
物力资本投资(万元)	9609.75	9393.915	9561.26	9591.78
人力资本投资(万元)	2276.46	2566.68	2168.46	2313.03
物力资本投资比例(%)	80.85	78.54	81.51	80.57
人力资本投资比例(%)	19.15	21.46	18.49	19.43

企业对近四年来的人力资本投资总体情况进行了分析。一是从投资成本看：(1)价值获取投资：主要是招聘投入和员工的安置费用。因存在员工流问题，企业每年都会在获取人力资本上投入。主要通过人才洽谈会、猎头公司、网络媒体等方式进行。其中 2018 年和 2019 年因扩大生产规模和大量离职人员岗位补充，招聘和安置员工成本相对多一些。(2)价值使用投资：包括教育培训、医疗保健、福利补助及活动基金等，其中，四年间在教育培训上的投资保持在同一水平。(3)价值评价投资：主要包含人力资源数据库和绩效系统维护费用、考评期间管理费用等，费用不多没有单独罗列。(4)价值分配投资：集中在价值分配上，为激励员工，年底对考评结果中绩效优秀者发放实物奖励。二是从投资成本结构看，企业在人才储备、员工培养、员工福利及医疗保健等方面有一定的重视，人力资本本身规模也较为合理，但也存在一些问题：(1)投资比例结构存在严重失衡。在价值分配中，员工薪酬、奖金、实物奖品的投入占人力资本投资总投入的 80% 以上。由人力资源价值链可以看出，企业产出主要是通过人力资本价值使用这一环节，但人力资本使用中企业投资比例仅不到 10%。这样，在人力资本投资比例中，作为非激励因素的薪酬就占到了整个投资份额的一半以上，不能激励员工提高生产效率，也难以给企业带来更多的收益。(2)对员工培训投资不足，仅占整体人力资本投资的 1%，且四年基本上维持相同的水平，缺少中长期规划和针对性。培训方式多为员工集体培训，每年按照资金预算完成培训，未按员工需求定制培训方案。企业也没有一套完整的员工培训考核制度，培训效果评价和测试没有统一的标准，即使投入成本，也收获甚微。三是从投资收益看(如表 2-2 所示)，企业人力资本投资、物力资本投资及总投资的效益均处于较为稳定状态。人力资本投资对企业价值增值作出了重要的贡献并体现了高回报率。同时可以看到，当物力资本投入相对稳定时，2018 年加大了人力资本投资的力度(2566.68 万元)，但当年人力资本投资收益(55.99%)不仅没有提高，比上年(66.99%)还有所下降，而2019 年并没有增加人力资本和物力资本投入，但其人力资本投资收益(81.44%)反而比上年增加将近 30%。与此同时，公司总投入产出率(15.62%)也有大幅度的提高。

表 2-2　　　　　　　　　人力资本和物力资本投资额及利润统计表

年度	利润 （万元）	人力资本 投资额 （万元）	投入 产出率	物力资本 投资额 （万元）	投入 产出率	总投资 （万元）	投入 产出率
2016	1549.47	2313.03	66.99%	9591.78	16.15%	11922.33	13.00%
2017	1450.8	2168.46	66.99%	9561.26	15.17%	11562.39	12.55%
2018	1437.15	2566.68	55.99%	9393.92	15.30%	12127.95	11.85%
2019	1854.06	2276.46	81.44%	9609.75	19.29%	11868.72	15.62%

◎ 问题

　　1. 根据贝克尔的人力资本理论，谈谈企业人力资本投资包括哪些内容？

　　2. 从人力资本投资特性角度分析，为什么企业 2018 年和 2019 年的人力资本投资收益率存在差异？

　　3. 你认为该企业人力资本投资结构存在哪些问题？如何改进？

第三章　人力资源战略与规划

【学习目的】

在学习本章之后，你应当掌握如下内容：

1. 战略人力资源管理内涵、特征和意义。
2. 人力资源战略的内涵、特点及重要性。
3. 人力资源管理战略制定的程序与实施方法。
4. 人力资源战略与企业经营战略和发展战略的匹配原理。
5. 人力资源规划的含义、内容和作用。
6. 人力资源规划的基本过程。
7. 人力资源需求和供给预测及其预测方法。
8. 人力资源规划的实施过程和反馈过程。
9. "互联网+"时代人力资源规划的特点。

【案例——问题提出】

百度高层"变阵"以应对互联网新风口①

在经历 2016 年那个风波不断的本命年后，百度 CEO(首席执行官)李彦宏正加速变阵。2017 年，百度业务进行紧锣密鼓的调整。新成立的百度风投，专注于人工智能以及 AR(增强现实技术)、VR(虚拟现实技术)等下一代科技创新项目，集中投资于早期项目，第一期基金规模 2 亿美元。还成立了智能驾驶事业群组(IDG)，由自动驾驶事业部(L4)、智能汽车事业部(L3)、车联网业务(Car Life etc.)共同组成，旨在进一步提升效率、协同发展。百度原来的智能汽车业务架构较为分散，几个事业部隶属于不同的业务群组，不利于内部资源协调和业务统筹发展，外界也对相关业务的隶属存在疑惑。此次调整之后的新架构简单明了，百度集团总裁兼 COO(首席运营官)陆奇亲自挂帅，统筹各相关组织及业务模块，可见百度对智能驾驶相关业务的重视程度非比寻常。百度还成立度秘事业部加码人机交互。2017 年 2 月 16 日，陆奇将原度秘团队升级为度秘事业部，直接向其汇报，以加速人工智能布局及其产品化和市场化。此外，百度全资收购渡鸦科技，创始人吕骋携团队正式加盟百度，并出任百度智

---

① 本案例改编自：雷建平. 李彦宏变阵：百度至少已离职 4 高管 AI 成新突破口. 雷帝网，2017-03-16. 有相应增删。

能家居硬件总经理，直接向陆奇汇报。渡鸦科技也成为陆奇加盟百度后披露的首个全资收购案例。

陆奇上任后最大一把火是取消百度医疗事业部，关停百度医生，百度医疗事业部智能小 e 团队和拇指医生团队转入 AI（人工智能）体系；医疗事业部内容建设团队转入搜索公司。这在一定程度上平息了外界对百度医疗广告的愤怒。但百度并非放弃医疗广告，百度的解决方法是人工智能。李彦宏称，现行的医疗体制有很多不合理的地方，但更重要的是，随着人工智能的来临，在医疗的很多层面都会对它实施影响。这一过程包括，挂靠在百度下的 O2O（线上到线下）最初阶段；通过智能诊疗系统帮助医生对患者的诊断；基因测序成本大幅下降，导致基因数据被大幅收集，形成精准医疗。在蔚来汽车新一轮融资中，百度资本还与腾讯领投了蔚来汽车。这是百度资本成立以来投资首个项目。其他投资方还包括华平、IDG、联想、高瓴、信中利、中金、今日资本等。这一切说明，百度正将人工智能定为公司最重要的战略。

为应对互联网的新风口，适应百度战略调整，其高层人事也进行了重大调整。2017 年 3 月 16 日百度通过内部邮件宣布，对百度糯米进行组织优化和管理架构调整，百度高级副总裁、百度搜索公司总裁向海龙亲自兼任百度糯米总经理。前百度副总裁、百度糯米总经理曾良违反公司职业道德规范，构成严重违纪，百度决定解除曾良的劳动合同，并对涉事代理商进行了处理。同样在 3 月，百度宣布成立智能驾驶事业群组（IDG），由百度总裁和 COO 陆奇兼任总经理。百度高级副总裁王劲因个人和家庭原因不再担任自动驾驶事业部（L4）总经理职务。短短半个月时间，百度两个核心业务负责人相继换人。百度无人车和百度糯米控制权交给百度最核心的两个高管（陆奇和向海龙）。如果加上号称百度"太子"的副总裁李明远 2016 年 11 月被宣布引咎离职，以及百度元老、前副总裁王湛 2016 年 5 月因违反职业道德被开除后，不到 1 年时间百度已有 4 位高管离职。

同时，百度也引入很多"新鲜血液"——最核心的前微软全球执行副总裁陆奇的加盟，担任百度集团总裁兼首席运营官，负责百度产品、技术、销售及市场运营。除李彦宏外的高管都向陆奇汇报。加盟的另一个重要人物是李彦宏之妻马东敏（Melissa），其职务不是外界传闻的 CEO 特别助理而是董事长特别助理。马东敏的主要作用是成为员工和李彦宏之间的沟通桥梁。此外还引入首席顾问任旭阳、副总裁王路、百度云事业部总经理尹世明等。其中，任旭阳是百度创业元老，曾任市场与商务拓展副总裁——曾一手打造了爱奇艺，且百度高级副总裁朱光、爱奇艺 CEO 龚宇、前百度副总裁汤和松都是任旭阳举荐的人才。任旭阳还负责"百度资本"管理合伙人招募工作，帮助百度资本相继引入了前携程 CFO（首席财务官）和 CSO（首席战略官）武文洁、前小米副总裁张金玲。武文洁是百度资本第一位管理合伙人，张金玲则作为副总裁正式加盟百度，任百度资本 CFO，兼任百度外卖 CFO，直接向 CFO 李昕晢汇报。王路原是沃尔玛电商亚洲区总裁兼 CEO，还曾是 CBSi 全球副总裁，在互联网行业经验丰富，于 2016 年 9 月加盟百度，负责公司级的战略合作、大市场、公关和政府关系等业务。此外，百度还引入传统造车领域的研发专家邬学斌，他 2003 年回国后先后担任了奇瑞汽车、福田汽车等公司的重要职位，副总裁加盟百度负责自动驾驶事业部车辆及相关团队。尹世明曾任苹果大中华区企业部总经理和生态系统负责人、SAP 高级副总裁，于 2016 年 11 月作为副总裁加盟百度，任百度云事业部总经理，向张亚勤汇报。百度最新的一个任命是宣布前联想之星合伙人刘维作为副总裁正式加盟百度，任百度风险投资公司（Baidu Ventures）CEO，全面负责 BV 各项工作。百度的频繁人员调整和架构调整主要目的是希望整个公司架构更适合新形势下的发展，未来调整可能会持续。

"互联网+"时代的最大特征就是变化，给商业环境和企业管理带来了巨大挑战。为应对这一挑战，企业战略的适应性变得尤为重要，而支持企业战略落地的人力资源战略与规划也成为企业在互联网时代进行有效人力资源管理的重中之重。百度作为中国互联网行业的领头企业之一，成功引领了中国商业互联网化的变革，其优秀乃至于极致的人力资源管理设计与运行一直被作为企业管理的典范。近两年来，百度进入"滞涨"时期，与阿里巴巴和腾讯的差距进一步拉大，与京东等后发企业的差距却进一步缩小，正面临重要的战略调整期。为了应对人工智能等互联网时代的新风口，百度进行了积极的战略调整，并基于此大刀阔斧地进行了自上而下的人力资源战略与规划变革。在本章中，我们将基于"互联网+"的大背景，首先介绍企业战略与人力资源管理，人力资源战略的概念、特点与作用，人力资源战略的制定与实施，接着介绍人力资源规划的概述，人力资源规划的过程与方法、组织与实施。

第一节　企业战略管理与人力资源管理

在企业中，战略管理就是以一定方式来分配和部署企业所拥有的一切资源，从而为企业带来竞争优势。当今企业所面临的主要竞争性挑战就是在市场上采取积极主动的战略手段。人力资源管理的任务就是确保企业的人力资源为企业带来竞争优势，为了最大限度地发挥作用，人力资源管理职能必须全面参与企业的战略管理过程。

一、企业战略管理

(一)企业战略的内涵

企业的战略是企业面对激烈变化、严峻挑战的经营环境，为求得长期生存和不断发展而进行的总体性谋划，具有总体性、长远性和指导性特点。它可以被看作"将组织的主要目标、政策和行为顺序整合为一个具有内在有机联系的整体的模式或规划。"①这些战略既可以是一般性竞争战略，也可以是针对某种特定的情况所采取的一些具体的调整性措施或行为。

(二)战略管理过程

战略管理过程始于企业高层管理人员根据企业的使命和目标，分析企业经营的外部环

---

① Quinn J. *Strategies for Change: Logical Incrementalism*. Homewood, IL: Richard D. Irwin, 1980.

境，确定存在的经营机会和威胁；评估自身的内部条件，认清企业经营的优势和劣势。在此基础上，企业要制定用以完成使命、达到目标的战略计划。根据战略计划的要求，管理人员应配置企业资源，调整企业结构和分配管理工作，并通过计划、预算和进程等形式实施既定的战略。在执行战略的过程中，企业管理人员还要对战略的实施成果和效益进行评价，同时，将战略实施中的各种信息及时反馈到战略管理系统中来，确保对企业整体经营活动的有效控制，并且根据变化的情况修订原有的战略，或者制定新的战略，开始新的战略管理过程。因此，战略管理是一种循环复始、不断发展的全过程总体性管理(见图3-1)。

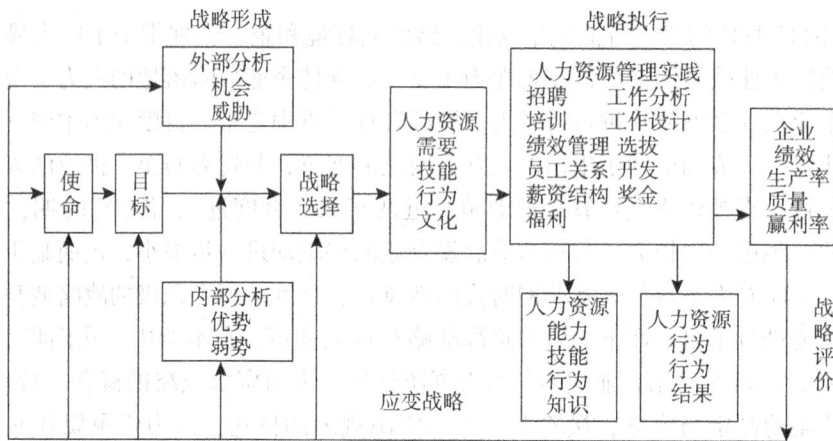

图 3-1 战略管理过程模型

资料来源：作者绘制。

从图 3-1 可以发现，企业战略形成与战略执行模型中，组织进行设计，对资源进行分配，确保企业获得高绩效的员工以及建立能够促使员工的行为与企业战略目标保持一致的薪酬系统。战略管理过程的成功与否在很大程度上都取决于人力资源职能的参与程度[①]。在不断循环的战略管理过程中人力资源管理实践活动始终发挥了重要的作用(详见本节后面的介绍)。

二、"互联网+"时代的战略管理模式

战略管理发展的时间尚不长，但在战略管理的研究过程中涌现了众多有影响力和实践价值的理论与模型，如艾尔弗雷德·D. 钱德勒(Alfred D. Chandler，Jr.)的战略决策结构理论，即"环境-战略-组织结构"理论[②]、迈克尔·波特的竞争战略理论[③]、普拉哈拉德

---

① Butler J, Ferris G, and Napier N. *Strategy and Human Resource Management*. Cincinnati，OH：Southwestern Publishing Co. ，1991.

② 艾尔弗雷德·D. 钱德勒. 战略与结构. 孟昕，译. 昆明：云南人民出版社，2002.

③ 迈克尔·波特. 竞争优势. 陈小悦，译. 北京：华夏出版社，2005.

（C. K. Prahalad）和哈默（G. Hamel）的核心能力理论①、杰伊·巴尼（Jay B. Barney）的资源依赖理论（resource dependence theory，RDT）②以及陈明哲的动态竞争理论，为企业管理实践提供了良好的指导与帮助。但是随着商业环境进入"互联网+"时代，技术变革正呈指数级的速度和数量发生，商业环境变得更加透明，企业和消费者的信息更加对称，传统战略管理的理论和模式如果不加以"互联网化"，恐怕将导致企业战略管理的巨大失败。

正是在快速变化的"互联网+"商业环境中，上述经典战略管理理论的核心要素无法得到准确和良好的估计与预测，因此"互联网+"时代企业战略管理的核心要融合"互联网+"经济形态的核心。"互联网+"经济形态的核心是去中心化、平台化和数据化。"去中心化"是"互联网+"时代企业战略管理的重心。企业应该颠覆传统战略管理的路径，不能固守传统的总部-基层的层级制结构，而是要实施基于扁平化结构的战略制定模式。企业的商业模式和产品战略要呈现更多的分布式和互动式，企业所有员工乃至于外部利益相关者都可以进入企业战略管理的过程中，并发挥重要作用。"平台化"是指企业战略管理的落脚点要更加宽泛，战略管理的目标企业只是战略管理的一个基点，而其他分销商、供应商、竞争对手、政府、社区和用户都将成为战略管理的关注对象。上述利益相关者信息共享、平台共享，最终制定和实施有利于企业长远发展的战略。"数据化"是指企业战略管理的手段要更多基于数据和事实。传统战略管理虽然已经开始强调数据和证据在战略制定和实施过程中的重要性，但是"互联网+"时代巨变的信息技术和科技才为真正大规模的"数据化"提供了可能。企业应该利用"大数据"和"云计算"来收集、分类和挖掘战略决策的基础，为企业进行战略决策的不断调整提供依据。

三、战略人力资源管理的特点及在企业战略管理中的作用

（一）战略人力资源管理

如第一章所介绍，当人力资源管理发展到战略人力资源管理，成为企业战略管理的一个重要组成部分，人力资源管理也成为企业的战略伙伴。在今天和未来的企业中，人力资源管理将具有三个方面的作用，即行政管理、事务管理和战略管理。战略人力资源管理的特点表现在以下方面：

1. 关键性。在传统的人事管理中，人事单位往往处于企业较低层的地位，人力资源管理的层次停留在作业性、辅助性上。但随着知识经济的到来，生产力的关键要素越来越多地依赖于脑力，人力已成为企业获取竞争优势的关键性资源。因此，企业高层管理者在研究企业目标、战略时，应同步思考未来 5 年、10 年的人力配置，从战略的角度来研究人力资源的开发、培养和使用，而不只是让人力资源被动地反应，这样才能使企业的人力资源成为企业真正的核心资源。

2. 开发性。传统的人事管理将人力视为成本，因此，企业想方设法减少人力投资以降低成本。战略人力资源管理将人力视为组织的核心资源，是一项投资，企业要舍得对人

---

① Hamel Prahalad G. The Core Competence of the Corporation. Harvard Business Review, 1990, 68(3): 79-91.

② 杰伊·B. 巴尼. 战略管理：获得与保持竞争优势. 第 3 版. 朱立，译. 上海：格致出版社，2011.

力资源进行开发投资，以激发员工的潜能，发挥团队能力的辐射力量，去赢得长期、持久的实力。

3. 整体性。传统的人事管理只强调人事功能，以单独、狭隘的方式运作，不涉及其他单位。战略人力资源管理则以整合的方式统筹环境、战略及情景因素。对人的管理不再只局限于人力资源管理部门的事，而是从组织整体、跨部门的角度去思考这一问题。事实上，在现代企业管理中，每一位管理者都有义务指导、教育、约束、激励下属人员，提升下属人员的职业境界与进取精神，提升下属人员的人力资本价值。

4. 系统性。在传统的人事管理中，对员工管理的几个互相联系的阶段——招聘、使用、培训、考核、奖励等往往被人为地分割开，孤立地进行管理，其结果很可能使员工感到沮丧和士气不足，有损企业的竞争力。战略人力资源管理则要求人力资源管理的各个部分有机地结合起来，进行系统化管理，以创造出一种协同效果。各种人力资源管理方法的一致性，会使员工明确可以期望什么，得到什么回报，以及什么事是重要的，从而增强员工的投入，帮助企业利用自己的独特竞争能力来对付竞争对手。

5. 竞争性。传统的人事管理所做的多是一些细节性的单纯"技术"性工作，活动范围有限，短期导向。战略人力资源管理的重点放在发展企业可持续竞争优势上，它的目的是利用人力资源管理在企业制定战略和执行战略中的战略伙伴作用，帮助企业制定竞争战略，并采取与企业竞争战略相配合的人力资源管理制度和政策，使企业能有效地开发和利用人力资源，从而提高企业经营绩效和市场竞争力。

从战略人力资源管理的特点可以看出，战略人力资源管理并非是对辅助性人事管理和职能性人力资源管理的简单代替，而是一种比传统的人事管理和职能性人力资源管理更为深入、更具有战略性的新型模式。它是"有计划的人力资源使用模式以及旨在使组织能够实现其目标的各种活动"①。战略人力资源管理要求企业突破传统的"人事"定位，以更宏观的角度，从全体动员的想法开始，思索企业内的人力资源部署。从与辅助性人事管理、传统人力资源管理比较看，更能凸显战略人力资源管理的特点(表 3-1 所示)。

表 3-1   **辅助性人事管理、传统人力资源管理、战略人力资源管理的比较**

维度	关于"人"的管理		
	辅助性人事管理	传统人力资源管理	战略人力资源管理
理念	人是组织中的一种工具性资源，服务于其他生产性资源	人力资源是组织中的一种重要资源	人力资源是组织中最重要的资源，是一种战略资产
战略性	很少涉及组织战略决策；与战略规划的关系是一种行政关系或单向执行关系，即扮演执行者的单一角色	是组织战略决策的重要辅助者、信息提供者；与战略规划是一种双向关系，即扮演辅助角色和战略执行角色的双重角色	是组织战略决策的关键参与者、制定者；与战略规划的关系是一体化的关系，即扮演决策制定者、变革推动者或战略执行者多重角色

① P Wright and McMahan G. Theoretical Perspectives for Strategic Human Resource Management. Journal of Management，1992(18)：295-320.

续表

维度	关于"人"的管理		
	辅助性人事管理	传统人力资源管理	战略人力资源管理
职能	参谋职能，行政事务性工作，被动的工作方式	直线职能，辅助决策，战略实施，行政事务性工作，灵活的工作方式	直线职能，决策制定，战略实施，几乎没有行政事务性工作，主动的工作方式
绩效导向	部门绩效导向，短期绩效导向	部门绩效与组织绩效兼顾导向，较长期绩效导向	部门绩效与组织绩效整合导向，长期绩效导向，竞争优势导向

资料来源：颜士梅.试论组织中关于"人"的管理的两次转变.外国经济与管理，2002(6).

(二)战略人力资源管理与企业战略的融合

在战略形成过程中，将所有与人有关的经营问题考虑在内是至关重要的原则。必须在人力资源职能中将这些问题弄清楚。将人力资源职能融入战略形成过程之中的机制或结构可以帮助战略规划小组制定出最为有效的战略决策。据有关资料显示，对位于"《财富》500"企业之中的115个战略经营单位进行比较研究发现，在49%~69%的公司中，人力资源管理同战略规划过程存在一定的联系，然而，两者之间联系的水平在不同的公司中却各不相同，而认识和理解这些联系水平的差异是非常重要的①。战略管理过程的五个组成部分与战略的形成有密切的关系(见图3-1)。为完成自己的使命，企业必须确定具体的目标，即企业长期所希望取得的成就。要完成企业的目标，企业必须进行SWOT(优势、劣势、机会、威胁，即strengths，weakness，opportunities，threats)分析。在战略规划小组掌握了制定各种不同战略方案所需要的全部信息后，战略管理者再对这些战略选择在实现企业战略目标方面的能力进行对比，并做出战略选择。战略选择就是组织战略，即描述一个组织将通过什么样的途径来充分完成其使命并且达到其长期目标。

首先，在进行外部环境分析时，决策者必须注意将外部的机会和威胁与人力资源联系在一起的。在日益竞争激烈的市场中，人才的竞争将越来越激烈。人力资源管理所扮演的角色之一就是从人力资源的角度密切关注与外部环境相关的机会与威胁：潜在的劳动力短缺、竞争对手的工资率、对人员雇佣产生影响的政府法律和规章因素等。若企业没有意识到与人力资源相关的外部环境的威胁的存在，那么企业将在劳动力市场或人才市场处于不利的竞争地位。

其次，对企业的内部环境的优、劣势进行分析时，同样也需要人力资源职能的参与。目前，企业都已经越来越意识到了人力资源是其最为重要的资源之一。经济学家已经研究，美国在1943—1990年国民生产总值的增长总额中有1/3以上是人力资本增加的作用。如果不考虑自己的劳动力队伍所具有的优势和劣势，那么，企业可能会选择本来就没有能

① 雷蒙德·A.诺伊，等.人力资源管理：赢得竞争优势.刘昕，译.北京：中国人民大学出版社，2016：55.

力实现的那些战略①。如果人力资源职能是战略管理的战略伙伴关系，即一体化联系时，战略规划者就必须通过人力资源管理与企业使命、目标、机会、威胁、优势和劣势等之间联系起来——找出战略选择前考虑到的所有与人有关的问题。虽然，这只是战略形成，并不能保证企业战略取得成功，但是企业最终要选择能够获得成功的战略。目前，许多企业已经开始认识到，在一种竞争日益激烈的环境中，战略人力资源管理能够为企业提供一种竞争优势，为了从战略高度来对人力资源进行管理，许多企业也必然会实现人力资源与战略决策一体化联系。

最后，企业战略形成后，人力资源管理职能在执行战略过程中具有重要的作用。如图3-1所示，企业战略决定了对人力资源管理的特定需求。一般而言，企业战略实施的成功与否主要取决于5个重要的变量：组织结构，工作任务设计，人员的甄选、培训与开发，薪酬系统，信息及信息系统的类型。在这5个重要变量中，人力资源管理对其中3个变量，负有责任，即工作任务设计，人员的甄选、培训与开发，薪酬系统；同时还对组织结构、信息以及决策过程有直接影响。一是要成功执行战略，必须对工作任务设计，把各项任务进行归纳形成不同的工作，这项任务通过工作分析与设计来完成(见本书的第四章)。二是人力资源管理职能必须确保企业能够得到适当的人员配备，这些人必须具备在战略执行过程中完成各自承担的工作所必需的各种知识、技能、能力等。这些目标可以通过员工招聘与测评、员工培训与开发来完成(见本书的第五章、第六章)。最后，人力资源管理职能还必须建立企业绩效管理系统和薪酬管理系统，引导员工支持战略规划并为战略目标的实现而努力工作。这些任务可以通过人力资源管理的重要职能：绩效管理与薪酬管理来完成(见本书的第七章、第八章)。

四、"互联网+"时代的战略人力资源管理

"互联网+"时代的商业环境中，"智力资本"迅速崛起，成为支撑经济发展的核心力量。"互联网+"时代是一个创新驱动的时代。创新并非无源之水、无本之木，必须附着于人力资源之上。企业的员工正是创新的源泉，同时也是推动创新落地的根本力量。因此，在传统雇佣关系中，雇主基于资金、土地、设备等物质资本优势建立的非均势关系会被打破，雇员凭借其"智力资本"可以建立与雇主的均势，甚至于占据一定的优势。比较典型的案例就是，"互联网+"社会中越来越多的雇员凭借其创意在公司中占据较大的股权份额和话语权。因此，"互联网+"时代战略人力资源管理的核心是建立联盟型的雇佣关系②。

联盟型的雇佣关系要求在战略人力资源管理中注重平等性、动态性和差异性。"平等性"要求在人力资源管理的过程中注重建立雇主与雇员之间的平等关系。每一名雇员的智力资本贡献都应该获得与相应物质资本一样的收益。因此，在薪酬体系设计的过程中应该充分考虑员工的智力资本贡献，要反映智力资本竞争力为企业竞争力所做的贡献。"动态

---

① P Wright, G McMahan, McWilliams A. Human Resources and Sustained Competitive Advantage：resource-Based Perspective. International Journal of Human Resource Management, 1994(5)：301-326.

② Hoffman R, Casnocha B, Yeh C. The alliance：Managing talent in the networked age. Harvard Business Review Press, 2014.

性"是指在联盟型的雇佣关系中，雇主和雇员双方应该秉持宽松的雇佣政策。"终身制""铁饭碗"等思想会被摒弃，取而代之的是满足雇佣双方利益的灵活的雇佣政策。当企业实施相应的产品项目时，雇员可以迅速投入工作中；当项目结束时，雇员可以继续投入另一个项目，同样也可以根据自身和其他企业的需要，进入其他企业的项目中。"动态性"要求企业在招聘过程中奉行按需招聘的策略，同时在培训的过程中快速、灵活，要迅速适应项目需要。"差异性"是指"互联网+"时代雇员强调个性化和人性化的需求。这就要求企业在薪酬设计中凸显雇员需求的差异化，尤其是在福利设计的环节更加注重不同雇员的特殊需求。与此同时，在职业生涯设计的过程，企业要结合不同雇员的职业发展目标和个性特点，制定差异化的人才发展计划。

第二节　人力资源战略制定与实施

　　世界上许多著名的跨国企业一般通过以下三种途径将人力资源的管理与企业经营战略相联系，即为实现企业战略目标而选择人力资源管理方式；在一定战略目标或环境下预测人力资源的需求并实施管理，以及在战略目标与组织结构相统一的整体中努力融进人力资源管理。美国哈佛大学教授迈克尔·波特曾认为人力资源管理可以通过降低成本、增加产品和服务的差别来帮助一个公司获得竞争优势，因此，通过人力资源管理获得竞争优势要求以战略的目标来进行管理①。

一、人力资源战略的内涵与特点

(一)人力资源战略的内涵

　　人力资源战略是企业为适应外部环境的迅速变化和内部人力资源管理的不断发展，制定的对其人力资源管理活动具有重要指导意义的纲领性长远规划。它是企业战略中不可或缺的一部分，同时又是高效规划和实现企业战略的有效保障。从人力资源战略在企业运营管理全过程中所处地位来看，它具有以下特点②：

　　1. 人力资源战略的全局性。首先，人力资源战略贯穿企业管理的全过程。人力资源战略并不是局限于单纯对"人"的规划和管理，而是侧重于对从事各种各样企业活动的人的规划与管理。人力资源战略不仅在横向上扩展为涉及企业的各个部门、各个环节和各个工作岗位，还在纵向上延伸为贯穿企业从产生、起步到成熟，直至企业生命周期终止的整个过程。其次，人力资源战略管理涉及企业全体人员。人力资源战略不仅实现了企业对管理人员和普通员工的管理，还是上级管理下级的有效手段之一，同时也是作为企业中每个人自我管理的方式而存在，因此人力资源战略实质上是对企业全员的规划和管理。

　　2. 人力资源战略的长远性。人力资源战略作为企业战略的重要组成部分，其每一项具体的实践活动都会给企业带来深远的影响。例如从人员的选聘来看，人员选聘一方面既要考虑到企业现行岗位职责的要求，又要考虑到企业未来岗位职责的变化趋势。另一方

---

① 赵曙明. 企业人力资源管理与开发国际比较研究. 北京：人民出版社，1999：111.
② 马新建，等. 人力资源管理与开发. 第二版. 北京：北京师范大学出版社，2008：94-96.

面，不仅要考虑选聘对象现有的经验、知识和能力，而且要考虑其未来的开发潜能。由于选聘对象要从事将来的工作，当某一职位出现空缺时，企业可以前任为参考，但更主要的是根据未来岗位职责的要求来选聘人员，因此人力资源战略必须对未来岗位职责、员工未来潜能具有一定的有效预测性。因此，人力资源战略不是针对一时一事的计划，而是企业一项长远的工作。

3. 人力资源战略的根本性。由于"人力资源"在企业诸多生产经营资源要素中处于最为核心和关键的地位，企业一切管理活动的着眼点，已经从"事"转变为"人"，企业经营管理方式也从原来惯常的事后弥补性管理逐渐演变为事前预防性管理。人力资源对企业未来发展所发挥的决定性作用具体体现在：一个管理者决策正确与否直接关系到企业今后的发展方向，而员工的士气也影响着企业计划的执行与实施、目标实现的速度和程度。因此，人力资源战略是企业管理中最重要、最根本的方面，它决定着企业的兴衰成败，决定着企业未来的命运。

4. 人力资源战略的动态性。除了上述人力资源战略的特点之外，"互联网+"时代的人力资源战略还应该具备动态性的特点。由于"互联网+"时代外部环境快速变化，其变化的范围和速度是以往任何一个时代无法比拟的。因此，"互联网+"时代为了保证企业人力资源管理与企业战略的密切融合，支持企业战略落地，实现企业的快速变革与发展，要保证人力资源战略保持动态性。人力资源战略要随着企业战略的变化而快速进行响应性变化。

二、人力资源战略的制定

人力资源战略是企业战略的一个有机构成部分，故人力资源战略与企业战略有着许多相似的内容、程序和方法，但在制定和实施人力资源战略的过程中，人力资源战略的制定也有其特定的内涵、程序、过程和方法。企业的战略决策过程通常是发生在高层，即由首席执行官、首席财务官、总裁以及各位副总裁在内的一个战略规划小组所决定的。然而，在战略决策过程的每一个步骤中，都会涉及与人有关的经营问题。因此，人力资源管理应当参与战略制定的每一个步骤。

（一）人力资源战略的决策

人力资源战略决策就是关系企业人力资源发展全局性的决策，是指为了长期的发展，制定出发展目标和实施方针，以及为实现发展目标而采取的重大措施而做出的决策。如企业人力资源结构决策、薪酬决策、员工职业发展决策等。这类决策与人力资源管理大局关系密切，受外部环境变化影响很大。企业外部环境包括企业无法控制的各种外部因素，如法律、社会政治、经济形势、本行业的科技发展水平及基本趋势，以及竞争对手的情况等。人力资源战略决策具有全局性和长远性特点。全局性指这种决策一经确定其指导作用和影响面是整个人力资源管理活动。长远性指在时间上这一决策往往与企业中长期战略目标相对应，一旦实施，在一个较长时间内将成为人力资源管理活动的一个指导思想。

（二）人力资源战略决策的特征与依据

1. 人力资源战略决策的特征。人力资源战略决策具有以下几方面的特征：一是决策要求有明确而具体的决策目标。决策就是选择方案，如果决策的目标是模糊的，甚至是模棱两可的，那就无法以目标为标准评价方案，更无从选择方案了。二是决策要求以了解和掌握信息为基础。一个合理的决策是以充分了解和掌握各种信息为前提的，即通过组织外部环境和组织内部条件的调查分析，根据实际需要与可能选择切实可行的方案。三是决策要求有两个以上的备选方案，以便比较选择，就是说必须要有可供选择的方案，否则决策可能就是错误的。人们总结出这样两条规则：一条规则是在没有不同意见前，不要做出决策；另一条规则是，如果看来只有一种行事方法，那么这种方法可能就是错误的。四是决策要求对控制的方案进行综合分析和评估，每个实现目标的可行方案，都会对目标的实现发挥某种积极作用和影响，也会产生消极作用和影响。决策者必须对每个可行方案进行综合分析和评价，即进行可行性研究。可行性研究是决策的重要环节。决策方案不但必须在技术上可行，而且应当考虑社会、政治、道德等各方面的因素，还要使决策结果的副作用（例如环境污染）缩小到可以允许的范围内，通过可行性分析，确定出每个方案的经济效果和所能带来的潜在问题以便比较各个可行方案的优劣。五是决策追求的是最可能的优化效应。人们做任何事情，都不可能做到完美无缺。对于决策者来说，同样不能以最理想方案作为目标，而只能以足够好的达到组织目标的方案作为准则，即在若干备选方案中选择一个合理的方案。合理方案只能在决策时能够提出来的若干可行方案中，进行比较和优选。

2. 人力资源战略决策的依据。人力资源战略决策的主要依据包括以下三个方面：一是企业战略目标。组织的战略目标是人力资源战略决策的主要依据之一。人力资源战略决策要以组织的战略目标为前提，脱离了组织的战略目标，人力资源战略决策就失去意义。二是企业的经营环境。正确做出人力资源战略决策，必须对企业所面临的外部经营环境进行全面系统的分析。在掌握外部环境对企业影响的前提下，做出的人力资源战略决策，才有可能是正确的决策，才能对人力资源管理活动起指导作用。三是企业的内部条件。企业的内部条件是指企业的人、财、物、产、供、销等具体情况。人力资源战略决策必须满足企业内部的实际状况，才能更大限度为企业经营服务，实现企业的经营战略。

(三)人力资源战略制定的程序

如何制定人力资源战略？如同企业财务、信息、市场营销、采购等职能一样，人力资源战略是一个职能战略。任何一个职能战略都可以根据表 3-2 的流程来完成。

表 3-2　　　　　　　　　　　　　**战略制定过程**

环境评价	制定战略	战略实施
外部、内部环境	评价/修改使命、愿景	将期望、组织、人以及绩效管理结合起来
评价优势、弱点、机会及威胁(SWOT)	确定战略	应用系统方法与技术
确定核心能力、竞争优势	分配资源	评价效益
确定战略问题		

资料来源：作者整理。

但是，人力资源战略也有其特殊性，它与所有其他的职能战略交织在一起。人力资源战略不是一种孤立的职能，它是实施所有战略的手段，必须与其他各个职能战略紧密联系在一起。美国人力资源规划学会 1986 年出版的案例研究了人力资源规划活动以及方法，学者李·戴尔（Lee Dyer）在其《人力资源规划活动》中研究了人力资源战略与企业战略过程连接的各种可能，并认为主要有三种（如表 3-3 所示），即整体化过程、并列的过程和单独的过程。

表 3-3   人力资源战略制定与实施

环境评价	战略制定	战略实施
整体化过程 • 人力资源被作为环境评价的组成部分 并列的过程 • 平行而互相影响的环境评价 • 人力资源问题影响到整个评价结果 单独的过程 • 环境评价 • 评价以往企业战略对人力资源问题的重视程度	• 企业战略涵盖所有职能领域，包括人力资源 • 人力资源战略与企业战略一起制定 • 人力资源战略被制定为一个单独的职能计划（由职能部门、整个公司或业务部门制定）	人力资源管理：组织、能力、绩效管理合在一起

资料来源：詹姆斯·W. 沃克. 人力资源战略. 吴雯，芳，译. 北京：中国人民大学出版社，2001：63-65.

1. 并列的过程。人力资源战略制定可能与企业战略制定过程同时进行。在每个阶段，它都与企业战略相互影响，从企业战略中吸取思想，并为企业战略提供思路。采用这种方式，人力资源战略不但没有使企业战略制定过程变得复杂化，而且使人力资源问题得到充分重视。

2. 单独的过程。单独制定一个人力资源规划，其准备及思考过程都与总体企业战略分开进行。可能与企业战略同时制定，也可能在企业战略计划之前制定（可作为企业战略计划的内容），或者在企业战略制定完成后制定（研究企业战略的含义）。人力资源战略单独制定的，通常作为明确的人力资源职能规划单独提交。在组织的不同层次可能都有这样的人力资源战略。不足之处在于，它会使人们永远将人力资源作为职能人员负责、专门化的职能问题，而且其战略的价值也取决于与企业有关的信息的充分程度。这种方法的长处是：能够实际制定一个人力资源战略，并可能用来指导计划、政策、活动以及行动。因此，它适用于：当企业缺乏战略时，企业需要一些人力资源战略中的某些专题或主题的计划时，或者组织强调被认为对组织成功特别重要的具体方面的改革，可能需要单独的人力资源战略、其他职能战略来说明这些变革并实施这些变革。当然，必须与总体战略方向一致。

3. 整体化过程。这是制定人力资源战略过程的首选方法，也就是把人力资源战略作为企业战略的固有内容，与其他职能战略一样，并且比其他职能战略还重要。战略人力资源管理应采用整体化过程。

在"互联网+"时代，人力资源战略的制定一定要遵循整体化过程，进行循环往复的调整、更新。企业正处于一个不断变化的时代，企业战略必须随着市场环境、用户需求、技术变革的调整而快速变化，否则企业必将被快速变革的时代淘汰。为此，人力资源战略作为企业战略落地的核心抓手，必须要不断适应企业战略的变化。

（四）人力资源战略制定的过程

在制定人力资源战略时，制定者要注意五个方面的问题：（1）它是根据内外部条件变化的需要而产生的，因此首先要考虑内外部的环境。（2）它是企业发展战略的组成部分，或者说是企业发展战略实施与保障的分解战略，较企业发展战略更具体，故人力资源战略的目标应尽可能具体和现实。（3）它是企业长期稳定发展的具体保障，必须保障企业有一支稳定、高素质的员工队伍。要做到这一点，就必须在企业发展过程中使员工获得应得的利益，让其得到发展和提高。故人力资源战略在制定过程中应将员工的期望与企业发展目标有机地结合起来。(4)因信息的不完备性，人力资源战略制定者认识水平的限制，造成现实与理论的差距，因此，人力资源战略评价与反馈是必不可少的。(5)由于内外环境不断的、快速变化，人力资源战略也必须不断调整与修改，因而是一个"制定→调整→再制定→再调整……"的过程。

1. 内外环境分析。(1)外部环境分析。主要包括：企业所处地域的经济形势及发展趋势；本企业所处行业的演变、生命周期、现状及发展趋势等；科学技术发展的现状与速度；本企业在行业所处的地位、所占的市场份额；竞争对手的现状及增长趋势，竞争对手的人力资源状况；预计可能出现的新竞争对手及现有替代品生产者的动态等。(2)内部环境分析。主要包括企业总体发展战略、企业内部的资源和能力状况、企业的组织文化，以及企业员工的现状和他们对企业的期望。(3)劳动力市场分析。主要内容包括：劳动力供需现状及趋势；就业及失业情况；经济发展速度与劳动力供需间的关系；劳动力的整体素质状况；国家和地区对劳动力素质提高的投入；人力资源的再生现状与趋势。(4)社会文化与法规分析，对海外公司尤为重要。这方面的分析包括：当地的文化风俗；政策与法规；人们的价值观；当地文化与本国文化的差异等。(5)SWOT分析。要求企业认清自己在行业中的地位，与竞争对手相比较，自己所具备的优势、存在的弱点、可能出现的机遇、潜在的威胁等。(6)企业内部资源分析。首先要进行人力资源分析，要搞清楚企业内部人力资源的供需现状与趋势；其次要分析本企业可利用的其他资源，如资本资源、技术资源和信息资源，特别是可用于人力资源管理的资源。(7)员工期望与人力资源战略实现有着密不可分的关系，制定者通常会忽视这一点。因人力资源战略具有长远性的特点，它的实现需要有一支稳定的员工队伍。企业中任何一个员工都有自己的期望和理想，当期望得到基本满足、理想基本实现时，员工才愿意留在企业中继续发展，企业的员工队伍才可能稳定发展。因此，企业人力资源战略不能不考虑员工的期望。

2. 战略制定。首先，确定人力资源管理的基本战略和目标。人力资源战略与目标是根据组织的发展战略目标、人力资源现状和趋势、员工的期望综合确定的。人力资源战略目标是对未来组织内人力资源所要达到的数量与结构、素质与能力、劳动生产率与绩效、员工士气与劳动态度、企业文化与价值观、人力资源政策、开发与管理成本、方法和途径提出的更高层次的具体要求。(1)总体目标的分解。总体目标确定后需要层层分解到子公司、部门和个人。分解总体目标、确定子目标时需要注意：要根据子公司、部门、员工的自身条件与能力；分解后的目标应为具体的任务，具有可操作性、可监控性。(2)实施计划的制定。人力资源战略的实施计划是人力资源战略实现的保障。它主要回答如何完成、何时完成人力资源战略两个问题，即要将人力资源战略分解为行动计划与实施步骤，前者主要提出人力资源战略目标实现的方法、程序，后者是从时间上对每个阶段组织、部门与个人应完成的目标或任务作出规定。(3)保障计划的制定。实施保障计划则是人力资源战略实施的保证。它对人力资源战略的实施从政策上、资源上(包括人、财、物、信息)、管理模式上，组织发展上、时间上、技术上等方面提供必要的保障，为此需要制定人力资源战略实施条件的保障计划。(4)战略计划的综合平衡。战略平衡是指人力资源战略、财务战略、市场营销战略、生产战略等之间的综合平衡，由于各战略一般均来自不同的部门、不同的制定者，因而往往带有一定的部门和个人倾向性，有时会过分强调各自的重要性，以争取企业政策优惠与更多资源。因此，企业必须对各项战略进行综合平衡。经过各战略的综合平衡，将企业内的资源进行合理配置。如果说，实施保障计划是需求的话，那么，资源配置过程则是供给。这个过程是根据战略目标、实施计划为实施保障计划提供所必需的一切资源。人力资源规划是人力资源战略实施计划的具体体现。人力资源规划是一种可直接操作的计划。

3. 战略实施。这是战略人力资源管理的重要环节，也是人力资源战略实现的重要保障。它对实现人力资源战略从指导思想、方针政策、管理模式、组织结构、部门职能、资源分配等方面提供必要的支持。战略实施需要将员工期望、组织设计、人员配备及能力开发、绩效管理等与战略紧密结合起来。当然，由战略规定的制度、技术、财务以及其他资源(人力资源以外的)都是必需的。但是，我们的重点放在人力资源管理上，因为它是20世纪90年代及其以后实施战略的主要手段；同时，速度、服务、质量以及成本也都是主要的竞争要素。

在人力资源战略实施过程中，最重要的工作则是日常人力资源管理工作，它将人力资源战略与人力资源规划落到实处，并检查战略与规划实施情况，对管理方法提出改进方案，提高员工满意度，改善工作绩效。人力资源战略实施过程中另一重要的工作是要协调好组织与个人间的利益关系。如果这个问题处理得不好，则会给人力资源战略的实施带来困难。过分强调组织利益而忽视个人利益，员工必然会产生不满；过分强调个人利益而忽视组织利益，则会给组织带来成本损失。人力资源战略实施过程中有许多资源是可直接利用的。这无疑可帮助人力资源战略的实现。如信息处理的工具与方法、员工潜能的发挥、企业文化与价值体系的应用等，都是可利用的资源。

4. 战略评价。这是在战略实施过程中寻找战略与现实的差异，发现战略的不足之处，及时调整战略，使之更符合组织战略和实际过程。战略评价同时还是对人力资源战略的经济效益进行评价的过程。人力资源战略经济效益评价主要是进行投入与产出(或节约的成本)比的分析。战略评价的重点应放在结果评价上，而不在活动以及日常运作效率上，这样才能将注意力集中于重要问题上。衡量解决问题的结果要求确定问题的过程更细致、更全面，还要求制订管理行动计划。评价与控制是自然蕴涵在战略制定过程中的。

在实际人力资源战略评估过程中，由于评估主体是具有主观能动性的人，这就不可避免地给评估过程造成各种难以量化的主客观因素的影响，使得人力资源战略评估成为一个非理性的过程。这些非理性影响因素包括：(1)评估主体对于风险的态度。人力资源战略的成功可能性评估在很大程度上取决于评估主体对风险的规避程度。(2)外部环境的剧烈变化及其带来的新挑战。企业可能会借助人力资源战略评估选择使外界压力趋于最小化的战略。（3）企业文化的影响。企业文化是人力资源战略与企业战略之间相容、整合的桥梁，脱离企业文化而进行的人力资源战略评估是非常片面的。（4）企业内部的政治关系。企业内部正式和非正式组织以及人与人之间的活动关系，将制约人力资源战略评估。因此，为了将非理性因素对人力资源战略评估的消极影响减少到最低程度，并进行正确的人力资源战略评估，就必须严格按照人力资源战略评估的程序进行实际操作。人力资源战略评估分为五个步骤：确定评价内容、构建评价标准、衡量实际效果、将实际效果与标准进行比较、根据实际效果与标准的差距决定是否需要采取适当的校正行动。

通常，人力资源战略的制定有两种方法：一是目标分解法，二是目标汇总法。两种方法的比较参见表3-4。

表3-4 **两种人力资源战略制定方法的比较**

项 目	目标分解法	目标汇总法
目 的	构建战略框架	设计行动规划
方 法	由公司层分解目标并流向部门层	由部门层向上提交并经公司审议
时 间	长期	短期
涉及范围	从全局到局部	从局部到全局
环境分析	为企业战略而进行的环境评价的一部分或者是独立工作	鉴别战略趋势与问题框架中的问题
含义分析	由企业高层管理人员和人力资源管理人员对计划的人力资源含义作出评价	由管理人员和人力资源职能人员对计划的人力资源含义做出评价
完整的规划	企业计划过程的一部分，或者阐明与人有关的问题的单独人力资源规划	对特殊问题或有关主题的分析、预测和规划
评价与控制	跟踪、检查、监督和反馈	监测与报告解决问题的进展
评估者	人力资源管理部门	直线职能部门
信息要求	全面的信息	局部的信息
操作性	较差	较强

资料来源：作者整理。

第三节 人力资源规划概述

任何一个企业要实现自己的战略目标和人力资源战略，都必须对企业现今和未来对各种人力资源的需求和供给进行科学的预测和规划，以保证企业在需要的时候和需要的岗位上能及时地得到各种所需的人才，否则，组织的目标就难以实现。

一、人力资源规划的含义

规划的实质就在于选择所追求的目标和实现目标的最佳方案。人力资源规划就是一个组织科学地预测和分析自己在环境变化中的人力资源供给和需求，确定人力资源发展目标以及达成目标的措施的过程。人力资源规划有三层含义：一是必须对组织所面临的人力资源环境进行分析，科学地预测人力资源的供给和需要。环境分析要从动态变化入手。二是人力资源规划的关键是要确定人力资源规划的目标和措施，以确保组织对人力资源目标的如期实现。目标要明确，措施要具体可行。三是人力资源规划是企业整体规划的重要组成部分，它必须以整体规划目标为依据来确定人力资源规划目标。

二、人力资源规划的内容

不论是战略性长期规划、战术性中期规划还是作业性短期规划，人力资源规划始终包含两个层面的内容：总体规划(见图 3-2)和各项业务计划(见表 3-5)。

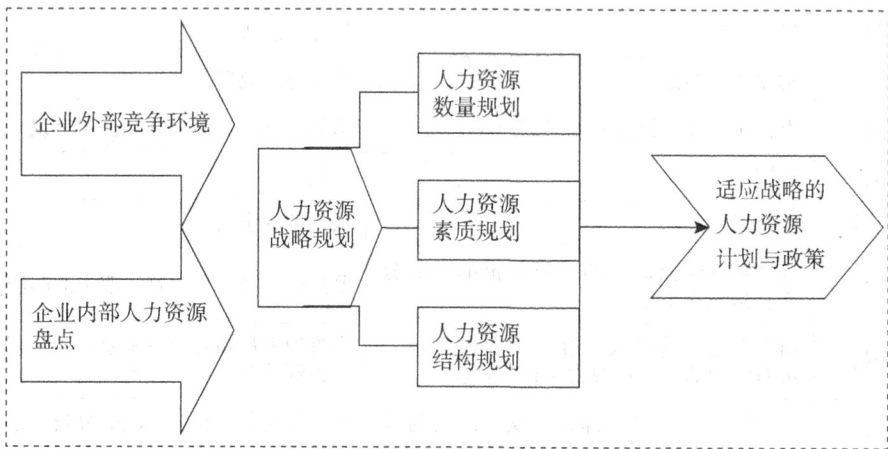

图 3-2　人力资源战略总体规划的内容

资料来源：张爱卿，钱振波. 人力资源管理理论与实践. 北京：清华大学出版社，2008：79.

表 3-5　　　　　　　　　　　　　　人力资源规划的内容

计划类别	目标	政策	步骤	预算
总体规划	总目标：绩效，人力资源总量，素质，员工满意度	基本政策：如扩大或收缩改革，稳定	总体步骤：(按年安排)如完善人力资源信息系统等	总预算：×××万元
人员补充计划	类型，数量，对人力资源结构及绩效的改善等	人员标准，人员来源，起点待遇等	拟定标准，广告宣传，考试，录用	招聘，选拔费用：×××万元

续表

计划类别	目标	政策	步骤	预算
人员使用计划	部门编制，人力资源结构优化，绩效改善，职务轮换	任职条件，职务轮换，范围及时间	略	按使用规模、类别及人员状况决定工资、福利
人员接替与提升计划	保持后备人员数量，改善人员结构，提高绩效目标	选拔标准，资格，试用期，提升比例，未提升人员安置	略	职务变化引起的工资变化
教育培训计划	改善素质与绩效，培训类型与数量，提供新人员，转变员工劳动态度	保证培训时间及培训效果	略	教育培训总投入，脱产损失
评估与激励计划	离职率降低，士气提高，绩效改善	激励重点：工资政策，奖励政策，反馈	略	增加工资、奖金额
劳动关系计划	减少非期望离职率，改善雇佣关系，减少员工投诉与不满	参与管理，加强沟通	略	法律诉讼费
退休解聘计划	缩小编制，降低劳动成本，提高生产率	退休政策，解聘程序等	略	安置费，人员重置费

资料来源：马新建，时巨涛，等. 人力资源管理与开发. 第二版. 北京：北京师范大学出版社，2008：128-129.

人力资源总体规划是在一定规划期内，涵盖人力资源管理所有业务方面的总体性目标、总政策、实施步骤及总预算安排。具体包括三方面的内容：人力资源数量规划；人力资源质量规划；人力资源结构规划。人力资源规划所属各项业务计划即基于人力资源管理各项业务职能分别进行的有针对性的专项规划。其中，包括人员补充计划、人员使用计划、人员接替与提升计划、教育培训计划、评估与激励计划、劳动关系计划等。

人力资源总体规划是对人力资源各项业务计划的概括与抽象，是对企业人力资源战略管理起导向作用的结论性纲要；人力资源各项业务计划是总体规划的展开与具体化，是企业有效开展人力资源管理活动的行动指南。

三、"互联网+"时代人力资源规划的特点

"互联网+"时代人力资源规划有何特点？通过与传统的人力资源规划相比的异同就可以发现。

(一)规划的总体目标更前瞻

"互联网+"时代的人力资源规划的总体目标不仅包括企业绩效、员工绩效和人力资源的数量，更重要的是其包含了人力资本的存量和雇员的敬业度。与传统人力资源规划一样，"互联网+"时代的人力资源规划也关注企业绩效是否能够获得提升。与之相关的，只

有关注企业员工个体绩效提升，才有可能实现企业绩效的提升。为了保证企业绩效的提升，除了保证单个员工的个体绩效，还需要确保一定数量、适应企业战略目标的人力资源。然而，与传统人力资源规划不同的是，"互联网+"时代人力资源规划非常关注人力资本的存量和雇员的敬业度。人力资本是指有助于提高企业生产效率和服务质量的附着于人力资源上的特殊资本①。"互联网+"时代是一个"大众创新、万众创业"的智力资本竞争的时代，人力资本存量的多寡反映了企业持续创新的能力，而企业持续创新的能力是维护企业竞争优势的唯一法门。因此，人力资源规划不仅要关注人力资源的数量，更要关注人力资本的存量，即智力资本和贡献的总量。与此同时，雇员敬业度在"互联网+"时代的人力资源规划中应该获得更多的关注。员工敬业度反映了员工工作的投入状况②。在"互联网+"时代，仅仅关注人力资源数量，而不关注雇员的工作投入，可能会继续出现"滥竽充数"的笑话。面对快速变化的商业环境、用户需求和技术变革，雇员如果在工作中不能够投入更多，则企业战略的变革和实施将成为一句空话。

（二）规划制定考虑的因素更具融合性

"互联网+"时代也是"共享经济"和"平台型组织"涌现的新纪元，在人力资源战略与规划上需要通盘考虑人力资源共享与平台企业的人力资源共融。具体包括两个方面：企业人力资源除了固有的雇员之外，还包括与其他企业共同雇佣的共享型雇员。尤其是在新冠肺炎疫情防控中，"共享员工"这种新型用工模式悄然兴起③。共享型员工可为多家企业提供智力、技术和经验方面的服务。因此，在人力资源规划的过程中，应该将共享型员工的雇佣纳入整体考量，以增加自身企业雇佣关系的灵活性。另一方面，有条件的企业将构建平台型组织，自身成为平台型组织的核心价值中心，为其他企业提供孵化与成长的平台，共同构建一条或多条企业生态链。比较典型的案例如小米公司，基于"智能家居"的核心价值，共同融合了生态链条上的数十家小微企业。基于此，为了生态链上企业战略价值的一致，需要在制定人力资源战略与规划时进行较高程度的融合，以提高企业人力资源战略与规划的共融性与开放性。

（三）规划的具体业务计划更灵活和更有动态性

"互联网+"时代的人员补充计划、人员使用计划、教育培训计划和评估与激励计划存在自身特点。为了应对快速变化的市场环境、用户需求和技术变革，"互联网+"时代的人员补充计划必须具备较强的前瞻性、结构复杂性和动态性。在人员招聘的过程中，必须快速响应市场需求，有针对性地招聘能够满足当前企业项目需要的雇员。同时，由于用户需求的多样性和复杂性，在招聘过程中一定要注意应聘者的技能、知识和经验的丰富性。此外，为了适应未来行业变化的趋势，为企业持续竞争提供支持，招聘计划应该具备相当程

① Zula K J & Chermack T J. Human capital planning: A review of literature and implications for human resource development. Human Resource Management Review, 2007, 6(3): 245-262.

② Christian M S, Garza A S, & Slaughter J E. Work engagement: A quantitative review and test of its relations with task and contextual performance. Personnel Psychology, 2011, 64: 89-136.

③ "共享员工"是权宜之举，还是未来趋势? https://baijiahao.baidu.com/s? id = 166019829524 9433667&wfr=spider&for=pc.

度的全局性、前瞻性，对特殊技能和知识的雇员要先配置、先开发。与此同时，在人员聘用的过程中，要考虑哪些人力资源可以与其他企业共用，不仅能够获得雇员的智力资本，同时可以提高雇佣的灵活性和开放性。例如，在滴滴和员工之间，司机就是共享型员工，滴滴需要通过大数据来对司机进行分析，确定其技能、绩效和满意度评估等。对于人员使用计划而言，为了适应快速变化的市场环境、用户需求和技术变革，需要不断进行组织结构的调整和适应，保证组织结构的灵活性，提高雇员和项目的适切性，从而保证项目的顺利实施。与此同时，企业的组织结构不能仅仅局限于因变而变，还要展望用户需求的变化趋势，有针对性地布局相应的人力资源到有发展前景的项目中。基于此，"互联网+"时代的人员使用计划需要具备更高的动态性和前瞻性。"互联网+"时代的教育培训计划需要具较高程度的广度和深度。互联网时代的用户需求复杂多变，而且逐渐朝跨学科、跨领域的复合型需求转变。为了适应这一变化趋势，以往单一的员工技能已经无力维持，只有拓展员工技能、知识和经验的广度，特别是向周边领域和专业辐射，才能够保证雇员的能力能够满足不断提高的用户需求和期望。此外，当今时代也是一个精益求精和差异化的时代，用户需求和期望越发提高。为了满足差异化和高品质的用户需求，雇员的专业知识和技能培训要向深度发展。"互联网+"时代的评估与激励计划需要兼顾雇员的个性化和人性化特征。人力资本是企业的第一资本，而人力资本附着于员工身上。只有不断满足员工个性化的需求，提高评估和激励过程的人性化，才能够提高雇员的敬业度，刺激其在工作过程中贡献更多的智力资本，为企业的绩效提升提供源源不断的支持。

第四节 人力资源规划的过程与方法

一、人力资源规划的基本过程

在制定企业人力资源战略后，就可以着手人力资源规划了。人力资源战略要转化成具体的定量和定性的人力资源规划(如图3-3所示)。

图3-3描述了人力资源规划总体过程。人力资源规划包括了人力资源预测、人力资源规划制定以及人力资源规划实施与评价等三大组成部分。

(一)人力资源预测

人力资源规划过程的第一步是人力资源预测。进行人力资源规划时，人力资源管理者所要做的就是进行预测，预测各种不同类型人力资源的供求状况。其基本目标是估计在组织内部的哪些领域中在未来可能会出现劳动力短缺或劳动力过剩的情况。人力资源预测包括人力资源需求预测和人力资源供给预测。

完成劳动力的需求和供给预测工作后，人力资源规划者就可以比较分析两方面的数据，从而确定在每一种不同的工作类别中所可能出现的劳动力过剩与短缺的情况。确定了企业劳动力的过剩与短缺数量和质量后，企业就可以决定采取何种措施来解决这些潜在问题。

(二)人力资源规划制定

在以上工作基础上，企业可以制定人力资源规划了。人力资源规划是企业人力资源管

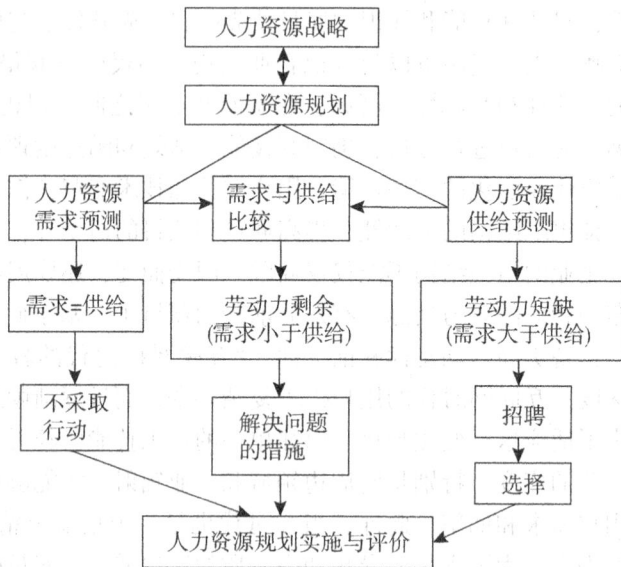

图 3-3　人力资源规划过程

资料来源：作者整理。

理工作的重要内容，也是员工招聘与测评的基础工作。每个企业的人力资源规划各不相同，但一份典型的人力资源规划至少应该包括以下方面内容，即规划的时间段、目标、现状分析、具体内容、制定者、制定的时间等。

1. 规划的时间段。确定规划的制定是从什么时候开始，至何时结束。从人力资源规划的时限来看，有长期规划、中期规划和短期规划。长期规划的时间一般在 5~10 年，主要是战略人力资源规划书；中期规划一般为 2~5 年，主要是根据战略来制定战术；短期规划时限一般是 0.5~1 年，主要是制定作业的行动方案。由于"互联网+"商业环境极具动态性，人力资源规划的时间段要相应缩短。

2. 规划达到的目标。在设立企业人力资源规划时一定要注意几项原则：规划要与企业战略目标紧密联系起来；规划要具体，即用数据"说话"；规划要简明扼要。

3. 目前现状分析。分析目前企业人力资源供需状况，作为人力资源规划的依据。

4. 未来情况分析。主要是在收集信息的基础上，在规划的时间段内，预测企业未来人力资源的供需状况，进一步指出制定该规划的依据。

5. 规划的具体内容。这是人力资源规划的核心，涉及的方面较多。企业存在不同的人力资源规划，一般而言，企业人力资源规划需要包含总体规划、人员补充计划、人员使用计划、人员接替与提升计划、教育培训计划、评估与激励计划、劳动关系计划、绩效评估与激励计划。此外，有些企业人力资源规划还包含员工参与计划、团队参与计划等。在每个具体的计划方面，都要落实具体内容，而且还要落实执行规划的项目负责人、负责检查项目执行情况的人以及检查的时间和检查日期、预算等。

6. 规划的制定者。规划的制定者可以是企业的各职能部门或人力资源部门的人，也可以是一个群体，还可以是外部顾问或咨询专家等。

7. 规划制定的时间。主要是指规划正式确定的日期。

(三)人力资源规划的执行与评价

人力资源规划执行有四个步骤:实施、检查与评价、反馈和修正。(1)人力资源规划必须确保要有专人负责既定目标的实施,并有关于执行过程进展状况的定期报告,以确保所有的方案都能够在既定的时间里执行到位,且方案执行的初期成效与预测的情况是一致的。(2)检查与评价。检查是必不可少的步骤,许多企业在执行人力资源计划时由于检查而发现不少问题。(3)反馈。它是执行人力资源规划中的一个重要步骤,反馈一定要及时、真实。(4)修正。由于内、外部环境的变化迅速,人力资源规划的制定并不是一成不变的,需要根据环境不断修正。

二、人力资源预测方法

(一)人力资源需求预测

人力资源需求预测是以与人员需求有关的组织因素为基础,估计未来某个时期企业对人员的需求。由于人力资源需求受企业外部环境、内部因素和人力资源自身状况三个因素的影响,在预测之前,先要确定工作将来是否确实有必要,该工作的定员数量是否合理,现有工作人员是否具备该工作所要求的条件,未来的生产任务、生产能力是否可能发生变化,等等。具体的预测方法有以下几种。

1. 定性预测方法。具体包括现状规划法、经验预测法、分合性预测法和德尔菲法四种。

(1)现状规划法。这是一种最简单的预测方法。它假定企业保持原有的生产规模和生产技术,企业人力资源也处于相对稳定状态,即企业目前各种人员的配备比例和人的总数将完全能适应规划期内人力资源的需要。在这种规划方法中,人力资源规划人员所要做的工作就是测算出在规划期内有哪些人员或岗位上的人将得到晋升、降职、退休或调出本组织的情况,再准备调节人员去弥补即可。该方法适用于短期人力资源规划预测[1]。

(2)经验预测法。这是企业根据以往的经验对人力资源进行预测的方法。该方法所得的预测效果受经验的影响较大,因此,保持企业历史档案、采用多人集合经验可以相对减少误差。该方法适用于技术较稳定的企业的中、短期人力资源预测。

(3)分合性预测法。这是一种比较常用的预测方法。第一步是企业要求下属各部门、单位根据各自的生产任务、技术设备等变化情况先对本单位将来对各种人员需求进行预测;第二步是把下属各部门的预测结果进行综合平衡,从中预测出整个企业将来某一时期内对各种人员的需求总数。该方法要求在人力资源管理部门或专职人力资源规划人员的指导下,下属中各级管理人员能充分发挥在人力资源预测规划中的作用。但该方法有很大的局限性,由于会受到各层管理人员的阅历、知识的限制,很难对长期做出准确预测,因此它比较适用于中、短期的预测规划[2]。

(4)德尔菲法。在定性方法中,使用较多的是德尔菲技术(Delphi法),就是邀请在某一领域的一些专家或有经验的管理人员对某一问题进行预测,有时也称为专家预测法。该

---

① 杨敏. 人力资源管理. 北京:经济管理出版社, 2009:40.
② 杨敏. 人力资源管理. 北京:经济管理出版社, 2009:40.

方法在管理中的应用始于 20 世纪 40 年代末，在美国兰德公司（Research and Development, RAND）的"思想库"中发展起来。主要步骤如下：一是提出要求，明确预测目标，即向专家提供有关情况和资料，征求专家意见及补充资料；二是提出专家预测问题，即由专家们对调查表所提出的问题进行评价说明理由，然后由协调人员统计专家意见；三是修改预测，即要求每位专家根据反馈的第二轮统计资料，再次进行判断，并要求持异议的专家充分陈述理由；最后预测，即请专家们提出其最后的意见及根据。由于德尔菲法预测的准确性程度较高，其在实际人力资源需求预测中得到了广泛的使用。

2. 定量预测方法。在定量预测方法中，最常用的有工作负荷预测法和回归预测法，此外还有趋势外推法、转换比率法、人员比率法、生产函数法等。

（1）工作负荷预测法。根据工作分析的结果算出劳动定额，再按未来的产品生产量目标算出总工作量，然后折算出所需的员工人数。确定岗位人员需求量即所谓"定员"。根据不同的具体情况有采取不同的方法①：

①效率定员法，即按照劳动定额计算人员需求量的一种方法。它适用于一切能用劳动定额表现生产工作量的工种的定员。公式如下：

$$M = \frac{\sum (T \cdot Q) - C - B}{i \cdot p \cdot a}$$

式中，M 为定员人数；T 为单位产品工时定额；Q 为产品产量；C 为计划期废品工时，B 为零星任务工时（机械工业一般为 5%～10%）；i 为制度工时；p 为工时利用率；a 为工时定额完成率。

②设备定员法，即根据完成一定的生产任务所必须开动的设备台数和班次，按照单机定员设备计算人员编制定的方法。该方法适用于操纵设备作业工种的定员。公式如下：

$$M = \frac{\sum (n * m * s)}{K}$$

式中：M 为定员人数；n 为同型设备开台数；m 为单位定员标准；s 为该型设备平均开动班次；K 为出勤率。

③岗位定员法，即按岗位定员标准、工作班次和岗位数计算人员需求量的方法。一般在石油、化工钢铁、汽车家电等企业常用该方法。公式如下：

$$M = \frac{\sum (m's'n')}{K} * E$$

式中，M 为岗位定员数；m' 为岗位定员标准；s' 为班次；f 为同类岗位数；K 为出勤率；E 为轻体系数。

④比例定员法，即以服务对象的人数为基础，按定员标准比例来计算人员需求量的方法。该方法适用于辅助生产服务性工作或教育、卫生等单位的人员需求量的确定。

$$M = \frac{F}{m}$$

---

① 张德编. 人力资源开发与管理. 北京：清华大学出版社，1997：125-127.

式中，M 为比例定员；F 为服务对象的人数；m 为定员标准比例。

⑤职责定员法，即按既定的组织机构和它的职责范围，以及机构内部的业务分工和岗位职责来确定定员方法。该方法适用于企业和工程技术人员的定员。由于工作的复杂性，其工作定额也难以量化，故无法用数学公式表示。一般可以根据其职责和工作量，参照效率定员和岗位定员的方法进行计算。影响职责定员的主要因素有：管理层次，机构设置与分工，工作效率等。

（2）回归分析法。这是一种非主观的预测方法。对人力资源需求预测有相当大的实用价值。回归模型旨在一种或多种独立变量条件下，建立生产经营活动水平与人员需求量之间的数学关系，并用这种关系推测未来。具体方法如下：

①单变量趋势外推模型。当人力资源的历年的数据呈较有规律的近似直线的趋势分布时，可用最小二乘法的方法求出直线回归方程：

$$y = \alpha + \beta X + \varepsilon$$

式中，y 为人员数量；x 为本年产品产量；α 和 β 为根据过去资料推算的未知系数；ε 为不相关的随机变量。其平均值为零。

表 3-6 为一个预测示例。

表 3-6 **单变量趋势外推模型预测示例**

年份	2007	2008	2009	2010	2011	2012	2013	2014	2015	2016	2017
产品产量（千台）	20	22	24	24	25	23	27	30	33	35	38
人员数量（人）	30	31	32	34	36	37	36	38	40	41	

根据

$$a = \frac{\sum y}{n} - b\frac{\sum x}{n}$$

$$b = \frac{n(\sum xy) - (\sum x)(\sum y)}{n(\sum x^2) - (\sum x)^2}$$

求得 $a = 17.54$；$b = 0.68$；则 $y = 17.54 + 0.68x$。

通过上述例子，到 2017 年，当产品产量为 38000 台时人员需求量为 44 人。若不考虑其他因素对趋势的影响，可推测以后各年度对该类人员的需求量。

②指数平滑模型。公式如下：

$$Y'_{t+1} = (\alpha)Y_t + (1 - \alpha)Y'_t$$

式中，Y'_{t+1} 为现期递推 1 年的预期人员需求数量；Y_t 为现期实际人员数量；Y'_t 为现期预测人员需求数量；t 为现期时间标号；α 为经验或试算权数。

以表 3-6 的资料为例，则可以得到指数平滑的预测数据：

当 $a = 0.1$ 时： 当 $a = 0.9$ 时：

$Y_{2008} = (0.1 \times 30 + 0.9 \times 30)$ 人 ≈ 30 人 $Y_{2008} = (0.9 \times 30 + 0.1 \times 30)$ 人 ≈ 30 人

$Y_{2009} = (0.1 \times 31 + 0.9 \times 30)$ 人 ≈ 31 人 $Y_{2009} = (0.9 \times 31 + 0.1 \times 30)$ 人 ≈ 31 人

$$Y_{2010} = (0.1 \times 32 + 0.9 \times 31) 人 \approx 32 人 \qquad Y_{2010} = (0.9 \times 32 + 0.1 \times 31) 人 \approx 32 人$$

$$Y_{2011} = (0.1 \times 34 + 0.9 \times 32) 人 \approx 33 人 \qquad Y_{2011} = (0.9 \times 34 + 0.1 \times 32) 人 \approx 34 人$$

$$Y_{2012} = (0.1 \times 36 + 0.9 \times 33) 人 \approx 34 人 \qquad Y_{2012} = (0.9 \times 36 + 0.1 \times 34) 人 \approx 36 人$$

……　　　　　　　　　　　　　　　　……

从上面的例子可以看出，当 a 值为 0.9 时，2017 年的人员需求量与 2016 年基本相同，因而可采用 $a = 0.9$ 进行预测，显然，这种模型不适用于产品产量将发生急剧变化的场合。

③考虑生产水平时的各种变量的复杂模型。公式如下：

$$Y'_t = \frac{Y_1}{P_1} P'_t + \left(\frac{Y_1}{P_1} - \frac{Y_0}{P_0} \right) P'_t$$

式中，Y'_t 为时刻 t 时人员需求量；y_0、y_1 分别为 $t=0$、$t=1$ 时的人员需求量；P'_t 为时刻 t 时的生产水平；P_0，P_1 分别为 $t=0$、$t=1$ 时的生产水平。该模型把劳动生产率的变化已考虑在内。运用此模型需对未来的生产水平进行预测。

④多变量回归模型。公式如下：

$$Y'_t = a_0 + a_1 X'_{1t} + a_2 X'_{2t} + \cdots + a_\varepsilon X'_{\varepsilon t}$$

式中，a_1、a_2、a_ε 是常数项和各自变量相应系数。可根据历史资料求得。

该模型表示了人力资源需求量和假定的决定人力资源需求量的多个变量之间的定量关系。必须借助计算机系统求得。

在企业有比较长而且比较稳定的历史，从而能够发现各种变量之间的可靠关系的情况下，统计模型是非常有用的。

(3)趋势外推法。这是根据人力资源历史和现有的资料，随时间变化的趋势具有连续性的原理，运用数学工具对该序列加以引申，即从过去延伸将来，达到对人力资源未来发展状况的预测目的。这种方法既可以对企业进行整体预测，又可以对企业各部门进行结构性预测。典型步骤如下：①选择相关变量。这个因素能够直接影响到企业对人力资源的需求，如销售额、生产率等。②分析相关变量与人力资源需求的关系。分析此因素与所需员工数量的比率形成一种劳动生产率指标，如生产量/每人时。③计算生产率指标。根据以往 5 年或 5 年以上的生产率指标值求出均值。④计算所需人数。用相关变量除以劳动生产率得出所需人数[①]。

例如，某电视机制造公司 2004—2010 年的产量、劳动生产率和员工需求量见表 3-7。

表 3-7　　　　　　　　某电视机制造公司的人力资源需求表

年份	产量(万台)	劳动生产率(台/人)	员工需求量(人)
2013	30	55	5455
2014	40	60	6667
2015	60	55	10910

① 杨敏. 人力资源管理. 北京：经济管理出版社，2009：42.

年份	产量(万台)	劳动生产率(台/人)	员工需求量(人)
2016	70	60	11667
2017	80	65	12308
2018	100	59	16950
2019	120	59	20339

注：2018年和2019年的数据是预测值，产量、劳动生产率和员工需求量的关系按照下面公式计算：产量÷劳动生产率=员工需求量。

根据历史数据，算出2013—2017年的平均劳动生产率为59台/人，根据企业产量预测可以推知2018年的员工需求量为：$1000000 \div 59 = 16950$（人）

2019年的员工需求量为：$1200000 \div 59 = 20339$（人）

趋势外推法作为一种初步预测是很有价值的，但它仍然具有一定的局限性。因为企业人力资源需求不可能只受单个因素的影响，在使用时就要假定企业比较稳定，如企业生产技术不变、单位产品的人工成本大致保持不变，这样才能依据产量来预测员工需求量。趋势外推法一般只适合短、中期预测或比较稳定时的预测。

（4）转换比率法。首先根据企业生产任务（或业务量）估计企业所需要的一线生产人员（或业务员）数量，然后根据这一数量来估计秘书、财务人员和人力资源管理人员等辅助人员数量。企业经营活动规模的估计方法是：经营活动＝人力资源的数量×人均生产率。例如，销售收入＝销售员的数量×每位销售员的销售额；产出水平＝生产的小时数×单位小时产量；运行成本＝员工的数量×每位员工的人工成本。转换比率法的目的是将企业的业务量转换为对人员的需求，这是一种适合于短期需求预测的方法。

转换比率法假定组织的劳动生产率是不变的。如果考虑到劳动生产率的变化对员工需求量的影响，可以使用下面的员工总量需求预测方法。其计算公式为：

计划期末需要的员工数量＝（目前的业务量＋计划期业务的增长量）÷[目前人均业务量×（1+生产率的增长率）]

例如，某空调生产公司在2019年的年产量为100000台，基层生产员工为2000人，在2020年计划增产50000台，估计生产率增长率为0.2，假定该公司福利较好，基层生产人员不流失，那么，在2020年该公司至少应招聘多少名基层生产人员？

2020年该公司需要的基层生产人员数=（100000+50000）÷[100000/2000×（1+0.2）]=2500（名）

2020年该公司需要招聘的基层生产人员数=2500-2000=500（名）

这种预测方法存在着两个缺陷：一是进行估计时需要对计划期的业务增长量、目前人均业务量和生产率的增长率进行精确的估计；二是这种预测方法只考虑了员工需求的总量，没有说明其中不同类别员工需求的差异。

（5）人员比率法。该方法首先应计算出企业历史上关键业务指标（如技术人员与管理人员）的比例，然后根据可预见的变量计算出所需的各类人员数量。该方法假设：过去的人员数量与配置是完全合理的，且生产率不变，其应用范围有较大的局限性。过去管理基础较差的企业可以参考标杆企业的一般情况。

3. 基于"大数据"与"云计算"的人力资源需求预测。"大数据"与"云计算"共生，共同构筑了"互联网+"时代的信息基础。同样的，"大数据"和"云计算"能够很好地应用于人力资源需求的预测中。这一预测过程如图3-4所示。

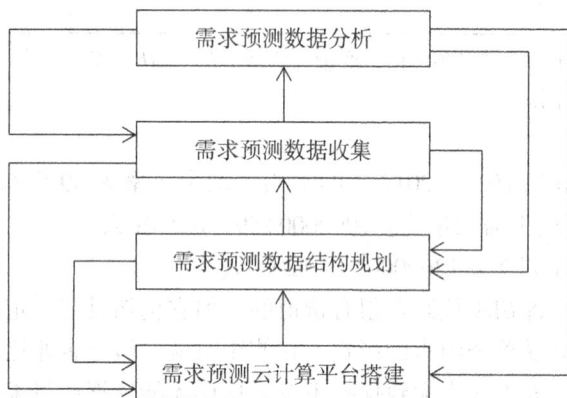

图 3-4　"互联网+"时代人力资源需求的动态预测模型

资料来源：李燕萍，陈建安. 人力资源战略与规划. 北京：高等教育出版社，2016：368.

"互联网+"时代的人力资源需求的动态预测模型主要分为四个步骤。首先搭建人力资源需求预测数据平台。具体包括云计算平台的搭建和数据结构的规划两方面。云计算平台的搭建需要利用先进的网络连接基础设施和网络互联系统将一群松散耦合的计算机组成一个超级虚拟计算机。利用云计算平台预测人力资源需求，需要输入大量结构化的数据。为此，需要进行周密的人力资源需求预测的数据结构规划。数据结构规划的重点和难点是分析出影响人力资源需求的关键变量，企业在数据结构规划时可以利用内部人评估和德尔菲法两种方式相结合来剖析影响人力资源需求的关键变量。将内部人评估法和德尔菲法的结果进行分析和汇总之后，得出较为全面的影响人力资源需求的关键因素。再成立一个数据结构编制小组。小组成员主要包括数据结构专家和企业人力资源部成员。由数据结构专家和人力资源部成员反复协商，设计和敲定人力资源需求预测数据结构模型。其次是数据收集。需要分布在各个职能部门和直线经营部门的工作人员，专门负责相应数据的收集和整理。在获取一定数量的数据之后开始进行循环数据分析。在"互联网+"时代，有条件的企业需要聘请专业的数据分析专家进行人力资源需求预测的数据模型建构，而缺乏相应条件的企业可以采用"众筹"的形式聘请数据分析专家为多家企业进行相应的服务。在确定人力资源需求预测模型后可以通过人机交互语言，指令云计算服务平台基于人力资源需求大数据进行分析。基于以往的大规模面板数据，可以通过云计算服务平台得出人力资源需求的影响系数，并在此基础上计算未来一定时间内的人力资源需求。上述数据结构设计、数据收集和数据分析过程是动态循环往复的。根据时间的推进，要重新对数据结构进行设计，剔除不需要的影响因素，增加新的影响因素。数据收集是不间断的，为云计算平台更好地进行分析预测提供全面、系统和客观的大数据。数据分析过程也是动态的，需要依据以往的分析和预测，不断修正人力资源需求预测模型[①]。

（二）人力资源供给预测

人力资源供给预测也称为人员拥有量预测，这也是人力资源预测的又一关键环节。只有进行人员拥有量预测，并把它与人员需求相比之后才能制定各种具体的规划。人力资源供给预测也分内部供给预测和外部供给预测。

1. 人力资源内部供给预测。根据企业内部人力资源状况预测可供给的人力资源，以满足未来人力资源变化的需求。最常用的企业内部供给预测方法有以下几种：技能清单法、人员核查法、管理人员接替模型和马尔柯夫分析法。

（1）技能清单法。技能清单将企业人力资源信息合成一体，反映企业内部人力资源供给的基本情况，如人员的工作经历、个人特征及工作能力等信息。托马斯·H. 帕特恩认为，企业人员技能清单应包括 7 项内容（如表 3-8 所示）。该方法的优点在于：它提供了一种迅速而准确地估计企业内可用技能的工具，除了能为晋升和调动决策提供帮助外，还可用于规划未来培训甚至员工招聘工作。它可以用于企业内所有的员工，也可以用于仅包含部分员工的预测，不同员工类型的技能清单可以根据企业实际需求进行修改和调整，以准确反映该员工类型的主要特征。

表 3-8　　　　　　　　　　　人员技能清单的主要内容

1	个人数据	年龄，性别，婚姻状况
2	技能	教育背景，工作经历，培训
3	特殊资格	专业团体中的成员，特殊成就
4	薪酬和工作历史	承担的各项工作，薪酬情况，加薪日期
5	公司数据	福利计划，退休信息，资历
6	个人能力	在心理或其他测试中的测试成绩，健康信息
7	个人的特殊偏爱	地理位置，工作类型

资料来源：劳埃德·拜厄斯，莱斯利·鲁. 人力资源管理. 李业昆，等，译. 北京：人民邮电出版社，2004：89.

（2）人员核查法。对企业内现有人力资源质量、数量、结构和在各职位上的分布状况进行核查，以确切掌握人力资源拥有量。在企业规模不大时，核查是相当容易的。如果企业规模较大、组织结构复杂时，人员核查应建立人力资源信息系统。这种方法是静态的，不能反映人力资源拥有量未来的变化。因而，多用于短期的人力资源拥有量预测。虽然在中、长期预测中使用此法也较普遍，但终究受企业规模的限制。

（3）管理人员接替模型。对管理人员的状况进行调查、评价后，列出未来可能的管理人员人选，又称管理者继承计划。该方法被认为是把人力资源规划和企业战略结合起来的一种较好的方法。管理人员替换模型主要涉及的内容是对主要管理者的总体评价；主要管

① 李燕萍，陈建安. 人力资源战略与规划. 北京：高等教育出版社，2016：365-368.

理人员的现有绩效和潜力、发展计划；所有接替人员的现有绩效和潜力；其他关键职位上的现职人员的绩效、潜力及对其评定意见（如图3-5所示）。

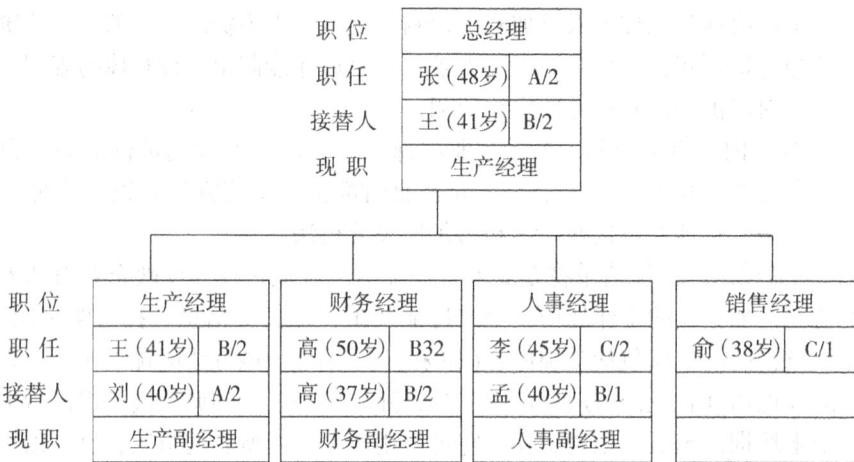

职位	总经理	
职任	张（48岁）	A/2
接替人	王（41岁）	B/2
现职	生产经理	

职位	生产经理		财务经理		人事经理		销售经理	
职任	王（41岁）	B/2	高（50岁）	B32	李（45岁）	C/2	俞（38岁）	C/1
接替人	刘（40岁）	A/2	高（37岁）	B/2	孟（40岁）	B/1		
现职	生产副经理		财务副经理		人事副经理			

图3-5　管理人员接替模型

资料来源：作者绘制。

图3-5中，括号内数字表示该管理者的年龄，竖线旁的字母和数字是对其绩效和晋升可能性的评估。A表示现在就可以提拔；B表示还需要一定的开发；C表示现职位不很合适。对管理人员绩效的评估在此分为4个等级："1"表示绩效突出；"2"表示优秀；"3"表示一般；"4"表示较差。通过这个模型企业既对其内部管理人员的情况非常明了，又能体现企业对管理人员职业生涯发展的关注。如果出现人员不能适应现职或缺乏后备管理人员，企业则应尽早做好充分准备。所以，有些企业认为管理人员接替模型十分有用，也是员工职业生涯开发的重要工具。

（4）马尔柯夫分析法。该方法最早在荷兰军队里使用，后扩展应用于企业中，是用来预测具有时间间隔（一般为1年）的时间上各类人员的分布状况。该方法的基本思想在于：找出企业过去的人事变动的规律，以此推测未来企业人员状况。该方法可以与任何预测人力资源需求的方法一起运用，企业可根据最后得出的供求状况及时制定人力资源规划方案。具体步骤如下：

①计算人员转移率。转移率是一定时期内从低一级向高级或从一职位转到另一职位的转移人员数量占期初该类总人数的比重。用公式表示为：

$$P_{ij} = \frac{m_{ij}(t)}{n_i(t=1)}$$

$$i = 1, 2, \cdots, R$$

$$y = 0, 1, \cdots, R$$

式中，P_{ij}为从i类向j类转移人员的概率；m_{ij}为从i类向j类转移的人员数量。一般是以历来的数据平均，周期越长推测的转移率准确；n_i为时刻t时j类期初人员数。预测的间隔期一般为1年。

②确定人员转移矩阵。

$$p = \begin{bmatrix} p_{11}, & p_{12}, & \cdots, & p_{1k} \\ p_{21}, & p_{22}, & \cdots, & p_{2k} \\ p_{k1}, & p_{k2}, & \cdots, & p_{kk} \end{bmatrix}$$

③预测各类人员的未来数。用公式表示为：

$$n_i(t) = \sum_{J=1}^{R} n_i(t-1) P_{ij}(t) + V_j(t)$$

式中，i，$j = 1$，2，$\cdots$，k；$t = 1$，2，$\cdots$；$n_i(t)$ 为时刻 t 时的人员数；$V_j(t)$ 为在时间 $(t-1, t)$ 内 i 所补充的人数。

例如，已知三类人员的转移矩阵(见表 3-9)和实际人员分布状况(见表 3-10)。若每年向第一类补充 80 人，求得未来的人员分布状况及供给数(见表 3-11)。

表 3-9　　　　　　　　　　　　　　　转移矩阵

一类	二类	三类	离职率
0.6	0.3	0	0.1
0	0.4	0.3	0.3
0	0	0.6	0.4

表 3-10　　　　　　　　　　　　　　实际人员分布

类别	人数
一类	140
二类	100
三类	60
合计	300

表 3-11　　　　　　　　　　　　　未来人员分布预测表

类别						离职人数	在职人数
一类		二类		三类			
补充+未晋升	离职	补充+未晋升	离职	补充+未晋升	离职		
$T=1$　80+84=164	14	42+40=82	30	30+36=66	24	68	312
$T=2$　80+98=178	16	49+33=82	25	25+40=65	26	67	325
$T=3$　80+107=187	18	54+33=87	25	25+39=64	26	69	338
$T=4$　80+112=192	19	56+35=91	26	26+38=64	26	71	347
$T=5$　80+15=195	19	58+36=94	27	27+38=65	26	72	354
$T=6$　80+117=197	20	59+38=97	28	28+39=67	26	74	361
$T=7$　80+118=198	20	59+39=98	29	29+40=69	27	76	365
$T=8$　80+119=199	20	59+39=98	29	29+41=70	28	77	367
…	…	…	…	…	…		

2. 人力资源外部供给预测。企业职位空缺不可能完全通过内部供给就能解决，企业内的人力资源因各种主观或客观的原因离开岗位是不可避免的，这就需要企业不断地从外部补充人员。由于外部人力资源供给又会受到多种因素的影响，如人口政策及人口状况、劳动力市场发育程度、社会就业意识及择业心理、户籍制度等，因此，人力资源外部供给就无法借助量化的预测方法进行供给预测和规划。企业通常采取如下方法来预测人力资源外部供给①。

（1）查阅现有的资料。国家和地区的统计部门、人社部门都会定期发布一些统计数据，另外也可及时关注国家和地区的政策法律变化。互联网的普遍使用使查阅相关的信息资料更加便捷。

（2）直接调查有关信息。企业就所关注的人力资源状况进行调查，如对高校提供的毕业生源的调查就是一种比较有效的方法。有的企业与几个提供生源的关键高等院校保持长期的合作关系，密切跟踪目标生源的情况，及时了解可能为企业所用的目标人才的状况。

（3）分析雇佣人员和应聘人员。对企业已经雇佣的人员和应聘人员进行分析，也可以得到未来人力资源供给状况的估计。需要分析的内容包括：企业近期雇佣的人员来自哪些行业和企业、他们为什么要到我们这里来、各个空缺职位的应聘者数量和质量如何，等等。

3. 基于"大数据"和"云计算"预测人力资源外部供给②。外部人力资源供给预测主要是对于外部人才市场的人力资源供给状况的估计。"互联网+"时代的外部人力资源供给预测主要是基于云计算平台的大数据分析，具体包括数据结构规划、数据收集和数据分析三个阶段。具体过程可以参考"互联网+"时代的人力资源需求预测。

第五节　人力资源规划的制定、实施与评估

一、人力资源规划的制定和实施

当有了较为系统和详细的资料分析和准备，且进行了人力资源需求和供给预测之后，人力资源规划人员就可以制定总体规划和相应的业务计划，并将总体规划和相应的业务计划予以实施。

（一）人力资源规划的制定

人力资源规划的制定主要包含总体规划的制定和相关业务计划的制定，其中，总体规划的制定是人力资源规划的纲领性文件，具有重要指导意义；而相关业务计划包括人员补充计划、人员使用计划、人员接替与提升计划、教育培训计划、评估与激励计划、劳动关系计划、绩效评估与激励计划。此外，有些企业的人力资源规划还包含员工参与计划、团队参与计划等。

需要注意的是，"互联网+"时代的人力资源规划的制定一定要与企业战略保持一致。

---

① 马新建，时巨涛，等. 人力资源管理与开发. 第二版. 北京：北京师范大学出版社，2008：141.
② 李燕萍，陈建安. 人力资源战略与规划. 北京：高等教育出版社，2016：369-370.

"互联网+"时代的企业战略需要紧密结合顾客的价值诉求，围绕如何满足顾客价值增值这一目标来制定。归根结底，"互联网+"时代人力资源规划的制定一定要保证企业在未来一段时间内，其人力资源的数量和结构能够满足顾客的价值诉求。与此同时，要兼顾"共享经济"和构建"平台型组织"的新形势，在有条件的企业中构建企业生态链，鼓励生态链上企业的人力资源的共享与共融，提高人力资源战略与规划的开放性和灵活性。

（二）人力资源规划的实施①

在人力资源总体规划和具体的业务计划制定好之后，就可以开始实施。"互联网+"时代人力资源规划实施的难点和关键在于组织的保证。相对于以往任何一个时代，"互联网+"时代人力资源规划具有更高的动态性，处于不断变化的过程中。鉴于顾客价值诉求的快速变化，人力资源的数量和结构必须能够快速响应。因此，人力资源规划的周期较以往要短。每一次人力资源规划的实施带来的都是一次人力资源体系的变革，而并非人人都会欢迎和拥抱变革。因此，"互联网+"时代人力资源规划的实施阶段必须建立强有力的领导团队和支撑团队。企业的首席执行官应该是人力资源规划实施的第一负责人，由首席执行官来负责人力资源规划的实施能够引起全体员工对人力资源规划的高度重视，并能够快速调配各种所需的资源。由于"互联网+"时代人力资源规划的频率较高，因此，在每次人力资源规划实施的过程中，人力资源部都应该配合直线管理者对全体员工进行详细而系统地讲解，包括规划的目标、实施的步骤等，从而赢得全体员工的支持，减少对规划实施的阻碍。在"互联网+"时代，人力资源规划的实施应该充分利用数字媒体和网络。比如人力资源规划的目标要生动具体，可以采用动画等形式，以满足新时代员工的接受心理。同时，人力资源规划的步骤尽量做到可视化，在数字媒介中应该能实时关注当前人力资源规划的实施状况，从而加强员工对人力资源规划成功实施的信心。

二、人力资源规划的评估和反馈

人力资源规划的实施并不是人力资源规划的终结，人力资源规划是一个长期持续往复的动态过程。有些企业只重视人力资源规划的制定和实施，但是在实施完成后，就忽视了对规划实施情况的评估和反馈，最终导致规划情况与实施情况南辕北辙，无法实现组织的战略目标。因"互联网+"时代是一个快速变化的时代，外部环境变化非常快，且影响因素非常多样和复杂，因此，如果不重视人力资源规划的评估和反馈，则将无法快速响应迅速变化的顾客价值诉求，无法为企业和雇员增值。

（一）规划实施的评估

"互联网+"时代的规划评估主要围绕规划实际的执行情况与预测情况是否一致来展开。在"互联网+"时代应充分利用信息技术，建立人力资源规划实施情况的跟踪系统，在每一个时间节点输入人力资源规划实施情况的报告。同时，将人力资源规划实施情况报告与现实环境进行系统、全面比对，找出其中的缺陷与不足，并及时进行修正。

（二）规划实施的反馈

反馈是人力资源规划实施的重要环节。"互联网+"时代人力资源规划实施的反馈，需

---

① 李燕萍，陈建安. 人力资源战略与规划. 北京：高等教育出版社，2016：363.

要建立和依托两个系统，首先，规划实施需要建立和依托员工反馈系统，包括企业的中高层管理者，同时更需要普通员工的参与。人力资源管理部门是这一系统的主导者，要通过互联网和企业内部数据库，建立方便快捷的反馈渠道，便于员工对人力资源规划的实施情况进行反馈。尤其是人力资源规划与现实情况出现不一致时，普通员工长期处于第一线，能够提供较为准确的信息，为改进人力资源规划提供可靠的资讯。其次，除了上述反馈系统之外，还要建立基于云计算和大数据的"自反馈系统"。人脑对信息的加工和处理能力是有限的，计算机具备更强的信息加工和处理能力。在"互联网+"时代，企业必须要充分利用信息技术建构依托计算机的"自反馈系统"。在人力资源规划实施之前和实施的过程中，应该在系统中不间断地录入相关信息，包括顾客价值诉求信息、人力资源供给信息等。计算机会根据大量的数据进行比对分析，一旦人力资源规划实施情况出现了偏离，且这个偏离情况超过了一定的值，则会迅速提供自反馈信息，以帮助人力资源规划实施小组改进相应的人力资源规划内容。

小　　结

1. 人力资源管理具有行政管理、事务管理和战略管理作用。战略人力资源管理关键性、开发性、整体性、系统性与竞争性是战略人力资源管理的特点。

2. 战略人力资源管理与企业战略管理联系密切：在外部环境分析时，决策者必须注意将外部的机会和威胁与人力资源联系在一起的；对内部环境的优、劣势分析时，也需要人力资源职能的参与；在企业战略形成后，人力资源管理职能在执行战略过程中具有重要的作用。

3. "互联网+"时代战略人力资源管理的核心是建立联盟型的雇佣关系。

4. 人力资源战略是企业为适应外部环境的迅速变化和内部人力资源管理的不断发展，制定的对其人力资源管理活动具有重要指导意义的纲领性长远规划，具有全局性、长远性、根本性和动态性等特点。

5. 人力资源战略决策是指为了长期的发展，制定出发展目标和实施方针，以及为实现发展目标而采取的重大措施而做出的决策。企业战略目标、经营环境、内部的条件是人力资源战略决策主要依据。人力资源战略与企业战略过程的连接有三种：整体化过程、并列的过程和单独的过程。

6. 人力资源战略制定的过程包括内外环境分析、战略制定、战略实施、战略评价。战略制定的方法主要是目标分解法和目标汇总法。

7. 人力资源规划就是一个组织科学地预测和分析自己在环境变化中的人力资源供给和需求，确定人力资源发展目标以及达成目标的措施的过程。具体包括人力资源数量规划、人力资源质量规划和人力资源结构规划。人力资源管理各项业务职能分别进行有针对性的专项规划。

8. "互联网+"时代人力资源规划有显著特点：规划的总体目标更前瞻；规划制定考虑的因素更具融合性；规划的具体业务计划更灵活和动态性。

9. 人力资源规划包括了人力资源预测、人力资源规划制定以及人力资源规划实施与评价等三大组成部分。

10. 人力资源预测方法包括人力资源需求预测与人力资源供给预测。人力资源需求预测方法包括定性预测和定量预测方法，前者包括现状规划法、经验预测法、分合性预测和法德尔菲法四种；后者最常用的有工作负荷预测法和回归预测法，还有趋势外推法、转换比率法、人员比率法、生产函数法等。人力资源供给预测也分内部供给预测和外部供给预测。内部供给预测方法有技能清单法、人员核查法、管理人员接替模型和马尔柯夫分析法；外部供给预测可以采用查阅现有的资料、直接调查有关信息、分析雇佣人员和应聘人员以及基于"大数据"和"云计算"预测等方法。

11. "互联网+"时代的人力资源规划在制定、实施和评估中，要善于运用互联网技术及其人力资源的特点展开。

复习思考题

1. 什么是战略人力资源管理？其特点有哪些？具有怎样的作用？
2. 战略人力资源管理在企业中的作用表现在哪些方面？
3. 什么是人力资源战略？其特点有哪些？
4. 人力资源管理决策的特征和依据各有哪些？
5. 如何制定人力资源战略？如何实施人力资源战略？
6. 人力资源战略与企业人力资源战略应如何匹配？
7. 什么是人力资源规划？具有哪些作用？
8. 人力资源预测与规划的过程有哪些？
9. 如何进行人力资源需求与供给预测？有哪些预测方法？过程是怎样的？
10. "互联网+"时代人力资源规划有哪些特点？如何利用互联网技术进行人力资源规划？

讨　论　题

1. 你认为把人力资源管理同战略管理过程联系在一起的做法是在大企业中容易做到还是在小企业中容易做到？为什么？
2. 根据你了解的企业，谈谈与这些企业战略相一致的人力资源实践的例子有哪些？与企业战略不一致的人力资源实践的例子又有哪些？
3. 你认为在"互联网+"时代，有哪些重要因素应该纳入人力资源需求和供给预测的模型中？

【案例】

如何运用数据进行人力资源规划的需求与供给预测①

DK 公司是一家大型的互联网服务提供企业。企业面对快速变化的市场环境、用

_____

① 根据相关公司内部资料整理而成。

户需求和技术变革，人力资源成为企业最重要的资源。为了对人力资源进行有效的管理，第一位的工作就是对企业的人力资源的需求与供给进行有效和较为准确的预测。

公司目前共有影娱事业部、游戏事业部、大数据存储与计算事业部三大业务事业部群。现有公司人力资源数量如下：影娱事业部具有各类产品经理及专员50人，程序员300人，市场人员100人，行政辅助人员20人；游戏事业部拥有各类产品经理及专员30人，游戏策划及文案人员100人，程序员300人，市场人员50人，行政辅助人员30人；大数据存储与计算事业部拥有各类产品经理及专员10人，程序员80人，市场人员20人，行政辅助人员8人。公司近5年来产品经理及专员的平均离职率为15%，程序员的离职率为18%，市场人员的离职率为27%，游戏策划和文案人员的离职率为23%，而行政辅助人员的离职率为13%。

面对互联网市场的格局和公司在竞争中的市场地位，同时考虑公司的企业价值导向，公司在未来5年的战略是保持影娱事业部的规模不增不减，保持游戏事业部按每年30%的增长速度增长，同时保持大数据存储与计算事业部按每年100%的增长速度增长。

◎ **问题**

1. 完成一个5年的人力资源规划，你认为还需要哪些信息来进行人力资源需求与供给预测？

2. 可以采用哪些传统的分析计算技术来进行DK公司人力资源需求与供给预测？请试论述一下分析步骤。

3. 请简要设计一个方案来运用大数据和云计算对该公司人力资源进行需求和供给预测，简述相应的步骤即可。

第四章 工作分析与工作设计

【学习目的】

在学习本章之后，你应当掌握如下内容：

1. 工作分析在人力资源管理中的重要作用。
2. 工作分析的内容和步骤。
3. 工作分析的方法或技术。
4. 岗位说明书的编写。
5. 工作设计的主要方法及其选择。

【案例——问题提出】

人手紧张但职责重叠的 A 公司①

A 公司是一家著名的 IT 企业，成立于 1995 年。目前有 17 个部门，200 多名员工。员工年龄比较轻且受教育的程度比较高。各部门经理主要是通过外部招聘或是内部重组时的人员调配而来，管理经验丰富。但因企业目前正处在发展期，在人力资源管理方面暴露出以下问题：(1)人手紧张。业务不断扩张使人员非常紧张，不但部门所承担的职责很多，经理们都很忙，且下属也存在一人兼多职的现象。(2)部门之间职责重叠。随着业务的不断发展，企业的组织结构不断调整，导致部门之间职责常常划分不清，有重叠，有了事情就互相推诿。(3)工资制度不规范。IT 企业以前是一个高工资的领域，近年来工资也在进行调整，以适应竞争。公司拟通过规范的工资制度来调动员工的积极性以提高公司效率。针对以上缺憾，公司领导决定通过专家咨询，对各岗位进行工作分析，明确各个部门的职责，编写规范的职位说明书，以明确各岗位的工作职责权限、任职资格、工作特点、工作目标等重要内容，并在此基础上调整组织结构，重新设计考核、薪酬制度，使企业整个人力资源管理逐步走向标准化、科学化。

A 公司存在的问题至少与企业一项最基础的人力资源管理工作相关，即工作分析与工作设计。企业科学制定人力资源战略与规划，须准确地判断其企业未来人力资源供求状况，而这种判断就是基于明确其各岗位的工作任务与职责、任职资格等。同时，企业招聘员工、设计工资制度等也需要依据岗位的责任、要求和价值创造等决定，这些工作依据或

---

① 马新建，时巨涛，等. 人力资源管理与开发. 第二版. 北京：北京师范大学出版社，2008：157.

基础均通过工作分析与设计来实现。本章将分析工作分析的重要价值；在了解工作分析的内容和步骤的基础上，介绍工作分析方法及手段；阐述工作设计的含义和方式；最后介绍工作设计的方法。

第一节　工作分析的概念和作用

企业的建立就有一些工作的出现，这些工作具有特定的任务与职责，且需要由具备特定素质的人员来承担。为此，企业要实现其战略目标、提升其经营管理水平，就必须确定企业内工作的性质、任务和职责，以及哪些类型的人力资源能够胜任这一工作岗位。这个过程就是工作分析。

一、工作分析的概念

(一)工作分析的定义

工作分析是企业其他一切人力资源管理活动的基础。主要任务是对现有工作进行分析，为人力资源管理的其他实践如甄选、培训、绩效评价及薪酬等收集信息。它是对企业中各工作的特征、规范、要求、流程及对完成此工作员工的素质、知识、技能的要求进行描述的过程。工作分析的结果形成工作描述书与工作规范书。

工作分析以工作特征为基础，对有关工作内容与职责资料进行收集、整理和研究，最后确定如下问题：(1)员工完成什么样的脑力和体力劳动？(2)由谁来完成上述劳动？(3)工作将在什么时间完成？(4)工作将在哪里完成？(5)工人如何完成此项工作？(6)为什么要完成这项工作？工作分析确定出了一项工作的任务与职责、与其他工作的关系、所需知识和技能，以及完成该项工作所必需的工作条件[①]。

企业一般在以下三种情况下需要进行工作分析：一是建立新企业。企业需要对其内部的各项工作进行分析，明确规范，使新企业能够很好地运行。二是当新的工作产生时，对新工作的内容与要求更加明确化或合理化，制定切合实际的绩效评价、工作评价及奖酬制度，以调动员工的积极性。三是当工作性质、环境与条件因新技术、新方法、新工艺或新系统的产生而发生重要变化时，企业必须对工作进行重新分析。在工作性质发生变化时最需要进行工作分析。

(二)工作分析的基本术语

开展工作分析活动，应对企业的组织结构有所了解，以便弄清企业中各项工作的要求及工作间的关系，明确各层次的责任。同时，需了解企业成员所从事的各种活动，并要使用一些有关的术语。下面将逐一解释。

1. 工作要素。这是工作中不能再分解的最小动作单位。如开动机器，加工零件、取出工具等都属于工作要素。

2. 任务。这是为了达到某种目的所从事的一系列活动。它可由一个或多个工作要素组成。如某公司指派人员将数据录入计算机、工人加工零件、转一笔账等都是一项任务。

---

① 杨敏. 人力资源管理. 北京：经济管理出版社，2009：61.

3. 责任。这是员工在工作岗位上需要完成的主要任务或大部分任务。它可由一个或多个任务组成。如人力资源部人员的责任之一是"员工的满意度调查"。它由设计调查问题、把调查问卷发给调查对象、将结果表格化并加以分析、把调查结果汇报给管理者或员工组成。这里的"责任"并不是指工作的责任感。

4. 职位。这是根据企业目标为员工个人规定的一组任务及相应的责任。一个职位由一名员工所承担的不同责任组成。如市场部经理、培训主管等都是职位。在一个组织里，每个职位对应一个岗位，即有多少职位就有多少员工。

5. 职务(或工作)。这是由一组主要责任相似的职位所组成。在企业中，通常把所需知识技能及所需要的工具类似的一组任务和责任视为同类职务(或工作)，从而形成同一职务、多个职位的情况。如计算机程序员、生产统计员、推销员等均可由两个或两个以上的员工共同完成，这些职位分别构成对应的职务；而总裁、市场部经理可一人担任，它既可以是职位也可以是职务。

在实际工作中，职位与职务往往不加区别，但职位与职务在内涵上是有区别的：职位是任务与责任的集合，它是人与事有机结合的基本单元；而职务则是同类职位的集合，它是职位的统称。职位的数量是有限的，职位的数量又称为编制；一个人所担任的职务不是终身的，可以是专任，也可以兼任，可以是常设的，也可以是临时的、经常变化的；职位不随人员的变动而改变，当某人的职务发生变化时，是指他所担任的职位发生了变化，即组织赋予他的责任发生了变化，但他原来所担任的职位仍然存在，并不因为他的离去而发生变化或消失。职位可以按不同的标准加以分类，但职务一般不加以分类。

6. 职业。这是由在不同时间内、不同组织中从事相似的工作活动的一系列工作的总称。如工程师、教师、会计、采购员等就是不同的职业。工作(或职务)与职业的区别主要在于其范围的不同。工作所指的范围较窄，主要是指组织内的，而职业则是指跨组织的。

7. 职权。这是指依法赋予完成特定任务所需要的权力，职责与职权紧密联系，特定的职责要赋予特定的职权。

8. 职系。这是需要做不同类型的事情，即工作性质充分相似，但职责繁简、轻重大小以及所需的资格条件不同的所有职位的集合。对于企业而言，职系就是企业需要做的不同种类的工作，如一个生产型企业应当从事生产、技术、销售和财务管理等活动，这些活动就构成了不同的职系。不同职系的任务将由不同的组织机构完成。

9. 职组。这是由工作性质相同的若干职系综合而成，也叫职群。

10. 职级。这是指职务的级别。由于职位的责任、难易程度等不同，需要将职位划分为不同的级别。将工作内容、难易程度、责任大小、所需资格均很相似的职位划分为同一职级，实行同样的管理和报酬。

11. 职等。这是指职务的等级，因不同职务所需要的任职资格条件不同，就产生了不同的职务等级。工作性质不同或主要职务不同，但其困难程度、责任大小、工作所需资格均相似的职级就可归纳称为职等[①]。

---

① 张爱卿，钱振波. 人力资源管理理论与实践. 北京：清华大学出版社，2008：103-104.

12. 工作族。这是由两个或两个以上的工作所组成。这些工作或要求工作者具有相似的特点，或者包括多个平行的任务。如销售工作和生产工作分别是两个工作族。

13. 职业生涯。这是指一个人在其工作生活中所经历的一系列职位或职务、职业。

工作分析中所使用的这些工作术语之间存在密切的关系。图 4-1 和表 4-1 描述了工作分析中使用的基本术语的概念及其关系。

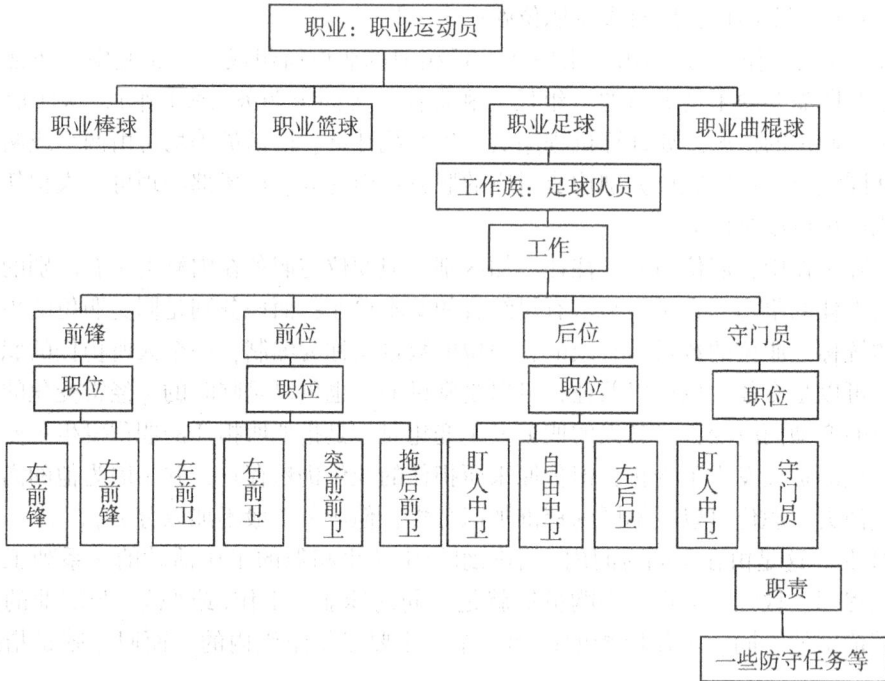

图 4-1　职业足球队范围内的职业、工作族、工作、职责和任务
资料来源：作者绘制。

表 4-1　　　　　　　　　职系、职组、职级、职等之间的关系与区别

职组	职系　　　　职级　　　　职等	V 员级	Ⅳ 助级	Ⅲ 中级	Ⅱ 副高职	Ⅰ 正高职
高等教育	教师	—	助教	讲师	副教授	教授
	科研人员	—	助理工程师	工程师	高级工程师	—
	实验人员	实验员	助理实验师	实验师	高级实验师	—
	图书、资料、档案	管理员	助理馆员	馆员	副研究馆员	研究馆员
科学研究	研究人员	—	研究实习员	助理研究员	副研究员	研究员

续表

职组 \ 职系 \ 职级 \ 职等	V	Ⅳ	Ⅲ	Ⅱ	Ⅰ
	员级	助级	中级	副高职	正高职
医疗卫生 · 医疗、保健、预防	医士	医师	主治医师	副主任医师	主任医师
医疗卫生 · 护理	护士	护师	主管护师	副主任护师	主任护师
医疗卫生 · 药剂	药士	药师	主管药师	副主任药师	主任药师
医疗卫生 · 其他	技士	技师	主管技师	副主任技师	主任技师
企业 · 工程技术	技术员	助理工程师	工程师	高级工程师	教授级高工
企业 · 会计	会计员	助理会计师	会计师	高级会计师	—
企业 · 统计	统计员	助理统计师	统计师	高级统计师	—
企业 · 管理	经济员	助理经济师	经济师	高级经济师	—
农业 · 农业技术人员	农业技术员	助理农艺师	农艺师	高级农艺师	—
新闻 · 记者	—	助理记者	记者	主任记者	高级记者
新闻 · 广播电视播音	三级播音员	二级播音员	一级播音员	主任播音指导	播音指导
出版 · 编辑	—	助理编辑	编辑	副编审	编审
出版 · 技术编辑	技术设计员	助理技术编辑	技术编辑	—	
出版 · 校对	三级校对	二级校对	一级校对		

资料来源：马新建，时巨涛，等.人力资源管理与开发.第二版.北京：北京师范大学出版社，2008：160.

工作分析是对企业中某个特定工作职务目的、任务或职责、权力、隶属关系、工作条件、任职资格等相关信息的收集与分析，并对该职务的工作做出明确的规定，确定完成该工作所需要的行为、条件、人员。工作分析结果形成工作描述书和工作规范书。工作描述书即关于某种工作职务所包括的任务、职责以及责任的说明。主要包括工作职务目的、任务或职责、权力、隶属关系、工作条件等内容。工作规范书即一个人为了完成某种特定的工作所必须具备的知识、技能、能力以及其他特征的说明，也称工作说明书，主要包括完成工作所需要的知识、能力、行为以及人员条件等内容。

二、工作分析的作用

工作分析是人力资源管理非常重要的工作，被认为是人力资源管理工作者从事所有各种活动的基石，与人力资源管理其他方面的工作有着密切的关系，对其他人力资源管理活动具有如下作用(如图 4-2 所示)。

1. 人力资源规划的基础。在人力资源规划过程时，不仅要分析企业在动态环境中的人力资源需求，而且通过执行某些相应的活动来帮助企业适应这种变化。在规划的过程中需要获得各种工作对各种工作技能水平要求的信息，这样才能保证在企业内有足够的人员

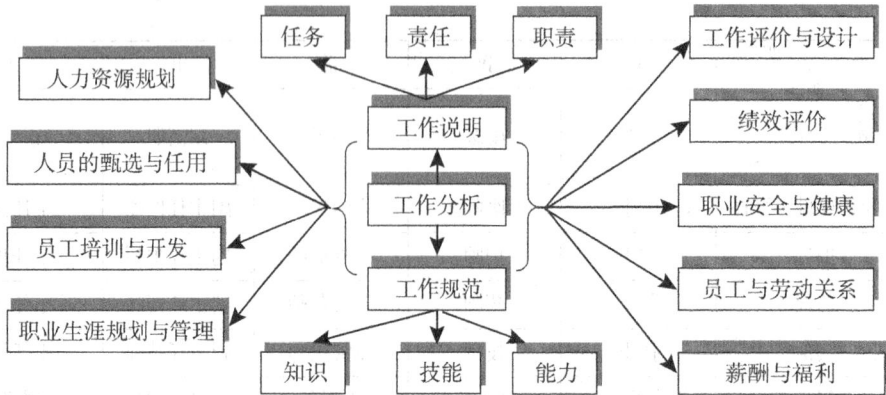

图 4-2 工作分析作用图

资料来源：作者绘制。

满足战略规划的人力资源需要。工作分析是根据企业需要来分析影响工作的各种因素，合理地划分部门职责，将相近的工作归类，设置各项工作。通过企业内各部门间各项工作的分析，获得各部门的人员编制，为人力资源规划提供需求信息。同时，工作分析也提供了每项工作的责任、任务、工作时间、工作条件等信息，也确定了企业所需的人力；工作分析所了解的每项工作所需要的不同的知识、技能和能力则为企业确定了人力资源的素质。

2. 对组织人员的甄选与任用具有指导作用。通过工作分析可明确企业中各项工作的目标与任务，规定各项工作的要求、责任等，同时提出各工作任职者的心理、生理、技能、知识和品格等要求。基于此，企业可以确定人员的任用标准，通过人员测评可招聘、选拔或任用符合工作需要的合格人员。工作要求明确可以保证人员工作安排的准确，以使所有员工能尽其才、尽其用。

3. 有助于员工培训与开发工作。工作分析已经明确规定了完成各工作所应具备的知识、技术和能力及其他方面的素质与条件等。工作所要求的这些素质与条件并非所有员工能达到，这就需要培训与开发员工。根据工作分析提供的不同工作要求和任职人员条件，设计不同的培训方案，采用不同的培训方法，对不同素质人员进行培训。一方面帮助员工获得工作必备的专业知识和技能，以具备上岗的任职资格，或提高员工胜任本职工作的能力；另一方面，工作规范化的培训也可为员工升迁到更高的工作职位做好准备。可见工作分析为员工培训与开发提供了必不可少的客观依据。

4. 有利于职业生涯管理。通过工作分析对组织中的工作要求和各项工作之间的联系的研究，企业可制定出行之有效的员工职业生涯规划。同时，工作分析也使员工有机会或能力了解工作性质与规范，制定出适合自身发展的职业生涯发展道路。

5. 为绩效评价提供了客观标准与依据。工作分析以工作为中心，分析和评定各工作的功能和要求，明确每个工作的职责、权限以及工作任职人的资格和条件，以便为事择人；绩效评价是以员工为中心，对其德、能、勤、绩等方的综合评价，以判断员工是否称职。工作分析与绩效评价有许多的不同，但就其实质而言，它们均体现了人力资源管理"因事择人，适才适所"的要求。从人力资源管理程序上看，工作分析是绩效考核的前提，工作分析为员工绩效评价的内容、标准等提供了客观依据。如果缺乏客观标准，员工绩效评价在很大程度上就会存在不公正性，也不利于调动员工的工作积极性。

6. 有助于薪酬管理方案的设计。任何工作任职人所获得的薪酬高低主要取决于其从事的工作的性质、技术难易程度、工作负荷、责任大小和劳动条件等。工作分析正是从这些基本因素出发的，使各项工作在企业中的重要程度或相对价值得以明确。一般地，工作职责越重要，工作就越有价值；需要有更多的知识、技能和能力来完成的工作对企业更具价值性。以此为依据制定的薪酬水平保证了工作和担任本职工作的劳动者与劳动报酬之间的协调和统一，使企业员工得到公平合理的报酬。

7. 有利于把握员工的安全与健康。工作分析反映了完成各项工作的环境与条件，如说明某项工作是否具有危险性。因此，对在某些危险工作的任职人，企业必须提供安全工作的预防措施，确保工作的顺利且不影响员工的安全与健康。

8. 有利于改善员工和劳动关系。工作分析为每个工作的任职者提供了客观标准，成为企业对员工提升、调动或降职决策的依据；工作分析保障了同工同酬，并使员工明确了工作职责，以及以后的努力方向，必然使员工积极工作、不断进取；工作分析获得其他有关信息也使管理者更为客观地进行人力资源管理决策。

9. 有助于工作设计工作。工作分析通过人员测定和分析，不断对工作进行重新设计和改进，推动各工作在组织中的合理配置，以促进组织的科学化，保证生产过程的均衡，协调地进行生产要素配置的合理化、科学化，提高组织生产效益。

第二节 工作分析的内容和步骤

一、工作分析的内容

工作分析的内容取决于企业的目的与用途。一般而言，企业进行工作分析的目的包括如下方面：(1)确定岗位工作的名称与含义及其在整个企业中的地位，同时明确每个岗位职务的实际权力和责任；(2)确定员工录用或上岗的最低条件；(3)确定工作岗位之间的相互关系、沟通程序和方式，有利于合理的晋升、调动与指派；(4)获得有关工作与环境的状态和来自各方面的信息，以分析导致员工不满和工作效率下降的原因及环境因素，同时为工作评价与改进工作方法积累必要的数据，进行正确可行的分类；(5)确定工作要求，建立适当的指导与培训内容；(6)利用工作分析资料，辨明影响岗位职能有效发挥的主要因素，以及及时采用有效措施在动态过程中解决问题、消除隐患，确保工作人员良好的工作条件和氛围；(7)企业重组工作或结构时，提供有关工作绩效与工作之间的事实资料，帮助企业明确各层次的责任，减少重复并提高效率；(8)揭示员工工作的各方面，反映工作绩效的个别差异，以利于制定考核程序。因此，不同企业的工作分析的内容和侧重点、收集的信息也都不相同。

通常情况下，工作分析的内容主要包括两方面：一是确定工作所包含的任务、职责、责任及其他特征，即工作描述；二是说明完成工作的任职人所具备的知识、技能及其他特征，即工作规范或工作说明。

（一）工作描述

工作描述具体说明工作的目的与任务、工作内容与特征、工作责任与权力、工作标准与要求、工作时间与地点、工作流程与规范、工作环境与条件等问题。由于企业的不同，工作描述的内容也不相同。工作描述没有标准的格式，一般而言，规范的工作描述书应包含以下内容：

1. 工作概况。包括工作名称、工作编号、所属部门、工作时间与地点、工作关系等。工作名称是企业对从事该项工作活动所规定的总称。工作名称应简明扼要，力求反映工作内容与责任。工作编号（或工号）是企业对各种工作进行分类并赋予的编号，以便对工作的识别、登记、分类等管理工作。所属部门即对工作性质的界定及其所在部门。工作时间与地点即完成工作活动的时间范围与主要地点。工作关系即该项工作活动接受的监督、所施予的监督的性质与内容，或该工作活动结果对组织的影响。通常是描述该工作接受的直接上级、直接下级或直接服务对象。

2. 工作目的。用简短而精确的陈述来说明企业为什么要设立这一工作。通常，工作目的用一句话就足够表达清楚，但一定要表示从组织机构的观点来看这一工作所有的意义和目的。

3. 工作职责。它是说明关于一项工作最终要取得的结果的陈述。换言之，为了完成本项工作的目标，任职人员应在哪些主要方面开展工作活动并必须取得什么结果。这是工作描述主体部分，必须详细描述。对工作责任的描述应掌握以下原则：（1）要将工作中所有关键性的表现结合起来；（2）工作主要的职责焦点应放在最后的结果上，而不是在工作任务和具体的活动上，即不是描述如何履行职责，而是工作职责是什么；（3）工作不变动，工作职责是无时间性的；（4）每一项职责应具有独特性；（5）描述工作职责的同时应提出该职责如何进行衡量的方法，或提出如何决定该工作最后结果取得与否；（6）主要职责的描述一定要联系工作的实际，不应涉及上级工作职责和整个组织的职责。

4. 工作规模。它说明工作规模有多大。通常是用罗列数据的形式来表示该项工作所直接的和非直接影响的量的意义，即用数据的形式表示工作规模。每个工作的设立一定都有其在某一方面的影响，不过有时这种影响可能很小或隐约不易见。描述工作规模通常是列出明确的数据，如财政上的数据（年度预算、年度收益）是描述工作规模大小的有用数据。

5. 工作条件与物理环境，工作描述还应完整说明执行工作任务的条件，如使用的办公设备、使用的原材料、工具和机器设备等，以及工作的物理环境，包括工作地点的温度、光线、湿度、噪音、安全条件等，不包括工作地理位置可能发生的意外事件的危险性等。

6. 社会环境。它说明完成工作任务所需要涉及的工作群体的人际相互关系；完成工作所需要的人际交往的数量和程度；与企业内各部门的关系；工作活动涉及的社会文化、社会习俗等。在经济全球一体化的趋势下，工作社会环境的描述是一个新的趋势。

7. 聘用条件。它说明工作任职人在企业中的有关工作安置等情况，包括工作时数、工资结构或等级、支付工资的方法、福利待遇、该工作在组织中的正式位置、晋升机会、工作的季节性、进修机会等。

以下是关于招聘主管的工作描述的例子(如表4-2所示)。

表4-2　　　　　　　　　　**"招聘主管"工作描述**

工作名称：招聘主管
所属部门：人力资源部
直接上级：人力资源部经理
工作代码：XL-HR-021
工资等级：9-13
工作目的：为企业招聘优秀、适合人才
工作要点：
1. 制定和执行器乐的招聘计划
2. 制定、完善和监督执行企业的招聘制度
3. 安排应聘人员的面试工作
工作要求：认真负责，有计划性，热情周到
工作责任：
1. 根据企业发展情况，提出人员招聘计划
2. 执行企业招聘计划
3. 制定、完善和监督执行企业的招聘制度
4. 制定面试工作流程
5. 安排应聘人员的面试工作
6. 应聘人员材料的管理，应聘人员材料、证件的鉴别
7. 负责建立企业人才库
8. 完成直接上级交办的所有工作任务。
衡量标准：
1. 上交的报表和报告的时效性和建设性
2. 工作档案的完整性
3. 应聘人员材料完整性
工作难点：如何提供详尽的工作报告
工作禁忌：工作粗心，留有首尾，不能有效向应聘者介绍企业情况
职业发展道路：招聘经理，人力资源部经理

资料来源：周文霞. 新经济时代人力资源工作手册. 上. 北京：中国大地出版社，2001：339.

(二)工作规范

工作规范是对工作任职人要求的说明，即为完成特定工作所需必备的生理要求与心理要求。主要包括以下内容：

1. 一般要求。它包括年龄、性别、学历、工作经验等。如学历可分研究生以上、大学本科、大学专科、高中和中专、初中、小学以下等。

2. 生理要求。它包括健康状况、力量与体力、运动的灵活性、感觉器官灵敏度。力量与体力通常指任职人能承受举、提、推、拉的强度；运动灵活性即指手、脚、身体移动敏捷，能自由自在地控制身体各部分的能力；感觉器官灵敏度即指说、听、看能力的要求，包括口头语言表达思想、交流信息的能力；通过口头交往来获得信息的能力，或者需

要精细辨别声音的能力；用眼睛来感知物体的形状、大小、距离、动作、色彩或其他物理特征等。

3. 心理要求。它包括一般智力、观察能力、集中能力、记忆能力、理解能力、学习能力、解决问题能力、创造力、数学计算能力、语言表达能力、决策能力、交际能力、性格、气质、兴趣、爱好、态度、事业心、合作性、领导能力等。

根据上述"招聘主管"的"工作描述"文件（表4-2），也能得到"招聘主管"的工作规范书（如表4-3所示）。

表4-3　　　　　　　　　　　　　　**"招聘主管"工作规范书**

工作名称：招聘主管
所属部门：人力资源部
直接上级：人力资源部经理
工作代码：XL-HR-021
工资等级：9-13
（一）生理要求：
年龄：23 岁至 35 岁　　性别：不限。
身高：女性 1.55~1.70 米　　男性 1.60~1.85 米
体重：与身高成比例，在合理范围内均可
听力：正常　　视力：矫正视力正常
健康状况：无残疾，无传染病
外貌：无畸形，出众更佳
声音：普通话发音标准，语音和语速正常
（二）知识和技能要求：
1. 学历要求：本科，大专以上需从事专业 3 年以上
2. 工作经验：3 年以上大型企业工作经验
3. 专业背景要求：曾从事人事招聘工作 2 年以上
4. 英文水平：达到国家四级水平
5. 计算机：熟练使用 WINDOWS MS office 系列。
（三）特殊才能要求：
1. 语言表达能力：能够准确、清晰、生动地向应聘者介绍企业情况；并准确、巧妙地解答应聘者提出的各种问题
2. 文字表述能力：能够正确、快速地将希望表达的内容用文字表述出来，对文字描述很敏感
3. 观察能力：能够很快地把握应聘者的心理
4. 逻辑处理能力：能够将并行的事务安排得井井有条
（四）综合素质：
1. 有良好的职业道德，能够保守企业人事秘密
2. 独立工作能力强，能够独立完成布置招聘会场、接待应聘人员、应聘者非智力因素评价等工作
3. 工作认真细心，能认真保管好各类招聘相关材料
4. 有较好的公关能力，能准确把握同行业的招聘情况
（五）其他要求：
1. 能够随时准备出差
2. 不可请 1 个月以上的假期

資料来源：周文霞. 新经济时代人力资源工作手册. 上. 北京：中国大地出版社，2001：339.

二、工作分析的步骤

工作分析是对企业内部各项工作系统分析的过程。一般包括如下四个步骤或阶段：准备阶段、调查阶段、分析阶段和完成阶段（如图 4-3 所示）。这四阶段关系密切，相互关联，相互影响。

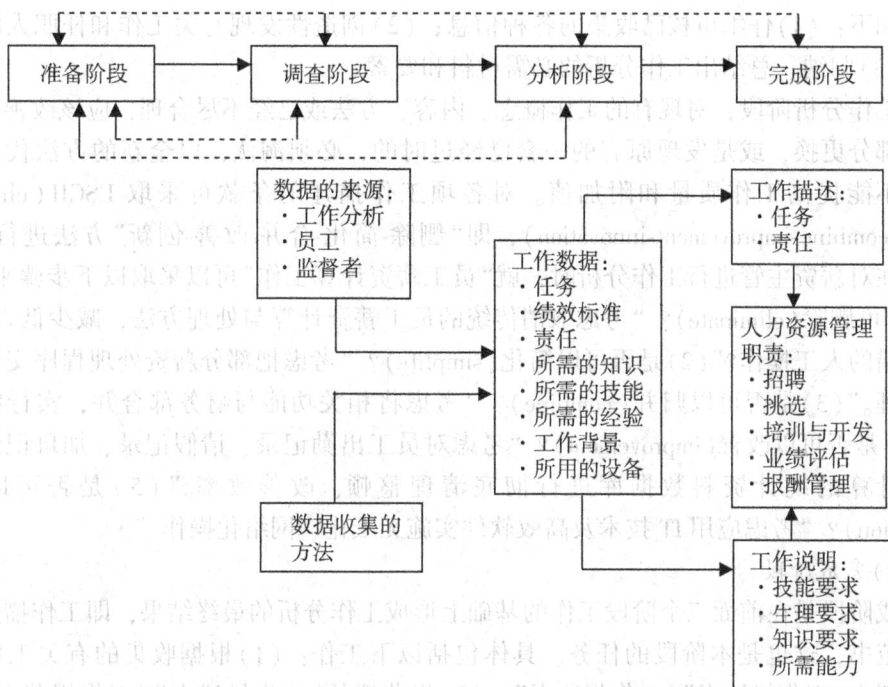

图 4-3　工作分析流程图

资料来源：亚瑟·W. 小舍曼. 人力资源管理. 张文贤，主译. 大连：东北财经大学出版社，2001：72.

（一）准备阶段

准备阶段的主要任务是对工作分析进行全面的设计。包括确定分析的组织、样本及规范以及建立关系等工作。具体的工作如下：（1）成立由工作分析专家或顾问、人力资源部工作人员、各部门负责人、岗位在职人员参加的工作分析小组或委员会；（2）确定工作分析小组开展工作的原则与要求；（3）确定工作分析的意义、目的、方法及步骤；（4）在企业内向有关人员宣传工作分析，使其具有良好的心理准备；（5）确定具有代表性调查与分析的样本；（6）把各项工作分解成若干个工作元素和环节，确定工作的基本难度。

（二）调查阶段

调查阶段的主要任务是对整个工作流程、工作环境、工作内容和任职人等进行全面调查的过程。具体任务如下：（1）设计各种调查问卷和调查提纲；（2）针对不同目的、不同调查对象灵活运用不同调查方法，如面谈法、问卷法、观察法、参与法、实验法、关键事件法等；（3）广泛收集有关工作特征及需要的各种数据，提出原有工作描述书与工作规范书的主要条款不清楚的问题，同时对新工作的所有信息进行收集；（4）收集工作任职人必需的特征信息；（5）对收集的有关工作的特征、工作人员的特征的信息重要性及其发生的频率等做出等级的评定。

（三）分析阶段

分析阶段的主要任务是对调查收集的整个工作的特征与任职人的特征等认真分析。具体任务如下：（1）仔细审核已收集的各种信息；（2）创造性发现有关工作和任职人的关键成分；（3）归纳、总结出工作分析的必需材料和要素。

在工作分析阶段，对现有的工作概念、内容、方法或已经不尽合理，应该改善，或者需要做部分更换，或是发现原有的一套已经过时的，必须淘汰，以全新的方法代替。否则，就不能提高工作质量和附加值。对各项工作描述的条款可采取 ESCII（eliminate-simplify-combine-improvement-innovation），即"删除-简化-合并-改善-创新"方法进行分析。例如，在对薪资主管进行工作分析时，就"员工薪资计算工作"可以采取以下步骤来确认：（1）是否可删除（eliminate）？"考虑取消传统的员工薪资计算与处理方法，减少低效耗时、容易出错的人工操作？"（2）是否可以简化（simplify）？"考虑把部分薪资处理程序交给相关银行代理。"（3）是否可以归并（combine）？"考虑将相关功能与财务部合并，实行归口管理。"（4）是否可以改善（improvement）？"考虑对员工出勤记录、请假记录、加班记录等涉及薪资计算的统计资料数据库进行彻底清理整顿，改善效率。"（5）是否可以创新（innovation）？"考虑应用 IT 技术及高效软件实施无纸化、网络化操作。"

（四）完成阶段

完成阶段是在前面三个阶段工作的基础上形成工作分析的最终结果，即工作描述书和工作规范书，这也是本阶段的任务。具体包括以下工作：（1）根据收集的有关工作的信息，草拟出"工作描述书""工作规范书"；（2）将草拟的"工作描述书""工作规范书"与实际工作对比；（3）修正"工作描述书""工作规范书"；（4）多次反馈、修订后形成最终的"工作描述书""工作规范书"；（5）将工作分析成果运用于实践，注重实际工作过程中的反馈信息，不断完善"工作描述书""工作规范书"；（6）对工作分析工作总结评估，将"工作描述书""工作规范书"归档保存，建立工作分析成果管理制度，为以后的工作分析提供信息。

三、工作说明书的编写

工作分析的成果就是工作描述书与工作规范书。每个企业可以根据其实际情况进行编写，有的企业分开编写形成"两书"（如表 4-1 和表 4-2 所示）；有的企业把两者结合起来，先就工作特征进行描述后，再对工作任职人的特征加以说明。无论如何，在编写过程中均需遵循以下原则：

1. 清楚。工作说明书应对工作进行全面清晰的描述，任职者阅读以后能够明确其工作的责任范围及工作流程。

2. 准确。工作说明书对工作的描述应准确，语言精练，简短扼要；应尽量选择具体、恰当的动词，便于任职者把握。

3. 实用。工作说明书任务、职责明确，资格明确，便于培训上岗人员、考核等工作。

4. 完整。一般工作描述书需要专家共同参与撰写工作，岗位任职人的主管审定，人力资源部存档。从程序上保证文件的全面性与完整性。

5. 统一。工作说明书是企业人力资源管理系统的重要文件资料，文件格式统一，参照典型工作描述书编写样本。

第三节　工作分析的方法

在工作分析中，选择正确的方法至关重要。如上所述，工作分析的目的与内容不同，其分析方法也不同。通常，工作分析方法有两种：一是以考察工作为中心的工作分析方法；二是以考察员工为中心的工作分析方法。前者有职能工作分析、管理职务描述问卷、工作面谈法、方法分析和任务清单法等；后者有工作分析问卷、生理素质分析、关键事件技术、扩展关键事件技术和指导定向职务分析等。下面介绍一些常用的工作分析方法。

一、职能工作分析法

职能工作分析(functional job analysis，FJA)是美国培训与就业局的研究成果。其主要目的是在对人员、事物、信息之间相互关系分析的基础上，进行工作描述与任职说明。该方法以员工应完成的职能与应尽的责任为核心，列举员工要从事的工作活动，确定工作活动程度或结果的测量方法，从而得到完整的工作分析文件。

FJA既是定义员工工作领域的一个概念性体系，又是测定工人工作层次的一种方法。它主要基于6个基本假设：(1)必须区分工作目标与实现工作目标的手段。(2)职位与人员、事物、信息之间存在着相互关系。(3)员工与信息的关系实质是对物力资源、智力资源的使用，员工与员工的关系实质是对人际关系资源的使用。(4)所有工作都要求员工与物力资源、智力资源和人际关系资源发生不同程度的相互作用。(5)每个工作过程都可以分解为有限的几个职能。虽然每一个职能的难度和内容各不相同，但只要员工能够符合某些特定的素质能力要求，就可以有效地完成各项职能。(6)各职能按照由复杂到简单的程度排列。每一个特定的职能只包含低级的职能，而不包含更高级的职能。

根据FJA方法，工作分析既包括工作特点的分析也包括员工特点的分析。工作特点的分析包括员工职能，工作种类及材料、产品、知识范畴三大类。员工职能是指员工在工作过程中与人、事、信息打交道的过程。任何工作都离不开人、事、信息三个基本要素，把它们细分就可组成一系列员工职能范围的等级程度(如表4-4所示)。工作分析者在对所有的信息进行分类时，可以按以上标准给每项工作打分，以此为依据对工作加以详细描述。工作种类是指某项工作所属的工种，工作分析者在确定了工种之后，要对此工种的特点及涉及的设备与工具加以描述。员工特点包括正确地完成工作所必备的培训、能力、个性、身体状况等特点。其中，培训包括所受到的常规教育及职业培训；能力包括员工智力、动作协调和手的灵活性等；个性中的适应性、果断性、压力承受能力等是某些工作所要求的；身体状况包括视力、身高、体重、握力、血压等。

表 4-4　　　　　　　　　　　　　　**员工基本职能**

数据	人员	事件
0 合成	0 导师制	0 建立
1 合成	1 谈判	1 精确的工作
2 分析	2 指导	2 操作-控制
3 编辑	3 监督	3 驱动-运营
4 计算	4 转移注意力	4 操作
5 复制	5 劝说	5 照料
6 比较	6 讲话-信号	6 供给-生产
	7 服务	7 管理
	8 采纳指导性-帮助	

资料来源：U. S. Department of Labor, Employment and Training Administration. Revised Handbook for Analyzing Jobs. Washington, D. C.：U. S. Government Printing Office，1991(5).

　　FJA 对工作内容提供一种非常彻底的描述，可用于改善企业内的职位设置状况，为员工提供就业指导；所提供的工作信息便于职位命名和建立企业的职系和职群。该方法对每项任务要求作某种详细的分析，撰写工作描述书与规范书相当费力费时；以定性分析为主，缺乏定量分析，不利于不同职位之间的职位信息比较。

二、工作分析问卷法

　　工作分析所需的大量信息可通过工作分析问卷获得。问卷调查要求在岗人员和管理人员分别对各种工作行为、工作特征和工作人员特征的重要性和频率进行描述、分级，再整理与分析结果。工作分析问卷包含开放式问卷和封闭式问卷，开放式问卷要求答卷人提供他们自己对问题的回答；封闭式问卷要求答卷人从问题上所提供的一个备选答案中选择答案。因工作分析目的与内容不同，问卷法可分为工作导向问卷和人员导向问卷。前者强调对工作本身条件和结果的分析；后者则集中了解员工的工作行为。下面介绍几种典型的问卷法。

　　(一)管理职位描述问卷法

　　管理职位描述问卷(management position description questionnaire，MPDQ)是专门为管理职位设计的一种结构化工作分析问卷法。它侧重于对工作本身有关的特征进行分析和研究。MPDQ 具有以下特点[①]：一是能区别对待组织内不同职能的管理工作；二是能用于区别处理组织内不同层次的管理工作；三是可为不同组织、不同职能间的管理工作的分析和比较提供依据。MPDQ 对管理人员的工作定量化测试，借助于一种结构固定的问卷表对管理者所担任的各项管理职务的工作内容、工作职责、工作要求、所受限制及其他特点进行分析，涉及 208 个项目，被划分为 13 类工作因素：(1)产品、市场及财务计划因素；

---

　　① 张爱卿，钱振波. 人力资源管理 理论与实践. 北京：清华大学出版社，2008：123.

（2）组织机构与人事关系的协调因素；（3）内部事务管理因素；（4）产品和服务因素；（5）公共关系和顾客关系因素；（6）高级咨询因素；（7）工作主动性因素；（8）审批财务事项因素；（9）人员配备因素；（10）监督管理因素；（11）复杂性和工作压力因素；（12）财务决策权因素；（13）一般人事权因素。MPDQ 要求工作分析者检查每一项描述是否与被分析的工作相符合。

管理者的级别不同、所处的部门不同，他们对 MPDQ 中各项目的回答也不同。该方法适用于不同组织内管理层次以上职位的分析；有利于发现管理方面的人才；为员工开展管理方面的培训提供依据；有利于正确评价管理工作、划分管理工作的工资等级；也为制定管理者、员工的招聘和选拔程序及绩效评价提供依据。此外，MPDQ 还可用来对工作进行归类。表 4-5 就是 MPDQ 在实际工作分析中的应用。

表 4-5   **MPDQ 问卷示例**

工作任务/行为：

在多数情况下能做出最终决策；

工作要求运用会计记录分析财务信息；

决定企业未来的经营方向和经营领域；

剔除、中止企业不赢利产品/服务的生产；

开发高水平的管理技能；

在做出主要决策前必须向其他有关人员进行广泛的咨询

评价：

0——不构成工作的一部分，未应用于工作中；

1——在异常情况下构成工作的一小部分；

2——工作中的一小部分内容；

3——工作中的重要内容；

4——工作中的主要内容；

5——工作中的最主要的组成部分。

资料来源：Herbert G. Heneman, Donald P. Schwab, John A. Fossum, Dyer Lee D. Peraonnel/Human Resource Management. Revised Edition. N. Y. ：New York：Richard D. Irwin, Inc., 1983：81.

（二）职位分析问卷法

职位分析问卷（position analysis questionnaire，PAQ）是美国普渡大学麦考密克（Ernest McCormick）等人的研究成果。它是一种常用的以人员为中心的工作分析方法。PAQ 是结构化的、定量化的工作分析问卷，问卷项目代表了能够从各种不同的工作中概括出来的各种行为、工作条件及工作本身的特点，共涵盖 194 个不同工作任务，其中有 187 项工作元素和 7 项与薪资有关的问题。问卷项目分为 6 个类别：（1）信息投入：任职人从哪里获得完成工作所必需的信息，共 35 个工作元素；（2）思考过程：在执行工作时需要完成的推理、决策、计划以及信息加工活动，共 14 个工作元素；（3）工作产出：任职人在执行工作时所发生的身体活动及所使用的工具和设备等，共 49 个工作元素；（4）人际关系：在执行工作时要求同其他人之间发生的关系，共 36 个元素；（5）工作环境：执行工作时所处的物理环境及气候环境，共 19 个元素；（6）其他特征：除上面所描述过的同工作有关的其他活动、条件及特征，共 41 个元素。

在进行工作分析时，工作分析者对每个工作元素都要用 6 个标准之一进行衡量：使用程度、对工作的重要程度、工作所需的时间、发生的概率、适用性和其他。用这 6 个方面的工作元素与 6 个度量标准就可以决定一职务在沟通、决策、社会责任、熟练工作的绩效、体能活动及相关条件的性质。PAQ 运用五分法确定在完成某项特定工作中所涉及的不同任务或工作评估的深度。只要知道某种工作在某一工作维度上的分数，就能为确定完成该种工作所需要的能力类型提供一些指导。

表 4-6 列举了 PAQ 中涵盖的"信息投入"的 11 种基本要素。工作者可用表中右上角的五点制法测量 11 个基本要素的使用程度。

表 4-6   职位问卷分析 PAQ 中的样本页

信息投入

	使用的范围（U）
1. 信息投入	NA 不能应用
1.1 工作信息的来源	1 正常/很少
按员工在完成其工作过程中可能用作信息来源的程度给以下各项评级。	2 偶尔
1.1.1 工作信息的可视来源	3 中等
1U 书面材料（书籍、报告、办公室通知、文章、工作指令、标语等）	4 相对较多
2U 量化材料（与数量有关的材料，如图表、账目、规格、数量表等）	5 大量的

3U 图片资料（图片或照片类材料，被用作信息的来源，如图画、图解、地图、线路图、胶卷、X 光片、电视片等）

4U 模式/有关设备（模板、型板、模式等，被用作信息的来源，这里没有包括的材料在第 3 项中有过描述）

5U 直观展示（罗盘、量器、信号灯、雷达等、速度米表、钟等）

6U 测量仪器（尺、卡钳、轮胎气压计、秤、厚度量器、球管、温度计、热电流表、量角器等，用来获取关于物体衡量的直观信息；这里不包括第 5 项中描述的）

7U 机械装置（工具、设备、机器以及其他在使用或运作过程中进行观察，作为信息来源的机械设备）

8U 加工材料（零件、材料、物品等，在修正、工作或其他加工过程中作为信息来源东西，如和面机、机床加工的工件、裁剪的面料、换底的鞋等）

9U 未加工的材料（零件、材料、物品等，没有被加工的而在被检验、经手、包装、分销或挑选时作为信息来源的东西，就像库存、储藏或分销渠道中的物品或材料、被检验的物品等）

10U 自然面貌（风景、田野、地质样本、植物、云层和其他经过观察或检验，来提供信息的自然面貌）

11U 人造环境面貌（建筑物、大楼、水坝、高速公路、桥梁、船坞、铁路和其他观察或检验以提供工作信息的"人造"或经修整的室内或户外环境景观，不要考虑第 7 项中描述的，个人在工作中使用的设备、机器等）

资料来源：*Position Analysis Questionnaire*，copyright 1969，1969 by Purdue Research Foundation，West Lafayette，Indian 47907. Reprinted with permission.

通过 PAQ 提供的被分析工作的信息，工作与工作之间就可相互比较和划分工作族，而工作族则可用于人员配备，可用于工作描述与工作规范。同时，PAQ 法无需修改就可用于不同组织、不同工作，使各组织间的工作分析比较更加容易，使组织的工作分析更加准确与合理。PAQ 法运用广泛但也存在不足：一是要求问卷填写者有较高的阅读水平，或只有经过填写问卷培训的专业人员才能使用；二是通用化与标准化格式导致工作特征的抽象化，不能很好地描述构成工作的特定、具体的任务活动。因此，该方法可以与其他方法结合使用。

（三）任务清单问卷法

任务清单法（task inventory questionnaire，TIQ）也是用于工作任务描述的方法。它是工作分析专家，将工作中所有可能要完成的任务清单问卷发放给从事特定职位工作的员工和（或）主管，由他们根据分发的任务清单，针对每项任务上所耗的时间、完成任务的频率、任务的相对重要性、任务完成的难度等对工作任务进行评价。清单可以是特制的，也可以购买标准化的清单。TIQ 的优点在于：它是建立在对任务清单项目的识别上而不是对工作的回忆上，能避免依靠回忆而可能丢失信息的不足；很能节省开支，管理和分析比较方便，但需保证每项有关职位的重要信息都要列在清单上。此外，TIQ 强调提供一种既定工作中所完成的任务详细信息，这些信息对员工甄选测试方案及绩效评价标准的制定是非常有用的，不过是间接指出了承担工作所需具备的知识、技能、能力以及人格特征。

（四）生理素质分析法

生理素质分析是工作分析的基本方法之一。其特点是侧重对员工自身生理特征分析，主要目的是对某一工作的任职者本身具有的完成一项工作所必需的特殊的能力，即身体素质能力进行分析，并常借助体能分析问卷（physical abilities analysis questionnaire，PAAQ）来完成。PAAQ 是一种对工作所需特定的能力要求、体能要求的分析问卷。

生理素质分析常用于以体力为主的工作。首先是对任职者完成工作任务所需要的 9 种生理素质方面的能力按照一定的标准进行测度。测度时采用定量分析的方法，将每种能力从最强到最弱分为 7 级，用"极度具备、明显具备、具备、略微具备、不具备、明显不具备、极度不具备"的标尺度量。这 9 种身体素质能力包括：(1)运动力量，即使用肌肉力量进行长时期重复的和连续不断的运动的能力；(2)躯体力量，这是运动力量的一种变化形式，即躯体抵抗因重复使用某种动作而产生的疲劳的能力；(3)静态力量，即个体进行举、推、拉、抬以及携带物体的能力；(4)爆发力量，即突然一次或者多次达到力量的最大限度的能力；(5)伸展灵活性，即在一定范围内向不同方向伸展躯体、手臂和腿的能力；(6)运动灵活性，即与伸展灵活性相反，运动灵活性是快速和重复地进行伸展运动的能力，其程度主要依靠肌肉的伸展和收缩弹性；(7)整体身体协调性，即当身体处于运动状态时，同时保持身体各个部分的动作协调的能力；(8)整体身体平衡性，即当身体处于不稳定的姿势的时候，或者当受到外力作用的时候，个体保持身体平衡的能力；(9)耐力，即完成类似于一场时间很长的比赛的任务而不感到疲劳的能力。随着许多企业对精确测定员工的生理素质的要求越来越高，生理素质分析所获得的信息在工作分析中的作用也越来越大，对挑选员工和提高其适应工作的能力有着积极作用。

三、工作面谈法

工作面谈法(interviews)是工作分析中大量运用的方法之一，侧重于对工作本身有关特征的分析和研究。主要用于对管理职务的分析，在许多企业中推广和运用。尽管它不如MPDQ 或 PAQ 那样结构完善，但该方法是面对面地交流信息，故能得到问卷调查难以获得的许多其他信息，如任职人的工作态度与动机等。因此，它具有问卷法无法替代的作用。

工作分析人员与面谈者交谈主要可围绕以下方面展开：(1)工作目标。企业设立该工作的目的，根据什么确定对此工作的报酬。(2)工作内容。任职人在企业中有多大的作用，其行动对企业产生的后果有多大。(3)工作的性质与范围，这是面谈的核心。主要了解该工作在企业中的关系，其上下属职能关系，所需的一般技术知识、管理知识与人际关系知识，需要解决工作问题的性质如何，以及解决问题所使用的手段的性质如何等。(4)所负的责任。主要说明该工作最终结果及任职者所要负担的责任，包括组织、战略决策、控制和执行方面的责任。

面谈法在工作分析中还具有其他作用：(1)核实调查问卷的内容，讨论填写不清楚之处。(2)了解工作人员的相互评价，如主管对下属的工作能力评价，下属对管理人员的管理能力评价。(3)详细讨论问卷中建议部分的内容，使之更加具体。如问卷中"对组织内的管理工作有什么建议?"面谈围绕该问题可以得到更多的、更具体的建议。(4)调查组织中人力资源管理方面的其他问题。因此，面谈法是很重要的工作分析方法。另外，面谈法的结果对企业中工作评价和工资等级制定起着重要的作用。工作面谈法的主要目的是改善企业管理状况，进行组织人员配备与招聘工作、工作评价，测评责任完成情况以及组织分析。

作为工作分析的方法，面谈法的优点在于：访谈者或工作分析专家易于控制面谈进程；可获得更多的工作信息；对文字理解有困难的任职人面谈法更体现出优势来。不足之处在于：工作分析者的观点会影响工作信息的正确判断；面谈者易从自身利益考虑而导致工作信息失真；工作分析者问些含糊不清的问题易影响信息的收集。因此，该方法不宜单独使用，要与其他方法结合使用。

四、方法分析法

方法分析法又称动作研究法，是一种传统的和程式固定的工作分析方法。其特点是侧重于分析和研究工作本身的特征。主要用于对工作及其一般职责、完成工作职责的环境、拥有的权力等级、所需的工作技能等进行描述。主要目的是研究如何尽可能有效地完成工作，一般用于非管理工作的描述。

该方法源于工业工程学。它主要是根据人的左右手运动规律，对工作节拍、运动方式、工具和原料摆放的位置、工作地点的设计等提出要求，以减少不必要的双手运动，确定完成整个工作所需要的标准时间。时间研究是方法分析的方法之一，目的在于对工作中每项任务确定一个标准的完成时间，将工作中所有任务的完成时间相加获得工作完成所需要的时间。这个时间可作为确定工资和奖金、新老产品成本的依据，也可作为生产线和工作小组均衡生产的依据。方法分析的结果可使企业均衡流水线上的员工配置、核算成本等。

五、关键事件法

关键事件法(critical incident approach，CIA)原创者是美国心理学家约翰·弗拉纳根(John Flanagan)。它是在第二次世界大战中由军队开发出来的，作为当时一种识别各种军事环境下人力绩效关键性因素的手段。其特点是侧重于分析和研究人员本身的特征。主要目的是对工作行为准则的研究。所谓关键事件即指使工作成功或失败的行为特征或事件。使用该方法进行工作分析，工作分析者向对该工作各方面了解的人员进行调查，让他们对该工作关键事件做出描述；有时还可要求描述人员写出该工作任职者必须掌握的关键，包括：(1)导致事件发生的原因和背景；(2)员工特别有效或多余的行为；(3)关键行为的后果；(4)员工能否支配或控制上述后果。

下面是工作分析人员对一位家用电器维修人员工作分析时所用的一个事件：

一位顾客打来电话说其冰箱出现了不制冷和每隔几分钟就要发出一阵噪音的问题，这位维修人员在出发前就提前诊断出了引起问题的原因所在，然后再检查自己的卡车是否备有维修所需要的必要零配件。当他发现自己的车上没有这些零配件的时候，他就到库存中去查找到了这些零件，以保证在他第一次上门维修的时候就能把顾客的冰箱修好，从而让顾客很快就能感到满意。

在对关键事件收集和描述工作完成后，工作分析者要根据各关键事件发生的频率、重要程度、对任职者能力要求等原则进行排列，形成对每一工作不同方面的描述，即工作说明。

关键事件法所得结果也可以用于编制绩效评价表，也还有助于招聘与培训工作决策。该方法不足之处在于，收集关键事件要花费大量时间，且由于这一方法过分关心工作绩效的两种极端情况(很好和很坏，有效和无效)，故忽略了对平均工作绩效的考察，而且不是对工作提供一种完整的描述。

六、观察法

观察法(observation)是指在工作现场运用感觉器官或其他工具，观察员工实际工作过程、行为、内容、特点、性质、工具、环境等，并用文字或图表形式记录下来以收集工作信息的一种方法。使用观察法必须把握以下原则：(1)观察的工作应相对稳定，即在一段时间内，其工作内容、工作程序、对工作人员的要求不会发生明显的变化；(2)适用于大量标准化的、周期短的、以体力活动为主的工作，不适用于以智力活动为主的工作；(3)要注意工作行为样本的代表性，有时有些行为在观察过程中可能未表现出来；(4)观察人员尽可能不要引起被观察者的注意，至少不应干扰被观察者的工作；(5)观察前要制定详细的观察提纲和行为标准。

观察法主要用来收集强调人工技能的那些工作信息，如搬运工、操作员、文秘等工作；也可以帮助工作分析者确定体力与脑力任务之间的相互关系。由于不同观察对象的工作周期和工作突发性有所不同，该方法具体可分为三种：（1）直接观察法。工作分析人员直接观察员工工作的全过程。主要适应于工作周期很短的工作。如保洁工，其工作基本上是以一天为一个周期，工作分析者可以一整天跟随保洁工进行观察。（2）阶段观察法。有些工作具有较长的周期性，为能完整地观察员工的所有工作，必须分阶段观察。比如行政文员，需要在每年年终时筹备企业的总结大会。工作分析者就必须在年终时再对该工作进行观察。有时因时间的阶段跨度太大，工作分析工作无法拖延很长时间，这时采用"工作表演法"更为合适。（3）工作表演法。适合于工作周期很长和突发性事件较多的工作。如保安工作，除了有正常的工作程序外，还有很多突发事件需要处理，如盘问可疑的人等。工作分析者则可以让保安人员表演盘问的过程来对该工作进行观察。运用观察法时一定要有一份详细的观察提纲，以便在观察时及时做记录（如表4-7所示）。

表 4-7　　　　　　　　　　　　工作分析观察提纲（部分）

被观察员姓名：＿＿＿＿＿＿＿　　　日　　期：＿＿＿＿＿＿＿＿＿

观察者姓名：＿＿＿＿＿＿＿　　　观察时间：＿＿＿＿＿＿＿＿＿

工作类型：＿＿＿＿＿＿＿　　　工作部门：＿＿＿＿＿＿＿＿＿

观察内容：

1. 什么时候开始正式工作？＿＿＿＿＿＿＿＿＿＿＿＿＿＿＿＿＿
2. 上午工作多少小时？＿＿＿＿＿＿＿＿＿＿＿＿＿＿＿＿＿＿＿＿
3. 上午休息几次？＿＿＿＿＿＿＿＿＿＿＿＿＿＿＿＿＿＿＿＿＿＿
4. 第一次休息时间从＿＿＿＿＿到＿＿＿＿＿＿＿＿＿＿＿＿＿＿
5. 第二次休息时间从＿＿＿＿＿到＿＿＿＿＿＿＿＿＿＿＿＿＿＿
6. 上午完成产品多少件＿＿＿＿＿＿＿＿＿＿＿＿＿＿＿＿＿＿＿
7. 平均多少时间完成一件产品＿＿＿＿＿＿＿＿＿＿＿＿＿＿＿＿
8. 与同事交谈几次？＿＿＿＿＿＿＿＿＿＿＿＿＿＿＿＿＿＿＿＿
9. 每次交谈的约分钟＿＿＿＿＿＿＿＿＿＿＿＿＿＿＿＿＿＿＿＿
10. 室内温度＿＿＿＿＿＿＿＿＿＿＿＿＿＿＿＿＿＿＿＿＿＿度
11. 抽了几支香烟？＿＿＿＿＿＿＿＿＿＿＿＿＿＿＿＿＿＿＿＿＿
12. 喝了几次水？＿＿＿＿＿＿＿＿＿＿＿＿＿＿＿＿＿＿＿＿＿＿
13. 什么时候开始午休？＿＿＿＿＿＿＿＿＿＿＿＿＿＿＿＿＿＿＿
14. 出了多少次品？＿＿＿＿＿＿＿＿＿＿＿＿＿＿＿＿＿＿＿＿＿
15. 搬了多少原材料？＿＿＿＿＿＿＿＿＿＿＿＿＿＿＿＿＿＿＿＿
16. 噪音分贝是多少？＿＿＿＿＿＿＿＿＿＿＿＿＿＿＿＿＿＿＿＿

资料来源：胡君辰，郑绍濂. 人力资源开发与管理. 第二版. 上海：复旦大学出版社，1999：48.

在进行工作分析时仅采用观察法通常是不够的。特别是在工作中脑力技能占主导地位时更是如此。如仅观察一名财务分析人员的工作并不能全面揭示这项工作的要求。

七、工作实践法

工作实践法也称参与法（participation in job），是指工作分析人员通过直接参与某项工作，从而细致地、深入地体验、了解、分析工作的特点和要求。工作实践法可以克服一些有经验的员工并不总是很了解自己完成任务的方式的缺点，也可以克服有些员工不善于表述的缺点。由于工作分析者直接、亲自体验工作，所以能获得真实的信息，弥补一些观察不到的内容。但工作实践法也存在不足：对许多高度专业化的工作或需经过大量培训才能胜任的工作，由于工作分析者不具备某项工作的知识和技能就无法参与。因此，工作实践法只适用于一些比较简单的工作分析，或者在短期内就可掌握其方法的工作分析，不适于需进行大量的训练或有危险性工作的分析。

八、实验法

实验法（experimentation）是指分析者控制一些变量，引起其他相应变量的变化来收集工作信息的一种方法。实验法主要分为两种：实验室实验法和现场实验法，其主要区别在于实验的地点是在实验室（laboratory），还是在工作现场（fieldwork）。在实际工作中，企业比较常用的是现场实验法。实验法的操作有一定的原则：尽可能获得被实验者的配合；严格控制各种变量；设计要严密；变量变化要符合实际情况；不能伤害被试者。

以下是一个实验法的例子。实验项目：装卸工装卸货车上的货物，一般是 4 个人合作，30 分钟可以装满一辆 10 吨的货车。实验目的：多少人合作装卸货物效率最高。可控制的变量是合作的人数与货车的载重量；观察变量为装货的时间，也是因变量。先由 2 个人合作，再由 3 个人合作，最后由 5 个人合作，任务都是装满一辆 10 吨的货车，观察每次不同的人数下所需要的装载时间为多少分钟。将几次结果进行统计分析，验证假设前提。

九、工作日志法

工作日志（job incumbent diary or log）法是通过工作任职人自己以工作日记或工作笔记的形式记录其每天工作活动而获得工作信息的方法。这种方法运用得好，可获取更为准确的、大量的信息。但从任职人记录中获得的信息比较零乱，难以组织；且任职人往往有夸大自己工作重要性的倾向；也会加大员工的负担。因此，在实际工作中，该方法应尽可能少用。但这种方法可以获得对高度专业化工作有价值的信息，如对娱乐康复治疗专家工作的了解。

以上介绍的工作分析方法各有优缺点（如表 4-8 所示）。通常，工作分析人员不只使用一种方法来获取信息，而是将各种方法结合起来使用，效果会更好。例如，分析事务性工作和管理工作时，工作分析人员可以采用问卷调查法，并辅之以面谈和有限的观察；在研究生产性工作时，可采用面谈法和广泛的工作观察法来获得必要的信息。

表 4-8 几种工作分析方法的优缺点及运用比较

方 法	优 点	缺 点	适 用
FJA 法	对工作内容提供一种非常彻底的描述	费时费力，缺乏定量分析，不利于不同职位之间的职位信息比较	以培训和绩效评估为目的的工作分析

方　法	优　点	缺　点	适　用
MPDQ 法	对管理岗位的工作内容进行了比较全面的概括	适用范围非常狭窄，仅能用于管理岗位的工作分析	适用于不同组织内管理层次以上职位的分析
PAQ 法	广泛适用于不同组织、不同工作，使得各组织间的工作分析具有可比性	对问卷填写者有较高的要求，对特定的工作进行分析不具有针对性	对体力劳动性质的职业适用性高，对管理、技术和专业性质的职务适用性则差一些
任务清单问卷法	节省开支，管理和分析比较方便，避免了依靠回忆而可能丢失信息的不足	不能直接识别出哪些知识、技术、能力和个性特点对于一个工作的成功是必要的	以甄选、培训和绩效评估为目的的工作分析
生理素质分析法	专门对员工自身生理特征的分析	适用范围比较狭窄	适用于对以体力为主的工作进行的工作分析
工作面谈法	能了解到工作者工作态度和工作动机等深层次的内容，收集信息简单迅速具体	访谈者要受专门训练，费时且成本高，信息易失真	任务周期较长，工作行为不易直接观察的工作
方法分析法	为确定工资和奖金、新老产品成本、进行成本核算等提供可靠依据	根据人的左右手运动的规律分析工作，使其适用范围和作用有限	适用于非管理工作的工作描述
关键事件法	建立行为标准准确，能更好地确定每一行为的利益和作用	费时费力，无法描述工作职责、任务、背景和任职资格等，忽略了对平均工作绩效的考察	以招聘选拔、培训、绩效评估等为目的的工作分析
观察法	工作分析人员能较全面深入地了解工作要求	不适于脑力活动为主的工作和处理紧急情况的间歇性工作，不能得到任职资格的要求，被观察者可能会反感	标准化、任务周期较短、以体力活动为主的工作
工作实践法	分析者直接、亲自体验工作，所以能获得真实的信息	分析者无法参与实践高度专业化的工作，或需要经过大量培训才能胜任的工作	比较简单的工作分析，或者在短期内就可掌握其方法的工作分析
实验法	通过实验所获工作分析的信息客观且真实	由于实验设计不合理等因素影响实验效果，伤害被试者	任务周期较短、以体力劳动为主的工作

续表

方　法	优　点	缺　点	适　用
工作日志法	便于获取工作职责、工作内容、工作关系、劳动强度等信息，费用低，分析复杂工作较为经济有效	关注过程而非结果，整理信息工作量大，存在误差，可能影响工作	任务周期较短、工作状态稳定的工作

资料来源：作者整理。

经济全球化一体化、"互联网+"技术的应用，促使企业越来越重视将工作分析置于组织结构和战略背景下，企业已经认识现今的工作环境必须要具有灵活性、可调节性，必须要不断调整以适应快速的变化。在产品和市场不断快速变化的环境中，为了及时应对工作的性质所发生的改变，企业就将工作设计提上日程。

十、基于互联网的工作分析[①]

传统的工作分析方法可能很费时间，且通过地理位置比较分散的员工收集工作信息也具有挑战性，借助互联网技术进行工作分析是一个很好的解决方案。近年来较多成功的企业选择利用互联网或内部网来收集工作分析的信息。最简单的情况下，人力资源管理部门通过企业内部联网向地理位置比较分散的员工发送标准化的工作分析调查问卷，并附上指导大家如何填写这些表格的说明，同时强调回收问卷的特定日期。

当然，人力资源管理部门所提供的这些说明应当是非常清楚的，且最好是先对这个过程做一次测试。最为重要的是，在没有工作分析员在场向员工或直接上级主管人员提供指导的情况下，很有可能出现员工遗漏要点的情况，或者由于误解导致分析结果不准确。

但越来越多的企业开始转向利用互联网得到岗位说明书。美国有一个网站（www.jobdescription.com）对此作出了说明。使用者可能按职位名称的字母顺序、关键词、类别或行业等在该网站上查到自己想要的职位名称。查到的结果就是你要编写的岗位通用说明书。然后，你可以在这份通用岗位说明书的基础上，加入自己企业的特定信息，并对岗位通用说明书的内容作适当的取舍，从而得到自己需要的岗位说明书。

第四节　工作设计

工作设计是一种重要的人力资源管理实践。它最初聚焦于工作本身，明确员工在日常工作中需要承担的任务和活动范畴，设定他们的责任、工作关系和工作方式[②]。尽管工作具有一定的静态性和稳定性，但实际上工作总是随着时间而不断变化的。尤其是 21 世纪

---

① 加里·德斯勒. 人力资源管理. 第 12 版. 刘昕，译. 北京：中国人民大学出版社，2013：140-148.

② 徐学军，顾嘉荣. 工作设计对大规模定制实施效果的模型研究. 科技管理研究，2012(4).

的企业面临变化迅速的经营环境，改变工作性质以及为成功完成工作对个人的各种要求；工作要求迅速变化使工作分析信息很快失去其准确性。管理者应掌握"战略性"工作分析方法，针对新环境重新设计职责、工作流程等以适应企业发展的要求；企业还采用以适应企业战略变化能力为基础的工作分析方法，把重点放在成功员工的特征上，而且随着员工知识水平及自我意识觉醒，企业不仅要深入了解员工的工作重塑①行为，更要积极推动工作设计革命，引导和支持员工进行工作重塑，以提高其工作积极性、主动性和创造力，提升组织竞争力②。特别是随着互联网兴起并蓬勃发展及80、90后新生代员工进入职场，游戏化③被视为激励员工的一种新思路④，通过游戏设计机制来设计工作，让工作具备游戏一样的趣味性。游戏化与工作结合所产生的价值不断被发现，在工作中运用游戏化因素提高员工工作效率和工作质量⑤。

一、工作设计的含义

工作设计(job design)是指将各种任务组合起来构成全部工作的方法⑥。它是确定员工工作活动的范畴、责任和工作关系的管理活动，是对工作完成的方式以及某种特定工作所要求完成的任务进行界定的过程；目的在于更好地提高员工的工作效率与工作生活质量，充分发挥每个人的工作能力，实现组织目标⑦。工作设计改善工作特征，完善或重新整合修改工作描述和工作资格要求，创设符合员工个体特征的工作活动模式，使人与工作更加适应和协调。

一般地，当企业出现以下情况时需重新设计工作：(1)工作设置不合理。有些工作量大，经常无法按时完成；有的工作量小，员工上班有很多空余时间；人力资源成本提高，同时又打破了员工之间的公平和和谐，有些员工可能会产生抵触情绪，影响工作进展等。(2)计划实施管理变革，需要对现有的资源整合和改革现有的管理模式，必须相应重新设置工作以适应企业发展需要。(3)工作效率下降。企业因为员工对现有工作没有兴趣或积极性不高而产生效率不佳，企业就应对这些工作再设计。

---

① Wrzesniewski A, Dutton J E. Crafting a job: revisioning employees as active crofters of their work. Academy of Management Review, 2001, 26(26): 179-201.

② 田启涛，关浩光. 工作设计革命：工作重塑的研究进展及展望. 中国人力资源开发，2017(3).

③ 游戏化又被称为游戏化思维，即将游戏要素纳入非游戏环境中。

④ 何金念，马晓苗. 基于游戏化思维的新生代员工的工作设计. 上海商学院学报，2018(6).

⑤ Jung J H, Schneider C, Valacich J. Enhancing the Motivational Affordance of Information Systems: The Effects of Real-Time Performance Feedback and Goal Setting in Group Collaboration Environments. Management Science, 2010, 56(04): 724-742.

⑥ 斯蒂芬·P. 罗宾斯，玛丽·库尔特. 管理学. 第9版. 孙健敏，等，译. 北京：中国人民大学出版社，2008：444.

⑦ 斯蒂芬·P. 罗宾斯，玛丽·库尔特. 管理学. 第9版. 孙健敏，等，译. 北京：中国人民大学出版社，2008：445.

二、工作设计的形式

为有效地进行工作设计，工作人员必须全面了解工作的当前状态(由工作分析达到该目的)，以及该工作在整个企业工作流程中的位置或地位(由工作流程分析把握)。工作设计的形式常见的有如下几种。

(一)工作轮换

工作轮换(job rotation)是指员工在不同时间阶段、不同岗位之间进行轮换的过程。如人力资源部门的"招聘主管"和"薪酬主管"的工作，员工可在一年进行一次工作轮换。工作轮换的好处在于：给员工更多的发展机会，让其感受到工作的新鲜感和工作的刺激；使员工掌握更多的技能，即技能多样性；增进不同工作之间员工的理解，提高协作效率。但它也存在一定的局限性：只能限于少部分的工作轮换，大多数工作是无法轮换的，因为很难找到双方正好都能适合对方职务资格要求的例子；轮换后由于需要熟悉工作可能会使工作效率降低；对非自愿轮换的员工也会产生如怠工、旷工等不利影响。

(二)工作丰富化

工作丰富化(job enrichment)也称工作垂直延伸，通过更多更有意义的任务和责任，使员工得到工作本身的激励和成就感，以增加其自主性和责任，提高工作价值。垂直工作丰富化也可通过员工组织成团队，并给予这些团队更大的自我管理权力实现。例如下面5个工作丰富化的例子[①]：(1)给员工整个一项工作而不是一部分工作；(2)给予更多的自由和自主性，这样员工可以自己认为合适的方式完成该项工作；(3)通过减少外部控制来提高员工对工作的责任；(4)扩充任务以便员工能培养对于新领域的专长；(5)把反馈报告直接交给员工而不是仅交给管理层。

(三)工作扩大化

工作扩大化(job enlargement)是指通过扩大需要完成的不同工作任务的数量来扩大工作范围。工作横向延伸的目的在于向员工提供更多的工作，即让其完成更多的工作量。当员工对某项工作更加熟练时，提高其工作量，同时相应提高其待遇，会让员工感到更加充实。例如，对一个原来只知道如何操作一台机械的员工，现让其操作两台或三台机器，并未赋予他更深层次的责任。补充工作内容则必须给员工赋予更多的责任，增加责任意味着赋予员工更大的工作自主权，包括做决定和对工作实施更多的自我控制。

(四)以员工为中心的工作再设计

以员工为中心的工作再设计(employee-centered work redesign)是一个将组织的战略、使命与员工对工作的满意程度相结合的工作设计方法。在工作设计中，员工可以提出对工作进行某种改变的建议，以便他们的工作更让人满意，但是他们还必须说明这些改变是如何更有利于实现整体目标的。

三、工作设计的方法

工作设计方法很多。管理者可针对不同的工作设计形式来选择不同的方法。实践中应

---

① 赵曙明，罗伯特·马希斯，等. 人力资源管理. 第11版. 北京：电子工业出版社，2008：91.

用得比较多的经典方法被雷蒙德·A. 诺伊等人①归类为四类，他们基于坎皮恩（M. A. Campion）和塞耶（P. W. Thayer）1987 年提出的工作设计"跨学科方法"②，将工作设计方法归类为机械型方法、激励型方法、知觉运动型方法和生物型方法等四种③。这也是心理学、管理学、工程学及人类工程学等理论研究成果。不同的工作设计方法对不同的工作特征有不同的描述（如表 4-9 所示）④。

表 4-9　　　　　　　　　　不同的工作设计方法对工作特征的不同描述

激励型工作设计法

1. *自主性*：这种工作允许承担者在工作时间、工作顺序、工作方法、工作程序、质量控制以及其他类型的决策方面拥有自由、独立或者相机行事的决策权吗？

2. *内在工作反馈*：工作活动本身能够提供有关工作绩效的有效性（用质量和数量来衡量）的直接而清晰的信息吗？

3. *外在工作反馈*：组织中的其他人（管理人员和同事）提供有关工作绩效的有效性（用质量和数量来衡量）方面的信息吗？

4. *社会互动*：工作本身能够提供积极的社会互动（比如团队工作或者同事协助）吗？

5. *任务/目标清晰度*：工作的责任、要求和目标清晰而具体吗？

6. *任务多样性*：工作的责任、任务和活动具有多样性吗？

7. *任务一致性*：工作要求承担者完成一项具有一定整体性和具有可辨认性的工作吗？它是否给任职者提供一个从头到尾完成全部整体工作的机会？

8. *能力/技能水平要求*：工作要求较高水平的知识、技能和能力吗？

9. *能力/技能多样性*：工作要求承担者具备多种不同类型的知识、技能和能力吗？

10. *任务重要性*：同组织中的其他工作相比，这种工作是否具有显著性和重要性？

11. *成长/学习*：工作是否提供学习以及在能力和熟练程度方面成长的机会？

机械型工作设计法

1. *工作专门化*：从工作目的或者工作活动角度来说，工作是高度专门化的吗？

2. *工具和程序的专门化*：就目的方面来看，在这种工作中所使用的工作、程序、原材料等是高度专门化的吗？

3. *任务简单化*：工作任务是比较简单的吗？

4. *单一性活动*：工作要求任职者在同一时间内只从事一项任务吗？它是否不要求任职者同时或者紧接着完成多项活动？

5. *工作简单化*：工作所要求的技能相对较少，同时所要求的培养时间也相对较短吗？

6. *重复性*：工作要求在职者反复不断地执行相同的一种或多种活动吗？

7. *空闲时间*：在工作的各种活动之间只有很少的空闲时间吗？

8. *自动化*：工作中的许多活动都实现了自动化或者能够得到自动化设备辅助吗？

---

①　雷蒙德·A. 诺伊，等. 人力资源管理. 刘昕，译. 北京：中国人民大学出版社，2001：155-158.

②　Campion M A, Thayer P W. Job design: approaches, outcome, and trade-offs. Organizational Dynamics, 1987, 15(3): 66-79.

③　刘湘丽. 工业发达国家的工作设计理论与实践. 经济管理·新管理，2001(2).

④　雷蒙德·A. 诺伊，等. 人力资源管理. 刘昕，译. 北京：中国人民大学出版社，2001：157-158.

续表

生物型工作设计法

1. *力量*：工作只要求非常小的肌肉力量吗？

2. *抬举力*：工作只要求相当小的抬举力以及(或)只要求任职者举起相当轻的物体吗？

3. *耐力*：工作只要求相当弱的肌肉忍耐力吗？

4. *座位设置*：工作中的座位安排恰如其分吗(有足够的机会坐下，有舒适的座椅以及良好的坐姿支持等)？

5. *体格差异*：从间隙距离、伸手距离、眼的高度以及腿的放置空间等方面来看，工作场所能够容纳各种不同体格的人吗？

6. *手腕运动*：工作允许人的手腕伸直而没有过多的运动吗？

7. *噪音*：工作场所中没有过多的噪音吗？

8. *气候*：从温度和湿度的角度来看，工作场所中的气候舒适吗？没有过多的灰尘和烟雾吗？

9. *工作间隔*：根据工作的要求，任职者有充分的工作间隔时间吗？

10. *轮班工作*：工作不要求任职者从事轮班工作或者过多的加班工作吗？

知觉运动型工作设计法

1. *照明*：工作场所的照明充分并且不刺眼吗？

2. *显示*：工作中所使用的显示器、量器、仪表以及计算机化的设备容易阅读和理解吗？

3. *程序*：工作中所使用的计算机化设备中的应用程序容易学会和应用吗？

4. *其他设备*：工作中所使用的所有其他设备(各种类型的)都容易学会并被使用吗？

5. *打印式工作材料*：工作中所使用的所有其他设备(各种类型的)都容易学会并被使用吗？

6. *工作场所布局*：工作场所的布置能够使工作者在完成工作的过程中很好地看到和听到吗？

7. *信息投入要求*：完成工作时所需要的注意力是非常少的吗？

8. *信息产出要求*：从活动和沟通两个方面来说，雇员必须从工作中获得的信息产出是非常少的吗？

9. *信息处理要求*：从思考问题和解决问题的角度来说，在工作中必须加工的信息数量是非常少的吗？

10. *记忆要求*：在工作中必须记住的信息数量非常少吗？

11. *压力*：工作中需要承受的压力相对较小吗？

12. *厌烦*：对工作产生厌烦的可能性非常小吗？

(一)激励型工作设计

激励型工作设计侧重于可能会对工作任职者心理价值以及激励潜力产生影响的工作特征。该方法把态度变量(如满意度、内在激励、工作参与、出勤、绩效等行为变量)看成工作设计的最重要结果；并强调通过工作扩大化、工作丰富化等方式来提高工作的复杂性，强调应围绕社会技术系统来进行工作的构建(reengineering)。

赫兹伯格的双因素理论就是激励法的例子之一。相对于工资报酬这些工作的外部特征而言，个人在更大程度上是受到像工作内容的有意义性的内部工作特征激励的。通过对工作重新设计来使工作变得更有意义。赫兹伯格提出了充实工作的 5 条原则：(1)增加工作要求，即以增加责任和提高难度的方式改变工作；（2）赋予工人更多的责任，即在经理保留最终决策权的条件下，让员工拥有对工作更多的支配权；（3）赋予员工工作自主权，即在一定的限制范围内允许员工自主安排其工作进度；（4）反馈，即把有关工作业绩的报告定期地、及时地直接反馈给员工，而不是反馈给他们的上级；（5）培训，即创造有利环境来为员工提供学习机会，以满足其个人发展需要。

工作设计又如何影响员工反应呢？理查德·哈克曼（J. Richard Hackman）和格雷格·奥尔德姆（Greg R. Oldham）提出工作特征的四个方面，即自主性、多样性、任务一致性和反馈，也就是"工作特征理论（job characteristics theory，JCT）"[1]。后续研究又将工作特征扩展为 5 个方面，即员工技能多样性、任务一致性、任务重要性、自主性和工作反馈[2]。该理论认为员工的三种心理状态——"经验性意义""责任"与"对结果的认识"能导致工作绩效的提高、内在动力的增加、缺勤率与离职率的降低。哈克曼与奥尔德姆认为，有 5 项工作特征可导致这三种心理状态：（1）技能多样性，即指在岗者成功完成工作所需的几种各不相同的活动。对在岗者而言，工作所涉及的技能越多其工作就变得越有意义。（2）任务一致性，即指工作岗位包括一个"全部的""完整的"和自始至终的工作单元，且可产生一个可识别的结果。具有任务一致性的岗位任职者能够自始至终地处理问题，独立解决整个问题，而不只是问题的一部分，可使其体会到工作更有意义。（3）任务重要性，即指一种工作对他人生活所产生影响的重要程度。如果一个工作岗位对其他人而言是重要的，那么这项工作就更加有意义。（4）自主性，即指在岗者在工作中享受个体自由和判断力，以及允许个人在工作完成方式和进程方面自我决策的程度。在岗者在工作中自主性越多，其对工作的个人责任感也就越强。（5）工作反馈，即指一个人能够从工作本身获得关于自己完成工作的有效性程度的明确性信息的程度。反馈能够帮助员工充分了解自己的工作绩效以及有关工作的全面知识。

这 5 个工作特质设计影响岗位任职者工作满意度的过程如图 4-4 所示。

技能多样性、任务一致性和任务重要性影响工作对于在岗者的意义，自主性激励在岗者个人的工作责任，反馈提供关于在岗者工作效果的结果，这其中每一个方面都能有效转变岗位任职者的工作动机、改善工作绩效、提高其工作满意程度，当 5 个工作特征都存在时，员工将获得最大的激励。充分利用这些重要的工作特征开展工作设计就更有可能得到员工积极对待，基于这 5 个重要工作设计特点实施工作设计，对企业绩效、员工满意度及其他因素均会产生积极地影响。

激励型工作设计方法强调提高工作的激励潜力。工作扩大化、工作丰富化及自我管理工作团队等工作设计方式，都可以在激励型的工作设计方法中找到其渊源，但该方法并非总是能够带来绩效数量的增加。

（二）机械型工作设计

机械型工作设计法是源于古典工业工程学。它强调寻找一种能够使效率达到最大化的

---

① Hackman J R, Lawler E E. Employee reaction to job characteristics. Journal of Applied Psychology, 1971, 55(3): 259-286.

② Oldham G R, Fried Y. Job design research and theory: Past, present and future. Organizational Behavior & Human Decision Processes, 2016, 136: 20-35.

岗位特点　　　　　　　心理层次　　　　　　　要求的结果

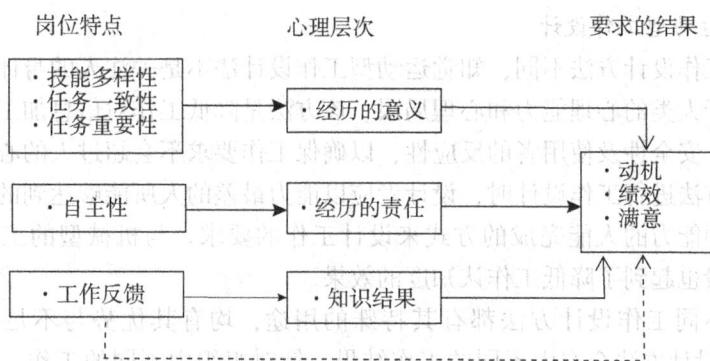

图 4-4　岗位特点模型

资料来源：赵曙明，罗伯特·马希斯，等. 人力资源管理. 第 11 版. 北京：电子工业出版社，2008：92.

最简单方式来构建工作。该方法通常是以降低工作的复杂程序来提高人的效率，即让工作变得尽量简单，使任何人只要经过快速培训就能很容易完成。该方法强调按照任务专门化、技能简单化及重复性的基本思路设计工作。

亚当·斯密在《国富论》中倡导的社会分工以及泰勒在科学管理理论中推崇的工作专业化，就是最早的、著名的机械型工作设计法。社会分工和科学管理追求工作内容的简单化和专业化，让员工将精力集中于少数工作项目上，以便于他们提高工作技能和生产效率[①]。科学管理通过时间-动作的研究，找出完成工作的"一种最好方法"以使生产率达到最大化。它要求按照完成工作的最有效方式甄选能完成工作的人员，同时按照完成工作这种"最优方式"标准对其培训，并向其提供金钱刺激，激励其在工作中发挥自己的最大能力。

机械型工作设计方法要求将工作设计得越简单越好，使工作本身不再具有任何显著的意义。按照这种方法设计工作，企业就能够减少所需的能力较高的员工数量，也减少组织对个人的依赖。因为新员工经过快速而低费用的培训就能够胜任工作了。

（三）生物型工作设计

生物型工作设计法主要源于人类工程学（ergonomics）。该方法的目标是以人体工作的方式为中心来对物理工作环境进行结构性安排，将工人的身体紧张程度降低到最小。它侧重于关注对工人身体疲劳度、痛苦以及健康抱怨等方面。

生物型工作设计法常被运用于对体力要求比较高的工作的再设计。目的是降低某些工作的体力要求以使每个人都能完成工作。也可以通过对机器和技术进行再设计，如调整计算机键盘的高度来最大限度地减少体力，防止职业病（比如腕部血管综合征）。该方法运用较广，如通过办公室座椅和桌子的设计符合人体工作姿势来降低办公室工作人员的职

---

① Oldham G R, Fried Y. Job design research and theory：Past，present and future. Organizational Behavior & Human Decision Processes，2016，136：20-35.

业病。

（四）知觉运动型工作设计

与生物型工作设计方法不同，知觉运动型工作设计法不是关注人的身体能力和身体局限，而是侧重于人类的心理能力和心理局限。该方法是降低工作对信息加工的要求来改善工作的可靠性、安全性及使用者的反应性，以确保工作要求不会超过人的心理能力和心理界限。使用该方法进行工作设计时，设计者应以能力最差的人所能够达到的能力水平为基准，用具有这种能力的人能完成的方式来设计工作的要求。与机械型的工作设计方法类似，该方法一般也起到了降低工作认知度的效果。

以上各种不同工作设计方法都有其特殊的用途，均有其优势与不足（如表 4-10 所示）[1]。不同的设计方法会产生不同的工作结果。针对组织中不同的工作，企业可以适当选择不同的方法。

表 4-10　　　　　　　　　　　不同工作设计方法的结果总结

工作设计方法	积极的结果	消极的结果
激励型方法	更高的工作满意度	更多的培训时间
	更高的激励性	更低的利用率
	更高的工作参与度	更高的错误概率
	更高的工作绩效	精神负担和压抑出现得更大
	更低的缺勤率	可能性
机械型方法	更少的培训时间	更低的工作满意度
	更高的利用率	更低的激励性
	更低的差错率	更高的缺勤率
	精神负担和压力出现的可能性降低	
生物型方法	更少的体力付出	由于设备或工作环境的变化而带来更高的财务成本
	更低的身体疲劳度	
	更少的健康抱怨	
	更少的医疗事故	
	更低的缺勤率	
	更高的工作满意度	

---

① 雷蒙德·A. 诺伊，等. 人力资源管理. 刘昕，译. 北京：中国人民大学出版社，2001：161.

续表

工作设计方法	积极的结果	消极的结果
知觉运动型方法	出现差错的可能性降低	较低的工作满意度 较低的激励性
	发生事故的可能性降低	
	精神负担和压力出现的可能性降低	
	更少的培训时间	
	更高的利用率	

资料来源：摘自 Organizational Dynamics, Winter 1987 American Management Association, New York, All rights reserved. 材料经允许后使用。

总之，在进行工作设计时，掌握不同工作设计方法所可能产生的优势与不足是非常重要的。管理者如果希望按照某种能够使任职者和组织的积极结果都达到最大化来设计工作，那么，就需要对这些工作设计方法有充分的认识，掌握每一种方法之间的成本和收益，使之达到适当平衡，从而为企业谋取竞争优势。

小　结

1. 工作分析是人力资源管理的重要基础工作。工作分析所形成的工作说明书与工作规范对人力资源计划、招聘、选择、开发、绩效评价、报酬与福利、安全与健康、员工和劳动关系、人力资源研究等具有重要的意义。

2. 工作分析的内容包括对工作的目的与任务、工作内容与特征、工作责任与权力、工作标准与要求、工作时间与地点、工作流程与规范、工作环境与条件等问题的具体描述，以及对工作任职人要求的说明，即为完成特定工作所需必备的生理要求与心理要求等规范。工作分析的内容信息构成工作描述书。

3. 工作分析工作通过准备阶段、调查阶段、分析阶段与完成阶段等四步骤实现。

4. 工作分析的方法很多，主要有以工作为中心与以雇员为中心的工作分析。具体包括职能工作分析法、工作分析问卷法、工作面谈法、方法分析或动作研究法、关键事件法、观察法、工作实践法、实验法、工作日志法等。工作分析问卷法又包括管理职能描述问卷法、职位分析问卷法、任务清单法、生理素质分析法。

5. 工作设计就是指对工作完成的方式以及某种特定工作所要求完成的任务进行界定的过程。工作设计的方式主要有工作轮换、工作丰富化、工作扩大化以及与员工为中心的工作设计。工作设计的主要方法有激励型工作设计法、机械型工作设计法、生物型工作设计法与知觉运动型工作设计法。

复习思考题

1. 什么是工作分析？工作分析的基本术语有哪些？它们之间的关系怎样？

2. 工作分析的内容有哪些？

3. 工作分析分为几个阶段或步骤？各阶段的任务是什么？

4. 工作分析方法有哪些？试比较它们之间的优缺点。它们分别适合什么方面的工作分析？

5. 以工作为导向的工作分析可以采用哪些工作分析方法？

6. 工作分析与工作设计的区别何在？

7. 工作设计的方法有哪些？在组织中应该怎样选择与运用？

8. 激励型工作设计法的特点是什么？它具有怎样的作用？

9. 各种不同的工作设计方法的优势与不足是什么？你认为进行工作设计时哪一种方法所占的分量应当最重？为什么？

讨 论 题

1. "互联网+"时代到来对工作分析与设计有哪些影响？

2. 请讨论企业面临(1)国际竞争的加剧；(2)工作与家庭冲突的激化时，你认为对企业管理工作的技能提出了哪些要求？

3. 请你写一份大学生某些学生"干部"的工作描述书与工作规范书。

【案例】

工作分析是否能这样进行①

    ××宽带数字技术有限公司(以下简称××公司)成立于 1993 年，是行内稍有名气的一家从事机顶盒研究开发的高新企业。公司员工不到 200 人，但组织结构安排得井井有条，从机顶盒的产品规划到研究开发再到生产，最后走上数字电视的大市场，公司都配备了良好的班子。即使在机顶盒行业并不十分景气的情况下，××公司凭着独特的经营方式，强有力的人力资源后盾创下了年销售量 6 万台的佳绩，在行内遥遥领先。为了迎接更好的机遇、更大的挑战，以管理顾问为首的公司领导班子决定深度改革，首先从组织架构着手，把市场部提到了新的高度，重整了原来的系统软件部、应用软件部、硬件部等，同时也引进了一批更专业的人才(人力资源部小西就是基于此引进的)，用总经理的话说：专业的人才，做专业的事。但由于组织架构变动，有些岗位名称变了，有些部门名称变了，也有一些员工的部门隶属关系变了，部门主要职能变了，由此导致有些员工开始迷茫：我现在该做什么呀，什么叫作"项目管理总经理"呀……缘于此，管理顾问就提出让小西做系统的工作分析，明确每个岗位的职责。公司原来有一套工作说明书。在公司 ISO 体系文件中，《管理责任程序》后的附件二《部门职责说明》之后就是公司的《工作说明书》。这也是小西最想参考的。但是当她细看之后，发现和现在公司的岗位安排有较大距离。《工作说明书》并不规范，

---

① 夏光. 人力资源管理案例·习题集. 北京：机械工业出版社，2006：63-67.

没有遵循所谓的工作分析要包括"5W1H"(who \ whom \ what \ when \ where \ how)的做法,还有岗位定编定员等。例如"人力资源部工作说明书":

人力资源部经理:

①负责公司的劳资管理,并按绩效考评情况实施奖罚;

②负责统计、评估公司人力资源需求情况,制定人员招聘计划并按计划招聘公司员工;

③按实际情况完善公司《员工工作绩效考核制度》;

④负责向总经理提交人员鉴定、评价的结果;

⑤负责管理人事档案;

⑥负责本部门员工工作绩效考核;

⑦负责完成总经理交代的其他任务。

培训考核岗位:

①负责按月收集各部门绩效考核表,并按公司《员工工作绩效考核制度》进行人员绩效考核,按时上报人力资源部经理。

②负责收集各部门的培训需求,制定培训计划。

③负责执行经审批的培训计划,并进行培训考核,撰写培训总结。

④完成人力资源部经理交代的其他工作。

小西看完后仔细思考了一下,虽然不知道这份工作分析是怎么做出来的(据说这是经过深思熟虑,反复推敲后成文的),但她觉得这里面至少存在这样几个问题:(1)格式过于简单。虽然工作说明书可以纯粹用文字的形式来表达,但大标题、小标题还是需要明确的。上面引用的工作说明书,格式过于简单,造成视觉上的不良感觉。(2)内容不完整。虽然未必把前面所提的"5W1H"面面俱到,但是作为工作说明书,至少要在"基本资料"一栏中写清楚:岗位名称、直接上级、所属部门;在"工作描述"一栏中写清"工作概要",逐项列出"岗位职责";在"职位关系"一栏中写明受谁监督、监督谁,可晋升、转换和晋升至此的职位,工作中可能与哪些职位发生关系;在"任职资格"一栏中分别列出就职该岗位所需的学历要求、工作经验要求、能力要求,还可加上性别、年龄、体能要求等。工作说明书还可以包含"工作环境"的说明:工作场所、环境的危险性、工作时间特征、均衡性、舒适性等。上面的工作说明书,只是简单地列了几条该岗位平时可能发生的工作内容,都属于"岗位职责"的内容。虽然"岗位职责"是工作说明书中的重要内容,但并不是唯一内容。(3)内容描述不准确。对于"人力资源部经理"来说,我觉得其工作起码应涉及人力资源管理的重要部分:人力资源规划、员工招聘、培训发展、绩效考核、薪资福利,虽然每方面都可以安排专员负责,但现在公司的情况是:在小西没来之前,人力资源部就只有经理一人(以前有过一个助理,已离职),所以她的工作说明书就应该更详细一点,因为实际工作就是这样。对于"负责管理人事档案"这一条,小西有点疑虑:公司是民营企业,没有档案管理权,根本就不存在"管理人事档案"这一说。事实上,公司员工档案都是挂靠在南方人才市场的,委托南方人才市场来管理。这样说来,这一条是不是错了呢?至于"培训考核岗位",小西也不太弄得清公司培训考核流程具体是怎样的呢？小西暂时找不到答案。为完成来公司的第一项工作任务，小西不再依赖原有文件，她开始竭尽所能地收集资料。首先，弄清楚新的组织架构图中出现的每一个名词的含义，搞清楚公司的人员安排，即所谓的定岗定编。然后利用因特网，查询与每个职位有关的信息，对照自己公司的情况进行取舍。当然"工作说明书"被无数次的搜索过。为此，购书中心留下了她的脚印，The Dictionary of Occupational Titles(美国《职衔大辞典》)也第一次进入了小西的脑海。虽然大学期间，《工作分析》被列入重点专业课之一，可是当初好像根本就没学到什么，现在能记起来的更是寥寥无几，况且理论与实践的差距太大了。经过各种途径的资料搜集，当然也多次向 HRD 经理和管理顾问请教，小西的工作说明书有了雏形(注：由于各种原因，在准备做工作分析的过程中，小西并没有去请教各部门经理，也没有做过任何调查问卷，可以说小西的工作说明书是完全凭她自己的理解做的)。其中，"人力资源部经理"的职务说明书如下：

人力资源部经理职务说明书

岗位名称：人力资源部经理

所属部门：人力资源部

直接上级：总经理

岗位设置目的：建立健全人力资源管理系统，制定人力资源发展战略和相关制度

岗位要求：清楚用人政策、办事途径；工作认真严谨，善于用人、管人；自身人格魅力强

工作责任：

(1)根据公司发展目标及内外部需求，建立人力资源发展规划。

(2)建立，并根据内外形势不断修改人力资源管理系统。

(3)根据市场的发展，定期评估企业架构、部门职能和工作流程。

(4)根据公司短期和长期发展需求，及时进行人员招聘和人才储备。

(5)负责公司劳资管理，并按绩效考核情况实施奖罚。

(6)拟订并定期修改工作分析、绩效考评系统、福利制度、员工升迁规定等。

(7)负责员工档案的挂靠管理，处理员工劳动关系。

(8)完成公司交付的其他任务。

绩效考核标准：

(1)公司人力资本有效运用情况

(2)人力资源部经理自身能力、素质

工作难点：如何招聘好的员工，充分发挥员工能力，真正做到人岗匹配

工作禁忌：自身素质欠佳，不能选拔、管理员工

职业发展道路：人力资源总监

任职资格：

(1)学历、工作经验要求：本科毕业 5 年以上，研究生(以上)毕业 3 年以上，大型企业人力资源管理工作经验。

(2)工作业绩：系统地做过工作分析、绩效考核、薪酬设计等。

(3)职业培训：组织行为学、劳动安全与卫生、劳动法、薪酬管理、工作分析、人力资源管理、社会保障学。

(4)年龄要求：28岁以上。

(5)个人素质：沟通协调能力、组织管理能力、业务指导能力、分析判断能力、实务操作能力、个人亲和力。

◎ 问题

1. 试分析××公司原有的人力资源部工作说明书存在哪些问题？是否认同小西关于原工作说明书的看法？为什么？

2. 谈谈你对小西制定出的《人力资源部经理职务说明书》的看法？

3. 你认为小西在进行工作分析的过程中存在哪些问题？应该怎么做？

第五章　员工招聘与测评

【学习目的】

在学习本章之后，应当掌握如下内容：

1. 招聘的概念、意义、程序、原则及影响因素；
2. 各种不同的应聘者的来源，以及这些来源的相对优缺点；
3. 人员素质测评的含义、分类、作用、基本流程及理论基础；
4. 人员素质测评指标体系的含义、基本结构、建立基本原则和方法；
5. 测评方法的原理、具体操作和适用范围；
6. 录用决策的过程、方法和标准，以及录用结果反馈；
7. 招聘评估的具体内容及其指标体系。

【案例——问题提出】

纳人网络：用人工智能打造终极招聘[①]

"从阅读简历到最后预约面试，整个流程都可以机器化，用人工智能解决。"试水人工智能招聘的姜海峰这样说。曾在大型软件企业书生集团担任总裁达 10 年的姜海峰，招聘过近千人，深感招聘烦琐。他于是在 2014 年 3 月创建纳人网络，将人工智能与招聘结合，希望以此提升招聘效率，降低企业运营成本。

纳人网络将招聘人工智能分成多个垂直应用，有的负责阅读简历，有的负责评估简历。这样的人工智能，难度相对较低，目前已到商业化阶段。但从成立到现在仅仅两年时间，纳人网络就已累积 400 万个人用户，1000 家企业用户，包括微软、国美等知名企业。智能化招聘应用效果到底如何呢？一个有力的印证就是，国内一家做 P2P 的平台，要招聘一名 P2P 框架工程师，通过纳人网络，短短两周就觅到了合适的人选，而实际上，纳人网络只向他们推荐了三个候选人。这样的效率和精准度，对传统招聘而言，显然是不可思议的。招聘时，人岗精准匹配非常重要。纳人网络研发了多种通用模型，这些模型按照大岗位划分，而每个大岗位包含不同的职业，比如销售职业、技术职业等。为了使模型更加专业，纳人网络拜访了各个行业、上百位专家，根据他们的经验去实现模型的输出。然而，即使职位相同，每家企业的人才需求都不一样。因此纳人网络为每家企业提供了针对性的、符合企业需求的专用模型，这个模型具有自学习的功能，企业用得越多就越有针对性，推荐也就越精确。由于每个

---

① 改写自：杨筱卿. 纳人网络：用人工智能打造终极招聘. 中外管理，2016(5)：66-67.

人的工作经历不同，机器人还会对选定的候选人提出问题。如果候选人开发了一家网站，机器人会询问他使用何种开发平台，根据回答，再询问使用何种数据库，这些专业细节，机器人会逐渐深入地询问。如果他回答，擅长其他专业技能，机器人就会转问其他问题。如果他的工作经历出现了空档期，机器人甚至会追问空档期的原因。人工智能招聘就是将人想要了解的信息，通过机器人的询问，将其抽象化生成若干个千差万别的结果。另一方面，精准推荐是双向的。对企业进行精准推荐，同样，对应聘者也要实现精准推荐。对应聘者而言，往日要找到一份合适的工作，可能需要面试无数次，浪费大量时间和精力。机器人借由对岗位需求的精准模型及对用人企业偏好的不断自我学习，再加上对应聘者简历的精准分析，能减少这种浪费。如何对应聘者的简历精准分析呢？纳人网络采用的方法是，将人工智能与大数据结合。比如一个应聘者此前的工作背景为一家不知名的公司，但对自己的简历进行包装，甚至有"注水"成分。但这在纳人网络面前却无所遁形，因为它采集了将近2000万份企业数据，用作背景调查支持。除对简历分析，纳人网络还会对应聘者在线测评，如专业技能、个性、价值观等，这些测评结果都会纳入对应聘者本人评估中。因为精准的分析和精确的评估，既可以节约 HR 的时间，也可以减少应聘者面试的频次，从而节约时间。姜海峰认为，应聘者与其泛泛面试大量的企业，不如精准面试少量的适合自己的企业。纳人网络希望对应聘者提供的服务则是：无须应聘者投递简历，而是将匹配好的职位自动推送给他们。

在上述案例中，纳人网络通过人工智能技术，使企业提高招聘效率，帮助企业向精细化用人转型。随着"互联网+"技术、人工智能技术的广泛应用，企业员工招聘更快、更精准，尤其是 2020 年新冠肺炎疫情期间，企业 HR 只能在家办公，很多求职人才也因疫情而无法出门，大部分企业都采取线上招聘方式。从简历筛选、面试到录用的审批等都通过线上完成。这其中，最为关键的环节是面试，改变以往面对面沟通的方式，通过社交工具（如微信、QQ、Skype）、招聘网站（如前程无忧、智联招聘、58 同城等）以及一些专门服务于视频面试的网站进行视频面试来完成，获得企业复工复产而急需招聘的员工。员工招聘与测评是企业人力资源管理中重要的组成部分，对企业各项活动开展具有积极的影响作用。

第一节　员工招聘与测评概述

随着经济全球化一体化发展，企业间对于产品、技术、市场的激烈竞争归根到底是对高素质人力资源的竞争。能否吸引大量高素质应聘者，并从中甄选出合适的人才是关系到企业兴衰的关键之所在。尤其在"互联网 +"的时代背景下，员工招聘与测评工作也要积极、广泛地引入现代化信息技术，提高企业管理工作的质量和效率。本节主要介绍员工招聘概念与原则、流程、作用及其影响因素。

一、员工招聘的概念与原则

员工招聘是人力资源管理中最基础的职能活动。员工招聘是招募和测评聘用的总称。其中，招募是指企业在某些岗位空缺的时候，向内部或外界发布消息，吸引人应聘的过程；测评聘用是指在应聘的候选人当中，通过科学的测评方法，寻找出最适合该岗位的人选的过程。招募是选拔聘用的基础和前提，测评聘用是招募的目的。

在企业员工招聘工作中，必须坚持三个基本原则：

1. 宁缺毋滥。对企业而言，一个岗位宁可暂时空缺，也不要让不合适的人占据。企业是一个创造效益的单位，机构臃肿、人浮于事会大大降低企业的效率，所以在可招可不招聘人员时尽量不招，在可少招可多招时尽量少招，以保证员工工作的饱满度。

2. 公开公平。通过公开的招聘渠道能吸引足够多的应聘者，能使招聘者有广阔的选拔余地；通过公平竞争能使人才脱颖而出，能吸引真正的人才，进而能对企业内部员工起到激励作用。公开与公平竞争原则能帮助形成一种积极的竞争的企业文化，使企业更有凝聚力。

3. 真实。向应聘者陈述真实的工作岗位，包括职位的优势和不足，让应聘者比较充分地了解该工作岗位，使应聘者形成一种更加接近真实情况的预期，这在一定程度上有助于减少员工流失率、降低缺勤率以及其他由预期不能满足而引发的消极劳动行为。因此，真实原则有助于降低雇员的流失率和提高雇员的工作满意度，可以减少由于人才流失造成的更大损失。

二、员工招聘的流程

一般而言，企业员工招聘包括五个步骤：确定招聘策略、人员招募、人员甄选、人员录用和招聘评估(如图 5-1 所示)。

三、员工招聘的作用

人力资源的使用与配置是企业成功的关键，而人力资源的使用与配置包括人力资源的"进""用""出"几个环节，其中，人力资源的"进"又是关键中的关键。具体而言，员工招聘具有如下几方面的作用：

1. 获取企业人力资源的重要手段。企业要获得人力资源就必须通过员工招聘，尤其是对新成立的企业来说，员工招聘无疑更是企业成败的关键。如果企业无法招聘到符合企业发展目标的员工，那么，企业对物质、资金、时间上的投入就会成为浪费，且企业也无法进入运营。对已经处于运作之中的企业而言，人力资源的使用与配置也因企业战略、经营目标以及组织结构的变动和自然原因而处于经常变动之中。因此，员工招聘不仅关系到能否解决企业目前人力资源紧缺的问题，而且可能影响到企业发展战略是否顺利实现。

2. 扎实企业人力资源管理工作基础。人力资源管理包括招聘、培训、考核、薪酬、劳动关系、奖惩与激励制度等环节。员工招聘与其他人力资源管理职能活动紧密相关(如图 5-2 所示)。员工招聘是人力资源管理系统的输入环节，直接影响企业人力资源的输入和引进质量。如果招聘的人员不能够胜任或不能满足企业要求，就难以提高企业人力资源

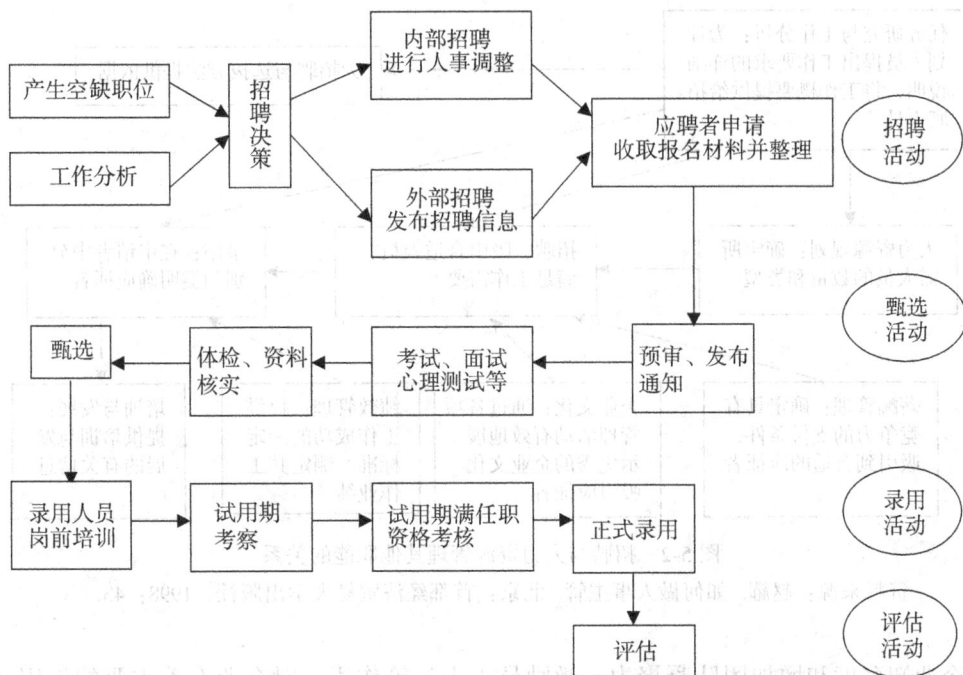

图 5-1　招聘的基本过程

资料来源：作者绘制。

管理的工作效益，各项工作的难度也将增加。

3. 影响企业人力资源投资成本。从人力资源投资角度看，招聘也是企业人力资源投资的重要形式。招聘工作的质量高，既能为企业招聘到优秀人员，也能为企业减少因录用人员不当所带来的潜在损失，促进企业健康、快速、高效发展，更好地实现企业战略目标。例如，招聘到优秀的人员能为企业节约培训费用，而且还可能具有原有人员经培训也达不到的效果。相反，如果招聘工作出现失误，选错了人将增加企业人才的重置成本，甚至可能影响企业生产经营。例如与客户打交道的员工若缺乏交往技巧就可能使企业丧失商业机会。

4. 提高企业的声誉。员工招聘历来都是双向的，公司在筛选应聘者，应聘者也在挑选用人单位。招聘是企业与外界交往的一个重要窗口，成功的招聘与选拔活动能够使企业在应聘者心中、公众心目中留下美好的形象；良好的企业文化与形象必然有利于企业招聘到更多更好的人才。

5. 鼓舞员工士气。在企业不断发展的时期，自然会产生一些空缺职位，企业需要从外部寻找合适的人选来填补空缺，使企业发展不至于受到限制。引进"新"员工可以带来新的思想，使员工队伍充满新的活力；同时，也为"老"员工带来新的竞争，使其在招聘岗位上获得新的挑战机会。

总之，员工招聘不仅能解决职位空缺或企业扩张的人员需求问题，还起到储备人才、

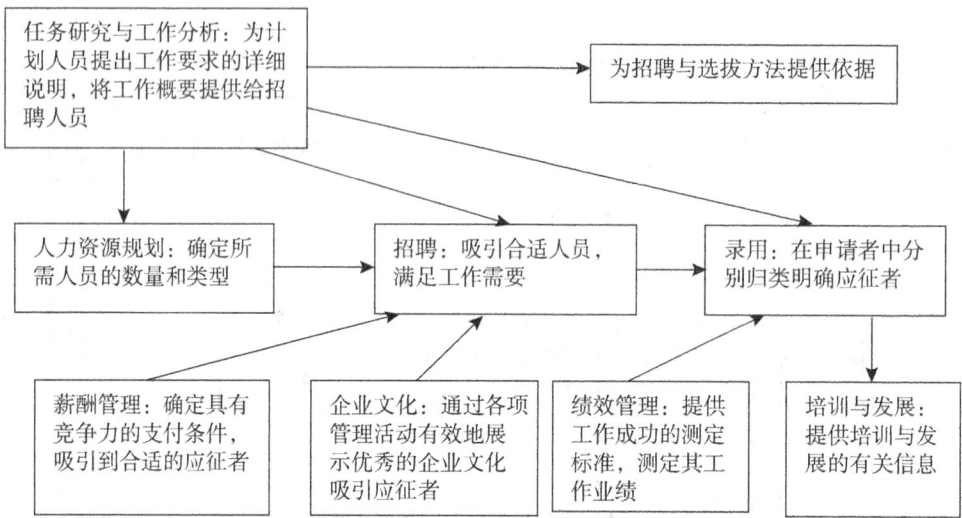

图 5-2　招聘与人力资源管理其他职能的关系

资料来源：赵耀. 如何做人事主管. 北京：首都经济贸易大学出版社，1998：43.

提升企业知名度和增加团队凝聚力、激励员工士气等作用，对企业有着重要的作用和意义。

四、员工招聘的影响因素

有很多因素影响员工招聘工作的成功。具体而言，主要包括以下几个方面（见图 5-3 所示）。

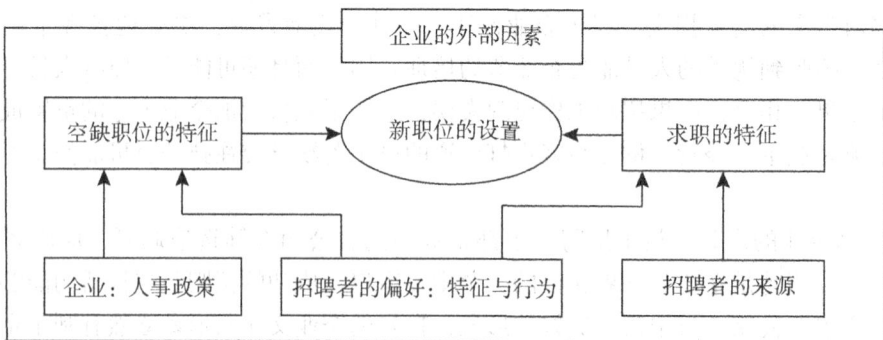

图 5-3　员工招聘的影响因素

资料来源：作者绘制。

（一）外部因素

影响企业员工招聘的外部因素主要包括经济因素、劳动力市场、技术进步，以及法律和政府政策等。

1. 经济因素。经济因素包括宏观经济形势、当地的经济发达水平和生活环境等。宏观经济形势会影响市场的繁荣与通货膨胀率，从而影响企业的用人需求和招聘成本。经济发达地区对人才磁吸效应要远远高于欠发达地区，其主要原因在于经济发达地区提供给应聘者的岗位数量较多，应聘者的就业机会较多。同时，生活环境反映了城市生活便利程度，向往便利、舒适的生活是人们的普遍心理，良好的生活环境有利于吸引人才。

2. 劳动力市场。劳动力市场在人力资源配置中发挥着主导作用。如2020年2月11日人力资源社会保障部就业促进司司长张莹在国务院联防联控机制新闻发布会上表示，新冠肺炎疫情发生后，劳动力市场出现了一些变化：企业开复工时间在推迟，劳动者返岗时间有所推后。与此同时，与疫情相关的行业企业缺工明显，部分招聘活动暂时性推迟[1]。显然，劳动力市场供求变化直接影响就业和招聘质量；劳动力市场的完善程度也影响招聘成本。改革开放以来，我国人力资源服务业不断发展壮大，服务的专业化、产业化、信息化、市场化、国际化程度逐年提升[2]。完善的劳动力市场能迅速便捷地为企业和应聘者之间架起沟通桥梁，帮助企业实现人力资源供求综合平衡。

3. 技术进步。技术进步对员工招聘的影响很大，主要表现为四个方面：(1)引起招聘职位分布的变化。技术进步的不平衡性使人力资源由高生产率部门向低生产率部门或新部门转移；对社会职业种类和职业活动内容产生极大影响，全新组织职位种类、分布情况及职位活动内容对招聘工作提出了新的要求。如2020年2月25日，人力资源社会保障部与市场监管总局、国家统计局联合发布了16个新职业[3]。(2)提高对应聘者的要求。企业新技术、新工艺和新设备以及"互联网+"技术广泛应用，尤其AI对企业和就业的极大影响，导致组织之间相互联系非常紧密，也加剧企业之间的全球竞争[4]，企业对人力资源素质不断提出更高的要求。(3)影响招聘职位数量：技术进步及应用导致资本投资增加从而使资本对劳动的替代效应发生，因此会出现减员增产或增产不增人的现象，导致招聘职位的绝对或相对减少。(4)提高招聘效率。在互联网时代，网络招聘因具有不受地域限制、覆盖面广、成本低廉、沟通及时、明显提高招聘效率等独特优势，已被广泛应用于企业员工招聘中。例如，成立于2016年的Leap. ai平台，通过人工智能技术将应聘者和招聘人员进行高质量配对，帮助应聘者获得适合的岗位面试机会，同时帮助企业匹配对应人才。

4. 法律和政府政策。主要指劳动就业法规和社会保障法以及国家的就业政策等内容。当政府购买某类产品和服务时，该类企业在劳动力市场上的需求也会相应增加；同时，政府可以直接通过就业政策和就业指导中心等机构直接影响企业的招聘。法律和法规成为约束雇主招聘和选拔的重要因素。

---

① 国务院联防联控机制召开新闻发布会 介绍做好企业复工复产工作相关情况. https：//www. sohu. com/a/372262369_362042.

② 王睿. 人力资源服务业迎来新时代. 中国人力资源社会保障，2018(9).

③ 资料来源：人力资源社会保障部、市场监管总局、国家统计局联合发布智能制造工程技术人员等16个新职业. http：//www. mohrss. gov. cn/SYrlzyhshbzb/dongtaixinwen/buneiyaowen/202003/t20200302_361093. html.

④ Spyros Makridakis：The forthcoming Artificial Intelligence（AI）revolution：Its impact on society and firms. https：//doi. rog/10. 1016/j. futures. 2017. 03. 006.

（二）内部因素

影响企业员工招聘的内部因素主要包括企业文化、发展战略、薪酬福利、招聘职位性质与成本等。

1. 企业文化。企业文化是企业全体员工在生产经营过程中培育形成的并且共同遵守的最高目标、价值观以及行为规范的总和。它影响招聘人员的态度、行为方式和招聘方式的选用。企业录用新员工往往也会考虑其价值观是否符合企业文化，如创新导向的企业会更加注重员工的创新意识和开拓精神。

2. 发展战略。企业发展战略会影响企业招聘数量。扩张阶段的企业对劳动力需求旺盛，招聘工作将围绕数量进行；收缩阶段的企业对劳动力需求都会下降，招聘工作的重心将转向质量。另外，企业发展战略也会影响招聘员工的素质与类型。选择多元化发展战略的企业在招聘时会倾向于录用多文化背景的员工，选择本地化战略的跨国企业会注重招聘本地员工。

3. 薪酬福利。在员工招聘中，具有外部竞争力的薪资福利是吸引优秀人才来应聘的重要因素。企业的工资率提高，产品成本会上升，产品需求会下降，劳动力需求也会下降。因此，企业会减少劳动力投入比重，相应会降低雇佣水平；反之，企业会增加其雇佣水平。

4. 职位性质。职位性质包括两方面：一是人力资源规划确定的空缺岗位的数量和类型，二是工作分析决定的空缺岗位的工作职责、工作人员的任职资格要求等。岗位性质决定了企业需要招聘什么人员以及通过何种渠道来招聘所需的人才，同时它能让应聘者了解该职位的概况及任职要求，以便进行求职决策。

5. 招聘成本。不同的招募渠道、招募信息发布方式、招募选拔方式所需要的时间周期和花费成本都不相同。因此，企业可投入招聘的资金预算是否充足，将直接影响上述招聘工作的计划和开展。如果招聘资金预算充足，企业可以选择在全国范围内有影响力的媒体或现场招聘会上发布招聘信息，采用更精细科学的选拔方法，提高招聘的效率与效果[①]。

（三）应聘者特征

应聘者特征直接影响招聘成功与否。面对大量的招聘信息，应聘者多数抱着"等待观望"的态度以寻求理想的工作。应聘者的求职过程包括其能看到的企业数量、他们胜任职位的可获得性及其愿意接受这些职位的程度（如图 5-4 所示）。影响企业招聘的应聘者个人因素主要有个人资格、求职强度、动机与偏好等。应聘者个人在智力、体力、经验、能力等方面都存在差别，这些差别也影响着招聘活动的开展和招聘的结果。

（四）招聘者特征

企业招聘的实质是招聘者和应聘者互动作用的过程，招聘者特征对员工招聘的影响主要包括以下方面：

1. 个人素质。招聘工作是一件极其复杂而又条理清楚的工作，需要招聘者具有特定的技能、知识和详细的工作计划。招聘者的素质高低直接影响应聘者是否到企业工作的决

---

① 贺新闻. 招聘管理. 北京：高等教育出版社，2016：64.

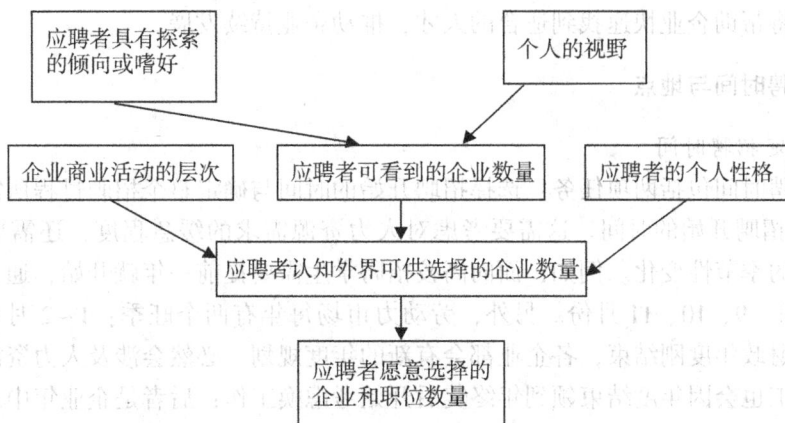

图 5-4 应聘者求职的漏斗模型

应聘者具有探索的倾向或嗜好

个人的视野

企业商业活动的层次

应聘者可看到的企业数量

应聘者的个人性格

应聘者认知外界可供选择的企业数量

应聘者愿意选择的企业和职位数量

图 5-4 应聘者求职的漏斗模型

资料来源：作者绘制。

定，尤其是对一些较高素质的应聘者更是如此。一般而言，成功的招聘者应具备以下素质：(1)具有热心、热情、公正、强烈的责任心。热心能反映出招聘者对应聘者的关心程度和对应聘者为组织作贡献的热心程度；热情能唤起应聘者的共鸣，使应聘者主动、坦诚地将自己的特点呈现；公正能使优秀者脱颖而出；强烈的责任心，使招聘者在工作繁重的时候，能够克服工作压力，为企业做好形象宣传。(2)具有以人为本的意识。在招聘过程中，招聘者应尊重应聘者，尊重应聘者的个人喜好、生活习惯和个人隐私，且要让应聘者深深感知到招聘者为他们所做的一切。(3)具有专业的招聘技巧与能力。表达能力、观察能力和交际能力是招聘者应具备的最重要的能力；同时还需要专门的招聘技巧。例如，帮助应聘者迅速进入状态，使之在有限的时间里充分表现自我；招聘者必须避免做出一些会导致应聘者对企业产生错误印象的行为；此外，还应具有很广阔的知识面，要清楚了解企业的结构、相关产品的技术工艺以及生产流程等。

2. 心理偏差。招聘者在招聘过程中最重要的事情就是坚持招聘的公平和公正。因此，招聘者需要努力克服心理偏差，即优势心理、自眩心理、定势心理三种。优势心理是指招聘者因处于主导地位而产生的居高临下的心理倾向，表现为在招聘中的随意性、分析判断上的主观性以及对测验评定的个人倾向性。自眩心理是指招聘者的优势心理引发的自我表现心理，表现为责难那些测验中表现出色的应聘者。定势心理是指招聘者以自己在思维兴趣等方面的习惯来判断、评价应聘者的倾向，即成见。企业应该以团队方式代替个人来进行招聘，在招聘团队中使人力资源专家和直线部门领导以及专业技术人员融洽协调地工作，以此规避招聘者心理偏差对招聘产生的不利影响。

第二节 员工招聘策略

招聘策略是招聘计划的具体体现，是为实现招聘目标而采取的具体策略，包括招聘时间和地点的确定、招聘信息发布渠道的确定、招聘渠道的选择、招聘的宣传策略等。有效的招聘策略将帮助企业快速找到适合的人才，推动企业持续发展。

一、招聘时间与地点

（一）确定招聘时间

确定招聘时间包括两项任务：选择招聘开始的时间与确定整个招聘过程所需时间。

1. 确定招聘开始的时间。这需要考虑对人力资源需求的缓急程度，还需要考虑劳动力市场供给的季节性变化。例如，面向高校招聘学生需要提前一年就开始，通常是每年的3、4、5月份，9、10、11月份。另外，劳动力市场每年有两个旺季：1~2月和7~8月，前者是一个财政年度刚结束，各企业都会有新的年度规划，必然会涉及人力资源需求的变化，企业员工也会因年度结束领到年终奖后开始考虑换工作；后者是企业年中对年度计划进行调整，同时许多员工（与毕业就职的时间有很大关系）的劳动合同一般也是这时到期，无论是企业员工需求还是应聘者本身要寻找新的发展机会，都会导致劳动力市场供需两旺。招聘过程所需时间即从开始招聘准备工作到招聘结束所需的时间，包括准备、招募、甄选和聘用四段时间[①]。

2. 招聘时间的确定。直接关系到企业职位空缺所带来的机会成本。招聘时间确定得越早，招聘与选拔进程越快，合适的人选越早确定，对企业的损失也越小。因此，招聘工作不能等有关职位空缺了才做计划。例如，某企业需要招聘30个员工，预测招聘的各环节所需时间安排如下：征集个人履历表10天，电话通知面谈2天，安排面试6天，根据资料和面试结果进行选拔5天，4天内通知是否聘用，20天后聘用者正式上班，那么整个招聘过程将会持续47天。所以，招聘广告的发布应该在职位空缺前，提前至少一个半月发布招聘信息。

招聘工作要根据企业发展计划和生产进度制定员工招聘进度计划，从组织结构、各部门岗位的实际需求出发，分层次、有步骤地实施招聘。在制定招聘进度计划时，需要合理而紧凑地安排招聘工作的具体时间。

（二）确定招聘地点

招聘地点的确定是指企业在多大的地域范围内、什么类型的劳动力市场上进行招聘活动。企业的招聘范围应适度，充分考虑企业所在地、企业规模、招聘职位和招聘地的工资水平以及人才分布规律、潜在应聘者寻找工作的习惯行为。

1. 企业所在地。企业所在地的经济发展水平是应聘者搜寻工作的过程中首要考虑的问题。对地方企业来说，最佳的选择可能是地方劳动力市场；对全国性知名企业来说，全国的劳动力市场可以考虑利用，而且是有选择的利用。

2. 招聘职位。为节省开支，企业通常在既有条件又有招聘经历的地方招聘，倾向于在所在地的市场招聘办事员和工人，在跨地区的市场上招聘中级管理人员和专业技术人员，在全国范围甚至世界范围招聘高级管理人才或专家。

3. 企业规模。规模大的企业通常有实力在全国范围内搜索人才，中小企业大多受到财力的限制，只能在有限的地方劳动力市场上寻找人才。例如随着企业规模的壮大和实力

---

① 贺新闻. 招聘管理. 北京：高等教育出版社，2016：64.

的提升，美的创始人何享健提出的人才观："60 年代用北滘人，70 年代用顺德人，80 年代用广东人，90 年代用中国人，21 世纪要用全世界的人"①。

4. 工资水平。如果招聘地点的工资水平高，则意味着招聘成本的增加。例如，在上海，劳动力供给较为充足，但工资和消费水平较高，要招聘到合适的人员，花费的成本也会较高。所以，从成本的角度考虑，企业大多愿意到工资水平较低的城市招聘所需的人才。

二、招聘信息发布渠道

招聘广告的精准投放成为提高招聘效果的一个决定性因素。如何才能让企业招聘广告快速有效地到达特定的目标人群，这是企业要考虑的重要问题。招聘广告按照传播媒体的不同，其信息发布的渠道可以划分为广播与电视广告、报纸、杂志、网络媒体和印刷品等。各种招聘信息发布渠道具有的优点和缺点如表 5-1 所示。

表 5-1　　　　　　　　　　**主要招聘广告媒介的优缺点及适合范围的比较**

媒体类型	优点	缺点	适合范围
报纸	• 广告篇幅大小弹性可变 • 可以限定特定的招募地域 • 广告栏目分类编排，便于应聘者查找 • 信息传递迅速，周期短 • 专门的人才市场报，信息集中度较高	• 受众群体较广，针对性差 • 保留时间短，容易被忽视 • 招聘广告集中，容易导致招聘竞争的出现 • 报纸印刷质量一般，限制广告设计	• 希望将招募限定在某区域 • 潜在的应聘者大量集中在某区域
专业杂志	• 招聘广告篇幅大小可变，形式灵活 • 保存期较长，应聘者可以反复阅读 • 可以将招聘信息传到特定的职业群体，针对性强 • 广告的印刷质量较高	• 发行地域分散，传播较广 • 广告预约期较长，难以在短期内达到预期效果	• 招聘专业人员 • 时间和地域限定不重要 • 与企业其他招聘计划有关联
广播电视	• 受众面广 • 招聘信息难以让观众忽视 • 产生较强的视听效果，更能有效地渲染气氛 • 便于宣传企业形象	• 费用较高 • 只能传递简短的信息 • 缺乏持久性，信息不能保存 • 为大量的无关受众群体付费	• 竞争激烈，没有足够的应聘者看印刷广告 • 职位空缺种类多，某特定区域有足够应聘者 • 需要迅速扩大企业影响 • 希望引起应聘者注意印刷广告

---

① 美的拥抱世界争当时代先锋. 新浪网. http：//news. sina. com. cn/c/2005-10-24/15067252384s. shtml.

续表

媒体类型	优点	缺点	适合范围
互联网	• 覆盖面广，传播速度较快 • 费用低 • 方便快捷，不受时间和空间限制 • 可以统计浏览人数 • 信息发布方式灵活，可以集中或单独发布； • 广告设计、制作灵活，可以利用多媒体技术	• 信息量大，容易被忽视 • 受众必须具备上网条件和计算机使用能力	• 网络相关类、设计开发类的职位 • 中低级人才或岗位 • 需控制招聘成本同时要达成招聘效果的企业，例如中小企业的日常招聘 • 行业网站适合招聘行业内的专业人才
印刷品（招聘会现场的宣传资料）	• 灵活，方便 • 制作精美，容易引起应聘者的兴趣	• 宣传力度有限 • 前提条件是应聘者必须到招聘现场 • 容易被随手抛弃	• 特定场合，例如人才招聘会 • 应聘者到企业参观
社交媒体①	• 传播速度快，传播范围广 • 移动化服务，碎片化操作 • 互动机制良好，可大幅减少招聘甄选时间 • 实时化的招聘监控 • 智能化的人才筛选	• 社交化招聘渠道过于纷繁复杂 • 要求人力资源管理者具备较高的渠道辨别搜索能力和网络沟通能力	• 希望将招募限定在某特定人群 • 潜在的应聘者大量集中在某种关系圈

资料来源：作者整理。

（一）广播与电视广告

在我国，企业使用广播与电视广告并不多。其主要原因是：一是电视广告费用相当昂贵，仅用于招聘似乎太高。二是广播和电视广告在受众面前停留的时间有限，也不能被"剪下来"保存。三是广播和电视广告的受众多，易于吸引过多的应聘者参与，从而加大招聘与选拔工作难度；同时在企业招聘人数一定的情况下，众多应聘者也会产生较多的落选者，容易引起他们不满，对企业公众形象会产生影响。因此，广播和电视广告主要是用于招聘企业高级管理人才，或提高企业的知名度和塑造企业的形象。

（二）报纸

因为报纸广告的费用比电视广告的成本要低得多，同样能吸引众多的申请者，因此通过报纸发布招聘广告是我国企业招聘时使用最为频繁的媒体。报纸广告不仅受企业欢迎，也受到应聘者的欢迎。其主要的优点是可以在不同的时间、地点被多个不同的读者阅读，能够方便地复印抄写。

（三）专业杂志

行业或专业杂志广告也是企业招聘专业管理人员和技术人员的最佳选择。因为它们的

---

① 陈谏，等. 聚才增值——互联时代的社交化招聘. 北京：企业管理出版社，2016：143.

读者大多是与行业有关的专业人员，杂志的读者群比一般的报纸更为集中，所以，广告的针对性就更强。当企业在这类杂志上发布招聘广告时，招聘信息容易被目标受众接受。但通过杂志发布招聘广告需要注意两点：一是由于专业杂志印刷期较长，所以招聘广告发布的提前期要比较充分，并要注明招聘截止日期；二是杂志广告的创作，要美观又有创意，做到既能吸引读者目光，又能宣传企业形象。

（四）互联网

通过互联网发布招聘广告已经成为普遍的广告形式。企业在网络上发布招聘信息主要有两种途径：一是在企业自身的网站上发布。可以将企业每一个空缺岗位逐一列出，必要时还可以做适当的描述，可清晰罗列对应聘者的资格要求，招聘信息的内容可不受篇幅的限制，且发布的费用相当低廉。但这类广告是否能够被有效地发布，与企业自身的知名度和网站的知名度密切相关。因此，只有知名度较大的企业才能够运用此种途径。二是在门户网站或专业招聘网站上发布招聘信息。因广告费用比前一种方式高，篇幅也有所限制，所以这类广告的内容要简明扼要，尤其是联系方式要清晰。

（五）印刷品

以张贴或散发印刷品的形式发布招聘广告。海报、广告、招贴、传单、宣传旗帜、小册子、直接邮寄、随信附寄等印刷品都是在特殊的场合比较适合，例如展示会、招聘会或校园。印刷品与其他招聘信息发布媒体结合使用能够产生更好的效果。值得注意的是，需要充分考虑印刷品发放的场合，避免街头发放带来的环境污染和企业形象损害。

（六）社交媒体

移动互联网的社交圈使每个人的信息按几何级数向外快速传播，可以将传统的双向封闭式招聘转变为多向开放式匹配。社交化招聘的文案应该轻松活泼，文字简明扼要，展示招聘业务的亮点，从而激发浏览者的转发热情。为提高招聘的效率，需要选择合适的社交平台。国外最具有代表性的社交平台包括 LinkedIn、Twitter 和 Facebook，国内包括微博、微信、QQ、移动招聘专业 APP 以及针对特定人群的社交平台。任何职场人员都会有自己和职业相关的社交圈，通过浏览他们的社交圈，往往能快速有效地找到该领域的相关人才，从而能更精确地找到潜在目标[1]。

在确定招聘信息发布渠道时，企业需要注意如下问题：一是了解不同媒体在哪些人群中利用率最高。通过了解不同地区、不同性别、不同学历、不同职业的人喜欢接触的是什么媒体，企业再决定采用什么广告方式，才能做到"有的放矢"。广告媒体的选择取决于招聘职位的类型。一般来说，低层次职位可以选择地方性媒体，高层次或专业化程度高的职位则选择全国性或专业性的报刊。二是确定广告发布媒体类型之后，需要选择具体在该媒体中的哪家发布招聘广告。招聘者需要对不同的报纸、杂志、电视台客户群的情况有所了解，这样才会做到"心中有数"。三是根据空缺职位的性质，例如工资待遇、职位层级、权限的大小、工作条件等，决定是否采用广告方式。不仅对于应聘者有限的职位采用广告方式不合算，而且对于过分热门的职位，采用广告方式同样不合算，因为需要花费大量的人力、物力和财力来完成筛选简历、面谈、接待来访者的工作。

---

[1]　陈谏，等. 聚才增值——互联时代的社交化招聘. 北京：企业管理出版社，2016：133.

三、招聘宣传策略

在招聘过程中，企业一方面需要尽可能地吸引应聘者，另一方面还必须利用招聘过程进行企业形象或者声誉宣传活动。因此，对招聘工作应该从更高的地位来认识，制定好宣传策略。招聘宣传策略主要是指在招聘活动中，人力资源部门对企业及其相关政策的宣传，以及将企业招聘政策及时与外界沟通利于招聘活动顺利的开展。

（一）发布招聘广告

对应聘者而言，招聘广告就是他初步了解招聘企业的全部信息。作为吸引人才"眼球"、展现企业实力与形象的第一扇窗，招聘广告的优劣将直接关系到企业招聘的数量与质量。根据招聘广告的目的、作用与设计原则，有效的招聘广告至少包括下列内容或信息：公司简介，招聘职位和数量，工作地点，专业要求和经验要求，职称要求和优先者条件，工作职责，应聘者个人个性特点要求，应聘材料，联系方式和截止日期等（如表5-2所示）。

表5-2　　　　　　　　　　　　　×××期货经纪有限公司招聘广告

×××期货经纪有限公司，成立于2000年7月，是经中国证监会批准设立的全国性大型期货公司，拥有期货业顶尖业务资质，是中国金融期货交易所全面结算会员，总部位于×××金融区标志性建筑×××广场16层。×××期货经纪有限公司以振兴期货业为己任，创新金融产品和服务，立志成为国际化的金融机构。一流的事业需要一流的人才，一流的人才渴望加盟一流的团队，×××期货经纪有限公司期望与您同行。

1. 人力资源专员（1名）

工作地点：武汉市

工作职责：负责公司人事招聘、社保办理、人事档案管理等工作。

任职要求：1. 相关专业全日制本科以上学历；

　　　　　2. 具有两年以上相关工作经验，熟悉相关法律法规；

　　　　　3. 善于沟通，具有团队精神和合作意识；

　　　　　4. 有较好的文字功底；

　　　　　5. 熟练使用MS OFFICE办公系统。

2. 行政助理（1名）

工作地点：×××市

工作职责：协助部门经理处理日常行政事务性工作。

任职要求：1. 大专以上学历；

　　　　　2. 中文类、经济类相关专业背景，或有相关从业经历；

　　　　　3. 熟悉文件管理，能熟练运用办公自动化软件。

3. 前台接待员（4名）

工作地点：武汉市

工作职责：前台接待、来宾服务、会议服务、报刊信件收发等工作。

任职要求：1. 大专以上学历；

　　　　　2. 具有一定接待服务、文秘经验；

　　　　　3. 容貌端庄，口齿清晰，气质良好；

　　　　　4. 熟练运用办公自动化软件，能进行日常公文处理。

有意加盟之士，请于2007年8月30日之前将附有证件照片的个人简历、身份证复印件、学历证明寄至：××市××大街××号×××广场×层，邮编43007×，×××期货经纪有限公司（信封上请注明："应聘"），或发送到E-mail：××××@126.com。

×××期货经纪有限公司期待您的加入！

资料来源：作者整理。

（二）公布招聘政策

企业招聘政策在一定程度上是区别于其他企业招聘活动的关键。招聘政策运用得是否恰当对招聘成功有着重大的影响。一般而言，企业招聘政策包括如下几种：

1. 市场领袖薪酬策略。指在同等职位条件下，企业薪资报酬领先于其他企业的策略。该策略是通过高薪来吸引最优秀的人才。企业在宣传时要注意两个方面：一是突出宣传企业发展远景并且与高薪相结合，其目的是尽可能多地吸引应聘者；二是对应聘者的要求要比较严格，在招聘广告内容中设置一些必要的遴选指标，让不具备条件的应聘者知难而退，以减轻选拔工作的压力。市场领袖薪酬策略通常被一些市场领先者运用，他们通过对人才的控制来保持市场领先的状态。由于该策略会使企业劳动力成本升高，进而导致产品成本升高，影响产品的市场份额，所以除非企业是市场的绝对领先者，否则一般不轻易使用。

2. 劳动合同政策。企业和新进员工要签订劳动合同，规定员工在合同期限内不能离开公司，否则要缴纳一定的违约金；企业如果在合同期限内解雇员工，也要给员工一定金额的赔偿。该策略很好地防止企业人力资源外流或人才流失给企业带来的损失。与之对应的是自由雇佣政策。

3. 自由雇佣政策。指雇佣关系的双方都可以在任何时候以任何理由解除雇佣关系。该政策也是一种鼓励人员流动、人员竞争的策略。一般运用于高新技术企业，该类企业需要不断吸引新人、新思维实施创新，以促进企业发展，鼓励企业内部的竞争，实施企业内部优胜劣汰。一旦采用劳动合同制，被淘汰人员如果太多，企业则需支付很高的赔偿金，从而影响企业经济效益。同时，某些优秀的人才比较喜欢自由雇佣政策，他们不愿意被合同把自己束缚在了一个公司。自由雇佣政策和劳动合同制各有利弊，企业也应该根据自身情况谨慎用之。

4. 企业形象的广告宣传。如前所述，企业在进行招聘活动过程中也能宣传企业形象。一般有三种招聘途径可宣传企业形象。（1）公司网站或中介机构的招聘网页。精美的网页往往能体现企业内在文化，好的网页会给受众留下美好的印象。（2）精心组织的招聘会。联想集团每年都要在全国著名高校举办专场招聘会，会上联想集团由高层主管（不仅仅是HR部门工作人员）向毕业生们介绍企业成长历史、市场地位和发展规划，通过形象宣传活动，联想几乎成为各大高校毕业生的首选。（3）举止得体的招聘者。招聘者的一言一行代表着企业，其行为关系到企业形象。所以，对招聘者也应该进行培训，使之举止得体，这既有利于招聘活动本身，也有利于企业形象。

（三）公布招聘流程和结果

把招聘流程和结果公开是招聘成功与否的另一个关键。公开招聘流程和结果有助于形成公平竞争的气氛，有助于应聘者熟悉应聘流程并灵活安排自己的时间，有助于缓解落选者的失落感，也会降低由于落选者不满而散布不利于公司形象的信息的可能性。

四、招聘渠道策略

通过有效的招聘渠道策略招聘到合适人员对企业来说非常重要。员工招聘渠道分为内部招聘渠道与外部招聘渠道。它们各有优缺点（如表5-3所示）。实际工作中要根据市场供给、企业人力资源政策和工作要求来决定采用哪种渠道。

表 5-3　　　　　　　　　　　　内外部招聘渠道的优缺点比较

	内 部 招 聘	外 部 招 聘
优点	• 了解全面，准确性高 • 调动现有人员的积极性，提高员工的忠诚度和献身精神 • 员工可以迅速地熟悉和投入工作 • 节约招聘成本和时间，减少选择费用和培训费用 • 激励组织高绩效 • 促成了持续晋升	• 人员来源广，选择余地大 • 新员工能带来新思想、新方法，使企业充满活力 • 不同背景的新员工融入组织，加速企业文化建设的活力 • 可以避免涟漪效应产生的不良反应 • 招聘工作不受现有人际关系的影响，降低徇私的可能性 • 招聘现成人才，节约培训费用和时间
缺点	• 来源局限于企业内部，容易造成思想窒息 • 容易造成"近亲繁殖"，不利于组织成长和发展 • 落聘者可能士气低落 • 容易出现涟漪效应，给企业工作带来麻烦 • 可能会因操作不公或员工心理原因造成内部矛盾 • 选择范围有限，可能组织内部没有合适的人选	• 对应聘者的了解不全面，招聘风险大 • 不了解企业情况，进入角色需要较长的适应和调整期 • 内部员工得不到机会，积极性可能受到影响 • 招聘成本高

资料来源：作者整理。

（一）内部招聘渠道

内部招聘渠道即通过晋升、调动的方法从企业内部获得需要的人员。其通常做法是企业在内部公开空缺职位，吸引员工来应聘。它具有以下优点：能为员工发展和晋升提供平等机会；有利于在组织中创造一个更开放的环境；能增强员工对工资等级、工作描述、晋升条件与职务调动程序的了解；便于员工在组织中自我选择最适合自己的工作；是一种便宜且迅速的职位空缺填补方式；比较了解候选人的长处和弱点；被提升的企业内成员对企业历史和发展比较了解；可以借内部招聘激励被提升的人员更加努力地提高自身工作水平；可以激励组织内其他成员工作士气，使其有一个良好的工作情绪；使企业内对员工培训投资取得回报。当然它也存在不足：当企业内部对未来主管人员的供需缺口较大，且内部人才储备无法满足需要时，坚持从内部提升会使企业既失去获得一流人才的机会，又会让不称职者占据主管位置；容易造成"近亲繁殖"；提升的数量有限，容易挫伤未被提升的人的积极性。

（二）外部招聘渠道

外部招聘渠道即从企业外部得到尤其是那些起关键作用的主管人员。也有人将其称之为"空降兵"。它优点在于：较广泛的人才来源；避免近亲繁殖，可给企业带来新思想，防止僵化；避免企业内部那些没有被提升员工的积极性受挫，避免企业内部员工间的不团结；可节省对主管人员培训费用。它的不足之处在于：如果企业内有胜任的人未被选用，从外部招聘会使其感到不公平；容易产生与应聘者不合作的态度；应聘者对企业需要有一个了解的过程；容易被应聘者的表面现象（如学历、资历等）所蒙蔽，而无法清楚了解其真实能力。

通过对内部招聘和外部招聘优缺点比较可知，二者都存在满足企业实现招聘计划的合理性，一方的缺点往往是另一方的优点，二者是相辅相成的。如果二者能很好地结合，既能满足企业实现招聘计划的要求，又能很好地将二者的优缺点互补。单纯地采用一种招聘渠道，往往会带来不可避免的弊端。因此，内部招聘与外部招聘的结合会产生最佳效果。内部招聘和外部招聘具体渠道与方法下节详细介绍。

第三节 人员招募

企业在制订招聘策略之后就需要进行人员招募。人员招募是指企业根据空缺职位数量和质量，采取多种措施吸引职位候选人来填补企业职位空缺的活动。作为企业填补职位空缺的基础性环节，人员招募是企业招聘的重要组成部分。有效的人员招募会为企业特定的空缺职位吸引尽可能多的符合该职位要求的候选人，使其有充分的人员选择余地，保证企业能以最低的成本挑选出最合适的员工。同时，还可以使应聘者更好地了解企业，减少因盲目加入而给企业和个人造成不必要的损失。

一、人员招募决策

人员招募决策是指企业中最高管理层关于重要工作岗位和空缺工作岗位招募的决策过程。主要包括三方面。

（一）招募决策的运作

招募决策的运作一般可分为以下几步：一是用人部门提出申请，即由需要增加人员的部门负责人向人力资源部门提出需要人员的人数、岗位、要求及理由。二是人力资源部门结合人力资源战略与规划进行复核，并给出复核意见。三是最高管理层决定需要招募的人数和岗位。根据企业的不同情况，既可以由总经理的工作会议决定，也可以在部门经理工作会议上决定。

（二）招募决策的主要内容

企业人员招募决策一般应包括以下主要内容：一是什么岗位需要招募？招募多少人员？每个岗位的具体要求是什么？二是何时发布招募信息？运用什么渠道发布招募消息？三是委托哪个部门进行招聘测试？四是招聘预算多少？五是何时结束招募？六是新进员工何时到位？

（三）招募决策的选择

企业在制定招募决策时需要决定两个关键问题：一是当出现空缺职位时，是使用核心人员还是用应急人员填补？二是如果使用核心人员，是从内部还是从外部招聘？目前，许多企业采用核心人员和应急人员去填补空缺的战略①。

1. 核心人员与应急人员。所谓核心人员，即以"传统"方法所聘用的员工，他们出现在组织的工资表上并被认为是"长期员工"。所谓应急人员，即指虽然为企业工作，但并不在企业的工资表上，他们被代理人雇佣再以固定费用临时性地"租借"给企业，工资与津贴由代理人支付。代理人分为三种：劳动力出租人、临时雇佣代理人和独立承包商。在通过劳务代理人获得的应急人员中，被租借人员的雇佣合同期比临时性人员要长；通过独立承包商获得的人员不同于其他应急人员，他们被挑选完成全部职能。有专家预言，未来典型大公司中的人员也许会由相对少量的长期核心雇员组成，劳动力的剩余部分则为具体的、暂时的任务而雇佣的个人组成②。20 世纪 70 年代以来，伴随着经济发展与科技进步，带来了用工方式的变革，尤其是新技术、新业态、新模式的产生，灵活就业的形式更加多样③。近三年中我国的灵活用工市场得到了前所未有的蓬勃发展④。

使用应急人员优点包括：一是能促成柔性的管理去控制固定的人工成本，应急人员的规模可根据业务条件变化增减；二是能减轻企业人力资源管理者负担，代理人做了与工资单、保险管理、福利津贴有关的行政工作，由代理人去筛选和录用人员，企业则可以规避劳动保障成本、离职管理成本和劳动事故风险；三是能节约成本，应急人员成本低于核心人员，因为代理人已支付了某些一般的管理费，如工资和保险。同时也存在不足：一是在应急人员开始工作前需要进行关于企业工作程序和政策方面的培训，这也是使用应急人员的成本效用问题；二是与核心人员相比，应急人员表现出对企业较低忠诚度或承诺感；三是在完成相同工作情况下，由于应急人员比核心人员取得更好的工资，容易引起核心人员的不公平感，影响士气。鉴于此，应急人员一般适用于非核心的、灵活性高、变化快、季节性和周期性强的工作岗位。

2. 核心人员与应急人员使用的决定。一般而言，企业在以下几种情况下可以选择应急人员：(1)企业需要一些在劳动力市场很难找到的专门技术人员；(2)企业希望在远离公司总部的分(子)公司或地区补充新的办公室职员；(3)企业希望补充职位来实施项目，而在这些项目中，存在异常高的风险因素，且有可能损害企业原有员工的报酬率。

二、应聘者提出申请

应聘者在获得企业招聘信息后，一般可以通过三种方式向招聘企业提出应聘申请：(1)通过信函向招聘企业提出申请；(2)直接填写招聘企业的应聘申请表；(3)通过电子邮件方式向招聘企业提出申请。无论是哪种方式，招聘企业应提供应聘人员申请表(如表 5-4 所示)。同时，应聘者也应向招聘企业提供一份个人资料，具体包括：(1)应聘申请表，

---

① 劳伦斯·S. 克雷曼. 人力资源管理——获取竞争优势的工具. 孙非，等，译. 北京：机械工业出版社，1999：103.

② Sunoo B P, and Laabs J J. Winning Strategies for outsourcing contracts. Personnel Journal, 1994(3)：69-78.

③ 涂永前. 应对灵活用工的劳动法制度重构. 中国法学，2018(5).

④ 李永超. 厘清灵活用工要则. 人力资源，2019(12).

尤其应说明将应聘的职位；(2)个人简历，主要说明学历、工作经验、技能、成就、个人品格等个人信息；(3)各种证件，包括学历、成就(各种奖励)证明的复印件；(4)身份证(复印件)；(5)是否愿意从事其他岗位；(6)对工资的要求等。

表 5-4　　　　　　　　　　　　××企业人员招聘申请表

姓名		性别		出生年月		政治面貌		
学历		毕业院校			专业			
职称		现从事的专业/工作						
现在工作单位				联系电话				
通信地址				邮　编				照片
家庭地址				身份证号码				
掌握哪种语言				程度如何，有无证书				
技能与特长				技能等级				
个人兴趣			身高	米	体重	公斤	健康状况	
个人简历								
准备离开单位的原因					现在的工资			
准备加入单位的主要原因								
收入期望值	元/年		可开始的工作日期					
晋升期望(职位、时间)								
培训的期望(内容、日期、时间)								
其他期望								
家庭成员情况								
备注								

自愿保证，本人保证表内所填写内容真实，如有虚假，愿受解职处分。

申请人签名：　　　　　　　　　　　　　　日期：

资料来源：作者整理。

个人简历与应聘申请表应该尽量详细，以便于招聘企业人力资源部门进行必要的审定与核实等工作。招聘的企业要求应聘者在规定的时间内、在指定地点报名，领取报名登记表、填写并上交表格。在实际操作中，还有一些具体的策略。如有时为了限制名额，需要应聘者支付报名费；有时为了解应聘者的某些资格和特殊技能，需要他们递交附加材料；有时为了解应聘者的耐心，故意使得报名程序比较复杂。

三、人员招募方式与方法

虽然员工招聘的两个渠道——内部选拔和外部招聘对企业人力资源获取起着同等重要的作用，且两种渠道相辅相成，但由于对招募渠道的选择取决于企业所处市场情况、人力资源政策和空缺岗位的要求，每个企业都有自己填补职位空缺的方式。

（一）内部招募方式与方法

1. 内部招募方式。一般包括内部晋升、工作调换、工作调换、工作轮换、内部人员重新聘用等。（1）内部晋升。这是指从企业内部提升员工来填补高一级职位空缺的方法。它促成企业人力资源垂直流动，是内部招聘的重要来源。该方法可迅速从员工中提拔合适的人选到空缺的职位上。内部晋升为员工提供了发展的机会，使员工感到在企业中是有发展机会的，个人职业生涯发展是有前途的。它有利于企业建立自己稳定的、核心的人员队伍，使企业拥有高绩效的员工；重新上任的员工能很快适应新的工作环境；尤其是能省时、省力、省费用。但也存在因人员选择范围小，可能聘不到最优秀的员工而造成"近亲繁殖"的弊端；也有可能使未被晋升的优秀员工产生不满而离开，导致企业人才流失。企业在决定空缺的关键职位和高层级职位时一般采用内外同时招聘的方式。（2）工作调换。这是在职务等级不发生变化情况时企业内部调换员工的工作岗位。它能为员工提供从事企业内多种工作的机会，可使内部员工了解企业内其他部门的工作，与本企业更多的人员相互接触、了解，从而为员工的发展或提升做好准备。它一般用于中层管理人员的招聘。（3）工作轮换。它多是用于一般员工的培养上，让有潜力的员工在各方面积累经验，为晋升做好准备，也可以减少员工因长期从事某项工作而带来的枯燥、无聊。工作轮换和工作调换有些相似但又存在不同之处：从时间来讲，工作调换往往是较长时间的；工作轮换通常是短期的，有时间界限的。另外，工作调换往往是单独的、临时的，工作轮换则是两个以上的、有计划进行的。（4）内部人员重新聘用。有些企业因一段时期经营效果不好会暂时让一些员工下岗待聘，当企业情况好转时再重新聘用这些员工。因员工对企业了解，对工作岗位很快适应，企业因此可节省大量的培训费用；又以较小的代价获得有效的激励，使组织具有凝聚力，促使企业与员工个人共同发展。从某种意义上讲，内部招聘人员也是企业员工职业生涯管理实现的重要途径。

2. 内部招募的方法。一般包括推荐法、档案法、公告法、职业生涯开发系统等方法。（1）推荐法。这是由本员工根据企业和职位需要，推荐其熟悉的合适人员，供用人部门或人力资源部门选择和考核。它既可用于内部招聘，也可用于外部招聘。因推荐人对用人部门与被推荐者双方比较了解，也使企业很容易了解被推荐者，所以它比较有效，成功率也较大。在拥有很多员工的企业中，这种方法可创建一个很大的潜在雇员群。有研究表明，通过现有员工推荐雇佣的新工人为企业工作的年限，比通过其他途径招用的工人相对要长一些①。(2)档案法。企业人力资源部门有员工档案，从中可以了解其员工的各种信息，帮助用人部门与人力资源部门寻找合适的人员补充空缺的职位。尤其是在建立了人力资源管理信息系统(HRMIS)的企业，则更为便捷、迅速，并可以在更大范围内进行挑选。档案法只限于员工的客观或实际信息，如员工所在职位、教育程度、技能、教育培训经历、绩效等信息，而对主观的信息如人际技能、判断能力、正直等则难以确认，而对很多工作而言，这些能力是非常重要的。(3)布告法。也称张榜法，是内部招聘最常用的方法，尤其是对非管理职位而言。在确定空缺职位性质、职责及所要求的条件等情况后，企业将这些信息以布告形式公布于企业中，使所有员工都能获得信息。所有拥有这些资格员工都可以申请或"投标"该职位。人力资源部门或用人部门进行筛选；最合格的申请人被选中进行面试。该方法的优点在于：一是提高了企业最合格员工被考虑从事该工作的可能性；二是给员工一个对自己职业生涯开发更负责任的机会，许多员工认为有这种晋升的机会而更加努力提高其工作技能和绩效；三是使员工有机会离开现有的工作环境，承担更有挑战性的工作。该方法也存在不足：因需要花费较长时间填补空职，致使有些职位在较长时间内保持空缺；某些员工由于缺乏明确的方向而在工作中"跳"来"跳"去；申请被拒绝的员工可能会疏远组织②。企业在职位公告时应注意如下事项：一是资格问题，即应是在企业经过了使用期而长期聘用员工；二是职位公告的内容，即职位资料应全面、准确，人力资源部门还应负责回答员工提出的疑难问题；三是公告范围，即应保证企业内每一位员工都能获内部招聘信息；四是减少内部招聘可能对原来人员产生的冲击；五是职位公告应具有公开性；六是职位公告的时间安排也应适当，即根据不同的具体情况来确定到底留出多少时间给员工做出反应。(4)职业生涯开发系统。这是从企业内部填补空缺职位的可选方法。企业并不鼓励所有合格员工都来竞争一项空缺的职位，而是将高潜能的员工置于特定的职业生涯路径上，接受专门培养以适应特定目标的工作。该方法的优点在于：降低企业中高绩效员工外流的可能性，有助于确保在某个职位出现空缺时总有候选者随时来填补，并能有效激发候选者的工作热情。同时该方法也有不足：未被选中进行培养的员工有可能会对企业产生不满而离开，容易在企业内形成不公平的影响，如果目标职位长时间没有出现空缺，被选中的候选者可能因期望晋升没能兑现而感到灰心，降低工作积极性。各个内部选拔方法的优缺点各有不同(如表5-5所示)。

表5-5　　　　　　　　　　　　　内部招募的方法优缺点比较

项　目	优　　点	缺　　点
推荐法	● 可以低成本地获得大量有资格的候选人 ● 简化了招募工作，成功概率较大 ● 候选人对企业较为了解，避免了因不切实际的期望而产生的潜在问题	● 限制了企业接触更多新鲜观点的可能性 ● 可能会使招募活动变得不公平

① 赵曙明，罗伯特·马希斯，等. 人力资源管理. 第11版. 北京：电子工业出版社，2008：128.
② 劳伦斯·S. 克雷曼. 人力资源管理——获取竞争优势的工具. 孙非，等，译. 北京：机械工业出版社，1999：106-107.

续表

项　目	优　点	缺　点
档案法	● 可以迅速在全企业范围内找到候选人 ● 能够全面、动态、及时地反映所有员工的最新情况 ● 可以及时发现具备资格，但未进行申请的员工	● 只包含一些"硬"指标信息，而诸如人际关系技能、判断力等"软"指标信息往往被排除在外
布告法	● 给员工一个对自己职业生涯开发更负责任的机会 ● 增强了人事匹配的合理性，提高人力资源使用效率 ● 使员工有机会离开现有的工作环境，承担更有挑战性的工作	● 需要花费较长时间填补空职，致使职位在较长时间内保持空缺 ● 某些员工由于缺乏明确的方向而在工作中"跳"来"跳"去 ● 申请被拒绝的员工可能会疏远组织
职业生涯开发系统	● 降低了企业中高绩效者外流的可能性 ● 有助于确保在某个职位出现空缺时总有候选者随时来填补 ● 能有效激发候选者的工作热情	● 未被选中进行培养的员工有可能会对企业产生不满而离开 ● 容易在组织内形成不公平的影响 ● 被选中的候选者可能由于期望的晋升没能兑现而感到灰心，降低工作积极性

资料来源：作者整理。

(二)外部招募方式

由内部招聘人员的最大不足即不能从根本上解决企业内部劳动力的短缺。尤其是当企业处于创业时期、快速发展时期或需要特殊人才时，仅有内部招聘是不够的，必须借助外部劳动力市场。因此，外部招聘是重要的人员来源渠道，一般包括如下 7 种方式，而且外部招募方式也各有不同的优缺点(见表 5-6)。

表 5-6　　　　　　　　　　**外部招募方式的优缺点比较**

外部招聘方式	优点	缺点	适合范围
应聘者自荐	● 费用低廉，可以直接进行双向交流 ● 应聘者已花费很长时间了解企业，更容易受到激励	● 随机性较大 ● 时间较长 ● 合适人选不多	所有
员工推荐	● 员工举荐比通过其他方法招聘到的员工表现更好 ● 节省招聘的时间和费用 ● 降低离职率	● 任人唯亲，形成裙带关系 ● 员工往往举荐那些与他们在性格、籍贯等相同或相似的人，而不是根据能力和素质来推荐 ● 当被推荐人被领导拒绝时，员工可能产生不满，影响工作积极性	招聘初级员工和核心人员

续表

外部招聘方式	优点	缺点	适合范围
广告招聘	• 广告制作效果好，视听冲击力强 • 传播范围广，速度快 • 挑选余地大，留存时间长 • 宣传企业形象、产品	• 没有直接见面，信息容易失真 • 广告费用较大，费时费力 • 录取成功率普遍不高 • 招聘来源具有一定的不确定性 • 成功率较低	所有
就业服务机构	• 丰富的人力资源资料，选择面大 • 选拔方法比较科学，效率较高，可信度高 • 速度快，减少企业的工作量和不必要的开支 • 服务机构作为第三方，比较客观公正	• 企业可能过度信任，可能雇佣一些不合格的人 • 支付中介费，增加招聘费用	蓝领工人、管理人员
校园招聘	• 针对性强 • 选择面大 • 选择层次多 • 学生可塑性强，接受能力较强，可以很快胜任工作 • 节省广告宣传费用等许多开支 • 扩大声誉，起到好的社会效应	• 投入的培训成本较高 • 较高的离职率 • 可能影响整个企业的团队建设	初级管理人员和专业技术人员
网络招聘	• 接触的人才面广、量大，选择余地大 • 招聘成本低，方便，快捷，省时 • 有利于建立多功能的招聘信息系统	• 应聘信息可靠性较低 • 对招聘企业的技术能力要求较高	所有
人才招聘会	• 双方直接面谈，招募可信度较高 • 费用较低	• 由于应聘者较多，现场环境混乱，挑选的有效性受到一定限制	初、中级人才或急需人员

资料来源：作者整理。

1. 应聘者自荐。在没有得到公司内部人员推荐的情况下，应聘者直接向招聘单位提出求职申请。应聘者在某种程度上已做好了到企业工作的充分准备，且确信自己与空缺职位之间已具有足够的匹配程度，然后才会提交求职申请。该方法最大优点在于：费用低廉，可直接进行双向交流；应聘者已花费很长时间了解企业，也更容易受到激励。不足之处包括：随机性较大；时间较长；合适人选不多。用这种方式招募合格人员需专人负责接待，要有详细的登记表格，并尽可能鼓励应聘者表现自己的才能。

2. 员工推荐。这是指当企业出现职位空缺时，鼓励现有员工向企业介绍新的工作候选人的一种招聘方法。为鼓励员工积极推荐，企业可以设立一些奖金，用来奖励为企业推荐优秀人才的员工，尤其是在劳动力短缺的情况下采用这种方法。该方式的优点在于：招聘双方事先已有一定的了解，招聘成功率较高，且可以简化招聘程序和节省成本，降低离职率。但也存在明显缺点：招聘面狭窄，从而影响招聘质量，难以做到客观评价和择优录取，容易形成裙带关系。员工推荐常常用于招聘初级员工和核心人员①。

3. 广告招聘。这是最为普遍的招募方式之一。企业在设计招聘广告时，首先要回答两个非常重要的问题：我们需要说些什么？我们要对谁说？就前者来说，许多企业因没有回答好而导致职位空缺的细节内容没有有效传递出去；就后者而言，准备刊登广告的企业必须根据岗位和人员特点来决定采用何种媒体发布招聘广告。该种方式的优点在于：速度快，信息面大，可吸引较多应聘者；招聘广告留存时间较长；可帮助企业宣传其形象和产品；能够加强应聘者对企业的了解，降低应聘的盲目性。但是，它也存在不足：费用较高，费时费力；招聘来源具有一定的不确定性；招聘过程中的双方没有直接见面，信息传递容易失真；成功率较低。

4. 就业服务机构。根据就业服务机构性质和服务业务不同可分为：公共就业服务机构、私营就业服务机构与高级经理人员搜寻公司。(1)公共就业服务机构。它是由政府或社会出资设立，向社会提供公益性就业服务的机构。中国存在的人才交流中心、职业介绍所、劳动力就业中心多属于公共就业服务机构(详见本书第一章第四节表1-6中内容)，能为企业提供比较全面的人力资源管理相关服务，很多企业通过它们招募所需人员。中国公共人力资源服务机构是政府调控人力资源市场和促进就业的重要手段，具有政策性强、权威性大、可信度高、覆盖面广等优势，涉及从市场招聘、职业指导到就业培训、困难群体援助等就业服务各个领域②。在劳动力市场发达的国家公共就业服务机构的服务比较全面。如美国，雇主可将其职位空缺登记到当地的州政府就业办公室，该机构会从当地失业者资料库中检索出合适的人选，这些公共就业服务机构免费向企业提供适合空缺职位需要的候选人，然后由雇主对他们面试或测验。公共就业服务机构的优点包括：应聘者众多；难以形成裙带关系；时间较短。存在的缺点包括：需要一定费用；对应聘者情况不够了解；不一定有需要岗位的合适人选；应聘人员素质较低。所以，企业要选择信誉较高的机构，并对应聘者进行再测试，为保障测试的可靠性和有效性，还应让职业机构提供较为详细的应聘者资料。(2)私营就业服务机构。一般地，它主要是为"蓝领"劳动力市场服务，具有不同之处在于：一是填补了更广泛类型的工作资源，除提供文员和"蓝领"工人外，也提供技术和低层管理人员工作；二是应聘者更愿意在私人代理机构登记，因而比公共人力资源服务机构的应聘者更愿意接受工作；三是其代理服务需要收费，因此受契约约束。当较高层级的管理职位被填补时，通常是公司付费给私营代理机构，而文员和蓝领应聘者则要自己付费。私营就业服务机构减轻了企业寻找、联系、预先筛选应聘者的工作负担，因此具有特殊作用。(3)猎头公司(headhunters)。这是私营就业服务机构的一种具体形式，是"高级管理人员代理招募机构"的俗称。猎头公司在供需匹配上慎重，其成功率也比较高；而且收费也非常高，一般标准为录用后的经理人年薪的1/3左右。高级管理人员与猎头公司打交道是很敏感的事情，因为他们可能不愿意将自己准备离开就职企业的想法

① 马新建，时巨涛，等. 人力资源管理与开发. 第二版. 北京：北京师范大学出版社，2008：195.
② 滕丽梅. 公共就业服务机构与民营职业中介机构的互补性. 中国就业，2019(2).

"公开"，以免引起当前雇主做出某些反应，故猎头公司往往充当他们当前雇主与未来新雇主之间的一个秘密缓冲地带。这也是猎头公司存在的重要基础。就业服务机构介绍速度较快，费用较低，但其服务质量普遍不高，不一定能帮企业找到合适的候选人，因此仅适用于招聘初、中级人才或急需的员工。猎头公司招募的针对性较强，成功率高，但招聘过程较长，费用昂贵，且会在一定程度上影响内部员工的工作积极性。随着人力资源服务需求规模扩大和结构变化，中国各类就业服务机构都有所增长①。截至 2018 年底，对中国公共人力资源服务机构和经营性人力资源服务机构统计显示共有各类人力资源服务机构 3.57 万家，其中，公共人力资源服务机构 5180 家，经营性人力资源服务机构有 30523 家②。

5. 校园招聘。在大学或学院招聘正在逐步成为企业喜欢运用的招募方式。在我国，它是企业招募初级专业人员与管理人员的一个最重要来源。许多企业认为，要想有效竞争到最优秀的学生，除了通知这些在不久的将来会毕业的学生来参加面试之外，给学生们留下强烈印象的最好方式是开展各种校园活动，设立奖学金资助对口专业的优秀学生，实行大学生实习计划，提前发现和储备人才。校园招聘的显著好处在于企业能找到相当数量的、具有较高素质的合格申请者，且因其有集中、快捷、高效、针对性强等特点，其成为知名企业的首选的招募方式；它的不足之处包括：毕业生缺乏实际工作经历，对工作和职位的期望值高，一旦录用后，容易产生较高的流失率。

6. 网络招聘。作为一种新兴的招聘方式，即指企业通过网络渠道获得应聘人员的资料从而选拔合格员工的方式。上一节介绍了企业有两种招聘方式通过网络进行。这里重点介绍招聘网站方式。它其实是一种新型的网上职业中介机构，即通过计算机技术在应聘者和企业之间建立了一种方便沟通的桥梁。一是通过数据库技术实现对庞大的应聘者资料和企业职位空缺资料的管理，能够方便地增加、修改和删除这些资料；二是通过网络技术，实现异地用户之间的信息传递；三是通过搜索技术，使得资料的查询、应聘者与职位空缺之间的匹配更加迅速便捷。这种新型招募方式打破了传统招募形式地域上的界限，可以接触到更广泛的范围，因此，挑选候选人的余地要大得多；方便快捷，成本较低，不受时间和地点的限制。

网络招聘开始在招聘中占据越来越重要的地位③。目前国内已有企业在网络招聘过程中，依托对多个社交网络数据的深度挖掘，从性格、知识、技能、行为、行业关系 5 个方面建立了职位胜任能力评价矩阵，从中提炼应聘者的个性特征、兴趣爱好和社交圈，同时从"专业匹配、个性匹配、行业影响力、信任关系"等维度给出候选人综合评分，从而精确识别其与空缺职位的匹配度④。

---

① 田永坡. 人力资源服务业四十年：创新与发展. 中国人力资源开发，2019(1).
② 我国人力资源服务业发展再上新台阶——2018 年人力资源服务业统计情况出炉. https：//baijiahao. baidu. com/s？id=1634766337765752728&wfr=spider&for=pc.
③ 田永坡. 人力资源服务业四十年：创新与发展. 中国人力资源开发，2019(1).
④ 董晓宏，郭爱英. 大数据技术在网络招聘中的应用研究——以 K 企业为例. 中国人力资源开发，2014(18).

7. 人才招聘会。企业通过定期或不定期的举办人才招聘会来选择所需人员。在人才招聘会上双方直接面谈,招募可信度较高;费用较低;同时招聘人员也可以了解到同行业其他企业人力资源政策和人力需求情况。但由于应聘者较多,现场环境混乱,挑选的有效性受到一定限制,因此仅适用于招聘初、中级人才或急需人员。

企业应针对上述各种外部招募方式的优劣势,充分考虑企业空缺职位的类型、紧迫程度、地理区域以及招聘成本,进行综合权衡后选择出最合适的外部招募方式(如表 5-7 所示)。

表 5-7 外部招募方式的综合比较

招募方法	工作类型	速度	地理区域	成本
应聘者自荐	所有	快	所有	低
雇员举荐	所有	快	所有	低
招工广告	所有	快或适度	所有	适度
公共就业代理机构	白领职员	适度	当地	低
	蓝领工人			
私人就业代理机构	销售人员	适度	所有	适度
	白领职员	—	—	—
	技术人员	—	—	—
	低层管理人员	—	—	—
猎头公司	经理	慢	地区性或全国性	高
校园招聘	大学毕业生	慢	地区性或全国性	适度或高

资料来源:劳伦斯·S. 克雷曼. 人力资源管理——获取竞争优势的工具. 第二版. 孙非,等,译. 北京:机械工业出版社,2003.

四、人员招募方式的选择

针对以上各种内外部招募方式的特点,企业在选择人员招募方式时应考虑如下七个因素。

(一)业务性质

劳动密集型企业对劳动力需求量大且对人员素质的要求不高,可选择通过职业介绍机构招聘、内部员工推荐、与职业技术院校建立校企合作方式招募,或者通过劳务派遣招募。对于技术主导型企业,其招聘对象多是接受过高等教育或实践经验较为丰富的专业人员,因此可通过猎头招聘、高校校园招聘、网络招聘、社交招聘等方式。

(二)地理位置

人力资源供给具有一定的地域性特点,应聘者多倾向于就业机会多、薪酬水平高、发展空间大的区域。如果企业地理位置靠近人才供给区,则招聘难度会大大降低,可将现场招聘、媒体招聘、网络招聘作为主要方式。如果企业远离人才供给区,可将校园招聘、人才交流会、劳动派遣作为招募主要方式，同时着力于提高企业知名度和竞争力。

（三）季节特点

对于生产经营活动具有明显季节性特征的企业，在用人高峰期，员工需求量急剧增长，企业应尽量通过职业介绍机构、现场招聘等方式；在非用人高峰期，企业可采用成本支出较低的方式如网络招聘方式，做好所需人才储备管理工作，做好人才库建设工作，以便在用人高峰阶段能及时迅速做出调整。

（四）职位高低

招募高层管理人员，企业需要较为广阔的搜索范围，尽量吸引素质高、能力强、经验丰富的应聘者，可运用猎头招聘、外部推荐招聘、网络招聘、社交招聘、高端人才交流会等渠道；对中层管理人员，企业需要应聘者素质较高，且具有丰富的岗位工作经验，因此可采用内部竞聘、推荐招聘、网络招聘、社交招聘、人才交流会等方式；对基层操作人员而言，企业招聘需求数量多，人员素质要求不高，招聘范围一般比较集中，因此可采用媒体招聘、社交招聘、职业介绍机构招聘、社交招聘、校企合作招聘等方式。

（五）招募紧急程度和时间长短

不同的招募方式需要的时间长短不一样，网络招聘、校企合作招聘可作为长期招募方式，内部竞聘、推荐招聘、媒体招聘、职业介绍机构可作为短期招募（3个月内）的渠道，猎头招聘、现场招聘则是居于长短期之间的招募方式。企业可根据招聘任务的紧急程度来选择不同时长的招募方式。

（六）费用预算情况

招聘费用一般包括招聘广告费用、差旅费、场地费、人工费、辅助材料费等，其中，对招聘渠道影响较大的是广告费、差旅费和场地费。预算费用最低的招募方式及主要花费包括：推荐招聘（推荐奖励费用）、内部竞聘（招聘组织人员的工资）、校企合作招聘（校企合作费用）。预算费用较低的招聘渠道及主要花费包括：网络招聘（招聘广告费用）、现场招聘（场地费和差旅费）、职业介绍机构（人员介绍费用）；预算费用较高的招聘渠道及主要花费是媒体招聘（招聘广告）；预算费用最高的招聘渠道是猎头招聘（猎头服务费）[①]。

第四节　人员素质测评

人员素质测评就是综合利用多种科学且客观的方法，对人力资源的知识、能力、技能、个性特征、职业倾向、兴趣、动机、价值观等特定素质要素进行定性与定量相结合的测试与评价，以判断应聘者与岗位、职业和组织的匹配程度。人员素质测评是为企业职能性人力资源管理活动提供支持的一种技术和途径，同时也是改善企业人力资源管理水平、提升企业核心竞争力的一种有效工具。

尤其是在互联网时代，大数据技术的广泛应用使人员素质测评无疑为解决这一问题提供了更宽广的解决思路和处理方案。当前国际上只有大型跨国公司尤其像谷歌这样的掌握大数据与云计算技术以及数据资源的大型互联网企业，将大数据真正应用于包括人才评价

① 刘追. 人员招聘与配置. 北京：中国电力出版社，2014：25-27.

在内的整个人力资源管理过程中①。

一、人员素质测评作用及流程

（一）人员素质测评的作用

人员素质测评主要在对组织和个人两个方面发挥效用。

1. 人员素质测评对组织的作用。具体包括：(1)甄别功能，即对企业人力资源素质状况作出甄别和鉴定，使企业认识到其人力资源素质上所拥有的优势和存在的缺陷，以便采取措施优化配置其人力资源。(2)预测功能，即可以通过对企业人员素质现有状态的测量与评价，合理预测其素质发展方向和态势，探寻素质测评结果与未来工作行为之间的关系，并以此为依据来科学开发企业人力资源。(3)诊断功能，是一项动态性的长期工作，需要周期性的开展并及时进行反馈。企业可以通过对其人力资源发展状况进行跟踪诊断，及时发现其人力资源素质上存在的隐患，并迅速采取应对举措保障其人力资源健康发展。(4)导向功能。其内容和指标充分体现了企业对人力资源素质及行为表现上的预期目标，将测评内容和指标作为企业人力资源素质改进和能力提升的导向，使组织成员能够自觉地以此来规范和调整其素质与行为，这将有助于企业人力资源素质的持续提升。(5)激励功能。其结果在反馈给应聘者之后，应聘者能够全面掌握其素质优势与缺陷，这既能激发应聘者积极改进的愿望与动机，又能为其努力指明方向。

2. 人员素质测评对个人的作用。具体体现在如下方面：(1)自我认识。它可以帮助应聘者清楚地了解自己的个性特征、价值观、态度倾向和能力水平等，也可以使应聘者深刻地认识到自己在知识、技能或工作表现上的某些欠缺。(2)职业选择。个人在人员素质测评中获得全面的自我认识，既可以了解自己在个性特征、价值观、知识与技能等方面的特点，又可以清楚地明白自己的喜好，这样就可以帮助个人选择更有利于自我发展的职业。(3)潜能开发。它一方面能够使人清楚地认识到自己在心理特征、知识结构和行为表现上的短处与不足；另一方面又能够依据自己的长处选择适于自我发展的职业，这样个人就能够针对其所选职业接受教育培训，旨在弥补其短处与不足、开发潜能，更好地实现自我发展。

（二）测评基本流程

人员素质测评有其特定的技术规程上的要求，具体表现为以下步骤②：

1. 明确测评目的。高效开展人员素质测评，首先要明确进行素质测评的目的是什么。一般而言，企业开展人员素质测评工作的目的包括选拔、诊断、考核、培训、配置等。

2. 确定测评指标。第二步解决"测什么"的问题，即确定测评的指标体系。确定与岗位密切相关的素质测评指标体系的方法有很多，但常用的且较为科学的方法主要有两种：一是通过职位分析系统地了解一个特定岗位的任职资格条件；二是通过岗位的胜任特征分析，得到该岗位的胜任特征模型和素质要求。除此之外，还有如专家法、典型人物法、典型资料分析法等也可以用来确定人员素质测评的指标。因不同岗位对胜任岗位的素质特征的要求是存在较大别的，在确定了具体测评指标之后，还需要详细准确地定义测评指标

---

① 萧鸣政，唐秀锋. 中国人才评价应用大数据的现状与建议. 中国行政管理，2017(11).

② 龙立荣. 人员测评的理论与技术. 武汉：武汉大学出版社，2009：21-23.

和维度，且要考虑到权重的不同、分级标准、代表性行为表现等，从而建立比较科学全面的评价标准。

3. 确定测评方法与题目。解决"测什么"问题后，就要解决"用什么测"的问题，即素质测评采用何种方式、用什么题目来进行。素质测评技术方法的可选性较大，测试题目众多，但须有一个基本认识：任何一种测评方法和题目都有其局限性，不可能广泛适用于所有测评要素；不同测评要素和维度可能需要借助不同的测评方法和题目来施测；同一个测评要素和维度可能同时适合两种以上的测评方法，或需要综合运用多种测评方法来测试同一测评要素和维度。比如"创新与变革能力"维度可以采用公文筐测验、无领导小组讨论或面试法。此外，还应该注意的是，企业自己开发测评题目和建立题库是非常重要的，但并不是所有的题目都需要依靠自己开发，一是没有这样的精力和时间，二是开发具有测评信度和效度的题目是一件专业性较强的工作。

4. 方案设计与实施。该环节要解决"如何测"的问题，即根据测评方法的特点及实际情况来设计测评方案和实施测评程序。设计测评方案要根据"成本低、时间短、用人少"的原则，精确计算测评成本，准确规划测评时间，合理安排测评场地，详细安排人员分工。测评实施过程就是按照测评方案规定的时间计划与分工计划、测验前后顺序完成测评任务的过程。需要注意的是，为了保证测评的科学和公平性，测评方案和具体实施必须严格做到标准化。

5. 结果统计分析与撰写测评报告。测评结束后，测评实施者需要对各项测评的结果进行统计，并在定量和定性分析的基础上撰写测评报告。有些测评方法是通过计算机系统实现的，计算机能够直接给出其测评得分和结果分析报告，比如心理测验、智力测验等都可以通过电脑软件来完成。但企业人员素质测评往往具有十分明确的目的，要根据测评要素使用多种测评方法和工具，有些测评结果还必须依赖施测者或专家进行综合分析，对于不同测评方法得到的同一测评要素的分数还需要加总与合成，进行综合分析。这些方面需要运用很多统计学、测量学、数学的知识和工具，进行专业性的分析和撰写测评报告。

6. 测评结果反馈。企业运用人员测评技术往往与内部选拔、培训开发、绩效管理、人事决策、咨询诊断等相结合，因此测评结果需要对应聘者进行反馈。反馈是向应聘者说明其在测评过程中的行为与心理表现，并进一步剖析其素质特点，向应聘者说明测评结果与岗位的匹配程度；根据应聘者的素质特点为其提出素质发展和改进的建议和方案。

（三）信度与效度

在招聘过程中，人员测评方法的选用实际上是暗含了三个假设：(1)企业收集到的关于申请人的工作经验和态度等特征信息是精确的；(2)收集的信息与未来可能的工作绩效之间存在着密切的联系；(3)所收集的关于工作申请人的信息可以被用来对每个申请人未来的工作绩效水平做出精确的预测。这三个假设关系到测评方法的选择以及人员选拔的最后质量。

1. 信度。也称可靠性，是指通过某项测评所得到的结果的稳定性和一致性。采用两项类似的测评方法去衡量同一个人，得到的结果应该基本相同；在不同的时间，用相同的测评方法去衡量同一个人，结果也应该基本相同。它通常由三个指标加以具体衡量：稳定系数、等值系数和内在一致性系数。(1)稳定系数，即采用同一种测评方法对一组应聘者在两个不同时间段进行测评的结果的一致性程度，可用两次结果之间的相关系数测定。

(2)等值系数，即指对同一应聘者使用两种对等的、内容相当的测评方法所得结果之间的一致性程度，可用两次结果之间的相关程度表示。(3)内在一致性系数，即指把同(组)应聘者进行的同一测评分为若干部分加以考察，各部分所得结果之间的一致性程度，可用各部分结果之间的相关系数判别。在其他条件不变的情况下，稳定性越大，一致的程度越高，就意味着测评结果越可靠，就越有可能依据测评结果所揭示的差异性来做出决策。一个良好的测评工具，其信度系数通常都在 0.90 左右。信度系数越接近 1，说明其信度越高。若测量工具的信度不理想，则测量结果就无法被认为能代表应聘者的一致、稳定和真实的行为表现，就可能误导对应聘者的评价。

2. 效度。它是指测评的有效性，也就是说，根据应聘者在进入组织之前的特征，来成功预测其进入组织后的工作表现的程度。如果说信度是判断应聘者是否优秀的技术指标，那么效度是判断优秀者是否适合空缺职位的技术指标。效度主要由内容效度、预测效度等指标来进行具体衡量。(1)内容效度，即指测量所选择的内容是否符合测评目标的内容，即是否由直接反映特定工作内容的工作行为样本所构成。例如，测评的目标是预测打字员的工作表现，那么，用打字来进行测评就具有内容效度。(2)预测效度，即指测量结果和测评目标准则之间的关联程度，通过对应聘者在选拔中所得分数与其被录用后的绩效分数相比较来了解预测效度。假设测评的准则是录用后的工作表现，测评结果显示：测评成绩好的人，在工作后的表现突出；测评成绩差的人，工作绩效低，那么就可以说这项测评内容具有预测效度。

二、人员素质测评指标体系

人员素质测评指标是表现测评对象特征状态的一种形式，是人员测评时所依据的统一测评准则。它是衡量人员测评是否客观、合理的关键指标，也是尽可能减少测评过程中"人为误差因素"的手段之一[1]。确定人员测评指标不单单要确定评价的维度，而且还要指定或制定人员测评中使用的统一测评标准，确定人员测评指标就是确定测评的维度和用来衡量这些维度的标准。测评的维度相当于下面所说的测评要素，而衡量测评维度的标准相当于下面所说的测评标志和测评标度。

(一)素质测评指标体系的基本结构

一个完整的测评指标体系应该包括以下要素(如表 5-8 所示)[2]。

表 5-8　　　　　　　　　　　　一个完整的测评指标体系

指标名称	战略管理能力
指标定义	能够准确地发现组织目标，并主动进行战略规划，分析出战略或目标成功的关键要素，可以根据组织的局限性有效地平衡各种因素，能从不同的角度、层面考虑战略问题，能考虑现实与未来、局部与整体之间的关系。能够制定明确的战略执行计划并将其付诸实施

① 唐宁玉. 人事测评理论与方法. 大连：东北财经大学出版社，2006：61-62.
② 龙立荣. 人员测评的理论与技术. 武汉：武汉大学出版社，2009：25-27.

指标构成	发现目标	主动性	要素识别	多元思考	制定计划
评价要点	是否发现隐含的目标				
	对目标的理解正确				
	强调以目标为出发点				
权重关系	0.15	0.10	0.25	0.15	0.30
评价标准	优(8~10分)			中(5~7分)	差(1~4分)
	具有主动进行战略规划的意识，能识别出组织的关键成功要素，能够有效地平衡各种因素(市场、人力、竞争等)，能从生产与销售的角度考虑战略问题，考虑现在与扩大投产后的资金及人员调整问题，战略执行计划操作性强				

资料来源：寇家伦. 人才测评. 北京：中国发展出版社，2006.

1. 测评指标名称。它是从不同角度反映特定岗位对任职者的素质要求，因而不同测评指标之间各自具有一定的独立性，每个测评指标独立体现该岗位某一特定素质需求。所有测评指标维度共同构成了某一特定岗位完整且全面的素质标准，因此所有测评指标统一于特定岗位之中，不同测评指标之间又是相互联系，不可分割的。比如，人力资源经理的测评指标包含专业知识、分析能力、计划组织能力、沟通能力、服务意识、人际亲和动机等。

2. 指标定义。它是对特定素质测评指标的内涵和意义所做的详细描述和概念说明，其目的是让施测者及相关应聘者清晰地了解每个测评指标维度的意义和内容，并准确地把握针对每一测评指标所展开的测试和评价。运用不同方法描述测评指标将会得到不同侧面的指标定义，对指标定义的方法一般有三种：(1)典型行为描述定义，即详尽列出应聘者在某个特定指标上可能表现出的各种可能行为；(2)操作定义法，即具体描述应聘者具备某种素质的理想的行为表现；(3)极端特征定义法，即将在某项指标上高分者与低分者的行为表现进行对照。人员素质测评中对测评指标一般采用操作定义。例如，对"组织能力"的操作定义为：依据部门目标，预见未来的要求、机会和不利因素，并作出系统规划的能力；能够分析各种信息所反映的问题、问题产生的根源以及各种问题间的相互关系，并能据此确定工作目标、任务、方法和实施步骤的能力。

3. 指标构成。它是对构成某项测评指标的所有要素进行分析、分解所产生的结果，简言之，指标构成即指某项完整的测评指标所必须涵盖的所有组成部分。将某项素质测评指标分解为指标构成的作用在于能够帮助施测者深刻理解测评指标，并据此客观评价应聘者所具备的素质和表现的行为。比如"沟通能力"的指标构成因素包括：主动性、反馈意识、倾听能力、沟通技巧、有效性等。

4. 评价要点。它是综合评价某项测评指标的单项构成要素的行为要点的结论，是以具体行为表现形式来阐述素质测评指标的构成要素，评价要点往往带有很强的导向性，指导施测者深刻理解和合理应用测评指标，为素质评价结果的客观性提供了重要保障。例如"沟通能力"中的反馈意识的评价要点分别是：（1）对别人的主动沟通能够及时地做出反应；（2）通过语言、表情、动作表现出来；（3）使沟通对象能够准确理解自己的观点、意见或态度。

5. 评价标准。在实际工作中，评价标准表现为能够导致不同结果的素质水平。评价标准能够很好地解释多个不同岗位对一项素质维度的共同要求之间的差异。比如对营销经理和营销主管来说，都要求具备组织能力，但营销经理的要求则更高一些。制定评价标准能够让施测者对应聘者的某项素质进行深入、客观的评价。评价标准一般与不同的分值区间相对应，不同岗位对特定素质的要求并不是越高越好，而是需要根据岗位的特定要求确定对应的标准，并用不同的分值来表现。评价标准的制定过程比较复杂，需要在职位分析和胜任特征分析的基础上，通过标准测验或企业相关人员进行行为实践后确定。评价标准一般通过量词标度（比如多、较多、一般、少、很少）或等级标度（比如优、良、中、差）来表现。

6. 权重关系。任何岗位的各项素质都不是简单地堆砌或加总在一起的，而是有机地结合而成，结合的规律是由岗位任务的特征决定的。每个岗位素质群中，都会存在重要素质与次要素质之分，表现在测评指标上就是通过对其赋予不同的权重关系，来体现不同测评素质指标的重要性程度。越重要的指标权重越高，反之权重越低。对于权重关系一般可以通过横向加权、纵向加权、专家评议、因素分析、回归分析等方法来确定。

（二）构建素质测评指标体系的基本原则

在建构测评指标体系时，为保证未来大规模测评的可靠性与有效性，并达到客观、准确、可行的要求，需要制定一些原则。这些原则可以作为评价测评指标体系的质量指标。

1. 针对性原则。根据人员测评的目的、对象、情境不同，应设计不同类型的指标体系和不同复杂程度的计量方法。在对不同类别被测人员施测时，测评指标体系中的各项指标应有所不同，要根据各类人员的具体特点进行指标设计。对不同类型的人测评，其指标是不同的，即使有些指标相同，但其内容或者权重设置也是不一样的。如果测评对象是科技人员，其测评指标除应具备基本要素之外，还应具备一些特殊要素如设计能力、实际操作能力等。例如对管理人员，其特殊指标有决策能力、组织能力等。

2. 完备性原则。这是指在同一个指标体系中的各种标准相互配合，在总体上能全面反映工作岗位所需具备的素质及功能的主要特征，使整个测评对象包含在评价指标体系内容之中。在获得被测评者素质结构完备信息的基础上，以尽可能以少的指标来充分体现测评的目的。例如，反映被测评人员综合分析能力的具体指标可多种多样，其中严密性、精确性、理解力和逻辑性四个指标组成的指标体系就能满足指标设计中完备性原则，既做到指标的数量尽可能少，又能很好地反映被测评人员的综合分析能力。

3. 简练性原则。测评指标的设计应尽量简单，只要能达到既定目的并获得所需要的功能信息就行。换言之，就是要把一切不必要的以及不能反映人员测评特点的指标都删除。冗杂繁琐的要素往往掺杂相互重叠的成分，如不筛掉，不仅费力费时，难以被采纳和掌握，且会使测评结果成为重叠信息，降低测评的有效性。此外，简单、精练的测评指标体系易于测评人员掌握和使用，减少测评工作的工作量，提高测评的工作效率。应该注意，在考虑简练性原则时，要兼顾完备性和明确性原则，避免漏掉某些因素或者采用了综合性太强的指标。

4. 明确性原则。测评指标应分解成最小的单位，尽量避免出现综合性太强的指标。此外，指标应具有明确的定义，使用让人不会产生误解的词语，以免因模棱两可而造成测评项目和测评结果不一致，无法得到被测人员的真实信息。例如，工作量这项指标，就会使人产生两种理解，即工作质量和工作数量。无论是从哪一个角度描述，都不能完整地表达被测人员的实际情况，使测评结果出现较大的偏差。因此通常要用工作质量和工作数量两个指标来加以区分，以满足指标定义唯一性的原则。

5. 独立性原则。设立的评价标准在同一层次上应该相互独立，没有交叉。同一层级上的 A 指标与 B 指标不能存在重叠和因果关系。

6. 可操作性原则。设立的标准应该可以辨别、比较和测评，也就是说评价标准所展示的标志是可以直接观察计算或能通过一定的方法辨别、把握和计量的。因此，在进行评价标准设计时，要充分考虑可操作性，评价标准的措辞应当通俗易懂，尽量避免或少用专业用语，表达要简明扼要，减少文化水平不高的测评人员因文字理解问题给测评结果造成的差异和失误；测评标准的内容和形式应当尽量简化，突出重点。

7. 合理量化原则。在确定每个指标的测评标度时，能数量化的就尽可能用数量表示，尽可能采用客观性的数据与结果，其目的是使每个要素的评判都易于操作和客观化，尽量避免主观评判标准的不一致。对于主观性测评指标，为使测评人员便于掌握和运用统一的判分标准，通常为每一个测评指标设计定量的等级判断的参照标准，称为标度（如表 5-9 所示）。

表 5-9   **"事业心"测评指标的五级标度**

测评等级	行为描述	评分活动幅度
A	工作学习热情时高时低，缺乏进取精神	0.1~0.3
B	在别人带动下能激起工作学习热情，但不能持久	0.4~0.5
C	有一定的工作学习热情，有提高自己业务水平和科学文化知识的愿望和行动	0.6~0.7
D	有一定的进取心，工作热情高，肯钻研，舍得下苦功	0.8~0.9
E	无论是在顺境或逆境下，始终保持明确的奋斗目标和旺盛的工作学习热情，刻苦钻研，积极进取，有开拓精神	1.0

资料来源：萧鸣政. 现代人员员工测评. 北京：语言学院出版社，1995：127.

设置标度时要注意三方面：（1）每个指标的标度设计应该截取一个合理的区间，即确定最低水平到最高水平之间的范围，以保证各种水平的个体都能在此区间内找到自己适合的位置。（2）用于体现细微差别的计量单位必须粗细适中。过粗，测评人员容易判断，但难以体现细小的个体差异；过细，可以体现小的个体差异，但测评人员又会难以判断。在表 5-9"事业心"的例子中，赋分采用的是 10 分制，也可以根据需要进一步细化评分。

（3）各评分等级之间的差距应该保持相同，这样才能使各种测评分数具备相加或相减的资格。

对既没有客观性的数据与结果，也没有可参考的量化标准的测评指标，则要求测评者在调查研究的基础上进行定性分析，然后根据自己以往的经验和当前的实际来确定测评对象在该指标上的等级水平，并给以相应的分数。这种情况下应该借助模糊数学方法对多个测评者的评分进行计量，使测评结果客观化。

（三）建构素质测评指标的方法

测评指标体系的建构包括两步，第一是测评指标体系的建构，第二是量化、赋分、标度制定、常模建构等标准化程序。其中的关键在于建构测评指标体系，就是确立人员测评的目标、内容并把它转化为可操作的指标的过程，建构测评指标体系的基本方法主要是工作分析法。

在人员测评指标体系制定中进行的工作分析并不一定要求最后形成职位说明与职位规范，它既不需要阐述各个职位的具体工作性质与内容，也不需要详细分析过程和具体行为。它最为关键的是分析从事某一职位工作的人需要具备哪些素质？其所履行的职责与完成的工作任务应以什么指标来评价？同时提出这些素质与评价指标中哪些更为重要、哪些相对不那么重要等。具体应用程序如下：（1）根据人员测评目的与需要确定需要进行调查的职位范围，制定调查的提纲与计划；（2）采用一定方法广泛收集有关某一职位任职者主要素质条件与绩效指标的素材；（3）通过一些方法（定性）筛选形成内容全面的素质调查表；（4）在更大的范围内进行调查，要求被调查者对调查表上的内容进行评价与补充，并对调查结果进行统计分析（定量），形成职位人员测评指标体系；（5）对所制定的人员测评指标体系进行试测或专家咨询并修改。

除了上述的工作分析法外，通常还利用典型人物分析法、典型资料分析法、专家调查法等方法来确定测评指标体系。

三、人员素质测评常用方法

（一）证明材料、履历资料审查与筛选

这是企业在外部招聘中最常用的一种选拔方法。一般地，证明材料或履历表中的每一项内容都可以作为筛选标准。例如，学历，可以反映一个人受教育的水平，企业若需要大学本科以上的应聘者，则可以据此筛选出一部分符合要求者。证明材料以及履历资料审查可以采用多种方式，如试图通过电话向应聘者现在（或原来）任职的企业以了解其所担任的职务和薪资水平；还可以打电话给其现在（或原来）的直接经理以了解其技术能力、与其他同事共事的能力等信息。

这种方法是核实应聘者实际情况的一种便宜且简单的方式，但所得出的结果对应聘者未来工作绩效的预测能力是很差的。因为大多数推荐或证明材料对应聘者所提供的评价都是非常积极的，因而很难利用它们来区分应聘者。然而，它又是招募与选拔工作中必不可少的一个环节。因为当招募人数众多时，对所有应聘者进行测试是不经济的，也是不可能的。所以，必须通过初步筛选确定接下来参加测试的人员名单。所以说，这一步是甄选测试的基础工作。

（二）面试

对应聘者进行甄选面试的目的在于：为了得到甄选测试所无法收集的额外信息，以及为了鉴别甄选过程中所收集的信息。面试又称面试测评或专家面试，是通过与应聘者正式交谈，要求应聘者用口头语言来回答主试提问，以便了解应聘者心理素质和潜在能力的测评方法。面试可以在评价测试以前用来初步剔除不合格的应聘者；也可以在评价测试以后用以确定最后录用人选；还可以在测验评价前进行第一轮面试，在评价测试后再进行第二轮面试。

1. 面试的作用。它是员工招聘中不可或缺的环节：一是为考官或主试提供机会，以观察应聘者生理和心理上的特征；二是给应聘者和招聘者双方提供面对面沟通与交流的机会；三是可全面了解应聘者的知识、技巧、能力等。但它也存在不足：一是如果不是足够细心，面试效度可能会很低，同时还会形成对许多不同应聘者群体的偏见；二是面试的成本相对来说也较高；三是就面试的合法性来说，当应聘者被问及个人隐私或其他个人认为与招聘不相关的问题时，常常会感到很不舒服，从而会导致面试的失败。

2. 面试类型。从不同的角度可以对面试进行不同的分类。（1）根据结构化程度，面试可分为结构化面试、半结构化面试和非结构化面试。①结构化面试。这是指面试题目、面试实施程序、面试评价、考官构成等方面都有统一明确的规范的面试。结构化包括三方面：一是面试程序结构化。在面试起始阶段、核心阶段、收尾阶段，主考官要做些什么、注意些什么、要达到什么目的，事前都会相应策划。主考官根据面试提纲控制整个面试的进行，严格按照提纲对每个应聘者分别作相同的提问。二是面试试题的结构化。主考官要考察应聘者哪些方面的素质，围绕这些考察角度主要提哪些问题，在什么时候提出，怎样提，在面试前都会做出准备。三是面试结果评判的结构化。从哪些角度来评判应聘者的面试表现，等级如何区分，甚至如何评分等，在面试前都会有相应的规定，并在众考官间统一尺度。其优点在于：对所有的应聘者按照同一标准进行，可以提供结构与形式相同的信息，便于分析、比较，同时减少了主观性，且对考官的要求较低。研究表明，结构化面试的信度和效度较好，但过于僵化，难以随机应变，所获得的信息受限制。因此，应用结构化面试时，主考官必须注意四个问题：一是面试之前的工作技能需求分析。包括如何做好工作、达到预期的工作绩效目标的技能，以及需要何种技能完成工作。二是面试前对面试问题有充分的准备。三是对面试过程的引导和控制。四是对面试结果的评价，将应聘者的实际技能与工作需要技能进行客观比较。②半结构化面试。这是指只对面试的部分因素有统一要求的面试。例如，规定有统一的程序和评价标准，面试题目可以根据面试对象而随意变化。③非结构化面试。这是对与面试有关的因素不作任何限定的面试，通常是没有任何规范的随意性面试，类似于人们日常非正式的交谈。关于面试过程的把握、面试中要提出的问题、面试的评分角度与面试结果的处理办法等，主考官事前都没有精心准备与系统设计。面试没有固定的模式，主考官事先无需作太多的准备，只要掌握组织、职位的基本情况。在面试过程中，考官的提问也是开放式的问题。该方法最大的优点就是灵活自由，问题因人而异，可得到较深入的信息。由于缺乏统一的标准，易带来偏差，并且要求主考官具有丰富的经验与很高的素质。在非结构化的面试条件下，面试的组织非常"随意"。（2）根据面试对象多少，面试可分为单独面试和集体面试。①单独面试。这是指主考官个别地与应聘者单独面谈。其优点是能提供一个面对面的机会，让面试双方较深入地交流。②集体面试。这指多位应聘者同时面对面试考官的情况。无领导小组讨论是最常见的一种集体面试法。在集体面试中，通常要求应聘者做小组讨论，相互协作解决某一问题，或者让应聘者轮流担任领导主持会议、发表演说等。这种面试方法主要用于考察应聘者的人际沟通能力、洞察与把握环境的能力、领导能力等。(3)根据面试内容设计的重点不同，面试可分为行为描述面试、情景面试和综合性面试。①行为描述面试：是基于行为连贯性原理发展起来的。在面试中，考官常常问一些这样的问题："告诉我你上次那份工作中最有成就的一件事，你是怎样开始创意的？你是怎样实施并最终完成计划的？你又是怎样处理你碰到的障碍的？"该方法的特点是：一是在问题中使用英语语法中的"最高级"；二是面试中使用的问题都是从工作行为分析中得来。这种分析可以确定在特定情况下，应聘者所做的事情，什么是有效的，什么是无效的。②情景面试：突破常规面试考官和应聘者那种一问一答的模式，引入无领导小组讨论、公文处理、角色扮演、演讲、答辩、案例分析等人员甄选中的情景模拟方法。在这种面试形式下，面试的具体方法灵活多样，面试的模拟性、逼真性强，应聘者的才华能得到更充分、更全面的展现，主考官对应聘者的素质也能作出更全面、更深入、更准确的评价。③综合性面试：兼有前两种面试的特点，而且是结构化的，内容主要集中在与工作职位相关的知识技能和其他素质上①。(4)根据面试的功能，面试可分为鉴别性面试、评价性面试和预测性面试。①鉴别性面试。这是根据面试结果把应聘者按相关素质水平进行区分的面试。②评价性面试。这是对应聘者的素质作出客观评价的面试。③预测性面试。这是对应聘者的发展潜力和未来成就等方面进行预测的面试。

2. 有效的面试。面试者可通过如下方法提高面试的有效性或效果：(1)计划面试。在面试开始前，面试者应回顾申请者的申请表、简历等个人详细资料和甄选测试中的表现等，确定面试的类型，不要使面试目标过于分散，确认面试中提问的具体范围。(2)控制面试。面试前应清楚面试应采集的信息，面试过程中通过制造和谐的气氛、避免重复谈话等举措来采集所需信息，再完成面试。(3)掌握面试的提问技巧。考官除需要有一定的专业技能与经验外，面试中的提问也是很有学问的，因为考官的提问方式可以显著地影响其收集到的信息的类型和质量。考官可采用以下的提问方法：简单式提问、递进式提问、比较与对比提问、举例提问、客观评价提问等。这些提问技巧在实际应用中并非固定模式，如果考官能随机应变、灵活运用，面试工作必将成功。(4)主考官应避免第一印象、晕轮(halo)效应、群体定见、趋中效应、以貌取人、个人偏见等常见的心理效应。(5)主考官应避免如点头、停顿、做一些随意的评论、随声附和、反应等听后回应。听后回应是日常生活谈话必不可少的一部分，但它可能无意地给应聘者提供了反馈，应聘者可能会尽力迎合主考官的听后回应，而对应聘者的回答完全不做回应可能隐含不耐烦或漠不关心。因此，主考官应做出一些比较中性的评论②。

---

① 刘理晖，潘溯恺. 执行招聘管理. 北京：中国发展出版社，2006：92.

② 赵曙明，罗伯特·马希斯，等. 人力资源管理. 第 11 版. 北京：电子工业出版社，2008：161.

(三)心理测评

心理测评即指根据抽样原则制作测验材料，通过标准化程序，测量个人人格、智力、性向(能力)和成就的差异，以利于选优和派职。它用专门的工具取得心理变化的量的数据来比较、鉴别和评定不同个体之间心理上的差异，或同一个体在不同时期、不同条件或不同场合的心理反应和心理状态。

1. 心理测评的种类。目前流行的心理测评量表很多。1961 年就有美国心理学家调查统计发现已有近 3000 种之多；1972 年出版的《心理测量年鉴》(*Mental Measurement Yearbook*，MMY)中就介绍了 1100 多种。尽管种类繁多，但仍可以归为几种类型：按测验的目的可分为智力测验、人格测验、特殊能力测验和心理健康测验四大类；按测验的方法可分为问卷测验、操作测验和投射测验三大类；按测验的性质可分为文字测验和非文字测验两大类；还可按测验的组织方式分为个别测验和团体测验两种。其中，按测评目的进行分类较为常用。(1)智力测验。通过测验来衡量智力水平的一种科学方法，常用的测验方法有韦克斯勒智力测验和瑞文推理测验。(2)人格测验，也称为个性测验，主要用于测量个人在一定条件下经常表现出来的、相对稳定的性格特征，如兴趣、态度、价值观等。常用的人格测验有艾森克个性测验(Eysenck personality questionaire，EPQ)、卡特尔 16 种人格测验、麦耶斯·布瑞格斯类型测验(Myers-Briggs type indicator，MBTI)、大五人格测验。其中大五人格测验在理论研究中应用较多，而卡特尔 16 种人格测验在实践中应用较多。(3)特殊能力测验，是对特殊能力的测验，又称性向测验。性向一词是对特殊能力而言的，比如某人具有很高的音乐性向，则经过老师的指导与训练后，会很快取得良好的成就。特殊能力测验用以测量个人的性向，其目的在于发现个人的性向，并配合性向给予训练、学习、选择职业的机会，以希望其将来获得较多与较大的成就。特殊能力测验可分为学业性向测验与职业性向测验两类(本书主要介绍职业性向测验)。职业性向测验又可根据其内容与作用分为综合性向测验和特殊性向测验。特殊性向测验通常为工商和政府机构选拔工作人员，或辅导及咨询单位与求职人员洽谈时举行。因各种专业工作的需要，特殊性向的种类也在增多，但一般而言，主要的特殊性向测验有四种：一是机械性向测验。这类测验有以测验手工灵巧为主的，也有以测验空间关系为主的，还有以测验机械理解为主的。其信度和效度均很高。二是文书性向测验。文书性向包括范围甚广，其测验方式包括文字或数字校对测验、阅读理解测验、密码翻译测验、门类区别测验、常识问题测验、数学计算测验、命令执行测验和社会适应测验等多种。三是艺术性向测验。由于个人兴趣、性格、学习、态度、组织与情感等因素都与艺术成就有着密切关系，因此艺术性向测验用以检测应聘者对美感的组织鉴赏能力，包括图画各部分的对称、平衡、调和、异同等。四是音乐性向测验。主要测验应聘者对音调、音量、节奏、音长与音色的辨别力及音调的记忆力。举行测验方式多用唱片发音，每一试题中包含两个音阶，从音阶中来测验应聘者的辨别力与记忆力。(4)心理健康测验：关注员工的心理健康状况，常用的测验方法有心理健康测验(UPI)、焦虑自评量表和心理健康临床症状自评测验(SCL-90)。

2. 心理测评选用原则。如何选用合适的心理测评量表，这是测验者需要认真考虑的。如果选择不当不仅不能达到目的，浪费人力和时间，还可能产生不良的影响。选用心理测评一般应遵循以下原则：(1)根据测验目的选用适当的测验量表。任何测验量表，都有一定的使用目的。比如，用于智力测验的不能用来检查人格特点。选用时首先要了解所选量表的主要测验目的是否符合要求。(2)掌握测验量表的适用范围。任何测验量表，都有它一定的运用范围。用于儿童的，不能用于成人；这个民族使用的，不能随便搬到那个民族。(3)应选用标准化的测验量表。标准化的量表，具有固定的方法、内容、答案和统一的记分方法，比较可靠。(4)选用测验量表还必须考虑其信度和效度。

（四）评价中心

评价中心是很多知名企业流行的一种评选管理人员的方法。该方法把被试置于一个模拟的工作情景中，采用多种评价技术，观察和评价被试在这模拟工作情景下的心理和行为。管理学家对评价中心的效果分析时发现，评价中心选拔的管理人员有较高的成功率。评价中心的主要内容包括如下方面。

1. 公文处理。这是情景模拟的一种主要形式，是专门为招聘合格管理人员或部门领导者而设计的。公文的内容包括文件、备忘录、电话记录、上级指示、调查报告、请示报告等。在这一测试中，工作所处情景及将遇到的一系列难题分别逐一写在一张纸上，并放在篮子里。这些问题会涉及各种不同类型的群体——同事、下属以及组织外的一些人。应聘者必须先按重要程度对这些问题排序，有时还要求写出具体措施。在测试中对每个人都给予一定的时间限制，偶尔还要被中途打来的电话所打断，以创造一个更紧张和压力更大的环境。通过这样的情景模拟出办公的真实氛围，并从公文处理中可判断应聘者的经验、知识、能力和性格以及处理问题的风格。有效的公文处理情景模拟测试要求招聘者做到以下几点：(1)在公文处理前拟定好评分标准；(2)公文要与测评目的和空缺职位紧密结合；(3)规定一定的完成期限；(4)安排一个与真实环境相似的办公环境；(5)对背景资料解释清楚详细，且准备好足够的办公用具。

2. 模拟面谈。谈话技巧主要通过三种形式来考察：电话沟通；接待来访者；拜访有关人士。电话沟通可以反映应聘者的心理素质、文化修养、口头表达能力以及反应能力等。接待来访者和拜访有关人士则可以反映应聘者待人接物的技巧，以及应付各种突发事件的能力等。

3. 无领导小组讨论。这是指一组应聘者开会讨论一个企业实际经营中存在的问题，讨论前并不指定谁来主持会议，只是在讨论中观察每个应聘者的发言，以便了解应聘者的心理素质和潜在能力的一种测评方法。无领导小组讨论可以测试应聘者的领导能力、说服能力和协调能力等。

4. 角色扮演。这是要求应聘者扮演一个特定的角色来处理日常事务或者某一突发事件，以此来对应聘者的应变能力和解决问题的能力进行测试的一种方法。

5. 即兴演讲。这项测试要求应聘者在一定监督下，在某个特定环境中展示自己语言和行为方面的才能，如即席发言。即席发言是假设应聘者在某一特定场合进行发言，通过发言来了解应聘者的思维反应、语言表达和言谈举止等能力的一种测试方法。一般地，即席发言的题目有动员报告、新闻发布会、联欢会的贺词，等等。

6. 管理竞赛。这是假定应聘者是在市场上竞争的模拟公司的成员，要求应聘者解决该模拟公司的一些实际问题。例如，应聘者可能要就如何保持多少存货、如何增加多少产量等问题进行分析后作出决策。

评价中心的目的是测评被试是否适宜担任某项打算委任的工作，预测应聘者的能力、潜力与工作绩效的前景，同时发现应聘者的欠缺之处来确定培养内容与方式。该方法的测评人员一般由企业内部高级管理人员和外部心理学家共同组成，对企业拟提拔的管理人员或选送学习深造的人员进行评选考核。评价中心的实施包括提名、选拔、培训的一系列过程或步骤。

四、人员素质测评方法的选取

每一种人员素质测评方法或测评工具的作用和效果是相对单一的，不能指望仅根据一种测评结果就做出科学、精确的选拔决策。因此，在选择测评方法时应该注意如下方面：

1. 了解各种测评方法的特点、内容以及适用范围。任何一种测评方法都只能测量某些特定的内容，所适用的测验对象也有所不同。在选择测评方法时，一定要非常熟悉各种测评方法的内容和适用范围，才能根据所要测量的维度选择合适的测量方法。

2. 充分考虑测评方法对实施条件的要求。这包括实施操作的方式、时间限制、对场地的要求、对实施者的特殊要求等。

3. 所选测验方法和测评的内容应该相对应。例如，测评应聘者的人格就需要选择相应的人格测验。与此同时，需要考虑到测评的目的，例如了解个体在其人格各个方面的特点就应该用人格测验，而不是个性倾向测验。

4. 有效权衡各种测评方法的优缺点。尺有所短，寸有所长，各种测评方法都有各自的局限性。例如，纸笔测验比较简便、易实施，可以进行集体施测，对环境要求较少，测验的标准化程度也比较高，记分和解释都比较容易，对测评者的要求相对比较低。但是，纸笔测验的测量结果有时无法反映被测评者在真实情景中的表现，对某些测评维度，如沟通能力、组织协调能力等，很难通过纸笔测验进行测评。情景性测评方法比较复杂，不易标准化，记分和解释都比较困难，对测评者的要求也比较高，但是它却能对有些实际操作的项目进行有效的测评。所以，要充分利用各种测评方法的优点，防止测评受到其缺点的影响。

5. 经济、有效地使用测评方法。在选择测评方法时，除了考虑测评的准确性和有效性之外，还需要充分考虑测评的成本，即投入与收益之间的关系。一般来说，能够用成本较低的测评方法进行测评的，就尽量不用成本较高的测评方法；能够在较短时间内完成的测评，就不要使用耗时较长的测评方法。

五、基于大数据的人员素质测评

（一）大数据思维的人员素质测评①

基于大数据的人员素质测评以大数据思维为指导思想，通过多维度全面配置测评内容，采取碎片化收集数据方式，利用大数据的多样性、容错性和数据挖掘技术，辅助被试者合理地激发自身潜能，从而提高人员素质测评的有效性。

大数据思维从结果和事实出发，通过处理应聘者的人格、价值观、职业倾向等数据，

---

① 王迎冬. 大数据视角下的人员素质测评初探. 人才资源开发，2019(1).

从客观上分析应聘者的匹配程度。从总体思维角度看，处理数据从样本数据转变为全部数据，传统人员素质测评因诸多条件限制和为解决特定问题而不得不采用样本研究方法。大数据思维不再依赖静态采样，而是方便快捷地获取有关应聘者所有动态数据，测评的时间不再是针对特定时期，而是充分利用应聘者的碎片化时间，贯穿于测评的整个过程；测评的内容不再是解决特定问题，而是全面收集有关应聘者的所有能力要素数据，便于系统地解读应聘者的能力要素体系。从相关思维角度看，传统人员素质测评注重应聘者测评结果和发生条件，试图以有限样本分析应聘者行为和结果间因果关系，无法揭示被试群体之间、被试者能力要素之间的相关关系。大数据相关思维是建立在相关关系分析的基础上，通过事物之间线性和非线性相关关系，获得更多的认知和洞悉，准确地预测未来。从容错思维的角度看，传统人员素质测评采集样本信息比较少，获取的数据处理必须保证结构化和准确性，测评报告和推论注重精确思维。思维方式由精确思维转变为容错思维，巨量数据信息不再追求绝对精确，忽视微观层面的精确性，少量数据样本出现一定程度的错误，并不影响人员素质测评宏观层面的结果分析和预测发展趋势。

（二）大数据时代人员素质测评实施对策①

1. 将人员素质测评体系充分运用到企业管理中。在大数据时代背景下，海量的数据信息使得人员素质测评体系更加准确。通过基于海量数据信息的人员素质测评，企业能够快速、全面、客观、科学地了解人员综合素养，充分结合强大而科学的大数据以及人力资源测评进行企业管理，尤其是应用到企业的人才选拔、人才培养、人才评价等过程中，可以帮助企业通过客观、全面、科学的方式进行人力资源配置和优化。

2. 促进人员素质测评体系发挥最大化价值。企业有必要结合大数据技术应用人员素质测评，进而准确了解岗位标准以及人员综合素养现状。通过人员素质测评体系，企业可以避免由于主观臆断造成人员大材小用或者小材大用的情况发生，借助大数据技术以及人员素质测评体系挖掘人员潜力，了解人员现有素质以及能力现状，并有针对性地进行人才开发以及人才培训，有利于不断提升个人与团队的整体素养水平，为企业发展培养高素质的人才队伍。充分发挥人员素质测评的最大价值，完善企业人才培养体系是企业应用人员素质测评过程中需要解决的关键所在。

3. 将人员素质测评体系和岗位特色相融合。在进行人员素质测评时，要充分结合岗位特色以及实际需求。一些测评工具更多的是对人的各方面进行素质测评，多样化的素质测评不仅费时费力，而且脱离了岗位的实际用人需求。同时，大数据的挖掘会产生大量的数据信息，其中，包括人员的年龄、性别、家庭人数、家庭收入、社交信息、情感行为数据等与个体相关的各种数据信息，结合岗位具体工作特色以及职业内涵对员工进行有效信息的多维度测评，是高效高质实现人员素质评价的重要前提。

第五节　人员录用决策

人员录用决策阶段是招聘开花结果的阶段。前面所进行的所有工作都是为最后这个决

---

①　贺业红. 大数据时代人员素质测评及对策. 现代商业，2019(6).

策作铺垫的。人员录用决策是对测评和选拔过程中产生的信息进行综合评价与分析，确定每一候选人的素质和能力特点，根据预先设计的人员录用标准进行挑选，选择出最合适人员的过程。人员录用的过程包括背景调查、体检、人员录用决策以及通知应聘者等四方面。

一、背景调查

背景调查主要是调查应聘者的个性品质和工作经历，尤其是从其工作经历中可以了解应聘者的工作业绩、表现和能力。背景调查即对被录用者的工作经历作详细的访谈或了解，从而确保被录用者的"诚信度"，使用人单位的风险规避到最低的限度。

(一)调查内容

调查内容主要分为以下四类：(1)学历调查。无论职位对学历的要求标准如何，用人单位都会调查应聘者学历的真实性。例如，要核查中国高等教育文凭可以上中国高等教育学生信息网(学信网)(www. chsi. com. cn)查询；如果要查询国外大学学位是否被中国教育部认可可以上中国教育部涉外监管信息网(www. jsj. edu. cn)查询，非常方便。(2)个人资质。这包括以前工作单位、辞职原因、家庭住址、家庭情况及其他状况。背景调查所关注的不仅仅是应聘者的学历、工作经历、职位描述、薪资状况的真实性，而且包括在职期间的业绩评估、综合能力、个性分析以及人际关系等因素。(3)行为操守和性格品质。从用人安全角度考虑，对有些职位，用人单位必须对应聘者能力、态度有要求，更对他们的行为操守、性格品质有特别要求。如果用人单位希望在工作中再对员工的品行做了解或调整，则很可能会受不必要的损失。

(二)调查方式

背景调查的方式主要有电话咨询、问卷调查、面对面的访谈、网络查询求职人员的学历等。正式调查信函有书面的记录确认，便于归档。与应聘者前单位负责人或同事进行面谈，则可更加深入和全面地了解应聘者的能力及之前的绩效表现，但是成本也最高。电话会谈是比较经济和快速的方式，广泛被企业所使用。

(三)调查对象

越来越多的企业会做背景调查，职位越高，做调查的时间也越长，要求调查的内容也越多。背景调查对象可分为两大类：(1)企业内部的人员。例如，候选人的直接上司、人事部门负责人、下属、工作联系密切的同事、候选人所在企业的其他人员等；(2)企业外部的人员。可能包括客户公司、竞争对手以及其他相关人员等。

(四)调查步骤

一般来说，背景调查的步骤包括以下三步：

1. 用人单位根据单位的规模、实力决定背景调查的程度。背景调查的程度与受聘职位的高低相关，不同的职位对背景调查的要求是不同的。非关键岗位的低层次应聘者只需接受粗略的检查，例如保安；那些处于负担重要责任的岗位或涉及大量资金或敏感信息的候选人，就必须接受全面的调查，例如财务总监。

2. 通过工作分析确定对某岗位的调查内容。背景调查的一般内容有：工作证明、以前工作的地点、任职的时间、头衔、薪资水平、教育背景等。上述内容可以在背景调查中要求应聘者提供若干证明人名单以供核实。此外，需要根据岗位性质确定调查重点，例如招聘财务人员就要重点核查信用情况和品质，招聘保安就要重点调查他以前是否有过犯罪记录。

3. 实施调查以核实相关信息。设法取得证明人的合作，到应聘者原来工作或学习单位核实。对于调查应聘者的原单位可能会有不同的反应：有的人可能拒绝提供任何情况；有的人则仅提供基本信息，例如工作起止时间，所从事的职务等，而对诸如人品、表现等问题避而不答；有的人不想让员工失去新的工作机会或出于个人感情或怕得罪人而对候选人大肆吹捧。因此，这就要求调查者通过感情交流，与证明人建立起融洽的关系，打消他们的戒备和疑虑。

背景调查是企业在录用过程中一个很重要的环节，同时也是一个很难操作的环节。用人单位在进行广泛的背景调查中，可以委托专业的调查机构完成。

二、体检

体检一般是在应聘者所有其他测试都通过后，在其正式就职之前进行。对应聘者进行身体检查的目的是检查应聘者身体健康状况是否符合职位的要求，发现应聘者在工作职位方面是否存在限制。此外，体检也有助于确定保险和福利措施。

三、人员录用决策

录用决策方法主要包括淘汰式和权重式。

1. 淘汰式。这是指对招聘人选的每一关测评都是淘汰的，只有通过上一关才能进入下一关，关关都通过了，才算合格。采用淘汰式的录用决策方法会出现"招聘筛选金字塔"现象（如图5-5所示）。为了确实能够聘用到一定数量的新员工，必须通过招聘活动吸引更多倍数的候选人来申请工作。举例说明：如果用人单位需要录用50名新员工，那么需要通过招聘广告、校园招聘和其他方法吸引1500人前来求职；在1500名申请候选人中按照5∶1的比例，选择300名候选人来用人单位参加面试，那么通知的面试人数是300人；在300名面试候选人中，部分人由于各种原因放弃面试机会，实际参加面试的人数是

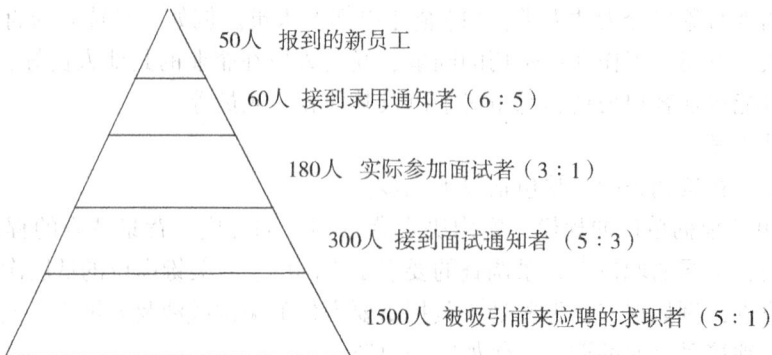

50人　报到的新员工

60人　接到录用通知者（6∶5）

180人　实际参加面试者（3∶1）

300人　接到面试通知者（5∶3）

1500人　被吸引前来应聘的求职者（5∶1）

图5-5　招聘筛选的金字塔现象

180 人；通过面试的层层筛选，选拔符合用人单位和职位要求的 60 名候选人，发出录用通知；在 60 名录用候选人中，可能有 10 名候选人由于各种原因没有报到，用人单位最终正式录用 50 名新员工。

2. 权重式。这是指对招聘人选的各种测评结果，根据不同需要赋以不同的权重，综合所有测评结果决定录用人选。此方法的前提假设是某类属性的高分可以补偿另一类属性的低分，适用于强调应聘者综合素质的情况。首先要区分评价指标的重要性，赋予权重，然后根据评分的结果，用统计方法进行加权运算，分数高者即获得录用。如表 5-10 所示，因为甲候选人的综合得分最高，决定录用甲候选人。

表 5-10 两位候选人各方面素质的评分

能力	加权系数	甲的分数	甲的加权得分	乙的分数	乙的加权得分
学习能力	0.10	4	0.40	4	0.40
应变能力	0.15	3	0.45	4	0.60
组织能力	0.20	6	1.20	8	1.60
责任心	0.10	4	0.40	5	0.50
解决问题能力	0.25	5	1.25	3	0.75
事业心	0.15	4	0.60	3	0.45
适应能力	0.05	5	0.25	3	0.15
总分			4.55		4.45

四、通知应聘者

人员录用结果的反馈可以分为：（1）内部的反馈，由招聘组将录用结果反馈到上级部门或用人部门；（2）外部的反馈，将录用结果反馈给应聘者，对被录用人员寄送录用通知，将未被录用的结果通知落聘者。

1. 录用通知。在录用通知书中，应说明报到的起止时间、地点以及报到的程序等内容，在附录中详细讲述如何抵达报到地点和其他应该说明的信息，以及欢迎新员工加入企业。录用通知一般采用信函或电子邮件的方式。

2. 辞谢通知。辞谢通知是用人单位发给应聘人员的书面文件。对于未被录取的应聘者，用人单位应当通知本人。辞谢通知书要求以诚挚的语言，对应聘者参与本企业的招聘活动给予感谢。对于未被录用的理由，应当选择应聘者易于接受的原因，不要太过于苛求。另外，如果应聘者确实不错，而仅仅是本着优中选优的原则未被录用的，则列入用人单位的人才储备档案，为用人单位储备一些可用之才。

第六节　员工招聘评估

招聘评估就对人员招聘与测评工作的每一个步骤进行检查，对照招聘目标或计划方案，对录用人员的表现进行评价，确定招聘与录用工作的成功与否。整个招聘活动对企业来说实际上只存在两方面的影响：一是对招聘成本的影响，二是应聘者对空缺职位的适应性，即被录用员工的未来的工作绩效。因此，招聘效果的评估也是围绕着这两个方面来进行。

一、成本评估

(一)单位招聘成本

招聘成本评估是指对招聘中的费用进行调查、核实，并对照预算进行评价的过程。单位招聘成本是鉴定招聘效率的一个重要指标。如果成本低，录用人员的人数多，就意味着招聘效率高。

$$单位招聘成本 = 总经费/录用人数$$

当企业进行小型招聘时，成本评估工作比较简单，如果是一次大型的招聘活动，涉及几种不同的招聘来源和招聘方法，那么就要对成本评估进行综合分析和分类分析了。

(二)招聘预算

每年的招聘预算是全年人力资源开发与管理的总预算中的一部分，具体地说，它在人力资源规划确定之后确定，是招聘决策中的重要组成部分。

招聘预算中主要包括：招聘广告预算、招聘测评预算、体格检查预算以及其他预算，其中招聘广告预算占据相当大的比例。一般来说，企业是按照4：3：2：1的比例来分配预算的，这样便于操作，也能够达到企业招聘到合适员工的目的。

(三)招聘核算

招聘核算是指对招聘的经费使用情况进行度量、审计、计算、记录等活动，用以确保招聘预算的落实情况。通过核算可以了解招聘中经费的具体使用情况，是否符合预算要求以及产生差异的环节或原因。

二、录用人员评估

(一)录用人员评估

录用人员评估是指根据招聘决策对录用人员的质量和数量进行评价的过程。在大型招聘活动中，录用人员的来源不一致，通过选拔的方法也不大一致，进行录用人员分析有利于企业了解某一类人才利用何种招聘渠道来招聘最有效，有利于企业了解某一类人才的最有效的测评或选拔方法。

(二)录用人员评估指标

录用人员的评估的数量指标一般包括产出率、录用比、招聘完成比、应聘比等。

1. 产出率。产出率是指应聘者在企业的某一招募程序中的通过率。比较不同招募来源的产出率，可以确定对于被调查的职位来说哪一种招募来源是最有效率的。

2. 录用比。录用比是录用人数和应聘人数的比值，也是最终产出率，是反映从参加招聘的人中最终选拔并录用的人员所占比例情况。

3. 招聘完成比。招聘完成比是录用人员和计划招聘人数的比值，是反映招聘完成情况的一个指标。一般来说，该指标越接近于1，则招聘的效果越好。

4. 应聘比。应聘比是应聘人数和计划招聘人数的比值，反映的是招聘宣传的力度和招聘广告的吸引力。

录用人员在质量方面的指标包括：（1）录用人员受教育年数，可以反映录用人员的知识水平；（2）录用人员参加工作年数，可以反映该人员从事工作的经验和能力；（3）录用人员担当的职位，可以反映录用人员的重要程度。这几个指标能够有力说明录用人员的总体质量情况。

三、综合评估

(一)综合评估指标体系

综合评估，顾名思义，是指对招聘过程中的招聘来源、招聘方法、招聘过程等方方面面进行评价，是招聘小结的具体实质性的内容。一般地，综合评估是根据企业的实际需要而进行的。综合评估的步骤有两步：一是收集招聘数据，计算并整理；二是依据特定的要求，分析数据和结果并得出结论。

在实际的招聘评价过程中，企业可以使用一些客观因素进行评价，包括不同来源申请人的招聘成本、不同来源的新员工的工作绩效或留职率等指标。表5-11所示的是一个比较详细的招聘评价指标体系。

表5-11　　　　　　　　　　　　　**招聘评价指标体系**[1]

一般评价指标	1. 补充空缺的数量或百分比。 2. 及时地补充空缺数量或百分比。 3. 平均每位新员工的招聘成本。 4. 业绩优良的新员工的数量或百分比。 5. 留职至少一年以上的新员工的数量或百分比。 6. 对新工作满意的新员工的数量或百分比。
基于招聘者的评价指标	1. 从事面试的数量。 2. 被面试者对面试质量的评级。 3. 职业前景介绍的数量和质量等级。 4. 推荐的候选人中被录用的比例。 5. 推荐的候选人中被录用而且业绩突出的员工的比例。 6. 平均每次面试的成本。

① George T Milkovich and John W. Boudreau, Human Resource Management. Richard D. Irwin, 1994: 311.

续表

基于招聘方法的评价指标	1. 引发的申请的数量。 2. 引发的合格申请的数量。 3. 平均每个申请的成本。 4. 从方法实施到接到申请的时间。 5. 平均每个被录用的员工的招聘成本。 6. 招聘的员工的质量(业绩、出勤等)。

(二)综合评估实例

假设,有一家企业结束了招聘活动,企业想了解在下次招聘活动中有哪些需要改进的内容。其已知的资料如表5-12所示。

表5-12　　　　　　　　　　　**某企业招聘相关数据表**

	地区大学	名牌大学	员工推荐	报刊广告	猎头公司
吸引求职简历的数量	200	400	50	500	20
接受面试人数	175	100	45	400	20
合格应聘人数	100	95	40	35	19
接受工作的人数	90	10	35	25	15
成本(元)	30000	50000	15000	20000	90000
计划招聘人数	180				
招聘预算	200000				

说明:合格应聘者包括那些通过了各种测试,但最终没有接受该项工作的人。他们可能由于企业待遇问题拒绝和企业签约,也可能是被其他企业捷足先登。

资料来源:雷蒙德·A.诺依,等.人力资源管理:赢得竞争优势.第三版.北京:中国人民大学出版社,2001:209.

根据资料可以得出该企业招聘活动的一系列重要的指标(如表5-13所示)。根据这些指标可以进行综合分析。例如,企业想了解对某一既定职位空缺来说,到底哪一种招募来源的质量更好。这时它可以比较每个招聘来源的产出率,据此来确定对被调查的职位来说哪一种招募来源是最有效率的。

表5-13　　　　　　　　　　　**某企业招聘重要指标表**

	地区大学	名牌大学	员工推荐	报刊广告	猎头公司
吸引求职简历的数量	200	400	50	500	20
接受面试人数	175	100	45	400	20

续表

	地区大学	名牌大学	员工推荐	报刊广告	猎头公司
产出率%	87%	25%	90%	80%	100%
合格应聘人数	100	95	40	35	19
产出率%	57%	95%	89%	12%	95%
接受工作的人数	90	10	35	25	15
产出率%	90%	11%	88%	50%	79%
累计产出率(录用比)	90/200	10/400	35/50	25/500	15/20
	45%	3%	70%	5%	75%
成本(元)	30000	50000	15000	20000	90000
单位雇佣成本(元)	333	5000	428	800	6000
计划招聘人数	180				
招聘完成比	97.2%				
招聘预算	200,000				
招聘预算完成比	102.5%				

资料来源：雷蒙德·A. 诺依，等. 人力资源管理：赢得竞争优势. 第三版. 北京：中国人民大学出版社，2001：209.

表 5-13 列有 5 种招募来源的产出率以及单位雇佣成本等指标。从表 5-13 中可以看出，对于该企业所出现的这些职位空缺而言，当地大学以及内部员工推荐是两个最佳的招募来源。报纸广告所吸引来的人数尽管最多，但是却只有很少人符合职位要求。到全国名牌大学中去进行招募倒是可以招募到素质很高的应聘者，但是却只有相对很少的人最后接受公司所提供的职位。最后，猎头公司可以招募到的人数不多，但是质量却很高的候选人，与其他几种招聘来源相比，它的费用无疑太高。因此，如果企业空缺职位的差异性不大，那么在未来的招聘来源的选择上，可以考虑使用当地大学和内部员工推荐两种渠道。

小　结

1. 人员招聘有两个重要的前提工作：人力资源规划和工作分析。影响人员招聘与选拔工作的因素大致可以分为四类：外部因素；企业和职位的要求；应聘者个人的资格和偏好；招聘的执行者。员工招聘工作一般包括五个步骤：确定招聘策略、人员招募、人员测评、人员录用和招聘评估。

2. 招聘策略是人力资源规划的具体体现，是为了实现人力资源规划而采取的具体策略。招聘策略包括招聘时间和地点的确定、招聘信息发布渠道的确定、招聘渠道的选择、招聘的宣传策略等。

3. 人员招募的两个渠道——内部选拔和外部招聘对企业人力资源的获取起着同等重要的作用。其中，内部招聘人员的主要来源有：员工晋升、工作调换、工作轮换与内部人员重新聘用。内部招聘的方法主要有推荐法、档案法、布告法和职业生涯开发系统。外部招募方法主要有应聘者自荐、内部员工推荐、广告招聘、就业服务机构、校园招聘、网络招聘和人才招聘会等。

4. 人员素质测评就是综合利用多种科学且客观的方法，对人力资源的知识、能力、技能、个性特征、职业倾向、兴趣、动机、价值观等特定素质要素进行定性与定量相结合的测试与评价，以判断应聘者与岗位、职业和组织的匹配程度。人员素质测评的基本流程包括：明确人员测评的目的；确定测评的指标体系；确定测评的方法与题目；测评方案设计与实施；测评结果统计分析与撰写测评报告；测评结果的反馈。

5. 人员素质测评指标体系的基本结构是：指标名称、指标定义、指标构成、评价要点、评价标准与权重关系。测评指标体系的建立需遵循针对性原则、完备性原则、简练性原则、明确性原则、独立性原则、可操作性原则、合理量化的原则。

6. 常用的人员测评方法包括证明材料以及履历资料审查与筛选、面试、心理测评、评价中心。其中心理测验主要分为智力测验、人格测验、特殊能力测验和心理健康测验四大类。评价中心主要是模拟测验，即对真实的工作情景进行模拟，它的主要形式有处理公文测验、无领导小组讨论、心理测评等。

7. 人员录用的过程包括背景调查、体检、人员录用决策、通知应聘者。

8. 对招聘和选拔进行评估的最常见的指标有：单位招聘成本，产出率，录用比，招聘完成比，应聘比，录用人员受教育年数，录用人员参加工作年数，录用人员担当的职位等。进行招聘工作的综合评估可以参考综合评估指标体系来进行。撰写招聘小结必须包括以下几个内容：招聘计划简述，招聘进程，招聘结果，招聘经费，招聘评定。

9. 基于大数据实施人员素质测评是大势所趋。

复习思考题

1. 内部招聘和外部招聘分别具有哪些优缺点？
2. 员工招聘的来源有哪些？各自的特点是什么？
3. 人员素质测评的含义与分类是什么？
4. 人员素质测评的理论依据是什么？
5. 试述人员素质测评的基本流程。
6. 简述人员测评指标确立的方法和步骤。
7. 企业如何基于大数据实施人员素质测评？
8. 什么是面试？如何有效地运用面试？
9. 什么是评价中心？其主要内容是什么？
10. 企业应该如何选拔合适的应聘者？
11. 录用决策中，需要注意哪些方面的问题？

讨 论 题

1. 人员素质测评是企业在购进特殊的生产资源——人力资源时的质量检测过程吗？
2. 撰写一份报纸招聘广告，并设计一份求职申请表。
3. 请为某企业设计一个人力资源管理经理职位的测评方案。
4. 企业如何选聘一流人才？

【案例】

以游戏之名，行招聘之实①

全球酒店巨头万豪酒店（Marriott）是较早运用游戏化招聘进行人才选拔的公司之一，其在2011年推出了一款名为《我的万豪酒店》（My Marriott Hotel）的网页在线游戏，开始了使用游戏进行人才选拔的最初尝试。由于业务的快速发展，这家连锁酒店集团当时需要用约半年的时间填补5万个职位空缺，这对HR来说无疑是一个巨大的考验。除了人数压力外，还有更棘手的问题：招聘岗位的工作地点大多不在美国，并且聘者的年龄要求在18岁至27岁之间。Marriott的HR明白，即使不考虑工作地点和年龄限制，单半年时间招聘5万个职位就已经让他们望而却步了。因此，为了提高招聘的效率与质量，Marriott将希望寄托于"游戏化"的招聘上。他们专门开发了一个工作职位的粉丝页面和一个名为《我的万豪酒店》的应用程序。参与者需要模拟完成一些与酒店相关的工作，比如管理一间餐厅厨房，包括购买原料、审查已制作完成的食品订单等。任务完成后，可获得积分进入更难的任务或酒店其他地点。目前，这款虚拟酒店现实的游戏已经非常受万豪酒店HR部门的钟爱。

腾讯是国内较早推行游戏化招聘的成功例证。在2012年8月，即在开展一年一度的校园招聘的前夕，为了给当年的秋季校园招聘预热并寻找到企业发展所需的人才，腾讯公司首次引入广受Google、Facebook等欢迎的编程马拉松（Hackathon）这一创新方式，举办了首届编程马拉松大赛。首届比赛从2012年8月开始启动，历时两个月，吸引了10745名的参赛选手，其中包括中国大学生编程第一人、Facebook黑客杯季军、MAC历年冠军、百度A＊star冠军等众多知名选手。该活动共分为限时答题、在线编程、编程马拉松三个比赛阶段。选手们在线上完成一问一答的初赛任务后，得分最高的1000名选手则有机会接受更具挑战性的在线编程任务。复赛结束后，得分最高的30名选手将有机会前往腾讯总部接受在33个小时（包括连续24小时编程之前的创意PK等）内做出一款"真"并且实用的APP的终极编程任务。为完成终极任务，进入决赛的30名选手需要组队（组员自由选择）作战，并与其他团队PK，从而最终获胜。获胜者不仅可以拿到丰厚的奖金，还能提前拿到腾讯的offer。根据赛后统计，本次编程大赛有18.3%参与者拿到腾讯offer。在2013年，腾讯第二届校园编程

---

① 改写自：杨振芳，孙贻文. 游戏化招聘：人才选拔的新途径. 中国人力资源开发，2015(24).

马拉松更是吸引了 12391 名选手参赛，该比赛在社会上的反响也越来越大，业内人士甚至把其看作是国内首例"游戏化招聘"的成功案例。

◎ **问题**

请你就游戏化招聘的基本原理、主要形式、特点与优势以及需要注意的问题展开讨论。

第六章 员工培训与开发

【学习目的】

在学习本章之后，你应当掌握如下内容：

1. 员工的培训如何帮助企业获得竞争优势。
2. 员工培训与开发中的学习原理。
3. 有效的员工培训系统的设计和实施过程。
4. 各种培训方法各自所具有的优缺点及适用范围或培训项目。
5. 根据培训目标以及培训资源，选择合适的培训评估方法与体系。
6. 新技术的运用对员工培训方法所带来的好处。
7. 员工培训与开发传统的与现代意义上的差异与联系。
8. 员工开发的含义、作用以及员工开发的规划过程。
9. 各种成功的员工开发的方法及其用途。

【案例——问题提出】

华为：学习型组织是这样炼成的①

创立于 1987 年的华为，历经 30 多年的成长，从籍籍无名成长为领头羊。有人说，正是华为独特的培训方式完成了华为学习型组织的构建，使华为公司成长为有竞争实力的世界级公司。早在 1997 年任正非就提出"培训是华为公司通向未来、通向明天的重要阶梯"，为完成将自己打造成一个学习型组织的目标，华为建立了一套完善的以华为大学为主体的华为培训体系。集一流教师队伍、一流教学设备和优美培训环境于一体，拥有千余名专、兼职教师和能同时容纳 3000 名学员的培训基地。同时，华为大学的培养模式也有其独到之处：(1) 激发学习动力。华为大学采取收费学习模式，旨在激发学生主动学习，将以往的被动培养变成自我培养。同时全面推行任职资格制度，进行严格的考核，从而形成了对新员工培训的有效激励机制。譬如华为的软件工程师可从一级开始做到九级，九级的待遇相当于副总裁的级别。新员工进来后如何向更高级别发展，怎么知道个人的差距，华为都有明确的规定，比如一级标准是写万行代码，做过什么类型的产品等，有明确的量化标准，新员工可根据该标准进行自检。任职资格制度实施较好地发挥了四方面的作用：一是镜子的作用，照出自己的问

---

① 资料来源：中国人力资源市场网. http://www.chrm.gov.cn/Content/833/2016/3/100447.html.

题；二是尺子的作用，量出与标准的差距；三是梯子的作用，知道自己该往什么方向发展和努力；四是驾照的作用，有新的岗位了，便可以应聘相应职位。(2)注重案例教学。在华为大学中，学员案例学习包括4个阶段：阶段一为启发式学习，学习者读教材并考试；阶段二为演讲，演讲内容是学习者自己的亲身经历，且其经历必须有3个证明人；阶段三为大辩论，学习者可针对公司文化提出反对观点；阶段四为论文和答辩，要求学习者写出自己真实的行为实践而非理论。整套的案例教学避免了学员学习理论的空泛，帮助学员更好地将所学的知识运用于岗位中。(3)导师制。华为是国内最早实行"导师制"的企业。导师的确定必须符合两个条件：绩效必须好；充分认可华为文化。符合这两个条件的才有资格担任导师。同时规定，为确保成效，导师最多只能带两名新员工。导师除了对新员工进行工作上指导、岗位知识传授外，还要给予新员工生活上的全方位指导和帮助，包括帮助解决外地员工的吃住安排，甚至化解情感方面的问题等。为保障"导师制"更好地推行和执行，华为出台了四项制度：一是导师激励制：华为采取物质激励方式提高导师的积极性，每月下发300元导师费用于师徒沟通感情，被评为"优秀导师"的，还可另加500元奖励。二是能上能下制：华为内部实行轮岗制，这使某个岗位的资深员工不论其工龄长短、履历深浅、成就高低，在被分配到新的岗位后都会成为"新员工"，也就会被分配导师。三是责任连带制：如果徒弟在工作中出现问题，则导师不能被提拔，甚至会被降职。此举旨在督促导师全心全意、兢兢业业地培养和帮扶徒弟。四是晋升激励制：职位晋升的前提和必要条件之一是担任过导师。(4)岗位轮换与人才流动。华为员工采用"之"字形的员工培养方式，即一个员工如果在研发、财经、人力资源等部门做过管理，又在市场一线、代表处做过项目，有较为丰富的工作经历，那么他在遇到问题时，就会更多从全局考量，能端到端、全流程地考虑问题。任正非一直强调干部和人才的流动，形成例行的轮岗制度，并要求管理团队不拘一格地从有成功实践经验的人中选拔优秀专家及干部；推动优秀的、有视野的、意志坚强的、品格好的员工走向"之"字形成长的道路，培养大量的优秀人才。

正是学习型组织的构建使华为公司成长为有竞争实力的世界级公司。"培训是华为公司通向未来、通向明天的重要阶梯。"华为建立了一套完善的以华为大学为主体的华为培训体系，以整体提升组织的"创造未来的能力"，即提升组织未来发展的竞争力。培训与开发是企业人力资本投资的主要途径，也是企业获得竞争优势的重要途径①。培训与开发已经成为企业永恒的主题，本节主要介绍培训与开发的内涵与内容、员工培训系统模型、员工培训方法与人员开发等内容。

---

① 李燕萍. 知识经济条件下企业员工培训与开发体系的创新. 武汉大学学报. 社会科学版，2002(12).

第一节 员工培训与开发概述

一、培训与开发的含义

培训(training)与开发(development)两个术语被相互替用,实际上两者并不相同。员工培训是指企业有计划地实施有助于员工学习与工作相关能力的活动,包括知识、技能和对工作绩效起关键作用的行为。培训使员工能在自己现在或未来工作岗位上的工作表现达到企业要求。员工开发是指为员工未来发展而开展的正规教育、在职实践、人际互动及个性和能力的测评等活动。开发活动以未来为导向,员工要学习与其当前从事的工作不直接相关的内容。

在传统意义上,培训侧重于近期目标,重心放在提高员工当前工作绩效而开发员工的技术性技巧,使其掌握基本工作知识、方法、步骤和过程;开发则侧重于培养提高管理人员的有关素质(如创造性、综合性、抽象推理、个人发展等),以帮助其为企业的其他职位作准备,提高其未来的职业能力,帮助其更好适应由新技术、工作设计、顾客或产品市场带来的变化。培训通常侧重于提高员工当前工作绩效,故具有一定的强制性,而开发活动只是要求被认定具有管理潜能的员工参加,其他员工要有参与开发的积极性;传统认为培训的对象就是员工与技术人员,而开发的对象主要是管理人员。但随着培训战略地位的凸显,员工培训日益重要,培训与开发的界限已日渐模糊,培训与开发同等重要,两者都注重员工与企业当前与未来发展的需要,而且员工、经营者都必须接受培训与开发(如表6-1所示)。

表 6-1 员工培训与开发比较

比较因素	传统的		现代的	
	培训	开发	培训	开发
侧重点	当前	未来	当前与未来	当前与未来
工作经验运用	低	高	高	高
目标	当前工作	未来变化	当前与未来变化	当前与未来变化
参与	强制性	自愿	自愿	自愿
时间	较短	较长	较长	较长
内涵	较小	较大	较大	较大
阶段性	较清晰	较模糊	较模糊	较模糊
培训与开发对象	传统的		现代的	
高层决策管理者	开发		培训与开发	
中层管理者	开发		培训与开发	
专业技术人员	培训		培训与开发	
基层员工	培训		培训与开发	

资料来源:作者整理。

　　知识经济给社会带来了根本性变化，逐渐渗透到各种生产经营活动中，甚至渗透到每个人的工作和生活中。企业必须逐步培养和提高其学习能力，并逐步转变为学习型组织，才能在现代瞬息万变的市场竞争中占据有利地位。在学习型组织中，培训被看作是所设计的智力资本系统的一部分。培训对于企业的绩效、生存与发展都有着至关重要的作用，被视为21世纪企业提高核心竞争力的主要手段之一①。

二、培训与开发中的学习原理

　　员工培训与开发是企业人力资本投资的重要内容。如第二章第二、第三节所介绍，人力资本理论是培训与开发的理论基础。同时，作为一种学习过程，了解学习理论、掌握人类学习规律才能更好指导企业培训与开发工作。

　　(一)学习理论

　　学习理论专门是研究学习如何发生、意义如何建构、概念如何形成，以及理想的学习环境应包含哪些主要因素等问题的。

　　1. 行为主义学习理论(behaviorist theory)。它诞生于20世纪初的美国，20世纪50年代和60年代在美国和其他西方国家蓬勃发展。由约翰·华生(John Watson)创立并由桑代克(Edward Thorndike)、巴普洛夫(Pavlov)、斯金纳等丰富发展、得以逐渐成熟②。该理论提倡所有学习都是在刺激(S)和反应(R)之间建立直接联结的过程，可用公式 S-R 来表示。其中，S 表示来自外界的刺激，R 表示个体接受刺激后的行为反应。个体在不断接受特定的外界刺激后就可能形成与这种刺激相适应的行为表现，这个过程可称为 S-R 联结学习行为，学习就是刺激与反应建立了联系。该理论重视与有机体生存有关的行为研究，注意有机体在环境中的适应行为，强调外部条件的作用，关注外部行为所产生的变化，即强调环境决定论。

　　2. 认知学习理论(cognitive learning theory)。20世纪50年代中后期出现，以皮亚杰(Piaget)、布鲁纳(Bruner)、奥苏泊尔(AuSubel)和加涅(Gagne)等为代表。随着认知心理学的诞生，学习理论开始重视学习者处理环境刺激的内部过程和机制，用 S-O-R(O 即学习的大脑加工过程)模式来取代简单的没有大脑参与的 S-R 联结，强调有机体的学习是在大脑中完成的对人类经验重新组织的过程，主张人类的学习模式不应该简单地观察实施刺激以后的有机体的反应方式，而应重视学习者自身的建构和知识的重组，强调不同类型的学习有不同类型的建构模式，主张在教学中要加强学习者有意义学习的比重，运用同化与顺应方法有效地促成学习者知识结构的建立，学习者应积极主动地构造大脑内部的认知结构。但该理论对在学习过程中的非智力因素的研究涉及较少。

　　3. 建构主义学习理论(constructivism learning theory)。20世纪90年代，建构主义学习理论在欧美国家兴起，是认知主义学习理论的一个重要分支。该理论是集体智慧的结晶，也可以说是一个"泛化"理论，有人甚至认为苏格拉底、柏拉图是建构主义学习的鼻祖，

---

① 林森. 国内外员工培训理论研究综述. 对外经贸, 2012(3).
② 靳雅莉. 三大学习理论对英语教学设计影响的文献综述. 英语教师, 2019(16).

"产婆术"就是其具体的学习模式①。18世纪意大利的哲学家维柯(Vico)是最早具有建构主义思想的学者，他认为人们能够清晰地理解他们自己建构的一切②③④。因特网(internet)应用的普及与电脑多媒体技术发展，为建构主义学习理论的实践准备了必要的软硬件条件⑤。美国佐治亚大学教育学院1990年举办"教育中的新认识论"系列研讨会，建构主义学习理论领域的著名学者在研讨会上提出了六种不同倾向的建构主义，建构主义学习理论得以全面地正式提出⑥。目前，该理论体系还处在发展过程中，这里只介绍其主要观点作简要梳理和概括。通常认为瑞士心理学家皮亚杰(J. Piaget)和苏联天才心理学家维果茨基(Vygotsky)是建构主义的直接先驱⑦。皮亚杰(J. Piaget)创立儿童认知发展理论，提出儿童认知发展的四个阶段⑧。在此基础上，科恩伯格 (O. Kornberg)进一步探索了认知结构的性质与发展条件，后来，斯滕伯格(R. Sternberg)强调个体主动性在认知建构过程中的作用，进一步研究了如何发挥学习者的主动性。但维果茨基(Vygotsky)则认为学习恰恰是一种"社会建构"，从历史和社会背景角度分析个人学习过程，重视"活动"和"社会交往"在人的高级心理机能发展中的地位⑨。利用建构主义可以较好地说明人类学习过程的认知规律。在建构主义思想指导下可以形成一套新的比较有效的认知学习理论，并在此基础上实现较理想的建构主义学习环境。

4. 社会学习理论(social learning theory)。该理论形成于20世纪60年代，是由创始人美国新行为主义心理学家阿伯特·班杜拉(Albert Bandura)于1977年提出⑩。该理论旨在阐明人类怎样在社会环境中学习，并形成和发展个性⑪。社会环境中个体的学习活动是对榜样的示范行为进行观察、模仿。其核心思想是：个体不仅可以通过操作行为学习直接经验，还可以通过观察或听取发生在他人身上的事情进行社会学习。这些学习包括行为的模仿、语言的掌握、态度以及人格形成。因此，人们的知识、技能或行为既可以通过自己累积直接经验，又可以通过间接经验——观察和借鉴别人的行为及行为成果这两种途径学习。社会学习理论认为，人们学习(尤其是榜样影响下的学习)包括四个过程(如图6-1所示)。

5. 期望理论(expectancy theory)。该理论是激励理论中重要理论之一。它认为激励力与个人期望和效价成正比。一种行为倾向的强度取决于个体对这种行为可能带来的结果的

① 隋俊宇，石卉. 建构主义学习理论简析. 教育现代化, 2019(12).
② 王沛，康廷虎. 建构主义学习理论述评. 教师教育研究, 2004(9).
③ 任友群. 建构主义学习理论的哲学社会学源流. 全球教育展望, 2002(11).
④ 温彭年，贾国英. 建构主义理论与教学改革——建构主义学习理论综述. 教育理论与实践, 2002(5).
⑤ 杨维东. 建构主义学习理论述评. 理论导刊, 2011(5).
⑥ 陈琦，张建伟. 建构主义学习观要义评析. 华东师范大学学报. 教育科学版, 1998(1).
⑦ 隋俊宇，石卉. 建构主义学习理论简析. 教育现代化, 2019(12).
⑧ 邹艳春. 建构主义学习理论的发展根源与逻辑起点. 外国教育研究, 2002(5).
⑨ 余震球. 维果茨基教育论著选. 北京：人民教育出版社, 2005.
⑩ Bandura A. Social learning theory. Englewood CliVs, NJ：Prentice-Hall, 1977.
⑪ 唐卫海，杨孟萍. 简评班杜拉的社会学习理论. 天津师大学报, 1996(5).

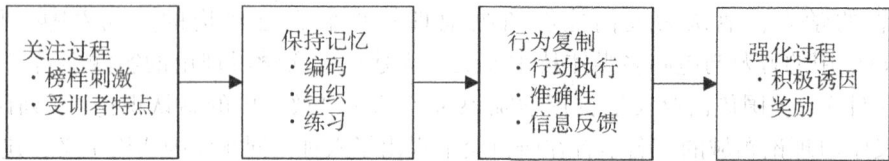

图 6-1　社会学习的四个过程

资料来源：马新建，时巨涛，等. 人力资源管理与开发. 第二版. 北京：北京师范大学出版社，2008：234.

期望强度，以及这种结果对行为者的吸引力，即一个人的行为倾向基于行为预期、实现手段和效价(个人对一种成果的评价)。根据期望理论可知，企业开展的培训与开发活动必须同时具备以下三个因素才能实现其有效性，并充分发挥其应用效能：一是员工相信自己有能力完成培训与开发项目的内容，并能够达到培训开发项目要求(行为预期)；二是员工相信参加该培训开发项目与加薪、领导与同事认同、工作改进等(实现手段)特定成果之间存在一定关联性；三是员工认为参加培训开发项目可能获得的这些成果具有(满足自身需要的)价值。

6. 成人学习理论(adult learning theory)。"成人教育之父"马尔科姆·诺尔斯(Malcolm S. Knowles)1968 年首次把成人学习区别于儿童的学习，把成人教育定义为"帮助成人学习的科学和艺术"，并提出成人学习的基本假设。后基于情境学习理论弥补了成人学习理论忽视情境的缺陷，指出成人学习在本质上是社会性的，学习者之间的交往特征、交往时所使用的工具、活动本身及活动所发生的社会背景之间的交互构成了成人学习者的有效学习①。成人学习理论不断得到完善，并成为以成人生理心理特征、学习欲望和系统为基础而总结的专门针对成人培训的教育理论。该理论主要结合成人培训、成人心理，配合成人教育的特殊性来构建成人学习模式的体系。并认为，成人比儿童具有更多的经验和更强的学习能力，能够更好地理解新鲜事物及掌握它们的认知结构。成人学习是认知结构组织与再组织，而教师的教学活动对成人的学习效果和学习成绩有重要的影响。成人学习遵从以下四个法则：(1)效果法则——他们的学习需要在愉快的环境和氛围中进行；(2)练习法则——他们的学习需要通过大量的练习来加深印象；(3)联想法则——理论联系实际有利于成人对认知对象的掌握；(4)有备法则——他们往往是在有需求的时候才选择学习，有一定的目的性。

(二)学习原则

1. 学习曲线(learning curve)。美国康奈尔大学 T. P. Wright 博士通过对飞机制造过程的观察、分析与研究后提出一种动态生产函数，即学习曲线，又称经验曲线、进步曲线等，此后，学习曲线就被学界和业界广泛应用于成本计算、价格决策、薪资安排甚至技术

---

① 雪伦·梅里安. 成人学习理论的新进展. 黄健，译. 北京：中国人民大学出版社，2006.

预见等方面①。学习曲线也适用于专业性服务领域：随着经验的增加学习速度会加快②。典型的学习过程大致经历了初始期、平坦期和上升期这三个过程(如图6-2所示)。初始期(从A点到B点)学习曲线急速上升，表明人们在较短时间内迅速掌握了很多的信息和技能；之后就是平坦期(从B点到C点)，人们的学习速度在一段时间内保持稳定；在经历了知识的积累和沉淀后，人们的学习过程又会迎来新的上升期，人们的学习成果和学习能力都将得到较大提高。学习曲线的形状与学习者状态、教与学的方式、学习条件等要素紧密相关。

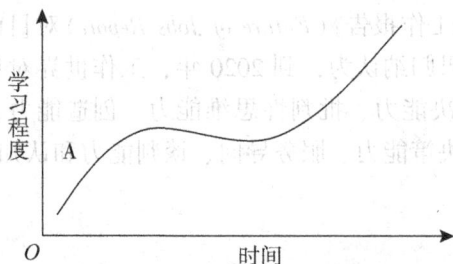

图 6-2 典型的学习曲线

资料来源：冯虹. 现代人力资源管理. 北京：经济管理出版社，2006：133.

2. 学习原则。学习原则是由参与性、重复性、相关性、可迁移性和反馈五个因素组成。参与性，即指在学习过程中学习者的参与程度。当学习者积极参与学习过程，便会提高学习效果、缩短学习时间。重复性是指在教学过程中对教学内容的重复程度。如果学习内容重复性高，就可以加深学习者的印象，巩固学习内容。相关性是指学习内容与学习者当前或未来工作是否密切相关。只有当学习内容对学习者而言是有意义的，他们才会有动力去学习。可迁移性是指学习者可以将所学内容应用到实际的程度。如果培训内容可以很快地应用到工作中去，那么培训效果将会十分明显。反馈是指在学习过程中对学习者的学习进度、效果、内容等进行及时评价与反馈。适当及时地对学习过程进行反馈，可以帮助学习者判断其学习效果，调整学习行为。

在企业培训开发员工过程中，培训人员可利用学习曲线和学习原则，有针对性地设计培训方案，选择合适的培训方式，并综合运用代理性学习和亲验性学习两种学习方法，将员工培训开发效果提升到一个较为理想的境界。

三、员工培训的内容与形式

员工培训的内容与形式必须与企业的战略目标、员工的职位特点适应，同时考虑适应内外部经营环境的变化。

---

① Wright T P. Factors affecting the cost of airplanes. Journal of the Aeronautical Sciences, 1936, 3(4).

② Boone T, Ganeshan R, Hicks R L. Learning and Knowledge Depreciation in Professional Services. Management Science, 2008, 54(7): 1232-1236.

(一)培训的内容

一般地,任何培训都是为了促进员工在知识、技能和态度三方面的学习与进步。知识学习是员工培训的主要方面,包括事实知识与程序知识学习。员工应通过培训掌握完成本职工作所需要的基本知识。知识的运用必须具备一定技能,培训应针对不同层次的员工进行岗位所需的技术性能力培训,即认知能力与阅读、写作能力的培训。态度是影响能力与工作绩效的重要因素。员工的态度与其培训效果和工作表现是直接相关的。

随着技术变革的加速,工业4.0对员工的专业能力、社会能力、方法能力和个人能力的要求将会增加,更加强调从业人员在多样化的工作环境中具有不断适应变化、学习新技能和手段的能力①。《未来工作报告》(*Future of Jobs Report*)对目前15个经济体的10个工业部门的大型雇主调研结果归纳认为,到2020年,工作世界对从业者所提出的最重要的10项能力包括复杂问题解决能力、批判性思维能力、创造能力、人员管理能力、人际协调能力、情商、判断力和决策能力、服务导向、谈判能力和认知灵活性等②。因此,培训的内容将越来越丰富。

(二)培训的组织形式

为适应不同的培训目的、不同的培训内容、不同的受训者等,员工培训的组织形式也多种多样。一是从培训职能部门的组建看,培训有学院模式、客户模式、矩阵模式、企业办学模式和虚拟培训组织模式等四种模式③;二是从培训的对象看,培训有管理人员培训、专业技术人员培训、基层员工培训及新员工培训;三是从员工培训的时间看,培训有全脱产培训、半脱产培训与业余培训等。

第二节　员工培训系统模型

有效的员工培训系统是员工培训的重要保障。精心设计员工培训系统是非常重要的。员工的培训系统包括培训需求的确定、培训目标的设置、培训方法、培训的实施、培训成果的转化及培训评估和反馈等几个环节(如图6-3所示)。企业应如何构建并实施员工培训系统呢?下面详细介绍。

一、培训的准备阶段

在员工培训的准备阶段,必须做好两方面的工作:一是培训需求分析;二是培训目标确定。

(一)培训需求分析④

培训需求分析是一个复杂的系统,它涉及人员、工作、组织及组织所处的环境(如图

① 杨进. 工业4.0对工作世界的影响和教育变革的呼唤. 教育研究,2020(2):124-132.

② World Economic Forum. The Future of Jobs. http://reports.weforum.org/future-of-jobs-2016/. 2019-11-18.

③ 雷蒙德·A. 诺伊. 雇员培训与开发. 徐芳,译. 北京:中国人民大学出版社,2001:31-36.

④ 石金涛,等. 培训与开发. 第三版. 北京:中国人民大学出版社,2013:58-61.

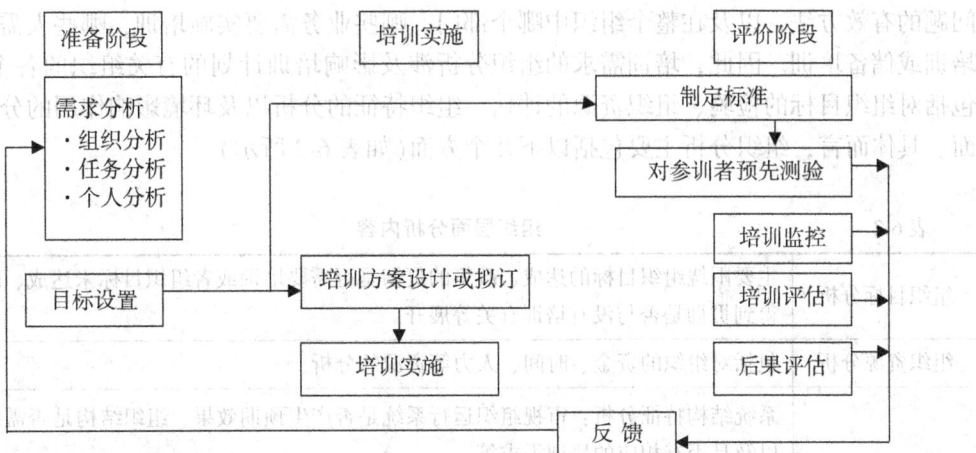

图 6-3 员工培训系统模型

6-4 所示）。其中，组织、工作和人员三个层面的培训需求分析构成了该系统的主体部分。

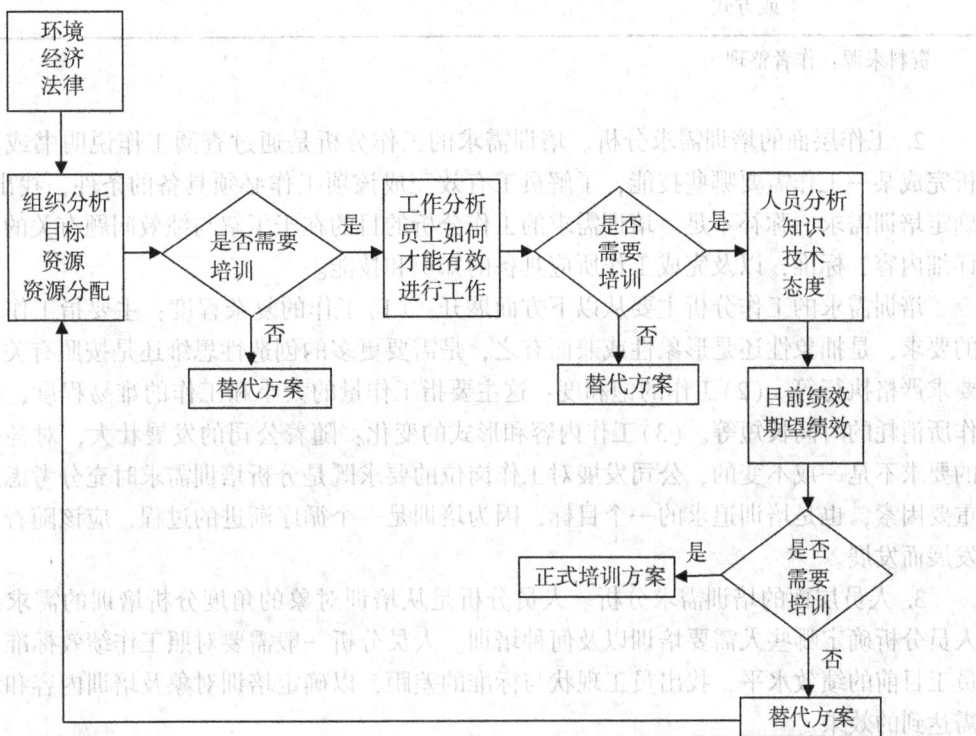

图 6-4 培训需求分析模式

1. 组织层面的培训需求分析。依据组织目标、结构、内部文化、政策、绩效及未来发展等因素，分析和找出组织存在的问题及问题产生的根源，以确定培训是不是解决这类问题的有效方法，以及在整个组织中哪个部门、哪些业务需要实施培训，哪些人需要加强培训或储备培训。因此，培训需求的组织分析涉及影响培训计划的有关组织的各个方面，包括对组织目标的检验、组织资源的评估、组织特征的分析以及环境影响作用的分析等方面。具体而言，组织分析主要包括以下几个方面(如表6-2所示)。

表6-2   组织层面分析内容

组织目标分析	主要围绕组织目标的达成、政策的贯彻是否需要培训或者组织目标未达成、政策未得到贯彻是否与没有培训有关等展开
组织资源分析	包括对组织的资金、时间、人力等资源的分析
组织特征分析	系统结构特征分析：审视组织运行系统是否产生预期效果、组织结构是否需要转变以及是否有相应的培训需求等
	文化特征分析：包括组织的软硬件设施、规章制度、经营运作的方式、组织成员行为和价值观等
	信息传播特征分析：包括组织部门和成员收集、分析和传递信息的分工与运作形式或方式

资料来源：作者整理。

2. 工作层面的培训需求分析。培训需求的工作分析是通过查阅工作说明书或具体分析完成某一工作需要哪些技能，了解员工有效完成该项工作必须具备的条件，找出差距，确定培训需求，弥补不足。培训需求的工作分析的目的在于了解与绩效问题有关的工作的详细内容、标准，以及完成工作所应具备的知识和技能。

培训需求的工作分析主要从以下方面展开：(1)工作的复杂程度：主要指工作对思维的要求，是抽象性还是形象性或兼而有之，是需要更多的创造性思维还是按照有关的标准要求严格执行等。(2)工作的饱和度：这主要指工作量的大小和工作的难易程度，以及工作所消耗的时间长短等。(3)工作内容和形式的变化：随着公司的发展壮大，对各个部门的要求不是一成不变的，公司发展对工作岗位的要求既是分析培训需求时充分考虑的一个重要因素，也是培训追求的一个目标，因为培训是一个循序渐进的过程，应该随着公司的发展而发展。

3. 人员层面的培训需求分析。人员分析是从培训对象的角度分析培训的需求，通过人员分析确定哪些人需要培训以及何种培训。人员分析一般需要对照工作绩效标准，分析员工目前的绩效水平，找出员工现状与标准的差距，以确定培训对象及培训内容和培训后需达到的效果。

培训对象一般有三种：担任某一职务的组织成员、以后将担任某一特定职务的组织成员、以后将担任某一特定职务的非组织成员(如公司见习人员等)。通常，企业的培训在前两种对象中展开。培训需求分析主要是对员工的背景、学识、资历、年龄、工作能力及个性等进行分析。

(二)培训目标的确定

培训目标一般包括三方面内容：一是说明员工应该做什么；二是阐明可被接受的绩效水平；三是受训者完成指定学习成果的条件。培训目标的确定应把握以下原则：一是使每项任务均有一项工作表现目标，让受训者了解受训后所达到的要求，具有可操作性；二是目标应针对具体的工作任务，要明确；三是目标应符合企业的发展目标。

二、培训的实施阶段

在培训的实施阶段，企业要完成两项工作：培训方案设计和培训实施。从培训工作的系统来看，培训的成功与员工培训项目设计有很大关系。

(一)培训方案设计

培训方案的设计是培训目标的操作具体化，即目标告诉人们应该做什么，如何做才能完成任务、达到目的。主要包括以下一些问题：选择设计适当的培训项目；确定培训对象；培训项目的负责人，包含组织的负责人和具体培训的负责人；培训的方式与方法(详细内容在本章第三节介绍)；培训地点的选择；根据既定目标，具体确定培训形式、学制、课程设置方案、课程大纲、教科书与参考教材、培训教师、教学方法、考核方法、辅助器材设施等。

(二)培训实施

培训实施是员工培训系统关键的环节。在实施员工培训时，培训者要完成许多具体的工作任务。要保证培训的效果与质量，必须把握以下问题：

1. 选择和准备培训场所。首先，培训场地应交通便利，舒适，安静，独立而不受干扰，为受训者提供足够的自由活动空间等特点。其次，注意座位的安排，即应根据学员之间及培训教师与学员之间的预期交流的特点来布置座位。总之，选择和准备培训场所应以培训效果为标准。

2. 课程描述。课程描述是有关培训项目的总体信息，包括培训课程名称、目标学员、课程目标、地点、时间、培训的方法、预先准备的培训设备、培训教师名单以及教材等。它是从培训需求分析中得到的。

3. 课程计划。详细的课程计划非常重要，包括培训期间的各种活动及其先后顺序和管理环节。它有助于保持培训活动的连贯性而不论培训教师是否发生变化；有助于确保培训教师和受训者了解课程和项目目标。课程计划包括课程名称、学习目的、报告的专题、目标听众、培训时间、培训教师的活动、学员活动和其他必要的活动。

4. 选择培训教师。员工培训的成功与否与培训教师有着很大相关关系。特别是21世纪的员工培训，教师已不仅仅是传授知识、态度和技能，而且是受训者职业探索的帮助者。企业应选择那些有教学愿望、表达能力强、有广博的理论知识、丰富的实践经验、扎实的培训技能、有热情且受人尊敬的人为培训教师。

5. 选择培训教材。培训的教材一般由培训教师确定。教材有公开出版的、企业内部的、培训公司的以及教师自编的四种。培训的教材应该是对教学内容的概括与总结，包括教学目标、练习、图表、数据以及参考书等。

6. 确定培训的时间。适应员工培训的特点，应确定合适的培训时间，包括何时开始、何时结束、每个培训周期培训的时间等。

三、培训的评估阶段

遵循科学的培训评估流程是顺利、有效地进行评估活动的关键。一般来说，有效的培训评估应该包括 8 个主要环节(如图 6-5 所示)：①界定评估目的；②明确评估标准；③制定评估方案；④收集评估信息；⑤分析培训评估信息；⑥撰写评估报告；⑦评估结果反馈；⑧调整培训项目。

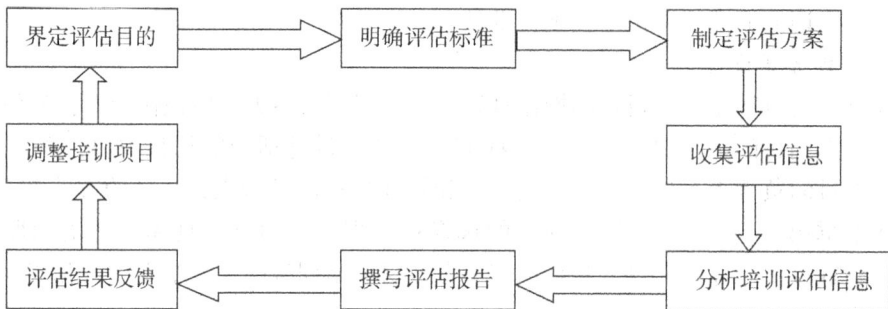

图 6-5　培训评估的八个环节

资料来源：陈国海. 员工培训与开发. 北京：清华大学出版社，2012：258.

（一）界定评估目的

在实施培训评估前，必须明确评估目的。不同评估目的涉及不同的人员，导致不同的评估流程，还会影响到数据收集方法和所要收集的数据的类型。多数情况下，培训评估的目的是对培训项目的前景做出决定，对培训系统的某些部分进行修订，或是对培训项目进行整体修改，使其更加符合企业需要。

企业在下面五种情况下需要进行培训评估：(1)培训项目费用超过一定的警戒线；(2)培训项目需要 3 个月或更长时间；(3)培训项目的效果对企业很关键；(4)一个单元的培训会对企业其他业务单元产生很大影响；(5)当一个企业面临一系列重大改革举措，需要评估结论作为依据。但是，企业在下面五种情况下不宜进行培训评估：(1)培训项目目标不明确或目标缺乏共识；(2)培训项目结果不能得到利用；(3)时间有限，不能保证质量；(4)评估资源(特别是资金)不足，不能保证质量；(5)培训项目本身对组织业务不能产生任何有益影响。

（二）确定评估标准

为评估培训项目，企业必须明确根据什么来判断项目是否有效，即确立培训的结果或标准。只有目标确定后才能确定评估标准，标准是目标的具体化，同时又为目标服务。培训结果可以划分为五种类型：认知结果、技能结果、情感结果、效果以及投资净收益[①]。

---

① 雷蒙德·A. 诺伊，等. 人力资源管理：获得竞争优势. 刘昕，译. 北京：中国人民大学出版社，2001：301.

评估标准通常由评估内容、具体指标等构成。

评估标准的具体确定步骤分为：一是分解评价目标；二是拟订具体标准；三是企业有关人员讨论、审议，征求意见，加以确定；四是试行与修订。在确定标准时必须把握一定的原则：一是各评估标准的各部分应构成一个完整的整体；二是各标准之间要相互衔接、协调；三是各标准之间应有一定的统一性与关联性。

（三）制定评估方案

企业可以采用不同的评价设计来对培训项目进行评价。主要有以下几种：（1）小组培训前和培训后的比较，即将一组受训者与非受训者进行比较。对培训结果的信息要在培训之前和之后有针对性进行收集。如果受训者组的绩效改进大于对比小组，则培训有效。（2）参训者的预先测验。它是让受训者在接受培训之前先进行一次相关的测试，即实验性测试。一方面使受训人员在接受培训之前受到一次培训，可更好地引导培训的侧重点，同时也可对培训效果进行评估。（3）培训后测试。它只需收集培训的结果信息。如果评价设计中找到对比小组，操作则更方便。（4）时间序列分析，即利用时间序列的方法收集培训前、后的信息，以此来判断培训的结果。

（四）收集评估信息

培训评估的进行需要依据一定的信息资料，所以收集评估信息也是重要的一个环节，它会影响整个培训评估的成败。主要的评估资料包括企业的培训需求分析报告、本次培训项目计划、在方案形成和实施过程中的各种资料等。此外，还可以通过访谈、问卷调查、观察等方式收集其他各类需要的资料。

（五）分析培训评估信息

培训主管对前期的培训评估调查表和培训结果调查表进行统计分析，即对收集到的问卷、访谈资料等进行统计、分析、整理、合并，剔除无效资料，同时得出相关结论。

（六）撰写评估报告

培训主管在分析以上调查表之后，再结合学员的结业考核成绩，对此次培训项目给出公正合理的评估报告。培训主管还可以要求此次培训的培训机构基于本培训项目的评估提交报告书，对培训项目做出有针对性的调整。在认真地对评估数据、评估问卷进行了考查之后，培训项目得到了学员的认可，收效很好，则这一项目继续进行。如果培训项目没有什么效果或是存在问题，培训机构就要对该项目进行调整或考虑取消该项目。如果评估结果表明，培训项目的某些部分不够有效，例如，内容不适当、授课方式不适当，或受训人员本身缺乏积极性等，培训机构就可以有针对性地考虑对这些部分进行重新设计或调整。

（七）评估结果反馈

评估结束后，应将评估结果反馈给相关部门和人员。培训评估是为了改进培训质量、强化培训结果、降低培训成本，企业需要建立良好的培训评估反馈系统。培训报告的内容要及时在企业内部进行传递和沟通，评估报告应该传递到学员、培训主管、培训师、学员的直接上级和企业高层。

（八）调整培训项目

在培训评估报告反馈后，企业应立即采取相应的纠偏措施并不断跟踪。这时，培训主管就可以根据培训效果对培训项目进行调整，对收效大、员工反映好的项目进行保留；对某领域欠缺的项目进行增补；对于培训项目中某些部分不够有效，管理人员就可以有针对性地考虑进行重新设计或调整；对没什么效果或者存在问题的项目，培训管理人员就要考虑将其取消。

总之，培训评估应该是一个完整的循环，任何一个评估都是一个长期的、连续不断的过程。要使培训评估起到应有的作用，就必须使培训评估系统化、科学化。

四、培训的反馈阶段

员工培训的反馈阶段是员工培训系统的最后环节。通过对培训效果的具体测定与量化，可以了解员工培训所产生的收益，把握企业的投资回报率；也可以对企业的培训决策及培训工作的改善提供依据，更好地进行员工培训与开发。

（一）培训效果测定

关于培训效果的测定问题，有不少学者对其进行了研究。美国著名学者 D. L. 柯克帕特里克教授（D. L. Kirkpatrick）提出的四层次框架体系认为培训效果测定可分成四层次（见表6-3）。

表6-3　　　　　　　　　　柯克帕特里克的四层次评估标准框架

层次	标准	重　　点
1	反应	受训者满意程度
2	学习	知识、技能、态度、行为方式方面的收获
3	行为	工作中行为的改进
4	结果	受训者获得的经营业绩

资料来源：Kirkpatrick D L, Evaluation. in The ASTD Training and Development Handbook. 2d ed. R. L. Craig, New York：McGraw-Hill, 1996：294-312.

（二）培训效果评估方法[①]

培训效果评估的方法主要包括定性分析和定量分析两种。按具体形式的不同，定性分析的评估方法又可分为观察评估法、集体讨论法和问卷调查法；定量分析的评估方法又可分为成本-收益分析法和加权分析法。

1. 观察评估法。评估者在培训进行过程中和培训结束后，观察学员在培训过程中的反应情况以及在培训结束后在工作岗位上的表现。评估者或利用观察记录，或利用录像的方式，将相关信息记录到培训过程观察记录表中。培训观察记录表如表6-4所示。

---

① 匡晓蕾，等. 人员培训与开发——理论、方法、工具、实务. 北京：人民邮电出版社，2014：137-138.

表6-4　　　　　　　　　　　　培训过程观察记录表

培训课程		培训日期	
观察对象		评估记录员	
观察到的现象		培训前：	
		培训后：	
观察结论			
其他特殊情况			

2. 集体讨论法。将所有学员集中到一起开讨论会。在会议上，每一个学员都要陈述通过培训学会了什么，以及如何把这些知识运用到工作中去。这种方法一般在培训结束后采用，有时候会以写培训总结或培训感想的形式来代替。

3. 问卷调查法。问卷调查法是借助预先设计好的问卷，在培训课程结束时向调查对象了解各方面信息的方法。此方法关键在于设计一份有效的问卷，并按照调查对象和调查目的的不同进行设计。

4. 成本-收益分析法。这是通过分析成本和培训带来的各项硬性指标的提高，计算出培训的投资回报率，是常见的定量分析方法。这里涉及以下两个公式：(1)培训收益计算公式。培训收益=$(E2-E1) \times N \times T - C$，其中 E2-E1 表示培训后(前)每位学员的年收益。N 表示参加培训的总人数；T 表示培训效益可持续的年限；C 表示培训成本。(2)投资回报率计算公式。投资回报率(ROI)=(培训收益/培训成本)×100%，若计算出来的 ROI 值小于1，表明此次培训没有收到预期效果，或企业存在的问题不是培训能解决的。该方法实施的前提条件是参训学员的年效益是可以量化的，对于那些年效益无法量化的学员，这种方法就很难操作了。

5. 加权分析法。使用加权分析法须建立一个完整的评估指标体系，确定各项指标的权重(衡量指标重要程度的数据)，所有权重和等于1。(1)每个指标分为5个等级(优为5分，良为4分，中为3分，合格为2分，不合格为1分)；(2)就学员的某一方面进行全方位调查，然后进行结果计算。

以下是对某位员工接受职业素质培训后运用加权分析进行培训评估的案例(如表6-5所示)。

表6-5　　　　　　　　　　　　加权分析评估示例

指标权重\指标等级	5分	4分	3分	2分	1分	单项指标得分
工作能力(0.2)	40%	25%	20%	10%	5%	0.77
理论知识水平(0.2)	30%	20%	25%	15%	10%	0.69
职业道德水平(0.2)	55%	20%	10%	8%	7%	0.816
敬业精神(0.4)	10%	60%	20%	8%	2%	1.472

注：表中评价结果用百分数表示，如40%表示40%的人认为该员工的工作能力得分为5，即为优；单项指标得分 = 指标权重 × $\sum$ (指标等级 × 百分比值)；最终评价结果 = $\sum$ (权重 × 单项指标得分)；最终评价结果=0.2×0.77+0.2×0.69+0.2×0.816+0.4×1.472=1.044(分)。

第三节 员工的培训方法

要使员工培训更有效,适当的培训方法是必需的。传统培训方法大致可分为三类:演示法、专家传授法和团队建设法;随着互联网技术的发展,应用新兴技术进行培训逐渐成为一种趋势,这些新兴技术包括计算机辅助培训、e-learning 和多媒体远程培训等。下面介绍各种培训方法及其优缺点和适应范围,为培训者提供设计和选择培训方法的建议。

一、传统培训方法进行的培训

(一)演示法

演示法(presentation methods)是指将受训者作为信息的被动接受者的一些培训方法,主要包括传统的讲座法(lecture method)、远程学习法(distance learning)及视听教学法(audio-visual teaching method)。

1. 讲座法。这是指培训者用语言表达其传授给受训者的内容。讲座的形式多种多样(如表6-6所示)。不管何种形式的讲座,它都是一种单向沟通的方式——从培训者到听众。尽管交互式录像和计算机辅助讲解系统等新技术不断出现,但讲座法仍是员工培训中最普遍的方法。讲座法成本最低,最节省时间;有利于系统讲解和接受知识,易于掌握和控制培训进度;有利于更深入地理解难度大的内容;可同时对许多人进行教育培训。因此,它可作为其他培训方法的辅助手段,如行为模拟与技术培训,讲座可在培训前向受训者传递有关培训目的、概念模型或关键行为的信息。讲座法不足在于:受训者的参与、反馈与工作实际环境密切联系,这些会阻碍学习和培训成果的转化;其内容具有强制性,不易引起受训者的注意,信息沟通与效果受教师水平影响大。

表 6-6   **不同的讲座方法**

讲座的形式	具体采用的方式
标准讲座	培训者讲,受训者听,并吸取知识。
团体讲座	两个或两个以上的培训者讲不同的专题或对同一专题介绍不同看法。
客座讲座	客座发言人按事先约定的时间出席并介绍讲解主要内容。
座谈小组	两个或两个以上的发言人进行信息交流并提问。
学生发言	各受训者小组在班上轮流发言。

资料来源:雷蒙德·A. 诺伊. 雇员培训与开发. 徐芳,译. 北京:中国人民大学出版社,2001:133.

2. 远程学习法。通常被一些在地域上较为分散的企业用来向员工提供关于新产品、企业政策或程序、技能培训以及专家讲座等方面的信息。远程学习包括电话会议、电视会议、电子文件会议,以及利用个人电脑进行培训。培训课程的教材和讲解可通过因特网或一张可读光盘分发给受训者。受训者与培训者可利用电子邮件、电子留言板或电子会议系统进行交互联系。远程学习是参与培训项目的受训者同时进行学习，可以与不同地域的培训者和其他受训者进行双向沟通的一种培训方式，为分散在不同地点的员工获得专家培训机会，为企业节省一大笔差旅费和时间。例如3M公司的研发部门进行为期8天的录像远程会议培训（培训指导人员来自欧洲和美国），培训费用只需13 000美元，而不用远程培训方式，则该项培训将花费100 000美元。该方法的不足在于：受训者与培训者之间缺乏互动；而且还需要一些现场的指导人员来回答某些问题，并对提问和回答的时间间隔作出调整。

3. 视听教学法。这是利用幻灯、电影、录像、录音等视听教材进行培训。这种方法利用人体感觉（视觉、听觉、嗅觉等）去体会，比单纯讲授给人的印象更深刻。录像是最常用的培训方法之一，被广泛运用在提高员工沟通技能、面谈技能、客户服务技能等方面，但录像很少单独使用。视听教学法有许多优点：（1）视听教材可反复使用，能更好地适应学员的个别差异和不同水平的要求；（2）教材内容与现实情况比较接近，易于使受训者借助感受去理解，加上生动的形象更易引起兴趣；（3）视听使受训者受到前后连贯一致的指导，使项目内容不会受到培训者兴趣和目标的影响；（4）将受训者的反应录制下来，能使其在无须培训者进行解释的情况下观看自己的现场表现，受训者也无法将业绩表现不佳归咎于外部评价者的偏见。但视听教学也存在缺点：须花费较多的费用和时间购置视听设备和教材，且合适的视听教材也不易选择；学员易受视听教材和视听场所的限制。因此，该方法很少单独使用，通常与讲座一起向员工展示实际的生活经验和例子。

（二）专家传授法

专家传授法是一种要求受训者积极参与学习的培训方法。这种方法有利于开发受训者的特定技能，理解技能和行为如何应用于工作当中，可使受训者亲身经历一次工作任务完成的全过程。它包括在职培训（on the job training，OJT）、情景模拟（situational simulation exercise）、商业游戏（business game）、个案研究（case study，）、角色扮演（role play）、行为塑造（behavior shaping）、交互式视频（interactive Video）培训以及互联网培训等。下面分别介绍几种主要的方法。

1. 在职培训。这是指新员工或没有经验的员工通过观察并效仿同事及管理人员执行工作时的行为而进行学习。与其他方法相比，OJT在材料、培训人员工资或指导上投入的时间或资金相对较少，因此是一种很受欢迎的方法。不足之处在于：管理者与同事完成一项任务的过程并不一定相同，在传授有用的技能同时可能也传授了不良习惯。OJT的方法多种多样，主要有学徒制与自我指导培训法。

（1）学徒制（apprenticeship）。它是一种既有在职培训又有课堂培训，且兼顾工作与学习的培训方法。该方法选择一名有经验的员工对受训者进行关键行为的示范、实践、反馈和强化以达到培训的目的。这些受训者被称为"学徒"。一些技能行业如管道维修业、电工行业、砖瓦匠业等企业多采用"师带徒"的方法。学徒制的有效指导原则包括：一是管理者要确认受训者（学徒）具备对某一操作过程的基本知识；二是培训者（有经验的人）让员工演示这一过程的每一步骤，并强调安全事项和关键步骤；三是资深员工给学徒提供执行这一过程的机会，直至每个员工认为其已能安全且准确地完成工作过程。它的主要优点包括：一是受训者（学徒）在学习的同时能获取收入，因师带徒的培训时间持续长，学徒的工资会随着其技能水平的提高而自动增长；二是培训结束后，受训者往往被吸纳为全职员工。但也有不足之处：师带徒只对受训者进行某一技艺或工作培训；由于新技术的变化，许多管理者会认为学徒们只接受了范围狭窄的培训而不愿雇佣他们；师带徒培训的员工也会因只接受某种特定的技能而不能获得新技能或技能难以适应于工作环境的变化。师带徒的培训方法在德国、丹麦等国是其教育的重要部分。尤其是在德国，学徒培训体系为没有上大学的学生提供机会——学习从事某种职业所需要的知识和技能。这样的职业有300多种职业，每套职业都有一套标准和课程安排。中国政府十分重视企业新型学徒制，并出台文件明确指出："全面推行企业新型学徒制，有利于推行职业技能培训制度，为经济高质量发展和供给侧结构性改革提供技能人才支撑"①。

（2）自我指导培训法（self directed training）。这是指受训者不需要指导者，而是需按自己的进度学习预定培训内容，即员工自己全权负责的学习。培训者不控制或指导学习过程，只负责评估受训者的学习情况及解答其所提出的问题。有效的自我指导培训计划的制定一般包括以下内容：一是进行工作分析以确认工作任务；二是列出与完成任务直接相关的学习目标；三是制定以完成学习目的为核心的详细计划；四是列出完成学习计划的具体学习内容；五是制定自我指导学习内容详细计划。该方法使员工可以较为灵活地安排接受培训的时间，鼓励员工积极参与学习，是一个十分有效的方法。它只需培训少量的人员，减少与交通、培训教室安排有关的成本；其培训内容与知识来自专家的知识，培训员工能轮流接触到培训材料与培训内容；使员工能在多地方接受或进行培训；能让受训者自行确定学习进度，接受有关学习效果的反馈。但是，该方法也存在不足：即要求受训者有学习的动力，而且也会导致较高的员工开发成本，员工开发时间也比其他的培训方法长。

2. 情景模拟。这是一种代表现实中真实情况的培训方法，受训者的培训结果可反映如果其在被"模拟"的工作岗位上工作会发生的真实情况。该方法常被用来传授生产和加工技能及管理和人际关系技能。模拟环境必须与实际的工作环境有相同的构成要素。模拟的环境可通过模拟器仿真模拟出，模拟器是员工在工作中所使用的实际设备的复制品。该方法培训的有效性关键在于模拟器对受训者在实际工作中使用设备时遇到的情形的仿真程度，即模拟器应与工作环境的因素相同，其反应也要与设备在受训者给定的条件下的反应完全一致。情景模拟法的优点在于：能成功地使受训者通过模拟器简单练习增强员工的信心，使其能够顺利地在自动化生产环境下工作；不足之处在于：模拟器开发很昂贵，且工作环境信息的变化也需要经常更新。因此，利用仿真模拟法进行培训的培训成本较高。

3. 商业游戏。这是指受训者在借助计算机模拟等一些仿照商业竞争规则的情景下，收集信息并进行分析、做出决策的过程。它主要用于管理技能开发的培训中。参与者在游戏中所作的决策的类型涉及各个方面的管理活动，包括劳工关系（如集体谈判合同的达成）、市场营销（如新产品的定价）、财务预算（如购买新技术所需的资金筹集）等。商业游戏能够激发参与者的学习动力。通过把从游戏中学到的内容作为备忘录记录下来发现：商业游戏能够帮助团队队员迅速构建信息框架，以及培养参与者的团队合作精神；游戏采用团队方式有利于营造有凝聚力的团队。与演示法相比，游戏法显得更加真实，是一种更有

---

① 关于全面推行企业新型学徒制的意见. http://www.mohrss.gov.cn/SYrlzyhshbzb/dongtaixinwen/buneiyaowen/201810/t20181026_303637.html.

意义的培训活动。其缺点就是开发成本较高。

4. 个案研究。这是将实际发生过或正在发生的客观存在的真实情景，用一定的视听媒介，如文字、录音、录像等描述出来，让受训者进行分析思考，学会诊断和解决问题以及决策。它特别适用于开发高级智力技能，如分析、综合及评估能力。该方法的优点包括：提供了一个系统的思考模式，在个案学习过程中接受培训可得到一些管理方面的知识和原则，建立一些先进的思想观念，有利于受训者参与企业的实际问题的解决；可以使受训者在个人对情况进行分析的基础上，提高承担具有不确定结果风险的能力。为使个案研究教学法更有效，学习环境必须能为受训者提供案例准备及讨论案例分析结果的机会；安排受训者面对面的讨论或通过电子通信设施进行沟通，并提高受训者个案分析的参与度。因此，个案研究的有效性基于受训者意愿而能够分析案例，并能坚持自己的立场，以及好案例的开发和编写。

5. 角色扮演。这是设定一个最接近现状的培训环境，指定受训者扮演角色，借助角色的演练来理解角色的内容，从而提高积极地面对现实和解决问题的能力。利用角色扮演培训员工应注意以下问题：(1)在角色扮演之前向受训者说明活动目的，使其感到活动更有意义，并更愿意去学习；(2)培训者还需要说明角色扮演的方法、各种角色的情况及活动的时间安排；(3)在活动时间内，培训者要监管活动的进程，受训者的感情投入及各小组的关注焦点；(4)在培训结束时，应向受训者提问，以帮助受训者理解这次活动经历。角色扮演有助于训练基本技能；有利于培养工作中所需素质和技能；可训练态度、仪容和言谈举止。角色扮演优点体现在：可以给受训者提供在不影响工作的情况下实验的机会；是一种成本低、趣味性强，并能开发多种新技能的方法。但这种方法在角色设计、指导信息、处理交流、行为反馈等方面要求很高，而且花费时间较长。角色扮演与情景模拟差异主要表现如下：角色扮演提供的情景信息十分有限，而情景模拟所提供的信息通常都很详尽；角色扮演注重人际关系反应，寻求更多的信息，解决冲突，而情景模拟注重于物理反应(如拉动杠杆、拨个号码)；情景模拟的受训者的反应结果取决于模型的仿真程度，而在角色扮演中结果取决于其他受训者的情感与主观反应。

6. 行为塑造。这是指向受训者提供一个演示关键行为的模型，并给他们提供实践的机会。它能够吸引并保持受训者的注意力，并因为提供了实践和反馈的机会，而具有较突出的有效性。该方法基于社会学习理论，适用于学习某一种技能或行为，不太适合于事实信息的学习。有效的行为塑造培训包括四个重要的步骤：(1)明确关键行为。关键行为即指完成一项任务所必需的一组行为。通过确认完成某项任务所需的技能和行为方式，以及有效完成该项任务的员工所使用的技能或行为来确定关键行为。(2)设计示范演示，即为受训者提供一组关键行为。录像是示范演示一种主要的方法。科学技术的应用使得示范演示可通过计算机进行。有效的示范演示应具有如下特点：演示能清楚地展示关键行为；示范者对受训者来说是可信的；提供关键行为的解释与说明；向受训者说明示范者采用的行为与关键行为之间的关系；提供正确使用与错误使用关键行为的模式比较。(3)提供实践机会，即让受训者演练并思考关键行为。将受训者置于必须使用关键行为的情景中，并向其提供反馈意见。如条件允许还可以利用录像将实践过程录制下来，再向受训者展示自己模拟正确的行为及应如何改进自己的行为。(4)应用规划，即让员工做好准备在工作当中应用关键行为，以促进培训成果的转化。例如，可以让受训者制定一份"合约"，承诺在工作中应用关键行为，培训者应跟随观察受训者是否履行了合约。与角色扮演法相比，虽然同样是在特定情境中扮演某些角色，行为塑造法是教受训者正确执行任务的方法，并且培训中发生的互动行为也是直接针对未来实践。

7. 交互式视频培训法。这是以计算机为基础，综合文本、图表、动画及录像等视听手段培训员工的方法。它通过与计算机主键盘相连的监控器，让受训者以一对一的方式接受指导，进行互动性学习。受训者可用键盘或触摸监视器屏幕的方式与培训程序进行互动。培训项目的内容可以储存在影碟或可读式光碟(CD-ROM)上。交互式视频培训法可用来指导技术程序和人际交往技能。该方法有很多优点：一是受训者个性化、完全自我控制，可自主选择学习内容、学习的进度；培训内容具有连续性，能实现自我导向和自定进度的培训指导。二是内置的指导系统可促进员工学习，提供及时的信息反馈和指导。通过在线服务，能监控受训者的绩效，受训者也可自己得到绩效反馈。三是受训者的培训不受任何时间和空间的限制。但该方法也存在不足：课程软件开发费用昂贵；不太适用于对人际交往技能的培训，尤其是当受训者需要了解或给出微妙的行为暗示或认知过程时更是如此；不能快速更新培训的内容；受训者对运用新技术来培训将有所顾虑。

(三) 团体建设法

团队建设法(group-building methods)是用以提高团队或群体成员的技能和团队有效性的培训方法。它注重团队技能的提高以保证进行有效团队合作。这种培训包括对团队功能的感受、知觉、信念的检验与讨论，并制订计划以将培训中所学的内容应用于改进工作当中的团队绩效上。团队建设法包括探险性学习(expeditionary learning)、团队培训(team training)和行动学习(action learning)。

1. 探险性学习。它也称为野外培训或户外培训。它是利用结构性的室外活动来开发受训者的团队协作和领导技能的一种培训方法。最适用于开发和团队效率有关的技能，如自我意识能力、问题解决能力、冲突管理能力和风险承担能力等。利用探险性学习方法，其户外练习应和参与者希望开发的技能类型有关；练习结束后，应由一位有经验的辅导人员组织讨论，包括关于学习内容、练习和工作的关系，以及如何设置目标、将所学知识应用于工作等问题。探险性学习法可以使受训者共享一段富有感情色彩的身心经历，有助于其真实感知哪些是有效行为与无效行为，并改变其原有行为方式。

2. 团队培训。这是通过协调在一起工作的不同个人的绩效从而实现共同目标的方法。团队培训方法多种多样，可以利用讲座或录像向受训者传授沟通技能，也可通过角色扮演或仿真模拟给受训者提供讲座中强调的沟通性技能的实践机会。培训的主要内容是知识、态度和行为。团队的行为是指团队成员必须采取可以让他们进行沟通、协调、适应且能完成任务以实现目标的行动；团队知识是使团队队员记忆力好、头脑灵活，使其能在意料外的或新的情况下有效运作；团队队员对任务的理解和对彼此的感觉与态度因素有关。团队士气、凝聚力、统一性与团队绩效密切相关。研究表明，受过有效培训的团队能设计一套程序，做到能发现和改正错误、协调信息收集及相互鼓舞士气。

3. 行动学习。这是给团队或工作群体一个实际工作中所面临的问题，让团队队员合作解决并制定出行动计划，再由他们负责实施该计划的培训方式。一般地，行动学习包括

6~30 个员工，其中包括顾客和经销商。团队构成可以不断变化。第一种构成是将一位需要解决问题的顾客吸引到团队中；第二种构成是群体中包括牵涉同一个问题的各个部门的代表；第三种构成是群体中的成员来自多个职能部门又都有各自的问题，并且每个人都希望解决各自问题。

二、应用新兴技术进行培训

应用新兴技术进行培训主要包括媒体辅助远程培训(media-assisted distance learning)、技术辅助远程培训(technology-assisted distance learning)、计算机辅助培训(computer-assisted training)、利用电信技术的培训(technology-based training)、多媒体远程培训(multimedia distance learning)及网络培训(network training)等，具有以技术为支持基础、跨边界和以学员为中心等特点。下面主要介绍常用的应用新兴技术的培训，它们与传统培训方法相比具有显著特点(如 6-7 所示)。

表 6-7　　　　　　　　　　　　　　不同培训方式的特点比较

	传统培训	计算机辅助培训	e-learning	多媒体远程培训
跨地域性	无	无	应用地域范围极广	可在几地同时进行
信息流动	双向	通常为单向	通常为单向	多向
组织形式	正规	松散	松散	一定的正规性
安全性	有交通危险	无	无	无
培训内容	会滞后	及时	及时	及时
技术设备要求	低	中	高	极高
对讲师要求	中等	自适应学习，教师仅负责回答和咨询	负责回答和咨询	高，同时面对多个培训点和不同培训对象
学员准备性	低	中等	高	高
学员主动性	一般	高	高	高

资料来源：石金涛，等. 培训与开发. 第三版. 北京：中国人民大学出版社，2013：109.

(一)计算机辅助培训

这类培训是随着个人电脑的兴起而发展起来的。它主要通设计一些课程程序和软件帮助学员进行自主学习。在常见的计算机辅助培训中，学员可以学到课程内容，并可以对自己掌握知识的水平进行评估，以确定下一步的学习。所以，计算机辅助培训往往是自适应培训，即学员可以根据自己学习的步调调整学习进度。它特别适合于一些基本知识和概念的培训。目前已经成为新兴技术培训应用中最基本的形式。

(二)e-learning

e-learning 是一种新的企业人力资源开发方式，在电子化时代，它凭借自身的优势，逐渐成为企业员工培训的重要手段。其主要方式是在网上开设课程主页，将与课程有关的内容放置到网上，经由局域网(LAN)、广域网(WLAN)、个人电脑(PC)、调制解调器和路由器、无线网络、无线路由器乃至卫星通信等通信技术设备和方式使学员在全世界范围内浏览某个课程并进行自主学习，企业员工可随时打开电脑上网，学习那些已经由培训总部在网上设计好的培训课程。e-learning 具有如下特点：零距离、低成本使企业大范围实施培训①；学习进度、学习时间和地点、学习内容等选择灵活；学习效果显著以及大大提升培训内容组合整体效能等。

（三）多媒体远程培训

多媒体远程培训是指结合采用多种媒体手段，利用现代化的技术将声音、图像传递到各个教学地点，学员一般会在各地专门的教师中接受远在外地的教师的培训。在多媒体远程培训中，有些已经可以实现多变互动，即学员可当场提出问题并得到实时回答；多媒体远程培训还经常与计算机辅助培训、e-learning 联系起来，即在课堂通过可视会议系统授课，在课堂外则通过课程网、电子邮件进行沟通，还可以形成全球范围的虚拟学习团队就某一个问题进行讨论，并往往配有计算机辅助学习软件或课程光盘给学员进行课后的自我学习，具有跨地域性、沟通的多向性、及时同步性、便捷性等特点。

三、中国企业"互联网+"培训

"互联网+"概念 2015 年被提出，同时要求制定"互联网+"行动计划，并被提升到国家战略层面②，这既是对互联网理念提升的一次尝试，也是该理念在各行各业的具体落实。据新华网发布的《中国产业发展报告》，截至 2017 年底，中国互联网教育市场已达到 2800亿元庞大体量，其增长率连续 3 年处在前五的水平。互联网强劲发展势头推动着教育科技企业快速创新、多元成长③，推动中国企业"互联网+"培训。

（一）企业"互联网+"培训的实施

"互联网+"培训具有降低培训成本、实现资源共享以促进员工自主学习、员工可按需学习以提高培训的针对性和实效性等优势；同时，随着移动通信与互联网技术的迅猛发展，员工学习时间与空间都已从传统的连续、固定、封闭变得更加灵活、开放、多元，学习的时间与空间日益碎片化④，因此，企业通过网络大学与 MOOC 模式、翻转课堂与 C2C模式、移动学习与微课模式等有机结合实施"互联网+"培训⑤。

1. 创建"互联网+"培训平台。企业购买网络培训系统，引进先进网络技术等，加强网络软件应用，借助各种传媒与网络平台，建立不同渠道的网络学习平台。通过在线微课，把信息化融入培训"前、中、后"全过程；把培训内容设置为音频、视频、图片、文字等形式，让员工选择自己感兴趣的形式在不同的环境中进行学习⑥，如手机学习软件、网络

---

① 李燕萍，张玉静. 企业实施 E-learning 培训系统研究. 中国软科学，2003(4).
② 国务院关于积极推进"互联网+"行动的指导意见(国发〔2015〕40 号). http://www.gov.cn/zhengce/content/2015-07/04/content_10002.htm.
③ 林伦秀. "互联网+"时代下 E 公司新员工培训效果提升研究. 对外经贸，2020(2).
④ 王富祥，林新奇. 移动互联时代企业创新人才的培训研究. 科学管理研究，2016(6).
⑤ 陈玲. 互联网+背景下的企业培训管理对策. 企业改革与管理，2018(9).
⑥ 高昆. 互联网+时代员工培训模式研究. 人力资源，2019(4).

课程、微课程等，实现线上、线下同步培训等；也可建立 QQ 群或微信群，员工将不懂问题随时传到交流平台，由专业的培训人及时讲解，不但使员工解决工作中遇到的问题，提高工作效率①；还可利用微信平台向员工提供微课开发在线"培训信息"发布平台，平台由培训主管部门每日维护，滚动公布培训时间、地点和主要培训内容，以便及时跟踪员工动向，加强培训监督等。

2. 建立"互联网+"培训体系。(1)分析需求。企业借助互联网让员工通过网上匿名讨论组、公共网络意见箱、在线问卷调查等接受调查，提高培训需求调查的效率；借助网络或移动终端了解新员工学习情况，包括学习记录、教学记录等，运用数据分析员工的需求，以此作为培训依据。(2)创新培训形式。企业既可借助互联网建立网络课程平台，也可自主开发培训资源、购买课程内容或整合企业资源让员工利用碎片化时间学习；培训讲师利用网络直播与录播等方式，将翻转课堂与C2C(customer to customer)相结合，使员工由消极"信息接收者"变为主动学习者②；引导员工自主学习，同时在线互动交流，答疑解惑。企业还可开发属于自己的移动 APP，将网络学习与移动技术相结合。如中国石化依托远程培训系统开发了智能移动终端(手机、平板电脑)客户端(APP)，将基于 PC 机的远程培训系统学习与移动设备学习完美结合③。(3)丰富培训内容。企业设置适应时代多元化、碎片化、移动化特点的课程，不断创新培训的内容，选择适合员工的课程，理论结合实际，提升员工培训积极性。(4)加强培训评估。互联网技术为四层次评估模型的实施提供良好的技术支持，通过后台数据中心导入相关数据，对企业效益、个人绩效间的相关性定量与定性分析，使培训效果评估更有说服力，同时，建立配套的激励机制和举措引导员工积极参加培训。如京东集团发现其大多数员工不喜欢培训，因为培训会挤压计薪时间，于是就鼓励员工利用闲暇时间，采用"快手酷拍"这个内部视频，记录自己工作的重点，最后评选出最优秀的作品，予以超值大奖激励。这是典型的利用互联网思维进行培训的例子。

3. 建立专业的"互联网+"培训团队。培训人员是"互联网+"培训执行者，其专业水平直接影响培训效果及人才的开发，他们要设计优质的员工培训计划、新颖的培训内容，保证网络培训工作的顺利开展，使培训取得良好的效果等。因此，需要不断学习提高其自身专业培训知识，具备熟练的计算机操作能力、较强的综合能力等。同时，企业要鼓励一线的专业人员积极参与互联网培训课件开发，培养一批活跃在企业基层各岗位培训人员，形成优秀的"互联网+"培训团队。

(二)新冠肺炎疫情防控推动"互联网+"培训发展

新冠肺炎疫情防控期间，"互联网+"培训既是提升员工技能水平的重要途径，也成为减少疫情期间人员聚集的有效方式，同时，为推动"互联网+"培训提供了新的发展机遇。

1. 政府出台政策并采取举措鼓励"互联网+"培训④。为做好疫情防控，防止聚集性线

---

① 宋蕾，蔡倩. 浅析企业人才开发与企业网络培训发展策略. 人才资源开发，2017(11).

② 罗景凤. 互联网+ 背景下的企业培训管理对策. 企业改革与管理，2018(4).

③ 包文静. 移动学习项目设计与实施——以专职教师培训项目为例. 石油化工管理干部学院学报，2014(4).

④ 任社宣. "互联网+职业技能培训计划"答记者问. 中国组织人事报，2020-02-27：004.

下培训发生疫情，政府在 2020 年 2～4 月份连续出台政策鼓励线上培训。国家发改委等部门出台通知明确①疫情期间依托有关部门线上培训平台，对劳动者免费开放重点培训课程，引导鼓励有关培训机构等在疫情期间免费开放线上培训资源；人社部印发相关通知明确要求②开展技能人才自主评价的企业，可结合企业生产经营实际，采取线上理论考试、生产过程考核、工作业绩考评等方式，统筹组织开展、推广在线进行职业技能等级评价机构特别是自主评价用人单位备案工作；印发人社部、财政部出台通知确定③线上培训的目标任务，创新培训内容和方式方法，明确线上培训政策，政府部门将为参训学员和组织开展培训的企业提供补贴；为加大线上培训资源供给，人社部发布关于征集职业技能提升行动线上培训平台及数字资源通告④，面向社会征集资质合法、信誉良好且可以提供线上职业技能培训服务的平台及数字资源，经过遴选后向全国推荐。例如，北京大兴区通过搭建"正开在线"（dx. kttx. cn）培训在线平台，免费向社会开放，内容分为职业素养类、管理技能类、人力资源类、疫情专题类、基层党建类等。过程可记录，平台可追踪每位学员的学习进度、学习管理和统计等，该平台已被北京市人社局认定为"疫情期间免费的技能培训线上教学资源"。

2. 企业创新"互联网+"培训模式。新冠肺炎疫情发生以来，很多企业持续组织员工开展疫情防控培训，提升其防疫技能，同时努力为复工复产做好准备。利用微信群、公众号、手机 APP 等平台，通过现场、网络、文件传阅等多形式，开展内容丰富、务实有效的培训。如国家电网坚持"采取线上线下相结合的培训模式，确保疫情防控与教育培训两不误"，完善国网大学"云课堂"，丰富 1400 余门课程。截至 2020 年 4 月，已为国家电网系统 73 家单位 8.4 万人，提供 434 万学时服务，累计有 100.47 万人次上线学习，总点击量 758 万次。公司驻境外员工线上培训 4 月 14 日正式开班，来自各驻外机构和 11 家境外单位的 320 余名员工在"云课堂"接受远程培训⑤。又如首都机场餐饮公司利用"同好学堂"学习平台，利用 O2O 混合培训模式，将"线下集中培训"转变为"线上自主学习"，既有效避免了员工聚集，又有序推进了员工培训，并持续丰富线上课程形式，引入图文、动画等微课程，实现培训课程的"多元化"呈现⑥。此外，已有的各类社交网络平台（如表6-8所示）为新冠肺炎疫情期间企业员工的培训提供了便利。

---

① 关于应对新型冠状病毒感染肺炎疫情 支持鼓励劳动者参与线上职业技能培训的通知. http：//www. gov. cn/zhengce/zhengceku/2020-02/06/content_5475392. htm.

② 人力资源社会保障部办公厅关于切实做好新型冠状病毒感染肺炎疫情防控期间技能人才评价有关工作的通知. http：//www. gov. cn/zhengce/zhengceku/2020-02/11/content_5477454. htm.

③ 人力资源社会保障部、财政部印发关于实施职业技能提升行动"互联网+职业技能培训计划"的通知. http：//www. mohrss. gov. cn/SYrlzyhshbzb/dongtaixinwen/buneiyaowen/202002/t20200226_360691. html.

④ 人力资源社会保障部关于印发百日免费线上技能培训行动方案的通知. http：//www. gov. cn/zhengce/zhengceku/2020-04/08/content_5500387. htm.

⑤ 国家电网驻境外员工齐聚国网大学"云课堂"参加培训学习. https：//baijiahao. baidu. com/s?id=1663927493047280434&wfr=spider&for=pc.

⑥ 疫情防控期间 首都机场餐饮公司有序推进线上培训. http：//www. caacnews. com. cn/1/5/202002/t20200218_1293135. html.

表 6-8　各类"互联网+"培训平台

类别	平台	特点	不足	产品定位	能否加密	能否同步录制	进入流程
视频会议平台	腾讯会议	·不限地点、设备（PC/phone），不用另外下载工具，可同时容纳300人以上（疫情期间免费使用） ·课题相关内容保密，讲师可实时上传文件到会议 ·所有人可共享讲师的屏幕（word/excel/PPT、视频等） ·可在对话框放入学习测试链接	·对环境的安静程度要求较高 ·无法及时进行小组讨论 ·如有学习测试，完成后无法直接在线提交，需要后期收齐后统一转给讲师	视频会议平台	能，定向发送衔接	能	点击链接进入
	ZOOM	·不限地点、设备（PC/phone），不用另外下载工具，可同时容纳100人以上（正式账号） ·课题相关内容保密 ·所有人可共享讲师的屏幕（word/excel/PPT、视频等） ·可在对话框放入学习测试链接	·对环境的安静程度要求较高 ·MacBook无法安装使用 ·共享屏幕时的音频和视频有时没有声音 ·如有学习测试，完成后无法直接在线提交，需要后期收齐后统一转给讲师	云视频会议平台	能（定向邀请+设置密码）	能	定向邀请邮件→点击链接→输入会议ID进入
	钉钉-视频会议	·不限地点、设备（PC/phone），课题相关内容可以保密 ·所有人可共享讲师的屏幕（word/excel/PPT、视频等） ·可在钉钉群里放入学习测试链接	·只能通过钉钉pc端/APP使用 ·对网络要求较高，有时会卡顿	视频会议	能，定向发送邀请	能	下载APP→点击链接进入

续表

类别	平台	特点	不足	产品定位	能否加密	能否同步录制	进入流程
在线知识社区平台	荔枝微课	·不用另外下载工具，所有人可同时在线； ·支持视频、音频两种教学形式，音频播放时教学PPT在下方可随时查看，保存； ·可以回看内容，内容在平台上是隐藏保密状态； ·可在对话框设置选择题做测试	·无法及时进行小组讨论； ·如有测试，完成后无法直接在线提交，需要后期收齐后统一转给讲师	在线知识社区	能（定向邀请无法搜+设置密码）	能	扫码/点击链接进入
	千聊	·不用另外下载工具，所有人可同时进入； ·支持视频、音频两种教学形式，音频播放时可手动翻看PPT（可手动放大）； ·可以下载讲课内容到个人中心（需下载APP）； ·可在对话框放入学习测试链接	·课题相关内容（讲师讲授、学员问答等）会公开； ·如有测试，完成后无法直接在线提交，需要后期收齐后统一转给讲师	在线知识社区	否（有邀请卡，但用户可搜索看到）	否（仅手动录屏）	点击链接进入
在线知识社区平台	小鹅通（音频类课程）* 提前录制好	·不限地点、设备（PC/phone），不用另外下载工具，所有人可同时在线； ·课题相关内容不会对外公开，音频播放时可手动翻看PPT（可手动放大，保存）； ·可在对话框放入学习测试链接	·如有测试，完成后无法直接在线提交，需要后期收齐后统一转给讲师	在线知识社区	能（定向邀请+设置密码）	否，但可以回听	扫码/点击链接进入

续表

类别	平台	特点	不足	产品定位	能否加密	能否同步录制	进入流程
社交/工作平台	微信群直播	不用专门下载APP，学员熟悉操作	·语音质量受信号影响大 ·对同时上线的人数有限制 ·不能同步进行视频学习 ·检测学习成果时需要放入测试链接，后期收齐后统一转给讲师	社交平台	能，定向拉群	否（仅手动录屏）	建群→群内发起语言通话
	钉钉群直播	·有摄像模式、屏幕分享模式、专业主播模式，随时切换 ·支持多群联播，直播录像可以回看 ·定向建群，群内资料保密不对外	·直播质量受信号影响大 ·需要下载APP，定向建群 ·检测学习成果时需要放入测试链接，后期收齐后统一转给讲师	社交/工作平台	能，定向拉群	能	建群→群内发起会议
直播类平台	娱播APP	在线课程有视频和音频两种形式	·适合讲师单向授课，展示图片/视频时画面不清晰 ·经常卡顿（切换wifi/4G） ·学习后不能检测学习效果，属于单向学习 ·内容会被平台公开	直播网购平台	否	否（仅手动录屏）	下载APP→微信登录→手机号登录→搜素主播名称→课程名称
	有播APP	暂无	·适合讲师单向授课，展示图片/视频时画面不清晰 ·经常卡顿（切换wifi/4G） ·学习后不能检测学习效果，属于单向学习 ·内容会被平台公开	直播网购平台	否	否（仅手动录屏）	下载APP→微信登录→手机号登录→搜素直播间ID/房间名称

资料来源：作者根据网络资料整理。

第四节　人员开发

一、人员开发概述

（一）人员开发的含义

如本章第一节介绍，人员开发是企业帮助员工为未来工作和今后发展做准备的各种有益活动。它是以将来为导向，着重提高员工未来工作胜任力或长期绩效。所以，人员开发的内容和活动形式与培训有所不同。人员开发活动的对象已从管理人员推广至企业全体成员，而对管理人员的开发仍然是每个企业员工开发规划中应强调的重点。

（二）人员开发的意义

为了留住和激励员工，尤其是高绩效者及具有承担管理职位潜力的员工，企业需要建立一种能够确认以及满足员工开发需要的管理系统。人员开发对企业具有重要的意义，具体表现如下方面：（1）大多企业将内部提升视为其优秀管理人才和技术人才的重要来源。因此，企业开展的有针对性的人员开发活动，能够起到帮助管理人员和技术人员学习、具备承担新工作或未来可能职位的能力的作用。（2）人员开发着重提高企业员工未来工作胜任力或长期绩效，有助于现任管理人员和其他员工能胜任更高职务，从而加强了企业经营管理活动的连续性。（3）人员开发可以在被开发者中树立和巩固企业生存发展所必需的正确价值观、态度和行为，强化全体员工的组织性，提高其忠诚度和凝聚力。（4）人员开发在挖掘员工未来潜能，改善其长期绩效的同时，也提高了企业所提供的产品和服务的质量，这就能够帮助企业成功应对经济发展和社会变迁所带来的挑战。

二、人员开发过程

人员开发的过程就是依据企业人员开发对象——全体员工目前的实际工作情况，以及其职业发展规划中的未来工作要求、企业长足发展战略的需要来确定不同员工的开发计划。人员开发的过程如图6-6所示。

从图6-6中可见，人员开发一般过程主要包括三项基本任务：（1）评估企业的战略需要，对企业人员进行规划和预测，如分析出企业空缺的岗位、岗位上冗余的人员等。（2）结合企业的发展需求和人员现状，评价特定人员的实际工作绩效和需求。（3）有针对性地选取合适的方法来开发这些人员。

（一）一般员工的开发规划

一般员工开发规划是指在分析企业和员工个人对其开发的需要的基础上，设定员工开发目标，确定企业和个人为达到目标所应采取的行为，并选择合适的开发方法来对员工进行培养教育的一系列活动。一般员工开发规划的步骤及责任要素如表6-9所示。

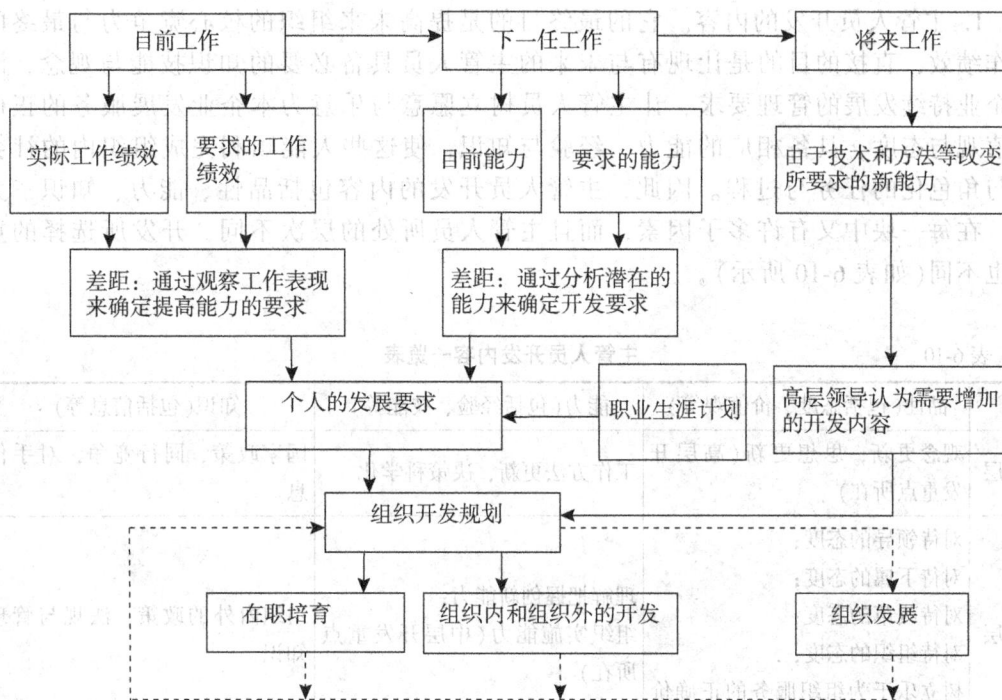

图 6-6 人员开发过程模型

资料来源：马新建，时巨涛，等. 人力资源管理与开发. 第二版. 北京：北京师范大学出版社，2008：269.

表 6-9 一般员工开发规划的步骤与责任要素

步骤	员工考虑	组织考虑	组织帮助
①分析开发需求	需要怎样改进	现在和未来工作需要员工怎样改进	提供评价信息，帮员工认清其长短处、兴趣和潜力等
②设立开发目标	想要开发什么	需要员工开发什么	上级同员工共商开发问题，提供开发计划指导
③确定开发方式与标准	该如何开发自己并了解获得的进展	如何做才能有效开发并把握开发进度	由有关部门和人员提供相应训练与反馈
④确定具体的开发行动	该采取什么行动才能达到开发目标	组织应推行哪些活动才能实现开发目标	课程教育、人员测评、在职体验、人际互助等开发活动
⑤拟定开发进程表	应当在什么时间做什么(开发的)事	现在和将来的工作要求员工在什么时间完成什么事	由上级和指导者帮助员工制定切实可行的时间表

资料来源：作者整理。

（二）主管人员的开发规划

1. 主管人员开发的内容。它的最终目的是提高未来组织的核心竞争力与最终的工作绩效，直接的目的是让现有与未来的主管人员具备必要的知识技能与观念，满足企业持续发展的管理要求，让主管人员树立愿意与乐意为本企业发展服务的正确价值观与态度，具备相应的能力、经验与知识，使这些人能顺利完成组织内的社会化与角色化的任务与过程。因此，主管人员开发的内容包括品性、能力、知识三大块，在每一块中又有许多子因素，而且主管人员所处的层次不同，开发所选择的重点也不同（如表 6-10 所示）。

表 6-10　　　　　　　　　　　　　主管人员开发内容一览表

	品性（包括态度、价值观等）	能力（包括经验、技能等）	知识（包括信息等）
高层	观念更新，思想更新（高层开发重点所在）	工作方法更新，决策科学化	国家政策，同行竞争，对手信息
中层	对待领导的态度；对待下属的态度；对待改革的态度；对待组织的态度；树立乐于为组织服务的正确价值观与态度	理解把握创新能力；组织实施能力（中层开发重点所在）	组织内外的政策、法规与管理知识
基层	对待领导的态度；对待群众的态度；对待改革的态度；对待组织的态度；树立充分体现组织与领导先进的思想与能力的服务态度	操作实施能力；理解把握能力；解决实际矛盾与问题的技能技巧（基层开发重点所在）	组织内外的新知识、新政策、新法规（基层开发重点所在）

资料来源：萧鸣政. 人力资源开发概论. 北京：北京大学出版社，2014：308.

2. 主管人员开发的过程。主要是针对整个组织与潜在的主管人员的开发来分析的，包括需求分析、计划制定、组织实施和效果评价四个阶段。在需求分析阶段，主要抓住组织发展需求、个人发展需求与整个人员现状三个关键点；在计划制定阶段，主要抓住发展规划、晋升替补、轮换与培训计划这几个方面；在组织实施阶段，主要抓住制度管理、机制激励与问题应对措施几个方面；在效果评价阶段，主要抓住领导评价、员工评价、客户评价与主管人员自我评价几个方面。其开发过程如图 6-7 所示。

三、人员开发的方式

员工开发方式一般有五种：正规教育、人员测评、工作实践、开发性人际关系以及组织发展等，下面分别介绍。

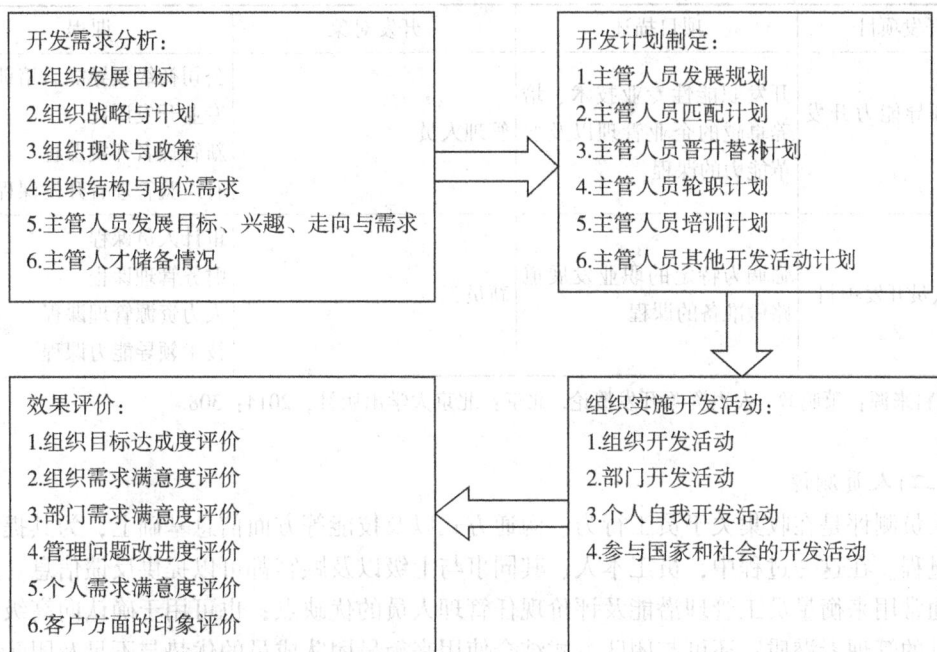

图 6-7　主管人员开发过程示意图

资料来源：萧鸣政. 人力资源开发概论. 北京：北京大学出版社，2014；311.

（一）正规教育

正规教育项目包括员工脱产和在职培训的专项计划，包括顾问或大学提供的短期课程、在职工商管理硕士（MBA）课程以及住校学习的大学课程计划。这些开发计划一般通过企业专家讲座、商业游戏、仿真模拟、冒险学习与客户会谈等培训方法实施。如摩托罗拉、IBM 和通用电气等许多跨国公司都设有自己的培训与开发中心，可为其学员提供 1~2 天的研讨会以及长达 1 周的培训计划。根据不同的开发对象，企业可为基层管理者、中层管理者、高层管理者和普通员工分别制定不同的开发计划，并为工程技术人员（如工程师）设置专门的计划。如通用电气公司为不同员工设计的开发项目如表 6-11 所示。为适应全球业务拓展，领导才能、经营战略实施、组织变革管理以及对全球业务理解力则是高层经理的开发计划的重要内容。

表 6-11　　　　　　　　　　　通用电气公司不同员工的开发项目

开发项目	项目描述	开发对象	课程
高层经理人员开发系列	强调战略性思维能力、领导能力、跨职能整合能力、全球竞争能力以及赢得顾客满意能力等	高潜质的高级专业人员和高级经营管理人员	管理人员开发课程 全球化经营管理课程 高级经营管理者开发课程

续表

开发项目	项目描述	开发对象	课程
核心领导能力开发项目	开发职能性专业技术、培养卓越的企业管理以及变革能力的课程	管理人员	公司初级领导能力培训班 专业开发课程 新管理者开发课程 有经验管理者开发课程
专业人员开发项目	强调为特定的职业发展道路做准备的课程	新员工	审计人员课程 财务管理课程 人力资源管理课程 技术领导能力课程

资料来源：萧鸣政. 人力资源开发概论. 北京：北京大学出版社，2014：308.

（二）人员测评

人员测评是在收集关于员工行为、沟通方式以及技能等方面信息基础上，为其提供反馈的过程。在这一过程中，员工本人、其同事与上级以及顾客都可以提供反馈信息。人员测评通常用来衡量员工管理潜能及评价现任管理人员的优缺点；也可用于确认向高级管理者晋升的管理者潜质；还可与团队方式结合使用来衡量团队成员的优势与不足及团队效率与交流方式。人员测评方式与信息来源多种多样。很多企业向员工提供绩效评价的信息（参见本书第八章）；有些拥有现代开发系统的企业还采用心理测试来评价员工的技能、个性特征和沟通方式；有的企业也通过员工本人、同事及其上级主管对员工的人际交往风格和行为作出评价。当前比较流行的人员测评工具主要有梅耶斯-布里格斯人格类型测试（MBTI）、评价中心、基准评价法、绩效评价与360°反馈系统（详细参考本书第八章有关内容）等。这里主要介绍前面三种工具。

1. 梅耶斯-布里格斯人格类型测试。MBTI 是最为流行的心理测试方法。它是在心理学家卡尔·尤恩（Carl Jung）的研究基础上发展起来的，尤恩认为个人行为的差异是由决策能力、人际交往和信息收集偏好所决定的。MBTI 是一个相当可靠的个性分类目录，它衡量个人在生活的四个领域中的 8 个倾向性：个人性格（内向型或外向型）、信息收集（感觉型或直觉型）、决策方式（思考型或感情型）、人际交往环境（判断型或观察型）。（1）内向与外向是对人世间生活的两种相辅相成的态度。对外向型人来讲，基本刺激来自外部环境——外部的人或其他事物；对内向型人来讲，基本刺激来自内因——自身的思索与反省。（2）感觉和直觉是获取信息的不同方式。凭感觉的人倾向于通过视觉、听觉、触觉、味觉和嗅觉 5 种方式获取信息；凭直觉的人倾向于通过"第六感"或预感获取信息。（3）经思考与凭感情是制定决策的两种不同方式。善于思考的人通过逻辑分析和客观考虑作出决策；重感情的人倾向于根据个人、主观评价作出决策。（4）判断与观察是两种互补的生活方式。判断型的人更喜欢决定性的、有计划有组织的生活方式；观察型的人喜欢灵活、能适应的、自发的生活方式。MBTI 对于了解个人沟通和人际交往方式也是很有价值的。但是，MBTI 并不能用于员工工作绩效和员工晋升潜力的测评。

2. 评价中心。它是由多位评估人员通过一系列练习和测试题来评价员工表现的过程。

它主要用来考察员工是否具有管理工作所需的个性特征、管理能力和人际沟通技能等，也可用来鉴别员工的团队工作能力。通常评估者由经理担任。通过对经理人员的培训，让其从员工身上寻找与被评估技能相关的行为。一般地，每位评价者在每一次练习中都会被安排去观察并记录1~2名员工行为，通过记录分析、评估员工的能力水平。当所有员工完成练习后，评委们进行会面讨论对每个员工的观察结果，并对各自的评价进行比较，力求对每个员工的各项技能形成一致的评价。评价中心常用的练习包括无领导小组讨论、面试、文件处理和角色扮演(详细参见本书第五章第四节内容)。研究表明，评价中心的测评结果与员工的工作绩效、薪酬水平和职业生涯发展有密切的关系；参与评价中心练习的员工通过测评所获得的有关个人的态度、能力及具有的优劣势等信息，也有利于评价中心进行员工开发。

3. 基准评价法。基准评价法是经过专门设计用来衡量成为成功管理者所需具备的要素工具。基准评价法中所衡量的要素是通过研究高级经理人员在其职业生涯中所遇到的各种关键事件给他们带来的经验教训的总结。这些要素包括衡量管理者同下属相处的能力、获取资源的能力和创造高效工作环境的能力。为获得关于管理者技能的全面信息，管理者的上级、同事及其本人共同评价这一过程。管理者可获得一份自我评估和他人评估的简要报告，并获得一份人员开发指南，向他们提供一些有助于强化每一种不同技能的经验以及成功的管理者是如何运用这些技能的事例。

(三) 工作实践

在实际工作中，许多员工开发是通过工作实践来实现的。工作实践是指员工在工作中所遇到的各种关系、问题、需要、任务以及其他一些特征。该方法的前提假设是：当员工过去的经验和技能与目前工作所需不相匹配时，就需要进行人员开发活动。为了有效开展工作，员工必须拓展自己的技能，以新的方式来应用其技能和知识，并积累新的经验。利用工作实践进行员工开发有各种方式。一般包括工作扩大化，工作轮换，工作调动、晋升、降级与其他的临时性工作安排。

1. 工作扩大化。扩大现有工作内容，对员工现有工作提出挑战并赋予其新的责任，包括执行某些特殊任务、在团队内角色轮换或寻找为顾客服务的新方法等。例如，一位工程师被安排到企业的员工职业生涯设计任务小组工作，通过这项工作，他可以承担职业生涯设计的有关领导工作(督导企业职业生涯开发过程)，不仅有机会了解企业的职业开发系统，还能发挥组织和领导才能来帮助组织达到目标。

2. 工作轮换。这是指在企业的几种不同职能领域中为员工做出一系列的工作任务安排，或在某个职能领域或部门中为员工提供在各种不同工作岗位之间流动的机会。该方法有助于员工综合理解或把握企业的目标，了解企业不同的职能部门；形成一个联系网络；并有助于提高员工解决问题的能力和决策能力。另外，工作轮换对员工技术的掌握、加薪和晋升也有一定的影响。但它也存在问题或不足：一是处于轮换中的员工及同事容易出现对各种问题的短期性看法，以及采取解决问题的短期行为；二是员工满意度和工作积极性会受到不良影响，因为轮换工作的员工工作任职时间短，难以形成专业特长，也无法接受挑战性的工作；三是无论是接收轮换员工的部门还是失去轮换员工部门都会受到损失，接受员工轮换的部门需对其进行培训，失去该员工的部门会因为资源的损失而导致生产效率下降和工作负担加重。

　　3.工作调动、晋升和降级。通过员工在企业中工作层次的向上流动、水平流动和向下流动作为员工开发的手段。(1)工作调动，即让员工在企业的不同部门工作调动，它不涉及工作责任或报酬的增加。这更多是一种水平流动，即流向一个责任类似的其他工作岗位。调动可能会使员工产生较大的压力。如果员工成家，因工作角色的变化，员工不仅要解决家庭迁居及配偶的工作问题，而且要承担日常生活、人际关系和工作习惯被破坏的压力，以及远离亲朋好友的精神伤害；另一方面员工需要处理好与新同事和新上级关系，并还要学习一系列的工作规范和程序。因此，企业一般很难说服员工调动。(2)晋升，即指员工向一个比前一个工作岗位挑战性更高、所需承担责任更大及享有职权更多的工作岗位流动的过程。晋升常常涉及薪资水平的上升。(3)降级，即指员工的责任和权力的削减。它包括平行流动到另一职位但责任和权力有所减少(平行降级)，临时性跨部门流动，使员工拥有了在不同工作部门工作的经验。因为晋升能带来心理的满足和收入的增加，员工乐于接受晋升，而不愿接受平级调动或降级。而且很多员工难以把调动和降级与员工开发联系起来；他们并不把降级视为有利于其未来获得成功的技能的机会，而是看成是一种惩罚。因此，公司应逐步让员工把调动、晋升和降级都看成是一种开发机会。

　　(四)开发性人际关系

　　员工通过与企业中更富有经验的其他员工之间的互动来开发自身的技能、增强与企业和客户有关的知识。导师指导和教练辅导是两种开发性人际关系的方式。

　　1.导师指导。导师是指企业中富有经验的、生产效率高的资深员工，他们负有开发经验不足的员工(被指导者)的责任。大多数导师关系是基于导师和受助者的共同兴趣或共同的价值观而形成的。有研究表明，具有某些个性特征的员工(有对权力和成功的强烈需求、情绪稳定、具有较强的环境适应能力等)更有可能去寻找导师并能得到导师的赏识[①]。企业可将成功的高级员工和缺乏工作经验的员工安排在一起工作，便形成导师关系。(1)制定导师指导计划。尽管许多导师关系是通过非正式的方式建立的，但正式的导师计划具有显著优点：能确保所有的员工都找到导师，并能得到帮助；使指导与被指导关系的参与者知道企业的期望值。正式的导师关系也存有局限性，即人为的导师关系使导师可能无法向被指导者提供有效的咨询或培训。(2)指导关系的收益。导师和受助者都能从辅导关系中获益。导师为受助者提供职业支持和心理支持，以及更强的晋升能力、加薪和在组织中的影响力；也培养了导师的人际交往能力并增强其对自身价值的认可。(3)导师计划的目的。通过导师计划可使新员工更好地适应社会，提高其适应工作环境的能力。正式导师关系是建立在高素质导师和导师报酬体系的基础上的，否则，它还不如非正式导师关系质量高。目前，有些公司实施团体指导计划，即一个资深的高层管理人员与4~6名经验不足的被指导对象组成的小组组合在一起。

---

　　① D B Turban and Dougherty T W, Role of Protégé Personality in Receipt of Mentoring and Career Success. Academy of Management Journal 37 (1994)：688-702；Fagenson E A Mentoring：Who Needs It? Comparison of Proteges and Nonproteges Needs for Power, Achievement, Affiliation, and Autonomy, 1992(41)：48-60.

2. 教练辅导。教练就是同员工一起工作的同事或经理。教练可鼓励员工，帮助其开发技能，并提供激励和工作反馈。教练一般可扮演三种角色：第一种角色是员工提供一对一的训练(提供反馈)；第二种角色是帮助员工自我学习，包括帮助员工找到能协助其解决他们所关心问题的专家，以及教导员工如何从他人那里获得信息反馈；第三种角色是向员工提供通过导师指导、培训课程或工作实践等途径无法获得的其他资源。

为了开发或培养管理人员的教练辅导技能，培训计划应集中在为什么有些管理者们不愿向员工提供教练辅导和帮助的原因上。这种原因可能有四个方面：首先，为避免双方关系对立。有时培训的对象是一位能力很强、胜任工作的员工，管理者不同其讨论绩效问题；当管理者的专业知识不如员工时，情况更是如此。其次，管理者们可能善于发现或认识员工的绩效问题，但不善于帮助员工解决绩效问题。再次，管理者可能觉得员工会将教练辅导当成是一种批评。最后，当公司压缩规模、削减人员时，管理者们可能会感到没有时间去提供教练式的辅导。

（五）组织发展

组织发展是一种以改变员工态度、价值观和信念为目的，促使员工自己确定和实施各种必需的技术变化(组织重组、重新设计设施等)的一种人员开发方法，它常常借助来自企业外部的咨询机构的帮助。组织发展适用于解决领导间冲突、组织缺乏竞争力、创造力、灵活性等问题的人员开发，它具体有以下步骤：(1)从解决某些特定问题出发，收集有关该组织及其运行状态的数据；(2)将这些数据反馈给有关各方(员工)；(3)让各方制订这个问题的小组计划。组织发展包括调查反馈、敏感性训练以及团队精神建设。调查反馈是通过调查员工态度，而给部门管理人员提供反馈，以确定问题，并让这些管理人员和员工去解决的方法。敏感性训练是由培训教师指导的改善关系小组在"实验室"中公开表达情感，提高参加者对自己行为以及他人行为洞察力的方法。团队建设是指利用咨询顾问、反馈以及团队建设会议改进工作群体，并运用一系列组织发展技术去改进工作小组的效益等①。

小　　结

1. 员工培训是企业通过各种教导或经验的方式，为改变本企业员工的价值观、工作态度、知识、技能和工作行为等诸方面所做的努力。其意义在于：培养员工的职业能力，提高员工的职业能力与转换职业能力；培养高素质人才，获得竞争优势；满足员工自我成长与实现自我价值的需要、获得较高收入的机会，增强员工的职业稳定性。

2. 在企业培训开发员工过程中，培训人员可以利用学习曲线和学习原则，有针对性地设计培训方案，选择合适的培训方式，并综合运用代理性学习和亲验性学习两种学习方法，将员工培训开发效果提升到一个较为理想的境界。

3. 员工培训方法很多。可分为传统和新技术两大类。传统方法有演示法、专家传授

---

① 马新建，时巨涛，等. 人力资源管理与开发. 第二版. 北京：北京师范大学出版社，2008：273-274.

法和团队建设法三大类，具体包括讲座法、远程学习、视听法、在职培训、情景模拟、商业游戏、个案研究法、角色扮演法、行为学习法、交互式视频法、智能指导培训以及探险学习、团队培训法和行为塑造等；新技术培训主要有计算机辅助培训、e-learning 和多媒体远程培训。

4. 员工培训是企业的一项系统工程，包括培训需求的确定、培训目标的设置、培训方案设计、培训的实施，以及培训评价与培训反馈等几个环节。培训需求的分析包括组织需求分析、工作需求分析、个人需求分析。

5. 培训结果评估及培训的反馈具有重要的作用。通过对培训效果的具体测定与量化，了解员工培训所产生的收益，从而对培训有更高的积极性与投入。

6. 员工开发方式一般有五种：正规教育、人员测评、工作实践、开发性人际关系以及组织发展等。无论采用何种开发方法，员工都必须有一个开发计划：确定开发的类型、开发的目标、开发的最好方法、开发目标的达成等。

7. 中国企业实施"互联网+"培训。新冠肺炎疫情防控期间中国企业利用"互联网+"实施员工培训。

复习思考题

1. 什么是员工的培训与开发？培训与开发有何异同？
2. 结合现实，谈谈为什么现代企业十分重视员工的培训？其主要目的何在？
3. 试分析培训与开发中的学习原理对培训开发活动有何影响？
4. 员工培训的内容有哪些？如何理解员工培训的特征、培训的形式？
5. 员工培训的方法主要有哪些？各自有哪些优缺点？
6. 结合实际谈谈应如何合理制定员工培训方案？
7. 在实施员工培训过程中，应主要做好哪几个方面的工作？
8. 为什么要进行员工培训评估？员工培训评估的方法有哪些？
9. 什么是员工开发？企业员工开发管理程序包括几个部分？
10. 员工开发的方法有哪些？应如何运用？
11. 为什么许多管理者不愿对他们的员工提供教练和辅导？
12. 中国企业"互联网+"培训实践开展得如何？新冠肺炎疫情防控期间中国企业如何利用"互联网+"实施培训？

讨 论 题

1. 一次培训需求分析表明，管理者的工作效率不高的原因是：他们不愿意向他们的下属授权。假设你现在必须在探险性学习和交互式视频两种培训方中选择，请问：每种培训方法的优缺点是什么？你会选择哪一种培训方法？为什么？

2. 为什么企业应当重视员工开发规划？企业可以从中获得什么样的收益？同时又存在何种风险？

【案例】

联想的培训与开发①

"入模子"是联想的一个惯用语，是指每个进联想的员工都必须进联想的"模子"，成为与联想需要相符的联想人。联想的"入模"教育分为两个层面，一个层面针对一般员工，另一个层面针对管理人员和骨干。

一般员工"入模"，最基本的要求就是要按照联想的行为规范做事，要接受联想的企业文化。行为规范主要由财务制度、库房制度、部门接口制度、人事制度等一系列规章制度组成，以岗位责任制为核心。这些制度是以民主集中制和按劳分配为指导思想，与员工的基本利益相符，因而容易被员工接受。员工受到压力进入"模子"后，个人的综合素质和能力也就得到了提高。

管理人员和骨干人员"入模"，除了上述的要求外，还有更高层次的要求。第一，要有牺牲精神，在工作中要迎难而上、任劳任怨、胸怀宽广、不谋私利；第二，要有堂堂正气；第三，要坚持集团的统一性；第四，要有全局眼光，清楚自己负责的工作在企业中的作用；第五，要会带队伍；第六，要有求实精神；第七，要有为民族做一番事业的理想。

分两个层面进行"入模教育"，培养出联想需要的高素质人才。对于好员工，联想还有7个标准，即敬业精神和上进心、有韧性、有责任感、有悟性、富有创新精神、善于沟通、既会工作又会生活。

"入模"就是接受企业文化，让企业文化成为全体员工和干部的共识，加"压"是必要的促进手段。加压有一个非常重要的前提，就是模子够不够坚硬，压不垮，还能保持原型。联想已经有了非常好的模子，就是长期打造而成的联想文化。

联想主要通过三项工作来保证"入模"质量：一是办好联想管理学院，管理学院系统地进行"入模子"教育；二是加强党组织对员工的思想教育；三是每周六下午两小时的学习讨论会。

"入模子"教育是个手段，其目的就是让全员形成统一的思想，以"平等、信任、欣赏、亲情"的做人风格，"认真、严格、主动、高效"的做事风格，"诚信为本"的道德观等一系列企业核心理念培养高素质的联想人。

◎ **问题**

1. 培训与开发是不是一个概念？请说明理由。

2. 请简要说明培训与开发的过程。

3. 联想的"入模"教育分为非管理人员和管理人员两个层面，这种划分是区别对待雇员，是否会让雇员心理不平衡？你认为应不应该如此区分？请说明理由。

4. 如果你是联想的培训经理，你会考虑采用哪些培训方法实施"入模"教育？并请说明采用这些方法的理由。

---

① 资料来源：中国人力资源开发网. http://www.chinahrd.net/blog/307/1116280/306369.html.

第七章　绩 效 管 理

【学习目的】

在学习本章之后，你应当掌握如下内容：

1. 绩效管理的内涵、特征及与绩效评价的区别。

2. 绩效管理体系的有效标准。

3. 绩效管理系统的过程。

4. 常见绩效管理工具的操作和适用情境。

5. 360°绩效考评方法。

6. 有效绩效反馈的方法与技巧。

7. 绩效考评中常见的偏差。

【案例——问题提出】

阿里巴巴集团的价值观考核①

　　阿里巴巴集团由马云为首的 18 人于 1999 年在中国杭州创立。自推出让中国的小型出口商、制造商及创业者接触全球买家的首个网站以来，阿里巴巴集团不断成长，成为网上及移动商务的全球领导者。阿里巴巴集团及其关联公司目前经营领先业界的批发平台和零售平台，以及云计算、数字媒体和娱乐以及创新项目和其他业务。2000 年，阿里巴巴推出"独孤九剑"的价值观体系，作为员工的价值观行为准则。现在，阿里巴巴的价值观调整为"客户第一、团队合作、拥抱变化、诚信、激情、敬业"，被尊为"六脉神剑"。阿里巴巴的价值观考核六大条，每条细分五小条，总共 30 个指标把抽象的价值观分解为对具体行为和精神层面的要求(如表 7-1 所示)。

---

① 根据以下文献整理而成：(1)陈春花，刘祯. 阿里巴巴：用价值观引导"非正式经济事业". 管理学报，2013(1)；(2)张春燕，苏静. 价值观考核是根"绳"——阿里巴巴集团执行副总裁首席人力官彭蕾专访. 北大商业评论，2009(11)；(3)周勇，陈柳青. 价值观考核在组织绩效管理中的应用——以阿里巴巴为例. 领导科学，2014(23).

表 7-1 　　　　　　　　　　　　　阿里巴巴集团的价值观考评标准

序号	价值观	标　　准	得分
1	客户第一：客户是衣食父母	尊重他人，随时随地维护阿里巴巴	1 分
		微笑面对投诉和委屈，积极主动为客户解决问题	2 分
		与客户交流过程中，即使不是自己的责任也不推诿	3 分
		与客户换位思考，提高客户对公司的满意度	4 分
		具有超前服务意识，防患于未然	5 分
2	团队合作：共享共担，平凡人做非凡事	积极融入团队，乐于接受同事的帮助，配合完成工作	1 分
		决策前参与小组讨论，给予中肯意见；决策后，不论是否存在异议，均大力支持	2 分
		共享成果，交流经验；与同事互帮互助；始终相信团队力量	3 分
		与同事友好相处，不带感情色彩做事，遵循对事不对人的原则	4 分
		有主人翁意识，积极正面地影响团队，改善团队士气和氛围	5 分
3	拥抱变化：迎接变化，勇于创新	适应公司的日常变化，不抱怨	1 分
		面对变化，理性对待，充分沟通，诚意配合	2 分
		对不断出现的困难与挫折，能自我调整，并影响和带动同事	3 分
		在工作中有前瞻意识，建立新方法、新思路	4 分
		创造变化，并带来绩效突破性的提高	5 分
4	诚信：诚实正直，言行坦荡	诚实正直，表里如一	1 分
		借助规范的程序给出自己的意见；批评意见与对策并举	2 分
		不大肆宣传没有证据的信息，不暗地里随意评论人与事，对建议和反馈遵循有则改之、无则加勉的原则	3 分
		勇于承认错误，敢于承担责任，并及时改正	4 分
		有效阻止损害公司利益的不诚行为	5 分
5	激情：乐观向上，永不放弃	喜欢自己的工作，认同阿里巴巴企业文化	1 分
		热爱阿里巴巴，顾全大局，不计较个人得失	2 分
		以积极乐观的心态面对工作，遭遇困难与挫折时不自暴自弃，能够自我鞭策，不断前进	3 分
		努力保持积极与自信的状态，感染周围同事	4 分
		不断设定更高的目标，今天的最好表现是明天的最低要求	5 分

续表

序号	价值观	标　准	得分
6	敬业：专业执着，精益求精	今天的事不推到明天，上班只做与工作有关的事	1分
		遵循必要的工作流程，没有因工作失职而造成的重复错误	2分
		持续学习，自我完善，做事情充分体现以结果为导向	3分
		能根据轻重缓急来正确安排工作优先级，做正确的事	4分
		不受制于烦琐的工作程序，以少的投入获取大的成果	5分

考核周期及程序为每季度考评一次，其中价值观考核部分占员工综合考评分的50%；员工先按照30条价值考核细则进行自评，再由部门主管进行评价；部门主管将员工自评分与被评分进行对照，与员工进行绩效面谈，肯定好的工作表现，指出不足，指明改进方向。

考核的方法是"通关制"，每一个方面由5个项目构成，如果其中的第1个项目没有达标，那么即便其他项目都完成了，也被视为没有通过。对于价值观得分在合格及以上等级者，不影响综合评分数，但要指出价值观改进方向；价值观得分为不合格者，无资格参与绩效评定，奖金全额扣除；任意一项价值观得分在1分以下，无资格参与绩效评定，奖金全额扣除。

在阿里巴巴集团，所有的员工在每季、每年都要参加业绩、价值观的双重考核，各部门主管按"271"原则对员工的工作表现进行评估：20%超出期望，70%符合期望，10%低于期望。在这个过程中，怎样保证考核的公正性呢？阿里巴巴的员工进行自我评估、主管给员工考核时，如果考核成绩在3分以上或0.5分以下，都要用实际案例来说明这个分数。主管完成对员工的评估，同时跟员工进行绩效谈话以后，员工就可以在电脑上看到主管对自己的评价。同时，员工可以随时找人力资源部，反映考核中的问题。阿里巴巴的内部沟通是非常通畅的。阿里巴巴有公开的总裁热线、open邮箱，员工可随时致电、写信给总裁，总裁会及时回复。同时，企业高管还会定期召开圆桌会议，员工可自由报名参加，高管现场解答员工问题；不能当场解决的，会在一周内制定行动方案。这些问题及回复，会及时在企业内网、内刊中公布。员工有任何意见、建议，还可以在阿里巴巴的内网论坛中畅所欲言——不过，论坛实行实名制，员工可以说任何话，但是要对自己说过的话负责。

以业绩和价值观为两大考核指标，并按照各自高低不同将员工分为五类：(1)没有业绩也没有价值观的被比喻为"狗"，这样的员工将被"杀掉"；(2)业绩好没有价值观的被比喻为"野狗"，这样的员工如果不能改变价值观也将被清除；(3)没业绩有价值观的被比喻为"小白兔"，这样的员工将被帮助；(4)业绩好价值观也好的被称作"明星"，这样的员工将得到最多的机会和最多的股票期权；(5)业绩一般价值观也一般的被称作"牛"，这样的员工是大多数，他们将得到培养和提高。

马云对阿里巴巴定了两个铁规定：一是永远不给客户回扣，谁给回扣一经查出立即开除；二是不许说竞争对手坏话。无论是谁，如果违反这两个规定，尤其是第一个，一定会受到严厉的惩罚。例如，2004 年，阿里巴巴的高管在抽查业务员的通话录音时，听到了一名员工跟客户承诺回扣的事情。这让主管们大为吃惊：在阿里巴巴竟然有这种员工存在？随即公司马上进行了一番认真的调查，结果发现，这名员工原来是淘宝网一名业绩一直很突出的业务员。据说，这名员工还是上一个季度的"销售冠军"，在平时一直很遵守公司规定，这个季度马上就要"冲线"了，为了保住"冠军"，才急功近利地出此下策。可即便是这样，马云还是在调查清楚后，毫不留情地把这名员工辞退。

绩效管理在人力资源管理中处于核心地位。但是，从索尼公司前常务董事天外伺郎的《绩效主义毁了索尼》到通用汽车前副总裁鲍勃·卢茨的《绩效致死：通用汽车的破产启示》，均控诉绩效主义的弊端；从美国的谷歌公司到中国的小米公司，都宣称"去 KPI"。到底绩效管理出了什么问题？在工业时代的科层制组织中，企业的成功依靠"火车模式"，即领导者"抬头看路"，基层员工"低头拉车"；在互联网时代的平台化组织中，企业的成功依靠"动车模式"（靠每节车厢共同驱动），即一线员工做决策，领导者做投资。在面对绩效主义控诉和"去 KPI"的浪潮，阿里巴巴集团作为中国互联网行业的三大巨头（阿里巴巴集团、百度公司、腾讯公司）之一，构建"大中台、小前台"组织机制和业务机制，通过导入"价值观+业绩"的全面绩效管理，赢得快速健康发展。并非绩效管理理念过时，而是市场环境发生了改变，关键在于如何运用绩效管理。那么，阿里巴巴集团为什么选择"价值观+业绩"的全面绩效管理？回答此问题需要明确：什么是绩效管理，绩效管理有哪些工具，这些工具各自适用的条件是什么，如何实施绩效管理。

第一节 绩效管理概述

一、绩效的内涵

尽管长久以来人们对绩效问题一直非常关注[1]，但对于"绩效是什么"这一基本定义却是仁者见仁、智者见智，还没有达成一致意见[2][3]。20 世纪 90 年代之前，绩效被看作是单维的概念；90 年代之后，绩效被视为多维度的概念。贝茨(Bates)和霍尔顿(Holton) 1995 年指出："绩效是由多种结构组成的变量，所选择的研究角度不同，获得的结论也会存在差异"[4]。作为一个多维的构念，绩效测量的因素不同，其结果也不同。因此，必须

① Austin J T, Villanova P. The criterion problem: 1917-1992. Journal of applied psychology, 1992, 77 (3): 838.

② Campbell J P. Modeling the performance prediction problem in industrial and organizationl psychology. In M. D. Dunnette and L. M. Hough(Ed.), Handbook of industrial and organization psychology, 1990: 689-732.

③ Cambell J P, Mchenry J J, Wise L L. Modeling job performance in population of jobs. Personnel Psychology, 1990, 43(4): 313-333.

④ Michael Armstrong and Baron A. Performance Management. London: The Cromwell Press, 1998: 15-41.

对其进行界定，弄清楚确切内涵。绩效是组织为实现其目标而开展的活动在不同层面上的有效输出，包括个人绩效和组织绩效。组织绩效实现应在个人绩效实现的基础上，但是个人绩效的实现并不一定保证组织是有绩效的。在个体层面，绩效内涵主要有两种观点：一种观点认为绩效是结果，这是最早的绩效观[1]，又可分单维结果绩效观[2]和多维结果绩效观[3]；另一种观点认为绩效是行为，又可分硬性行为绩效观和价值行为绩效。其中，"绩效是结果"的观点认为："绩效应该定义为工作的结果"[4]，绩效是工作所达到的结果，是一个人的工作成绩的记录，既包含显性的可测量的工作业绩，也包含其他隐性的不易测量的工作成果，包括职责、关键结果领域、结果、责任、任务及事务、目标、生产量和关键成功因素等。"绩效是行为"的观点则认为：绩效是行为的同义词[5]，是人们实际的行为表现并能观察到，只包括与组织目标有关的行动或行为，能够采用个人的熟练程度（即贡献水平）来定等级（测量）。

当然，广义的绩效既要考虑投入（行为），也要考虑产出（结果）。行为由从事工作的人表现出来，将工作任务付诸实施。行为不仅仅是结果的工具，行为本身也是结果，是为完成工作任务所付出的脑力和体力的结果，并且能与结果分开进行判断。基于此定义，绩效能够被划分为任务绩效（task performance）和关系绩效（contextual performance）[6]，其中，任务绩效是组织所规定的行为，与特定任务活动有关，能直接提高组织效率[7]，作为员工外显的工作行为描述的任务绩效，在组织中受到较多的关注；关系绩效不是直接的生产和服务活动，而是构成组织、社会、心理背景的支持行为，与特定作业无关，但是能够促进任务绩效[8]。此外，适应性绩效作为任务绩效和周边绩效分类拓

① 许为民，李稳博. 浅析绩效内涵的国内外发展历程及未来趋势. 吉林师范大学学报. 人文社会科学版，2009(6).

② H J Bernadin, Kane J S. Performance appraisal：a contingency approach to system development and evaluation. Amazon. co. uk：Books, 1993：92-112.

③ Michael Armstrong and Baron A. Performance Management. London：The Cromwell Press, 1998：15-41.

④ H J Bernadin, Kane J S. Performance appraisal：a contingency approach to system development and evaluation. Amazon. co. uk：Books, 1993：92-112.

⑤ Campbell J P, McCloy R A, Oppler S H and Sager C E. A theory of performance. In：N. Schmitt & W. C. Borman(ed.). Personnel Selection in Organizations. San Francisco：Jossey-Bass Publisher, 1993：35-70.

⑥ Borman W C, Motowidlo S J. Expanding the criterion Domain to Include elements of contextual performance. In：N Schmitt, W C Borman eds. Personnel selection in organizations. San Francisco：Jossey_Bass, 1993：71-98.

⑦ Borman W C, Motowidlo S J. Expanding the criterion Domain to Include elements of contextual performance. In：N Schmitt W C Borman eds. Personnel selection in organizations. San Francisco：Jossey_Bass, 1993：71-98.

⑧ 王淑珍，张巧玲. 任务绩效-关系绩效-适应性绩效管理体系研究. 中国人力资源开发，2013(8).

展的第三个维度①②被学者提出。

二、绩效管理的内涵

绩效管理体系的发展经历了考核、绩效考核、绩效管理三个过程，从一种孤立的手段发展到系统的管理过程。其中，绩效管理的思想来自贝尔实验室的舒哈特（Walter A. Shewhart）于 20 世纪 30 年代的构想。美国质量管理专家戴明（W. Edwards Deming）于 20 世纪 50 年代初提出品质持续改进循环圈，即众所周知的 P-D-C-A 循环管理模式（plan（计划）、do（执行）、check（检查）和 action（行动、改善））。20 世纪 70 年代后期，美国管理学家奥布里·丹尼尔斯（Aubrey Daniels）正式提出"绩效管理"的概念③。20 世纪 90 年代初，布雷德拉普（Bredurp）将绩效管理直接看作组织绩效，是由计划、改进和考察各阶段组成的过程，员工会受到外部因素的影响，但却不会反过来影响绩效工作的开展④。发展到 21 世纪初，不少学者对绩效管理工作有了全新的认识，如柯林斯（Collins）认为绩效管理与一切工作相关，但却又是一个独立的工作，其余与很多战略目标有所关联，但是却不能周全⑤。怀特（Wright）认为绩效管理是关于提高组织绩效的调整行为⑥。

（一）绩效管理是什么

绩效管理（performance management）是就员工绩效进行整体性的管理，包含目标设定、评估、奖酬与发展规划⑦。绩效管理是管理者确保员工的工作活动以及工作产出能够与组织目标保持一致的完整管理过程，由三个部分组成：绩效标准界定、绩效衡量（考核）与绩效反馈，旨在持续提升个人、部门和组织的绩效。

1. 绩效标准界定阶段。绩效标准以工作分析为基础，标准的界定说明员工绩效的哪些方面对于组织来说是很重要的。

2. 绩效评价阶段。通过绩效的衡量（评价）来对上述各个绩效方面进行衡量——绩效评价是对员工的绩效进行管理的唯一的一种方法；

3. 绩效反馈阶段。通过绩效反馈阶段，将绩效衡量或评价结果反馈给员工，以使他们能够根据组织的目标来改进自己的工作行为、方式与方法，提升绩效，为以后的目标做好准备。

---

① Pulakos E D, et al. Adaptability in the workplace. Journal of Applied Psychology, 2000(4)：112-114.

② 凌文辁. 适应性绩效理论及其应用. 现代管理科学, 2006(11).

③ Aubrey Daniels. Performance Management：Reconciling Competing Priorities. People & Strategy, 1971, 36(2)：24-25.

④ Bredurp. Several Basic Issues of Performance Management. Nankai Business Review, 1995.

⑤ Collins. The design and use of performance management systems：An extended framework for analysis. Management Accounting Research, 2011, 20(4)：263-282.

⑥ Wright. Performance Management in the Public Sector. Australian Journal of Public Administration, 2013, 749(June)：73-81.

⑦ Mohrman Jr, Mohrman S A, & Lawler E E：The Performance management of teams. Performance measurement evaluation and incentives. Boston, MA：Harvard Business School Press, 1992：217-241.

（二）绩效管理与绩效评价的区别

传统的绩效评价(performance appraisal)仅仅是含义更为广泛的绩效管理过程的组成部分之一，两者既有联系，也有区别。两者的区别见表7-2所示。

表7-2　　　　　　　　　　　　　　　**绩效管理与绩效评价的区别**

项目	绩效管理	绩效评价
人性观	以人为本	性恶论
过程完整性	一个完整的管理过程	绩效管理过程中的重要环节之一
主要目的	帮助员工成长：开发潜能，培养技能	奖惩：明确员工工作情况和工作效果
关注点	强调与战略导向，侧重信息沟通和绩效提升	强调对目标任务执行情况作出评价
参与方式	员工主动参与整个过程	被动参与者

资料来源：作者整理。

与绩效评价相比，绩效管理具有很大的差异，主要表现在如下方面：（1）人性观：绩效考核的出发点是把人单纯当作实现企业目标的一种手段，人性假设是性恶论；绩效管理的人性观是以人为本，相信每个人都有自我完善和自我实现的潜能。（2）实施过程完整性：传统绩效评价包括评价标准的制定、标准的衡量与绩效信息的反馈，仅是绩效管理过程的重要环节；绩效管理在实施上更是一个循环往复的完整过程，具有延续性、灵活性，更注重过程的管理。（3）主要目的：绩效评价具有滞后性，通过考核得到一个关于员工工作情况和工作效果的结论，主要用于对员工薪资水平上的奖励与惩罚，从而是一种单纯的管理员工的手段；绩效管理具有战略性与前瞻性，结果更多地被用于开发员工潜能、培养员工技能，更是一种帮助员工成长的途径。（4）关注点：绩效考核侧重于考核过程的执行和考核结果的判断，强调阶段性的总结，考核过程往往是单向命令式；绩效管理从整体战略角度出发，侧重于持续的沟通与结果信息的反馈，尤其强调双向互动沟通。（5）参与方式：绩效考核中，员工仅是该流程中的被动参与者之一；绩效管理中，员工可以亲自参与绩效管理的各个过程——制定指标、绩效沟通和信息反馈等，充分体现员工的主动性。

三、绩效管理的目的

绩效管理是人力资源管理的重要组成部分，绩效管理的效率直接影响人力资源管理效率。绩效管理存在两种取向：一种是组织取向，认为绩效管理是管理组织绩效的一种体系，旨在实现企业发展战略，保持竞争优势；另一种是个体取向，认为绩效管理是指导和支持员工有效工作的一套方法，旨在开发个体潜能，实现工作目标。其实，这两种取向并不矛盾。归纳起来，绩效管理的目的具体表现在以下方面：

1. 有利于员工了解其工作实绩，能促进员工把工作做得更好。这不仅是员工寻求满足感的需要，同时员工也希望通过改进自己的工作绩效和工作能力，来提高其报酬水平和获得晋升的机会。工作绩效评估可以为员工提供反馈信息，帮助员工认识自己的优势和不足，发现自己的潜在能力并在实际工作中充分发挥这种能力，改进工作绩效，有利于员工个人的事业发展。

2. 有利于发现员工的不足及有待开发的潜能，为员工培训开发指明方向。尤其是管理人员，可以指出他们在如人际冲突管理、监督技能、计划和预算能力等方面上的欠缺，为培训方案的设计和实施奠定基础。

3. 有利于甄别高绩效员工和低绩效员工，为组织的奖惩系统提供依据。员工绩效水平是企业薪酬决策的重要依据，只有实行客观公正的绩效评价体系，不同工作岗位上的员工的工作成绩才能得到合理的比较，奖金的分配也才能起到真正的激励作用。在晋升、调转和辞退决定中，员工过去的工作表现是一个非常有说服力的根据。例如，我国劳动合同法规定，在劳动者被证明不能胜任工作的情况下，企业享有单方变更劳动合同乃至解除劳动合同的权利。通过绩效管理能够提供充足的证据证明员工"不能胜任工作"，从而为员工的调岗和辞退规避了法律风险。

4. 有利于建立员工绩效档案材料，为人事决策提供依据。绩效评价的结果是提升优秀员工，辞退不合格的员工，为调整工资，为员工培训确定内容，为员工的调动确定方向，在再招聘员工时确定应重点考察的知识、能力、技能和其他品质等工作的基础。

四、绩效管理体系的有效标准

有效的绩效管理体系应具备战略一致性、准确性、可靠性、可接受性和明确性等五个特征[①]。

(一)战略一致性

绩效管理必须是一个与组织战略、目标和文化一致的工作绩效的系统。它强调的是绩效管理系统需要为员工提供一种引导，从而使得员工能够为组织的成功做出贡献。这就需要绩效管理系统具有充分的弹性或敏感性来适应公司的战略形势所发生的变化。

许多公司的绩效考评系统往往在相当长的时间内保持不变，尽管公司的战略重心已经发生多次转移，然而当公司的战略变化后，员工的工作行为也需要发生变化。如果公司的绩效考评系统并没有随着公司的战略的变化而发生变化，那么公司的绩效考评系统就很难正确评价员工的绩效。

(二)准确性

绩效评估的准确性指的是应该把工作标准和组织目标联系起来，把工作要素和评价内容联系起来，明确一项工作成败的界限。工作绩效标准是就一项工作的数量和质量要求具体规定员工行为是否可接受的界限。我们知道，工作分析描述一项工作的要求和对员工的素质要求，而工作绩效标准是规定工作绩效合格与不合格的标准，实际的工作绩效评估则是具体描述员工工作中的优缺点。绩效评估的准确性要求对工作分析、工作标准和工作绩效评估系统进行周期性的调整和修改。

(三)可靠性

绩效评估体系的可靠性指的是评价者判定评价的一致性，不同的评价者对同一个员工

---

① 雷蒙德·A. 诺伊，等. 人力资源管理：赢得竞争优势. 第 7 版. 刘昕，译. 北京：中国人民大学出版社，2013.

所做的评价应该基本相同。当然，评价者应该有足够的机会观察工作者的工作情况和工作条件。研究结果表明，只有来自组织中相同级别的评价者才可能对同一名员工的工作业绩得出一致性的评价结果。罗思恩坦（H. R. Rothstein）对 79 个企业的将近 10000 名员工的调查显示，两个评价者通过观察同一个员工做出的评价结论的相关性高达 0.65～0.73。

（四）可接受性

可接受性是指运用绩效考核系统的人是否能够接受它。许多经过精心设计的绩效考核系统具有很高的可靠性和效度，但是这些方法要耗费管理者们太多的时间，他们拒绝接受。因此，绩效评估体系只有得到管理人员和员工的支持才能推行。所以，绩效评估体系经常需要员工的参与。绩效评估中技术方法的正确性和员工对评价系统的态度都很重要。组织使用绩效评估系统的收益必须要大于其成本。美国的一项研究表明，设计和实施绩效评估体系的成本是平均每位员工 700 美元。

（五）明确性

明确性是绩效考评系统在多大程度上能够为员工提供一种明确指导，即员工知道企业对他们的期望是什么以及如何才能达到这些期望的要求。明确性与绩效管理的战略目标和员工开发的目标都是有关的。如果一个绩效考评系统没有能够确切地告诉员工，他们必须做什么才能帮助企业实现其战略目标，那么，这个绩效考评系统就很达到其战略目标；如果绩效考评系统不能让员工知道其在绩效中存在的问题，那么员工改善其绩效几乎是不可能的。

以上是对绩效评估系统的五项基本要求，前三项被称为技术项目，后两项被称为社会项目。只要业绩评价系统符合科学和法律的要求，具有准确性、敏感性和可靠性，就可以认为它是有效的。

第二节　绩效管理体系的系统过程

绩效管理是一项复杂而艰巨的过程，必须按照科学的工作程序进行。20 世纪 80 年代后期和 90 年代早期，绩效管理被视为一种系统，基本过程可分为绩效计划制定、绩效考核评价、绩效反馈辅导和绩效结果应用四个环节（如图 7-1 所示）。其中，绩效计划制定是绩效管理的基础环节，绩效考核评价是绩效管理的核心环节，绩效反馈辅导是绩效管理的重要环节，绩效结果应用是绩效管理取得成效的关键环节。

一、绩效计划制定

绩效计划制定是绩效管理体系的第一个关键步骤，包括被评估者和评估者双方对应该实现的工作绩效进行沟通，并将沟通的结果落实为订立正式书面协议即绩效计划和评估表。此阶段的主要内容包括：确立评价的目的，选择评价对象，建立评价系统，确定评价主体、指标、标准和方法。其中，确立绩效评价标准体系是此阶段的关键内容。

（一）绩效评价标准的概念

绩效评价标准是对员工绩效的数量和质量进行监测的准则，解决的是要求做得"怎样"、完成"多少"的问题。绩效评价的标准由三个要素组成：标准的强度和频率、标号、

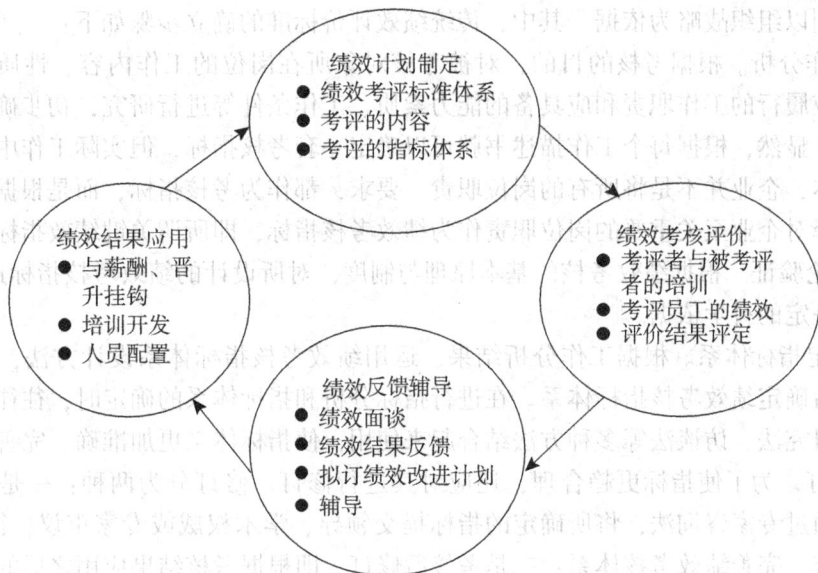

图 7-1　绩效管理的系统过程

资料来源：作者绘制。

标度(如表 7-3 所示)。其中，标准强度和频率是指评估标准的内容，即各种规范行为或对象的程度或相对次数；标号是指不同强度或频率的标记符号，通常用字母(如 ABCD 等)、汉字(如甲乙丙等)或数字来表示；标度是测量的单位标准，可以是经典的测量尺度(即类别、顺序、等距和比例尺度)，也可以是现代数学的模糊集合、尺度，甚至是数量化的单位或非数量化的标号。在绩效评价中，各种内容、标度和属性的标准相互依存，相互补充，相互制约，组成一个有机整体。

表 7-3　　　　　　　　　　　　　××公司员工绩效评价标准示例

考核内容	优秀	良好	及格	不及格	标号
工作态度 (10分)	8~10分	7~8分	6~7分	0~6分	标度
	对任何事都有强烈的责任心且积极付诸行动；服从工作安排，主动承担分外工作，帮助他人或协助别的部门完成应急工作；服务态度好	工作责任心强，积极完成分内工作；对上级交办的任务能够认真执行；服务态度良好	上级交办的任务有时需督促才能完成；服务态度一般	经常不服从上级工作安排；无责任心，做事粗心大意；态度傲慢	标准强度和频率

资料来源：作者整理。

(二)确立绩效评价标准体系

传统绩效评价标准必须以工作分析中制定的职务说明与职务规范为依据，战略性绩效评价标准则以组织战略为依据。其中，传统绩效评价标准的确立步骤如下：

1. 工作分析。根据考核的目的，对被考核对象所在岗位的工作内容、性质、完成这些工作所应履行的工作职责和应具备的能力素质、工作条件等进行研究，初步确定出绩效考核指标。显然，根据每个工作描述书就可以确定一套考核指标，但实际工作中，为了减少管理成本，企业并不是将所有的岗位职责、要求，都作为考核指标，而是根据企业经营目标，选择对企业至关重要的岗位职责作为绩效考核指标，即所谓关键绩效指标。

2. 理论验证。根据绩效考核的基本原理与制度，对所设计的绩效考核指标进行论证，使其具有一定的科学依据。

3. 确定指标体系。根据工作分析结果，运用绩效考核指标体系设计方法，进行指标分析，最后确定绩效考核指标体系。在进行指标分析和指标体系的确定时，往往将问卷调查、个案研究法、访谈法等多种方法结合起来使用，使指标体系更加准确、完善和可靠。

4. 修订。为了使指标更趋合理，还应对其进行修订。修订分为两种：一是考核前的修订，即通过专家咨询法，将所确定的指标提交领导、学术权威或专家审议，征求意见，修改、补充、完善绩效考核体系；二是考核后修订，即根据考核结果应用之后的效果等情况进行修订，使考核指标内容更加理想完善。

战略性绩效评价标准的确立步骤与传统绩效评价标准类似。当然，大数据时代，数据信息呈现多样性、庞大性、客观真实性，制定的绩效评价标准更加全面、更加系统，对员工可以进行综合评价，使考核结果更具说服力。

（三）确立绩效评价标准的原则

在制定评价标准时，应满足以下要求：

1. 公正性与客观性。这是指评价标准的制定及其执行，必须科学、合理、不掺入个人好恶等感情成分。

2. 明确性与具体性。这是指评价标准不能含混不清，抽象深奥，而应该非常明确，一目了然，便于使用，尽量可以直接操作，即可进行测量；同时，还应尽可能予以量化，即可定量测定。如"工作热情高"这条标准便不能满足这一要求，应定为"工作认真，不闲聊，不使设备停机或空转"，就具体明确了。

3. 一致性和可靠性。这是指评价标准能适用一切同类型员工，即一视同仁，不能区别对待或经常变动，致使评估结果缺乏可比性，也就是评价不能达到必要的可信度，变得不可靠了。

4. 民主性和透明性。这是指在制定标准过程中，要依靠员工，认真听取他们的意见，这不仅有利于制定标准，而且还有利于取得员工对所定标准的认同。同时，还要将评价标准向员工交底，将评价结论反馈给被评者，以增加评价的透明度。

二、实施绩效考核评价

（一）考评者与被考评者的培训

在执行考评过程之前，人力资源部门应该对考评者与被考评者进行有关培训，包括企业绩效评价制度、实施的措施与原则以及一些考核技巧方面的培训。

对考评者的考核培训的要点在于：一是如何设立员工的考核目标，即让考评者真正掌据目标设立的 SMART 原则：目标应具体(specific)、目标必须是可衡量的(measurable)、目标是为员工所能达到的(attainable)、目标是与员工工作相关的(relevant)、目标有时间限制的(time-based)。二是确立良好绩效与处理表现不佳员工的方法；三是如何分析员工的个别特性；四是如何界定职位职责，因为它是考评员工的重要依据；五是如何避免评价失误；等等。培训中，还应该运用一些典型的个案进行训练。

对被考评者进行培训的主要目的是达到沟通的作用，即员工了解考评者的作用或意义，企业实施考核的基本工作流程，员工在考评中的作用或职责以及实施考核的时间计划等。

(二)考核的执行与实施

实施考核是指对员工的工作绩效进行考核、测定和记录。这一阶段的主要任务是了解被考评者的工作行为和工作结果的实际情况。绩效考核是一项鉴定活动，因此一定要讲求证据，要使员工的绩效得到真实而具体的反映。因此，在了解实际进行的过程中，一定要实事求是，全面准确地收集反映员工工作绩效的有关资料。主要做好以下工作：(1)成立评估小组，并对评估人员进行培训，使之能熟悉评估标准及评估方法，能客观公正进行评估；(2)评估人员能够迅速、准确掌握员工绩效的信息资料和工作表现；(3)员工对照考核标准进行自我评估，并将自我评估结果反馈到评估小组；(4)评估人员根据自己掌握的评估记录和被评估者自评资料，汇总得出被评估人员的全部真实记录。

(三)评价结果的评定

评定结果根据评估的记录与既定评价标准进行对照来分析与评判，从而获得评估的结论。评估结论一般包括被考评者的成绩(优点)、缺点(需要改进的地方)以及有关评估建议等内容。在评定考评结果时要注意以下几方面：(1)考评人员要客观、公正地进行评定，决不能带有个人感情色彩，否则，影响考评结果的正确性；(2)考评结果的确定，一般要在评估小组充分讨论基础上，按少数服从多数原则表决确定；(3)考评的结果在未公开之前，评估小组人员不得私下向员工透露，以免员工找麻烦。

三、反馈绩效评价结果与辅导

绩效考核的重要目的之一就是员工技能的开发与能力的提高，因此，绩效评价的信息应该反馈给被考评者，让被考评者了解组织对自己工作的看法与评价，从而发扬优点，克服缺点。考评结论一般应采用表格或书面形式，通知被考评者，并由被考评者签署意见交评估小组。若被考评者不接受评估结论，则可交评估小组重新复评或者最高管理者最后裁定。另外，还应对评价中发现的问题，采取纠正措施。因为考绩是员工主、客观因素的综合结果，所以纠正不仅是针对被考评的员工的，也需针对环境条件作相应的调整，从而使今后员工的工作绩效更好。

在进行绩效考核面谈中，管理者与员工还应根据情况制订下一考核周期内员工绩效的改进计划。同时，管理者还应不断指导员工的工作，帮助员工计划的实现。

四、绩效结果应用

绩效管理能够用数据来说话，用数据来管理，用数据来决策。处在大数据背景下，绩效考核的结果也呈现多元化发展趋势，主要涉及员工薪酬、培训发展及人员配置等方面。

在员工薪酬方面，绩效考核的结果与员工直接收益的挂钩主要体现在两方面：一是调薪结果；二是奖金发放。在培训发展方面，通过大数据技术，可深度挖掘绩效数据背后的规律，对员工后期工作进行预测，让员工自身能了解职业发展方向以及自己所擅长的技能，从而在岗位中能发挥自己的聪明才智。在人员配置方面，借助绩效考核数据的收集处理，测试员工与岗位的匹配度，有助于企业能及时掌握不同员工的特点，以便对人员进行合理配置。

绩效管理的四个环节是环环相扣、相互推动，形成一个持续不断的闭环流程系统。例如，海尔集团创立于 1984 年，目前已从传统家电产品制造企业转型为开放的创业平台。该集团在战略、组织、制造三大方面进行了颠覆性探索，其中从 2005 年到 2012 年，实施全球化战略，提出"人单合一"模式。在该模式下，海尔集团的组织结构是倒三角形结构，以员工为单位，直接面向市场的是自主经营体。每个自主经营体通过战略损益表、日清表和人单酬表来核算业绩，其中战略损益表是"纲"，体现顾客价值的损益；日清表是"行"，反映战略目标的执行情况；人单酬表是"果"，体现员工的价值分配。这三张表形成绩效管理的闭环。

绩效沟通贯穿于绩效管理的全过程，包括绩效计划沟通、绩效实施沟通和绩效结果沟通。绩效计划沟通是在绩效管理实施前的培训过程、绩效指标体系的建立、目标值的确定过程的沟通；绩效实施沟通是在绩效辅导和绩效考核过程中的沟通；绩效结果沟通是绩效结果的应用以及绩效反馈的沟通。

第三节　绩效管理的方法和工具

科学合理、行之有效的绩效管理方法，是企业实现战略目标的有利支撑。常用的绩效管理方法和工具主要有比较法、行为法、结果法、战略性绩效管理工具等，下面分别介绍①。

一、比较法

比较法是指按被考评者绩效相对优劣程度，通过比较，确定每位被考评者的相对等级或名次的方法。按照比较的程度不同，比较法又可分为以下三种：排序法、强制分布法、配对比较法。

（一）排序法

排序法是指根据被考评员工的工作绩效进行比较，从而确定每一员工的相对等级或名次。排序法有简单排序法和交替排序法两种。其中，简单排序法就是考评者将所有被考评（或本部门）的员工从绩效最高者到绩效最低者（或从最好者到最差者）排出一个顺序来。交替排序法就是考评者首先在被考评的员工中找出最优者，然后再找出对比最鲜明的最劣

---

① 雷蒙德·A.诺伊，等. 人力资源管理：赢得竞争优势. 第 7 版. 刘昕，译. 北京：中国人民大学出版社，2013.

者；接着找出次优者、次劣者；如此循环，由易渐难，绩效中等者较为接近，必须仔细辨别直到全部排完为止。

这种方法适用于规模较小的企业或管理有限人数下属的管理者。具有简单易行、评价成本较低的优点；也存在缺点：评价结果在很大程度上取决于部门经理对员工的看法，公平性常受到质疑；当被考评人数增多时，操作比较困难。

（二）强制分布法

强制分布法的根据是事物"两头小，中间大"的分布规律。首先，确定各等级在总数中所占的比例。例如，按照一定比例原则来确定员工的绩效分布情况："绩效最高的"15%、"绩效较高的"20%、"绩效一般的"30%、"绩效较低的"25%、"绩效很低的"10%。然后，按照被考评者绩效的相对优劣程度，强制列入其中的一定等级。表7-4为强制分配法示例。

表7-4　　　　　　　　　　　　　　　　强制分配法

考核项目	整体绩效				
比例	绩效最高的15%	绩效较高的20%	绩效一般的30%	绩效较低的25%	绩效很低的10%
姓名	张××	李×× 陆××	郭××	……	……

强制分布法迫使考评者（或管理者）根据分布规则的要求，而不是根据员工的绩效进行归类。比如"绩效很低的10%"的那部分人不一定干得最差，只是表明，与其他的人相比，这部分人的工作表现和成绩属于最差部分。所以，各部分之间差异的含义，仍需要用具体的工作信息作出补充说明。

例如，韦尔奇接管美国通用电气公司（简称GE公司）后，进行大刀阔斧的改革，其中在绩效管理方面的改革措施就是著名的"活力曲线"①。每年以"活力曲线"为基础对员工按不同绩效进行强制比例划分为三类：前20%被称为A类员工，是公司重要财富，具备带动身边的人和整个组织不断向上的潜力；中间的70%被划为B类员工，即能够做好本职工作，但在激情和潜力上弱于A类员工；底层的10%表现最差，为C类员工，不能胜任自己的工作，且会给他人带来消极影响，将会被公司无情地"清理"出去。不可否认，这种绩效分布方法对于GE公司当年重振士气、起死回生，发挥了非常重要的作用。

（三）配对比较法

配对比较法要求考评者（或管理者）将每一位员工与工作群体中的其他每位员工逐一比较，按照配对比较中被评价为较优的总次数来确定等级名次。这是一种比较系统的工程，当全部的配对比较都完成后考评者再统计每一位员工获得较好评价的次数（即对所得分数汇总），即员工的绩效评估分数。

配对比较法对于考评者来说是一项很花时间的绩效评估方法，并且随着组织变得越来

---

① 金玉笑，周禹. GE绩效管理：从通用化到定制化. 企业管理，2018(8)：68-70.

越扁平化，控制幅度越来越大，这种方法会变得更加耗费时间。如果有 n 名员工参加考核，将共有 n(n-1)/2 次比较。例如，一位手下只有 5 个员工的管理人员必须进行 10 次｛(5×4)/2｝比较(如表 7-5 所示)。

表 7-5　　　　　　　　　　　　　　　　　　配对比较法举例

	甲	乙	丙	丁	戊
甲	—	1	0	1	1
乙	0	—	0	0	1
丙	1	1	—	1	1
丁	0	1	1	—	1
戊	0	0	0	0	—

需要说明的是：将表中的纵行与横行比，纵行比横行优，记为 1，否则记为 0。

参加考核的 5 人，共有 10 次对比，具体评定结果是：

参加考核者	获优次数
甲	3
乙	1
丙	4
丁	2
戊	0

比较法有利有弊，其中，优点在于：(1)能排除出现居中趋势误差、过度严格误差出现的可能性；(2)比较容易设计，且在大多数情况下都比较容易操作。不足之处在于：(1)难以将员工绩效与组织战略目标联系在一起。尽管考评者可以根据员工个人的绩效对于组织战略的支持程度来进行评价，但是，这种联系常常并不是直接挂钩。(2)主观性强，评价结果的效度和信度易取决于考评者本人。因此，以员工比较为基础的考核方法难以证明员工能否胜任工作，面临较大的法律风险。

二、行为法

行为法是一种试图对员工(或被考评者)为有效完成工作所必须显示出来的行为进行界定的绩效管理方法。

(一)关键事件法

关键事件法要求考评者或管理者将为每位员工准备一本"绩效考核日记"或"绩效记录"，由考察人或知情人(通常为被考评者的直属上级)随时记载。记载的事件既有"好"事也有"坏"事；记载的事件是较突出的、与工作绩效直接相关的事，而不是一般的、琐碎的、生活细节方面的事；记载的事件是具体的事件与行为，而不是对某种品质的判断，如"他很认真"。事件的记录本身不是评语，只是素材的积累(如表 7-6 所示)。根据这些具体事实或素材，经归纳、整理，便可得出可信的考评结论。

表7-6　　　　　　　　　　　　　××工厂助理管理员的关键事件记录

职责	目标	关键事件
安排工厂的生产计划	充分利用工厂中的人员和机器；及时发布各种指令	为工厂建立新的生产计划系统；上个月的指令延误率降低10%；机器利用率提高20%
监督原材料采购和库存控制	在保证充足的原材料供应前提下，使原材料的库存成本降低到最小	上个月原材料库存成本上升15%
监督机器的维修保养	不出现因机器故障而造成的停产	为工厂建立一套新的机器维护和保养系统

关键事件法中的"事件"在对被考评者进行反馈时，可以被用来向员工提供明确的反馈，让员工清楚地知道自己哪些方面做得好、哪些方面做得不好，并加深被考评者对事件的理解，有利于员工进行改进，员工也易于接受，而且还可充实那些抽象的评语。此外，在这些"事件"中，还可以重点强调那些能够支持组织战略的一些关键事件，使员工的目标与组织的战略目标紧密联系起来。但是，关键事件法也存在不足之处：管理者往往拒绝每天或每周对其下属员工的行为进行记录；因为每一个事件对于每一位员工来说都是特定的，要对不同员工进行比较通常也是很困难的。

（二）行为锚定等级评价法

行为锚定等级评价法是建立在关键事件法基础之上的。该方法的目的在于：通过建立与不同绩效水平相联系的行为锚定来对绩效维度加以具体界定。在同一个绩效维度中存在着一系列的行为事例，每一种行为事例分别表示某一维度中的一种特定绩效水平，如表7-1所示的阿里巴巴集团的价值观考评标准。

实施行为锚定等级评价法，首先必须搜集大量的代表工作中"优秀"和"无效绩效"的关键事件。然后，再将这些关键事件划分为不同的维度，把能清楚代表某一特定绩效水平的关键事件挑选出来。考评者根据每一维度来分别考察员工的绩效，最后以行为"锚定"为指导，确定与员工情况最相符的每一维度的关键事例，这种评价就成为员工在这一绩效维度上的得分。

行为锚定等级评价法的优点在于：通过提供一种精确、完整的绩效维度定义来提高考评的信度；不足之处在于：员工的那些与行为"锚定"最为近似的行为，往往是考评者容易回忆起来的信息，因此受到考评者的主观影响。

（三）行为观察评价法

行为观察评价法是行为锚定等级评价法的一种"变形"。行为观察评价法也是从关键事件中发展而来的方法，但与行为锚定等级评价法不同。首先，它不剔除不能代表有效绩效和无效绩效的大量非关键行为，而是用"事件"中的许多行为来具体地界定，并构成有效绩效（或无效绩效）的所有必要行为。其次，它并不是要评价哪一种行为最好地反映了员工的绩效，而是要求考评者或管理者对员工在考评期内表现出来的每一种行为的频率进行评价。最后，再将所得的考评结果进行平均之后得出总体的绩效考评等级。例如，行为观察评价法并不是仅用 4 种行为来界定在某一特定维度上所划分出来的 4 种不同绩效水平，而是用 15 种行为，如表 7-7 所示。

表 7-7   行为观察评价法举例

克服变革的阻力

(1)向下属描述变革的细节。

几乎没有   1 2 3 4 5   几乎总是

(2)解释为什么必须进行变革。

几乎没有   1 2 3 4 5   几乎总是

(3)与雇员讨论变革会给雇员带来何种影响。

几乎没有   1 2 3 4 5   几乎总是

(4)倾听雇员的心声。

几乎没有   1 2 3 4 5   几乎总是

(5)在使变革成功的过程中请求雇员的帮助。

几乎没有   1 2 3 4 5   几乎总是

(6)如果有必要，会就雇员关心的问题定一个具体的日期来进行变革之后的跟踪会谈。

几乎没有   1 2 3 4 5   几乎总是

总分数 =

很差	差	满意	好	很好
10 分以下	11~15 分	16~20 分	21~25 分	26~30 分

行为观察评价法的优点包括：(1)能够将高绩效者和低绩效者区分开来；(2)能够维持客观性；(3)便于提供信息反馈；(4)便于确定员工的培训需求。不足之处就是过于烦琐，因为它所需要的信息可能会超出大多数管理者所能够加工或记忆的信息量。一个行为观察评价体系可能会涉及 80 或 80 种以上的行为，考评者在考评时，还必须回忆每一位员工在 6 个月或 12 个月的评价期间内所表现出的每一种行为的发生频率。

这种方法是一种非常有效的评价方法。(1)它可以将企业的战略与执行这种战略所必需的一些特定行为联系起来；(2)它能够向员工提供关于企业对于其绩效期望的特定指导，并进行信息反馈；(3)行为必须依赖详细的工作分析，因此被界定及被评价的行为都是很有效的。该方法主要不足在于：虽然这种方法与企业的战略紧密联系，但必须对行为及行为的评价进行超常性的监控和修正，以确保其与组织战略重点的联系；该方法假设存在一种完成工作的最好办法，构成最好办法的行为也是可以确认出来的。因此，它比较适合不太复杂的工作。

三、结果法

结果法注重对员工的一种工作或某一工作群体的可衡量性结果的考核。结果法中最主要的考评方法是目标管理法。

目标管理(management by objective, MBO)由美国管理专家彼得·德鲁克(Peter

Drucker)于 1954 年在《管理的实践》一书中提出①。从此，目标管理成为美国和欧洲企事业单位所熟悉和广为采用的管理方式。根据德鲁克的观点，管理知识应遵循的一个原则是：每一项工作都必须为达到总目标而展开。衡量一个管理者是否称职，就要看对总目标的贡献如何。管理者与被管理者都清楚自己的目标和组织的总目标，并将每个人的具体活动统一到组织目标上来。因此，目标管理也是一种有效的绩效考评方法。在目标管理系统中，目标管理的原理或方式可以正规或非正规的方法运用，如果使之规范化，就可以形成一种程序。主要包括以下几方面的要素：

1. 目标确定。企业的最高管理层首先要为企业确定下一年度的战略目标。这些目标会被分解到下一级管理层，管理者们就需要明确：为完成企业的这些目标，他们应当实现哪些目标。这种目标确定的过程依次延续下去，直到企业中的所有管理者都确定了为实现企业总目标的"个人"目标为止，才算形成了目标体系。那么，这些目标就成为对每一位员工的个人工作绩效评价的标准。

2. 执行计划。目标确定以后，管理者和下属都应执行这个计划。大家应讨论如何实现这个计划目标、确定完成任务的必要步骤、如何评价和对每一步骤的责任确定。

3. 发展过程检查。工作项目发展的正规监控在于判明困难的出现是否属于偶然现象，行动的矫正是否正确必要。目标管理的检查评价不是评价行为，而是评价工作绩效。如果目标确立具体、可验证，那么评价过程就简单。管理者与员工讨论是否完成了工作以及为什么能完成或不能完成，将这些检查评价工作情况记录下来并成为正式的绩效评价。

4. 自我调节。每一个管理者都应该协调他本身的工作项目并对自己和下属行为加以必要的矫正。

目标管理法有三个共同性部分：(1)要求确定具体的、有一定难度的、客观的目标；(2)系统中所使用的目标通常不是由管理层单方面确定的，而是由管理者及其下属人员共同参与制定的；(3)管理者在整个评价期间通过提供客观反馈的方式来监控员工达成目标的进展过程。表 7-8 就是一家公司销售人员目标管理法考评表。

表 7-8　　　　　　　　　　　**销售人员目标管理法考评表**

序号	目标项目	本月目标	实际完成情况	绩效差距(%)
1	电视机销量(台)	1000	1200	120
2	洗衣机销量(台)	800	1000	125
3	录像机销量(台)	500	400	80
4	发展的新客户(个)	10	8	80
5	客户投诉(次)	5	3	60
6	营销分析报告(篇数)	3	3	100

① 德鲁克·彼得. 管理实践. 第 5 版. 上海：上海译文出版社，1999：137-155.

目标管理法的优点有如下几个方面：(1)有利于生产率的提高。当企业最高管理层对于目标管理法具有很强信任感时，该方法更有利于实现生产率增长的最大化。此外，该方法的目标确定过程(即全员参与目标的制定)能将员工个人的绩效与公司的战略目标联系在一起。(2)目标管理较为公平，因为绩效标准是按相对客观的条件来设定的；(3)实施的费用不高。目标的开发不像开发行为锚定式评定量表或行为观察量表费力，必要的信息都是由员工填写，管理者批准或修订；(4)员工对目标的完成有更多切身利益，对其工作环境有更多的了解和看法，这也便于管理者与员工之间的沟通。该方法也有潜在的不足，具体包括：(1)员工只有行动目标，没有应该怎样完成目标的行为指导；(2)容易使员工过于注重短期目标或年度的目标而牺牲长期的目标；(3)员工目标"因人而异"，没有为比较提供共同的基础，因此有"鞭打快牛"的现象出现；(4)在实际工作中，由于目标管理需要大量的书面表格来记录员工的工作业绩，管理者不喜欢书面工作，而员工也不喜欢由绩效目标来带来的压力。

四、战略性绩效管理工具

与传统绩效评价法相比，战略性的绩效考核工具始终以企业的战略为牵引，有着系统的指标分解、指标监控、指标考量与检讨体系，使得个人绩效的提高能指向组织整个企业的绩效。

(一)关键绩效指标法(KPI)

关键绩效指标法(key performance indicator, KPI)是一种检测并执行企业发展战略的绩效分解指标的方法。该方法的理论基础是由意大利经济学家帕累托(Vilfredo Pareto)的"二八原理"，即"关键的少数和次要的多数"，每个部门和每位员工的80%的工作任务是由20%的关键行为完成的，抓住20%的关键，就抓住了主体。关键绩效指标分为四类：数量性KPI，质量性KPI，成本性KPI，时间性KPI。例如，万科公司为保证每个项目目标的达成，奉行确定"5986"KPI体系，即从拿到地到开工5个月，开工到销售9个月，开盘当月售出80%，产品的60%是住宅；随着房地产行业竞争日益激烈，逐步修改为"5946"KPI体系，即开售第一个月卖四成。

1. 关键绩效指标法的特征。主要体现在如下方面：(1)系统性。从组织、部门、班组到岗位均有各自独立的关键绩效指标，但是必须由公司远景、战略、整体效益展开，在组织内部自上而下对战略目标进行层层分解、层层关联、层层支持。(2)可控性。绩效考核指标的设计是基于公司的发展战略与流程，而非岗位的功能。首先，将企业的长远发展战略目标层层分解，提炼出可操作的战术目标。然后，将其转化为若干个具体的考评指标。最后，依据这些绩效评价指标，从事前、事中、事后多个维度，全面跟踪、监测和反馈企业或员工个人的绩效。(3)导向性。该方法强调以战略为中心，指标体系的设计与运用都为组织战略目标的达成服务。因此，当组织战略重点转移时，关键绩效指标必须予以修正以反映公司新战略的内容。

2. 关键绩效指标法的操作步骤。包括如下：(1)明确企业的战略目标，在企业会议上利用头脑风暴法和鱼骨分析法找出企业的业务重点。(2)确定企业级KPI。采用头脑风暴法找出这些关键业务领域的关键业绩指标(KPI)。(3)确定部门级KPI。依据企业级KPI建立部门级KPI，并对相应部门的KPI进行分解，确定相关的要素目标，分析绩效驱动要素(技术、组织、人)，确定实现目标的工作流程，分解出各部门级的 KPI，以便确定评价指标体系。(4)确定职位级 KPI。将部门级 KPI 进一步细分，分解为更细的 KPI 及各职位的业绩衡量指标。指标体系确立之后，设定评价标准。指标解决"评价什么"的问题，标准解决"被评价者怎样做，做多少"的问题。(5)审核关键绩效指标。审核主要是为了确保这些关键绩效指标能够全面、客观地反映被评价对象的绩效，而且易于操作。比如，多个评价者对同一个绩效指标进行评价，结果是否能取得一致？这些指标的总和是否可以解释被评估者 80%以上的工作目标？跟踪和监控这些关键绩效指标是否可以操作？

3. 关键绩效指标的评判原则。包括如下方面：(1)可衡量性。从考核角度看，该目标实现与否，超过或低于目标的程度是否可以清晰、准确、定量的进行描述。(2)重要性。从组织角度看，该目标对于实现其对应的组织目标的重要程度。(3)可控性。从执行角度看，考核对象对实现这个目标负有主要责任，并且基本上可以通过自己的努力达到目标。

(二)平衡计分卡

平衡计分卡(balanced score card，BSC)最初源于 1990 年美国诺顿研究所主持并完成的"未来组织绩效衡量方法"研究计划。该计划的目的在于找出超越传统以财务会计量度为主的绩效衡量模式，以使组织的"策略"能够转变为"行动"。在此基础上，这项计划的带头人——美国著名管理会计学家、哈佛大学教授罗伯特·卡普兰(Robert S. Kaplan)和诺顿研究院(Nolan Norton Institute)的执行长戴维·诺顿(David P. Norton)又进行全面而深入地研究，并于 1992 年、1993 年和 1996 年分别发表了《平衡计分卡：良好的绩效评估体系》《平衡计分卡的应用》和《将平衡计分卡用于战略管理系统》三篇论文，此后又出版了《平衡计分卡：一种革命性的评估和管理系统》和《平衡计分卡——战略目标的转换》等专著，使平衡计分卡的理论与方法得以系统化。经过近 20 年的三代发展，平衡计分卡已经从绩效管理的工具发展为战略管理的工具。

1. 平衡计分卡。在传统的财务评价指标的基础上，它兼顾了其他三个重要方面的绩效，即客户角度、内部流程角度、学习与发展角度。这四个角度分别代表组织三个关键利益相关者：股东、客户、员工。它使企业中的各层经理们能从四个重要方面来观察企业，并为四个基本问题提供了答案，其示意图见图 7-2 所示。

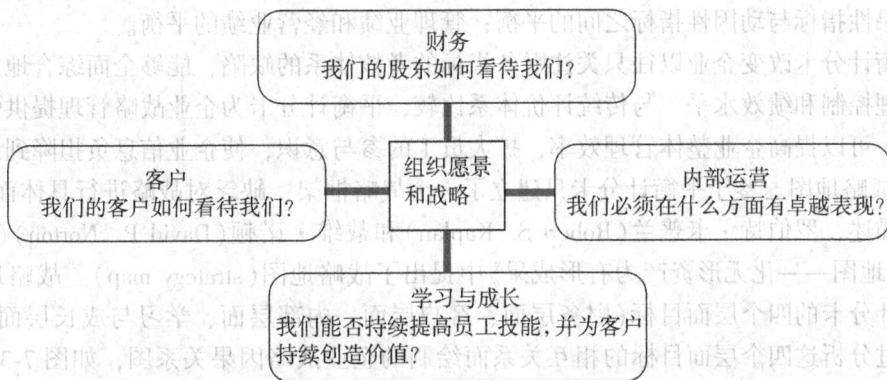

图 7-2　卡普兰和诺顿的平衡计分卡示意图

（1）财务指标：解决"股东如何看待我们"。财务绩效指标主要包括：①收入增长指标；②成本减少或生产率提高指标；③资产利用或投资战略指标。当然，也可以根据企业的具体要求，设置更加具体的指标，如经济增加值、净资产收益率、资产负债率、投资报酬率、销售利润率、应收账款周转率、存货周转率、成本降低率、营业净利润和现金流量净额等。

（2）客户指标：解决"顾客如何看待我们"。客户指标主要包括：①市场份额，即在一定的市场中（可以是客户的数量，也可以是产品销售的数量）企业销售产品的比例；②客户保留度，即企业继续保持与老客户交易关系的比例，既可以用绝对数来表示，也可以用相对数来表示；③客户获取率，即企业吸引或取得新客户的数量或比例，既可以用绝对数来表示，也可以用相对数来表示；④客户满意度，即反映客户对其从企业获得价值的满意程度，可以通过函询、会见等方法来加以估计；⑤客户利润贡献率，即企业为客户提供产品或劳务后所取得的利润水平。

（3）内部业务流程指标：解决"我们擅长什么"。内部业务流程指标主要包括：①评价企业创新能力的指标，如新产品开发所用的时间、新产品销售额在总销售额中所占的比例、比竞争对手率先推出新产品的比例、所耗开发费用与营业利润的比例、第一次设计出的产品中可完全满足客户要求的产品所占的比例、在投产前需要对设计加以修改的次数等；②评价企业生产经营绩效的指标，如产品生产时间和经营周转时间、产品和服务的质量、产品和服务的成本等；③评价企业售后服务绩效的指标，如企业对产品故障的反应时间和处理时间、售后服务的一次成功率、客户付款的时间等。

（4）学习与成长指标：解决"我们是在进步吗"。学习与成长指标主要包括：①评价员工能力的指标，如员工满意程度、员工保持率、员工工作效率、员工培训次数、员工知识水平等；②评价企业信息能力的指标，如信息覆盖率、信息系统反应的时间、接触信息系统的途径、当前可能取得的信息与期望所需要的信息的比例等；③评价激励、授权与协作的指标，如员工所提建议的数量、所采纳建议的数量、个人和部门之间的协作程度等。

上述四部分内容虽然各自有特定的评价对象和指标，但彼此之间存在着密切的联系。平衡计分卡体现四个方面的平衡：财务与非财务衡量方法之间的平衡；长期目标与短期目标之间的平衡；外部计量（股东和客户）和关键内部计量（内部流程/学习和成长）之间平衡；结果性指标与动因性指标之间的平衡；管理业绩和经营业绩的平衡。

平衡计分卡改变企业以往只关注财务指标的考核体系的缺陷，能够全面综合地反映企业的管理控制和绩效水平。与传统评价体系比较，平衡计分卡为企业战略管理提供强有力的支持，可以提高企业整体管理效率，扩大员工的参与意识，使企业信息负担降到最少。

2. 战略地图。鉴于平衡计分卡只建立了一个战略框架，缺乏对战略进行具体而系统、全面的描述，罗伯特·卡普兰（Robert S. Kaplan）和戴维·诺顿（David P. Norton）（2004）在《战略地图——化无形资产为有形成果》中提出了战略地图（strategy map）。战略地图是以平衡计分卡的四个层面目标（财务层面、客户层面、内部层面、学习与成长层面）为核心，通过分析这四个层面目标的相互关系而绘制的企业战略因果关系图，如图 7-3 所示。战略地图是以平衡计分卡为基础，能够清晰地反映出绩效维度和绩效指标的联系，弥补了平衡计分卡的局限性。

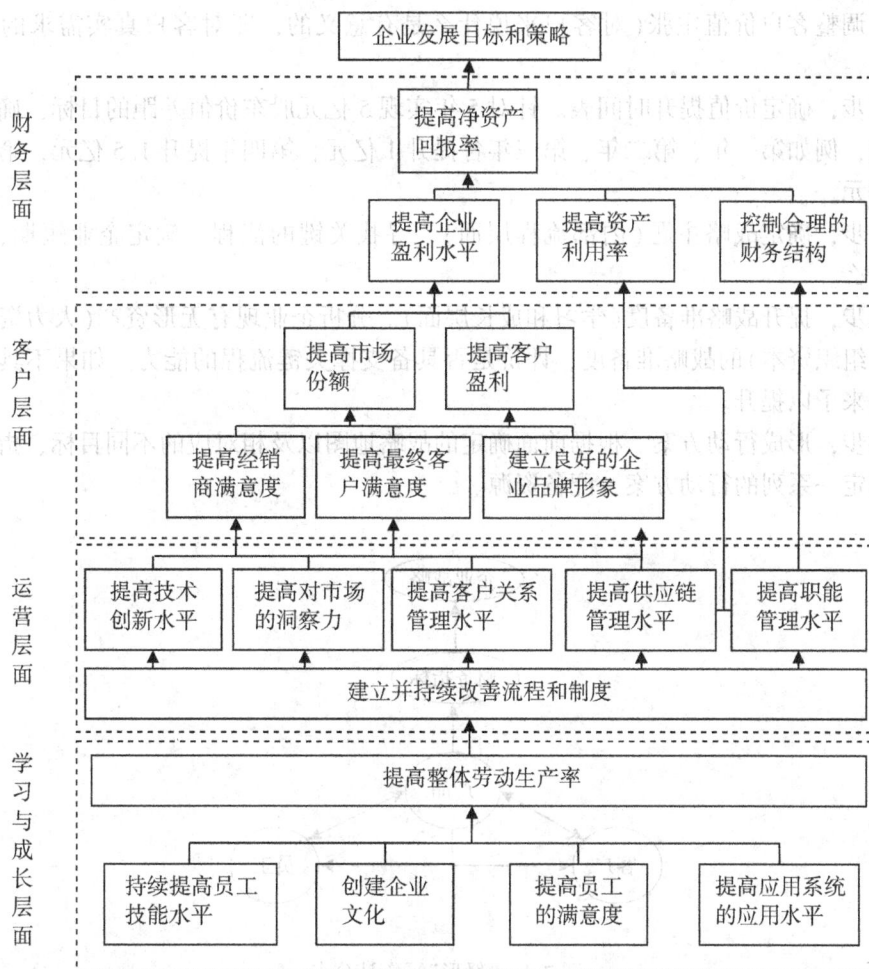

图 7-3　战略地图示例

资料来源：Kaplan R S & Norton D P. Measuring the strategic readiness of intangible assets. Harvard Business Review, 2004, 82(2)：52-63.

　　战略地图的核心逻辑：组织运用人力资本、信息资本和组织资本等无形资产(学习与成长)，创新和建立战略优势和效率(内部流程)，进而使组织把特定价值带给市场(客户)，从而实现股东价值(财务)。例如，北京小米科技有限责任公司将关注点放在了员工和客户环节，强调二者的互动，以创造伟大的产品，进而创造需求和客户，实现良好的财务绩效。这种战略思路的转向可以称为"弩形"平衡计分卡(如图 7-4 所示)：以客户—产品和员工—产品为弩之两翼，以客户—员工为弦，以产品为箭，其指向是财务与战略目标。战略地图绘制的步骤如下：

　　第一步，确定股东价值差距(财务层面)。例如，股东期望 5 年之后销售收入能够达到 10 亿元，公司目前销售额只达到 5 亿元，从而股东价值预期差距是 5 亿元。

第二步，调整客户价值主张(客户层面)。为了弥补股东价值差距，对现有的客户进行分析，调整客户价值主张(对客户来说什么是有意义的，即对客户真实需求的深入描述)。

第三步，确定价值提升时间表。针对5年实现5亿元股东价值差距的目标，确定提升的时间表，例如第一年、第二年、第三年各提升1亿元，第四年提升1.5亿元，第五年提升0.5亿元。

第四步，确定战略主题(内部流程层面)。寻找关键的流程，确定企业短期、中期、长期做什么。

第五步，提升战略准备度(学习和成长层面)。分析企业现有无形资产(人力资本、信息资本、组织资本)的战略准备度，评价是否具备支撑关键流程的能力。如果不具备，则找出办法来予以提升。

第六步，形成行动方案。根据前面确定的战略地图以及相对应的不同目标、指标和目标值，制定一系列的行动方案，配备资源。

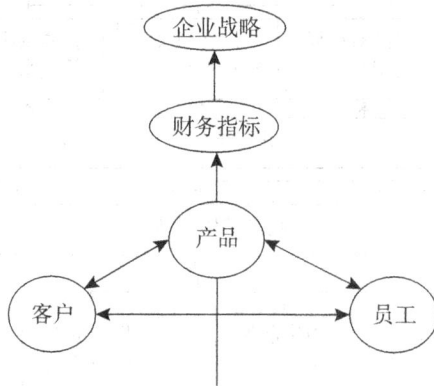

图 7-4　"弩形"平衡计分卡

绩效评价方法多种多样，表7-9从与战略挂钩程度、效度、信度、可接受性和明确性方面比较了绩效评价方法。在具体操作实践中，需要结合组织文化、信息化程度、考核基础以及岗位特征，选择切合组织实际的考核方法。例如在富士康等大型制造企业，需要严格的纪律保证规模化的生产，以提高效率，降低成本，从而关键绩效指标法是比较合适的。

表7-9　　　　　　　　　　　　　　衡量绩效的基本方法比较

方　法	标　准				
	与战略挂钩程度	效度	信度	可接受性	明确性
比较法	差，除非管理者花时间把它与战略联系起来	很高，如果打分很小心仔细的话	取决于评分者，但是通常不使用统一的评价标准	中等，容易设计和使用，但不接受规范的标准	很低

续表

方 法		标 准				
		与战略挂钩程度	效度	信度	可接受性	明确性
行为法		可能非常高	通常较高,最大限度地减少杂质和损失	通常较高	中等,难以设计,但是使用的人愿意接受	很高
结果法	目标管理法	很高	通常较高,可能既存在杂质,又存在缺失	高,主要问题可能是再测信度——取决于指标的时间性	高,通常根据被评估者提供的信息开展评估	与结果高度相关,但是与实现这些结果的必要行为相关性低
战略性绩效管理工具	关键绩效指标法	很高,与战略高度相关	很高,能够准确地预测未来工作绩效	高,明确具体的评价指标使考评更具客观性	高,全员积极参与考核的全过程	很高
	平衡计分卡	很高,与战略紧密联系在一起	很高,将与未来工作相关的因素融入了绩效评价过程	高,量化的指标体系规避了考评中主观因素的影响	高,组织目标与员工个人发展目标高度一致,员工乐于接受	很高

资料来源:作者整理。

各种绩效评价方法和工具并非冲突、替代关系,而是互补关系。关键绩效指标法、平衡计分卡等战略性绩效管理工具的实施离不开表现性评价方法和技术的支撑。许多表现性评价技术如行为锚定法和行为观察量表法通过直接为考评者提供具体的行为等级和考评标准的量表,不仅有利于管理者有效地对员工作出客观的评价,还有利于引导和开发员工的行为。在移动互联网时代,这些绩效管理方法或工具依然有效,不过也在产生一些新的变化,甚至许多企业采用多种方法的组合来实施绩效管理。例如,1999 年,谷歌引入 OKR(objectives and key results,即目标与关键成果的绩效管理方法,或称为"目标与关键成果法")[①]。目标与关键成果法是一套定义和跟踪目标及其完成情况的管理思想,非常适用于扁平化、小团队的组织形态[②]。OKR 绩效评估的过程:首先,员工根据高层团队确定的企业愿景以及中层管理者制定的部门发展目标确立自身目标[③]。然后,员工明确目标的关键结果。最后,对员工绩效进行评价,包括员工对整个目标实现过程和最终成果进行展示、

① 邹涛. 关于互联网公司绩效管理(OKR)创新的讨论. 人才资源开发,2014,09:83.

② Devasheesh P B. The Invisible Eye? Electronic Performance Monitoring and Employee Job Performance. Personnel Psychology,2014,67:605-635.

③ 童继龙. OKR 管理:让每个企业都成为谷歌. 互联网经济,2015,8:20-25.

领导综合各方面条件进行绩效评价、在更大范围内进行讨论确定后续动向。相对于关键绩效指标法的高执行性而言，目标与关键成果法具有高度的灵活性，鼓励员工运用创造性的方法达到目标。

第四节　绩效管理的实施

一、绩效考评的实施者

从不同的信息来源获得员工的绩效考评信息，会使绩效管理过程更为准确和有效，这也就是目前在企业中广为流行的一个绩效考评方法——360度绩效考评法。360度绩效考评也被称为全视角考评或多个考评者考评[①]，即由被考评者上级、同事、下级和(或)客户(包括内外部)以及被考评者本人担任考评者(如图7-5所示)，从多个维度多个视角对被考评者进行全方位360度的评估，以最终的全方位结果反馈为行为改进依据，达到提高绩效等目标[②]。其优势在于围绕被评估者从多个考评者的视角出发，弥补评价角度单一可能导致的评价偏差，使考评结果更加公允全面[③]。实践中这一评估方式也得到了广泛认可，国内外企业有大部分企业在使用360度绩效考评，只是具体形式有所差异[④]。

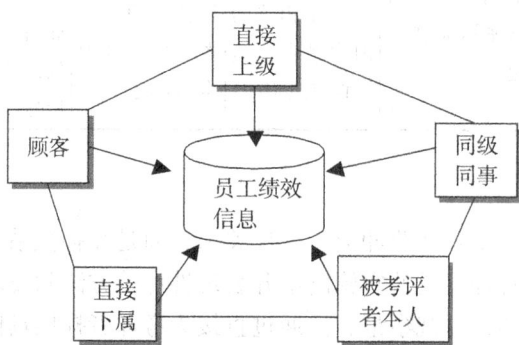

图7-5　360度绩效评价方法

（一）直接上级

直接管理者是最经常被作为绩效信息来源的人或绩效考评者，也很符合上述的前两条，即他们对下属所从事的工作要求有全面的了解，并有充分的机会对员工进行观察，也

---

①　时雨，等. 360度反馈评价结构和方法的研究. 科研管理，2002(5).

②　Rai H, Singh M. A Study of Mediating Variables of the Relationship Between 360° Feedback and Employee Performance. Human Resource Development International, 2013, 16(1): 56-73.

③　Nowack, Kenneth M. 360 Feedback: From Insight to Improvement. Public Manager, 2015, 44(2): 20-23.

④　邢振江，江志宇，王燕. 360度绩效考核法在公务员绩效考核中的应用. 中国人力资源开发，2011(1).

就是说，直接上级有能力对其下属作出评价。由于直接上级能够从下属的高绩效中获得利益，也会因下属员工的低劣绩效而受损，因此，他们有充分的动力对下属的绩效作出精确的评价。直接上级所提供的信息反馈通常与工作绩效具有非常强的相关性。

在某些特殊情况下，直接上级的评价信息在公正性上不太可靠。有时管理者并没有足够的机会监督下属履行其工作职责；有些管理者易使考核掺入个人感情色彩。

（二）同级同事

同级同事也是员工绩效信息的重要来源或考评者。他们对被考评者的岗位最熟悉、最内行，对被考评同事的情况往往也很了解，但同事之间必须关系融洽，相互信任，相互间有一定的交往协作，而不是各自为战的独立作业。这种办法多用于专业性组织，企业专业性很强的部门也可以使用；同时，还可以考评很难由别类员工考评的岗位，如中层干部等。

利用员工同事进行考评的缺点就是：他们与被评价者之间的关系可能会造成评价的偏差。另外，当绩效评估的结果是被用作管理决策的依据时，员工与同事之间也常常感到不太舒服。所以这种评价结果仅被用在员工的开发目的中。

（三）直接下属

在对管理者进行考评时，其直接下属员工是一种特别的有价值的绩效信息来源。下属是最有权利评价其直接上级是如何管理或领导他们的。不过下属人员往往愿意以匿名的方式提供管理者的绩效反馈。与同事评价一样，仅将下属评价用在管理人员的开发方面是一种明智的做法。为了确保下属员工不会担心遭到管理者的报复，下属评价有必要采用匿名的方式，并且每次至少要有 3 名员工对同一位管理人员进行评价。

（四）被考评者本人

这就是常说的自我鉴定。虽然，自我评价并不是经常作为绩效评估信息的唯一来源，但它也是非常有价值的。员工是最了解自己工作行为的人，自我考评能令被评价者感到满意，抵制少且能有利于工作的改进。但是这种评价方法的缺点在于：一是会导致个人夸大对自己的绩效考评。这主要由于两方面的原因：第一，如果评价的结果被用在管理决策（如加薪）方面，那么员工必然有充分的理由夸大自己的绩效。第二，社会心理学中有大量事实证明，人们总有一种把个人的不良绩效归咎于外部因素的倾向，因此不要将自我评价的绩效结果用于管理性目的。自我评价最好用在绩效反馈阶段的前期，以帮助员工思考一下他们自己的绩效，从而将绩效面谈集中在上级和下级之间存在分歧的地方。

（五）顾客

许多公司把顾客也纳入员工绩效考评体系中。由于企业的产品或服务都具有独一无二的性质，即产品的生产和消费常常是在某一个时点上发生的，无论是上级、同事还是下属有时都没有机会去观察员工的行为。相反，顾客经常是唯一能够在工作现场观察员工绩效的人，因此在这种情况下，他们就成了最好的绩效信息来源。2012 年以来，海尔集团实施网络化战略，"人单合一"模式已迭代升级为"人单合一 2.0——共创共赢生态圈"模式。在转型过程中，员工从雇佣者、执行者转变为小微企业主和创客，直接感知用户、对接用户和满足用户。员工不再直接由企业发工资，通过给用户创造价值获得报酬。对于员工的考核均来自用户，并且依靠信息系统实现。

顾客评价的缺点在于其成本较高。为了对一位员工进行评价，企业花费在打印、邮寄、电话以及人工在内的各项成本支出就可能会较高。但是，进入移动互联网时代，顾客（或消费者）参与对员工绩效的评价越来越方便。例如，分享平台的人力资源分为两种"运营管理团队和分享搁置资源的供给者"。第一类人力资源管理涉及人数少、范围小，与传统人力资源管理有相似之处，第二类人力资源，例如滴滴快的的专车司机和出租车司机，为绩效管理带来挑战。在绩效管理方面，生产者通过智能化的平台自主接单、自主与消费者联系完成订单和评价结果，无须平台公司提供特定的绩效管理和考核等手段，只是平台公司为保证信誉和品牌，必要时会对生产者的服务质量进行一定考核。比如，完成订单的时间要求（如司机必须在几分钟内接上乘客）、质量要求（如服务态度、资源状况保持）、安全要求等，并根据考核和消费者评价结果，对生产者进行取舍。

合理的信息来源应当满足的理想条件：（1）了解被考评岗位的性质、工作内容、要求及考核标准与企业政策；（2）熟悉被考评者本人的工作表现，尤其是本考核周期内，最好有直接的近距离密切观察其工作的机会；（3）绩效信息来源必须公正、客观，不具偏见。最好的绩效信息来源应当是那些能够最有机会观察员工的行为及其结果的人。上述5种不同的绩效信息来源各自都有自己优势和不足。通常情况下，综合采用不同的信息来源效果较好。表7-10总结了以上5种不同绩效信息来源的使用频率①。

表7-10　　　　　　　　　　**采用不同信息来源监督员工行为活动的频率**

	绩效信息来源				
	上级	同事	下级	被考评者本人	顾客
与任务有关的					
行为	偶尔	经常	很少	总是	经常
结果	经常	经常	偶尔	经常	经常
与人际关系有关的					
行为	偶尔	经常	经常	总是	经常
结果	偶尔	经常	经常	经常	经常

二、绩效考评结果的处理

绩效考评结果的处理就是通过对考核实施所获得的数据汇总、分类，利用数理统计方法进行加工、整理，以及得出考核结果的过程②。

（一）考评数据汇总、分类

考评数据汇总与分类就是将收集上来的不同考评人员对同一被考评者的考核结果进行汇总，然后根据被考评者的特点，对考评结果汇总、进行分类。

---

① 雷蒙德·A.诺伊，等.人力资源管理：赢得竞争优势.刘昕，译.北京：中国人民大学出版社，2001：375.

② 林泽炎. 3P模式——中国企业人力资源管理操作方案.北京：中信出版社，2001：341-342.

（二）确定权重

权重就是加权系数。所谓加权就是强调某一考核指标在整体考核指标中所处的地位和重要程度，或者某一考核者在所有考核者中的地位和可信度，而赋予这一考评指标某一特征的过程。特征值通常用数字表示，称为加权系数，加权能够通过确定大小不同的权重，显示各类人员绩效的实际情况，提高考评的信度和效度。

（三）考评结果的表示方法

在获得大量考核数据之后，可利用数理统计的方法计算考核结果，一般采用求和、算术平均数等十分简单的数理统计方法。

考评结果还需要用一定方式表示出来，一般有以下几种：一是数字表示法，即指考评结果用最基本的形式，直接用考评结果的分值对被考评者的绩效情况进行描述的方式。其优点是具有可比性，规格统一，数据量大，并为实现计算机管理创造了条件。但数字描述不够直观，需与文字结合。二是文字表示法，即用文字描述的形式反映考评结果的方法。它是建立在数字描述的基础之上，有较强的直观性，重点突出，内容集中，具有适当的分析，充分体现了定性与定量相结合的特点。三是图线表示，即通过建立直角坐标系，利用已知数据，描述出图线来表示考核结果的方式。它具有简便、直观、形象、对比性强的特点，适用于人与人之间、个人与群体之间、群体之间、个人或群体与评定标准之间的对比关系。

三、绩效反馈和辅导

绩效考评最重要的是让员工们意识到工作绩效没达到预期绩效的要求，辅导员工如何改进绩效。员工对反馈的接受程度是影响绩效改善的重要因素之一，而其受反馈形式、管理者的反馈技巧、管理者和员工的关系质量等的影响。绩效反馈的形式是多样的，比如设立意见箱、设置专门沟通渠道、主动征求建议、绩效面谈等。有效的管理者应当以一种能够诱发积极的行动反应的方式来向员工提供明确的绩效反馈。有效的绩效反馈具有以下特点：

第一，员工的绩效反馈应是经常性的，而不是一年一次。管理者一旦发现员工绩效中所存在的缺陷，就有责任立即指出，并教他如何纠正。如果员工的绩效每年的 1 月份时就已低于标准，而管理者员要等到 12 月份再去对其绩效进行评价，那么就会使企业蒙受 11 个月的生产率损失。因此，管理者应当经常性地向员工提供绩效反馈，从而使他们清楚知道自己的绩效水平。

第二，为绩效讨论提供一种好的环境。管理者应当选择一个中立的地点来与员工进行绩效讨论。管理者的办公室通常并不是最佳的绩效反馈地点。因为员工往往会把过去在办公室所遇到的令人不愉快的谈话联系在一起，所以管理者选择一个谈话轻松的地方，并且管理者应该表明，绩效会谈应当是一种开诚布公的对话。

第三，反馈之前让员工先对个人绩效进行自我评价。在让员工参加绩效面谈之前，先让其认真思考一下自己在绩效考评期内所达到的绩效，并鼓励他们寻找自己的不足。一方面，用于管理目的自我评价，员工往往会夸大；另一方面，员工在用于开发目的的自我评价中又往往比管理者对自己所作出的评价要低。反馈面谈的重点可放在上、下级之间存在分歧的问题上，这会提高绩效反馈过程的效率，并让员工对自己过去绩效进行认真思考，让其完全参加到反馈过程的讨论之中去。

第四，鼓励下属员工积极参与绩效反馈过程。在绩效反馈的过程中，有以下三种方法供管理者采用。一是"讲述-推销法"，即管理者告诉员工对他们的绩效评价，然后再让员工接受管理者对他们作出的该项评价的理由。二是"讲述-倾听法"，即管理者告诉员工对他们作出了怎样的绩效评价，然后再让员工谈一谈对这种绩效评价的看法。最后，"解决问题法"，即管理者和员工在一种相互尊重和相互鼓励的氛围中讨论如何解决员工绩效中所存在的问题。研究证明，解决问题法的效果是最为突出的，但是大多数的管理者却仍然在依赖"讲述-推销法"。

第五，赞扬、肯定员工的有效业绩。通常认为，绩效反馈过程的焦点应当集中在找出员工绩效中所存在的问题，提供准确的绩效反馈，这其中既包括查找不良绩效，同时也包括对有效业绩的认可。赞扬员工的有效业绩会有助于强化员工的相应行为。此外，通过清楚地表明管理者并不仅仅是在寻找员工绩效的不足而增加了绩效反馈的可信程度。

第六，重点放在解决问题上。管理人员在绩效反馈方面通常会犯的一个错误是，往往把绩效反馈看成是一个对绩效不良员工进行惩罚的一个机会，因而总是告诉这些员工他们的绩效是如何的糟糕。但这种做法只会伤害员工的自尊，以及强化他们的抵触情绪，这两种情况都不利于员工的绩效改善。为了改善员工不良的绩效，管理者先与员工一起来找出导致不良绩效的实际原因，然后就如何解决这些问题达成共识。每一种原因都要采取不同的解决方法。如果不采用这种解决问题法来进行绩效反馈，那么纠正不良绩效的方法可能永远都不会找到。

第七，将绩效反馈集中在行为上或结果上而不是人的身上。在进行负面反馈时，要避免对员工个人存在的价值提出疑问。举个例子来说，如果管理者这样对员工说："你把事情搞得一团糟，你根本就没有用心去做！"那么必然会导致员工产生抵触心理和很强烈的反感，相反，如果管理者对员工这样说："你之所以没有能够按时完成这个项目，是因为你在其他项目上花的时间太多了。"那么，结果可能会好一些。

第八，尽量少批评。如果一位员工的绩效低于规定的标准，那么必然要对其进行某种批评。然而，一位有效的管理者则应当抵挡住抽出进攻之剑的诱惑。当一位员工面对个人所存在的绩效问题时，他或她往往是同意自己应当在某些方面有所变化的。但是，如果这时管理者仍然是一而再、再而三地举出其绩效不良的例子来，那么员工无疑会产生一种防卫心理。

第九，制定具体的绩效改善目标，然后确定检查改善进度的日期。制定目标的重要性不能被过于夸大，它只是最为有效的激励因素之一。研究表明，目标的制定有利于提高员工的满意度、激发员工改善绩效的动力以及实现绩效的真正改善。但是，除了确定目标以外，管理者还应当确定对员工达到目标绩效要求的进展情况进行审查的具体时间。

随着移动互联网的普及，许多公司开发或引进手机 APP 进入绩效管理工作之中。例如，通用电气的经理们通过一款叫作"PD@ GE"（意为"在通用电气的绩效发展"）的应用程序，频繁地得到员工的工作反馈；员工也会得到一份短期工作目标清单，并可以随时通过该应用程序征求反馈意见。

第五节　绩效管理中常见的偏差

绩效管理是一个工具，能否使用好取决于两点：一个是工具本身是否有效？另一个是使用者是否正确地使用这个工具？因此，绩效管理存在常见的偏差包括：

一、绩效考评体系的系统偏差

(一)绩效标准和指标体系不明确

在制定和设计绩效考评指标体系时，如果考评内容不明确，缺乏量化分析手段，不同的评价者对考评标准和指标理解上的差异就会带来绩效评价的误差。

(二)考评方法设计不科学

由于考评方法设计不科学，往往致使绩效考评缺乏可操作性，进而使得在此方法上进行的绩效评价缺乏实际意义，或者评价者主观臆断的成分过大。

(三)考评结果没有有效使用

绩效考评结果没有得到有效的运用，绩效表现好的员工未得到任何奖励，低绩效的员工也未受到惩罚，这样也就不能达到绩效考评的目的。

二、考评者的主观因素偏差

在考评的过程中，考评者难免会受到主观因素的影响，导致考评出现偏差。

(一)晕轮效应

当评价者仅把一个因素看作最重要的因素，并根据这一因素对员工做出一个好坏的全面评价，则便产生了晕圈错误。或者说看见被评估者某种特性方面的优异，就断定他其他方面一定也好，一好百好；反之，则一坏百坏，全盘否定。例如有的评估人员对被评估女性的衣着打扮时髦看不惯而影响了对她的工作绩效的正确评估。其实爱美是女性的共性，只要她不是利用工作时间化妆打扮，就不能成为影响对她工作绩效进行评估的因素。晕圈错误，在绩效评估中是很容易出现的。

(二)过高或者过低评估

给予不应受到的高评价被称为过高。这种行为产生的动机往往是避免引起评价争议。当使用主观性(并且难以克服)强的绩效标准，并要求评价者与员工讨论评价结果时，这种行为最为盛行。对一个员工的工作绩效过分挑剔被称为过低。尽管过高通常要比过低盛行，但有些经理评价采用的标准要比公司制定的标准更为苛刻。这种行为可能是由于对各种评价因素缺乏了解而造成的。

(三)居中趋势

居中趋势是当不正确地将员工评价为接近平均或中等水平时所发生的一种常见错误。有些绩效评估制度要求评价者对过高或过低的评估写出书面鉴定。在这种情况下，评价者可以通过只给平均水平的评估来避免可能发生的争议。尤其是在中国的"中庸"观念和面子文化的影响下，评价者可能充当"好好先生"，在绩效评估时更多地采取折中的处理方式，因而使得绩效评估结果趋于平均化。因此，为了规避居中趋势，需要强调评价者的担责是非常重要的①。

(四)近期效应

实际上每位员工都准确知道何时安排对自己的绩效评估。尽管员工的某些行动可能并不是有意识的,但常常是在评价之前的几天或几周内,员工的行为会有所改善,劳动效率也趋于上升。对于评价者来说,最近行为的记忆要比遥远的过去行为更为清晰,这是很自然的事情。然而,绩效评估通常贯穿一个特定的时期,因此评价个人的业绩应当考虑其整个业绩。

(五)个人偏见

部门主管进行绩效评估,可能在他们员工的个人特征,如种族、宗教、性别、残疾或者年龄等有关方面存在着偏见②③。评价中的歧视现象可能源于多种原因。例如,态度温和的人可能仅仅因为其不对结果提出强硬的反对理由而得到很苛刻的评价④。这种人的行为与那些怒斥者形成鲜明的对比。

小 结

1. 绩效管理是一个完整的系统,不仅关注结果,更强调目标、辅导、评价和反馈,由三个部分组成:绩效标准的界定、绩效的衡量(考核)与绩效信息的反馈。

2. 绩效管理与传统绩效评价相比,在人性观、过程完整性、主要目的、关注点、参与方式等方面存在很大的差异之处。

3. 绩效管理的目的主要有:有利于员工了解其工作实绩,能促进员工把工作做得更好;有利于发现员工的不足及有待开发的潜能,为员工培训开发指明方向。有利于甄别高绩效员工和低绩效员工,为组织的奖惩系统提供依据。有利于建立员工绩效档案材料,为人事决策提供依据。

4. 有效的绩效管理体系应具备战略一致性、准确性、可靠性、可接受性和明确性等五个特征。

5. 绩效管理是一项复杂而艰巨的过程,分为以下四步:绩效计划制定、绩效考核评价、绩效反馈辅导和绩效结果应用。

6. 常用的绩效管理方法和工具主要有比较法、行为法、结果法及战略性绩效管理工具等。比较法包括排序法、强制分布法、配对比较法;行为法包括关键事件法、行为锚定

---

① Harari M B, Rudolph C W. The effect of rater accountability on performance ratings: A meta-analytic review. Human Resource Management Review, 2016, 27(1): 121-133.

② Sackett P R, Dubois C L. Rater-ratee race effects on performance evaluation: Challenging meta-analytic conclusions. Journal of Applied Psychology, 1991, 76(6): 873-877.

③ Smith D R, Ditomaso N, Farris G F, et al. Favoritism, Bias, and Error in Performance Ratings of Scientists and Engineers: The Effects of Power, Status, and Numbers. Sex Roles, 2001, 45(5-6): 337-358.

④ Bernardin H J, Thomason S, Buckley M R & Kane J S. Rater rating-level bias and accuracy in performance appraisals: the impact of rater personality, performance management competence, and rater accountability. Human Resource Management, 2015, 55(2): 321-340.

等级评价法、行为观察评价法等；结果法主要是目标管理法；战略性绩效管理工具主要包括关键绩效指标法和平衡计分卡。

7. 360度考评法主要是确定由谁来评价，体现绩效信息来源的多元化，主要有：直接上级、同事、下属、被评价者本人和顾客。

8. 绩效管理中常见的偏差主要有：绩效管理体系的系统偏差、评价主体的晕轮效应、过高或者过低评估、居中趋势、近期效应和个人偏见。

复习思考题

1. 绩效管理与传统绩效考评有何区别？
2. 绩效管理系统包括哪些环节？这些环节之间的关系是怎样的？
3. 绩效管理基本方法和工具有哪几种？如何使用这些方法？它们各自有何种优缺点？
4. 简述关键绩效指标法和平衡记分卡法的主要内容。
5. 简述360°绩效考评方法的特点以及实施要点。
6. 进入互联网时代，为什么许多公司采用顾客考评来作为对员工考核的主要信息源？
7. 哪些因素容易引起绩效考评出现偏差？如何利用先进技术消除这些偏差？

讨 论 题

1. 管理者应该怎样构建战略性绩效管理系统？
2. 大数据为绩效管理带来哪些挑战？如何应对这些挑战？
3. 绩效管理在工业时代的科层制组织和互联网时代的平台型组织中的实施有何差异？

【案例】

海底捞导入计件工资和末尾淘汰制的困惑①

四川海底捞餐饮股份有限公司（简称"海底捞"）是一家以经营川味火锅为主，融汇各地火锅特色于一体的大型直营连锁企业。1994年，在四川拖拉机厂担任电焊工的张勇在家乡四川简阳支起了四张桌子，利用业余时间卖起了麻辣烫。经过20年艰苦创业，海底捞逐步从一个不知名的小火锅店起步，发展成为今天拥有近2万名员工，在北京、上海、西安、郑州、天津、南京、杭州、深圳、厦门、广州、武汉、成都、昆明等57个城市有190家直营餐厅，在中国台湾有2家直营餐厅，在国外，已有新加坡4家、美国洛杉矶1家、韩国首尔3家和日本东京1家直营餐厅。

一、计件工资：一条折中之路

长期以来，海底捞的薪酬福利体系是评比制的，评比方式五花八门。由于依靠人的主观判断来做评比，出现论资排辈、以关系远近来评定分数高低的问题。张勇和高

---

① 根据对海底捞的网络报道和张勇的相关讲话编写而成。

管们去美国游历，发现在那些经营状况比较好的餐厅中，服务员都是帅哥美女，干活动作极其敏捷，根本不需要监督。为什么这么帅这么靓的人愿意来干这个行业？小费是收入最主要的一部分。小费制启发了张勇，触动他自己探索计件工资。

2014 年，张勇开始酝酿一项自认为会对整个中国餐饮业有所贡献的创建——计件工资。例如，在试点门店，员工每传一个菜，他就能拿到一个小圆塑料片，计一件的收入，其中肉菜一盘计 2 毛，素菜一盘计 4 毛。前台服务员，则每接待一个客人就能挣到 3 块 3。张勇希望在总工资支出不变的情况下，通过计件工资来激发员工效率提升，提高店面整体效益。

并且，张勇将员工分为初级、中级、高级。所谓初级员工，是指一进来用一天或者一会儿时间就能学会的，比如站着发个毛巾，比如说"欢迎光临，毛巾有点烫，小心"，比如端个菜等，这个是初级员工。中级员工，是有一定技术含量的，比如切个菜，弄个小吃。高级员工，就是他的努力能够决定这家店可以走多远的这部分人，大多数是有权力接触客户的人。初级和中级员工都有工资封顶上限，分别是 3500 元和 4500 元。初级员工的工作含金量不高，收入就人为定低，如果 8 个月内，一个初级员工无法拿到中级认证，中级员工无法拿到高级认证，将被自然淘汰。但是，对于 40 岁以上员工，考虑到体能差异，张勇将要求适度放宽，并不给予 8 个月必须升级的硬性压力，这些年长员工的工分也要适度调高，以此体现计件工资的柔性。

张勇略带自豪地宣称，到 2015 年 1 月份，海底捞试点门店中有 1/3 的普通员工拿到了 6000 元左右的工资，高的有拿到 8000 元的，领班有拿到一万以上的。

二、末尾淘汰制：残酷的内部淘汰

和计件工资相配合，为了提高单店效率和盈利水平，激发店长的战斗力以及张勇更为看重的拓店能力，海底捞引入了末位淘汰制。海底捞将每家分店按标准分为 A 级、B 级和 C 级，A 级店的店长拥有开拓新店的资格，而连续几个月归为 C 级的分店则有可能面临淘汰。

每两个月，海底捞就会对所有分店进行考核和排名，排出最末位的 20 家，进行淘汰。总部会为排名的标准提供一个大的框架，就是顾客满意度和员工努力程度。张勇觉得除了这些指标能够量化，其他都是凭感觉，并且，排名不是绝对看分值的，最终决定淘汰谁，还得是总经理杨小丽和张勇来拍板。为什么还得是他俩？因为张勇要在考核中为不可量化的，甚至人性中不可说的东西留出空间，这些因素虽不能摆在明面上来说，但却十分关键。

比如一位店长努力程度虽然高于另一位，但张勇和杨小丽仍会因为前者为人不正、爱占小便宜，而将前者淘汰。"我们觉得这种干部不能用，但我们说不出口"。张勇说。再比如，海底捞认为婚姻是神圣的，如果一位店长有婚外情，即使能力再强，张勇和杨小丽也要另眼看待了。"这是私事，但也会影响到杨总和我的决策，但是影响到什么程度，真的是没一个标准。看感觉了。"

由于 C 级店存在被淘汰的风险，店长们就会铆着劲地想办法呆在 A 级和 B 级梯队里。张勇更大的期望是多多的产出 A 级店和能培养出合格徒弟的 A 级店长——所谓能下蛋的母鸡，这意味着海底捞整体拓店能力都会相应提升。

海底捞为了考察店长的真实管理能力，想出一个颇有意思的办法：一位 A 级店长可以报备推选一名手下员工徒弟当店长，开新店。总部便会要求这位 A 级店长离店两个月，以便总部重点监察店长和徒弟的管理能力究竟有多强。监察期间，徒弟拿着以前的工资，要干师傅的活，而店长师傅不能到店，顶多电话指导沟通，如果店面出现问题店长师傅自己就有被淘汰的风险。总之，在这两个月中，师傅和徒弟都要展现出自己真实的管理能力，最终，如果没有被淘汰的话，师傅就可以带着徒弟开新店了。

"如果你个店长，带出三家新店，就是小区经理，你的徒弟又带徒弟，都是你的部队，你就是一个分公司。如果你是个店长，你退休的时候能够带一百家，都是你的。"张勇解释道，"所谓是你的就是你有管理权，有奖金，有收益权，有人事权，甚至有很大的财务权。"

如此一来，店长的收入与他的管理及培养人的能力就这样直接挂上了钩。海底捞不用设定成为中餐第一之类的这种目标，"因为从员工到店长，到小区经理，他自己就会往上面冲，因为他也需要钱。"张勇说。

以目前情况来看，海底捞的整体业绩的确上来了。但是，同计件工资一样，末位淘汰制也有不小的负面作用。末位淘汰之后，店长之间、店与店的气氛变了。此前只考核不排名，店长们更像兄弟姐妹，还愿意互相帮衬着，排名之后，人人自危。首先，店长间的关系敏感起来，甚至恶化，在同一地区的门店，甚至彼此会有针对性地使出不利于对方的市场打法，反而损伤共同利益。再者，排名压力也转化到运营员工层面，以前是按规范、标准、客户满意度来做事情，而现在员工不免会在底下做点小动作，以保证完成业绩。

无论计件工资还是末位淘汰制，张勇都试图在解决海底捞一直存在的绩效问题。但由于变革，此刻海底捞的企业文化氛围显得混乱而嘈杂。

餐饮业的竞争难度是梯度增长的，先是产品竞争、技术竞争，然后是组织力竞争。海底捞正在用分拆的方法，把公司做小，形成生态系统。目前，已经分拆出颐海底料、蜀海（前身是海底捞的供应链部）、蜀韵东方（前身是海底捞工程部）、优鼎优公司、微海咨询（海底捞片区人事部）、海海科技（前身是海底捞信息部）、Hi 捞送等7 个公司，海广告正在筹划之中。拆分之后，海底捞的体系实现了重心转移。过去海底捞以门店为核心，带动其他业务发展；拆分之后，海底捞体系的重心转移到供应链上，以供应链去整合更多资源。比如微海咨询，前身是海底捞片区人事部，对内做招聘以及培训。从海底捞独立出来之后，为包括海底捞在内的所有餐饮企业、服务企业提供新员工招聘、培训、人事外包等服务。海底捞的拆分，除了形成一个"大家族"外，还形成业务模式上的协同。

◎ 思考题

1. 海底捞计件工资制和末尾淘汰制背后的理论基础是什么？

2. 海底捞采用顾客满意度和员工努力程度来评价店长，属于哪种绩效评价方法？这种方法需要企业具备哪些基础条件？海底捞是否具备这些条件？

3. 海底捞实施计件工资和末位淘汰制能否支撑其生态系统的运营？你有何建议？

第八章 薪酬管理

【学习目的】

在学习本章之后，应该掌握以下内容：

1. 薪酬的含义与构成。
2. 薪酬管理的内涵、目的、原则及主要影响因素。
3. 薪酬结构的含义、类型以及薪酬结构策略。
4. 薪酬水平界定、衡量及其策略。
5. 基本工资制度的设计过程、实施。
6. 工作评价方法类型、特点、适应范围与具体操作。
7. 奖励制度内涵与设计过程，以及各种奖励性计划的作用和优缺点。
8. 福利特点、意义和福利的类型，以及福利设计与管理。

【案例——问题提出】

海尔集团薪酬管理创新①

在互联网带来的冲击前，海尔正推进一场变革颠覆其原有组织结构。被业界高度关注的"海尔裁员"背后，正是海尔的这场小微运动。2013 年初，海尔小微模式从各地的工贸公司开始试水，海尔工贸公司成立于 2007 年，主要负责在境内销售海尔及控股子公司生产的相关产品。目前全国 42 家工贸公司已全部转型"商圈小微"：在制造、设计、财务等海尔其他部门全面推进小微模式。这势必要在薪酬管理体系上建立起一套与之匹配的模式。

1. 薪酬战略。"商圈小微"旨在将公司打造为平台化生态系统，成为可实现各方利益最大化的利益共同体。它强调员工和经营者同一立场和合作，奉行全员参与经营，员工不再是被动执行者而是身处其中的主动创业者。但该模式潜藏着消极怠工的可能风险。为此，海尔薪酬战略制度中偏向雇员贡献，坚持公平、公正、公开原则：公平是指对所有员工都实行统一的可量化考核标准；公正是指设立严格与工作成果挂钩的员工升迁制度，根据绩效高低将员工在优秀、合格、试用三个等级内动态转换；公开则指导考核方式、考核结果和所得薪酬向所有员工公开和透明。

2. 薪酬结构。在推行自主经营体时，海尔重金聘请公司设计了宽带薪酬结构。宽带薪酬等级少且富有弹性，能较好地淡化等级观念，消除官僚作风，起到支持和维

---

① 改写自：海尔集团的薪酬管理. 人力资源管理案例网. http://www.hrsee.com/? id=492.

护扁平化组织结构的作用。

3. 薪酬制度。在组织变革过程中，合适的薪酬制度应当起激励和筛选的杠杆作用：一方面增强现有员工对自主经营体模式的认同；另一方面吸引适合自主经营体模式的员工，促成公司与员工的匹配，推动企业变革。为此，海尔推行了人单合一机制下的"超利分享酬"，激励员工先为客户创造价值，在扣除企业常规利润和市场费用后，可与企业共享剩下的超额利润。基于为用户创造的价值把薪酬基数分为五类，依次为分享、提成、达标、保本和亏损。员工绩效达到提成或分享水平可参与对所创造价值的分享，即员工在向市场"挣工资"而非等企业"发工资"。高度参与式的利润分享意味着客户价值的最大化就是员工收益的最大化，激发员工为客户创造价值的积极性，实现员工利益与企业利益的一致性。海尔还采用"创客薪酬"推动自主经营体发展，使员工与公司达成一致目标后再落实到具体年月日，根据达到的目标获取"四阶"薪酬，即创业阶段的生活费、分享阶段的拐点酬、跟投阶段的利润分享和风投配股阶段的股权红利。其中蕴含的激励层次也从"生存权利"和"利益分享"上升到了"事业成就"。员工实质上是创业者，可利用公司平台和资源自主经营，初创时得到扶持，壮大时共享收益。

4. 富有新意的薪酬理念。(1)树立"挣工资"理念。强调的不是企业"发工资"而是从市场"挣工资"理念。改变了员工被动地听从组织安排、服从领导安排，打破了组织内部与市场绝缘状态，更重要的是充分激发员工的创造性，所有员工面向市场，寻找自身价值释放的空间，为用户创造价值。价值创造得越多，报酬越高。现在海尔人有一个常用的词汇——"放养野生"，即形象地比喻每个人都要面对市场，没有保障，不能创造用户价值就没有收入。海尔所有项目从孵化伊始，小微主自筹小微成员的月度生活费，但自筹月度生活费有一定的时间期限，到期还难以实现最初设定的拐点目标时，小微要考虑退出或重启竞单和官兵互选程序。当小微项目进入市场达到一定用户量和财务目标后才能享受相应的拐点酬。(2)建立利益共同体。海尔实行与小微共享超利润、与合作方利润共享，小微内部也实行共享利润、股权共赢激励，整个利益共同体实现利润共享，真正实现利益最大化。海尔与小微的对赌在不同的节点设定了超利润分享的利润率。比如，假设小微预期利润为1000万元，超过预期利润的0~200万元，小微享受的超利润分享可能会是30%；超过200万~500万元，超利润分享可能会设定为40%；超过500万~1000万元，可能会设定为50%。按照此原理，薪酬收入与价值创造为非线性联系，从而激励小微不断创造更高的价值。利益共同体的最大化机制改变了传统价值分配制度下价值创造与价值分配之间割裂的局面，使价值创造与价值分享紧密联系在一起，激发各方实现价值创造最大化。(3)让员工经营属于自己的事业。只有让员工经营发展自己的事业，才能最大化地激活个人活力。实施以"小微"为基本运作单元的平台型组织，企业与员工不再是劳动雇用关系而成为市场化的资源对赌关系。所有人都可以在海尔平台上创新创业，成立小微公司，小微与海尔签订对赌协议，海尔对小微投资且提供对赌酬，只有小微的业绩到达协议标准，小微才会有相应的薪酬。海尔对小微的对赌使小微把工作当成自己的事业来做。

海尔实施薪酬管理创新，为适应期管理模式改革。薪酬管理是一项敏感又复杂的工作，伴随企业发展壮大，薪酬管理的实践者需要适应环境变化并不断创新薪酬管理制度，保持薪酬的持续激励优势，为企业的持续发展提供强大动力源。本节主要介绍薪酬管理内涵及其作用、薪酬管理制度设计等。

第一节　薪酬管理概述

一、薪酬的含义及构成

(一)薪酬的含义

薪酬(compensation)是一个相当复杂的社会经济现象。一直是经济学界和管理学界关注的热点。人们对薪酬的含义有多种理解。传统经济理论认为，薪酬是劳动力价格，故薪酬也就是劳动报酬；传统企业管理理论认为，薪酬属于企业劳动成本，是一种生产费用，是激励员工的一种手段；现代经济理论认为，人作为企业的特殊生产要素，属于人力资本，薪酬是人力资本投资企业获得收益的回报。现代企业管理理论认为，人作为一种资本投资，其获得的薪酬是企业利润分红的一种形式，是促进企业与员工共同发展的手段①。从企业不同相关利益者角度看，股东认为，管理者薪酬关系到大家的利益，如美国通常以股票期权方式把公司财务状况与管理者薪酬相联系；管理者认为，薪酬是推动企业战略目标实现的强有力激励工具，员工薪酬是一个典型的企业重要成本项目，且薪酬也是影响员工的工作态度、工作方式及组织业绩的重要因素。因此，薪酬决策能使企业具有竞争优势②。员工则会认为，与工资、薪水及劳动报酬有关政策对其总收入从而生活水平有着极大影响，且薪酬还常常被看成地位和成功的标志③。有些社会人士认为，薪酬差别是衡量公平的标准。总之，社会、股东、管理者和员工对薪酬的理解有鲜明的对照，每一种观点对薪酬决策来说都息息相关④。

美国薪酬管理专家乔奇学者米尔科维奇(George T. Milkovich)在 *Compensation* 一书中提出，薪酬是指员工从企业所得到的金钱、各种形式的服务和福利，作为企业给员工的劳动回报的一部分，薪酬是劳动者应得的劳动报酬。从战略角度看，薪酬不只是对员工贡献的承认或回报。它还是一套把公司的战略目标和价值观转化成具体行动方案，以及支持员工实施这些行动的管理流程⑤。一般地，对薪酬含义的理解有两种。从狭义上看，薪酬是

①　赵署明. 人力资源管理研究. 北京：中国人民大学出版社，2001：157.

②　乔治·T. 米尔科维奇，杰里·M. 纽曼. 薪酬管理. 第六版. 北京：中国人民大学出版社，2002：2-3.

③　雷蒙德·A. 诺伊，约翰·霍伦拜克，拜雷·格哈特，帕特雷克·莱特. 人力资源管理——赢得竞争优势. 北京：中国人民大学出版社，2001：486-487.

④　乔治·T. 米尔科维奇，杰里·M. 纽曼. 薪酬管理. 北京：中国人民大学出版社，2002：5.

⑤　托马斯·B. 威尔逊：薪酬框架——美国39家一流企业的薪酬驱动战略和秘密体系. 北京：华夏出版社，2001：3.

指个人经过劳动所获得的工资、奖金以金钱或实物形式支付的回报。从广义上看，报酬是一个组织对自己的员工为组织所付出的劳动的一种回报或答谢，这种回报包括经济性的报酬和非经济性的报酬(如图8-1所示)，其中经济性报酬是指工资、奖金、福利待遇和假期等；非经济性报酬是指个人对企业以及对工作本身在心理上的感受。

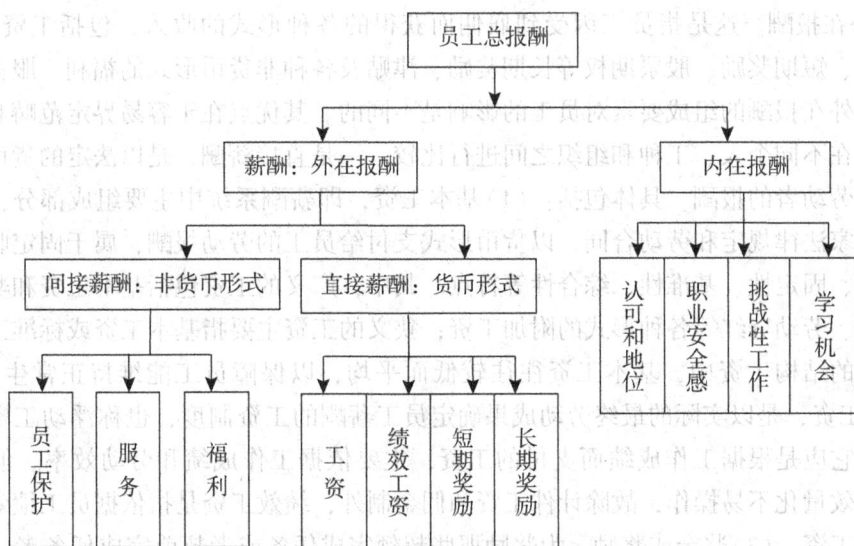

```
                        员工总报酬
                            │
          ┌─────────────────┴─────────────────┐
          ▼                                   ▼
      薪酬：外在报酬                        内在报酬
          │                     ┌────┬────┬────┬────┐
    ┌─────┴─────┐               ▼    ▼    ▼    ▼
    ▼           ▼              认可  职业  挑战  学习
间接薪酬：   直接薪酬：          和地  安全  性工  机会
非货币形式   货币形式            位    感    作
    │           │
 ┌──┼──┐   ┌──┬──┬──┬──┐
 ▼  ▼  ▼   ▼  ▼  ▼  ▼
员  服  福  工  绩  短  长
工  务  利  资  效  期  期
保          工  奖  奖
护          资  励  励
```

图 8-1　企业对员工支付的报酬

资料来源：作者绘制。

1. 薪酬与工资。两者有许多相同点，在许多地方混用，但使用场合和对象上有差异。从字面含义看，薪酬是名词化的动词，含有用薪水酬劳、酬谢之意，与企业激励机制联系密切，是管理者的重要管理手段。工资是名词，往往与生活费用相联系，是企业应该付给的。一般来说，在现代企业分配制度中，对劳动力资源和普通员工实行的是工资制，对知识员工(如技术创新者和职业经理人)实行的是薪酬制。在我国，习惯用工资涵盖企业、机关、学校、社会团体等各种单位的各种层次的劳动者，宏微观都适用。一些企业为了以示区别，愿意采用薪酬，用以特指员工的劳动报酬，只在微观层次使用[①]。因此，薪酬是指企业对员工给企业所做出的贡献如绩效，付出的努力、时间，学识，技能，经验与创造等所付给的相应报酬或答谢，是员工从事所需要的劳动而得到的以货币或非货币形式的补偿。

2. 薪酬与福利。薪酬一般是对个人或团体与劳动者或劳动者群体的劳动量相联系的劳动报酬，具有很强的目的性；福利往往与员工的身份挂钩。同样的身份往往拥有同样的福利，这跟工作能力无关。在我国，福利主要指各种津贴和补贴。比如，高温津贴、库区津贴、住房补贴等。两者定位不同：福利关注通过非现金方式解决员工切实关心的问题，

①　王学力. 企业薪酬设计与管理. 广州：广东经济出版社，2001：2.

是从长期的角度来考虑的；薪酬更多地关心个人即期的收入，强调贡献和效率。但有时两者的界限比较模糊，可相互转化。

（二）薪酬的主要构成

薪酬包括企业员工全部劳动报酬收入，包括货币收入和非货币收入。可分为外在报酬和内在报酬（如表 8-1 所示）。

1. 外在报酬。这是指员工因受到雇佣而获得的各种形式的收入，包括工资或薪水、绩效工资、短期奖励、股票期权等长期奖励、津贴及各种非货币形式的福利、服务和员工保护等。外在报酬的组成要素对员工的影响是不同的。其优点在于容易界定范畴和定量分析，便于在不同个人、工种和组织之间进行比较。一是直接薪酬，是以法定的货币形式直接支付给劳动者的报酬。具体包括：（1）基本工资，即薪酬系统中主要组成部分，是指企业依据国家法律规定和劳动合同，以货币形式支付给员工的劳动报酬，属于固定收入，具有常规性、固定性、基准性、综合性等特点。其中，广义的工资包括基本工资和奖金、津贴、补贴、劳动分红等各种形式的附加工资；狭义的工资主要指基本工资或标准工资。在我国采用的结构工资中，基本工资往往较低而平均，以保障员工能维持正常生活水准。（2）绩效工资，是以实际的最终劳动成果确定员工薪酬的工资制度，也称浮动工资。从本质上说，它应是根据工作成绩而支付的工资，主要依据工作成绩和劳动效率。但在实践中，因绩效量化不易操作，故除计件工资和佣金制外，绩效工资是指依据员工绩效而增发的奖励性工资。（3）奖金或奖励，为奖励那些超额完成任务或者超前完成任务者，或为激励员工去完成原本不需要或原本不可能完成的任务，另外给予员工基本工资以外的奖励性报酬。奖励分为短期奖励与长期奖励。短期奖励是和员工个人、部门或团体在某一较短时间内明确的绩效目标挂钩；长期奖励更关注较长时间内的绩效水平，如很多企业有针对其经营者和专业人员的基于组织投资回报率、市场份额等长期业绩目标的股票期权等长期激励计划等，以保留和激励公司的优秀员工。奖金或奖励有别于绩效工资：一是员工获得的奖金不会自动被累积纳入基本工资中，要想再次获得同样的奖金必须继续努力；二是给予员工奖励通常以实物产出为基础，而非以主观绩效评价结果为基础。（4）津贴，是一种补充性劳动报酬，也称附加薪酬，分为非薪酬性和薪酬性两种。非薪酬性津贴主要是指对一些有特殊贡献的人员发放津贴，其目的相当于奖金，但以津贴形式发放；薪酬性津贴主要是指员工在特殊劳动条件下所付出的额外劳动消耗和生活费开支的一种物质补偿形式。对一些劳动强度大、劳动条件差的劳动岗位，需要劳动者付出更多的劳动力支出，或对劳动者身体造成一定的伤害，企业通过津贴形式予以补偿。主要的津贴有补偿额外劳动消耗的津贴、补偿额外生活费支出的津贴、地区差异津贴等。二是间接薪酬，是指不直接支付给劳动者本人并具有一定公益性的报酬，包括保健计划、带薪休假、服务及额外津贴等福利，甚至包括办公室装潢、宽裕午餐时间、特定停车位、弹性工作安排、业务用名片及头衔等。其中，福利是指企业为员工提供的工作报酬之外的一切物质待遇，目的是使员工及其家属在工作及生活中获得更大的便利。

表 8-1 外在报酬组成要素对员工的影响

外在报酬 组成要素	吸引	保留	激励
基本工资	高	高	中
特殊津贴	低	中	低
员工福利	低	中	低
短期激励	高	中	高
长期激励	中	高	中

资料来源：作者整理。

2. 内在报酬。相对于外在报酬而言，它是指企业为员工提供较多的学习机会、挑战性工作、职业安全感，以及员工通过自己努力工作而受到晋升、表扬或受到认可与组织的重视。其特点是难以进行清晰的范围界定，不易量化和比较，没有固定的标准，操作难度比较大，需要较高水平的管理艺术。例如，通过通报表扬、授予荣誉称号等形式激励对企业和社会做出贡献的员工。

二、薪酬管理概述

(一)薪酬管理的内涵及目的

1. 薪酬管理的含义。薪酬管理是在企业发展战略指导下对员工薪酬支付原则、薪酬策略、薪酬水平、薪酬结构、薪酬构成进行确定、分配和调整的动态管理过程[①]。具体包括岗位评价与薪酬等级、薪酬调查、薪酬计划、薪酬结构、薪酬制度的制定与调整、人工成本测算等内容；也包括决策、计划、实施、控制等基本职能活动。薪酬管理天然属于企业战略中的一个环节，需要和企业战略导向高度契合[②]。越来越多的企业实施战略性薪酬管理，即根据企业某阶段的内外部环境，正确选择薪酬策略、薪酬体系、薪酬结构、薪酬水平、薪酬关系及其各自的薪酬管理制度和相应的动态管理机制。从战略层面实施薪酬管理有利于建立健全人力资源开发管理体系，提升体系的效能；也有利于薪酬管理制度的改进完善，更好地发挥薪酬管理的作用。

2. 薪酬管理的目的。薪酬管理要实现员工和企业双赢才是最佳状态，具体要达到以下目标：(1)吸引和留住企业需要的优秀人才。有竞争力的薪酬最能吸引且留住人才。(2)鼓励员工高效率地工作。有效薪酬管理不仅让员工获得一定的经济收入，使其能维持并不断提高自身的生活水平，还要引导员工工作行为，激发其工作热情，不断提高他们的工作绩效。(3)控制薪酬管理预算。人工的费用往往占企业运行成本的很大比例，科学而有效的薪酬管理会提升企业产品或服务在市场上的竞争能力，进而提高获利的能力。(4)维持薪酬在员工之间的公平。公平是员工最重要的心理诉求，薪酬管理须建立和维护这种

---

① 赵国军. 薪酬管理方案设计与实施. 北京：化学工业出版社，2009：7.
② 彭璧玉. 战略薪酬模式的选择. 中国人力资源开发，2004(6).

公平环境。(5)协调企业目标与员工个人发展目标。

(二)薪酬管理的原则

有效的薪酬管理系统应当具备公平性、竞争性、激励性、积极性、合法性等原则。

1. 公平性。公平是人们根据一定的标准,对某一事物或行为作出的价值判断和评价。组织公平是基于社会交换理论与公平理论演变而来的概念。根据社会交换理论的公平交换原则,如果双方未在利益平等的情况下交易,将会使利益损失的一方感到极大程度的不舒适。在社会交换理论基础上,公平理论逐渐问世,该理论认为个体在社会交换中不仅注重绝对的投入与收入,还会关注相对的付出和回报。当其投入产出比值与他人的投入产出比值相当时就会产生公平感,当认为这种比值不相当时,个体就会产生不满足、不公平感。组织公平感会直接影响员工的行为与态度。作为组织公平的一个重要方面,薪酬公平对员工的影响至关重要。薪酬公平感的高低直接影响员工工作积极性与工作投入,薪酬管理必须坚持薪酬公平。目前,薪酬公平维度存在多种划分维度:(1)单维度划分。薪酬公平即结果公平,该观点的基础是亚当斯 1965 年首先提出公平理论中侧重于研究分配的结果,即结果公平;薪酬公平主要探讨人们对结果或资源配置的公平感,即"分配公平"①,分配公平与程序公平之间具有高度相关性,分配公平对员工个体产生的作用远远高于过程公平,因此薪酬公平可用分配公平单一维度衡量②。(2)二维度划分。薪酬公平应由分配公平与程序公平两维度测量③④,程序公平主要强调组织分配过程的公平⑤;薪酬公平还分为内部公平和外部公平,其中内部公平主要是员工与组织内部其他成员对比产生的公平感知,外部公平的对比对象则是组织外部与自身工作相当的人员⑥⑦。(3)三维度划分。薪酬公平可由分配公平、程序公平和互动公平三部分构成⑧,其中分配公平是对员工所得薪酬分配数量的公平与否的判断,即在工作中员工的贡献与付出,以及与他人的所得进行比较的结果;程序公平是指员工对企业薪酬制度的制定过程是否公平的判断,即薪酬制度制定程序与标准、相关原则以及员工发言权等方面;互动公平是指薪酬政策的执行过程中员

① 韩锐,李景平. 薪酬公平、人格特质对公务员越轨为的影响. 经济与管理研究,2013(12).

② Folger R. Distributive and procedural justice in the workplace. Social Justice Research, 1987, 1(2): 143-159.

③ McFarlin D B, Sweeney P D, Research notes. Distributive and procedural justice as predictors of satisfaction with personal and organizational outcomes. Academy of management Journal, 1992, 35(3): 626-637.

④ Cropanzano R, Byrne Z S. Bobocel D R, et al., Moral virtues, fairness heuristics, social entities, and other denizens of organizational justice. Journal of Vocational Behavior, 2001, 58(2): 164-209.

⑤ Cropanzano R, Byrne Z S, Bobocel D R, et al. Moral virtues, fairness heuristics, social entities, and other denizens of organizational justice. Journal of Vocational Behavior, 2001, 58(2): 164-209.

⑥ Milkovich G T. A strategic perspective on compensation management. CAHRS Working Paper Series, 1987(16): 263-288.

⑦ Shaw J D, Gupta N, Pay fairness and employee outcomes: Exacerbation and attenuation effects of financial need. Journal of Occupational and Organizational Psychology, 2001, 74(3): 299-320.

⑧ Triwibowo S. Pengaruh Distributive Justice, Procedural Justice. Interactional Justice. Service Failure Severity, Perceived Switching Cost dan Perceived Value Terhadap Consumer Loyalty. Jumal Ilmiah Mahasiswa FEB, 2016, 4(2): 80-108.

工是否受到公平的人际对待，指上级对下属员工的态度与沟通方式等方面的公平。薪酬公平划分为内部公平、外部公平、个人公平①，即企业员工在判断自身薪酬是否公平合理主要通过与组织外部从事同类工作、组织内部从事不同工作和组织内部从事同类工作的其他员工相比。此外，还有其他划分方法，如薪酬公平可分为分配公平、程序公平、人际公平和信息公平等四维度②。总的来说，目前较为成熟且引用较多的薪酬公平维度划分方式为将其分为分配公平、程序公平和交往公平(或称之为互动公平)三个维度。

2. 竞争性。这是指外部竞争性，指与竞争对手的薪酬比较。相对于竞争对手的薪酬水平，企业愿意支付多少薪酬？外部竞争性决策不论薪酬水平还是薪酬组合对薪酬目标都具有双重影响：一是确保薪酬足以吸引和留住员工，一旦他们发现其薪酬水平低于业内的其他同行，就有可能会离开；二是控制劳动力成本以使企业产品或服务的价格在全球经济中具有竞争力。

3. 激励性。这是指薪酬系统对员工要有强烈的激励作用。企业内部的各类、各级职务的薪酬水准要适当拉开差距，真正体现按劳分配的原则。尤其不能搞平均主义，出现"大锅饭"的现象。根据职位对企业的重要性程度，根据员工个人绩效，在员工收入上适当拉开差距。

4. 经济性。一般来说，薪酬系统不仅具有竞争性与激励性，更应该接受成本控制，即在成本许可的范围内制定薪酬，企业薪酬系统的各个方面都要平衡，基本工资、奖金或奖励、津贴与福利的结构都要注意经济性的原则。

5. 合法性。薪酬制度必须符合国家的政策与法规。如我国劳动法中，有许多有关薪酬方面的法律条文，它应作为企业在制定薪酬制度时的依据。假如因为某些因素，法律做出一定的调整，相关的薪酬管理人员应及时调整薪资发放制度，与法律保持高度一致。在企业经营全球化的现阶段，跨国企业也应该遵守自己所在国家的相关法律法规。

此外，薪酬管理还要坚持可操作性、灵活性、适应性原则。可操作性是指薪酬管理制度和薪酬结构应尽量浅显易懂，使员工能理解设计初衷，从而按照企业引导来规范其行为，达成好的工作效果。灵活性是指企业在不同发展阶段和外界环境发生变化时，应及时对薪酬管理体系调整以适应环境变化和企业发展要求。适应性是指薪酬管理体系应能体现企业自身业务特点及企业性质、所处区域、行业的特点，并满足这些因素的要求。

(三)薪酬管理的主要影响因素

影响一个组织薪酬体系设计的因素很多，主要可以划分为三类：外部影响因素、内部影响因素和个人因素(如图8-2所示)。

1. 外部影响因素。这具体包括6个方面：(1)劳动力市场。劳动力市场上的供求状况变化决定企业对员工成本投入，从而影响企业员工薪酬水平变化。市场上对企业产品需求增加导致企业扩大市场规模，企业要招到数量足够、质量合格的劳动力将提高工资水平；当产品需求下降，在其他条件不变情况下，企业将会降低工资，停止招新的员工，甚至对

①　匡素勋. 论薪酬的内部公平性和外部竞争力. 技术经济，2002(6).

②　Colquitt J A. On the dimensionality of organizational justice: A Construct validation of a measure. Journal of Applied Psychology. 2001, 86(3)：386-400.

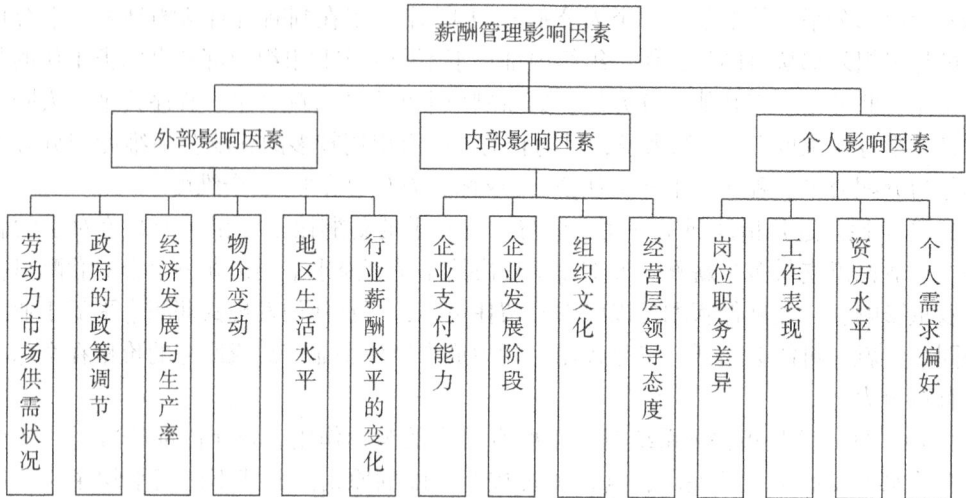

图 8-2 影响薪酬的要素

资料来源：作者绘制。

原有员工裁减；其他行业或本行业企业薪资水平上升，会导致本行业、本企业劳动供给数量的减少。本企业为招募到一定数量、质量的劳动力将会提高薪资水平；反之，将会降低本企业员工薪资水平。总之，如果社会上可供企业使用劳动力大于企业需求，企业薪酬水平相应会降低；反之，企业薪酬水平相应会提高。(2)政府政策调节。市场经济条件下的政府对企业薪资水平的干预主要表现为以培育、发展和完善劳动力市场为中心，用宏观经济政策调节劳动力供求关系，引导市场。政府的这种干预包括直接调节与间接调节。直接调节是政府通过立法来规范企业的分配行为，从而直接调节企业薪酬水平；间接调节是指政府不是专门调节薪酬变动，而是用调节其他经济行为和社会行为的政策，从而对企业薪酬水平产生影响，如财政政策、价格政策以及产业政策等。(3)经济发展与生产率。一般来说，当地的经济发展处在一个较高水平，其劳动力生产率高时，企业员工薪酬会较高；反之，企业员工的薪酬会较低。如我国沿海地区经济发展水平较高，大城市经济发展水平较高，这些地区企业员工的薪酬较高。劳动力价格在不同国家、地区有所不同，是因各地消费水平、劳动力结构、劳动生产率等因素不同引起的。(4)物价变动。物价变动会直接影响员工生活消费品价格的变动，直接影响雇员薪酬水平。在货币薪酬水平不变或变动幅度小于价格上涨幅度情况下，物价上涨会导致员工实际薪酬水平下降；反之，会引起薪酬水平上升。(5)地区生活水平。主要从两个方面影响企业薪酬政策：生活水平高了，员工对个人生活的期望也高，对企业薪酬水平的压力就大；另一方面，生活水平高也可能意味着物价指数持续上涨，为保持员工生活水平不降低或购买力不下降，企业会给员工增加薪酬。(6)行业薪酬水平。行业薪酬水平变化主要取决于行业产品市场需求和行业生产率两大因素。当产品需求上升时，薪酬水平可有所提高；当行业劳动生产率上升时，薪酬水平也可以在企业效益上升的范围之内按比例提高。由于历史原因和现实需要，各行业的员工对报酬的期望是不同的。

2. 内部影响因素。具体包括四个方面：（1）企业支付能力。企业支付能力取决于员工生产率，企业经济效益好坏直接决定员工个人收入水平。薪酬是劳动力价格和价值的表现形式，和其他劳动要素成本价格一样，随着企业效益而变动。尤其是非基本薪酬部分与企业效益的联系更为密切。（2）企业发展阶段。薪酬政策是综合各种因素而做出的决策，具体包括三个方面：一是薪酬成本投入政策；二是选择工资制度，例如，采取稳定员工收入的策略或是激励员工绩效的政策，前者多与等级和岗位工资结合，后者与绩效工资制结合；三是确定工资结构和工资水平，如企业是采取向高额工资倾斜的工资结构还是向低额工资倾斜的工资政策？前者将加大企业人才的比例，提高其薪酬水平；后者要缩减高薪人员比例，降低其薪酬水平。在企业不同发展阶段，其经营战略不同、赢利能力也不同，企业薪酬战略也应不同，即企业薪酬战略应与企业战略相适应（如表8-2所示）。（3）组织文化。组织文化不同必然会导致观念和制度的不同，从而会影响到企业的薪酬模型和分配机制，进一步间接地影响薪酬水平。例如，提倡集体主义文化的企业，薪酬差别较小；提倡冒险精神的企业，工资很高，福利较差；提倡安全、稳定的企业，工资较低，但福利较好。（4）经营层领导态度。薪酬管理策略选择与设计在很大程度上由企业领导的态度决定。在公司制企业中一般要经过董事会审定，在工厂制企业要经过厂级领导的审定和认可。高层领导对薪酬的理解和重视程度及对保持和提高士气、吸引高质量的员工、降低离职率、改善员工的生产水平的种种愿望，以及对员工本性的认识和态度等，都会对企业薪酬水平和薪酬策略产生影响。

表8-2　　　　　　　　　　　**薪酬战略与企业发展阶段关系**

组织特征	企业发展战略			
	初创阶段	增长阶段	成熟阶段	衰退阶段
经营战略	以投资促发展	以投资促发展	保持利润与保护市场	收获利润并开展新领域投资
风险水平	高	中	低	中—高
薪酬战略	个人激励	个人-集体激励	个人-集体激励	奖励成本控制
短期激励	股票奖励	现金奖励	利润分享、现金奖励	
长期激励	股票期权（全面参与）	股票期权（有限参与）	股票购买	
基本工资	低于市场水平	等于市场水平	大于/等于市场水平	低于/等于市场水平
福利	低于市场水平	低于市场水平	大于/等于市场水平	低于/等于市场水平

资料来源：作者整理。

3. 个体影响因素。具体包括四个方面：（1）岗位职位差异。岗位是影响薪酬重要因素，不同岗位的薪酬不同。例如，总经理的薪酬和生产工人的薪酬一定不同；技术总监的薪酬与行政文员的薪酬也不同。工种与企业内部人力资源市场有关，不同工种其报酬系统也是不同的。（2）工作表现。即便同类岗位，如果员工投入程度不同，技能有差异，那么对企业价值贡献也是不同的。任何岗位上的人员不同时期在工作中的表现是有差异的，有时表现出色一些，有时则表现不尽如人意。对员工表现好、贡献大的给予其薪酬要更高一些；在其表现不好时，给其收入会少一些。因此，在同等条件下，高薪也来自个人工作的高绩效。(3)资历水平。一般来说，通常资历高的员工比资历低的员工的薪酬要高。例如，员工工龄越长，工资越高，福利也越好，主要因为工龄长意味着对企业的贡献多。(4)员工的需求偏好。由于不同的员工常常在生活环境、教育背景以及个性特征上有所不同，其个人心理需求和偏好也就不尽相同。企业应当尽可能提供差别化和个性化的薪酬方案来满足他们的需求。

总之，决定企业间和企业内部劳动者之间薪酬水平以及变动的因素很多，但是起决定作用的还是企业的内部因素。

第二节 薪酬策略

薪酬策略是指企业为适应内外环境变化，从薪酬管理入手，适当运用企业资源指导企业行动获得竞争优势的一项长期计划。建立薪酬策略是设计薪酬体系的第一步。薪酬策略一般包括薪酬水平策略和薪酬结构策略。

一、薪酬哲学

薪酬哲学是人们对薪酬深层次认识基础上形成的对薪酬性质、构成功能、作用、机制和创新的观念体系等本源问题的认知。它是指导薪酬管理的方法论，这种认知与薪酬战略、薪酬理念、薪酬制度设计、薪酬支付等高度关联。有效的薪酬体系设计是建立在支持企业薪酬哲学理念或价值观基础之上。薪酬哲学就是企业对待薪酬的基本理念，具体包括：(1)为什么需要薪酬计划？该计划的首要目标是什么？(2)支付什么？付酬的因素是什么？通常，薪酬支付包括职位、绩效(贡献)、技能。在更多的时候薪酬支付因素是这三者的组合。(3)如何支付？用什么样的支付方式？(4)哪些人适合该薪酬计划？合格的标准是什么？薪酬哲学明确企业在薪酬管理方面所倡导的价值导向，是薪酬体系的灵魂。例如，深圳平安银行的薪酬哲学就是：薪酬的目标是吸引、保留、激励人才，支持公司运营目标的实现；薪酬的原则是导向清晰、体现差异、激励绩效、反映市场、成本优化。微软公司的薪酬哲学强调使员工在加盟微软后与企业同甘共苦。

二、薪酬结构

薪酬结构是指同一组织内部不同职位或不同技能薪酬水平的对比关系，有时也指不同薪酬形式占薪酬总额的比例关系。员工薪酬结构的确定和调整应以最大限度激励员工为原则。留住企业需要的优秀员工、公平付酬是薪酬管理的宗旨；应尽量避免对员工报酬过多或过少的现象，否则会造成不称职员工不愿意离职或工作积极的员工流向报酬高的企业。

(一)薪酬结构的基本要素

薪酬结构主要受薪酬等级、薪酬级差的影响。决定薪酬等级和薪酬级差的标准也是薪酬结构的影响要素。

1. 薪酬等级。这是确定薪酬结构的重要因素之一。薪酬等级是在岗位价值评估结果基础上建立起来的，它将岗位价值相近的岗位归入同一个管理等级，采取一致的管理方法处理该等级内的薪酬管理问题。等级的数目和各等级之间的关系是薪酬等级的重要内容。薪酬等级并不是严格地与组织结构对应，但与组织的薪酬政策有关。各等级间的关系非常重要，影响到各级之间的薪酬差距。

2. 薪酬级差。薪酬级差是影响薪酬结构的另一个关键因素。不同等级间的薪酬差异被称为级差。薪酬级差的大小应符合薪酬等级间的关系，等级差异大应拉大级差，等级差异小则应缩小级差。如果两者关系不对应，容易引起不同等级员工的不满。等级差异过大，等级较低的员工会认为有失公平，等级较高的员工也可能会过于担心能否保持较高的工资水平；等级差异过小，会挫伤不同等级员工的积极性，等级较高的员工认为其劳动没有得到认可，等级较低的员工则认为不值得付出更多的努力以换取微小的差异。因此，合理的等级差异相当重要，这是保持内部一致性的重要方面。级差可根据职位、业绩、态度、能力等因素划分，要尽可能地体现公平。

3. 薪酬结构确定的依据。无论薪酬等级和薪酬级差制定得如何合理，没有相应的评价标准也终将难以让人信服。理想的标准是科学的、明确的、可测量的，便于组织采用。在确定标准方面，通常有两种思想：以岗定酬或者以人定酬。以岗定酬是根据工作任务、岗位责任、承担风险、工作环境等因素来确定该岗位应获得的报酬。以人定酬则是根据个人的能力、知识和一些个人的具体情况，来确定此人应得到的薪酬。前者是以岗位为中心，后者是以人为中心，两者的视角不同，因而其制定的标准也呈现较大差异。

(二) 薪酬结构的类型

根据薪酬结构设计依据可划分以下几种：

1. 工作导向。这是指以工作为依据设计薪酬结构，即岗位工资制。它是以工作岗位的技能要求、工作努力程度、岗位责任及工作环境等因素来确定各种工作的相对价值。通常以工作评价为基础，工作评价又是建立在工作分析基础上的。将工作评价与工资标准水平结合可确定薪酬结构。岗位工资体系对嘉奖员工的知识和技能及鼓励员工学习与岗位相关的新技能常常不起作用；不能促使员工参与组织文化；也不能增强员工适应能力以达到企业生产和服务的要求。因此，很多企业更倾向于技能工资体系。

2. 技能导向。技能导向的薪酬结构越来越受到企业的重视。所谓技能导向，它是根据员工掌握的技能来确定工资，即技能工资制。技能导向一般有两种：一是以知识为基础，二是以多种技能为基础。前者是根据员工所掌握的完成工作的知识深度来确定工资；后者是根据员工能胜任的工作种类数目，或是员工技能的广度来确定工资。当管理者将员工安排在最需要岗位上时，技能导向法能使生产率更高，员工更主动地学习和工作，提高员工适应能力以达到生产或服务的标准，减少缺勤和人员流动带来的损失。当企业需要新技术或现代化的技术时，员工也乐于接受培训。用技能导向来确定工资结构要从技能分析入手。技能分析是一种系统的收集完成组织中的工作所需要的知识与技能方面信息的方法。首先必须确定"技能块"和技能水平。技能块是完成工作中的不同类型的技能集合。技能必须是从工作中提出的。"技能块"目的是促进员工队伍的高度灵活性，并被企业和员工认同。然后在每个"技能块"内划分不同等级，即技能水平。

3. 绩效导向。绩效导向型薪酬结构的基本特征是薪酬以绩效为标准，发放薪酬的主要依据是员工近期的业绩水平，随工作绩效的不同而变化。处于同一岗位的员工可能获得不同数额的薪酬。只要员工为企业做更多贡献就会得到更多回报。其优点在于：能将员工的贡献与其收入结合起来，有非常好的激励作用。但绩效导向的薪酬结构可能导致员工牺牲长期利益而追求短期绩效；只注重自己的绩效而不与他人合作交流。主要适用范围包括：任务饱满，有超额工作的必要；绩效能自我控制，可通过主观努力来改变。例如，计件工资、销售提成工资、效益工资均属于这种结构。

4. 市场导向。这是指企业根据市场竞争对手的工资水平来确定本企业内部的工资结构的方法。具体做法如下：首先对本企业内部所有工作岗位根据其对公司目标实现贡献的大小进行排序，然后对市场上与本公司有竞争关系的若干家公司进行薪酬调查。注意本企业会有一部分与竞争对手相同或相似的工作岗位，也会有一部分不同。再按竞争对手与本公司相同工作岗位来确定本公司可以比较的工作岗位的工资水平。参照这些可以比较的工资水平再确定那些不同的工作岗位的工资水平。它强调的是公司人工成本的外部竞争力，是一种让竞争者来决定公司内部的薪酬结构，但有可能失掉公司内部的平衡性。

各种薪酬结构都有其优点、缺点和特定适用范围。不同导向型的薪酬结构向员工传达了不同的薪酬理念与企业价值观，从而引导员工走向企业期望的行为和态度。各种薪酬结构类型的比较如表 8-3 所示。

表 8-3　　　　　　　　　　　　　　**薪酬结构类型的比较**

类型	特点	优点	缺点	适用范围	举例说明
工作导向	根据所担任的职务或岗位的重要程度、任职要求的高低以及工作环境对员工的影响等来决定员工的薪酬	激发员工的工作热情和责任心	无法体现同一职务(或岗位)的员工在技术、能力和责任心方面不同而引起的贡献差别	岗位之间责、权、利明确的企业	岗位责任制、职能工资制
技能导向	根据员工所具备的工作能力与潜力来决定员工的薪酬	激励员工提高技术、能力	忽略工作绩效及能力的实际发挥程度，企业薪酬成本较高	技术复杂程度高、劳动熟练程度差别较大的企业；处在艰难期，急需提高企业核心能力的企业	职能工资、技术等级工资
绩效导向	根据近期工作绩效来决定员工的薪酬，随着工作绩效的变化而变化	激励效果好	重视眼前利益，轻视长期发展；重视个人绩效，忽视团队合作	任务饱满，有超额工作的必要；绩效能自我控制，员工可以通过主观努力改变绩效	计件工资，销售提成工资，效益工资

续表

类型	特点	优点	缺点	适用范围	举例说明
市场导向	参照地区和行业人才市场的薪酬调查结果，确定本企业的薪酬水平	能够吸引企业所需要的人才；调整替代性强的员工的薪酬水平，控制人工成本	要求具有良好的获利能力，否则难以支付与市场接轨的薪酬水平；需要了解市场薪酬水平；难以实现企业内部公平	人才流动频繁、行业竞争性强的企业	谈判工资
组合薪酬结构	将薪酬分解成几个组成部分，分别依据绩效、技能、职务（或岗位）、工龄等因素确定	全面考虑员工对企业的投入	需要经常根据企业的发展和任务不断进行调整	各种类型的企业	岗位技能工资、薪点工资制、岗位效益工资

资料来源：陶莉，张力. 薪酬管理. 北京：清华大学出版社，2007：56.

（三）薪酬结构策略

薪酬结构策略是指如何确定固定部分和变动部分的比例，也就是说薪酬结构的稳定性或刚性。刚性是指固定工资和浮动工资的比例关系，固定工资高则刚性强，浮动工资高则刚性低；差异性是指员工工资多少因人而异、因岗而异的特性。从刚性和差异性维度可把薪酬结构分为如下三种薪酬模式：

1. 高弹性薪酬模式。薪酬结构中固定部分比例低，而浮动部分比例高。其中，绩效薪酬是薪酬结构的主要组成部分，比重较大；基本薪酬等处于非常次要的地位，所占的比例非常低（甚至为零）；福利、保险的比重较小。高弹性薪酬是一种以短期绩效为主的高浮动薪酬计发模式，薪酬主要是根据员工近期的绩效决定的。当员工的绩效非常优秀时，薪酬则非常高，而当绩效非常差时，薪酬则非常低甚至为零。例如，计件薪酬、提取佣金、绩效工资制等具有低刚性、高差异性特征，属于高弹性薪酬模式。高弹性薪酬模式具有激励性强、高弹性，薪酬与工作绩效紧密联系以及易于控制人工成本的优点，但使员工缺乏安全感。它适合于人员流动性较高、工作变动性大、需要创建品牌以及快速增长型的企业，处在初创期或快速成长期的企业。

2. 高稳定性薪酬模式。薪酬与个人绩效关联不大，员工收入相对稳定。薪酬中固定部分比例高，而浮动部分少。其中，基本薪酬是薪酬结构的主要组成部分，福利、保险比例适中，绩效薪酬等处于非常次要的地位，所占的比例非常低（甚至为零）。高稳定性薪酬中员工的薪酬收入与其工作绩效关系不大，主要取决于企业经营状况和员工的工龄、资历等。这种薪酬模型使员工收入非常稳定，几乎不用努力就能获得全额的薪酬。例如，岗位工资制、技能/能力工资制、年功序列工资制均具有高刚性、高差异性特征，属于高稳定性模式。该薪酬模式的优点在于：员工流动性小、较稳定；员工有较强的安全感。但激励性差，企业的人工成本负担重。它适合于业务经营稳定性强的企业和事业单位、处在成长期后期至成熟阶段的企业。

3. 折中薪酬模式。这是一种既有激励性又有稳定性的薪酬模型，绩效薪酬和基本薪酬各占一定的比例。基本薪酬、奖金和其他附加工资的比例适中；或较低的基本薪酬，奖金与业绩、成本挂钩。当两者比例不断调整和变化时，这种薪酬模型可以演变为以激励为主的模型，也可以演变为以稳定为主的薪酬模型。该薪酬模式的优点在于：考虑满足员工的安全性需求，降低员工离职率和提高企业激励性。但它的设计和实施需要薪酬管理人员具有较高的理论水平和经验技术，各种形式薪酬组合平衡的"度"往往难以把握。它适合于较成熟的企业，处在成熟期或衰退期的企业。

上述三种模式各自的特点鲜明（如表8-4所示）。一般来讲，高弹性薪酬模式适用于高级管理人员和生产人员，折中薪酬模式适用于中层管理骨干，其他人员则适用于高稳定性薪酬模式。对能够严格要求自己、积极要求上进、喜欢接受挑战的员工可采用高弹性的薪酬模式，对老老实实做事、追求工作和生活稳定的员工则可采用高稳定型的薪酬模式。虽然员工特点容易区分，但具体岗位上一般包括多名员工，作为企业整体薪酬制度，不太可能细化到为每一名员工都单独设计薪酬制度的程度，因此，在实际中，更多的企业采用的是折中模式。另外，除了薪酬结构因比例而影响选择，企业还需要特别重视薪酬结构本身的特质，薪酬结构状态受薪酬等级和级差的影响，按级差状态分大级差结构、小级差结构和均匀结构，而这种策略选择主要受工作本身重要性、复杂程度及需要的知识难度而决定。

表8-4　　　　　　　　　　　　　三种薪酬结构模式的比较

	高弹性模式	高稳定性模式	折中模式
优点	激励性强，员工的薪酬完全依赖于其工作绩效的好坏	收入波动很小，员工安全感强	既有激励性又有安全感
缺点	收入波动很大，员工缺乏安全感及保障	缺乏激励功能，容易导致员工懒惰	必须制定科学合理的薪酬系统
举例说明	计件薪酬，提取佣金，绩效工资制	岗位工资制，技能/能力工资制，年功序列工资制	退休金计划

资料来源：作者整理。

三、薪酬水平

（一）薪酬水平界定

薪酬水平是指一个组织中各岗位、部门及整个组织的平均薪酬的高低程度。薪酬水平决定企业薪酬的外部竞争性，是吸引、留住人才的重要砝码。外部竞争性是一个相对的概念，指与竞争对手相比本企业的薪酬水平如何。薪酬水平与企业管理的关系如表8-5所示。

表8-5 **薪酬水平与企业管理的关系**

	高薪酬水平	平均薪酬水平	低薪酬水平
工资成本负担	高	中	低
激励与吸引性	有	无	无
满意与忠诚度	高	低	低
工作效率	高	中	低
利润积累	高	低	低
结论	高薪酬会带来员工的高满意度和忠诚度、高效率工作	平均薪酬并不能为企业降低成本，员工的高流动性和低效率是企业最大损失	低薪酬不能为企业降低成本，员工不满意及对企业不忠诚是企业的根本危机

资料来源：成华. 薪酬的最佳方案. 北京：中央编译出版社，2004：17.

薪酬水平的比较包括职位层级和公司规模两个维度。将一个企业所有员工的平均薪酬水平去与另外一家企业的全体员工平均薪酬水平进行比较的意义越来越小，薪酬外部竞争性的比较更多的要从不同组织之中的类似职位或者类似职位族之间进行。例如，A企业的平均薪酬水平确实很高，但是该企业在内部薪酬差距上很小，重要职位和不重要职位之间的薪酬收入没有太大差异；尽管B企业平均薪酬水平低于A企业，但B企业对重要职位所支付的薪酬水平远远高于A企业，而对不重要职位支付的薪酬水平则低于A企业。虽然B企业在低技能员工的雇佣方面上不比A企业的薪酬竞争力，但在雇用能够从事重要职位工作的员工时，B企业的薪酬竞争力反倒比A企业更强。

（二）薪酬水平衡量

衡量薪酬水平最常用指标有薪酬平均率和增薪幅度。

1. 薪酬平均率。它的计算公式为：薪酬平均率＝实际平均薪酬/增薪幅度中间数。一是薪酬平均率的数值越接近1，说明实际平均薪酬越接近于薪酬幅度的中间数，薪酬水平越理想；二是薪酬平均率等于1，说明企业所支付的薪酬总额符合平均趋势；三是薪酬平均率大于1，说明企业支付的薪酬总额过高，实际的平均薪酬超过薪酬幅度的中间数。导致薪酬平均率大于1的原因主要包括以下方面[1]：（1）员工的年资较高，薪酬因年资逐年上升使较多员工的薪酬水平接近顶薪点，因而就同等职位而言，企业的薪酬负担较大；（2）员工的工作表现极佳，绩效优秀者多，这使得员工的薪酬很快超过薪酬幅度的中间数，从而使薪酬平均率超过1；（3）若新聘任的员工具有较高的资历和工作经验，薪酬便不是由起薪点计算，较高的入职点，使得实际的平均薪酬较高。四是薪酬平均率小于1，说明企业实际支付的薪酬数目较薪酬幅度的中间数要小，大部分职位的薪酬水平是在薪酬幅度中间数以下。导致薪酬平均率小于1的原因主要有两方面[2]：（1）企业内大部分员工

---

[1] 李严锋，麦凯. 薪酬管理. 大连：东北财经大学出版社，2002（2）.

[2] 陶莉，张力. 薪酬管理. 北京：清华大学出版社，2007：83-84.

属于新聘任而又缺乏工作经验的人员，所以工龄较短，而且起薪点较低，薪酬水平低于薪酬幅度中间数。（2）员工的表现不佳，大部分员工未能升上较高的薪酬水平，仍然停留在较低的薪酬水平上，从而使平均薪酬低于薪酬幅度的中间数。企业利用薪酬平均率指标衡量企业支付的薪酬标准，从而控制企业的总支出。

2. 增薪幅度。这是指企业全体员工的平均薪酬水平增长的幅度。增薪幅度既可以用增长的绝对值表示，也可以用增长百分数表示。具体计算公式为：（1）增薪幅度＝本年度平均薪酬水平－上一年度的薪酬水平；②增薪百分数＝（本年度平均薪酬水平－上一年度的薪酬水平）/上一年度的薪酬水平×100%。增薪幅度越大，说明企业的总体人工成本增长得越快，要注意适当地加以控制，使其保持在企业所能承担的范围内；增薪幅度较小，说明企业的整体薪酬水平比较稳定，人工成本变化小。

（三）薪酬水平策略

薪酬水平策略指企业向员工所支付的薪酬在市场上处于什么位置，即是将薪酬水平定在高于市场平均薪酬水平之上，还是将其定在与市场平均薪酬恰好相等或稍低一些的水平上。薪酬水平策略一般分为薪酬领先策略、薪酬跟随策略、薪酬滞后策略和薪酬混合策略等四种。

1. 薪酬领先策略。企业薪酬水平在地区同行业中处于领先地位，其主要目的是为了吸引高素质人才，满足企业自身高速发展的要求。采用该策略的企业通常具有这样的特征：投资回报率较高、薪酬成本在企业经营总成本中所占的比率较低、产品市场上的竞争者少。这类企业实际上可以通过提高产品价格的方式将较高的薪酬成本转嫁给消费者。在这种情况下，企业支付较高的薪酬水平自然就是可行的。例如，世界著名的思科（CISCO）公司的薪酬策略是：薪酬水平像思科公司成长速度一样处于业界领导地位。该策略的优点在于，能够吸引并留住企业所需的高素质人才，提高员工离职的机会成本，从而降低离职率，节约监督管理成本，提高公司知名度；但它同时带来了人力成本的增加和巨大的管理压力。

2. 薪酬跟随策略。就是企业找准自己的标杆企业，薪酬水平跟随标杆企业的变化而变化，始终紧跟市场的主流薪酬水平。薪酬管理者采用跟随型策略的理由主要包括：（1）薪酬水平低于竞争对手会令企业内员工产生不满情绪；（2）薪酬水平低会影响企业员工招聘；（3）支付市场薪酬水平是管理的责任，采取跟随策略不会因薪酬水平过低而吸引不到员工、留不住员工，另一方面也不用支付过高的薪酬水平而增加成本。该策略可以大大降低企业所面临的风险，但对杰出人才的吸引力不够，企业的薪酬水平确定比较被动，受竞争对手影响较大。一般而言，采取市场跟随政策的企业往往是那些薪资承受能力弱、生产经营特点不突出、不能负担过高的薪酬成本的企业。

3. 薪酬滞后策略。就是采取本组织薪酬水平低于竞争对手或市场薪酬水平的策略。该策略可减少企业薪酬开支，维持较低人工成本，提高产品定价灵活性，增强产品市场竞争力，但往往会使企业难以吸引所需人才，人力资源流失率高，员工忠诚度和积极性降低。不少企业采用这种策略的主要原因是当前的资金不充裕。可将该薪酬策略可作为一种过渡策略，帮助企业快速成长或渡过难关。优秀的薪酬管理者可从其他方面来弥补低薪的劣势，例如，设计挑战性的工作、营造和谐共进的氛围等，应聘者和员工可能会因这些原因而愿意与企业共同成长。但长期低薪一定会挫伤员工的积极性。因此，采用该策略的企业往往会用将来更具诱惑力的薪酬来留住员工，比如向员工发放股票等。采用滞后型薪酬策略需要注意三点：(1)不可将其作为长期策略，否则无法留住员工；(2)要有其他的优势来弥补低薪的劣势；(3)以未来更高的收入作为期望目标。

4. 混合薪酬策略。在企业中针对不同的部门、不同的岗位、不同的员工采用不同的薪酬策略。每种策略都各有优劣，在某种情形下适合的策略不一定在另一种情形下也适合，这就需要企业灵活掌握。混合薪酬策略是一种灵活性和针对性较强的差异薪酬策略。例如，对企业核心与关键性人才和岗位采用市场领先薪酬策略，尽可能地吸引和留住该领域的优秀者；对一般的人才、普通的岗位采用跟随型的薪酬水平策略，保持人力资源稳定的同时控制人力成本；对新入员工或需要考验的员工采用滞后型薪酬策略，激发他们的潜力，为将来的薪酬增长留下较大的空间。

上述四种薪酬水平策略对薪酬目标可能产生的影响如表 8-6 所示。不同企业在薪酬水平策略选择上应依据薪酬水平策略与薪酬目标的关系，在企业特有的发展战略目标和战略人力资源管理指导下，结合企业经济状况、人力资源现状、岗位特征、企业发展阶段等实际情况，选择合适的薪酬水平策略。

表 8-6　　　　　　　　　　　**薪酬水平策略与薪酬目标的关系**

薪酬水平定位	薪酬(政策)目标				
	人才吸引力	人才保持力	劳动力成本控制	降低对收入的不满	提高劳动生产率
领先策略	好	好	不确定	好	不确定
跟随策略	中	中	中	中	不确定
滞后策略	差	不确定	好	差	不确定
混合策略	不确定	不确定	好	不确定	好

资料来源：马新建，时巨涛，等. 人力资源管理与开发. 第二版. 北京：北京师范大学出版社，2008：385.

第三节　基本工资制度

基本工资是薪酬重要组成部分，作为员工收入的相对稳定部分，其作用是保障员工的基本生产和再生产。基本薪酬制度或称标准薪酬或基础薪酬，是根据员工岗位差别和技能差别向员工每月支付的相对稳定的报酬制度。一般有职位薪酬制、技能或能力薪酬制两种。现实中，还有以绩效为基础支付薪酬的模式或以市场为基础支付薪酬的模式。该制度的特点在于：常规性(定额报酬)，固定性(相对)，基准性(其他报酬的基准和强制生活保障基准)。本节主要是针对岗位或职位模式的设计，一般过程如图 8-3 所示。

一、确定付酬原则

付酬原则是就企业薪酬理念、薪酬分配依据、分配政策等问题的认知和决策，需要紧密结合企业文化和企业经营发展战略、经营管理层认知，也需要对员工总体价值有整体性

具体过程步骤　　　　　　　　　　　　　具体的工作方法

| 制定本企业的付酬原则与策略 | → | 拟订企业文化及策略等文件 |

| 工作分析 | → | 编写工作说明与工作规格 |

| 工作评价 | → | 确定付酬因素选择评价方法 |

| 薪资结构设计 | → | 地区及行业调查及数据收集 |

| 薪资调查及数据收集 | → | 确定和绘出薪资结构线 |

| 薪资分级与定薪 | → | 工资范围及数值的确定 |

| 薪资制度的执行控制与调整 | → | 竞争力与成本控制生产指数调整等 |

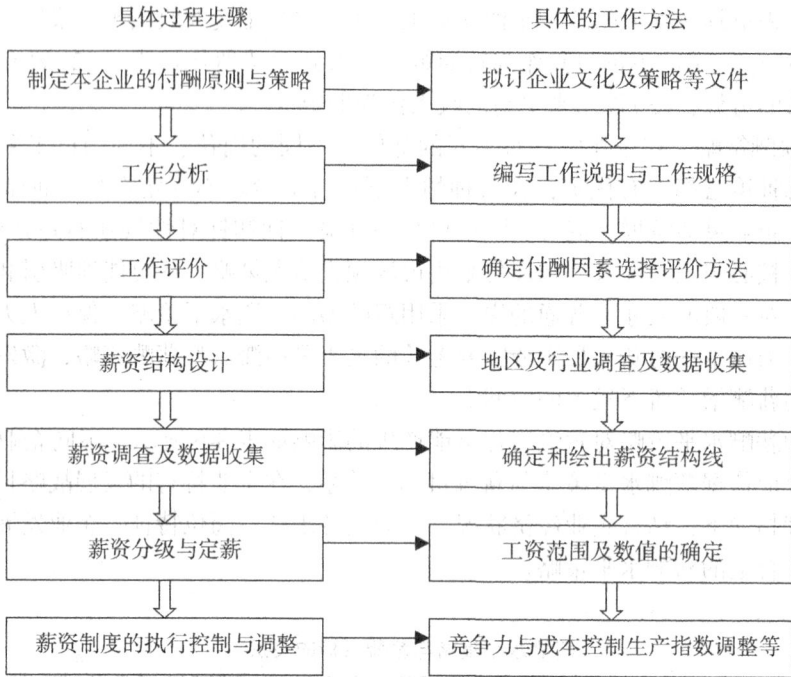

图 8-3　工资制度设计过程示意图

资料来源：作者绘制。

认识，还要对管理者及高级专业人才的作用有正确估计等。付酬原则的内容包括：选择领先、落后还是跟随的薪酬战略；是侧重于吸引、保留还是激励人才的薪酬目标；如何兼顾内部公平性和外部竞争性，以及考虑薪酬水平的市场定位、薪酬的构架、薪酬和业绩的关联等。在此基础上确定薪酬分配的依据和原则，确定企业有关的分配政策与策略。

二、工作分析与工作评价

工作分析是薪酬管理和薪酬制度建立的依据，工作分析结果形成岗位说明书与规范书（详见本书第四章），它们是工作评价的前提和基础。工作评价是对工作进行研究和分级的方法，以便为合理的工资结构奠定基础。它关心工作的分类，但不去注意谁去做或者谁在做这些工作[1]。它包括确定一个岗位相对于其他岗位的价值所做的正式、系统的比较，并最终确定该岗位的工资或薪水等级[2]，也是一个为组织设定岗位结构而系统地确定各岗位相对价值的过程[3]。工作评价的本质是确定各岗位的相对价值。

工作评价是在西方国家中首先出现和发展起来的[4]。从 1915 年起，工作评价体系逐

① 康世勇. 薪酬设计实操. 北京：中国经济出版社，2010：234-235.

② 兰斯·A. 伯杰，多曼尼·R. 伯杰. 薪酬手册. 北京：清华大学出版社，2003：36-56.

③ 加里·德斯勒. 人力资源管理. 第 6 版. 北京：中国人民大学出版社，2004：56-68.

④ 乔治·T. 米尔科维奇，约翰·W. 布德罗. 人力资源管理. 第 8 版. 北京：机械工业出版社，2002：156-223.

渐建立起来，具体方法有排列法、分类法、因素比较法和要素评分法。第二次世界大战以来，在西方发达工业国家中最广泛采用的是要素评分法，其次是因素比较法①。20世纪50年代，西方国家一些大型管理咨询公司，在上述评价方法基础上创造了一些混合型评价方法，大多使用定量分析技术，为确定可与外部劳动力市场相比较的工资水平提供了方便，但处理资料主要依靠计算机，耗资通常较多，如著名的 Hay-MsL 指导图像表象法(于1948年由美国管理顾问爱德华·海开发)便是其中之一。尽管工作评价技术为解决岗位相对价值评价过程中的客观性而诞生，但从50年代起其客观性就受到质疑，并被认为不是一种严格的、客观的分析程序，也是一种毫无意义的理性化过程②，也有人强调在哪些条件和环境下工作评价是有价值的，而在哪些条件和环境下工作评价是无价值的③。20世纪90年代以后，人们聚焦于对工作评价中报酬要素的选取以及如何确定各报酬要素的权重问题④，以及评价方法有效性的改进上⑤。目前，我国主流的工作评价方法主要是要素评分法。

(一)工作评价的作用、原则与标准

1. 工作评价的作用。其主要作用就是要保持薪酬的内部公平性。通过工作评价对企业还有其他作用：确认组织的工作结构；建立企业工作间的公平、有序联系；确定工作价值等级制度，据此建立工资支付结构；建立企业的一般薪资标准使之与邻近企业保持同等待遇，并使其具有预期的相对性，符合所在地区的平均水准，等等。

2. 工作评价的原则。实施工作评价时必须坚持基本原则：必须以工作分析(或职务分析)为基础；必须由总经理、各部门经理与人力资源经理共同完成；评价结果决定了组织中每个职位职级、职等和薪酬范围；对工作本身性质与工作内容的评价，不考虑担任该工作职务的任职者特点与情况以及外界人才市场价格与条件等。

3. 工作评价的标准。标准的确定需要考虑如下方面：(1)一致性。该工作应在人员和时间上保持一致。如两个人评价同一工作所得的分值相似或是同一工作在两个不同的场合的评分相似。(2)避免偏见。不能有个人利益，更不能含有政治考虑和个人偏见。(3)可更正性。公司应有相应的评价机制，员工在不满意评价的情况下可以上诉。(4)代表性。所评价的工作及事项要有代表性。(5)工作评价中信息的准确性，工作评价必须以准确的信息为基础⑥。

(二)工作评价的方法

如前介绍，工作评价包括排列法、分类法、因素比较法、要素评分法、海氏评价法等

① Ash P. The reliability of job evaluation ratings. Journal of Applied Psychology, 1948(32)：313-320.

② 谷晓燕. 基于结构方程模型的工作评价研究. 中国管理科学，2009(2).

③ Nina Guata, Jenkins G. Job Evaluation: an Overview. Human Resource Management Review, 1991(2)：91-95.

④ Sondra O'Neal. Computer Aided Job Evaluation for the 1990s. Compensation and Benefited Review, 1990(11)：14-19.

⑤ 范存艳. 岗位评估在薪酬设计中的应用. 人力资源开发，2004(21).

⑥ 劳伦斯 S. 克雷曼. 人力资源管理：获取竞争优势的工具. 第9版. 孙非，等，译. 北京：机械工业出版社，1999：220.

多种，各方法都有其自身特点(如表8-7所示)。要素评分法因其具有较高的准确性与适当成本，成为目前咨询业使用最为广泛的方法，如海氏岗位评估法、美世岗位评估法、翰威特岗位评估法(已更名为怡安翰威特 Aon Hewitt)、华信惠悦全球职等系统、普华永道岗位评估法等其本质上都属于要素评分法。海氏评价法因有效地解决不同职能部门的不同职务之间相对价值的相互比较和量化的难题，在世界各国上万家大型企业推广并获得成功[1]。至2006年年底，全世界约有5000家机构使用海氏评价法，其中包括美国500家最大企业中的130家[2]。

表8-7 岗位评价方法的分类

评价方法	特点	客观性	评价体系	岗位等级区分度	适用范围
排序法	易操作，成本低	非量化评价；主观性强	缺乏明确评价标准，靠经验和主观判断	只能排序各岗位的相对顺序，难以回答各岗位为什么高、高多少	规模比较小、岗位数量较少的企业，也适用于新设岗位与现有岗位的比较与排序
分类法	易操作，灵活性高；成本相对较高	非量化评价；虽可避免明显判断失误，但主观性也较强	工作比较尺度难确定，标杆岗位选取及排序有难度	能粗略分出岗位的等级差别	各岗位比较多，岗位差别(工作职责、技能与环境)差别较大的企业
因素比较法	体系建立较复杂；每个评价因素有一个确定的薪酬金额，可精确反映出各岗位间相对价值大小；成本较高	量化评价；较客观，但受现行工资影响，很难避免不公平现象	工作比较尺度较难，标杆岗位选取及排序有一定难度	能直接获得岗位工资水平	能够随时掌握较为详细的市场工资标准
要素评分法	设计比较复杂，对管理水平的要求较高；成本相对较高	量化评价，减少主观因素对结果的影响	有明确标准和评价体系，但付酬因素选择、权重确定、分级定义比较难	对同类型的不同岗位有较高的区分度，对不同类型的岗位不易区分	岗位不雷同，精准性要求高企业
海氏评价法	设计比较复杂，对管理水平的要求较高；成本相对较高	量化评价，减少主观因素对结果的影响	有明确评价体系，对岗位数量和层级较多的企业，子付酬因素的分级及赋分都比较困难	对不同类型岗位评价具有较高的区分度，对同类别中的岗位来说不易区分	人员素质较高，管理较为规范的企业

1. 排序法。根据一些特定的标准将岗位按照整体价值大小进行排序的评价方法。具体排序方法有三种：(1)简单排序法：评估人员根据其主观经验对岗位价值由高到低进行排序。(2)交替排序法：评价人员将所有被评价岗位按照衡量指标依次同时选择最重要岗位和最不重要的岗位并编号。如对5个岗位排序评价，先筛选出5个岗位中最重要的和最

① 樊宏，戴良铁. 积点评分法的工作评价. 中国人力资源开发，2004(4).
② 余顺坤. 因素计点法岗位评价体系的有效性研究. 中国管理科学，2006(2).

不重要的岗位，分别编号 1 和 5，进而再在剩余的 3 个岗位中选出最重要和最不重要的岗位，编号 2 和 4，最后剩余的一个岗位排在中间，编号为 3，以此完成岗位排序。(3)配比排序法：首先确定岗位评价要素，然后将每个岗位按照评价要素与其他岗位进行一一对比，最后将各评价要素评估结果汇总整理，得到最终岗位排序。该方法的优点和适用范围如表 8-7 所示。

2. 分类法。以岗位责任大小、能力和技能、知识、职责、工作量和经历等为依据，将企业各类职务分别定级，再将各级别排列成为一个体系。它比排序法要精确，也可用于多种职务的评定。具体过程包括：(1)按照岗位性质将所有岗位划分为若干类型，如管理类、技术类等；(2)将各大类中各岗位分成若干等级，等级数多少取决于工作复杂性，越复杂，分级越多；(3)确定每个等级岗位的工作内容、责任程度、技能要求等；(4)在每类每级岗位中挑选出一个有典型性的关键岗位，构成套级的标准；(5)确定不同类型、不同等级岗位间的相对价值关系，将各特定层级的岗位与关键岗位进行"套级"比较，以确定该岗位相应级别，例如，管理类的 5 级相当于技术的 4 级。该方法的优点和适应范围如表 8-7 所示。

3. 因素比较法。这是通过选择多种与薪酬相关的因素，按照所选择的因素分别对岗位进行排序的方法。具体操作步骤：(1)确定岗位付酬因素。与薪酬有关且每个岗位的各项同质因素即"付酬因素"，如工作性质、岗位职责等，对每一因素总体及等级分别简要说明加以界定。(2)选择标准岗位，即岗位职责和工作内容相对稳定，薪酬水平被大多人认为公平合理的岗位。(3)按付酬因素分解标准岗位薪酬。(4)将被评价岗位的各付酬因素与同类别标准岗位比较，排列顺序确定被评价岗位所对应的每个付酬因素的薪酬数额，将各个付酬因素的薪酬数额相加，得出被评价岗位的薪酬总额。例如，A、B 岗位的因素比较法如表 8-8 所示。由表 8-8 可以得出 A 岗位薪酬总额＝600+800+1600＝3600 元；B 岗位的薪酬总额＝1200+1400+600+1800＝5000 元。该方法的优点和适应范围如表 8-7 所示，因为付酬因素的选择与排序受评价人员的主观影响，因此，运用该方法时必须注意：付酬因素的确定要注意各因素对性质不同的生产企业影响程度不同；确定各因素的影响等级及其在总因素中的比重时要结合生产的性质和特点；尽量将各因素内涵表述清楚以保证评定标准的统一和公平。

表 8-8 **A、B 岗位的因素比较法示例**

薪酬 ＼ 因素	付酬因素 1	付酬因素 2	付酬因素 3	付酬因素 4
200 元/月	标准岗位 1			标准岗位 1
400 元/月		标准岗位 2	标准岗位 3	
600 元/月	A		B	A
800 元/月	标准岗位 2	A		标准岗位 2
1000 元/月			标准岗位 1	

续表

因素 薪酬	付酬因素 1	付酬因素 2	付酬因素 3	付酬因素 4
1200 元/月	B	标准岗位 1		
1400 元/月	标准岗位 3	B		
1600 元/月			A	标准岗位 3
1800 元/月			标准岗位 2	B
2000 元/月		标准岗位 3		

4. 要素评分法。首先根据企业实际情况选择若干付酬因素，并确定各付酬因素之间的权重比，然后将每一付酬子因素分成若干等级，对每一等级赋予分值。将被评价岗位与付酬因素比较，确定评价岗位在各个付酬因素上的得分，最后根据各付酬因素之间的权重比和评价岗位的各要素得分计算出最终岗位得分。付酬因素应是以所执行工作为基础，即工作本身应突出哪些因素，须以企业战略和价值观为基础，并为受薪酬结构影响的利益相关者能接受。该方法的具体操作步骤如如表 8-9 所示。

表 8-9　　　　　　　　　　　　　　　付酬因素评分价值表

付酬 因素	分值	权重 （%）	付酬子因素	一级	二级	三级	四级	五级
①	②	③	④	⑤	⑥	⑦	⑧	⑨
工作复杂 程度	390	39%	1. 学历	20	40	60	80	—
			2. 经验	22	44	66	88	110
			3. 专业技术	34	68	102	136	170
			4. 创造性	12	24	36	48	60
			5. 岗位替代难度	10	20	30	40	50
工作责任	360	36%	6. 经济效益责任	20	40	60	80	100
			7. 服务责任	16	32	48	64	80
			8. 安全生产责任	14	28	42	56	70
			9. 企业文化建设责任	15	30	45	60	—
			10. 指导监督、协调沟通责任	10	20	30	40	50
工作强度	200	20%	11. 脑力强度	12	24	36	48	60
			12. 体力强度	10	20	30	40	—
			13. 工作负荷率	10	20	30	40	50
			14. 心理压力	10	20	30	40	50

续表

付酬 因素	分值	权重 (%)	付酬子因素	一级	二级	三级	四级	五级
工作环境	50	5%	15. 工作场所	5	10	15	20	25
			16. 危险性	5	10	15	20	25
合计	1000	100%		—	—	—	—	—

第一步，确定付酬因素。通常选择工作的困难程度、承担责任、管理或工作的层次和范围、所需技术专业水平和工作条件优劣等因素，如表8-9中①、④列。

第二步，确定各影响因素的定义。例如，学历：本因素衡量岗位任职人员顺利履行工作职责应具有的最低学历。应在从事本岗位工作之前通过学历教育获得，在从事本岗位工作后所获得的学业水平除外。

第三步，细分各付酬因素的等级，并对细分成的每一等级定义。把每一个付酬的子因素按照实际需要细分成多个轻重不同的等级，如表8-9中⑤~⑨列，然后，对每一细分的等级分别定义。例如，对"经验"分级：一级、二级、三级、四级、五级，分级定义分别为：1年以下；1~2年；3~4年；5~6年；7年以上。

第四步，确定评价总分值、各付酬因素的权重与总分值，以及付酬子因素的分值。首先确定评价总分值。如表8-9中的工作评价的总分值为1000分。其次，确定各付酬因素的权重与分值。一般有两种方法：一是经验赋值法，即直接以主观判断和相关经验确定各付酬因素的权重与分值，如表8-9中①~③列。二是计算法，对权重最高的付酬因素赋值100%；根据相对第一个要素重要性的百分比确定序列第二高要素的赋值，以此类推；分别计算每个付酬因素权重占总权重的结构比例；确定各付酬因素、各付酬因素等级的分值。如表8-10所示，确定决策、解决问题、知识三个付酬因素权重的过程。最后，将付酬因素的分值再分配到付酬子因素上。如表8-9中，将工作复杂程度390点分配到：学历80分；经验110分；专业技术170分；创造性60分；岗位替代难度50分。付酬子因素的分值实际上是对各子因素最高等级的赋分。

表8-10 计算法确定付酬因素分值

付酬因素	重要程度	转化过程	权重	分值
决策	100%	100%÷235% = 0.4255	42.55%	500×42.55% = 213
解决问题	80%	80%÷235% = 0.3404	34.04%	500×34.04% = 170
知识	55%	60%÷235% = 0.2553	25.53%	500×25.53% = 127
合计	235%		1.0000	

备注：上表中总分值为500分。

第五步，确定各付酬子因素等级的分值。可以采用等差形式。等差分值=付酬因素分值÷付酬因素等级数。如表8-9中，脑力强度的分值为60分，分为四级，则等差分值(一级分值)=60÷4=12；二级分值=20×2=24；三级分值=20×3=36；四级分值=20×4=48。

第六步，编制工作评价手册。通常包括：序言、因素和等级以及工作说明等。

5. 海氏岗位评价法。它是因素评价法的一种。通过对岗位的知识和技能(岗位投入)、解决问题的能力(工作过程)和承担的职务责任(岗位产出)3 大付酬因素、8 个子因素来评价确定岗位相对价值(如图 8-4 所示)。每个付酬因素均有一张评价指导图表指导使用，通过该图表，可以完成对所有岗位按照 3 个付酬因素及付酬子因素评价打分，得出每个岗位评价打分。

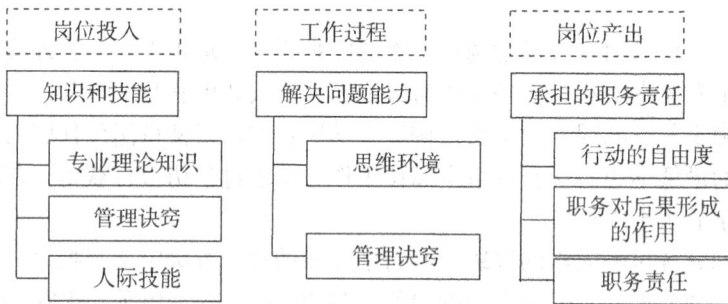

图 8-4　海氏评价三因素图

海氏将岗位分为三种类型，即"上山"型、"平路"型和"下山"型。职务类型主要取决于知识和技能、解决问题的能力两因素相对于承担的职务责任这一因素的影响力之间的对比和分配。不同类型岗位三个付酬因素的权重不同，即分别向三个职务知识和技能、解决问题的能力两因素与承担责任因素指派代表其重要性的一个百分数，这两个百分数之和恰为 100%。根据不同的权重比计算得出最后的岗位评价得分(如表 8-11 所示)。

表 8-11　　　　　　　　　　　海氏职务的类型构成表

岗位类型	重要程度	岗位举例	权重确定
"上山"型	知识技能和解决问题的能力<职务责任	总裁，销售经理，负责生产的干部	40%+60%
"平路"型	知识技能和解决问题的能力=职务责任	会计，人事等职能干部	50%+50%
"下山"型	知识技能和解决问题的能力>职务责任	科研开发，市场分析干部	30%+70%

为了保证海氏评价法的有效性，在企业的实际操作过程中必须遵循一定的操作程序。通常包括如下步骤：选取标杆岗位；准备标杆岗位的岗位说明书；成立专家评价小组；进行海氏评价法的培训；对标杆岗位进行海氏评分；计算岗位的海氏得分并建立岗位等级。该方法适用于人员素质较高、管理较为规范的企业，并要求用其进行工作评价的企业具备合理的岗位设置且配套的岗位说明书完备科学①。

———————————

① Herbert Gheneman, Timothy A Judge. Staffing organizations［M］, Beijing：China Machine Press, 2005：218.

　　此外，不少管理咨询公司从要素评分法衍生出各自的工作评价体系(如表 8-12 所示)。(1)美世(Mercer)岗位评估法，采取"4+1"付酬因素(危险性因素为可选项)，细分"10+2"个付酬子因素，每一种付酬因素对应一张分值表。按照各个因素进行评估打分得出每个岗位的总分值，再根据美世的《岗位评价等级表》查出该岗位所得分值对应的岗位等级。(2)翰威特(Hewitt)岗位评估法，对所有岗位按照 6 大付酬因素逐一评分，最后将这些得分相加得岗位的最终评分。(3)华信惠悦(Watson Wyatt Worldwide)全球职等系统，共分 25 个岗位等级，根据业务性质及规模确定企业最高岗位等级，把员工分为职能管理和专业人员两大类；再通过对不同岗位领导责任或专业技术发挥等进行评价，把各职等分为 1~6 个职等段；最后通过对 7 个付酬因素对具体岗位进行评估，得出该岗位的岗位等级。(4)普华永道岗位评估法，对所有岗位确定输入、过程及输出三大付酬要素以及相对应的 7 子因素，并对各因素分级细化，对所有岗位对应进行评估打分得出每岗位评估打分。

表 8-12　　　　　　　　　　　　主要管理咨询公司的工作评价体系

评价方法	付酬因素	付酬子因素	因素分级
海氏岗位评价法	知识和技能	专业理论知识	1~8 级
		管理诀窍	1~5 级
		人际技能	1~3 级
	解决问题能力	思维环境	1~8 级
		思维难度	1~5 级
		行动的自由度	1~9 级
	承担的职能责任	职务对后果形成的作用	1~4 级
		职务责任	1~4 级
美世岗位评估法	影响	组织规模	影响分值表
		影响范围	
		影响程度	
	沟通	沟通方式	沟通分值表
		沟通范围	
	创新	创新能力	创新分值表
		创新的复杂性	
	知识	知识程度	知识分值表
		知识宽度	
		团队角色	
	危险性(可选项)	工作危险程度	危险性分值表
		岗位所处环境	

续表

评价方法	付酬因素	付酬子因素	因素分级
翰威特岗位评估法	知识与技能		1~7级
	影响力与责任		1~7级
	解决问题和制定决策		1~7级
	行动自由度		1~7级
	沟通技能		1~7级
	工作环境	安全性	1~5级
		稳定性	1~4级
	注：每一个付酬因素的每一等级对应一个分值		
华信惠悦全球职等系统	第一步	第二步	第三步
	分析企业业务及规模	职等段归类	7付酬因素评估职位等级
	根据营业收入、员工总数、市场范围、产品与服务的种类复杂程度四方面——区分大型、中型、小型企业——确定最高职位等级	回答2~5个问题：分流一般管理与专业技术职位；反应职等段归类的基本原理	专业知识
			业务专长
			团队领导
			解决问题
			影响性质
			影响领域
			人际关系技巧
	注：不同的职等段对7因素的程度要求不同，打分确定等级		
普华永道岗位评估法	输入	专业知识与经验	1~6级
		管理技能	1~6级
	过程	人际沟通	1~5级
		问题复杂程度	1~5级
		决策权	1~5级
	输出	岗位产出	1~5级
		岗位影响	1~5级

资料来源：作者根据网络资料整理。

三、薪酬调查

薪酬调查(salary survey)是指通过标准、规范的渠道以及专业统计方法，收集企业相关劳动力市场(如本地市场、地区市场、国内市场)上企业的薪酬数据并做出判断的系统过程，通过对定向范围内的职位薪酬数据分类、汇总和分析所形成的能客观反映劳动力市场人力资源用工成本现状的薪酬调查报告，为企业在薪酬管理中提供及时、客观的市场数据参考依据。薪酬调查的类型包括商业调查，如咨询服务机构的商业性服务；专业调查，如行业机构(美国管理协会 AMA 等)提供的行业和职业薪酬信息；政府调查，如美国已建立起覆盖广、内容丰富、影响力大的全国薪酬调查体系(National Compensation Survey，NCS)，美国劳工部从 1959 年开始每年三次调查地区工资、行业工资、职业工资，重点关注专业人员(professional)、管理人员(administrative)、技能人员(technical)和文秘人员(Cleri-cal)，统称为 PATC 调查。企业薪酬调查实施包括如下工作：

1. 确定调查目的。调查目的决定调查内容，其薪资调查目的主要包括：(1)确定新员工的起点工资标准和水平；(2)掌握企业内部工资水平不合理的职位；(3)了解同行业企业的调薪时间、水平和范围等；(4)了解当地工资水平；(5)掌握工资动态与发展。

2. 明确调查内容。(1)一般调查临近的、工作性质相似的，尤其是本地区竞争企业员工薪资情况。(2)集中于有限几个关键性的岗位，所谓关键性岗位是有着相对稳定的工作内容，且许多企业都存在的岗位。与其相反的是非关键性岗位，即指那些尽管较为重要但他们本身却属于企业特有的岗位类型。它们就不能通过市场薪资调查来对其进行直接的价值判断。一般而言，低薪或无专长的普通工种岗位，薪资调查以企业所在地为调查地区，因为这类劳动力流动区域一般局限在当地；企业所需要的高新技术人才或流动性比较大的岗位，最好获取全国性工资调查数据以利于留住这些人才；介于两者之间的中低级技术人员和管理人员，可通过当地薪资调查和全国薪资调查综合确定。(3)除工资外，还需要收集有关保障、病假、休假等员工福利的信息。具体内容包括：行业性质、企业规模、员工状况、人员流动、组织结构、经营状况、岗位设置、劳动时间、薪酬政策、薪酬水平、保险福利、薪酬增长等。

3. 选择调查渠道。主要有两种来源。一是企业自己获取调查资料：(1)收集公开信息中薪酬资料。企业可利用公共部门发布的相关薪酬数据，如我国劳动人事部门、统计局及各种全国性行业协会等发布的全国性调查资料。企业还可从其他公开信息收集资料。如有些企业发布的招聘广告中关于工资和待遇等信息。(2)与相关企业相互交流信息或调查。如与其他企业人力资源部门联合调查，共享薪酬信息。其成本较低，信息沟通较快；但信息正确性可能较差，有些信息不易收集。(3)企业自己实施调查。企业清楚调查目标、可靠；但专业化程度不够、样本较小。二是企业购买外包服务，或委托第三方(或专业)机构调查。这可减少人力资源部门工作量，又能满足企业特殊要求，简单易行，结果较客观公正，范围可大可小，但必须支付较高的费用。

4. 调查结果的应用。薪资调查结果可用于企业整体工资水平、工资结构、工资晋升政策的调整，或某具体岗位工资水平的调整等。综合几次薪资调查结果时，当出现以下情况企业应更关注劳动力成本：一是劳动力成本在总成本中所占比例较大；二是产品需求是富有弹性的(即产品需求随着产品价格的变动而出现变动)；三是劳动力供给缺乏弹性；四是劳动力所具有的技能是专门适用于某种产品市场的。与此相反，当出现以下情况时，劳动力市场比较会显得更重要一些：一是吸引和留住高质量的员工十分困难；二是招聘离职替代者的成本(管理费用、工作中断等造成的损失)非常高①。

四、工资结构设计

工作评价结果表明每一工作在本企业相对价值的顺序、等级、分数或象征性值。工资结构是工作的相对价值与其对应的工资间保持的一种关系。它通常以"工资结构"表示，为便于直观、清新、更易分析和控制，通过绘制曲线——工资结构线或工资曲线(如图8-5所示)来表达。工资结构设计使企业内所有岗位的工资都按同一的贡献律原则定薪，保证工资制度的内在公平性，同时兼顾薪资调查情况确保外部竞争性，企业需要在内部比较和外部比较所得到的工资结构中加以平衡。不同企业的侧重点不同，因此也形成不同的工资结构。

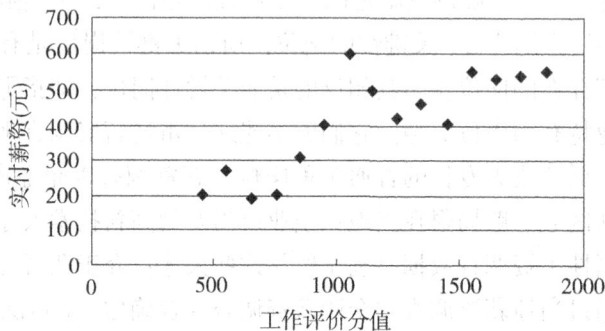

图8-5　某公司薪资散布图及其代表性结构线
资料来源：作者绘制。

(一)岗位价值定价

如何进行岗位价值定价，即用货币表示每一种岗位的价值——工资，企业可以采用三种方法②。

1. 市场数据法。企业尽可能多地对关键性岗位进行薪酬市场调查，直接把企业工资结构建立在市场调查数据的基础之上。操作步骤如下：首先是以关键性工作为基础建立一条市场工资政策线。该线以工作评价分值为横轴，市场调查数据工资水平为纵轴，绘制散布图(如图8-5中的L线)，在平面坐标系中显出各岗位对应分值来。可以用目测方式绘出实际工资的结构线，或利用线性回归技术等统计方法更准确地绘出这种特征线。通过这一过程可得到确定工资的公式：$L=A+B\times$工作评价分值。其中，A为工资结构线截距；B为工资线的斜率。非关键性岗位的工资可以根据此线的公式推算出来。在某些情况下，如果较高级别岗位对企业的价值较大，且能承担该岗位工作的人才非常稀少，那么非线性工资

①　雷蒙德·A.诺伊，等.人力资源管理：赢得竞争优势.第三版.刘昕，译.北京：中国人民大学出版社，2001：492.

②　雷蒙德·A.诺伊，等.人力资源管理：赢得竞争优势.第三版.刘昕，译.北京：中国人民大学出版社，2001：497.

政策曲线可能对企业就更合适。此曲线的函数公式为：工资的自然对数=A+B×工作评价分值。

2. 工资政策线。这是将外部薪资比较信息和企业内部实际薪资信息结合起来确定薪资的方法，即用工资政策线来获得关键性岗位和非关键性岗位的工资率。该方法不直接把市场薪资率用在关键性岗位上，更强调内部的一致性。具体方法：在市场数据法的基础上，结合企业各种实际因素来确定薪资政策，调整L结构线上不符合实际薪资比率的薪资政策。

3. 工资分级法。企业应根据工作评价分值确定的工资结构线，将众多类型的工作工资归并组合成若干等级，形成一个工资等级（或职称级）系列（见表8-13所示）。通过工作评价分值与薪资等级表可具体确定每一职务具体的薪资范围，以保证员工个人的公平性。

表 8-13　　　　　　　　　　　　　薪酬等级结构举例

薪资等级	工作评价点值范围		月薪资浮动范围		
	最低	最高	最低	中间值	最低
1	100	150	1740	2170	3610
2	150	200	2648	3310	3971
3	200	250	3555	4444	5333
4	250	300	4463	5579	6694
5	300	350	5370	6713	8056

（二）工资结构线

工资结构线的确定包括工资定级数量、工资范围或薪幅、工资等级系数和工资等级线。

1. 工资等级数量。工资结构中的工资等级划分数量一般受多种因素的影响，如工资结构线或工资曲线的斜率、工作的数量和分布情况、组织的薪资管理和晋升政策等。工资等级数量须足以使不同难度的工作有所区分，但数量又不能太大，否则会使两个相邻等级工作区别不明显。在工资总额一定的情况下，工资等级数量与工资级差呈反向关系。工资级数太少，那些在工作任务、责任和工作环境上差异较大的员工被支付相同工资，会损害工资政策的内部公平性；相反，工资级别数太多，那些没有本质差别的工作会得到不同报酬，同样会损害工资薪酬政策的内部公平性。

2. 工资范围或薪幅。工作级别所对应的工资水平往往是一个范围，即薪幅。其下限为等级的起薪点，上限为顶薪点。薪幅可以不随等级的变化而变化，也可随等级上升而呈累计式的扩大。工资薪幅表示不同质量劳动或岗位间工资标准的比例关系，反映不同等级劳动报酬的变化规律，是确定各等级工资标准数额的依据。工资范围的确定不仅与工资等级多少相关联也与相邻工资等级范围重叠程度有关。实际工作中的这种重叠是必要的。两相邻职级重叠程度与工资结构线的斜率有关，更取决于职级的薪幅。职级数目与宽度、工资结构线斜率及各职级的变化幅度等因素必须统筹兼顾，恰当平衡。有的企业采用多级别、窄薪幅；有的则采取"宽带工资制"的工资结构。自1989年美国通用电气公司(GE)实施宽带薪酬后，因其支持组织结构扁平化、强化绩效导向、能力导向等优势突出，逐步受到理论界和企业界的青睐。在宽带工资制中，工资级别减少，但每一级别工资范围较大，使员工在级别不变的情况下工资仍有较大的上升空间，因此，有助于消除工资等级的困扰，鼓励员工向更能发展其职业的工作岗位调动，并能为组织带来更多的价值①。

3. 工资等级系数。它是用来表示工资等级并进一步确定各等级工资数额的一种方式，亦指任意等级的工资与最低等级工资的比值。

4. 工资等级线。它指各工作职务的起点等级和最高等级间的跨度线，是反映某项工作内部劳动差别程度的标志。如劳动复杂程度高，则起点线高；反之就低。责任程度高，则起点线高；反之就低。工资等级线的长短与级差大小呈反向变化，即级差越大，工资线就越短；反之，就越长。

五、工资制度的实施

工资制度建立后就要考虑如何投入正常运作，并对其实行适当的控制与管理，使其发挥应有的功能，且需要进行适当的调整，以适应企业生产经营发展的需要，更好地调动员工的积极性。

工资调整一般包括两部分：工资水平调整与工资结构调整。工资增加一般是呈刚性上升式的，即工资标准随经济发展和物价水平呈上升趋势。在一般情况下，同一岗位工资只升不降。因此，对于一些经营业绩不佳的企业，在薪酬管理上一定要采取短期与长期相结合的管理策略。如短期内可以采取薪资冻结、延缓提薪等；长期则可采取解雇一些高级管理人员，或让其提前退休等措施。企业还应针对物价指数而调整工资制度，以消除物价变动对员工工资水平的影响。

在进行薪酬管理中，企业还应定期对内部员工工资结构进行调整，包括对工资标准与工资等级的调整。工资标准的调整主要是参考市场工资率的变动，而工资等级的调整主要是有利于企业管理的需要，主要包括降低与提高高薪人员的比例、调整低层员工的工资比例、调整工资标准和工资率等方面的调整工作。

第四节　奖　励　制　度

一、奖励制度的概述

(一)奖励制度含义

奖励制度是指员工薪酬随着个人、团体或组织绩效的某些衡量指标所发生的变化而变化的一种薪酬设计。奖励制度是薪酬体系中有强大的激励作用的部分，其实质是将绩效与薪酬联系在一起。它是对员工超额劳动或工作高绩效的一种货币形式的劳动报酬。企业以货币形式给予的补偿就是奖金，其目的是为提高员工生产效率从而获得企业的竞争优势。

---

① Reissman L. Nine Common Myths About Broadbands. HR Magazine, 1995(8)：79-86.

奖励制度是指比较固定的、规范的奖励性薪酬分配和运作方式，一般由奖励的种类、奖励指标、奖励条件、奖励范围、奖励周期、奖金的提取与分配等内容构成。奖励制度分类复杂，主要包括：(1)按奖励个体、团队或组织分个体奖励制度、团队奖励制度或组织奖励制度；(2)以时间分类为长期奖励制度和短期奖励制度；(3)按人员类别分为管理人员管理奖励制度、技术人员奖励制度、基层员工奖励制度等。

(二)奖励制度的特点

奖励制度具有以下特点：(1)针对性和灵活性较强。奖金有较大的弹性，它可根据工作需要灵活决定其标准、范围和奖励周期等，有针对性地激励某项工作的员工。(2)能弥补基本工资制度的不足。基本工资制度对员工激励性存在不足。如计时工资主要从个人技术能力和实际工作时间上确定劳动报酬，难以反映经常变化的超额劳动；计件工资主要从产品数量上反映劳动成果，难以反映产品优劣、原材料节约和安全等方面的超额劳动，而奖励性薪酬可以弥补。(3)奖金支付是与结果的实现联系在一起的变动成本，而基本工资是与产出无关的固定成本。(4)奖励性措施关注员工工作在特定绩效目标上的努力，为培育重要员工和获企业利润提供激励。(5)奖金能将员工个人发展与企业目标结合起来，促使员工长期稳定发展。奖金不具有保障员工基本生活的职能，它要根据企业发展或是企业效益以及员工对组织的贡献而定。只要员工努力工作，并对企业效益作出贡献，那么其利益就可以增加。

(三)奖励制度设计的要求

有效的奖励制度设计的主要目的是激发员工积极性和创造性及其工作责任感和强烈的竞争意识。因此，奖励制度的设计要根据企业需要来确定具体的目标，必须满足以下要求：(1)员工绩效评估的过程和方法是公正的。衡量绩效标准是奖励制度设计成功的关键，它向员工传达了企业既定目标的重要性，必须让员工感受到其绩效被正确与公正地评估。(2)必须以绩效为基础。员工须确信其劳动付出与所得报酬之间的关系。个体奖励方案要求员工能感受到其业绩与报酬之间的直接关系；群体(或)奖励方案要求员工能感受到小组绩效与组员报酬之间的关系，使团队组员认识到其个人业绩对小组群体绩效的影响；组织整体激励方案必须让员工认识到个人业绩对组织整体绩效的影响。(3)体现企业生存和发展的需要。奖励制度设计要奖励员工做企业需要的事情，引导员工向企业战略发展方向和企业文化倡导方向而努力。

二、个体奖励制度

个体奖励制度有多种类型，但都与员工个体绩效紧密相关。该计划最大优点就是使员工看到其"所得"与"付出"之间的关系，而这种关系在群体或集体奖励计划和组织整体奖励计划中都不明显。也正因为此，个体奖励计划得以最广泛地采用。

(一)绩效工资制

绩效工资主要是以员工实际的最终劳动成果确定员工薪酬的工资制度，主要有绩效加薪或计件工资制形式。绩效工资是根据员工工作绩效而支付工资，工资支付的唯一根据或主要根据是工作业绩或劳动效率。但是在实践中，因绩效的定量比较不易操作，故除计件工资外，更多是指根据员工个人绩效而增发的奖励性工资。

1. 绩效加薪制。这是企业普遍采用的一种激励性制度。员工工资增长通常是与绩效评价等级联系在一起的。员工工资增长的规模和频率取决于两方面：一是个人绩效评价等级；二是个人在工资浮动范围中的位置。如员工绩效评价等级为"超常"，他将获得最大比率的工资增长（如表 8-14 所示）。企业在实施绩效工资制时，必须注意员工工资浮动应尽量控制劳动报酬的成本之内和工资结构的完整性。如何确定加薪范围呢？用实际薪资与市场薪资的比较比率来确定。"比较比率"是用来表明实际工资与期望工资之间的一致性程度的指标。其计算公式为[①]：某工作等级的比较比率＝该等级实际平均工资/该等级工资中间值。如果比较比率低于 1，说明实际工资落后于工资政策所要求的工资水平；如果比较比率高于 1 说明，实际工资(和实际成本)超过薪资政策所规定的工资水平。在表8-14中，一位绩效评价等级连续达到"EX 级"的员工应按照市场工资水平的 115%～125% 来支付工资。如果这位员工现在的工资水平离该水平甚远，那么就有必要以较大的增长幅度和较快的增长频率来把该员工的工资提升到正确的位置。另一方面，如果该员工已处于正确的位置上了，那么就只需要对其提供较小幅度的加薪。后者的工资增长重要目标应是维持这位员工的工资水平在目标比较比率上。

表 8-14　　　　　　　　　　　　某公司绩效薪资增长示例

绩效评价等级	预定的绩效薪资增长百分比(%)			
	比较比率 80.00～95.00	比较比率 95.01～110.00	比较比率 110.01～120.00	比较比率 120.01～122.00
EX(绩效超常)	13～15	12～14	9～11	到浮动上限
WD(绩效优秀)	9～11	8～10	7～9	
HS(绩效良好)	7～9	6～8	—	
RI(尚有待改进的)	5～7	—	—	
NA(绩效不佳)	—	—	—	

绩效加薪制具有如下特点：(1)注重个人绩效差异的评定；(2)以调薪为目的的绩效评价信息在企业中较多是由直接监督人员收集；(3)企业需制定将工资增长与绩效评价结果联系起来的政策；(4)企业员工绩效反馈频率可能不高，只是在每年正式绩效评价阶段才会出现；(5)这种绩效评价的反馈流向是单向的——从直接上级到员工。

2. 计件工资制。这是将员工个人工资建立在其劳动的最终成果表现——产品数量与质量的基础之上的。实现计件工资需具备三个主要条件：(1)工作物等级，即根据各种工作的技术复杂程度及设备状况等，按照技术等级要求，确定从事该项工作的工人应达到的技术等级。(2)劳动定额，指在一定条件下工人应完成合格产品的数量或完成某一些产品

---

① 雷蒙德·A.诺伊，等. 人力资源管理：赢得竞争优势. 第三版. 刘昕，译. 北京：中国人民大学出版社，2001：501.

的必要劳动时间的消耗标准，它是合理组织劳动和制定计件单价的基础。(3)计件单价，是以工作物等级和劳动定额为基础计算出来的单位产品的工资。该制度是最古老的激励形式，也是使用最广泛的形式。它便于计算，易于为员工所理解，计量原则公平，报酬直接同工作量挂钩，有利于提高产量。但也有不足之处：(1)给员工极大的压力，可能会使其生产率降低；(2)可能使员工反对管理者试图引进新技术、创新性的过程或更好的管理系统；(3)对奖励追求使员工不关心提高质量或减少废料比率等；(4)可能导致员工对"量"的追求而忽视"质"；(5)不利于团队精神的培养。

(二)佣金制

佣金制是直接按销售额的一定比率确定报酬。它是绩效工资制的一种形式，也是报酬的一种典型形式，主要用于销售人员。其优势是报酬明确同绩效挂钩，激励销售人员为得到更多的报酬而努力扩大销售额，促进企业市场份额的迅速扩大。它一般包括直接佣金制和工资佣金联合制。(1)直接佣金制是根据销售额的百分比计算。其公式为：总现金薪酬=$X\%\times$总销售额(或销售回款额)，或总现金薪酬=$X\%\times$参照销售额(销售回款额)+$Y\%$超过参照标准的销售额(销售回款额)。其中，$X\%$，$Y\%$均为企业规定的销售额提成百分比。直接佣金制容易计算和理解，给销售人员带来很大的激励。(2)工资佣金联合制，包括薪水和佣金在内的补偿性计划，即现在许多企业实施的基本工资加销售提成的方式。但是各企业采取的基本工资与销售提成所占员工薪酬收入比重不同。

佣金制计算简单，易于理解，薪酬管理和监督成本比较低；有利于实现企业利润最大化；工资设计的灵活性大。但各种形式的佣金制都有一个共性，即给予销售人员的报酬完全或部分依据员工的销售业绩。有些销售员的报酬全部直接来源于销售额的百分比，也有一些销售员的报酬则以底薪加提成的形式付给，强调销售额而非利润额，佣金制的缺陷是导致销售人员只注重扩大销售额，忽视培养长期顾客，不愿推销难以出售的商品。且将企业因市场竞争带来的风险转嫁到销售人员的身上，员工在销售旺季和淡季之间的收入波动很大，淡季时已获得培训的销售人员离职率会增加。

(三)基于职业曲线的奖励制

以职业曲线为基础的奖励报酬制度主要是专业技术人员如工程师、科学家和律师的奖励制度。和其他员工一样，专业技术人员也可以通过奖金或绩效报酬增长得到激励。他们最初是基于其带给企业知识而获得报酬的。许多专业技术人员有可能成为管理人员。但对很多不想成为管理人员的专业技术人员，目前有些企业采用一种二元报酬追踪系统，将职业技术人员的工资范围扩大到等于或基本上接近管理人员的薪资，而使其得到相当的薪资。

成熟曲线或职业曲线法也称工作表现基点法，可作为专业技术人员提升薪水的依据。企业以职业曲线为基础增加专业技术人员的薪水(见图8-6所示)，以经验和绩效为基础提供年度工资率。不同曲线反映不同水平的绩效，并用以提供不同水平的工资增长。代表较高水平绩效的曲线通常比代表较低绩效水平的曲线往往上升至更高水平，而且其上升速率也更高一些。专业技术人员的绩效工资是依据不同的成熟曲线决定其增长速率。除基本工资之外，专业技术人员可以获得以绩效为基础的奖励制度，如利润分享计划或持股计划等。这些都是鼓励更高层次的个人绩效。

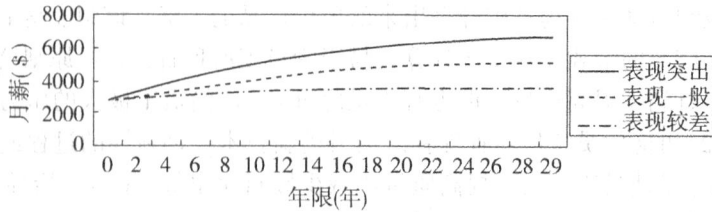

图 8-6　专业技术人员的成熟曲线

（四）合理化建议奖励制

合理化建议奖励即对提出合理化建议的员工给予现金奖励。合理化建议不仅有助于公司经济效益的提高，而且还可以增强员工的主人翁意识，加强管理层与员工的交流。企业在制定建议奖时应注意以下问题：一是有利于企业的经营目标；二是奖金额可适当低一些，而受奖的面则可宽一些；三是对同一项建议只奖励首次提议者；四是根据建议的合理性及采纳情况，还应给予其他奖金。

三、团体奖励制度

团体或集体奖励制度是在达到或超过生产或服务标准时，所有的小组成员都获得奖金的激励制度。一般有两种形式：一是收益分享计划；二是团队奖励计划。

（一）收益分享计划

收益分享的管理思想源远流长，但作为一种薪酬或激励计划，它兴起于 20 世纪 30 年代，是一种主要基于小型群体或团队的绩效薪酬形式。其主要关注由于生产率提高、质量改善或成本节约所产生的团体收益在员工与企业之间的分配。它又被称为生产率收益分享计划。

1. 实施的基本原则。实施收益分享计划要坚持公平、认同、参与和承诺原则。（1）收益分享要以公平为基础。分享计划执行过程中要使员工感受到公平，建立科学可行、具有公众基础、稳定的管理制度；要建立一套科学、合理又切实可行的绩效管理体制，让员工心理产生一种认可，并愿意配合接受考核；绩效管理系统须与合理的薪酬体系挂钩。（2）认同。收益分享计划一旦建立，员工就应该对组织目标有清晰的认识和认同。组织认同感的产生可使组织成员在个体行为和态度方面形成一些相关的后果，组织成员的组织认同感对组织具有潜在的积极作用[①]。（3）参与。要使所有员工参与到管理中去，充分发挥其潜能。（4）承诺。承诺是一种态度，要使企业员工对组织有责任感。组织承诺尤其是经理人员承诺，能驱动员工承诺。

2. 收益分享计划类型。较常使用的或被称为传统的或经典的收益分享计划有斯坎伦计划（scanlon plan）和拉克（Rucker plan）计划、生产率提高分享计划，其他的形式均是企

---

① Ashforth B E, Mael F. Social identity theory and organization. The Academy of Management Review, 1989, 14（1）: 20-39.

业根据自身的实际情况，在实施过程中有所调整变化或综合使用以上方案①。（1）斯坎伦计划。最著名的收益分享计划。由美国曼斯菲尔德钢铁厂的工会主席约瑟夫·斯坎伦（Joseph Scanlon）于 1937 年创立、1938 年最早实施②。其主要是为克服经济危机，挽救企业，通过劳资双方的努力，在维持产出水平不变的同时降低劳动力成本，员工就可分享成本降低之后的收益部分。具体步骤如下：一是确定生产成本已减少的标准。企业计算在一典型年度所期望的产品生产成本/产品销售价值比率。通常由 3~5 年的基期里年生产成本平均值来确定。二是确定降低这些成本的手段。三是确定收益分配方法。典型的斯坎伦计划分配红利方式：75%发放，25%保留用于在没有红利的期间发放。在被发放的红利中，25%给企业，75%在员工之间分配。每位员工可获相等的红利，也可以按照员工总收入百分比分配。斯坎伦计划的特点在于：成立生产管理委员会和指导委员会以促进员工参与管理决策。员工参与性非常强，强调员工的权利，即合作理念、认知、技能、参与制度和分享利润等基本要素。（2）拉克计划。经济学家拉克（Allen Rucker）于 1933 年提出。与斯坎伦计划相似，但贯穿了以收益附加值作为计算奖金基础的思想，且计算公式更为精细和复杂。拉克计划中的关键要素是"通过劳动增加价值"，它由生产一件产品的成本（除劳动之外）、该产品销售价值、生产一件产品的劳动成本等确定。先计算前两者的差异，再确定该差异占劳动成本的比例，即拉克比率＝[净收入−（原材料＋供应物及提供服务的成本）]/计划参与者的总雇佣成本。企业使用当期拉克比率与基期或预期拉克比率比较，如果前者高于后者，则说明企业劳动生产率提高了，将生产率提高部分带来的收益在企业和团队成员之间分享。（3）生产率提高分享计划。由工业工程师米歇尔·费恩（Mitchell Tein）在 1970 年提出。其奖金计算以总劳动成本为基础，适应企业对总成本核算和控制的需要。

3. 收益分享的应用趋势。自 20 世纪 90 年代以来，收益分享计划有了新的趋势：（1）不再局限于企业内某稳定的工作群体，而是囊括了各种灵活的团队形式，如跨职能的、全职或兼职的长、短期任务团队和项目团队等，甚至包括高层管理团队也可使用团队绩效奖励。（2）绩效衡量标准超越了单一财务维度，扩展至包括顾客满意度、产品质量改善、合理化建议的采用以及效益产出等内容。例如林肯电气公司的分享计划引入责任心、质量、产出、协同等 4 个考核指标。（3）分配方式倾向于以个人对团队绩效的贡献为基础的奖金分配，不再采取团体内平均分配或按照每个成员基本工资的百分比来确定奖金比例的分配方式。（4）由营利性组织向所有组织扩展。自 80 年代就开始逐渐推广到非营利性部门和服务性组织，如政府机构、医院以及其他服务性公司等。当然，其主要应用领域还是制造业，90 年代以来使用该计划项目的美国公司数量一直不断上升③。收益分享计划是否适合中国企业？基于集团主义导向文化的企业应该更适用于推行分享制，但实际上恰恰相反，

① D. C. BAND, et. al. Beyond the bottom line: Gain sharing and organizational development. Personnel Review, 1994(8): 17-32.

② 黄卫伟. 开启分享和参与管理新时代. 人力资源, 2017(4).

③ RICHARD S SAVER. Squandering the gain: Gain sharing and continuing dilemma of physician financial incentives. Northwestern University Law Review, 2003(2): 145-238.

因为整个利益分配机制没有设计好①。实施分享制是与管理层和骨干分享，还是像华为全员分享？分享的范围限制在管理层、骨干层还是全体员工？这些是在实践中不断探讨的问题。

（二）团队绩效奖金

团队绩效奖金制度倾向于根据实物产出来衡量绩效。（1）设定以团队绩效标准为奖金基础。效率、产品质量的提高或原料与劳动力成本的节约是通常的标准。（2）决定奖金多少，一般取决于团队的总体绩效和企业一年来的绩效。（3）确定奖金支付的形式。团队奖金须在团队成员间平均分配，或者根据其基本工资按比例分配，或者根据其在团队中的相对贡献进行分配。该制度的优点在于：支持团队计划与问题解决，有利于构建团队文化；引导员工依赖团队合作完成工作；可通过激励员工扩大贡献的范围；鼓励交叉培训和获员工之间的新的能力。但它也存在不足：单个团队成员可能认为其努力对团队成功和所获得的奖金的贡献很多，从而影响其积极性发挥，限制其绩效的发挥；易出现个人努力比别人低但获得与队员一样奖金的"搭便车"问题（free rider problem），使团队绩效奖金的激励效应被减弱，团队效率会被降低；可能在奖金支付方式上难以达成一致而影响队员的团结与合作。

四、组织奖励制度

组织奖励是参照整个组织的业绩给予组织内所有员工的奖励。大多数组织激励体系试图建立所有员工的合作关系。常见的有利润分享计划、员工持股计划以及股票期权（在管理人员薪酬制度中介绍）。

（一）利润分享计划

利润分享（profit sharing）计划是指企业在支付基本工资外，根据当年盈利情况提取一定比例的剩余利润由员工共享的一种制度。它是基于企业利润一定比例的现金奖励，旨在为员工提供通过为企业发展作贡献而增加收益的机会，根本目的是激励。相较于收益分享计划，它有三个特点：（1）分享基础不同。它依据员工个人业绩与企业利润所组成的捆绑收益，然后基于员工薪酬所占比例来分享企业利润，让员工与企业利益一体化整合从而全方位多形式分享这种整合所带来的利润。（2）分享周期和形式不同。它是在企业年终收益分配完毕后每年分配一次利润，其类型一般有三种：一是延迟计划，即个人利润分享所得在退休时发放；二是分配计划，即一旦利润分享额度被计算出来，企业发放每期的利润分享全部所得；三是组合计划，即员工收到每期收入的一部分，其余部分用于将来分配。利润分享形式也多元化，既可获取现金收益，也可获长期权益收益。（3）参与分享范围不同。它是针对不同战略层次员工设计不同的分享模式，或由员工根据其情况选择分享模式，形成环形阶梯激励机制，促进企业与员工效益最大化。该计划的优点在于：通过使员工利益和企业目标相一致而改进生产率；使员工获得更大的所有权的感觉，帮助员工更认同组织，并更努力工作以实现企业目标。但也存在不足：普通员工可能无法认清个人业绩与组织整体业绩之间的直接关系，即努力-绩效-奖励的联系关联度较小；只能一年一次和

---

① 黄卫伟. 开启分享和参与管理新时代. 人力资源，2017(4).

延期支付的事实可能降低其激励价值。西方国家企业普遍采用利润分享制，中国 2014 年新修订的《企业会计准则第 9 号——职工薪酬》增加了利润分享计划的会计处理方法，这应该是中国企业实施此项薪酬制度的前兆。

（二）员工持股计划

员工持股计划（employee stock option plans，ESOP）是员工所有权的一种实现形式，员工可通过购买公司的股票或股权而使其获得激励的一种长期绩效奖励计划。最早起源于美国，为美国企业在员工报酬制度上实施的一套行之有效的方法。自中国证监会 2014 年 6 月颁布《关于上市公司实施员工持股计划试点的指导意见》后，中国上市公司掀起了员工持股计划的热潮。ESOP 在上市公司比在非上市公司或私人持股企业更能实现其应有的作用和目的，它可使员工在取得劳动收入的同时也获得资本所得[1]；在分享企业利润的同时也承担企业的经营风险[2]；还有利于减少员工的道德风险、降低代理成本[3]、留住人才，以及用权益报酬代替货币薪酬从而节约现金支出[4]；为企业、员工以及股票持有人带来不同的利益（如表 8-15 所示）。因此，该制度在美国、欧洲及其他西方国家各规模层次企业中得到应用。

表 8-15　　　　　　　　　　　　　　　　**员工持股计划的主要优点**

组　　织	员　　工	股　　东
允许使用税前资金偿还债务	优惠的纳税待遇	为出售股票提供预设市场
加速现金流动	允许员工占有公司份额	为将股份作为固定资产出售设定价值
为公司股票预设购买者		维持对公司的控制权
保护公司免受固定资产问题的困扰	为员工提供一项资本利得的来源	使公司不必运用大量资金购置固定资产
能为公司带来避税收益		能够获得政府担保贷款的优先权

实施 ESOP 的企业每年给予该计划一定的股权或现金用于购买应购买的股票；并根据员工服务期、工资级别及企业利润情况等决定股权分配。员工退休或离开公司时可以将股票出售给企业，如果股票公开交易，则他们可以在公开市场上出售这些股票。然而，因为 ESOP 激励作用主要体现在促使员工以公司所有者的态度去对待公司的经营状况，因普通

---

① 周建波，孙菊生. 经营者股权激励的治理效应研究——来自中国上市公司的经验证据. 经济研究，2003(5).

② Blasi J, Conte M, Kruse D. Employee stock ownership and corporate performance among public companies. Industrial and Labor Relations Review, 1996(1)：60-79.

③ 陈艳艳. 员工股权激励的实施动机与经济后果研究. 管理评论，2015(9).

④ Core J E, Guay W R. Stock option pans for non-executive employees. Journal of Financial Economics，2001(2)：253-287.

员工所持股份是微不足道的，故该计划追求的目的往往不能得以实现，且股票价格还存在下跌的可能，其激励作用也有限。

五、管理人员奖励制度

企业普遍运用短期奖励计划和长期奖励计划来激励管理人员追求短期与长期的企业业绩目标。

(一)短期激励计划

短期激励计划是以个人对企业贡献为基础。管理者奖金是以企业总利润或股东投资的利润百分比为基础，也可以在绩效评价和管理者与董事会之间所达成协议的特定目标实现情况为基础。短期奖金的支付形式有现金或股权形式。以现金形式支付短期激励计划的企业，可保持按绩效论奖的战略，在管理者绩效产生之后支付现金，并与其努力程度相联系。在支付时间上可采取立即支付、短期延迟支付或延迟到退休支付等多种方式。

(二)长期激励计划

长期激励计划是提供给管理人员的首选长期激励方式，即给予管理人员以预定的固定价格购入公司股票的权利，如果股价上涨，股票期权的持有人将行使权利，以约定的价格购入股票，从而获利；如果股票价格下跌，股票期权的持有人将放弃购买股票。该计划可激励管理者努力工作，增加公司利润，以提高股票价格。长期激励计划主要有三大类：股价升值权利、限制性股权与限制性现金权利、基于绩效的权利。其中，每大类都包括基于管理人员绩效的各种股权薪资权利或现金激励。长期激励计划的类型如表 8-16 所示。

表 8-16　　　　　　　　　　　　　长期激励计划类型

股票升值权利	
股票期权	授予行政主管人员在某一固定期间内以某一固定价格购买本企业一定的股票权利，股票价格通常为授权时的市场价格。
股票升值权利	以期权期间内管理人员选定的任一时间内股票价格的上涨为依据决定的现金或股票奖励。不要求管理人员购买。
股权购买计划	给予管理人员以市场价格或以一定折扣购买本企业股票的机会，通常能得到组织提供的财务支持。
影子股权	给予其价值与每股股票市场价格或账面价值相等的股票单位；在该单位于特定日期到期时，管理人员将获得其价值升值部分。
限制性股权/限制性现金计划	
限制性股权	按折扣价给予的股票或股票单位，条件是在聘用期限到期之前不得转让和买卖。
限制性现金	在规定的聘用日之前服从于转移价格或罚金限制，授予固定金额的现金。
基于绩效的权利	
绩效单位	评估期间不超过一年时，与年度奖金类似的授权，授权价值可以表示为美元平价或转换成等值的单位。

续表

基于绩效的权利	
绩效股	实际或虚拟股票单位的授权，其价值依规定期间的既定绩效目标和股票市场而定。
公式化价值权利	获得股票单位或根据一定的公式(如股票票面价值或收益乘数)而非市场价格变化决定的单位价值的权利。
红利单位	获得相当于一定数额股票股息的权利，典型的形式是与绩效股等其他授权类型结合的授权。

资料来源：作者整理。

第五节　福利管理

一、福利概述

福利有广义和狭义之分。广义的福利包括三个层次：作为一个合法的公民，应享有或是有权享受的政府提供的文化、教育、卫生、社会保障等公共福利和公共服务；作为企业员工，享有企业兴办的各种集体福利；在薪资外的，企业为员工个人及家庭所提供的实物和服务等福利形式。狭义的福利又称职业福利或是劳动福利，福利是企业为满足员工的某种需要，在工资之外向员工本人或者家属提供的货币、实物以及服务等。

(一)福利的特点

福利主要具有如下特点：(1)针对性。企业为员工提供的福利如消费品与劳务等都具有明显的针对性。一项福利往往是针对员工的某项需要而设立的，有时会有很强的时间性，如员工的夏季防暑费、冬季取暖费等。(2)集体性。企业的福利设施一般是员工集体消费或共同使用公共物品，如员工食堂、员工俱乐部等都具有集体性特征。(3)补偿性。企业提供的福利只起到满足员工生活有限需求的作用，不像工资是满足基本需要，只是员工工资的一种补充形式。(4)均等性。企业所提供的福利是针对所有的履行劳动义务的本企业员工，不管是谁，只要符合条件都可以享受。因劳动能力、个人贡献及家庭人口等因素不同造成了员工之间在工资收入上的差距，这种差距对员工的积极性有一定的影响，福利的均等性在一定程度上起着平衡劳动者收入差距的作用。

(二)福利的作用

虽然没有工资、奖金那样具有明显的直接激励力，但福利的积极作用也很大，主要体现在如下方面[1]：(1)吸引优秀员工。良好的员工福利有时比高工资更能吸引优秀员工。(2)提高员工士气。良好的员工福利解决了员工的后顾之忧，使员工可以把更多的精力投入到工作中，提高劳动生产率。(3)降低员工流失率。良好的员工福利有助于提高员工的忠诚度和归属感，势必降低流失率。(4)激励员工。良好的员工福利不仅体现企业对员工

---

[1] 刘丽丽. 基于马斯洛需求层次理论分析员工福利管理. 中国科技信息，2010(7).

的关怀，也增强员工对企业的满意度，从而激励员工与企业共发展。(5)增强经济效益。良好的员工福利有利于吸引和保留优秀员工，激励员工，提高员工士气，必然会增强企业的经济效益。

(三)福利的类型

随着人们需求意识的转变，无论福利的表现形态还是福利的影响因素都在不断地趋于复杂化和多样化。(1)根据福利享受对象不同可分为集体福利和个人福利。集体福利是通过企业举办或通过社会服务机构举办的、供员工集体享用的福利性设施和服务，主要包括：住宅福利、交通福利、饮食福利、医疗保健福利、集体生活设施、享受带薪休假、文体旅游福利、教育培训福利。个人福利主要是由员工福利基金开支、以货币形式直接支付给员工的福利补贴，是员工福利的非主要形式，主要包括：额外现金收入、发放给员工的购房补贴、上下班交通费补贴、生活困难补助、超时酬金、两地分居的员工享受探亲假期、工资补贴和旅费补贴等、旅游津贴、婚丧假和年休假工资、离退休福利。(2)根据福利是否为国家或政府法律统一规定可分为强制性福利和自愿性福利。强制福利是根据国家法律的要求所有企业必须向员工提供的福利，具体包括：养老保险、失业保险、工伤保险、医疗保险、生育保险等。自愿性福利是企业根据自身经济效益和经营战略目标等所确定的员工福利，如文化娱乐、集体福利项目等。(3)根据福利表现形式可以分为经济性福利与非经济性福利。经济性福利是指货币或实物形式的福利。如集体福利与个人福利、强制性福利与自愿性福利等均是以货币或实物形式表现的，是经济性福利。非经济性福利表现为服务或员工工作环境的改善，不涉及金钱与实物，故称为非经济性的，旨在全面改善员工的工作生活质量。例如法律保护服务、咨询服务(包括职业发展设计的咨询服务和心理健康咨询)、工作环境保护。

二、设计福利制度

福利制度设计越来越受企业关注。但企业福利并不是越多越好，在设置企业福利项目时如何既能降低成本，又能有效调动员工的积极性和创新性，促进企业更好的发展，是企业设计福利制度应该注意的。

(一)福利设计的原则

福利设计要遵循三个原则：(1)合理性。企业在投入大量资金所建立的福利设施与服务一定在规定的福利资金内解决，福利管理应力求以最小费用达到最大效果，且对福利设施的设立或废止应实行科学的管理，使之合理化，同时还必须考虑必要性问题，以员工需求为依据，采取与之相适应的措施。(2)计划性。员工福利往往需要大量的资金，且已有的福利也难以缩小或废除，因此，企业在建立福利设施与服务上应具有战略的观点，有计划地实施与管理。(3)社会性。企业必须遵循国家和地区政府的要求来确定员工应享受福利；另一方面，企业福利与社会福利应具有一定的界限，在建立福利与服务时，企业应考虑与社会关系，使企业福利成为社会福利的一种补充，承担社会责任，并扩大企业的社会效应。

(二)福利设计步骤

福利设计一般包括如下步骤：

1. 准确界定福利目标。设计福利制度应建立特定的目标，且该目标应考虑企业规模、所处地区经济环境、赢利能力及行业竞争对手情况等。尤其要与企业经营战略、薪酬策略等高度相关。既要考虑员工的眼前需要与长远需要，还要能调动大部分员工的积极性，吸引优秀人才，并将其成本控制在企业可能承受的范围之内。

2. 认真进行福利调查。与工资与奖金薪酬制度一样，企业要设计出具有竞争性福利制度，必须了解企业竞争对手情况。通过各种有利的途径与方法对竞争对手的福利计划组合、福利标准等情况进行调查，以确定企业的福利制度(参见第三节介绍的薪资调查方法)。

3. 科学规划福利基金筹集。员工福利基金是企业依法筹集的、专门用于员工福利支出的资金。管理者在进行福利设计时，必须确定基金的来源渠道。不同国家、地区及企业有不同的资金来源，一般包括按法规从企业财产和收入中提取、企业自筹、向员工个人征收等三种。我国企业也必须按照国家法令的规定来提取或筹集员工福利基金。

4. 合理福利成本控制。企业在福利投资时必须考虑以下因素：(1)福利项目的成本越高，则节约福利成本的机会就越大；(2)福利项目的成本增长趋势，即某些福利项目成本在当前是可以接受的，但其增长率可能会导致企业在未来承受巨大的成本；(3)只有当企业在选择将多少钱投入某种福利项目具有非常大的自由度时，遏制福利成本才会起作用。福利成本控制流程包括：(1)通过企业销量或利润估算出最高的、可能支出的总福利费用，以及年福利成本占工资总额百分比；(2)确定主要福利项目的成本；(3)确定每一个员工每年的福利项目成本；(4)制定相应的福利项目成本计划。

5. 科学的福利组织与实施。在组织与实施福利过程中需做好以下工作：(1)利用各种有效渠道宣传各项福利，做好福利沟通工作，了解员工的福利需要；(2)收集员工对企业各项福利项目的态度与看法、要求；(3)落实每项福利计划与预算，定期检查实施情况、反馈、改进，以增强员工对企业的认同感、增强企业的凝聚力。

(三)福利项目设计

福利项目关乎每一个员工自身利益。员工福利管理的根源不是福利数量的多与少的问题，而是企业设计的福利项目能否满足员工的不同需求，能否提高员工的满意度[1]。员工第一想拥有的是生活保障福利，其次是职场发展福利，再次是医疗保障、投资计划福利等；其中弹性工作时间[2]是80后的最爱。福利计划设计是福利管理主要内容之一，设计核心问题是选择福利项目以及在有限的福利成本下福利项目选择组合。在设计时依据福利项目的属性，选择和设置福利项目或者福利项目的组合[3]。从企业设置具体福利项目分类来看，越趋于自主性较高的企业，如小型民营企业，福利项目弹性越大，企业福利项目设计可结合员工需求，进行个性化设置。从基本补助到经济性福利再到职务消费，福利项目分布在生理需求及业务保障范围内；相反，越趋于规范程度较高的企业，如国有企业一般

① 刘丽丽. 基于马斯洛需求层次理论分析员工福利管理. 中国科技信息，2010(7).

② 徐淑妮. 员工福利与幸福感的邂逅——"最受欢迎的员工福利"调查报告. 就业与保障，2011(12).

③ 潘璇，杨光明，孙莉芬，朝发树. 企业福利计划模式设计与选择的倾向性研究. 中国人力资源开发，2015(12).

按照相关规定和企业要求统一设置，福利项目设置政策性强，灵活性小，福利范围在基本需求上，更突出员工的尊重和归属需求（如图8-7所示）。

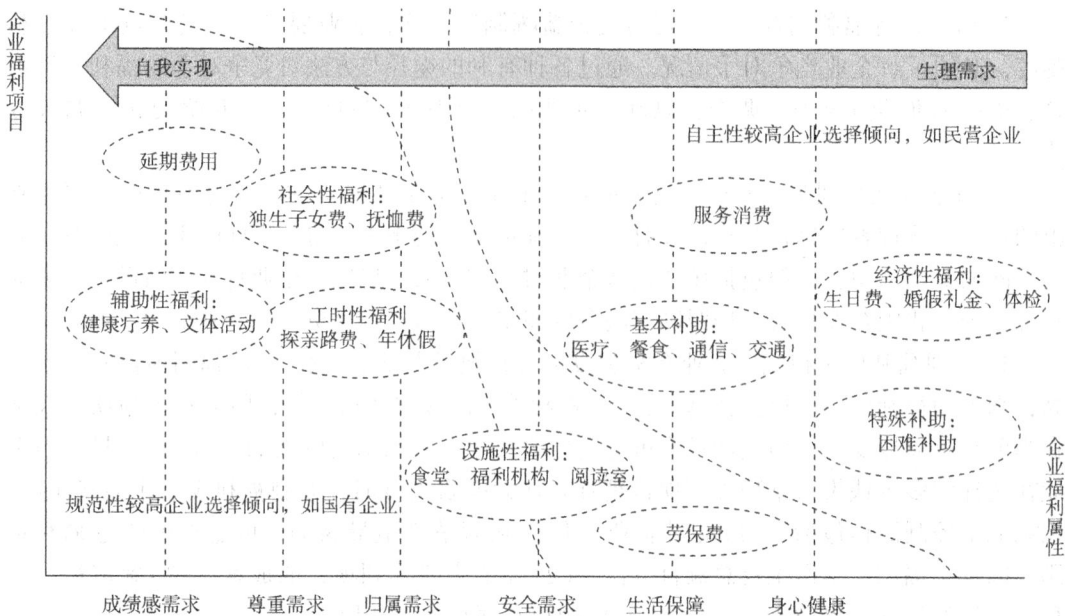

图8-7　企业具体福利项目设计分析图

资料来源：潘璇，杨光明，孙莉芬，朝发树. 企业福利计划模式设计与选择的倾向性研究. 中国人力资源开发，2015（2）：39-47.

三、实施福利管理

员工福利管理是组织为了有效提升福利价值对员工福利进行的决策、计划、组织、指挥、协调和控制等有意识的管理活动。员工福利是综合性管理、专业性管理和服务性管理。由于政府法律的不断完善，企业必须作出具体福利计划及对员工和组织作出承诺。因此，企业必须对福利实施预算与管理，加强福利管理与创新。具体可采取如下措施：

（一）明确福利管理战略

结合企业发展战略和主营业务发展阶段，根据薪酬管理计划和人才战略地图，确定福利理念。坚持福利货币化、福利外包管理、福利弹性管理统筹结合。根据国家法规政策要求，针对不同性质、不同类别福利产品和不同需求员工特点，采用不同福利执行方案。企业提供员工所重视的福利表明企业关心员工利益，也增强员工对企业情感性归属感[①]。同时，正确处理福利成本和产出效应关系，确保福利杠杆效应充分释放；突出过程管控和反馈闭环管理，确保福利管理进入良性循环。

---

①　Weathington, Barton L, and Tetrick Lois E. Compensation or right：an analysis of employee "Fringe" benefit perception. Employee Responsibilities and Rights Journal, 2000, 12(3)：141-162.

（二）鼓励员工参与

在福利制度制定与实施过程中，企业可采用内部调查、专题座谈会、建议信箱或热线电话等方式广泛听取员工意见，了解员工对福利制度的看法①。"互联网+"时代，还可通过线上线下问卷调查，明确员工合理需求，鼓励员工参与福利计划制定，这也是程序公平的体现②。成立管理者与员工共同组成的专门委员会，执行、解释和统筹福利政策，及时评估福利效果和反馈，在执行中逐步完善提高，更好满足员工福利需求，激励员工实现企业目标。

（三）拓展福利保障

围绕员工实际需求，拓展福利体系，丰富福利项目。针对不同员工需求特点和骨干核心人才，推出满足基本需求差异化自助式福利套餐和特殊福利内容。统筹员工福利需求和现实保障差距，兼顾企业和竞争对手的福利差异优势，强化员工福利感知度和满意度。将福利项目和企业实力、员工需求尽量匹配。对管理人才、技术专家、创新人才等关键人才应予以倾斜关照，通过引导福利项目针对性选择，确保福利实施合理性和标杆作用。如美国一些高新科技企业根据信息技术人才的需要，为其提供免费洗衣、泊车、洗车、牙医服务等"个人舒适型"福利，以便吸引并留住紧缺的信息技术人才③。

（四）实施福利管理创新

为满足员工个人需要，灵活性、适应性强的福利计划已成为重要的发展趋势或福利制度设计的创新④，实施灵活人性福利计划，使员工自己选择最合适其某些需求的福利，提高福利的满意度⑤。主要的做法如下：（1）"一揽子"计划，即企业把工资和福利组成一个有机体，并以企业经营目标为导向。对工作的劳动报酬适合货币工资的则采用货币方式；反之，采用福利方式。对一些奖励性报酬也可以采用货币与福利并用的方式。（2）弹性福利计划。允许员工根据个人需要就所参与的福利类型及福利项目数量进行选择。其优点在于：员工对企业提供什么福利有更清楚的认识；福利组合和员工个人的偏好上能更好匹配；企业有可能降低福利的总成本。但也存在不足：（1）管理成本增加，尤其是在初期的设计阶段和启动阶段。企业可通过咨询公司开发的标准化自助餐计划加以解决。（2）员工的逆向选择效应，即员工自主选择其最为需要的福利项目，使企业所承担的福利有可能增

---

① Williams, Margaret L, Stanley B Malos, and Palmer David K. Benefit system and benefit level satisfaction: an expanded model of antecedents and consequences. Journal of Management, 2002, 28(2): 195-215.

② Williams, Margaret L, Stanley B Malos, and Palmer David K. Benefit system and benefit level satisfaction: an expanded model of antecedents and consequences. Journal of Management, 2002, 28(2): 195-215.

③ Blau Gary, Merriman Kimberly, Donna S Tatum, and Rudmann Sally V. Antecedents and consequences of basic versus career enrichment benefit satisfaction. Journal of Organizational Behavior, 2001, 22(6): 669-688.

④ 伍晓奕, 汪纯孝. 西方企业员工福利满意度研究述评. 外国经济与管理, 2005(5).

⑤ Tremblay Michel, Bruno S ire, and Pelchat Annie. A study of the determinants and the impact of flexibility on employee benefit satisfaction. Human Relations, 1998, 51(5): 667-687.

加，难以预测其福利成本。(3)建立福利积分制度。主要根据团队业绩和员工个人绩效考核结果，分类登记积分，并根据员工个人需求，进行福利产品兑换；对生产、经营、管理、创新、高新技术等方面有重大贡献的骨干人才，专项积分重点奖励。目前国内不少企业和事业单位实施福利积分制度，并与京东、苏宁、淘宝平台联合，供员工选择福利项目。

(五)倡导积极的福利分配文化

福利分配是一种特殊但极其有效的企业文化，要重视文化要素对企业福利工作影响。通过行之有效的企业福利工作和福利文化建设，营造积极、健康、和谐的福利文化和组织氛围，将企业福利文化和中华传统美德、社会主义公德、职场道德、家庭美德、反腐倡廉等社会主义精神文明建设互促共融，持续改善提高福利工作水平，培育践行社会主义核心价值观的相关要求。

小　　结

1. 人们对薪酬的含义有多种的理解。经济学、管理学视角以及从企业不同相关利益者角度均有不同理解。一般而言，狭义上的薪酬是指个人经过劳动所获得的工资、奖金以金钱或实物形式支付的回报；广义上的报酬是一个组织对自己的员工为组织所付出的劳动的一种回报或答谢。薪酬包括企业员工全部劳动报酬收入，包括货币收入和非货币收入。可分为外在报酬和内在报酬。

2. 薪酬管理是在企业发展战略指导下对员工薪酬支付原则、薪酬策略、薪酬水平、薪酬结构、薪酬构成进行确定、分配和调整的动态管理过程。其目的要实现员工和企业双赢。有效的薪酬管理系统应当具备公平性、竞争性、激励性、积极性、合法性等原则。此外，薪酬管理还要坚持可操作性、灵活性、适应性原则。

3. 影响一个组织薪酬体系设计的因素很多，主要可以划分为三类：外部影响因素、内部影响因素和个人因素。但是起决定作用的还是企业的内部因素。

4. 薪酬结构主要受薪酬等级、薪酬级差的影响。决定薪酬等级和薪酬级差的标准也是薪酬结构的影响要素。薪酬结构设计依据可划分以下几种：工作导向、技能导向、绩效导向、市场导向。各种薪酬结构都有其优点、缺点和特定适用范围。

5. 薪酬结构策略是指如何确定固定部分和变动部分的比例，即薪酬结构的刚性和差异性。从刚性和差异性维度可把薪酬结构分为高弹性薪酬模式、高稳定性薪酬模式、折中薪酬模式，且各自优缺点不同。

6. 薪酬水平是指一个组织中各岗位、部门及整个组织的平均薪酬的高低程度。衡量薪酬水平最常用指标有薪酬平均率和增薪幅度。薪酬水平策略一般分为薪酬领先策略、薪酬跟随策略、薪酬滞后策略和薪酬混合策略等四种。

7. 基本工资制度设计与实施的基本过程：确定付酬原则、工作分析、工作评价、薪酬调查、工资结构设计以及工资制度的实施。

8. 工作评价是在西方国家中首先出现和发展起来的。按时间顺序是排列法、分类法、因素比较法和要素评分法。最广泛采用的是要素评分法，因其具有较高的准确性与适当成本，成为目前咨询业使用最为广泛的方法，如海氏岗位评估法、美世岗位评估法、翰威特岗位评估法(已更名为怡安翰威特 Aon Hewitt)、华信惠悦全球职等系统、普华永道岗位评估法等其本质都属于要素评分法。

9. 奖金是薪酬的重要组成部分。奖励制度设计要遵守一定的原则。个人奖励制度包括绩效工资制、佣金制、基于职业曲线的奖励制、合理化建议奖励制。团体或集体奖励制度包括收益分享计划、团队奖励计划两种形式，较常使用的或被称为经典的收益分享计划有斯坎伦计划(Scanlon plan)和拉克(Rucker plan)计划、生产率提高分享计划，其他形式均是企业根据自身的实际情况，在实施过程中有所调整变化或综合使用以上方案。组织奖励制度常见的有利润分享计划、员工股票所有权、股票期权。管理人员奖励制度普遍运用短期奖励计划和长期奖励计划。

10. 福利是企业为满足员工的某种需要，在工资之外向员工本人或者家属提供的货币、实物以及服务等。其特点具有针对性、集体性、补偿性、均等性。有效的福利制度也具有很大的经济作用。福利设计要遵循合理性、计划性、社会性三原则，按照准确界定福利目标、认真进行福利调查、科学规划福利基金筹集、合理福利成本控制、科学的福利组织与实施等步骤进行福利制度设计。通过明确福利管理战略、鼓励员工参与、拓展福利保障、实施福利管理创新、倡导积极的福利分配文化等措施实施福利管理。

复习思考题

1. 什么是薪酬？薪酬的主要构成包括哪几部分？

2. 什么是薪酬管理？薪酬管理主要内容有哪些？

3. 影响薪酬管理的主要因素有哪些？薪酬管理的原则与作用是什么？

4. 如何科学合理地运用薪酬结构策略和薪酬水平策略？

5. 如何设计有效的基本工资制度？

6. 试阐述用要素评分法进行工作评价的具体过程。

7. 企业设计奖励制度需要考虑哪些基本因素？

8. 个人奖励制度与团队奖励制度各有什么优缺点？

9. 利益分享计划和利润分享计划有何区别？它们分别有哪些优点和缺点？利润分享计划是否对企业所有的员工都具有一样的激励作用？企业应该考虑哪些薪酬制度？

10. 管理人员与专业技术人员的奖励制度如何设计？

11. 企业为什么越来越重视福利工具？如何合理地设计与管理员工的福利？

讨 论 题

1. 如果你是人力资源部负责人，企业需要对现行工资结构进行评价，以便实施工资结构调整。那么你将选取哪些企业作为标杆或参照？如何判断本企业工资结构与竞争性企业的不同？与竞争对手不同的工资结构会带来怎样的影响？

2. 薪酬公平理论包括哪些？

3. 虽然福利在员工的报酬中占了很大的比例，但人们没有任何事实能够证明企业确实从自己的福利投资上获得充分的回报。因此，有的人说，应当把员工的福利与其个人、集体或组织的绩效联系起来，你赞成这种观点吗？为什么？请说明原因。

【案例】

华为的全方位薪酬组件①

华为是人所共知的知名企业，为人称道。早在 20 世纪 90 年代，很多人还没怎么听说人力资源管理的时候，任正非就拍板花 2000 万元请咨询公司给华为做薪酬架构梳理和重塑人力资源管理体系，并由 10 个组件构成。企业发展到今天，其薪酬体系结构内容不断完善。

1. 薪酬设计组件。薪酬设计组件包括薪酬构成、薪酬定位、薪酬一致、薪酬公平、薪酬支付、业绩指标、薪酬浮动、薪酬时间范围、薪酬政策、薪酬沟通等 10 部分组成。

2. 整体薪酬框架。华为的薪酬构成分外在薪酬与内在薪酬。(1) 外在薪酬分为基本工资、固定收入、全面现金收入、全面薪酬。基本工资主要是 12 个月工资；固定收入有固定奖金如第 13 月工资，现金津贴如伙食、交通；全面现金收入主要是浮动收入，基本业绩奖励；全面薪酬主要是长期激励、福利及特殊待遇；福利这部分包括养老、住房、汽车、贷款、门诊、住院、牙科、准备基金、保险、轮班等。(2) 内在薪酬，强调全面激励主要来源于工作质量、组织文化、工作与生活平衡、特殊表彰等。当然，对保留员工影响最大的薪酬组成项目属于长期激励，即股票认购。每个财年开始之际，华为各部门的高层管理人员开始确定新的年度符合认购股票资格的员工名单。

3. 薪酬定位。市场上超过 50% 的企业都会把薪酬组成定位在中位置上，30% 的企业会定位在中位置到 75 分位值之间，以招聘和留任员工。但华为则将薪酬定位于高于 75 分位，也验证了任正非的"重赏之下，必有勇夫"薪酬策略，确实为华为招揽了不少优秀人才。在按照不同级别对薪酬定位时，市场上普遍操作是中级管理层以下（包括中级管理层）的定位在中位置，中级管理层以上（包括中级管理层）的定位在中位置到 75 分位值之间。但华为则将中级管理层以上（包括中级管理层）的定位在 75 分位值以上，其余级别定位在中位置到 75 分位值之间。华为这种明显高于市场普遍定位的操作是要跟企业经营战略和价值观相符合的，对应华为"高质量、高压力、高效率"的组织文化。

4. 薪酬公平性。到底内部公平和外部竞争哪个更重要？即当双方产生矛盾时，哪方面会优先考虑？重视任何一方面都是有利有弊。华为的大原则是尽量平衡双方面的考虑，如果出现矛盾时，会优先考虑外部竞争；在内部公平方面，华为薪酬分配根据是员工个人能力和对组织的贡献，激励奖金的多少要看个人和团队的绩效评估。在

---

① 改编自张旋. 华为公司薪酬管理的研究及启示. 上海外国语大学博士论文，2012(12)：22-41.

薪资分配上。华为坚定不移地向优秀员工倾斜，每个华为员工通过努力奋斗以及在工作中积累的经验和增长才干，都有机会获得职务或任职资格的晋升，且同时施行职位的公开公平竞争机制，所有管理岗位晋升降职条件明确。

5. 薪酬机制。华为的薪酬机制明确定岗定责、定人定酬。对员工岗位分配是严格按照岗位说明书进行的，以确保人岗匹配；工资分配采用基于能力的职能工资制，对岗不对人，支付与员工岗位价值相当的薪水；奖金发放分配与部门和个人的绩效改进挂钩，多劳多得，以此来调动员工积极性和主动性。

6. 薪酬支付。市场上的薪酬支付通常有两种比较合适的方式，按岗定薪和按人定薪。按岗定薪即通过提高薪酬成本的可预测性而提供成本控制的有效性；相同或者性质类似的岗位的薪酬可以互相参考；为了让员工的薪酬有明显的增长，必须晋升员工的级别或者转岗；管理方式比较传统。而按人定薪更加适合现代化企业的应用，其优点在于：能最大限度地激励员工获取更多的技能、承担更多的职责；需要实行以技能为基础的薪酬和绩效管理与之相匹配；管理方式也相当灵活。但华为在薪酬支付上则是将两种结合，对公司来说不会起决定性作用的岗位会采用比较简单的按岗定薪，对研发岗位和销售岗位会稍微偏向按人定薪。另外，华为对具体报酬不同形式的分配是有规律的，按照级别来制定薪酬结构：从大的层面来看，公司共分为4个级别，即操作人员、专业技术人员、中层管理人员和高级管理人员。这4个级别的薪酬项的配比是：(1)操作人员的固定收入占年总收入90%，无股金；(2)专业技术人员的固定收入占年总收入60%，浮动收入占25%，股金控制在15%；(3)中层管理人员的固定收入为年总收入50%，浮动收入为30%，股金为20%；(4)高层管理人员的固定收入占总收入的40%，浮动收入为20%，股金为40%。经实践证明，这个分配比例是比较科学合理的，既能够用灵活的长期激励机制留住高层管理人员，同时短期激励对于新员工有很大的鼓励作用，最大限度地调动了全体员工的积极性。

7. 业绩目标。这主要分为强调公司/团队的业绩和强调个人绩效。在操作上也是将两者结合起来，充分调动员工的积极能动性。

8. 薪酬浮动。主要在于是强调固定薪酬还是强调浮动薪酬。强调固定薪酬的特点包括：(1)基于绩效的薪酬激励较少；(2)提供员工更多的安全感和薪酬的可预见性；(3)可能成为公司长期的财务负担。强调浮动薪酬的特点包括：(1)可以更好地根据公司盈利情况调整薪酬成本；(2)只给部分员工提供了薪酬的安全感和可预见性；(3)员工在公司经营好的时候期待很好的报酬，但在公司经营不佳的时候却难以接受下降的薪酬。

9. 薪酬时间范围。在薪酬时间范围上，华为对待不同职位有相应合理考量。比如对高管职位和研发人员比较注重强调未来薪酬，对销售和后勤部门主要强调当前薪酬的给予。薪酬政策通常有三种代表方式：全年领先市场水平；前半年领先市场水平并且后半年滞后市场；全年滞后市场水平。由此可看出公司具体的经营战略和价值观，量力而行。华为秉承着一贯的重金聘用的原则，在调薪时完全领先于市场水平。任正非说："我们在报酬方面从不羞羞答答，坚决向华为优秀员工倾斜。"

10. 薪酬沟通。在薪酬沟通上，要明确是应该积极地和员工进行互动还是消极被动地回答员工问题，如果需要对员工进行有选择性的沟通，要明确信息公开沟通的程度。作为一个科学的薪酬管理体系，要随着公司的内部需求和外部环境不断更新换代，华为在与员工的沟通上能够做到定时定期定点，按照马斯洛模型对员工进行需求挖掘。在年度薪酬沟通中，向员工收集需要的方法也要根据不同人群采用不同方式，大致分为三种：(1)潜在员工：为什么他们要申请我们公司的职位？为什么他们拒绝了我们的 offer？为什么他们接受我们的 offer？(2)在职员工：员工敬业度调研，分组员工的信息收集，员工建议箱；(3)离职员工：员工离职面谈。

◎ 问题

1. 华为薪酬制度体系设计有哪些优势？拥有这些优势的主要原因是什么？

2. 你如何理解华为薪酬管理的特点？有哪些可以给薪酬管理者启迪？

3. 一个企业薪酬管理受哪些因素影响？为什么人所共知的一般薪酬命题可在华为产生如此优势？

第九章 职业生涯管理

【学习目的】

在学习本章之后，应当掌握如下内容：

1. 职业生涯的含义、性质和影响因素，以及职业生涯管理的定义、类型与特征。
2. 职业生涯管理模型、各方职责以及有效的职业生涯管理的特征。
3. 几种重要的职业生涯管理理论。
4. 几种常见的职业生涯发展通道模式。
5. 分阶段的职业生涯管理措施，以及组织职业生涯管理的实施步骤与方法。
6. 平台经济下的职业生涯管理。

【案例——问题提出】

喜达屋 P&P 模型打造职业发展轨迹①

喜达屋集团是全球最大的饭店及娱乐休闲集团之一，以其饭店的高档豪华著称。旗下品牌包括喜来登(Sheraton)、瑞吉(St. Regis)、豪华精选(The Luxury Collection)、W 酒店(W Hotels)、艾美(Le Meridien)、威斯汀(Westin)、雅乐轩(Aloft)、源宿(Element)以及福朋(Four Points)。喜达屋职业关爱具有"有路有迹"(Path & Process)模型，员工可以不断探索和发现令人惊喜的职业成长新机遇，使他们在喜达屋的职业生涯充满挑战与回报。

1. 有路可行(path)。在拥有初级、中层、行政管理人员三大轨迹集群的喜达屋职业关爱体系当中，无论员工现在担任哪一个职位，比如普通岗位、主管、副经理、经理/部门经理或总监等，他们都有机会根据其下一个职业目标申请参加喜达屋职业关爱的相应轨迹，为其职业发展做好准备。例如：一名餐厅服务员 A 想成为餐厅的主管，当酒店启动"喜达屋职业关爱-餐饮主管轨迹"的时候，A 就可报名并经过甄选进入该轨迹，通过系统化学习全方面提升其专业能力和领导力，提高其担任餐厅主管的准备度。当有主管岗位空缺出现时，A 可通过内部应聘程序走上管理岗位。此后，如果 A 期望进一步发展，他可申请加入餐厅副经理/经理的轨迹，以此类推。这就是喜达屋职业关爱体系中"有路可行"(Path)的概念。

2. 有迹可循(process)。常言道，育人如种树，喜达屋也将人才培养形象地比喻为种树的过程。公司职业关爱体系中的"有迹可寻"包括四个阶段，分别为甄选、发

---

① 根据《培训》杂志 2017 年第 9 期所载《高薪＝好工作？你问过公司的职涯规划了吗？》改编。

展、评估和项目结束后的跟进。(1)甄选：挑选合适"树苗"。在种树之前，人们必须先选择可栽培的树苗；在培养优秀栋梁之前，也要有个甄选的过程，考察对方是否适合参加其申请的轨迹。在喜达屋，所有员工都可以自愿报名参加适合于自己的喜达屋职业关爱轨迹，部门负责人也可以推荐自己团队中对发展轨迹感兴趣和有潜力的员工。由总经理、部门负责人、人才发展和企业文化/人力资源负责人组成的评选小组将对所有报名申请的员工就其学习意愿、专业技能和基础技能等诸多方面进行考评。甄选是非常重要的步骤，极大地影响着人才培养的成功率。(2)发展：个性化培育。树苗被栽植之后，不会立刻成长为大树，它需要得到园丁精心的培育。在喜达屋职业关爱体系中，直属经理如同园丁一样发挥着至关重要的作用，他们需要参加培训，以掌握如何指导员工制定个性化的职业发展规划、如何辅导他人、如何给予反馈等知识与技巧。喜达屋针对不同的职能岗位设置了相对应的整套档案，包括该岗位需要具备的专业知识和技能、管理技能以及学员需要参加的必选课程和选修课程等。员工进入喜达屋职业关爱某轨迹之后，会经历9~12个月的发展过程。首先，加入轨迹的员工需要设定明确的职业目标，根据目标岗位相对应的职责要求，选出自己需要提高的技能，包括一些跨部门的知识与技能。接下来，员工可以通过在线课程、课堂学习、导师辅导、实施项目等一系列"组合拳"的形式来提高自己的知识和技能。同时，直属经理随时关注员工的成长，及时给予辅导和反馈。这样的发展体系不仅能够帮助员工全方位提高自己的能力和对目标岗位的准备度，还给了他们横向发展的机会，拓宽其职业路径。(3)评测：有"材"初长成。从树苗到树木成材的过程中，离不开园丁的观察和评测。在喜达屋职业关爱体系中，从项目初始评估就已经随之启动。在每一轮职业关爱轨迹的初期、中期和最终都会有评测，每个季度还需跟踪相关数据，由直属经理、导师、人才发展与企业文化/人力资源部门等重要角色参与。假设某个职业关爱轨迹周期为9个月，那么相关人员需制定9个月的计划，每个月都要看到进展情况，评测学员的实际能力发生了何种变化。可以说，评测在整个过程中都在持续进行，以确保员工真正得到发展。整个项目结束之后，会对每个学员进行综合评测，看其对目标岗位的准备度处于何种状态，是可以立即胜任还是需要更多的额外培训才能胜任。(4)项目结束后：知才善用。员工成才以后，要把他放在合适的位置，所以尽管一轮轨迹结束，还需继续跟进。根据胜任度评定结果，如果员工已为下一个级别做好准备，酒店会积极跟进，争取使员工尽早通过喜达屋内部招聘体系，在本酒店或集团内其他酒店实现其职业梦想；对于那些还需进一步培养才能胜任目标岗位的员工，酒店会继续给予他们学习机会并安排新一轮指导，待3~6个月再一次评测以决定下一步方案。

案例中喜达屋不仅通过"有路可行"制度，打开员工职业发展通道，创造可能，而且通过"有迹可寻"制度，使员工的职业发展成为切实可行，从而使每位员工都能够清晰地看到自己的职业发展轨迹。这种可以预期的发展，是激励员工和挽留核心人才的重要举措。在经济迅速发展和社会日益进步的环境下，企业为了更好地保持其竞争力，就必须维持和激励员工的努力，帮助员工不断成长，激活员工所有潜能，而这些都对企业提出了职业生涯管理的要求。本章主要介绍职业生涯及职业生涯管理的基本概念、职业生涯理论基础和组织职业生涯管理相关内容。

第一节 职业生涯管理概述

一、职业生涯的概念

(一)职业生涯的含义

对于职业生涯(career management)定义，许多学者对其进行了深入研究。最早认为职业生涯含义是个人有关工作经历的过程或结果，现在认为职业生涯不仅仅是外在的客观经历，也是一种个体主观选择、塑造和适应环境的过程。将职业生涯视为人的一生中与工作相关的行为、态度、价值观、愿望的有机整体①。杰弗里 H. 格林豪斯(Jeffrey H. Greenhaus)归纳指出，传统观点有两种：一种是将职业生涯理解为一种职业或者一个组织的有结构的属性，即可以认为职业生涯是某一特定从业者所拥有的一系列职位，也可以将职业生涯视为组织中升迁的路径；另一种传统观点是将职业生涯看成是一种个人的而不是一个职位或组织的特性，持这种观点的人们对职业生涯的定义也不尽相同，他们将作为个人属性的职业生涯定义为"提升的职业生涯观""专业的职业生涯观"或"稳定的职业生涯观"。以上各种传统定义都严格限制了职业生涯的内涵和外延，均强调职业生涯是一个稳定、长期、可预测和组织驱动的纵向移动系列。这些传统定义只注重对职业生涯的客观性和稳定性的研究，忽视了其具有主观性与变动性的特征。基于此，格林豪斯界定的职业生涯是"贯穿于个人整个生命周期的、与工作相关的经历的组合"，即一个人的职业生涯通常包含一系列客观事件的变化以及主观知觉的改变。

因此，职业生涯是指一个人在其生命周期全过程连续从事和承担的特定职业、职务和职位的过程。职业生涯一个复杂的现象，不仅是特定的客观职业活动，而且还包括与职业有关的一切行为和态度等主观性内容。

(二)职业生涯的性质

职业生涯的性质包括以下方面：(1)独特性：每个人因其个性特征、价值取向、知识与技能等方面的差异，而拥有区别于他人的独特的职业生涯经历。(2)发展性：职业生涯是一个持续发展和演进的动态过程。(3)终生性：职业生涯贯穿个人整个生命周期，直至终生。(4)阶段性：职业生涯是分不同时期或阶段来持续发展的。(5)整合性：职业生涯不仅仅决定个人的工作或职业，还会影响到其社会生活的方方面面，因此它担负起了对人生发展所有相关方面进行整合的责任。(6)互动性：职业生涯是个人与个人、环境和社会互动的结果。

(三)影响职业生涯的因素

职业生涯发展是指共同塑造我们职业生涯的经济、社会、心理、教育、生理以及机遇

---

① 孔春梅，杜建伟. 国外职业生涯发展理论综述. 内蒙古财经学院学报. 综合版，2011(3).

等因素之总和①。职业生涯发展对个人的生活方式、情感幸福度、经济社会地位、个人生产力和社会贡献的感知都有着长久的影响。因此，职业生涯会受到来自个人、社会和环境等多种因素的影响，且它们之间相互关联、相互制约，共同影响个人的职业生涯的发展。

1. 个人因素。主要有以下方面：(1)职业倾向。职业倾向是由美国职业咨询专家约翰·霍兰德提出的。他认为人格(包括价值观、动机、需要等)是决定一个人选择职业的重要因素。他发现了6种基本的职业倾向：技能倾向、研究倾向、社交倾向、事务型倾向、经营倾向和艺术倾向。(2)能力。这是指能够运用各种资源有效地从事生产、研究和经营活动的个人生理特征、心理素质和智慧的总称。它既提出了个人职业发展的强烈愿望，又为其发展提供了可能的条件。(3)职业锚。随着个人对自己的能力、动机、需要、态度等与职业相关的要素的了解，就会逐渐形成一个占主导地位的职业锚，它将是人们选择和发展自己职业的中心。(4)人生阶段。人们在生理特征、心理素质、技能水平、社会负担等方面各具特点，这也决定了人们在不同人生阶段的职业发展内容和重点会有所不同。

2. 社会因素。主要包括如下方面：(1)社会阶层。这是一种相对比较封闭的系统，对于处在某一特定社会阶层的人来说，其社会生活和职业发展都会受到制约。社会阶层出现是人类社会不平等发展的必然结果，而这些普遍存在的不平等现象又会影响个人的职业生涯。(2)经济发展水平。某地区经济发展水平会决定该地区人们职业选择的机会多少，进而会影响人们职业生涯的发展程度。(3)社会文化环境。人们在行为、需要、态度、动机等方面表现出来的特质受根深蒂固的社会文化的影响，而与个人行为、需要等密切相关的职业生涯也会打上社会文化的烙印。(4)价值观念。个人价值观念是其所处社会文化的沉淀，因此在不同社会环境中生活的人们其价值观念上的较大差别将映射到他们的职业生涯上。(5)政治制度和氛围。政治不仅可以影响一国的经济体制，还会影响到企业的组织体制，从而直接影响到个人职业发展。

3. 环境因素。对个人职业发展产生直接或间接影响的环境因素包括：(1)地理环境。地理环境对个人职业的影响体现为生活在其才能符合环境需要的地区的个人，比在不利环境中尝试推销其能力的人，将拥有更多的机会。(2)行业环境。具体包括行业发展现状、国际国内重大事件对该行业的影响以及行业发展前景预测，这些都将直接影响在某个特定行业中的企业发展状况，进而影响到个人的职业生涯发展，如无边界职业生涯(boundaryless career)"独立于而不是依赖于传统组织的职业安排"②。(3)企业内部环境。具体包括企业文化、企业制度、领导人的素质与价值观、企业实力等。所有的个人及其职业生涯都是处在企业环境之中的，个人及其职业生涯的发展与企业的发展也是息息相关的。

二、职业生涯管理的内涵与特征

(一)职业生涯管理内涵与类型

职业生涯管理是指组织和个人对其职业生涯的发展与变化进行全程跟踪与管理。简言

---

① 罗伯特. 职业生涯发展与规划. 北京：中国人民大学出版社，2010：6.

② Mirvis P, and Hall D. Psychological Success and the Boundaryless Career. Journal of Organizational Behavior，1994，15：365-380.

之，职业生涯管理的主体可以是组织，也可以是员工个人；职业生涯管理主要是对职业生涯进行综合性的设计、规划、执行、评估和反馈，是企业帮助员工制定职业生涯规划和实现其职业生涯发展的一系列活动的总称。随着人力资源战略性功能的日益凸显，职业生涯管理已经成为现代企业人力资源管理的重要内容之一。虽然职业生涯管理作为一种对个人职业生涯目标与策略进行开发、实现和监控的管理方式而存在，但职业生涯管理可以从两个不同的角度展开：

1. 自我职业生涯管理（individual career management，ICM）。自我职业生涯管理即一个人对自己将来所要从事的职业、所要工作的组织、在职业发展上要达到的预期高度等作出的预测性的规划和设计，并为实现自己的职业发展期望目标而积极累积知识、开发技能的过程。这个循序渐进的过程是个人通过选择所要从事的职业、工作组织和工作岗位，并在工作过程中提高知识水平、改善工作绩效以及职位晋升等来实现的。自我职业生涯管理包括职业生涯规划、职业生涯策略、主动性①，也可包括职业生涯规划、职业策略②。

在我国计划经济体制下，因就业制度是国家统一安置的"统包统配"，个人没有自由选择职业、工作组织和工作岗位的权利，因此在职业上个人更多地是依赖组织，没有出现真正意义上的自我职业生涯管理。但在市场经济体制下，员工真正成为市场主体，能自主择业、自由流动，管理自己的职业。个人可根据自身兴趣、潜能、动机等来选择能发挥自身优势的职业，而作为市场运行主体的企业，也拥有用人自主权，会为具体工作岗位选择最符合该岗位任职条件的人。但并不是每个人都能适应任何一项职业，也就产生了职业对人选择的必要。至此，员工个人需要对自己职业生涯进行规划和管理，而自我职业生涯管理也就发展起来了。

2. 组织职业生涯管理（organizational career management，OCM）。这是指由组织实施的，通过帮助员工合理制定职业生涯规划、针对不同员工建立适合其发展的职业通道、基于员工职业发展的特定需求适时开展培训、为员工提供必要的职业指导来开发员工潜能、实现其职业生涯成功的一系列管理方法。组织职业生涯管理的相关内容将于本章第三节中详细阐述。

由于个体生命周期是职业生涯的天然载体，职业生涯管理必定与个体不可分割，但同时它又和组织有着必然的内在联系。组织是个人职业生涯得以存在和延续的基石，组织发展也必须依赖个人的职业选择、职业开发与发展。所以，员工职业生涯管理并不仅仅是个人行为，也是组织的职责与使命。因此，职业生涯管理就是从企业组织角度出发的职业生涯规划和职业生涯发展的系统活动。但是，组织与个人职业生涯管理除了其管理客体都是员工的职业生涯之外，其主体、目标、策略均不相同（如表9-1所示）。

---

① Pazy A. Joint Responsibility: The Relationship between Organizational and Individual Career Management and the Effectiveness of Careers. Group and Organizational Studies, 1988, (13): 311-331.

② Orpen C. The Effects of Organizational and Individual Career Management on Career Success. International Journal of Manpower, 1994, 15(1): 27-37.

表 9-1　　　　　　　　　　　　个人与个人职业生涯管理的异同

	相同之处	不同之处		
	客体	主体	目标	策略
个人职业生涯管理	员工职业生涯	员工	员工职业发展	职业生涯观念或态度的确立；职业发展策略(职业生涯规划、职业探索、学习与培训、职业调整等)
组织职业生涯管理	员工职业生涯	组织	组织发展	组织社会化；职业生涯管理策略(制定职业发展政策或制度，提供职业信息，职业生涯咨询与评估，职业生涯路径设计，职业培训与开发等)

　　资料来源：郭文臣，孙琦. 个人—组织职业生涯管理契合：概念、结构和动态模型. 管理评论，2014(9)：170-179.

　　(二)职业生涯管理的特征

　　职业生涯管理具有以下特征：

　　1. 组织为其员工设计的职业发展计划。职业生涯管理是从组织角度出发，将员工视为可开发增值而非固定不变的资本。通过员工职业目标的努力，谋求组织持续发展。它具有引导性和功利性，帮助员工完成自我定位，克服完成工作目标中遇到的困难挫折，鼓励员工将职业目标同组织发展目标紧密相连，尽可能多地给予其机会。职业生涯管理通常由人力资源部门负责，所以具有较强的专业性、系统性。但个人职业计划是以个体价值实现和增值为目的，它并不局限在特定组织内部，也非正规和系统，或者说，只有在科学的职业生涯管理之下，才可能形成规范、系统的职业计划。

　　2. 满足个人和组织的双重需要。职业生涯管理着眼于帮助员工实现职业计划，即力求满足职工的职业发展需要。因此，在实施管理时组织必须了解：员工在实现职业目标过程中会在哪些方面碰到问题？如何解决这些问题？员工的漫长职业生涯是否可以分为有明显特征的若干阶段？每个阶段的典型矛盾和困难是什么？如何加以解决和克服？在了解这些知识之后才能制定相应的政策和措施帮助员工找到内部增值的需要。全体员工职业技能的提高带动组织整体人力资源水平的提升；另一方面，职业生涯管理中有意引导可使与组织目标方向一致的员工脱颖而出，为培养组织高层经营、管理或技术人员提供人才储备，提高员工整体竞争力。对职业生涯管理的精力、财力投入和政策注入也是企业的人力资本投资。

　　3. 形式多样，涉及面广。凡是组织对员工职业活动的帮助，均可列入职业生涯管理之中。其中既包括针对员工个人的，如各类培训、咨询、讲座以及为员工自发地扩充技能、提高学历的学习给予便利等；也包括对组织的诸多人事政策和措施，如规范职业评议制度、建立和执行有效的内部升迁制度等。职业生涯管理自招聘新员工进入组织开始，直至员工流向其他组织或退休而离开组织的全过程中一直存在。职业生涯管理同时涉及职业活动的各个方面。因此，建立一套系统的、有效的职业生涯管理是相当有难度的。

　　三、职业生涯管理模型

　　职业生涯管理是根据员工和组织双重需求，由组织所做出的一种旨在通过职业生涯规划与开发来提高员工满意度和实现组织发展目标的持续且正规化的努力。历经数年发展，职业生涯管理模型不断发展变化。最早出现的职业生涯管理模型，可称之为"自我职业生涯管理模型"，其特点是基于员工的主观意识，强调自主性和主动性，且更多由员工个人为实现其职业生涯目标而开展各项措施。该模型最早出现在 20 世纪 60 年代末 70 年代初的美国国家培训实验室(National Training Labs)；组织职业生涯管理模型于 70 年代中期在美国发展起来，其特点主要集中在识别员工职业发展路径及更详细的追踪员工的职业发展方面，而"评估中心"的加入及更多由组织管理层的驱动成为该模型区别于自我职业生涯管理模型的所在。80 年代初期开始职业发展方面有了一个显著的变化，职业生涯管理开始从自我职业生涯管理模型、组织职业生涯管理模型发展到合作伙伴管理模型[①]，即员工、主管、组织在职业生涯管理中合作并各自承担责任。

（一）职业生涯管理模型

不同的研究者提出了不同的职业生涯管理模型。这里介绍由格林豪斯提出的个人导向型职业生涯管理模型(如图 9-1 所示)。

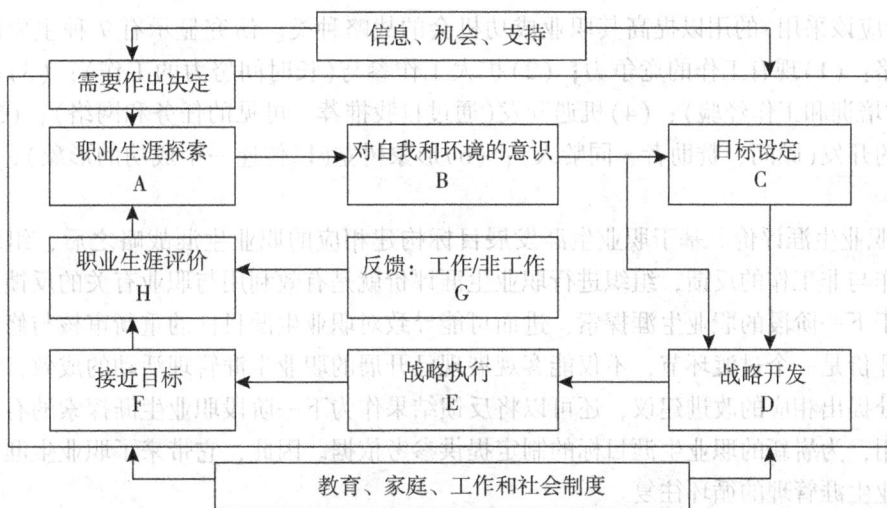

图 9-1　职业生涯管理模型

资料来源：格林豪斯，卡拉南，戈德谢克. 职业生涯管理. 第 3 版. 王伟，译. 北京：清华大学出版社，2006.

根据图 9-1 的职业生涯管理模型，需要明确如下相关概念：

1. 职业生涯探索。企业员工为了对其兴趣、动机、能力以及环境中的机遇与挑战有全面的认识，需收集与工作相关信息，进行职业生涯探索。职业生涯探索是组织或个人收集与职业有关信息，并将其整理加工和分析的过程，可以分为自我探索和环境探索两种类型。自我探索不仅能使人们对其人格特征、兴趣、工作价值观有更好的了解，还能提供有

---

① 于华. 职业生涯管理的模型及历史演变. 人口与经济，2006(4).

关个人优势与劣势方面的潜在信息，且可发掘个人偏好的生活方式、个人在工作与家庭之间的最佳平衡点；环境探索可让人们了解其所处环境中各方面的信息，具体包括家庭需要、配偶职业价值观以及工作与家庭生活关系等。职业生涯探索的作用在于，可以提高个人对自己和环境的认识。个人进行越多的职业生涯探索，他们对自己和所选职业的认识就越全面，以此为依据科学合理地设定其职业生涯目标，并为将来实现职业目标所需完成的重要任务和决定做好准备，进而能够有针对性地制定出必需的职业生涯战略。

2. 职业生涯目标。这是指个人希望达到的与职业相关的结果。组织行为学文献中最一致的研究结论之一就是，承诺了具体有挑战性的任务目标的员工，比那些没有目标或承诺低目标的员工表现更加出色。企业建立职业生涯目标就是通过向员工承诺富有挑战性的具体职业目标，为其未来职业发展指明努力方向。值得注意的是，职业生涯目标并不一定对应着未来职位的升迁，它可以是在同一个或不同的组织中职位上的平行移动，也可以不涉及工作的变换。

3. 职业生涯战略。这是指组织为了帮助个人实现其职业生涯目标而设计出来的一系列相关活动。具体包括战略开发、战略执行和接近目标。格林豪斯试图弄清员工所采取（或认为应该采用）的用以提高其职业成功机会的战略种类。研究显示有 7 种主要的职业生涯战略：（1）现有工作的竞争力；（2）扩大工作参与（长时间努力的工作）；（3）技能开发（通过培训和工作经验）；（4）机遇开发（通过自我推荐、可见的任务和网络）；（5）支持性关系的开发（顾问、赞助者、同龄人）；（6）形象树立（以传递一个成功的形象）；（7）组织政治。

4. 职业生涯评价。基于职业生涯发展目标构建相应的职业生涯战略之后，组织就会获得工作与非工作的反馈，组织进行职业生涯评价就是有效利用与职业有关的反馈，并将其应用于下一阶段的职业生涯探索，进而可能导致对职业生涯目标的重新审核与修正。职业生涯评价是一个过渡环节，不仅能客观展现已开展的职业生涯管理活动的成效，针对其不足之处提出相应的改进建议，还可以将反馈结果作为下一阶段职业生涯探索的有用信息加以利用，为崭新的职业生涯目标的制定提供参考依据。因此，它带来了职业生涯开发与整个职业生涯管理的循环往复。

由此可见，职业生涯管理模型是一个持续解决问题的过程。个人或组织通过收集、分析工作相关的信息来充分认识个人和周围的环境，然后有针对性地建立职业生涯发展目标、制定并执行相应的职业生涯战略计划以实现职业目标，获得相关反馈信息并持续进行职业生涯循环管理。

（二）职业生涯管理的职责

当组织和个人共同管理员工职业生涯、承担共同的责任时，员工业绩会更好，这是员工在组织中获得职业成功的前提条件[①]，而且，组织和个人不仅对职业生涯管理负共同责

---

① Orpen C. The Effects of Organizational and Individual Career Management on Career Success. International Journal of Manpower, 1994, 15(1): 27-37.

任,而且如果二者在管理实践中联合起来,则彼此都会从中受益①。因此,在职业生涯管理系统中,员工个人和组织都有责任进行职业生涯开发与规划,并各自承担相关职责(如表9-2所示)。

表9-2　　　　　员工个人、主管、组织在职业生涯管理模型系统中的职责

员　工	主　管	组　织
· 有意识进行职业生涯的自我管理 · 自我评价职业兴趣、职业技能(包括其他软技能)和价值观等 · 搜集职业生涯信息和资源 · 确定职业发展目标,并规划职业生涯 　✓ 明确职业目标(清晰的、可达到的、合适的目标) 　✓ 利用职业发展机会 　✓ 与主管讨论职业生涯 　✓ 实施职业生涯计划(明确实现职业目标的步骤;步骤实施的时间表;确定可以帮助的人以及实施计划而受到影响的人)	· 了解员工需求 　评价并识别员工的职业兴趣、优劣势等 · 定期提供绩效反馈 · 参与制定职业生涯规划 · 提供发展机会 · 支持员工的职业开发活动,辅导制定职业发展规划	· 公布组织的宗旨、政策和规章 · 提供职业生涯管理的主要方法 · 提供职业生涯管理的信息和项目 · 制定培训与开发计划,提供机会 · 个人职业发展咨询 · 提供发展机会(管理人员的继任计划,人力资源培训开发计划等)

资料来源:作者整理。

1. 员工的自我管理。员工作为自我管理其职业生涯的主体,通过明确个人职业需求、分析个性特征、制定职业生涯目标、规划自我职业生涯发展路径,并利用个人特定职业生涯开发技术努力实现个人职业发展目标。(1)自我评估。员工利用企业提供的各种自我测评方法和技术来对相关信息评价,以得到对自己职业兴趣、价值观、能力倾向和行为倾向的全面了解和认识。(2)确定职业目标。员工收集且分析自己有关知识和技能方面的信息,并向其主管或人力资源部门寻求指导与咨询,制定其短期和长期职业生涯管理目标。(3)审视环境和发展机会。员工应有意识地持续审视自己在企业的工作环境和发展机会,发掘其在企业中晋升的可能机会和未来职业生涯发展路径。(4)自我开发。员工应采取各

① Burack E H. Why All the Confusion about Career Planning?. Human Resource Management, 1977, 16(2): 21-33.

种方法来改善其工作绩效，提升其与工作相关的知识与技能，逐步实现自身短期与长期职业生涯发展目标。

2. 组织的规划与指导。组织所承担的责任主要是通过制定相关政策和实施方案、发布相关信息、为员工个人自我管理职业生涯提供指导与咨询服务等，为员工创造适于其个人开发的组织环境。(1)发布组织宗旨、政策和规章，营造职业生涯管理的文化环境。(2)确定组织发展战略目标，制定其人力资源开发与管理的战略规划，激发和引导员工进行职业生涯规划，为其提供明晰的职业目标和发展机会。(3)提供职业生涯规划与开发的技术方法，用以分析员工的特质、能力和潜能，帮助员工确定其个性化的职业生涯发展目标，开展职业生涯规划。(4)通过工作说明和工作规范详细描述组织内各职位的横向工作关系和纵向层级关系，并及时发布空缺职位的信息，为员工选择个人合适的发展机会和方向提供决策依据。(5)制定管理人员的继任计划和人力资源培训开发计划，为在不同岗位任职的员工提供培训开发与发展的机会。

3. 员工主管的指导与咨询。员工主管是组织内最熟悉员工个性特征、工作能力和绩效水平的人，他们应承担以下责任：帮助员工审视环境和识别发展机会，规划其职业发展路径，并在职业生涯管理过程中起到沟通、评价、咨询、指导和激励等作用。(1)与员工正式或非正式交流与沟通，准确把握员工的需求。(2)分析员工与职业相关的个性特征、能力和潜能，帮助员工确定合适的职业发展目标，参与员工的职业生涯规划的全过程。(3)明确员工预期绩效目标，对员工实施绩效考核，并定期反馈绩效考核结果。(4)为员工提供关于职业行为和职业能力的指导与咨询服务，明确传达组织发展的战略目标和个人可能的发展机会。(5)明确职业开发的技术方法，支持和引导员工进行职业生涯开发。

第二节 职业生涯理论

职业生涯管理实践需要职业生涯理论的指导。职业生涯管理理论有很多，可分为传统的职业生涯理论和新的职业生涯理论或被称为"后企业时代的职业生涯开发"的理论[1]，或者分为传统职业生涯管理理论和超组织职业生涯管理[2]或无边界职业生涯理论[3][4][5]。传统的职业生涯理论产生于科层制组织结构的工业经济时代，员工终身受雇于单一范围的企业；超组织职业生涯是指一种不限于单一雇佣范围(组织、岗位、专业、职能等)的一系列就业机会的职业路径[6]；后企业时代职业生涯或无边界职业生涯管理产生于信息、知识

[1] 谢晋宇. 后企业时代的职业生涯开发研究和实践：挑战和变革. 南开管理评论，2003(2).

[2] 王莹，陈益民，殷超. 员工职业生涯规划和管理文献综述. 人力资源管理，2019(18).

[3] Arthur M B, Rousseau D M. The Boundaryless Career：A New Employment Principle for a New Organizational Era. New York：Oxford University Press，1996.

[4] Mirvis P, and Hall D. Psychological Success and the Boundaryless Career. Journal of Organizational Behavior，1994，15：365-380.

[5] Briscoe J P, Hall D T, Frautschy DeMuth R L. Protean and Boundary less Careers：An Empirical Exploration. Journal of Vocational Behavior，2006，69(1)：30-47.

[6] 王莹，陈益民，殷超. 员工职业生涯规划和管理文献综述. 人力资源管理，2019(18).

和技术快速更新的时代，组织结构由传统的科层结构向更扁平、更具柔性的组织形式发展。组织可能会改变传统长期雇佣制，而采用更具弹性的雇佣形式，如短期化雇佣、员工派遣、裁员等，即组织能为员工提供的职业生涯路径不断缩短，员工个人就业的终身制将不复存在。个人需跨越组织与职位的边界，在不同的组织、职位和工作角色之间流动，在多个组织中度过自己的职业生涯，即无边界职业生涯。在此情境下，组织职业生涯管理的作用和地位呈现下降趋势，一些组织不再承担员工职业生涯管理的责任，越来越多的人倡导自我主导的职业生涯管理①。本节主要介绍职业选择理论、职业发展理论中的主要的理论。

一、职业选择理论

职业选择是人们依照个人的职业理想、兴趣、性格、能力等，选择适合自己职业的过程，目的在于个人能力与职业要求相符。帕森斯(Frank Parsons)和霍兰德(Holland)对职业选择理论有专门的研究，其代表理论分别为"特质因素理论"和"职业人格-工作类型理论"。美国"职业指导之父"帕森斯于1908年创立波士顿职业指导局，1909年在其《职业选择》一书中提出"特质因素论"，特质因素论是最早的职业生涯理论。"特质"的意思是指能够透过心理测验所测得的特征；"因素"的意思是指能胜任工作表现必须具备的特征②，后经美国职业指导专家威廉(Williamson)等人进一步发展而完善。这里重点介绍霍兰德(Holland)"类型理论"、社会学习理论。

(一)霍兰德职业类型理论

美国约翰·霍普金斯大学心理学教授霍兰德认为，人格或人的个性(包括价值观、动机和需要等)是决定一个人选择何种职业的一个重要因素。每个人的人格或个性各不相同，他们所适宜从事的职业也就千差万别，因此，组织应将人特有的个性与相宜工作进行匹配，用以提高其人力资源的使用效率和组织的效益。霍兰德基于自己对职业性向测试的研究，发现了6种基本的职业性向或个性类型③，即现实型(realistic type)、研究型(investigative type)、艺术型(artistic type)、社会型(social type.)、企业型(enterprising type)、传统型(conventional type)(如图9-2所示)。

霍兰德的研究表明在该图六边形中两个领域取向越接近，则二者越一致。临近的类型比较相似，而对角线上相对的类型则极不相似。该理论说明，当人的个性与职业相匹配时，会出现最高的满意度和最低的离职率。传统型的个体应该从事传统型的工作，现实型的工作可能不太适合社会型的人。这一模型的关键在于：(1)不同个体之间存在着本质上的个性差异；(2)工作具有不同的类型；(3)当工作环境与个人的个性类型协调一致时，

---

① Hall D T. The Protean Career: A Quarter-Century Journey. Journal of Vocational Behavior, 2004, 65(1): 1-13.

② 金树人. 生涯咨询与辅导. 北京：高等教育出版社，2007：47-139.

③ Holland J L. The Present Status of A Theory of Vocational Choice. Whiteley, J. M. & Resnikoff, A. Perspectives On Vocational Development. Washington, D. C. : American Personnel And Guidance Association, 1972: 35-59.

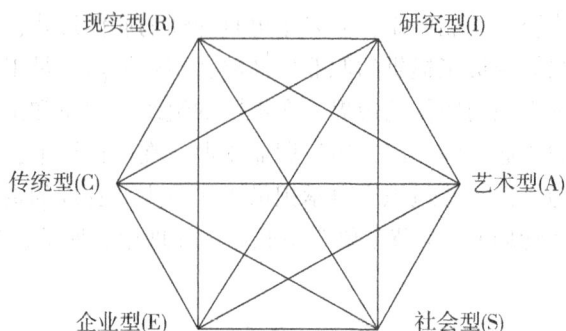

图 9-2　霍兰德职业性向类型

资料来源：金树人. 生涯咨询与辅导. 北京：高等教育出版社，2007：64.

会产生更高的满意度和更低的离职率，并更能有利于个人的职业生涯发展。该职业选择理论核心即实现个体与职业的互相匹配与适应。组织和管理者通过收集、调查相关信息来分析员工个性特征和组织内职业特点，基于员工个性差异合理配置组织内不同的个人与职位。在员工个性差异与组织职业特征之间寻求最佳匹配的重要价值在于能够有针对性地指导和规划员工个人的职业生涯，高效开展职业生涯管理。

（二）学习与决策理论

学习与决策理论即关注影响个体生涯决策的原因，探讨如何选择能获得最大收益或满意度。其代表性理论有"社会学习理论"和"认知信息加工理论"。

1. 社会学习理论。克朗伯兹（Krumboltz）将班杜拉（Bundura）社会学习论用到职业生涯上，强调生涯学习经验在生涯决策中的决定作用[1]，形成社会学习理论。该理论认为影响个体选择最主要因素包括遗传因素和特殊能力、环境因素与特殊事件（包括社会、文化、经济或政治活动以及自然事件等）、学习经验和工作取向技能（如职业价值观、解决问题的能力、工作习性等）。克朗伯兹认为，世界变化太快了，我们甚至不能确定明天会有什么职业存在，因此，每个人都必须认识到他们的成功取决于其创造和利用计划外事件的能力[2]。该理论优势是兼顾了心理与社会的观点并试图调和两者而提出职业生涯管理理论[3]。该理论是以社会学习观点来解释人的生涯选择行为，特别强调社会影响因素和学习经验对职业生涯选择的应用，具有较高的实用价值。

2. 认知信息加工理论。彼得森（Gary Peterson）等人在认知心理学的认知信息加工理论

---

[1]　Krumboltz J D, Becker-Haven J F, Burnett K F. Counseling Psychology. Annual Review of Psychology, 1979(1)：555-602.

[2]　Krumboltz J D. Capitalizing On Happenstance. Journal of Employment Counseling, 2011, 48(4)：156-158.

[3]　Krumboltz J D. A Social Learning Theory of Career Decision Making. Mitchell A M, Jones B G, & Krumboltz J D (Eds.). Social Learning and Career Decision Making. Carrollton, Ohio：Carroll Press, 1979：19-49.

基础上提出认知信息加工模式(cognitive information processing, CIP)①。CIP 模式将有关自我和职业的认知、决策技能以及最后的信息加工作为职业咨询的三个关键要素②,并由此构成生涯决策的信息加工金字塔,即认知信息加工模型图。在金字塔的顶部是执行加工领域。在这里对自身状态进行觉察、监督和调控的核心是生涯决策技能与 CASVE 循环③。在 CIP 模型中生涯选择技能具体包括 5 个步骤及循环:沟通(communication)、分析(analysis)、综合(synthesis)、评估(valuing)、执行(execution)。该理论重点关注的是如何决策,展示了解决职业生涯问题的过程。帮助人们认清在制定决策的过程中现在所处的位置和将来的走向,也能帮助个体提升个人生涯发展的质量。

二、职业发展理论

职业发展理论是个体职业发展的阶段性理论,让员工个人可以清楚看到自己处于生涯发展哪个阶段,充分认识到人生发展的各阶段的特点和规律,更好地规划其职业生涯。将人们生命周期中的职业生涯划分为不同的发展阶段,假设每一个阶段都有自己独特的问题和任务,并提出了解决这些问题、完成这些任务的方法与对策④。金斯伯格(Eli Ginsberg)、舒伯(Donald E. Super)、施恩(Edgar. H. Schein)等都对职业发展生涯发展过程进行了专门的研究。美国专家金斯伯格 1951 年出版《职业选择》一书,通过对不同家庭背景的大学生进行调研后提出,职业发展是一个与人的身心发展相一致的过程,并认为职业在个人生活中是一个连续的、长期的发展过程,于 1953 年正式提出了职业发展理论,指出职业发展包括幻想阶段、尝试阶段、现实阶段三发展阶段⑤。下面重点介绍施恩职业锚理论、舒伯的职业生涯彩虹理论。

(一)职业锚理论

美国著名职业指导专家施恩在对麻省理工学院斯隆管理学院 44 名毕业生长达 10 年的职业生涯发展跟踪研究后提出职业锚理论。他认为,职业生涯规划与发展实际上是一个持续不断的职业探索过程。在该过程中,每个人都会根据其天资、能力、动机、需要、态度和价值观等慢慢形成较为明晰的与职业有关的自我概念。随着个体对自己越来越了解,就会越来越明显地形成一个占主要地位的职业锚。所谓职业锚,就是当一个人不得不做出某些职业选择的时候,他都不会放弃的那种至关重要的东西或价值观。即职业锚是人们选择和发展自己的职业时所围绕的中心。一个人的职业锚由三部分组成:自己认识到的自己的才干和能力(以各种作业环境中的实际成功为基础);自己认识到的自我动机和需要(以实

① Peterson G W, Sampson J P Jr, Reardon R C, & Lenz J G. Cognitive Information Processing Model. Leong F. (Ed.) Encyclopedia of Counseling. Thousand Oaks, Ca: Sage, 2008: 1504-1509.

② Peterson G W, Sampson Jr J P, Lenz J G, Et Al. A Cognitive Information Processing Approach To Career Problem Solving And Decision Making. Brown, D. (Ed.) Career Choice And Development. San Francisco, Ca: John Wiley & Sons, 2002: 312-369.

③ Peterson G W, Sampson J P, Jr. Reardon R C. & Lenz J G. Cognitive Information Processing Model. In F. Leong (Ed.) Encyclopedia of Counseling. Thousand Oaks, Ca: Sage, 2008: 1504-1509.

④ 宋斌,闵军. 国外职业生涯发展理论综述. 求实, 2009(1).

⑤ 谢守成,郎东鹏. 大学生职业生涯发展与规划. 武汉:华中师范大学出版社, 2009: 45.

际情景中的自我测试和自我诊断以及他人的反馈为基础）；自己认识到的自己的态度和价值观（以自我与组织和工作环境的价值观之间的实际状况为基础）。职业锚有两方面特点：通过个人职业经验逐步稳定、内化下来；当个人面临多种职业选择时，职业锚是其最不能放弃的自我职业意向。

施恩认为个人不可能在最初就业就很明确自身所向往的工作的特点，而需要经过一段职业经历才能确定个人职业价值观；要想对职业锚提前预测是很困难的，因为个人职业锚不断发生变化，是一个不断探索过程所产生的动态结果。只有在不得不做出某种重大职业选择时，人们才意识到其职业锚。施恩的职业锚包括如下五种：

1. 技术或功能型职业锚。那些具有较强的技术或功能型职业锚的人总是倾向于选择那些能够保证自己在既定技术或功能领域不断发展的职业，往往不愿选择那些带有一般管理性质的职业。这种以技术职能能力为锚的员工的职业发展目标是技术和技能的不断提高，其成功更多地取决于领域内专家的肯定和认可，以及承担该能力区域内日益增多的富有挑战性的工作。

2. 管理能力型职业锚。该类职业锚个体愿意承担较高责任，具有从事管理工作的强烈动机，他们相信其具有提升到一般管理性职位上所需要的各种能力和价值倾向，且其最终目标就是倾向于追求担任较高管理职位。他们具有或自认为有三方面的能力：（1）分析问题能力，尤其是在信息不完全以及不确定情况下发现、分析和解决问题的能力；（2）人际沟通能力，能在各种层次影响、监督、领导、操纵及控制他人的能力；（3）情感能力，在面临情感和人际危机时，只会受到激励而不会受其困扰和削弱的能力，以及在较高压力下不会变得无所作为的能力。此外，他们还具有上述三种能力特别合成的技能，而且他们很大程度上具有对组织的依赖性。

3. 创造型职业锚。该类职业锚的个体具这样一种需要："建立或创设某种完全属于自己的东西"，他们以创造为自我扩充的核心，要求拥有自主权，并具有强烈的创造需求和欲望，意志坚定，敢于冒险。

4. 自主或独立型职业锚。该类职业锚的个体希望能决定自己的命运，自主安排个人生活与工作方式，最大限度摆脱来自组织的限制与约束，追求能施展个人职业能力的工作环境。他们有较强的个人认同感，认为工作成果与自己付出的努力是密切相关的。该类人在工作中能够体验快乐，享有自身的自由。虽然创造型职业锚的个体也拥有较大的自主权，但其所追求的是自由的职业目标而非自由本身。技术或职能型职业锚的个体则不会为追求自由和个人自主的生活方式而放弃晋升和高薪的机会。

5. 安全或稳定型职业锚。此类职业锚个体所具有的特征如下：长期职业稳定和工作保障是他们的追求、驱动力和职业价值观，即他们偏好有保障的工作、体面的收入及可靠的未来生活（如良好退休计划和较高退休金保证等）；在行为表现上，该类人倾向于按照组织对其要求行事，对组织具有较强的依赖性；个人职业生涯发展依附于组织对其能力和需要的识别和安排，因此其职业生涯开发与规划受到极大限制。

职业锚能帮助组织识别个人的职业期望模式和职业成功标准，使组织在深刻了解个体与职业相关的才干与能力、动机与需要、态度与价值观的基础上，有针对性地开发个人职业技能、规划其职业发展路径、有效管理其职业生涯。这将能够促进员工心理契约的形成与发展，稳固个体与组织的归属关系，提高组织核心竞争力。

（二）舒伯生涯彩虹理论

舒伯（Super）1953 年提出"生涯"概念，1957 年形成理论的雏形，1980 年提出生活广度与生活空间的发展观，1984 年提出生涯彩虹图，1990 年又提出了拱门模式。其职业生涯理论虽不是一个统整的、综合的理论，却是"集大成的理论"①，主要贡献是其生涯发展阶段理论和生涯层面理论（又称生涯角色理论）。

1. 生涯阶段理论：生涯发展阶段模型。与金斯伯格和格林豪斯的理论不同，舒伯的生涯发展阶段理论包含了人一生的完整发展过程，可分为 5 个阶段（如图 9-3 所示）：（1）成长期（出生至 14 岁）。该阶段特征：人开始考虑自己的将来，逐渐具备一定的生活控制能力，获得胜任工作的基础，并在该阶段末期，越来越意识和关心长远的未来。个人所要做的，是通过学校学习、社会活动来认识自我，理解世界以及工作的意义，初步建立起良好的人生态度。（2）探索期（15 岁至 24 岁）。该阶段是职业认同阶段，个人在这一时期里有了初步的职业选择范围，且为之准备教育或者实践。该阶段任务：深化对职业和工作的人事的认识，将学习成果和实践经验沉淀结晶，具体化自己职业偏向，并初步实施。（3）建立期（25 岁至 44 岁）。个体在该阶段开始确定自己在整个生涯中应有的位置，开始增加作为家庭照顾者的角色。该阶段任务主要是在不断挑战中稳定工作，并学会在家庭和事业之间合理的均衡。（4）维持期（45 岁至 65 岁）。个体已找到了适合领域，并努力保持在这个领域的成就。与前一阶段相比，该阶段发生的变化主要是职位、工作和单位的变化，而不是职业的变化。个人主要应巩固已有的地位并力争有所提升。（5）衰退期（65 岁以后）。该阶段的重心逐步由工作向家庭和休闲转移。该阶段的主要任务是安排退休和开始退休生活，精神上寻求新的满足点。

生涯阶段	青年期（15~25 岁）	成年期（25~45）	中年期（45~65 年）	老年期（65 岁）
成长期	发展适合的自我概念	学习与他人建立关系	接受自身的限制	发展非职业性的角色
探索期	从许多机会中学习	寻找心仪的工作机会	辨识新问题设法解决	寻找合适的退隐处所
建立期	在选定的领域中起步	投入所选定的工作	发展新的因应技能	从事未完成的梦想
维护期	确定目前所做的选择	致力维持工作的稳定	巩固自我防备竞争	维持生活乐趣
退出期	减少休闲活动时间	减少体能活动时间	专注于必要的活动	减少工作时间

图 9-3　舒伯的生涯发展阶段

资料来源：钟谷兰，杨开. 大学生职业生涯发展与规划. 上海：华东师范大学出版社，2008.

舒伯在后期的研究中又进一步深化生涯发展阶段理论，将每个发展阶段同样分为成

---

① GCDF 中国培训中心. 全球职业规划师 GCDF 资格培训教程. 北京：中国财政经济出版社，2006：17.

长、探索、建立、维持、衰退 5 个阶段，提出人生发展按照的是螺旋循环发展模式。但所有的发展阶段里，他都强调个人重视生涯发展规律，根据发展阶段安排自己的任务，也要合理塑造生涯发展的过程，使得各个阶段能够如期而至，并符合它们应有的意义。

2. 生涯层面理论：生涯彩虹图。1976 到 1979 年，舒伯提出了一个更为广阔的新观念——生活广度、生活空间的生涯发展观，概括了个人一生的职业成长的过程。将生涯发展阶段与角色交互影响的关系，描绘出一个综合图形，即"生涯彩虹图"（如图 9-4 所示）。在最外面的那层代表横跨一生的"生活广度"，即生涯发展各阶段；内部各层由一系列生涯最基本的角色组成，代表纵观上下的"生活空间"；阴影代表在各阶段对角色的投入程度，阴影越厚代表角色投入越多。该图简单精确地告诉我们各阶段该如何调配角色安排，有利于帮助人们独立设计自己的生涯。

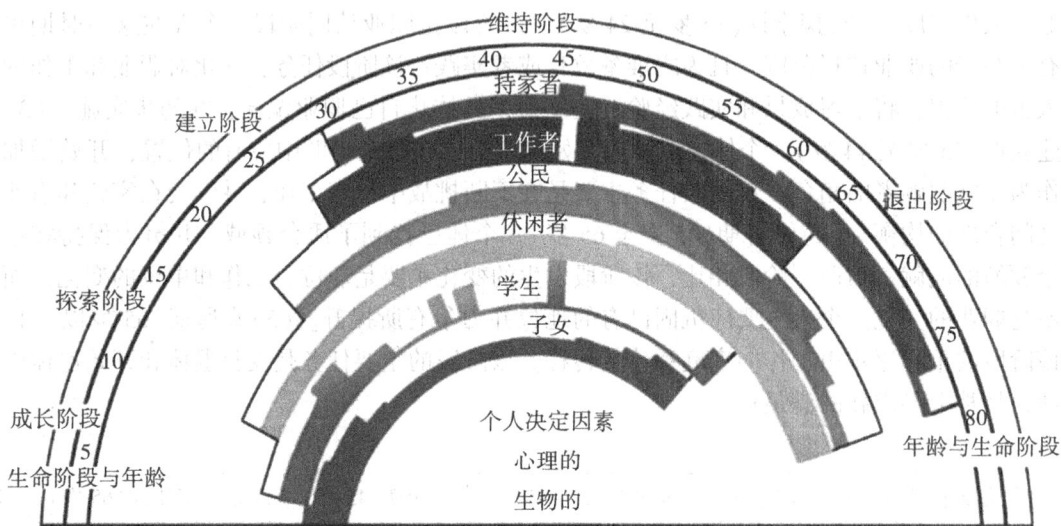

图 9-4　生涯彩虹图

资料来源：张建仁. 新疆大学生职业发展与就业指导. 乌鲁木齐：新疆教育出版社，2011：24.

由图 9-4 可以发现，舒伯把人生分为三个层面：第一是时间层面，即一个人的生命历程；第二是广度层面，即一个人终其一生所扮演的各种不同角色；三是深度层面，即扮演每个角色时所投入的程度。这三者的结合就是舒伯所理解的生涯。

第三节　组织职业生涯管理

组织职业生涯管理称为职业管理，即企业提供帮助员工成长、发展的计划与企业需求、发展相结合的行为过程。主要目的在于把员工与企业的需要统一起来，最大限度地调动员工积极性，提高员工归属感。组织职业生涯管理的主要内容是职业生涯发展通道管理。

一、职业生涯发展通道管理

(一)职业生涯发展通道的含义

职业生涯发展通道是指组织为其成员设计的个人自我认知、成长和晋升的管理方案。它是作为组织战略目标与个人发展目标有机结合的有效途径而存在的。职业生涯发展通道的个人自我认知功能既帮助组织成员清楚地认识自己，又将个体认知信息反馈给组织，使组织掌握个体有关职业需要，组织能及时采取措施帮助其成员实现个人发展，满足个人需要；另一方面，它是组织设计的成员职业成长和晋升的途径，不同组织所确定成员职业成长和晋升的条件、程序和标准是有所差别的，并由其特定的组织发展目标决定。组织通过对其职业生涯发展通道施加影响，引导成员个人职业目标和计划朝着组织期望方向努力，以满足组织发展的需要。

组织通过职业生涯通道设计为其成员指明未来可能发展方向和机会，规划了组织期望的个人发展路径和可提升的空间。因此，组织内每个成员都可能沿着职业生涯通道变换工作岗位、得到发展机会。良好的职业生涯发展通道设计具有以下功能：(1)向组织内外所有人力资源展示组织内成员职业发展前景和较大的提升空间，这不仅能提高组织在劳动力市场上的竞争力，还能吸引并留在优秀人才；(2)不仅是组织满足成员职业发展需要的手段，也是组织引导成员向未来的发展方向努力的工具，激发成员的内在积极性，挖掘其工作潜能；(3)为组织成员规划了一条贯穿其职业生命周期始终的个人发展路径，其中包括为处于职业后期阶段的组织成员所设计的职业退出通道和程序，能有利于组织清理冗余人员，提高其人力资源使用效率。

需要指出的是，与职业生涯路径不同，职业生涯通道是个体在一个组织中所经历的一系列结构化职位；职业生涯路径则是个体在其职业生涯中所经历的一系列工作经验。

(二)职业生涯通道模式

组织职业生涯发展通道是组织内成员职业发展和晋升的一般路线，一般包括如下四种职业生涯发展通道模式：

1. 传统职业通道。这是一种基于组织内成员过去实际发展经历而设计的固定的职业发展模式和程序，即组织中成员从一种特定的工作职位纵向向上发展到更高一级的工作职位所需经历的职业晋升路径。该职业通道规定了组织内成员在特定工作岗位上实现晋升所必须依据的程序和遵守的条件限制，要求组织成员严格按照职业晋升程序从一个工作职位向下一个更高级的工作职位逐层变动。其优点有两点：它向组织内成员提供了一条清楚明晰的职业向上发展的路线，成员知道其向前发展的特定工作职位序列，有利于稳固组织内人力资源队伍；它规定了成员为达到职业晋升而必经历的一系列岗位变动和必须遵循的晋升条件要求，为员工实现晋升目标准备了一条固定的职业晋升路线和所要达到的资格标准，在一定程度上帮助成员累积其未来工作中所需要的经历和能力，提高成员未来胜任力，同时也是引导成员实现组织发展要求的有效手段。

2. 行为职业通道。这是一种建立在对组织内各工作岗位所需工作行为分析基础上的职业发展通道设计。它将成员实际工作行为表现与组织各岗位的行为需要对比分析而得出成员能否实现职业晋升的结论。一般通过如下方式进行：(1)组织通过工作分析来确定各工作岗位的职业行为需要；（2）将具有相同或相似职业行为需要的所有工作岗位归为一族，在该工作岗位族中，所有工作岗位对任职者在素质和技能要求上是大致相同的；（3）以族为单位设计职业生涯。与传统职业通道直线上升式的职业晋升路线不同，它是一种呈网状分布的职业发展模式，即组织成员在传统职业通道外，还可突破不同部门、单位等对其职业发展的限制，在族内进行职业流动。

行为职业通道对个人和组织均具有很多作用：对个人而言，它能为个人带来更多的职业发展机会，尤其当其所在部门职业发展机会较少时，成员可通过族内职业流动来寻求新的发展机会，开始新的职业生涯；还便于成员找到真正适合自己的工作以实现职业目标；对组织而言，它赋予组织灵活性和应变性，当组织所处环境变化时，其发展战略也会随之改变，行为职业通道能顺利安排其成员转岗以保持整个组织的稳定性。

3. 横向技术通道。前面两种职业发展通道可被视为是组织为其成员设计的由某一工作岗位向较高管理层岗位晋升的不同路径。但并非所有成员都具有向管理层晋升的潜能，组织中有一部分成员会被要求从事重复而又简单的工作，成员会感到工作单调又枯燥而缺乏积极性，阻碍其工作潜能的发挥和工作效率的提高。因此，组织常常采取横向调动来使工作具有多样性和丰富性，虽然横向工作调动不会带来加薪或晋升，但会使成员承担更具挑战性的工作，激发其工作热情，提升他们对组织的价值。按照该思路设计的职业生涯通道即横向技术通道，它进一步打破了行为职业通道对组织成员在职业行为和技能要求上的限制与约束，实现了成员在整个组织范围内更加自由的职业流动。它也是基于对工作岗位工作行为需求分析进行设计的。

4. 双重职业通道。它是用来解决在某一领域中具有较高专业技能、但又不期望或不适合通过一般升迁程序调动到较高管理部门工作的成员的职业发展问题。其设计要点在于：（1）专业技术人员没有必要因其专业技能的提升而被晋升到管理岗位，技术专家能够且应被允许将其专业技能持续贡献给组织，而不是由其管理方面的努力取代。专业技术人员因突出的专业技能在其特定的领域里脱颖而出，为了奖励其付出的努力，将其提升到较高管理层并赋予较大责任，但这种做法不一定会带来组织预期的有利结果，其原因在于优秀的专业技术人员不一定能适应和胜任管理岗位。（2）专业技术人员的贡献是组织所需要的，且应得到组织的认同。认同的方式不必是将其提升到管理岗位，而是可以对其现有报酬的变更和地位上的提高，这就要求组织所设计的处于同一岗位上不同技能级别的专业人员的报酬之间是可比的。双重职业通道既为组织雇佣到高素质管理人员和高技能专业人员提供保障，又避免了从优秀的技术专家中培养不出称职的管理者的现象，有助于专业技术人员在其专业领域里取得更大成就。

传统职业通道和行为职业通道是以个人职业晋升为目的而设计的，横向职业通道能增加其成员职业生活的丰富性和多样性，双重职业通道可实现成员在其适合和期望的岗位上发展。各种通道都各具特点，组织可以根据自身实际情况选择适当的职业通道模式，发挥职业管理的应有功效。

（三）职业通道设置

传统职业发展是组织成员沿着组织内部的管理职位阶梯逐步向较高管理层递进成长，但对许多成员来说，单一的管理职位晋升通道并非是其所期望的自我发展路径。职业锚理论表明，每个人都会根据其天资、能力、动机、需要、态度和价值观等慢慢形成较为明晰的职业定位，而管理能力型职业锚只是五种职业锚中的一种。组织内不同个体在与职业相关的才干与能力、动机与需要、态度和价值观上的不同会体现在其不同的职业定位与职业锚。因此，仅以管理层级设计为基础的职业通道是比较片面的，不能满足拥有不同类型职业锚的个体所特有的职业发展需要。

有效的职业生涯通道设置方法就是以不同类型职业锚的划分为依据，对组织内所有成员的工作类型分类，针对不同种类的工作类型设计不同的职业生涯通道，即设计一种适合特定组织的多重职业发展通道。在多重职业通道模式下，不同职业通道的层级之间在报酬、地位、职业能力等方面具有某种对应关系，以为组织内每位员工找到合适和切实可行的职业通道，激发其工作热情，实现组织和个人的发展目标。

多重职业通道模式的优势体现在如下方面：（1）为组织内每个成员都提供了足够的发展机会和提升空间，为每位成员设计了适合其职业发展通道，这将起到激励个人内在积极性、充分发挥其潜能的作用；（2）在该模式下成员可在组织内自由地职业流动，不仅可以促使成员累积经验、提升技能，还可以使成员所拥有的知识在组织内实现共享，全面提高其分享知识、创造知识的能力；（3）赋予组织更大的灵活性，更好应对环境剧烈变化和科学技术飞速发展对组织发展提出的新的挑战。

北京卫星环境工程研究所在多重职业生涯通道设计上所做的探索值得借鉴。作为我国航天器 AIT 的主要技术实体，为其员工设计了"三个系列＋三类属性"的职业发展通道体系（如图9-5所示），激励各类员工在不同道路上努力工作做出应有的贡献。

二、分阶段的职业生涯管理措施

根据前面职业生涯理论可知，职业生涯发展具有不同阶段，处于同一职业生涯发展阶段的不同个体可能会存在某些共性的特征，即职业生涯的规律性。因此，组织应结合这些规律及其成员特点、工作实践为成员提供专业化职业生涯发展咨询。不同研究者对职业生涯发展阶段划分有不同认识。根据大量专家学者研究，一般可将职业生涯过程划分如下四个阶段，组织应针对不同职业生涯发展阶段采取不同职业生涯管理措施。

(一) 职业探索阶段

职业探索阶段是从个体参加工作起到 25 岁左右。因不同个体的知识储备、成长经历、家庭环境等不同，此阶段具体时间持续的长短是有所不同的。一般来说，处在该阶段的个人会经过前期社会化、碰撞、改变与习得等三阶段来完成其社会化过程。在前期社会化阶段，组织新成员所面临的压力来源于组织及工作对其而言的不确定、不清楚。因此，新成员试图从各种途径收集与组织、工作有关的一切信息。如果组织能及时向新成员传递各种有关组织和工作的准确信息，将有助于排除新成员社会化进程中的阻碍。在碰撞阶段，新成员通过前期社会化中所收集的各种准确或不准确的信息而形成的某种预期可能会与组织以及工作现实相矛盾，从而产生现实冲突。在改变与习得阶段，新成员已从预期与现实冲突中摆脱出来，开始接受组织与工作现状，掌握了相关工作技能，且具备应付工作上的要求的能力。

从总体上看，在职业探索阶段，新成员试图通过不同的工作或工作单位来寻找自己合

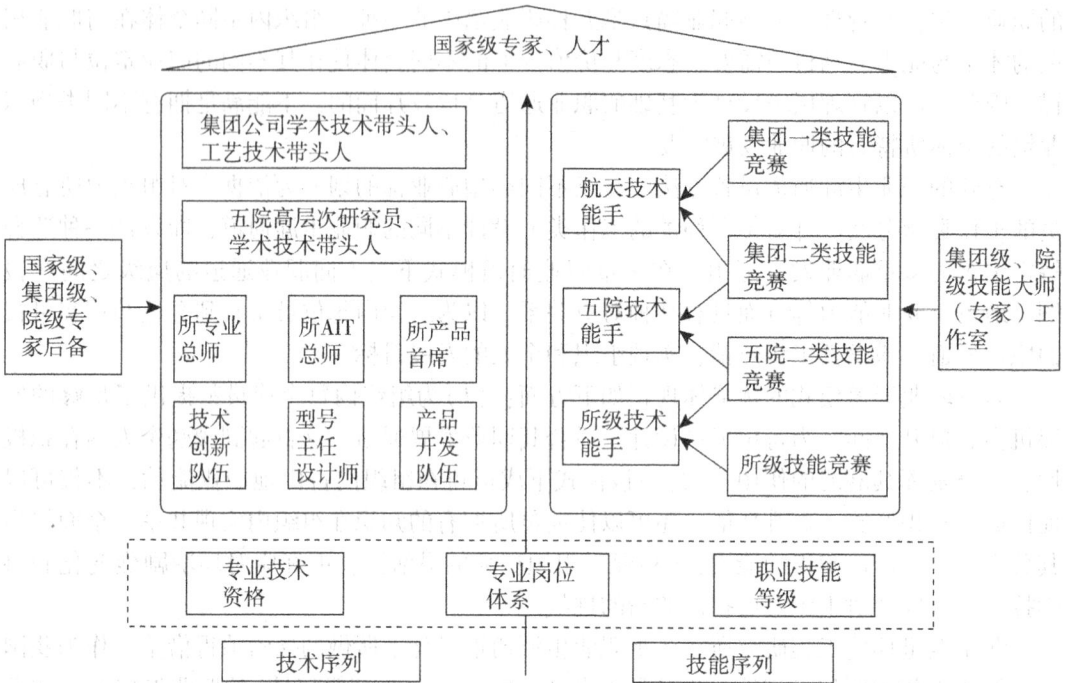

图 9-5　北京卫星环境工程研究所"三个系列+三类属性"的职业发展通道体系
资料来源：季晓明，杨洋溢. 员工职业发展通道建设实践. 中国人力资源开发，2016（16）：12-19.

适的长期性职业，而个体职业探索过程也就表现为经常性的调换不同的工作。组织可针对职业探索阶段个体所表现出来的特点采取以下策略：

1. 帮助新成员制定初步的职业生涯规划。帮助新成员全面且准确认知自己，制定初步的职业生涯发展规划。

2. 为新进入的成员提供职业咨询和帮助。组织实施"顾问计划"是组织向新成员提供职业指导的一种有效方法。所谓"顾问计划"即组织为新成员安排一个工作中的导师。顾问是组织内能向个体提供指导、训练、忠告和友谊的人。在个体职业生涯中顾问能够给其在工作和心理两方面提供帮助。顾问通过教导、引荐、训练和保护来对个体提供工作上的指导；另一方面，顾问能够在树立新成员信心、激发其进取心等心理方面提供帮助。一般来说，成功的顾问计划应具有四个关键要素：（1）顾问计划所涉及的双方应该是自愿参加的，组织应在适当搭配顾问与受顾者上做出努力；（2）组织高层应当重视和支持顾问计划，引导该计划发挥其在职业生涯管理中的重要作用；（3）组织应加强对顾问在其专业职业能力和担任顾问所应具备的各种能力（如指导他人的能力、沟通能力、人际交往能力等）上的培训，充分发挥他们在顾问计划中的作用；（4）组织要对已完成任务的顾问关系及因搭配不当需要适当调整的人们安排一个良好的顾问计划结束方式，这将有利于顾问计划的参与者在以后工作中建立和维持和谐的关系。

3. 帮助新成员寻找早期职业困境产生的原因及解决方法。新进入的成员往往是基于对组织和工作某种预期而做出选择特定职位的决定，这种预期一般是关于组织或工作对个体提出的需要，以及他们满足这些需要后可能从组织或工作中获得某些回报。但这些预期常常与现实相违背，新成员面临严重的"现实震荡"而陷入早期职业困境中。一般而言，新成员陷入早期职业困境的原因包括：（1）最初的工作缺乏挑战性。年轻的管理人员因刚进入组织最初常常被安排从事一些对任职者能力要求较低的工作，这就使得其因无法充分施展自己的能力而对工作产生厌倦感。组织安排缺乏挑战性的工作既不能使新成员在工作中得到进步与发展，又不能使其感受到来自组织的重视，导致新成员逐渐丧失工作热情和努力的动力。（2）过高的期望与最初日常事务性工作碰撞所引发的不满情绪。新成员基于自我评价而做出的某种工作预期与缺乏挑战的事务性工作安排之间发生的冲突，新成员从中接收到自己不被组织所认同的隐含信息，而产生失望和不满情绪；另一方面，带来新成员在组织中成长及自我实现需要方面较低的满意度。（3）不恰当的工作绩效评价。新成员因尚未完成组织的社会化过程对组织及工作的要求、组织认同的行为表现等了解太少，他们将其上司视为获取有关组织或工作信息的有效途径。如果他们的上级不能准确客观地评价其工作绩效，不能及时恰当地将绩效评价结果反馈给他们，他们也就仍然不清楚组织对他们的期望，以及自己实现组织目标的程度。

针对上述三种原因，企业可采取如下方法帮助新成员走出早期职业困境：（1）尽可能安排一份挑战性的工作。企业鼓励新员工的上级在其可能工作范围内，尽量为他们安排工作技能水平要求较高的工作。但这种做法是有一定风险的，因为如果所安排的工作难度超出了新成员能力范围，他们无法有效完成该项任务时，他们与上级就要共同承担失败带来的损失。（2）丰富最初的工作任务。为有效激励新成员努力工作，除给其安排最初具有挑战性的工作，还可以使其最初的工作任务更加丰富化。如赋予新成员更多的权利和责任；提供更加灵活的弹性工作方式等。（3）运用实际工作预览。在组织招募过程中尽量完整、准确地提供招聘岗位和组织真实信息，被招募的人应当可以了解有关工作和组织好与不好的方面，再基于全面的信息作出自己的职业选择，一旦选择加入组织，就会根据组织与工作的实际要求来不断调整其职业期望。这是消除新成员不切实际期望的有效方法。（4）安排要求严格的上级指导新成员。要求严格的上级不仅会期望新成员达到良好的工作绩效，不断激励新成员积极进取，而且会随时向新成员指导和提供咨询服务，帮助其成长。此外，上级还准确评价其绩效表现，并及时反馈给他们，使其明确自己是否达到了组织的期望。

（二）职业建立阶段

职业建立阶段大致在25岁至35岁左右，即个体经过职业探索而选定其职业方向的阶段。该阶段的个体选定职业方向后就将关注自己在组织中的成长和发展。组织应准确把握处于该阶段的个体特点及其对培训与开发、晋升与发展的需求，帮助其寻找合适的职业生涯发展路线。

1. 建立职业档案。组织为帮助成员管理其职业，可通过为其成员建立职业档案，内容包括：（1）个人情况，如个人基本信息，如姓名、年龄、学历、家庭背景、工作经历、所取得的工作成效、自我评价等；（2）目前工作情况，包括现任职岗位、岗位职责与任务、岗位任职要求、现在的目标计划等；(3)未来发展：包括未来 3~5 年里个人职业发展目标，实现该目标所需要的知识、技能和经验，以及为实现目标准备采取的行动方案。职业档案一般一式两份，一份交给上级备份，一份由自己保管。在个体填写职业档案和上交后，上级通过面谈方式和个体一起分析职业档案中的所有内容，有针对性提出具体的建议。

2. 建立个人申报制度。个人申报制度就是员工通过一定程序和方式，将自己对现有工作的感受和未来职业发展的期望向企业人力资源部门申报的一种职业生涯管理制度。主要包括个人担任现在职务的感受、对未来担任职务的期望、对企业的其他要求。建立个人申报制度的步骤包括：(1)员工将上述申报内容详细地写在纸上交给人力资源部门。(2)人力资源部门对个人申报内容分析和研究，了解员工实际情况后让其直接上级调查分析他在所期望的职务上的职业适应性。(3)人力资源部门将职业适应性调查结果与员工申报内容比较和核对，采取措施满足个人所期望且能适应的职业要求。企业实施个人申报制度可提高其人职匹配效率，为员工提供个性化的职业服务，使企业安排的工作符合员工需要，同时企业配置的人也是最适合岗位的。

(三)职业中期阶段

职业生涯中期一般是从 35 岁到 45 岁或者 50 岁左右，是时间跨度较长且变化不定、复杂的时期。这一阶段既可能实现个人的职业成功，又可能引发其职业危机。处于职业中期的人拥有明确的职业目标，确定了自己对组织终身效力的领域，积累了丰富的职业经验，逐步走向职业发展顶点。但因该阶段个人职业发展机会受到限制，员工也会产生职业危机感。因此该阶段的组织职业生涯管理显得尤为重要。

1. 职业高原现象①②。在职业生涯中期个人职业发展可能会面临职业通道日益狭窄，发展机会越来越少的困境。处于职业生涯中早期的人常常是推动组织发展的主力军，因此，组织必须采取措施帮助其走出困境，保持其工作热情和工作兴趣，并通过以下几种方法帮助其摆脱职业高原所带来的负面心理影响。(1)满足个人心理成就感。组织可通过提供培训机会、恰当地表彰个人所取得的成就等方式，提高个人从工作中获得成就感的满足程度，以抵减职业发展机会减少给个人带来的巨大心理压力。(2)实现一定范围内的职位轮换。职位轮换可使个人在报酬、地位、责任和义务等保持基本不变的情况下，承担新的岗位、学习新知识和技能，以拓展个人能力和素质，激发其潜能和提高其对工作的兴趣。(3)扩大现有工作内容。工作扩大化是指组织为个人现有工作增加挑战性或责任，如安排执行特别的任务、在工作团队中变换角色等。通过以上方法，组织可以帮助处于职业高原期的员工积极应对困境，保持其对工作热情和兴趣，促使其在组织发展中继续发挥重要作用。

2. 工作家庭关系的平衡。随着经济发展和妇女地位的提高，双职工家庭模式已经日益普遍。这种家庭模式发展的同时也给人们带来新挑战，即工作家庭关系的协调与平衡。

---

① Veiga J F. Plateaued versus nonplateaued managers: careerpatterns, attitudes and path potential. Academy of Management Journal, 1981(24): 566-578.

② Feldman D C, Weitz B A. Career plateaus reconsidered. Journal of Management, 1988(14): 69-80.

在加拿大的一项"谁帮助了人们更好地分担他们经常冲突的责任"的调查中，有两个问题被重点提了出来。一是双职工从其配偶、朋友、雇主那里获得了怎样的帮助？二是除得到的帮助外，他们还希望从谁那里得到更多的帮助？结果表明，家庭事假和弹性时间制被认为是对保持家庭义务与工作责任平衡的最有效方法。被调查者认为他们需要通过工作分担或打零工方式来减少工作时间，他们在照料孩子方面需要更多的帮助。该研究还表明尽管双职工夫妇认为他们从伴侣和朋友那获得的帮助是有用而且满意的，但他们仍然需要从组织那里得到更多更广泛的帮助，其中包括一个灵活工作场所的选择和足够多的时间来照料孩子等。因此，组织应帮助员工达到工作和家庭平衡。如果个体在工作与家庭之间发生冲突，则会对个体工作绩效产生消极影响，尤其是对女性职工产生更大影响，因此组织必须帮助个体处理好工作与家庭间的关系；提供一些灵活的工作安排来使个人能较好地兼顾工作与家庭，如为个人提供弹性工作时间、提供子女日托服务、老人照料计划等。

（四）职业后期阶段

职业后期阶段是从 50 岁左右直至退休，是职业生涯最后阶段。处在该阶段的员工具如下显著特征：将自己对职业发展的期望转向为维持其在组织中地位与成就上的需求；普遍缺乏灵活性、创造力和活力，但又拥有丰富的工作经验和娴熟的职业技能；退休会对其产生较大冲击，也会对其工作表现产生较大影响。针对这些特点，组织要帮助他们做好退休前的各项心理和工作方面的准备以使其向退休生活顺利过渡，具体包括如下工作：

1. 为即将退休员工制定具体的退休计划。帮助其尽可能将退休生活安排得更加富有意义，减弱退休对其产生的强烈冲击。例如，鼓励退休员工进入老年大学，发展多种兴趣与爱好，多参加社会公益活动和老年群体的集体活动等，通过这些活动，达到广交朋友、增进身心健康的目的。此外，员工有各自的情况和不同的类型，多数员工的贡献能力不会随着正式退休而完结，如果个人身体和家庭情况允许，组织可以采取兼职、顾问或其他某种方式聘用他们，让其继续参加工作，发挥余热。值得注意的是，组织在设计退休前期计划时要对即将退休的人充分了解，才能做好退休员工的职业晚期计划工作，让其在组织继续发挥余热。组织可以采用兼职、顾问等灵活雇佣方式来延长其职业生涯，使其能够继续在组织做出贡献。

2. 推行一套系统的退休前期计划。不仅要帮助人们顺利地从工作过渡到退休，还要鼓励人们作出进一步职业选择，即提前退休还是推迟退休，也可以激发其退休前保持良好的工作绩效。主要包括：（1）组织要有计划地分期分批安排应当退休的人员退休，切不可因为退休影响工作正常进行。（2）选好退休员工的接班人。（3）及早进行接班人的培养工作。例如，以多种形式进行岗位培训学习，与即将退休员工一起工作，进行实地学习，请老员工对他们进行传、帮、带等。四是帮助退休员工与其接班人做好具体的交接工作，保证工作顺利进行。

3. 以多种形式关心退休员工。例如，为退休员工办好养老保险和医疗保险，关心退休员工的切实困难和问题，每逢佳节或生日的时候，慰问安抚退休员工，召开退休员工联谊会，进行多方面信息交流，以活跃他们的退休生活等。经常召开退休员工座谈会。座谈会达到三个目的：向退休者通报企业发展情况，互通信息；征求退休员工对企业的意见和建议；加强员工之间的沟通、联系和友谊。

三、组织职业生涯管理的实施步骤与方法

组织职业生涯管理的具体步骤和方法归纳如下。

(一)职务分析

如本书第四章介绍，职务分析即指组织运用定性和定量相结合的科学分析方法来获得与工作有关的所有基础信息和数据。职务分析不仅能以所获取的全面且有关职务的基础信息来强化其职业生涯管理活动与特定工作之间的关联程度，还可以为在不同工作岗位上具有不同职务性质的员工制定有效的职业发展策略，帮助员工实现职业生涯持续发展。

(二)基本素质测评

组织通过对员工个性特点、智力水平、管理能力、职业兴趣、气质特征、领导类型、一般能力倾向等基本素质测评，全面掌握员工的优势和劣势，为其安排合适的且能充分发挥其优势的工作，实现组织高效的"人职匹配"；基于员工自身所存在与工作有关的不足之处，拟定有针对性的培训方案，不断增进员工的知识和技能，改善其工作行为与表现；根据不同员工在基本素质上具有的不同特点，结合职务分析所得到的有关工作和职务的结果，对不同员工开展有针对性且具体的职业生涯规划和管理活动。

(三)建立与职业生涯管理相配套的员工培训与开发体系

员工培训与开发不仅可用来改变其价值观、工作态度和工作行为，以使其能在现在或未来工作岗位上的表现达到组织的要求；还可以通过充实和提升员工未来职业发展或职业晋升所需知识、能力和技能，为员工职业晋升奠定基础，为其职业发展指明方向。一般来说，与职业生涯管理相配套的员工培训方案主要有以下两种：

1. 以素质测评为基础的培训方案。基于企业现有培训与开发管理，企业根据职务分析结果和对员工基本素质测试和评价结论，将员工在能力、技能、个性、领导类型等素质与其本职工作对比分析，发现二者之间存在的差异或冲突，以及由此而带来其今后职业发展道路上将可能面临的问题，有针对性地拟定员工培训与开发方案，以提高员工素质能力和工作岗位之间的切合度。

2. 以绩效考核为基础的培训方案。基于绩效考核结果，企业不仅可发现员工在工作实践中表现的高效工作行为，还可找到与其预期绩效相距甚远的低效行为和表现。企业据此可分别设计员工培训与开发方案：为高绩效员工拟定的培训开发方案，即企业进一步发现其潜在能力与特长，并为员工制定良好的职业生涯规划、巩固和强化高效工作行为的有效途径；为低绩效员工拟定的培训开发方案，有助于改善其工作绩效，以适应其本职工作和今后职业发展的需要。

(四)制定有效的人力资源规划

基于原有的人力资源规划，企业还注意以下方面内容：(1)晋升规划。根据企业人员分布状况和层级结构，拟定员工提升政策和晋升路线，包括晋升比例、平均年薪、晋升时间、晋升人数等指标。在实施中应根据企业实际需要对人事测评、员工培训、绩效考核的各个结果赋予相应的权重系数，得出各个职位的晋升人员次序。(2)补充规划。它使企业能合理地、有目标地把所需数量、质量、结构的人员填补在可能产生的职位空缺上。(3)配备规划。制定配备规划时应注意解决两个问题：当上层职位较少而待提升人员较多时，

则需要通过配备规划增强流动。这不仅可减少员工对工作单调、枯燥乏味的不满，又可等待上层职位空缺的出现；在超员情况下，通过配备规划可改变工作分配方式，从而减少负担过重的职位数量，解决工作负荷不均的问题。

（五）制定科学的职业生涯管理制度与方法

组织科学的职业生涯管理制度与方法具体包括如下方面：（1）让员工充分了解企业文化、经营理念、管理制度。（2）为员工提供内部劳动力市场信息。包括三个方面：一是公布工作空缺信息。二是介绍职业阶梯或职业通道，包括垂直或水平方向发展阶梯。为使职业通道不断满足企业变化的需要，对职业通道要常做修订，并适当考虑跨职能部门的安排。三是建立职业资源中心。这些资源内容涉及企业情况、政策、职业规划自我学习指南和自我学习磁带等。同时，企业还可设立技能档案，档案中可记录员工的教育、工作史、任职资格、取得的成就，有时还包括职业目标的信息。（3）帮助员工分阶段性制定自己职业生涯目标：一是短期目标(3年以内)：要具体做好哪些工作？在能力上有什么提高？准备升迁到什么职位？以什么样的业绩来具体表现？二是中期目标(3~5年)：在能力上有什么提高？准备升迁到什么职位？在知识、技能方面要接受哪些具体的培训？是否需要进修或出国学习？三是长期目标(5~10年)：准备升迁到什么职位？在知识、技能方面要接受哪些具体的培训？是否需要进修或出国学习？为企业做出哪些较突出贡献？个人在企业处在什么样的地位？个人的价值观与企业的企业文化、经营理念融合的程度如何？

四、平台经济下的职业生涯管理

进入21世纪后，以知识经济为特征的新经济形态的形成，使企业进入了所谓后企业时代，那些曾经行之有效的理论假设和研究框架都显得过时，组织中的职业生涯开发实践也暴露出许多不适应之处[1]。尤其是作为信息和大数据技术发展产物的平台经济出现，平台经济的运作原理、思维逻辑，不同于传统的公司经济体，挑战以"公司"为基础的经济社会互动规则。通过提供信息传递的纽带，打破了传统经济活动的空间限制，产生大量新型的产品和服务形式，催生了大量的就业机会，就业模式发生了从"组织+雇员"向"平台+个体"的转变[2]，传统职业生涯逐步向易变性和无边界职业生涯转变，职业生涯管理的目标和内容、职业生涯管理的责任等发生了改变[3]。无边界职业生涯即职业生涯既包括在组织之间的移动，也包括在灵活的和没有层级的组织之间的移动[4][5]，各种职业生涯思考、行为模式与规范方式都需要再摸索：小至找工作、上下班、升迁、办公室人际，大至政府劳资政策、劳动安全、退休制度、最低工资等概念，或许都将经历翻天覆地的挑战。议题将被重新定义，政策的优先顺序也将被改变。

①　谢晋宇. 后企业时代的职业生涯开发研究和实践：挑战和变革. 南开管理评论, 2003(2).

②　娄宇. 平台经济从业者社会保险法律制度的构建. 法学研究, 2020(2).

③　郭文臣, 孙琦. 个人—组织职业生涯管理契合：概念、结构和动态模型. 管理评论, 2014(9).

④　Mirvis P, and Hall D, New Organizational form and New Career. in Hall D, and Associates. The Career is Dead, Long Live Career：A Relative Approach to Career, San Francisco, CA. Jossey-Bass, 1996.

⑤　Mirvis P, and Hall D Psychological Success and the Boundaryless Career. Journal of Organizational Behavior, 1994. 15：365-380.

　　根据阿里巴巴发布的报告①预言：平台经济来临，个人职业生涯将摆脱"公司"束缚。当前新出现并且快速成长的企业大多属于平台型企业，如阿里巴巴、腾讯、Amazon、Uber等。通过这些平台企业的成功，演化出一种新的商业模式，并形成平台经济。若以2016年12月23日价格计算，当今全球十大平台经济体市值（苹果、谷歌、微软、亚马逊、Facebook、阿里巴巴、腾讯、Priceline.com、百度、Netfix），已超过十大传统跨国公司（Berkshire Hathaway、埃克森美孚、强生、摩根大通、通用电气、富国银行、美国电话电报公司、宝洁、雀巢、沃尔玛）。新型的就业关系时代开启：平台经济体改写就业模式。过去的雇佣关系、朝九晚五8小时工作制，将被自我雇用、灵活就业所取代。阿里研究院预测，未来20年，中国将有高达半数，即高达4亿人的劳动力，通过网络平台聚力合作，自我雇用、自由就业。平台不仅打破8小时工作制，而且使未来的就业形式、职业类别更加多元化，每个人的特长，都可以在市场上自由发挥，个体得以从公司解放。官方公布的数据显示，2018年我国平台经济规模持续扩大，参与提供服务者（即"网约工"）②人数已达到7500万人，且近几年来该数字一直以15%左右迅速增长③。

　　因此，在平台经济、自我雇佣的时代，将会出现"告别公司""职业生涯解放""自由人"等，如何实施职业生涯管理工作是理论界需要进一步探讨和实践领域需探索的新课题。

小　结

　　1. 职业生涯是指一个人在其生命周期全过程连续从事和承担的特定职业、职务和职位的过程。职业生涯是个人与个人、社会和环境互动的结果，因此，职业生涯会受到来自个人、社会和环境等多种因素的影响。

　　2. 职业生涯管理是指企业和个人对其职业生涯的发展与变化进行全程跟踪与管理。简言之，职业生涯管理的主体可以是组织，也可以是员工个人；职业生涯管理主要是对职业生涯进行综合性的设计、规划、执行、评估和反馈，是企业帮助员工制定职业生涯规划和帮助其职业生涯发展的一系列活动的总称。

　　3. 职业生涯管理模型实际上是一个持续解决问题的过程。个人或组织通过收集、分析工作相关的信息来充分认识个人和周围的环境，然后有针对性地建立职业生涯发展目标、制定并执行相应的职业生涯战略计划以实现职业目标，获得相关反馈信息并持续进行

---

　　①　阿里研究院. 平台经济. 北京：机械工业出版社，2016.

　　②　"网约工""众包工作者""平台经济（共享经济）从业者"是移动互联网时代涌现的新名词，这几个概念在共享经济的大背景下有着近似的所指。一般而言，依托网络平台提供各种服务的从业人员被称为"网约工"；一个单位把过去由员工执行的工作任务以自由自愿的形式外包给非特定的承包者，这种承包者被称为"众包工作者"。由于众包工作目前大多通过移动互联网程序发放，所以很多"网约工"就是"众包工作者"，也就是所谓的"平台经济（共享经济）从业者"。本书不对这三个概念进行细分，统一使用"平台经济从业者"或者"网约工"的称谓。

　　③　参见国家信息中心. 中国共享经济发展年度报告（2019）. http：///www. sic. gov. cn /archiver /SIC /UpFile /Files /Default /20190301115908284438. pdf，2019-11-29.

职业生涯管理。

4. 四个有效职业生涯管理的特征：员工个人在组织的帮助下深入且准确地把握自我和环境；组织制定符合个人价值观、兴趣、能力和偏好的生活方式的现实的职业生涯目标；制定并执行适当的职业生涯战略；一个持续的反馈过程。

5. 职业生涯管理理论有很多，可分为传统的职业生涯理论和新的职业生涯理论或被称"后企业时代的职业生涯开发"理论，或者分为传统职业生涯管理理论和超组织职业生涯管理或无边界职业生涯理论。

6. 职业选择是人们依照个人的职业理想、兴趣、性格、能力等，选择适合自己职业的过程，目的在于个人能力与职业要求相符。霍兰德的职业类型理论认为，人格或人的个性(包括价值观、动机和需要等)是决定一个人选择何种职业的一个重要因素；学习与决策理论即关注影响个体生涯决策的原因，探讨如何选择能获得最大收益或满意度；社会学习理论是以社会学习观点来解释人的生涯选择行为，特别强调社会影响因素和学习经验对职业生涯选择中的应用，具有较高的实用价值。认知信息加工理论重点关注的是如何决策，展示了解决职业生涯问题的过程。帮助人们认清在制定决策的过程中现在所处的位置和将来的走向，也能帮助个体提升个人生涯发展的质量。

7. 职业发展理论是个体职业发展的阶段性理论，让员工个人可以清楚看到自己处于生涯发展哪个阶段，充分认识到人生发展的各阶段的特点和规律，更好地规划其职业生涯。施恩的职业锚理论认为每个人都会根据自己的天资、能力、动机、需要、态度和价值观等慢慢形成一个较为明晰的与职业有关的自我概念。舒伯的职业生涯理论包含人一生的完整发展过程，每个发展阶段同样分为成长、探索、建立、维持、衰退五个阶段；舒伯还提出生活广度、生活空间的生涯发展观，概括了个人一生的职业成长的过程。将生涯发展阶段与角色交互影响的关系，描绘出一个综合图形，即"生涯彩虹图"。

8. 组织职业生涯发展通道是组织内成员职业发展和职业晋升的一般路线，组织有四种职业生涯通道模式：传统职业通道、行为职业通道、横向技术通道以及双重职业通道。

9. 职业生涯的过程划分为四个不同阶段：职业探索阶段、职业建立阶段、职业中期阶段和职业后期阶段，针对不同的职业生涯发展阶段，组织应采取不同的职业生涯管理措施。

10. 组织职业生涯管理的具体步骤和方法：进行职务分析、员工基本素质测评、建立与职业生涯管理相配套的员工培训与开发体系、制定较完备的人力资源规划、制定科学的职业生涯管理制度与方法。

11. 平台经济将改写传统职业生涯管理模式。告别企业、自我雇佣将越来越成为新兴职业发展常态。

复习思考题

1. 职业生涯的含义和性质是什么？有哪些影响因素？

2. 什么是职业生涯管理？它具有哪些特征？

3. 职业生涯管理模型是怎样的？模型中各方职责是什么？有效的职业生涯管理应具

有哪些特征？

4. 简述职业发展理论和职业锚理论。

5. 简述几种重要的职业生涯管理通道模式。

6. 针对不同职业发展阶段分别讨论各自的职业生涯管理措施。

7. 组织职业生涯管理的实施步骤与方法是什么？

讨 论 题

1. 结合职业生涯理论，试谈谈这四种理论对职业生涯管理有何理论和实践上的启示。

2. 试为组织新入职的员工拟定一份职业生涯规划。

3. 试设想在平台经济下，组织和个人的长期职业生涯发展规划应该做好哪些准备来迎接新挑战。

【案例】

PPT 达人"秋叶"的七次职业生涯关键选择①

秋叶，真名张志，1976 年出生，水瓶男，出生于湖北黄冈浠水小县城，现居武汉，就职于武汉工程大学，教机械制图。很多人关心我是怎样从一个学机械的转到今天所谓的知识网红的？仔细想想，我职业生涯应该有七次重要的选择。

第一次是 2000 年 10 月。硕士刚毕业时面临的选择，是留在广东佛山和导师在企业里一起打拼事业，还是回武汉和女朋友结婚，然后从零开始。佛山是发达地区，靠着广州，单位提供了不错的待遇，月薪 3500 元起，一套住房。在武汉，我是无存款无房子无工作的"三无"青年，除了爱情，我还要忍受家人的不理解。但我选择了相信爱情，回到武汉。我的第一件事是不顾父母强烈反对结婚，结完婚第二件事情就赶紧去找工作，要是找不到一个体面工作，马上就是她父母强烈反对了，我老婆也是一个有主见的人，她压根就没通知父母自己要结婚。我应聘的第一家单位，专业对口但拒绝了我；应聘的第二家单位，专业严重不对口，我学机械，单位是做 IT 的，正好在招人，反正我是死马当活马医，先找到工作要紧，我就去了。事后复盘，只有一句话，我运气好，遇到了对的人，然后撞到了一个在 2000 年处于快速上升周期的行业——IT 行业——选对一个上升的行业，可能比选择一个稳定的单位，对你未来发展价值更大。另外选对好单位，除了单位的稳定性和福利及发展空间之外，能否遇到好的领路人领导，对你职业生涯能否加速发展很关键。

第二次发生在 2002 年 4 月。当时我在单位发展不错，全国到处出差，经常不在家。但老婆怀孕了，她希望我能多留在家里陪她，一个人怀着孩子，身边又没有人关心是不好过。于是她帮我留意网上的工作机会，她觉得高校很适合我，不管是空间还是个性，于是她就帮我一个个翻高校的网站，留意上面人事处发布的消息，替我看到

---

① 根据秋叶 2017 年发表于领英（Linkedin）上的《我职业生涯的七次重要的选择》改编。

好几所高校的招聘简章，然后告诉我。我就按照简章要求去应聘了我现在任职的学校，没想到我第一次应聘的学校就看中我了，当时面试老师问我是否愿意教机械制图课程，其实这不是我擅长的方向，但我想只要能进来，教什么都行。这次职业生涯选择有一点经验可以分享——在职业生涯早期，选择能给自己留点时间空白的工作，可以帮助你更好发现你自己的可能性。

第三次发生在2002年8月。一个老总找我，去给新开设的一个制造业信息化网站做兼职，我于是开始了一年多的网站小编生涯。能答应做这个工作，一方面是要赚钱补贴微薄工资收入，一方面也是因为学校工作不忙，我有时间兼职。这份兼职时间不长，但最大的好处是为我打开了拥抱互联网的大门，尽管我当时是玩的现在的95后可能根本不知道的论坛和博客。这次兼职的选择主要动机就是为了赚钱，但最大的收获是：如果在你所在的行业，选择当时最新的趋势去拥抱，是人生最有价值的投资。

第四次发生在2003年4月份。我原单位喊我回去兼职，继续做项目经理，还委以重任，以兼职身份做部门经理。我能得到这种特别的待遇，和我在单位不到2年的工作表现是有关的。虽然我离开了，但是在很多人印象里我口碑很好，在单位需要用人之际，他们还是推荐我，为了我量身打造解决方案。这真是让人感动，有时候你说你人生的贵人在哪里？——你怎样做事做人，就会遇到怎样的人。所以这次兼职选择，我最大的体会就是在一个行业坚持是很重要的。浅尝辄止的两三年，会让你以为对这个行业了如指掌，其实未必。那些比你先入行的人不比你笨，为什么他们没有选择你认为是最好的解决方案，往往是因为有些事情你还根本就不知道。

第五次发生在2007年2月份。我当时已经意识到，在这个行业我遇到了天花板，我得转型。2006年初我就决定离开开目，不是觉得公司不好，在这个行业其实去哪家公司都差不多。是因为发现我在1998年给自己定义的十年发展规划主要目标都完成了，我觉得该提前选择自己未来十年的职业发展道路。整个2007年我开始让自己节奏慢下来，慢才能更有效地思考，慢慢地我把自己的方向考虑得越来越清楚了。最后我去了一家民营学校做招生，方向是IT培训，正好我在IT行业的积累可以用上一些。这次转型对我意义重大，因为这次转型补充了我知识领域的三大空白：一是网络营销和品牌推广；二是商业模式和市场渠道的建设；三是从0到1带团队。没有这些积累，我无法后来独立创业。这一次职业选择最大的收获是不经历几个完全不同的行业，我对世界的认识会非常地浅薄。

2009年2月，我人生第六次转型来到了。这一年，我发现了PPT才是我打造个人品牌、快速致富的门路。这要感谢我第一份工作中大量的咨询顾问式训练，让我养成了深度分析的习惯，也导致我能在一般人把PPT看作工具的时候，我看到的是视觉化表达时代的来临。要知道，今天的很多90后、95后设计都比我好，但我在2009年就看到了趋势，并全力以赴抢先去卡位了，虽然那个时候我已经33岁了，并不年轻。我就开始研究PPT，学习PPT，做PPT培训，分享PPT博文，写PPT图书，策划PPT话题……总之，后面的事情你们慢慢知道了，我变成了今天的秋叶大叔，我也成为很多人以为的那个很会做PPT的人。

2013 年 8 月，我又做了一个艰难的决定。我要创业了，这是我第七次职业选择。做个人品牌，也有极限，我做培训，不能天天去讲课，收入的天花板看得见。除非换商业模式，把我本人教变成大家去网上学。这是一个巨大的挑战，意味着我要培养团队，要培育一个不知道是否存在的市场，更重要的是我要打磨出一个可以标准化复制的产品。这是一个巨大的挑战，好在我在培训行业积累了 5 年。这次职业转型很幸运，是我有机会选择做一份事业，而不仅仅是为了改善自己家庭的收入。现在三年多过去，公司活下来了，小伙伴也从 1 个扩大到 11 个，我把公司交给他们管理和运营，我只做顾问和品牌代言人。

再苦三年，我也许就可以放心退休了。这样我就可以实现我 45 岁前退休的梦想了。这个时间退休，我身体应该还能跑，可以带着老婆小孩趁还能享受的时候，到处走走，也有经济实力走走，是我为自己设定的美妙奖赏。所以现在的全力以赴，都是为了和你没有后顾之忧地在一起。

希望我的职业生涯第八次选择顺利，也是我的最后一次。

◎ 问题

1. 网红 PPT 达人"秋叶"的职业生涯七次成功决策的关键因素有哪些？对你自己的职业生涯决策有何启发？

2. 在面对人生的第一次工作决策时，如果你遭遇与秋叶一样的困境，你会怎么选择？需要考虑哪些因素？难点何在？如何突破？

3. 秋叶每次成功转型背后，之前的决策是怎么做好铺垫的？你认为在职业生涯早期什么因素才是真正重要的？

第十章　劳动关系管理

【学习目的】

在学习本章之后，你应当掌握如下内容：

1. 劳动关系双方各自的权利与义务以及我国建立劳动关系的原则。

2. 我国劳动关系的发展变化过程。

3. 劳动关系的变化趋势及其管理挑战。

4. 劳动合同的建立、履行、变更与解除的基本程序、违反劳动合同的责任以及集体合同的管理。

5. 劳动争议的处理与仲裁以及劳动者合法权益的保护。

6. 劳动保护含义与基本内容，以及劳动时间、劳动安全技术、劳动卫生、女职工和未成年工的劳动保护等措施与方法，劳动保护的组织与管理等。

【案例——问题提出】

"网约工"劳动争议第一案开庭：私厨诉求确认劳动关系①

"互联网+劳务"是近年来兴起的新兴劳务提供形式，专车代驾、家政保洁、家电清洗、厨师、建筑工人等大量劳动密集型职业纷纷使用 APP 平台提供服务。网络服务平台运营方与加入平台的劳动者间是否构成劳动关系？北京市朝阳区法院开庭曾审理一起"网约工"劳动争议案。原告孙先生起诉上海乐快信息技术有限公司（以下简称"乐快信息"），要求确认劳动关系，支付解除劳动关系经济补偿金 1 万元、未签订劳动合同的双倍工资差额 2 万元、加班费 2 万余元，并要求公司补缴社会保险。

1. 私厨诉"好厨师"要求确认劳动关系。2014 年 4 月 15 日，孙先生供职于乐快信息旗下的"好厨师"APP 平台，每月工资 5000 元，岗位为厨师，每天工作时间为 10:00~18:00。因乐快信息与孙先生未签订劳动合同，也未为他缴纳社会保险、支付加班费、安排休年假等，并在 2015 年 10 月 28 日与孙先生解除了协议，孙先生申请劳动仲裁，要求确认劳动关系，乐快信息支付解除劳动关系经济补偿金、未签订劳动合同的双倍工资差额、加班费等共 5.2 万余元，并补缴社会保险。仲裁期间，乐快信息辩称，双方签订的是商务合作协议，孙先生通过"好厨师"APP 平台，根据客户需求提供服务，是否接单及工作时间均由孙先生自行掌握，他不坐全班，也不接受公司

---

① 改写自：周凌如. "网约工"劳动争议第一案开庭：私厨诉求确认劳动关系. http://news.jcrb. com/jxsw/201608/t20160809_1640665.html.

管理。孙先生通过接单获得奖励，双方并非劳动关系。北京市朝阳区劳动人事争议仲裁委员会随后作出仲裁裁决，以孙先生与乐快信息之间不存在劳动关系为由，驳回了孙先生的仲裁请求。因不服该仲裁裁决，孙先生将乐快信息告上了法庭。据悉，另有林先生、郑先生、邓先生、赵先生、白先生、郭先生等 6 人，也以相同事由将乐快信息起诉至朝阳区法院。该院依法合并审理。

2. 原告：合作协议不能推翻双方劳动关系事实。白先生介绍，在入职前需厨师通过面试，如果没有厨师证则要求现场试做一个菜，得到经理认可并经过入职培训和考核后，才可以正式上班。每天早上 9 点前厨师需要去公司报到，由店长决定派单，派单后厨师不能拒绝，如果拒绝会扣工资或被开除。双方约定基本工资是 5000 元，提成是每笔单费的 50%，公司每月 15 日发上个自然月的工资，含保底工资和提成。没有接到派工单的厨师，需穿上工服去街上发传单。"厨师需要遵守公司的管理制度。"他表示，有的客户在网上完成支付，有的客户支付现金，厨师拿到现金后需要交给公司。客户可在"好厨师"APP 上进行评价，一个月有 3 个差评的厨师就要被开除。如果客人对订单评价不满意，厨师也会被扣除 50% 的提成。"原被告双方签订的合作协议与法律冲突，应以法律为标准。"孙先生等 7 人的代理律师强调，乐快信息虽未与孙先生等 7 人签订劳动合同，但双方的合作协议也不能推翻双方为劳动关系的事实。

3. 被告：APP 是为方便厨师接单。乐快信息代理律师介绍，乐快信息与厨师签订协议，约定了双方是商务合作关系，其无须接受公司管理，与公司也不存在人身隶属关系。根据协议，双方合作方式是客户要求上门服务，所收取的相关费用由厨师自行收取，不交给公司。公司没有相关调派情况，也不进行劳动管理和考勤管理。厨师接单方式有抢单也有派单，两种方式并存，厨师可拒绝。厨师不需坐班，固定点是为方便他们拿材料工具。客户下单后公司电话派单，APP 偶尔出现故障情况下，就人工派单。公司没有工作量要求，也没有最低接单数量限制，菜品的奖金对半分。公司也没有奖惩，只在协议中约定了客户给差评后公司有权解除合作关系，对客户造成损害的要承担责任，损害赔偿个人负责。"原告不需坐班，只是作为厨师给客户上门服务，公司也没有奖惩，这是民事关系，不是劳动关系。APP 的存在也是为方便厨师更好地接单，为更好地完成客户服务。"该代理律师说。

上述案例涉及的劳动关系问题是人力资源管理的重要工作内容。乐快信息和原告孙先生对劳动关系的确认与否产生了根本分歧。劳动关系确定对劳动者而言有极为重要的意义，这意味着劳动者可以因此享受到劳动法的保护。本章将介绍劳动关系、劳动保护及社会保障与保险等内容，包括工会作用及劳动争议的处理等问题，这是人力资源管理的另一重要的内容。人力资源是一种"活"的资源，具有生理、心理的特征，人力资源的损耗可通过适当的保护来给以弥补。为使劳动者更好地发挥作用，人力资源管理还应包括这一资源转化为使用价值之中或之后的某一阶段的管理环节，即社会保险等有关内容。

第一节　劳动关系管理

劳动关系是企业人力资源管理工作涉及的基本经济关系，具有重要地位。它涉及的领域广泛，包括劳动用工、劳动管理与监督、劳动者权利保护等诸多方面。国外对劳动关系、劳资关系或产业关系的研究已较为成熟，也各自形成了适合各国国情的劳动关系管理模式，而我国的劳动关系研究尚在起步阶段。随着社会主义市场经济运行模式的形成，特别是劳动力市场的完善与形成，劳动关系日益引起人们关注。

一、劳动关系含义、内容及原则

（一）劳动关系的含义

劳动关系有广义和狭义之分。广义劳动关系是社会分工协作关系；狭义劳动关系是劳动者与企业或组织之间，由于交易所形成的各种权、责、利关系。就其构成形态而言，劳动关系可分为个别劳动关系和集体劳动关系。个别劳动关系是劳动关系的基本形态，是劳动者个人与雇主之间通过书面或口头的劳动合同，来确定和规范双方的权利义务。集体劳动关系相对个别劳动关系而言，是指在实现劳动过程中劳动者组织为工会与用人单位之间发生的涉及劳动者整体内容的社会关系。

企业劳动关系①是指企业所有者、经营管理者、普通员工和工会组织之间在企业的生产经营活动中形成的各种责权利关系：所有者与全体员工的关系、经营管理者与工人组织的关系、经营管理者与普通员工的关系、工人组织与职工的关系。由于所有者、经营者、一般员工所提供的生产要素不同，在企业所处地位及发挥作用不同，因而形成具有不同责任、权力和利益的社会主体。企业要处理的劳动关系就是这些社会主体之间的关系。

在理解劳动关系时有必要了解产业关系这一概念。产业关系是指当今国际社会中对各种工人与雇主之间关系的统称，实质上就是劳资关系。第二次世界大战前，国际劳工组织的章程及其他文件中都不采用"劳资关系"一词。第二次世界大战后该组织及许多成员虽也有采用"劳资关系"一词的，但作为正式用词都按国际惯例采用了"产业关系"一词而沿袭下来。

（二）劳动关系的内容

劳动关系的内容是指劳动关系主体双方依法享有的权利和承担的义务。

1. 按劳动关系的员工和企业主体不同分。（1）员工依法享有的主要权利包括：劳动权、民主管理权、休息权、劳动报酬权、劳动保护权、职业培训权、社会保险、劳动争议提请处理权等。员工承担主要义务包括：按质、按量完成生产任务和工作任务；学习政治、文化、科学、技术和业务知识；遵守劳动纪律和规章制度；保守国家和企业的机密。（2）企业或组织的主要权利包括：依法录用、调动和辞退职工；决定企业的机构设置；任免企业的行政干部；制定工资、报酬和福利方案；依法奖惩职工。其主要义务包括：依法录用、分配、安排职工的工作；保障工会和职代会行使其职权；按职工的劳动质量和数量

---

① 曾军. 劳动关系管理在企业人力资源管理中的具体工作内容. 管理观察，2009(8).

支付劳动报酬；加强对职工思想、文化和业务的教育、培训；改善劳动条件，搞好劳动保护和环境保护。(3)劳动关系的客体是指主体的劳动权利和义务共同指向的事物，如劳动时间、劳动报酬、安全卫生、劳动纪律、福利保障、教育培训、劳动环境等。在我国社会主义制度下，劳动者的人格和人身不能作为劳动法律关系的客体。

2. 按劳动关系的员工与企业结合不同阶段分。(1)企业与员工结合的双向选择方面，包括企业主或委托代理人与经营管理人员、普通工人的双向选择的程度、责任和权利。处理这方面的关系涉及合同的签订、合同解除等问题。(2)企业与员工结合后双方的责、权、利关系。在市场经济条件下，员工受业主及经营者支配，如何保障员工合法权益是这一关系中的主要方面，包括员工正当收益权、劳动保护权、社会保障权、民主权参与权、个人尊严权等。(3)员工与企业分离时及分离后的责、权、利关系。这是指员工被辞退或员工辞职时双方拥有的义务、责任和权利，如事先得到通知权、申诉权、补偿权等。

(三)劳动关系的特征

在现代市场经济条件下，劳动关系呈现出下述特征[①]：(1)劳动关系是实现劳动过程中发生的关系，与劳动者有着直接的联系。劳动关系以劳动为目的，以劳动力为生产资料相结合为方式，在人们运用劳动能力作用于劳动对象，实现劳动过程中发生。如果劳动力不投入使用，不和生产资料结合，不进入劳动过程，便不会产生劳动关系。(2)劳动关系的双方当事人，一方是劳动者，另一方是提供生产资料的劳动者所在单位，如企业、事业单位、政府部门等。劳动者是劳动力的所有者和支出者，用人单位为生产资料的占有者和劳动力使用者。(3)劳动关系兼有平等性和隶属性的特点。在劳动关系建立前，即在劳动力市场中，劳动者和用人单位是平等的主体，双方是否建立劳动关系及建立劳动关系的条件由双方按照平等自愿、协商一致的原则依法确立。在劳动关系建立后，劳动者成为用人单位的员工，是劳动力的提供者，处于被管理者地位，双方形成管理与被管理的隶属关系。

(四)建立劳动关系的原则

建立劳动关系的原则是指由劳动立法所确定的用人单位在招收、录用员工时应遵循的基本法律准则。根据我国有关法律，用人单位在招聘录用员工时应坚持如下基本原则：

1. 平等就业原则。平等就业是指对符合法定条件的公民，提供均等的就业机会，并以同等录用标准录用。该原则包括两方面：一是劳动者享有平等的就业权利；二是劳动者享有平等的就业机会，不能因民族、种族、性别、宗教信仰不同而受到歧视。《中华人民共和国劳动法》(下称《劳动法》)[②]规定："劳动者享有平等就业和选择职业的权利"，书写了反就业歧视立法的历史起点；《中华人民共和国劳动合同法》[③]开辟了反就业歧视立法勃

① 叶龙，史振磊，等. 人力资源开发与管理. 北京：清华大学出版社，北京交通大学出版社，2005：403.

② 中华人民共和国劳动法. http：//www.mohrss.gov.cn/SYrlzyhshbzb/zcfg/flfg/fl/201601/t20160119_232110.html.

③ 中华人民共和国劳动合同法. 人民日报，2007-07-10.

兴之新征程；《中华人民共和国就业促进法》①开启了平等就业权向现实转化的进程②。

2. 互选原则。这是指用人单位与劳动者互相选择，即劳动者自由选择用人单位，而用人单位自主选择优录劳动者。《劳动法》第三条规定：劳动者享有选择职业的权利。《全民所有制工业企业转换经营机制条例（2011年修订）》③（简称《转机条例》，下同）第十七条规定了企业对劳动者的用工自主权和择优录用权。

3. 公开竞争就业原则。公开竞争就业原则是指劳动者通过企业或组织公开招聘考核获得就业岗位的原则。《转机条例》第十七条明确规定了企业在招聘员工必遵循"面向社会、公开招收、全面考核、择优录用的原则"。

4. 照顾特殊群体的就业原则。照顾特殊群体的就业原则是指对谋求职业有困难或处境不利的人员，如妇女、残疾人、少数民族人员、退出现役的军人等特殊群体人员给以特殊照顾。《劳动法》第十四条、《女职工劳动保护特别规定》④、《中华人民共和国残疾人保障法》⑤第四章、《中华人民共和国民族区域自治法》⑥第二十三条、《中华人民共和国兵役法》⑦第五十六条等分别对妇女、残疾人、少数民族人员、退出现役的军人等特殊群体的就业有具体规定。

5. 禁止未成年人就业的原则。《劳动法》第十五条规定："禁止用人单位招用未满十六周岁的未成年人。"国务院颁布的《禁止使用童工规定》⑧明确规定，童工是指未满16周岁，与单位或者个人发生劳动关系从事有经济收入的劳动或者从事个体劳动的少年儿童。禁止任何用人单位和个人（包括父母或监护人）使用童工。但文艺、体育和特种工艺单位确需招用未满16周岁未成年人时，必须按照国家有关规定，履行审批手续，并保障其接受义务教育的权利。

6. 先培训、后就业的原则。从事技术工种的劳动者和未接受过职业培训的求职人员，以及需要转换职业的劳动者，应在就业或上岗前接受必要的就业训练。我国宪法⑨第四十二条规定"国家对就业前的公民进行必要的劳动就业培训。"《劳动法》第八条规定："用人单位应当建立职业培训制度，按照国家规定提取和使用职业培训经费，根据单位的实际，有计划地进行职业培训。从事技术工种的劳动者，上岗前必须经过培训。"

---

① 中华人民共和国就业促进法. http：//www.mohrss.gov.cn/SYrlzyhshbzb/zcfg/flfg/fl/201601/t20160119_232078.html.

② 朱京安，王哲. 就业歧视法律规控对策之探寻. 理论月刊，2016（10）：97-101.

③ 全民所有制工业企业转换经营机制条例. http：//www.law-lib.com/law/law_view.asp? id=8840.

④ 女职工劳动保护特别规定. http：//www.gov.cn/zwgk/2012-05/07/content_2131567.htm.

⑤ http：//www.gov.cn/fuwu/cjr/2009-05/15/content_2630829.htm.

⑥ 中华人民共和国民族区域自治法. http：//www.gov.cn/test/2005-07/29/content_18338.htm.

⑦ 中华人民共和国兵役法. http：//www.mod.gov.cn/education/2015-09/08/content_4617951.htm.

⑧ 中华人民共和国国务院令（第364号）禁止使用童工规定. http：//www.gov.cn/gongbao/content/2002/content_61798.htm.

⑨ 中华人民共和国宪法. http：//www.gov.cn/govweb/test/2005-06/14/content_6310.htm.

二、中国劳动关系的发展变化

中国劳动关系发展变化是经济体制改革和经济结构调整的产物①。改革开放以前，中国经济管理体制的一个主要特点就是权力过于集中，政企不分、以政代企的现象比较突出。国家是国有企业唯一的产权主体。国企仅是一个生产经营单位，企业用工制度以固定工为主体，职工依附于企业。因此，在计划经济体制下企业的劳动关系是一种行政隶属式的劳动关系。有研究者认为，在中国劳动关系发展变化中有三个关键时间节点，即 1985年、1995年、2008年，归结为三个阶段：（1）国家雇佣阶段，1985 年是我国城市经济体制改革开始的关键年，96.9%的人由国家录用。劳动关系非常简单，即国家是老板，员工一切的生老病死等相关事宜，均由国家负责。（2）混合雇佣阶段。1995 年是《劳动法》生效的元年，公有部门的雇佣比例高达 75.7%，此时为公有部门和非公部门的混合雇佣阶段。（3）市场化阶段，2008 年，自 1 月 1 日《中华人民共和国劳动合同法》生效起，非公部门的就业人数占比近 80%②。毫无疑问，中国劳动关系的建立得益于改革开放，初步形成了适应社会主义市场经济体制的劳资利益协调与平衡体系，创造和积累了丰富高效、特色鲜明的劳动关系调整经验，促进了经济社会持续健康发展与就业质量提升，巩固和扩大了党执政的群众基础，彰显出中国特色社会主义劳动关系治理能力、智慧和制度优势③。

（一）劳动关系从行政隶属式向市场契约式转型的起步④

1979—1991 年是中国劳动关系转型起步阶段，尽管在劳动关系运行和调节中行政管理仍起着主导作用，但国企在确立劳动关系和管理中权限不断增大，劳动关系呈现出向市场化转型的趋势；企业和劳动者利益诉求开始分化，劳动关系中的双方利益主体逐渐形成，特别是非国企市场化劳动关系的孕育和发展给国企劳动体制改革提供了参照。

1. 国企逐步转变为相对独立经济主体与法人。1984 年 5 月《关于进一步扩大国营工业企业自主权的暂行规定》⑤对企业在生产经营计划、资金使用、人事劳动管理、工资奖金等 10 方面自主权做出规定。《中共中央关于经济体制改革的决定》⑥指出，增强企业活力是经济体制改革的中心环节，"确立国家和全民所有制企业之间的正确关系，扩大企业自主权；确立职工和企业之间的正确关系，保证劳动者在企业中的主人翁地位"，"建立以承包为主的多种形式的经济责任制。这种责任制的基本原则是：责、权、利相结合，国家、集体、个人利益相统一，职工劳动所得同劳动成果相联系"。之后，国企实施厂长（经理）负责制、工效挂钩制度、劳动合同制等相应配套改革。《全民所有制工业企业承包

---

①　乔健. 从市场化、法制化到灵活化：改革开放以来中国劳动关系的转型发展及启示. 中国人力资源开发，2019(8).

②　唐鑛. 创变时代，展望战略劳动关系管理. 人力资源，2020(1).

③　胡磊. 改革开放以来我国劳动关系调整的路径与逻辑. 中国劳动，2018(8).

④　宋士云. 改革开放以来中国企业劳动关系变迁的历史考察. 当代中国史研究，2018(1).

⑤　国务院关于进一步扩大国营工业企业自主权的暂行规定. 人民日报，1984-05-12.

⑥　中共中央关于经济体制改革的决定. 人民日报，1984-10-21.

经营责任制暂行条例》①《中华人民共和国全民所有制工业企业法》②等使国企改革有了法律保障，开始成为相对独立、自主经营、自负盈亏的经济实体，行政性劳动关系逐渐松动，企业经营管理者在劳动关系中的地位逐步确立。

2. 国企和职工的劳动关系由行政隶属式转向市场契约式。1986 年 7 月，国务院公布《国营企业实行劳动合同制暂行规定》《国营企业招用工人暂行规定》《国营企业辞退违纪职工暂行规定》《国营企业职工待业保险暂行规定》③四项关于劳动制度改革暂行规定，给国企劳动关系带来新变化：一是劳动者和国家间的行政隶属关系转变为职工和企业间的劳动契约关系，即市场化劳动关系。新招职工应与企业签订劳动合同，职工与企业是劳动关系的主体，双方是劳动契约关系。二是国企经营管理者与劳动者间的关系由利益共同体转变为既对立又统一的关系。三是初步构建企业内劳动关系双方的制衡机制。1986 年 9 月，《全民所有制工业企业厂长工作条例》《中国共产党全民所有制工业企业基层组织工作条例》《全民所有制工业企业职工代表大会条例》3 个条例④出台，自此，国企内部自主管理的组织架构开始构建。劳动合同制从根本上改变国企与新招收职工在劳动关系上的缔结和管理方式，但这种契约化劳动关系仅限于增量用工上，未触及已有固定工制度，国企内形成了合同工和固定工两种用工制度并存局面。20 世纪 80 年代后期，国企开始了优化劳动组合、择优上岗、合同管理等不同形式改革试点，其中主流形式是优化劳动组合和合同化管理，尤其是前者对劳动关系冲击最大。相较于扩大企业经营自主权和在新进职工中实施劳动合同制，优化劳动组合增强了职工危机感，促进企业内不同岗位间劳动力流动，对劳动关系转型产生重要影响。

3. 非国企市场化劳动关系孕育和发展。随着多种所有制形式和多种经营方式发展，个体工商户和私营企业、外资企业、乡镇企业不断发展壮大。个体户为自雇者不具备典型劳动关系。私营企业自产生就存在雇主和劳动者两大市场化劳动关系主体，不过，当时劳动关系还不规范。外商投资企业中的劳动关系具有主体明确、利益分化、雇主主导等典型市场经济特征，其起初是一种受管制的市场化劳动关系：一是外商投资企业只能在国家指定区域内设立厂区、开展经营，即主要在经济特区内；二是合资企业招募员工和工资调整受所在地主管部门和劳动部门行政力量调节。随着改革深入，对外商投资企业行政约束不断减少，进一步促使其劳动关系向市场化发展。乡镇企业的蓬勃发展产生了市场化的劳动关系。1978 年，全国乡（镇）办和村办企业仅有 152.42 万个，吸纳农村劳动力就业2826.56 万人，到 1991 年乡镇企业发展 1907.88 万个，就业人数 9609.11 万人⑤。1984 年以前乡镇企业被称为社队企业，其劳动关系与国企相似，劳动者个人无权自行与社队企业

---

① 全民所有制工业企业承包经营责任制暂行条例. 人民日报, 1988-03-03.

② 中华人民共和国全民所有制工业企业法. 人民日报, 1988-04-16.

③ 周长新. 我国行政管理逐步纳入法制轨道 去年已经颁布行政法规六十九件. 人民日报, 1987-02-16.

④ 搞好全民所有制工业企业领导体制改革, 中央决定进一步实行厂长负责制, 颁发三个条例并发出通知要求改革试点企业认真贯彻执行, 厂长、党组织和工会都应围绕生产经营这个中心分工协作. 人民日报, 1986-10-21.

⑤ 中国乡镇企业年鉴·1993. 北京：中国农业出版社, 1993：145-146.

缔结劳动关系，劳动关系主体是社队企业及其所归属的集体经济组织。1984 年后，乡镇企业劳动关系逐渐转向雇佣制，因为人民公社解体打破了原有行政配置劳动力资源的机制；经济政策变革落实了企业用工自主权。乡镇企业实行以承包制为基本形式的经济责任制，承包人在授权范围全权处理企业事务，拥有一定或全部用工权，他们一般选择雇佣制的用工形式。在乡镇企业雇佣制的劳动关系中，劳动关系的主体有三方：一是劳动者通过劳动合同约定或企业内部规章制度，与乡镇企业结成实质上的劳动关系，并以工资形式获得收入；二是乡镇企业根据国家相关法律制度依法经营，对劳动过程实施管理；三是政府通过制定相关法律和开展监察工作等方式介入对乡镇企业劳动关系的协调。

（二）加快推进市场化劳动关系的建立①

1992—2001 年随着社会主义市场经济体制建立，中国劳动关系市场化转型任务基本完成，企业与劳动者通过签订劳动合同普遍建立起契约化的劳动关系，《劳动法》等法律法规颁布实施为市场化劳动关系构建起了法治体系框架，劳动关系的法治化建设也取得了重大进展，即劳动关系从国家化、行政化向企业化、契约化加速推进，基本实现了市场化和法治化。

1. 国企成为独立经济主体和企业法人。1992 年 10 月，中共十四大报告明确提出②："转换国有企业特别是大中型企业的经营机制，把企业推向市场，增强它们的活力，提高它们的素质"。要"使企业真正成为自主经营、自负盈亏、自我发展、自我约束的法人实体和市场竞争的主体，并承担国有资产保值增值的责任"。国企改革开始从"放权让利"为主转向机制转换、制度创新为主的新阶段。1993 年 11 月，《中共中央关于建立社会主义市场经济体制若干问题的决定》③明确提出："进一步转换国有企业经营机制，建立适应市场经济要求，产权清晰、权责明确、政企分开、管理科学的现代企业制度"。12 月，我国第一部公司法《中华人民共和国公司法》颁布④为国企公司制改革和产权运作提供法律依据。国家体改委 1993 年 11 月同有关部门选择百家国企进行建立现代企业制度的试点⑤。一批国企改制为公司，经营机制发生很大变化，逐步建立了国有资产出资人制度，初步形成企业法人治理结构；企业成为自主经营、自负盈亏的法人实体和市场竞争主体。

2. 国企全面建立起契约化的劳动关系。1992 年 2 月，《关于扩大试行全员劳动合同制的通知》要求，各省、市、区以及计划单列市应选择一两个市县试行全员劳动合同制，国务院各产业部门也应选择若干个直属大中型国企试行。在企业内部试行全员劳动合同制的范围包括企业干部、固定工人、劳动合同制工人及其他工人⑥；1993 年 12 月，《关于建立

①　宋士云. 改革开放以来中国企业劳动关系变迁的历史考察. 当代中国史研究, 2018(1).

②　江泽民. 加快改革开放和现代化建设步伐 夺取有中国特色社会主义事业的更大胜利——在中国共产党第十四次全国代表大会上的报告. 人民日报, 1992-10-21.

③　中共中央关于建立社会主义市场经济体制若干问题的决定. 人民日报, 1993-11-17.

④　八届全国人大常委会五次会议闭幕　决定明年 3 月 10 日召开八届全国人大第二次会议　我国第一部公司法通过 乔石作重要讲话. 人民日报, 1993-12-30.

⑤　张锦胜. 建立现代企业制度试点工作启动 百家国有企业将先行一步. 人民日报, 1993-11-23.

⑥　宋力刚. 企业现行政策法规及国际惯例全集. 第 2 卷. 北京：中国商业出版社, 2001：1152-1155.

社会主义市场经济体制时期劳动体制改革总体设想》提出推行全员劳动合同制任务，制定全面推行劳动合同制时间表①，客观上要求劳动合同规范化和更具可操作性。1994年7月，我国第一部全面调整劳动关系、确定劳动标准的基本法——《劳动法》出台②，打破企业所有制界限，所有企业执行统一劳动规则和标准；用人单位与劳动者通过签订劳动合同建立劳动关系，明晰双方的权利和义务以及通过集体协商调整劳动关系；为市场化劳动关系建立、维护和解除提供法律依据和保障，标志中国劳动关系法治化建设初步完成，劳动关系的企业化、契约化特征不断增强和凸显。

3. 非公有制经济发展加速劳动关系市场化转型。1992年，中共十四大报告确立"以公有制包括全民所有制和集体所有制经济为主体，个体经济、私营经济、外资经济为补充，多种经济成分长期共同发展"的基本经济制度③。1996年5月，劳动部下发《关于私营企业和个体工商户全面实行劳动合同制度的通知》；6月，农业部和劳动部联合下发《关于乡镇企业实行劳动合同制度的通知》④；1997年党的十五大明确了"非公有制经济是我国社会主义市场经济的重要组成部分""公有制为主体、多种所有制经济共同发展，是社会主义初级阶段的一项基本经济制度"，私营企业无论在数量上还是规模上都取得了快速发展。因私营企业和乡镇企业以及非国有部门中的联营经济、股份制经济、外商投资经济等企业基本上实行市场化劳动关系的管理模式，大大提升了中国市场化劳动关系的比重。

(三)建立与发展和谐稳定的劳动关系⑤

2002年以来中国政府出台了一系列规范劳动关系运行的法律制度，使劳动关系建设进入法治化的新阶段。2006年10月，中共十六届六中全会通过了《中共中央关于构建社会主义和谐社会若干重大问题的决定》，概括了当时劳动关系存在的许多不和谐因素，如劳动合同签订率低、期限短、内容不规范；许多企业缺乏社会责任感，劳动条件和职业卫生状况十分恶劣，强迫超时加班；企业工资分配机制不完善，拖欠和克扣职工工资时有发生；劳动关系协调机制不能充分发挥作用，群体性事件经常发生等问题⑥，首次提出"发展和谐劳动关系"的主张⑦。

1. 处理国企改革中的劳动关系。2002年以后，国企结构调整力度加大，职工分流安置和再就业任务依然繁重；同时部分国企实行主辅分离辅业改制，也需分流安置富余人。具体包括：(1)处理国企下岗职工劳动关系。1997年以来，国企深化改革和国有经济战略性重组提升国企经营效率和市场竞争力，也产生大量下岗职工和失业人员。从1998年到

---

① 张琪，刘雄. 社会保障制度改革. 北京：经济管理出版社，1996：243-261.

② 中华人民共和国劳动法. 人民日报，1994-07-06.

③ 江泽民. 加快改革开放和现代化建设步伐 夺取有中国特色社会主义事业的更大胜利——在中国共产党第十四次全国代表大会上的报告. 人民日报，1992-10-21.

④ 中华人民共和国劳动合同法典. 最新升级版. 北京：中国法制出版社，2015：124-125，119-120.

⑤ 宋士云. 改革开放以来中国企业劳动关系变迁的历史考察. 当代中国史研究，2018(1).

⑥ 乔健. 从市场化、法制化到灵活化：改革开放以来中国劳动关系的转型发展及启示. 中国人力资源开发，2019(8).

⑦ 中共中央关于构建社会主义和谐社会若干重大问题的决定. 人民日报，2006-10-19.

2001 年，国企下岗职工总数为 2552.4 万人①。1998 年下岗后进入再就业中心的职工到 2001 年已满 3 年，也到了出再就业中心的约定时限。出于对未来就业出路的迷茫和对原有体制的依赖，仍有部分下岗职工不愿意与原企业解除劳动合同。对协议期满的下岗职工，各级劳动保障部门坚持分类指导的原则探索灵活多样办法：对部分接近退休年龄的老职工，采取企业内部退养方式；对再就业困难且年龄偏大的职工，采取与企业协商、签订缴纳社会保险费协议办法，解除劳动关系后由企业代缴养老和医疗保险费；对其他下岗职工，支付经济补偿金。解决下岗职工再就业中心所需资金来源：一是企业通过资产折抵、变现、租让、置换以及协议托管、协议保险等多种形式解决经济补偿金支付问题；二是各级政府通过再就业资金补助、财政专项资金补助、收购企业土地资产等形式，多渠道筹集资金，帮助企业解决经济补偿金支付问题②。（2）处理国企改制中分流安置富余人员劳动关系。2002 年 11 月，《关于国有大中型企业主辅分离辅业改制分流安置富余人员的实施办法》规定③："对从原主体企业分流进入改制企业的富余人员，应由原主体企业与其变更或解除劳动合同，并由改制企业与其变更或重新签订三年以上期限的劳动合同""对分流进入改制为非国有法人控股企业的富余人员，原主体企业要依法与其解除劳动合同，并支付经济补偿金""对分流进入改制为国有法人控股企业的富余人员，原主体企业和改制企业可按国家规定与其变更劳动合同，用工主体由原主体企业变更为改制企业，企业改制前后职工的工作年限合并计算""改制企业要及时为职工接续养老、失业、医疗等各项社会保险关系"。在随后的几年中，主辅分离辅业改制工作进展迅速，全国 1000 多家大中型国企实施主辅分离辅业改制，涉及改制单位近万个，分流安置富余人员 200 万左右④。

2.《劳动合同法》出台及相关制度完善。随着劳动用工形式日益多样化、劳动关系日渐复杂化，出现了一些新型劳动关系，如非全日制用工、劳务派遣工、家庭用工、个人用工等。同时，在劳动合同制实施过程中也出现一些问题，如用人单位不签订劳动合同、劳动合同短期化、滥用试用期、用人单位随意解除劳动合同、把正常劳动用工变为劳务派遣等，侵害劳动者的合法权益。2007 年 6 月劳动合同法出台⑤，其特征是规范用人单位用工行为，更好地保护劳动者合法权益，主要体现在以下方面：（1）对企业不签或拒签劳动合同行为进行处罚；（2）鼓励企业与劳动者签订长期劳动合同；（3）劳动者择业流动成本降低，企业无故辞退员工成本增加；（4）赋予劳务派遣劳动者同工同酬和加入工会的权利；（5）防止用人单位滥用"试用期"。这对构建与发展和谐稳定劳动关系、促进社会主义和谐社会建设意义的重大。2008 年 9 月出台《中华人民共和国劳动合同法实施条例》进一步推进劳动合同签订工作⑥；2010 年 4 月发布《关于印发全面推进小企业劳动合同制度实施专

---

①　中国劳动和社会保障年鉴·2002. 北京：中国劳动社会保障出版社，2002：552.

②　中国劳动和社会保障年鉴·2002. 北京：中国劳动社会保障出版社，2002：250.

③　关于国有大中型企业主辅分离辅业改制分流安置富余人员的实施办法. 工商行政管理，2002（24）.

④　吕政，黄速建. 中国国有企业改革 30 年研究. 北京：企业管理出版社，2008：168.

⑤　中华人民共和国劳动合同法. 人民日报，2007-07-10.

⑥　中华人民共和国劳动合同法. 人民日报，2007-07-10.

项行动计划的通知》督促各类小企业与劳动者普遍依法签订劳动合同①。2016 年，全国企业劳动合同签订率达 90%以上②。集体协商、集体合同制度是劳动关系协调机制的重要形式。集体合同法律条款早在 1994 年颁布的《劳动法》中就有相关规定。起初的集体合同试点工作主要在非国有企业和进行现代企业制度试点的国企中进行③，后来逐渐在各类企业推行。2003 年 12 月新修订的《集体合同规定》进一步推进集体协商、集体合同工作的制度化、规范化和科学化。各级工会在继续推动企业建立集体协商机制的同时，大力推进区域性、行业性集体协商，并以工资集体协商作为推进集体合同工作的切入点，努力扩大集体合同制度的覆盖面。

3. 建立和完善劳动关系三方协商机制。劳动关系三方协商机制是指工人、用人单位的代表组织与政府通过对话和协商，共同研究解决劳动关系方面的重大问题。它始于 20世纪 90 年代。2001 年 8 月，中国劳动和社会保障部同中华全国总工会、中国企业联合会建立国家协调劳动关系三方会议制度，召开了第一次国家级协调劳动关系三方会议，使中国劳动关系协调工作有了一个较为规范和稳定的工作机制④。10 月出台的《中华人民共和国工会法》规定："各级人民政府劳动行政部门应当会同同级工会和企业方面代表，建立劳动关系三方协商机制，共同研究解决劳动关系方面的重大问题"⑤，它为劳动关系三方协商机制的建立提供法律依据和框架。2006 年 6 月 19 日，国家协调劳动关系三方会议办公室正式设立常设办事机构。该机构由三方各派一名工作人员组成，办公地点设在劳动和社会保障部⑥。劳动关系的三方协商机制的建立在劳动立法、促进就业、预防和化解劳动关系领域的突出矛盾等方面发挥了积极作用。

4. 处理劳动保障监察和劳动争议。劳动保障监察是促进劳动保障法律法规的实施、监控劳动力市场秩序、维护劳动关系双方合法权益的重要途径。1993 年 8 月颁发的《劳动监察规定》对劳动监察对象、程序、违法行为处罚办法等都做出了规定⑦。2004 年 11 月，《劳动保障监察条例》做出以下方面调整：(1)将监察对象由监察用人单位和劳动者改为只监察用人单位；(2)将监察内容由仅监察用人单位是否违反《劳动法》及相关法规，增加到还监察用人单位为劳动者缴纳社会保险费的情况⑧。劳动保障监察工作常态化，在责令企业与劳动者补签劳动合同、为劳动者补缴社会保险费和为劳动者追讨工资等方面都取得很好的效果。劳动争议是市场化劳动关系运行中劳资双方矛盾的表现形式，及时有效地解决

① 中华人民共和国劳动合同法典. 最新升级版. 北京：中国法制出版社，2015：115-118.
② 2016 年度人力资源和社会保障事业发展统计公报. 中华人民共和国人力资源和社会保障部网，http://www.mohrss.gov.cn/ghcws/BHCSWgongzuodongtai/201705/W020170531609020123750.pdf，2017-07-06.
③ 中国劳动年鉴(1992—1994). 北京：中国劳动出版社，1996：218.
④ 中国的劳动和社会保障状况. 人民日报，2002-04-30.
⑤ 中华人民共和国工会法. 人民日报，2001-11-01.
⑥ 张彦宁，陈兰通. 中国企业劳动关系状况报告·2007. 北京：企业管理出版社，2007：165.
⑦ 鑫源. 2004 最新劳动与社会保障工作指导全书·劳动监察卷. 长春：银声音像出版社，2004：204-206.
⑧ 劳动保障监察条例. 人民日报，2004-11-15.

劳动争议是维护劳资双方利益、维持劳动关系和谐运行的重要保障。2007 年 12 月，十届全国人大常委会三十一次会议通过了《中华人民共和国劳动争议调解仲裁法》[①]，与 1993 年颁布的《企业劳动争议处理条例》相比，它增加了处理劳动争议适用的调解组织形式；细化了劳动争议仲裁组织和处理程序，更规范和具有操作性；取消了仲裁的受理费用，明确劳动争议仲裁委员会的经费由国家财政予以保障。

三、劳动关系管理含义及措施

（一）劳动关系管理含义

劳动关系管理是指根据企业的发展要求，制定规范的、合理的制度规则对企业与员工的行为进行规范和监督。这不仅是一种约束也是保证双方合法权益的一种手段。其最终目的都是构建和谐的企业内部关系，以确保企业长远稳定的发展。

（二）劳动关系管理主/客体

劳动关系管理的主体包括劳动法律关系的参与者，即劳动者、劳动者组织（工会、职代会）和用人单位；其客体是指主体的劳动权利和劳动义务共同指向的事物，如劳动时间、劳动报酬、劳动纪律、安全卫生、福利保险、教育培训和劳动环境等。

（三）劳动关系管理内容与措施

劳动关系管理的内容包括劳动合同的订立、履行、变更、解除和终止劳动法律行为，具体地说也就是保障与实现主体双方各自依法享有的权利和承担的义务，其主要工作是维护双方的权益与义务关系。具体包括：（1）及时明确国家、当地政府关于劳动关系的规章制度及国家的法律法规，并严格按照制度以及法规办事。（2）落实好企业员工对规章制度及国家法律法规的了解，可以从加大宣传力度、进行相关培训、定期进行讲座等几个方面入手。（3）根据企业发展要求制定企业的各项规章制度，并根据社会发展及时对制度进行修改，严格执行规章制度。（4）要同时保证员工与企业的利益，当双方利益发生冲突时，要正确地处理双方的冲突。

四、劳动关系变化趋势及其管理挑战

（一）劳动关系的未来变化趋势

企业组织架构从金字塔式的垂直管理变得越来越扁平化，平台用工甚至已模糊了企业边界。在这个过程中，移动互联网技术面临着大数据的冲击，云技术、区块链等一系列技术带来"技术+人力资源服务"冲击。在这样的背景下，劳动关系的变化包括三大趋势[②]：

1. 人力资源与劳动关系管理越来越合二为一。从招聘工作看，我国劳动合同法明确规定：在招聘过程中，劳资双方涉及与工作岗位直接相关的一切信息不能有虚假；一旦建立事实劳动关系，企业必须为员工建立花名册。人力资源管理者在招聘中的合规底线必须清楚。从裁员看，人力资源与劳动关系甚至在整个世界范围内的用工管理中早已呈现出融合趋势，HRIR（Human Resources and Industrial Relations，人力资源与劳动关系）已经是一

---

① 中华人民共和国主席令（第八十号）. 人民日报，2007-12-30.

② 唐鑛. 创变时代，展望战略劳动关系管理. 人力资源，2020（1）.

个独立概念，用来描述工作场所的用工管理。很多学者提出用雇佣关系（employee relations，ER）来统领"人力资源与劳动关系（HRIR）"，即强调两个基本事实：一是企业要绩效，员工要报酬；二是报酬和绩效必须对等承诺与对等实现。

2. 工作本身特点发生天翻地覆变化。这具体体现在 O2O 模式下的云工作模式和 P2P 共享经济下的平台型新型工作模式方面。随着互联网技术发展，云工作概念逐渐被人们熟知，尤其是新冠肺炎疫情期间，云工作模式得到广泛应用。云工作借助互联网技术，统一在线上（online）和线下（offline）工作，使工作本身突破时间和地点的限制。另外，移动互联网技术推动商业模式变革，使传统行业开始重构商业价值、颠覆业务体验、改变对接方式以适应市场需求。国外 Airbnb、Uber 等共享经济企业异军突起、发展迅速；在国内，滴滴出行等企业成为我国共享经济平台先行者。共享经济缔造出全新的 P2P 用工模式，基于 P2P 共享经济的新型工作形态使工作概念再次放大，工作边界也进一步模糊。随着新技术的日益发展，许多传统行业也逐渐开始和新技术紧密结合。譬如用大数据链、区块链来解决人岗匹配过程中的信用问题、信任问题。如果"区块链技术 +HR"发展到 N.0 版本，那么基于岗位的人力资源管理体系可能会被技术全部替代，包括绩效考核、一系列招聘审核制度等都会被技术替代，因为区块链可直接解决雇佣中最根本的信任问题。

3. 创新时代资本与劳动的边界日益模糊。今天，工作场所劳资关系中出现了资本工人（capital worker）。同时，企业组织形式和治理结构也出现了员工持股、合伙人制度；工作组织形式与员工管理也开始流行阿米巴模式、人力资源管理的三支柱模式等，这些都让工作场所变得越来越具有弹性，企业主体与员工双方，都能趋向获得全面解放。

（二）劳动关系管理面临的新挑战

如前所述，企业与劳动者间呈现新型的劳动关系，新时代劳动关系管理面临新挑战。

1. 员工与用人单位关系发生重大变化。员工与其客户角色可对调，每一名员工可能是用人公司的客户，而客户也可能是用人单位的员工。用人单位与员工建立了一种合作共赢的关系。"互联网+"企业不与劳动者签订劳动合同的情形正在增加。苹果公司把低利润的制造部分外包给富士康，专车软件公司不再养车，而要求司机自己带车。相反，传统产业企业则会承担更多的人力成本，竞争力远远低于"互联网+"企业。

2. 实现雇佣控制到合伙人关系的转变。在此过程中劳动关系管理主要有三大境界[①]：（1）传统基于不信任交易关系的人力资源管理。劳资双方的雇佣关系表现为赤裸裸的交易关系。企业管理方认为员工是没有自觉性的，威慑和控制才是节约用工成本的最好方法，管理实践则是强调激励手段与激励技术在用工管理中的作用，但这种雇主单边控制的用工管理模式始终局限在劳资双方的关系是一种基于利益交换关系的认知层面上。（2）人力资源与劳动关系管理。劳资双方雇佣关系表现为一种三位一体的关系，即劳资双方试图在工作场所建立一种基于利益共同体、事业共同体和命运共同体的新型雇佣关系。在这种三位一体的关系中，利益共同体、事业共同体和命运共同体三者之间具有明显的递进关系。（3）战略劳动关系管理。在此管理层次上，劳资双方为一个共同的理念和使命，在一个远大目标的召唤下实现了利益共同体、事业共同体和命运共同体三位一体的劳动关系管理。

① 唐镳. 创变时代，展望战略劳动关系管理. 人力资源，2020(1).

劳动关系管理三重境界的演变，就是把交易关系转变成利益共同体、事业共同体和命运共同体；将劳资双方的关系变成一家人一样，将劳资双方变成使命共同体。

3. 实施战略劳动关系管理①。就是实现合法、合情、合理劳动关系管理。"合法"主要是指人力资源与劳动关系管理要遵守现行的以《劳动法》和《中华人民共和国劳动合同法》为代表的各种劳动法律法规，企业必须合法地获取利润，自觉承担起对企业员工的责任，特别是对员工工资报酬的责任和义务。"合情"主要是指企业的用工管理要以人为本，把员工视为企业的利益相关者，最终实现企业和员工的共同发展。"合理"主要是指企业通过科学的劳动关系管理，提高企业的经济运行效率，获取竞争优势，实现企业的可持续发展。在创变时代背景下，企业人力资源管理、劳动关系管理只有人力资源层面上的职能战略和业务战略紧密结合，实现二者的协同共振，人力资源与劳动关系管理才能真正实现战略管理的转型。

第二节　劳动合同管理

契约式劳动关系的核心就是劳动合同。熟悉劳动合同的建立、履行、变更与解除的基本程序，了解劳动合同的法律法令，正确处理有关劳动合同的有关事宜，是搞好企业人力资源管理工作的前提。

一、劳动合同的基本含义

(一)劳动合同的定义

劳动合同又称劳动协议或劳动契约，是用人单位和劳动者之间确定劳动关系、明确相互权利关系和义务的协议。《劳动法》第十六、第十七条规定，"劳动合同是劳动者与用人单位确定劳动关系、明确双方权利和义务的协议。""劳动合同依法订立即具有法律约束力，当事人必须履行劳动合同规定的义务。"劳动合同能够控制劳动者在劳动过程中的行为，规范劳动活动，调整劳动关系，从而达到组织社会劳动、合理使用劳动、稳定劳动关系的作用。

(二)劳动合同的形式和内容

1. 劳动合同的形式。劳动合同一般都是书面形式的。《劳动法》第十九条规定"劳动合同应当以书面形式订立"，《中华人民共和国劳动合同法》第十条规定"建立劳动关系，应当订立书面劳动合同"。法律要求订立书面劳动合同，是为了更好地保障劳动者的权利，在发生劳动争议的时候有依据。

2. 劳动合同的内容。它是当事人双方经过平等协商所达成的关于权利义务的条款。《劳动法》第十九条规定劳动合同中应该包括法定条款与约定条款。法定条款是缺一不可的，根据《中华人民共和国劳动合同法》第十七条，劳动合同应当具备以下条款：用人单位的名称、住所和法定代表人或者主要负责人；劳动者的姓名、住址和居民身份证或者其他有效身份证件号码；劳动合同期限；工作内容和工作地点；工作时间和休闲休假；劳动

---

① 唐鑛. 创变时代，展望战略劳动关系管理. 人力资源，2020(1).

报酬；社会保险；劳动保护、劳动条件和职业危害防护；法律、法规规定应当纳入劳动合同的其他事项。同时，《中华人民共和国劳动合同法》还规定了约定条款，即"劳动合同除前款规定的必备条款外，用人单位与劳动者可以约定试用期、培训、保守秘密、补充保险和福利待遇等其他事项"。约定条款是双方自愿协商在劳动合同中规定的权利和义务条款，即使没有约定条款，也不会影响合同的成立。

二、劳动合同的签订、履行、变更与解除

(一)劳动合同的签订

1. 劳动合同订立原则。《劳动法》第十七条规定："订立和变更劳动合同，应遵循平等自愿原则，不得违反法律、行政法规的规定。"明确规定劳动者和企业签订和变更劳动合同必须遵循三项根本原则：(1)平等自愿原则，指签订和变更劳动合同的双方在法律地位上是平等的，并完全出于双方当事人自己的真实意愿；(2)协商一致原则，指双方就合同的所有条款进行充分协商，达成双方意思一致；(3)不得违反法律、行政法规的原则，即劳动合同的合法原则。

2. 劳动合同的订立程序。劳动合同的订立程序是指劳动合同在订立过程中必须履行的手续和必须遵循的步骤，一般分为"要约"和"承诺"两个阶段，共有9个步骤。一是企业或组织提出要约，并寻找和确定被要约方。(1)企业或组织公布招聘简章；(2)劳动者自愿报名；(3)全面考核；(4)择优录用。二是签订劳动合同，完成要约和承诺的全过程。(1)企业或组织提出劳动合同草案；(2)向劳动者介绍企业内部劳动规章制度；(3)双方协商劳动合同内容；(4)双方签约；(5)合同鉴证机构或劳动主管部门鉴证合同。

3. 劳动合同的期限。《劳动法》第二十条规定："劳动合同的期限分为固定期限、无固定期限和以完成一定的工作为期限。""劳动者在同一单位连续工作满十年以上，当事人双方同意续延合同的，如果劳动者提出订立无固定期限的劳动合同，应当订立无固定期限的劳动合同。"第二十一条规定："劳动合同可以约定试用期。试用期最长不得超过6个月。"

(二)劳动合同的履行

劳动合同的履行是指合同当事人双方履行劳动合同所规定的义务的法律行为。这一过程实质上也是劳动关系双方实现劳动过程和各自合法权益、履行各自权利和义务的过程。劳动合同的效力及法律对劳动合同有效性的确立就体现为劳动合同必须依法履行。双方履行劳动合同，必须遵循亲自履行原则、全面履行原则和协作履行原则[①]。具体解释如下[②]：

1. 全面履行原则。《中华人民共和国劳动合同法》第二十九条规定："用人单位与劳动者应当按照劳动合同的约定，全面履行各自的义务。"全面履行原则，既要求用人单位为劳动者提供约定的劳动条件，也要求劳动者支付劳动报酬及提供福利、保障劳动者的生命安全和健康等，也要求劳动者需要按照合同及相关岗位职责要求按时保质地完成各项任务、不泄露企业秘密、有敬业尽职义务等。

2. 亲自履行原则。该原则是指劳动合同履行要求用人单位及劳动者均应当亲自完成

---

① 王全兴. 中国劳动法. 北京：中国政法大学出版社，1995：91.
② 杨红英. 人力资源开发与管理. 昆明：云南大学出版社，2014：293.

合同约定或法律规定的各项义务，而不能由第三方代为履行。这也是劳动合同与一般民事合同的重要区别。一般民事合同，除合同明确约定外，代为履行并不损害合同另一方的利益。但是劳动合同具有人身专属性，不可由他人代劳。

3. 合作履行原则。要求劳动合同双方当事人在履行劳动合同时应当相互配合、友好协作。作为劳动者在履行合同时还要求与用人单位其他劳动者进行配合协作。在用工实践中，要求劳动者遵守劳动用工纪律，服从用人单位管理和指挥，按时完成用人单位的工作任务，并与其他劳动者紧密协作，共同实现用人单位及个人的利益。用人单位则应当尽量听取劳动者意见，采纳合理建议，完善内部管理，并在工作中关心爱护员工，以实现劳动者与用人单位的共同发展。

劳动合同是一个整体，合同中的各个条款相互之间有内在的联系，必须全面履行，从而使双方的合法权益得到全面实现。劳动合同双方均不得由他人代替，必须亲自享受其权利，亲自履行其义务，不得转移和代行。

（三）劳动合同的变更

劳动合同双方已订立的合同条款达成修改补充协议的法律行为，称之为劳动合同的变更。劳动合同双方当事人的任何一方对劳动合同的内容都可以提出修改补充意见，但必须有正当理由，并按照规定时间提前向对方提出，经协商双方同意才可变更合同内容，给对方造成经济损失的，应负赔偿责任。一个有效合同的变更应当符合以下条件①：（1）双方当事人之间已经定有合同且合法有效；（2）双方当事人必须就变更合同的内容达成一致，并且对合同变更内容的约定必须明确；（3）变更合同的协议必须符合民事法律行为的生效条件；（4）变更合同必须遵循法律规定的程序，一般来说，合同变更的程序与合同订立程序相同，但法律、行政法规规定还应当办理批准、登记等手续的，必须遵循其规定。

（四）劳动合同的解除

劳动合同的解除是指当事人双方提前终止劳动合同的法律效力，解除双方的权利和义务关系。劳动合同一经订立，双方应认真履约，不得擅自解除。但是，如果发生特殊情况，劳动合同当事人经协商一致后可以解除劳动合同。我国《劳动法》有明确规定：

1. 出现以下情形时，企业可立即辞退员工：（1）劳动合同期满或者当事人约定的劳动合同终止条件出现；（2）经劳动合同当事人协商一致；（3）试用期内被证明不符合录用条件的；（4）严重违反劳动纪律或者企业或组织规章制度；（5）严重失职，营私舞弊，给企业或组织利益造成重大损害，依法被追究刑事责任。

2. 出现以下情形时，企业需提前30日书面通知后方可辞退员工：（1）患病或者非因工负伤，医疗期满后，不能从事原工作也不能从事由企业或组织另行安排的工作的；（2）不能胜任工作，经过培训或者调整工作岗位仍不能胜任工作的；（3）劳动合同订立时所依据的客观情况发生重大变化，致使劳动合同无法履行，经当事人协商不能就变更劳动合同达成协议的；（4）企业或组织濒临破产进行法定整顿期间或者生产经营状况发生严重困难，确需裁减人员的，应当提前30日向工会或全体员工说明情况，听取其意见，并向劳动部门报告。

---

① 胡志民. 法律基础与 HR. 第二版. 上海：华东理工大学出版社，2014：254.

3. 出现以下情形时，企业不得辞退员工：(1)患职业病或在因工负伤并被确认丧失或者部分丧失劳动能力的人；(2)患病或者负伤，在规定的医疗期内；(3)女员工在孕期、产期、哺乳期内的；(4)法律、行政法规规定的其他情形。

4. 出现以下情形时，员工可自行辞职：(1)合同期满或约定的合同终止条件出现；(2)经劳动合同当事人协商一致；(3)在试用期间；(4)企业或组织以暴力、威胁或者非法限制人身自由的手段强迫劳动的；(5)企业或组织未按照劳动合同约定支付劳动报酬或者提供劳动条件的；(6)提前30日书面通知企业或组织解除劳动合同的。

(五)违反劳动合同的责任

违反劳动合同的责任是指用人单位或劳动者本身的过错造成不履行或不适当履行合同的责任。根据《劳动法》和《违反和解除劳动合同的经济补偿办法》的规定：

1. 用人单位侵犯劳动者合法权益的情形及责任。(1)克扣或者无故拖欠劳动者工资的；(2)拒不支付劳动者延长工作时间工资报酬的；(3)低于当地最低工资标准支付劳动者的工资的；(4)解除劳动合同后，未依照本法规定给予劳动者经济补偿的。《违反〈中华人民共和国劳动法〉行政处罚办法》第十六条规定，用人单位有上述四种行为之一者，应责令支付劳动者工资报酬、经济补偿，并可责令支付相当于劳动者工资报酬、经济补偿总和的一至五倍的劳动者赔偿金。《违反和解除劳动合同的经济补偿办法》第三条规定，用人单位克扣或拖欠劳动者工资以及拒不支付延长工作时间工资报酬的，除在规定时间内全额支付外，还须加发相当于工资报酬的25%的经济补偿金；第四条规定，用人单位低于当地最低工资标准支付劳动者工资报酬的，除补足低于部分外，另外支付相当于低于部分的25%的经济补偿金；第十条规定，用人单位解除劳动合同后，未按规定给予劳动者经济补偿的，除全额发给经济补偿金外，还必须按经济补偿金数额的50%支付额外经济补偿金。

2. 由于用人单位的原因订立的无效合同应承担赔偿责任。《劳动法》第九十七条、九十九条有规定：(1)由于用人单位的原因订立无效合同，对劳动者造成损害的，应承担赔偿责任；(2)用人单位招用未解除劳动合同的劳动者，对原用人单位造成经济损失的，该用人单位应当依法承担连带赔偿责任。

3. 用人单位解除合同或故意拖延不订立合同应当承担经济责任。《劳动法》第九十八条规定，本法规定无条件解除劳动合同或者故意拖延不订立劳动合同的用人单位，由劳动行政部门责令改正，对劳动者造成损害的应当承担赔偿责任。

4. 用人单位由于客观原因解除劳动合同的补偿责任。在《违反和解除劳动合同的经济补偿办法》第七条至第九条中都有具体规定：(1)劳动者不能胜任工作，经过培训或者调整工作单位仍不能胜任工作，由用人单位解除劳动合同的，用人单位按其在本单位工作年限，工作时间每满一年，发给相当于一个月工资的经济补偿金，最多不超过12个月。(2)劳动合同订立时所依据的客观情况发生变化，致使原劳动合同无法履行，经当事人协商不能就变更劳动合同达成协议，由用人单位解除劳动合同的，用人单位按劳动者在本单位工作的年限，工作时间每满一年发给相当于一个月工资的经济补偿金。(3)用人单位濒临破产进行法定整顿期间或者生产经营发生严重困难，必须裁减人员的，用人单位按被裁减人员在本单位工作的年限支付经济补偿金。在本单位工作时间每满一年，发给相当于一个月的工资的经济补偿金。

5. 经当事人协商由用人单位解除合同的经济补偿责任。《违反和解除劳动合同的经济补偿办法》第五条规定，"经劳动合同当事人协商一致，由用人单位解除劳动合同的，用人单位根据劳动者在本单位工作年限，每满一年发给一个月工资的经济补偿金，最多不超过12个月。"

6. 劳动者患病或者非因工负伤不能从事工作也不能从事由用人单位另行安排工作而解除劳动合同的经济补偿责任。用人单位应按其在单位的工作年限，每满一年发给相当于一个月工资的经济补偿金，同时发给不低于6个月工资的医疗补助费，患重病和绝症的还应增加医疗补助费，患重病的增加部分不低于补助费50%，患绝症的增加部分不低于医疗补助费的100%。

7. 劳动者违反劳动合同的赔偿责任。《劳动法》第一百零二条规定，劳动者违反本法规定的条件解除劳动合同或者违反劳动合同中的约定的保密事项，给用人单位造成经济损失的，应当依法承担赔偿责任。

三、集体合同

（一）集体合同的含义

1. 集体合同的含义。《集体合同规定》第五条规定，"集体合同是集体协商双方代表根据法律、法规的规定就劳动报酬、工作时间、休息休假、劳动安全卫生、保险福利等事项在平等协商一致的基础上签订的书面协议。"《劳动法》第三十三条规定，"集体合同由工会代表职工与企业签订；没有建立工会的企业，由职工推举的代表与企业签订。"集体合同是企业和工会组织（或职工代表）之间就各项具体劳动标准及职工的权利与义务经协商一致而缔结的协议。

2. 集体合同与个人合同的区别：（1）当事人不同。集体合同当事人一方是职工自愿结合而成的具有法人资格的工会，另一方是用人单位；劳动合同当事人双方则是劳动者和用人单位。（2）个人合同是劳动者与其使用者双方建立劳动关系的形式与依据，而集体合同则是在劳动者与使用者建立劳动关系后，劳动者群体通过工会与企事业单位达成的协议。个人合同产生于劳动关系建立前，而集体合同则产生于劳动关系确定后。（3）个人合同调整的是个人劳动关系的各个方面，其中的标准条件由国家法律规定，而集体合同调节的则是集体劳动关系，其内容可涉及劳动报酬、工作时间、安全与卫生及保险福利等方面，或其中的某一方面内容。

（二）集体合同的内容与种类

1. 集体合同的内容。《集体合同规定》第八条规定，集体合同应当包括：劳动报酬、工作时间、休息休假、保险福利、劳动安全与卫生、补充保险和福利、女职工和未成年工特殊保护、职业技能培训、劳动合同管理、奖励、裁员、集体合同的期限、变更与解除集体合同的程序、集体合同的监督、履行集体合同发生争议时的协商处理办法、违反集体合同的责任、双方认为应当协商的其他内容。

2. 集体合同的种类。我国主要实行单一企业集体合同形式。根据其不同内容，可分为若干种。主要包括：工资集体合同；专门集体合同，如职工社会保险集体合同等；一揽子集体合同，包括的内容比较全面，是综合性的集体合同，可包括劳动报酬、工作时间、休息休假、劳动安全卫生、保险福利等。

（三）集体合同的签订、变更、解除与终止

1. 集体合同的签订。《劳动法》第三十三条至第三十五条规定，"集体合同草案应当交职工代表大会或者全体职工讨论通过。""集体合同签订后应当报送劳动行政部门；劳动行政部门自收到集体合同文本之日起十五日内未提出异议的，集体合同即行生效。""依法签订的集体合同对企业和企业全体职工具有约束力。"《集体合同规定》第五条规定"签订集体合同或专项集体合同应当遵循下列原则：遵守法律、法规、规章及国家有关规定；相互尊重，平等协商；诚实守信，公平合作；兼顾双方合法权益；不得采取过激行为。"

2. 集体合同的变更、解除。如果由于环境和条件发生变化，致使集体合同难以履行时，双方均有权要求就变更或解除集体合同进行协商；当双方就集体合同的变更或解除提出协商要求时，双方应当在 7 日以内进行协商。当一方提出建议要求变更或解除集体合同时，必须向对方说明需要变更或解除集体合同的条款和理由。然后双方就此进行协商，以期达成书面协议。协议书应当提交职工代表大会或全体职工审议通过，并报送集体合同管理机关备案，如审议未获通过，应由双方重新协商。

3. 集体合同的终止。集体合同的期限届满或双方约定的终止条件出现，集体合同即行终止。集体合同期满以前，企业工会应同企业商定续订下期集体合同的事项。

（四）违反集体合同的责任

企业违反集体合同，其主管人员应对上级机关负纪律责任；企业行政管理人员违反集体合同属于恶意，应当从重处罚，其行为触及刑律已构成犯罪时，司法机关应追究其刑事责任；工会的基层组织不履行集体合同的义务，应对上级工会和工会会员负道义上和政治上的责任；个别职工不履行集体合同规定的义务，其行为违反了企业规定时，也应承担纪律责任。

第三节 劳动争议管理

为了保证用人单位有良好的工作秩序，避免劳动关系双方的冲突激化，合理地处理劳动关系是非常重要的。

一、劳动争议的含义和种类

（一）劳动争议含义

劳动争议又称劳动纠纷，是指企业与员工之间因劳动权利和劳动义务所发生的纠纷。它是企业与员工因贯彻劳动立法、履行劳动合同、执行劳动规章而发生的纠纷。主要法律法规有《中华人民共和国劳动争议调解仲裁法》（2007 年 12 月 29 日）、《企业劳动争议处理条例》《企业劳动争议处理条例若干问题解释》《企业劳动争议调解委员会组织及工作规则》《劳动争议仲裁委员会组织规则》《劳动争议仲裁委员会办案规则》等。

《最高人民法院关于审理劳动争议案件适用法律若干问题的解释（二）》（2006 年 8 月 14 日）第七条规定了下列纠纷不属于劳动争议：（1）劳动者请求社会保险经办机构发放社

会保险金的纠纷；（2）劳动者与用人单位因住房制度改革产生的公有住房转让纠纷；（3）劳动者对劳动能力鉴定委员会的伤残等级鉴定结论或者对职业病诊断鉴定委员会的职业病诊断鉴定结论的异议纠纷；（4）家庭或者个人与家政服务人员之间的纠纷；（5）个体工匠与帮工、学徒之间的纠纷；（6）农村承包经营户与受雇人之间的纠纷。

（二）劳动争议的种类

根据不同的分类标准，劳动争议有以下几种。

1. 依据劳动争议的性质分为既定权利争议与特定权利争议。既定权利争议是指劳动关系双方主体及其代表对既定权利和义务的实现和履行产生的争议。也就是说，企业既定权利争议是就有关劳动法规和企业集体合同或劳动合同的执行与否而产生的争议。既定权利争议一般适用于调解、利益仲裁和法律诉讼等手段。特定权利争议是指劳动关系双方主体及其代表在确定彼此的权利和义务关系时产生的分歧和争议。它一般发生在企业集体合同或劳动合同的订立或变更阶段。当企业劳动关系双方主体及其代表在订立或变更企业集体合同或劳动合同时，对彼此权利和义务关系的确定存在不同意见，企业特定权利争议就会产生。在实践中，企业特定权利争议较多地出现在集体谈判陷于僵局或失败之时。特定权利争议适合于双方的协商解决或政府干预的双方协商解决。

2. 依据劳动争议的主体分为职工个人劳动争议与集体劳动争议。企业职工个人劳动争议是指企业个别劳动者与企业管理者之间发生的具有独特内容的劳动争议。具有以下特点：第一，劳动者一方的争议当事人人数未达到集体争议当事人人数的法定要求。比如在我国，劳动者一方的争议当事人人数只限于 1 人或 2 人。第二，争议内容只是关于个别劳动关系、劳动问题的，而不是关于一类劳动关系、劳动问题的，后者主要出现在集体争议当中。第三，对于争议的处理，劳动者一方的争议当事人只能自己参加，而不能由别人代表。劳动者一方的争议当事人为 2 人时，其中一人不能作另一人的代表。集体劳动争议是指争议的主体一方职工达到法定人数并具有共同理由的劳动争议。

3. 依据劳动争议是否具有涉外因素分为国内劳动争议和涉外劳动争议。国内劳动争议是指有本国国籍的企业的劳动者与本国企业的管理者之间的劳动争议。在中国，外商投资企业的中外合资经营企业和中外合作经营企业属中国企业。因此，它的管理者与中国员工之间发生的劳动争议属于国内劳动争议。涉外劳动争议是指当事人一方或双方具有外国国籍或无国籍的企业劳动争议。它包括本国企业管理者与外籍员工之间、外籍雇主与本国员工之间以及外籍雇主与外籍雇员之间的劳动争议。在中国，外商投资企业中的外商独资企业是由外籍雇主独资兴办的，它与中国员工或外籍员工之间发生的劳动争议属于涉外劳动争议。

（三）劳动争议的原因

劳动争议的发生，在各个国家都是客观现象。在我国社会主义市场经济条件下，各类用人单位与劳动者主体发生劳动争议已是一种普遍现象，也表明劳动关系中存在的不稳定因素具有显性化和复杂化的特点。主要原因如下：（1）劳动关系模式的转化还未完成，从国家计划性与行政性指令性质劳动关系模式转变为企业自主性质的劳动关系模式，要有一个过程。从外部条件看，新的劳动关系运行的市场环境还未形成，整体运行还未进入有序状态。（2）劳动关系主体还未完全进入角色。由于市场经济和社会化大生产，市场经济要求资源流动而形成最佳配置，但用人单位与劳动力市场双方还未完全成熟，劳动者对如何保护自身权益缺乏足够的法律知识，企业经营管理者又往往缺乏依法用工、付酬、奖惩方面的经验，这就决定了企业与员工之间不可避免地会因劳动关系产生、变更、终止而发生冲突，加之二者利益、看问题的角度也不同，增加了纠纷的可能性。(3)工会组织应有的地位和作用还没充分发挥出来，集体谈判与合同正在逐步形成，但缺乏经验。由于工会组织作用发挥不充分，大量劳动争议在潜在形成中，不仅没有消除，而且一旦矛盾激化便暴露出来。(4)我国政府职能转化正在逐步完成过程中，劳动立法还存在不够完善的地方。(5)有利于劳动关系良性运行的各种有效机制刚刚建立不久，亟待完善。(6)人们的法制观念淡薄。

二、劳动争议处理方式

根据劳动法规定，用人单位与劳动者发生劳动争议，当事人可以依法申请调解、仲裁、提起诉讼，也可以协商解决。劳动争议的一般处理可包括：调解、仲裁和劳动争议诉讼。

（一）劳动争议调解

这是指调解机构在查明事实、分清责任、促使争议当事人在法律法规的基础上和在相互谅解的基础上达成协议的处理方法。根据《中华人民共和国劳动争议调解仲裁法》第十条规定，发生劳动争议，当事人可以到以下调解组织申请调解：(1)企业劳动争议调解委员会；(2)依法设立的基层人民调解组织；(3)在乡镇、街道设立的具有劳动争议调解职能的组织。企业劳动争议调解委员会由职工代表和企业代表组成，职工代表由工会成员担任或者全体职工推举产生，企业代表由企业负责人指定。企业劳动争议调解委员会主任由工会成员或者双方推举的人员担任。

（二）仲裁

劳动争议仲裁是指由劳动争议仲裁机构在查明事实、分清责任的基础上依法对争议事实和当事人应承担的责任进行认定和裁决的活动。主要法律法规有《中华人民共和国企业劳动争议处理条例》《劳动争议仲裁委员会组织规则》《劳动争议仲裁委员会办案规则》《中华人民共和国劳动争议调解仲裁法》等。

（三）诉讼

劳动争议诉讼是指劳动争议当事人不服劳动争议仲裁委员会的裁决，在法定期限内，持劳动争议仲裁决定书向人民法院请求保护其劳动权益，人民法院依据法律规定的诉讼原则和程序，处理该争议的活动。

三、劳动争议调解

（一）劳动争议调解的特点

劳动争议的调解是劳动争议解决的方式之一，它具有以下方面的特点：(1)自愿性。对劳动争议的调解必须以双方当事人自愿为前提，不得强行调解。调解机构是企业或组织内部的群众性组织，既非司法部门，也非行政机关。(2)内部性。劳动争议调解的参与者，都是本企业的成员，而不求助于企业外部的单位或个人。因此，以调解方式解决争议，实际是在本企业内部处理问题。

（二）劳动争议调解的原则

调解劳动争议应遵循的原则①：（1）自愿原则。主要体现在三个方面：是否向劳动争议调解组织申请调解，由当事人自行决定，任何一方不得胁迫；在调解过程中，始终贯彻自愿协商的原则；调解协议的执行是自愿的。（2）民主说服原则。劳动争议调解组织对劳动争议没有强制处理权，对调解达成的协议也没有法律强制力的保障。因此，在调解劳动纠纷时，主要依据法律、法规，运用民主讨论、说服教育的办法，摆事实，讲道理，做深入细致的思想工作，在双方认识一致的前提下，动员其自愿协商后达成协议。（3）以事实为依据，以法律为准绳原则。处理劳动争议时调解组织必须对争议的事实进行深入、细致、客观的调查、分析，在查明事实真相的基础上，依法进行调解。

（三）劳动争议调解的程序

1. 申请和受理。劳动争议发生后，当事人双方在其权利受到侵害之日起 30 日内，以口头或书面形式向调解委员会提出申请，并填写《劳动争议调解申请书》，发生争议的员工一方在 3 人以上，并有共同申诉理由的，可视为集体劳动争议。调解委员会接到调解申请后，应征询对方当事人的意见，对方当事人不愿调解的，应做好记录，在 3 日内以书面形式通知申请人。调解委员会应在 4 日内做出受理或不受理申请的决定，对不受理的，应向申请人说明理由。

2. 调查和调解。一般争议都需调解委员会对争议事项进行调查核实。调查的内容主要包括：争议双方当事人争议的事实及对调解申请提出的意见和依据；调查争议所涉及的其他有关人员、单位和部门及他们对争议的态度和看法；查阅有关劳动法规以及争议双方订立的劳动合同或集体合同等。在第一手资料基础上，由调解委员会主任主持召开由双方当事人参加的调解会议，调解委员应当充分听取双方当事人对事实和理由的陈述，耐心疏导，并依法进行调解。

3. 制作调解协议书或调解意见书。实施调解有两种结果：一是经调解达成协议的，这时需要制作调解协议书，双方当事人应自觉履行。调解协议书由双方当事人签名或盖章，经调解员签名并加盖调解组织印章后生效，对双方当事人具有约束力，当事人应当履行。二是调解不成或调解达不成协议，这时应做好记录，并制作调解意见书，并在调解意见书上说明情况，提出对争议的有关处理意见。

（四）劳动争议调解的期限

劳动争议调解的期限是指劳动争议调解委员会应当在多长时间内结束调解。《中华人民共和国劳动争议调解仲裁法》第十四条规定：自劳动争议组织收到调解申请之日起 15 日内未达成调解协议的，当事人可以依法申请仲裁。

四、劳动争议仲裁

劳动争议仲裁是指以第三者身份出现的劳动争议仲裁委员会，对劳动争议当事人双方争议的事项，根据劳动法律、法规和政策的规定，依照一定的法律程序作出裁决，从而解

---

① 万志前，廖震峡，等. 劳动法与社会保障法. 北京：清华大学出版社，2014：160.

决劳动争议的一项劳动法律制度。

（一）劳动争议仲裁的组织机构和职责

根据《中华人民共和国劳动争议调解仲裁法》第十七、第十八、第十九、第二十、第三十一条规定：

1. 仲裁委员会。劳动争议仲裁委员会按照统筹规划、合理布局和适应实际需要的原则设立。省、自治区人民政府可以决定在市、县设立；直辖市人民政府可以决定在区、县设立。直辖市、设区的市也可以设立一个或者若干个劳动争议仲裁委员会。劳动争议仲裁委员会不按行政区划层层设立。劳动争议仲裁委员会由劳动行政部门代表、工会代表和企业方面代表组成。劳动争议仲裁委员会组成人员应当是单数。仲裁委员会具有以下职责：(1)聘任、解聘专职或者兼职仲裁员；(2)受理劳动争议案件；(3)讨论重大或者疑难的劳动争议案件；(4)对仲裁活动进行监督。

2. 仲裁委员会办事机构。劳动行政主管部门的劳动争议处理机构，负责办理仲裁委员会的日常事务。其主要职责如下：(1)办理劳动争议案件的日常工作；(2)根据仲裁委员会的授权，负责管理仲裁员，组织仲裁庭；(3)管理仲裁委员会的文书、档案、印鉴；(4)负责劳动争议及其处理的法律、法规及政策咨询；(5)向仲裁委员会汇报、请示工作；(6)办理仲裁委员会授权或交办的其他事项。

3. 仲裁庭。它在仲裁委员会领导下处理劳动争议案例，实行一案一庭制。劳动争议仲裁庭由若干仲裁员(1名首席仲裁员和2名仲裁员)组成。对简单案件，仲裁委员会可以指定1名仲裁员独任仲裁。处理职工一方在30人以上的集体劳动争议的特别仲裁庭由3名以上仲裁员单数组成。仲裁庭是根据具体劳动争议案件成立的，随案件的结束而自行解散。

4. 仲裁员。劳动争议仲裁委员会应当设仲裁员名册，劳动争议仲裁员包括专职和兼职仲裁员。仲裁员应当公道正派并符合下列条件之一：一是曾任审判员的；二是从事法律研究、教学工作并具有中级以上职称的；三是具有法律知识、从事人力资源管理或者工会等专业工作满5年的；四是律师执业满3年的。

（二）劳动争议仲裁的原则

劳动争议仲裁的原则是劳动争议仲裁机构在仲裁程序中应遵守的准则，反映了劳动争议仲裁的本质要求。

1. 先行调解原则。这是指劳动争议仲裁委员会在裁决前，应先行调解，经过调解不能达成协议的，才可进行裁决。

2. 及时迅速原则。这是指劳动争议仲裁委员会在处理劳动争议案件时，必须严格依照法律规定的期限结案，尽快解决劳动争议。

3. 一次裁决原则。劳动争议仲裁委员会对每一起劳动争议案实行一次裁决。

4. 自愿申请与强制原则。我国劳动争议仲裁采用自愿申请原则，即指只有当事人提出仲裁申请，劳动争议仲裁委员会才可受理。仲裁决定具有法律效力，在法定期限内，当事人可向有管辖权的法院申请诉讼，否则裁决书具有法律效力，可强制执行。

5. 区分举证责任的原则。在履行劳动合同而发生的争议中，实行"谁主张，谁举证"的原则，而在用人单位处罚员工的劳动争议中，"谁决定，谁举证"。

（三）劳动争议仲裁的参加人

1. 劳动争议仲裁当事人。发生劳动争议的劳动者和用人单位为劳动争议仲裁案件的双方当事人。劳务派遣单位或者用工单位与劳动者发生劳动争议的，劳务派遣单位和用工单位为共同当事人。

2. 劳动争议仲裁第三人。与劳动争议案件的处理结果有利害关系的第三人，可以申请参加仲裁活动或者由劳动争议仲裁委员会通知其参加仲裁活动。

3. 劳动争议仲裁代理人。代理当事人一方，用被代理当事人的名义，在法律规定或当事人授权范围内，为被代理人行使劳动争议仲裁权利和承担仲裁义务。仲裁代理人有三种：（1）法定代理人，指根据法律规定行使代理权的人，故无须办理委托代理书。（2）指定代理人，指基于仲裁委员会的指定而行使代理权的人。（3）委托代理人，指基于仲裁当事人、法定代理人的委托而代理仲裁的人。委托他人参加仲裁活动，应当向劳动争议仲裁委员会提交有委托人签名或盖章的委托书，委托书应当载明委托事项和权限。丧失或者部分丧失民事行为能力的劳动者，由其法定代理人代为参加仲裁活动；无法定代理人的，由劳动争议仲裁委员会为其指定代理人。劳动者死亡的，由其近亲属或者代理人参加仲裁活动。

（四）劳动争议仲裁的程序

1. 仲裁申请和受理。《中华人民共和国劳动争议调解仲裁法》第二十八、第二十九、第三十条规定：申请人申请仲裁应当提交书面仲裁申请，并按照被申请人人数提交副本。劳动争议仲裁委员会收到申诉书之日起 5 日内，认为符合受理条件的，应当受理，并通知申请人；认为不符合受理条件的，应当书面通知申请人不予受理，并说明理由。对劳动争议仲裁委员会不予受理或者逾期未作出决定的，申请人可以就该劳动争议事项向人民法院提起诉讼。仲裁委员会受理仲裁申请后，应当在 5 日内将仲裁申请书副本送达被申请人。被申请人收到仲裁申请书副本后，应当在 10 日内向劳动争议仲裁委员会提交答辩书。

2. 案件仲裁准备。组成仲裁庭、认真审阅案卷材料、调查取证和进行庭审前的调解。

3. 开庭审理和裁决。对当事人不愿调解或调解不成的争议，仲裁庭应按少数服从多数的原则及时裁决。

4. 仲裁文书的送达。仲裁庭做出裁决后应当制作仲裁裁决书，由仲裁员署名，加盖仲裁委员会印章，送达双方当事人。送达方式有：直接送达、留置送达、委托送达、邮寄送达、公告送达，"布告"送达。

（五）劳动争议仲裁的监督程序

劳动争议仲裁的监督程序又称再仲裁程序，指仲裁委员会对本委员会已发生法律效力的裁决书，发现确有错误，决定对原案进行重新处理予以纠正的程序。劳动争议仲裁监督程序具有以下特点：（1）仲裁对象特定。仲裁对象是仲裁委员会已经发生法律效力的仲裁裁决。（2）提起仲裁的主体特定。提起仲裁的主体是各级仲裁委员会主任。（3）提起仲裁的时间特定。只要仲裁委员会主任发现已经发生法律效力的裁决书确有错误，随时都可以提出再审。

（六）劳动争议仲裁的时效

劳动争议的仲裁时效是指法律法规对劳动争议仲裁委员会及仲裁参加人提起并进行仲

裁活动的时限规定,包括:(1)申诉时效。劳动争议申请仲裁的时效期间为1年,仲裁时效期间从当事人知道或应当知道其权利被侵害之日起计算。(2)仲裁时间要求。根据《中华人民共和国劳动争议调解仲裁法》规定,仲裁庭裁决劳动争议案件,应当自劳动争议仲裁委员会受理仲裁申请之日起45日内结束。案情复杂需要延期的,经劳动争议委员会主任批准,可以延期并书面通知当事人,但是延长期限不得超过15日。逾期未作出仲裁裁决的,当事人可以就该劳动争议事项向人民法院提起诉讼。

五、劳动争议审理

（一）劳动争议审理的概念

劳动争议审理是指人民法庭对不服仲裁而提出诉讼的劳动争议依法进行审理并作出判决。也就是说,劳动争议发生后,当事人不能直接向法庭起诉,必须先申请仲裁,不服仲裁裁决时才可以进入诉讼程序。

（二）劳动争议审理的原则

人民法院审理劳动争议案件适用《中华人民共和国民事诉讼法》所规定的诉讼程序,遵循司法审判中的一般诉讼原则,如以事实为依据、以法律为准绳的原则;独立行使审判权的原则;回避原则;着重调解的原则等。处理劳动争议案件要以劳动法律法规和政策为依据,还要根据劳动争议案件的特殊性,体现与有关单位密切配合的原则。

（三）人民法院对劳动争议的管辖

一般实行地域管辖,通常实行原告就被告的原则。

（四）人民法院对劳动争议的审理程序

人民法院并不处理所有的劳动争议,只处理一定范围内的劳动争议案件。

1. 争议事项范围。最高人民法院《关于审理劳动争议案件适用法律若干问题的解释》第一条规定,法院受理的劳动争议案件范围为:劳动者与用人单位在履行劳动合同过程中发生的纠纷;劳动者与用人单位之间没有订立书面劳动合同但已形成劳动关系后发生的纠纷;劳动者退休后,与尚未参加社会保险统筹的原用人单位因追索养老金、医疗费、工伤保险费和其他社会保险费而发生的纠纷。法律规定由人民法院处理的其他劳动争议。

2. 劳动争议受理的条件。一是争议主体必须合适。即《劳动法》第二条规定的,劳动争议的主体应是我国境内的企业、个体经济组织、国家机关、事业组织、社会团体及与之形成劳动关系或建立劳动合同关系的劳动者;二是争议的主体之间订立有书面劳动合同,或者双方虽未订立书面劳动合同,但有口头约定或其他现实表现的;三是双方已实际履行了劳动合同,劳动者事实上已经成为用人单位的成员,提供有偿劳动,获得了劳动报酬、劳动保护等权利,同时接受用人单位的管理、遵守用人单位的内部劳动规章制度;四是劳动关系当事人之间的劳动争议,必须先经过劳动争议仲裁委员会仲裁。必须是在接到仲裁决定书之日起15日内向人民法院起诉,超过15日,人民法院不予受理;以及属于受诉人民法院管辖。

第四节 劳动保护

员工的安全与健康是企业生产力的基础。劳动保护是人力资源管理中的基本内容,也是满足员工安全需要、激发其劳动积极性的必要手段。

一、劳动保护

劳动保护是国家对劳动者在生产过程中，安全和健康的保护，是企业在生产过程中消除伤亡事故、职业病、火灾等采取的综合措施，以保护企业人力资源，从而提高企业经济效益。劳动保护是保证社会主义市场经济体制顺利运行的重要条件，加强劳动保护工作是企业人力资源管理的基本原则和重要内容。

（一）劳动保护的含义

根据中华人民共和国宪法的有关规定和安全生产方针，从广义上看，劳动保护可解释为：国家和社会（包括企业）为保护劳动者在生理、经济和社会各方面的权益而采取的各项保障和维护措施的统称。这种广义的劳动保护概念具有三层次的含义①：第一层次是对劳动者生理保护，国家通过立法形式或强制方式保护劳动者在劳动过程中的安全与健康，以防止和消除工伤事故和职业病的发生。第二层次是对劳动者经济条件的保护，主要是对劳动者的报酬和福利的保护。第三层次是对劳动者社会条件的保护，包括对劳动者素质、劳动者职业稳定和职业提升、劳动中良好的人际关系以及劳动者参与企业管理的权益的保护。这三层次从内容上说标志着劳动保护从低级向高级的发展，对人的重要程度也越来越大。

对于企业而言，首先劳动者在生产过程中的安全与健康，也可以理解为狭义的劳动保护，即针对劳动过程中存在的许多不安全、不卫生的因素采取的各种技术措施和组织措施的总称。从学科的角度讲，劳动保护是一项综合性的工作，它既有属于社会科学范畴的政治、法律、经济等学科中关系到劳动保护方针政策、法律规章、管理制度、思想教育方面的问题，又有属于自然科学范畴的物理、化学、力学、生物医疗卫生、生产技术等多种学科中，有关改善劳动条件、减轻劳动强度、消除危险因素和致病因素等方面的技术性问题，因此，劳动保护也是一项很复杂的工作。

（二）劳动保护的基本任务

劳动保护是指为了保护劳动者在劳动生产过程中的安全与健康，做好预防和消除工伤事故、防止职业中毒和职业病、改善劳动条件等方面所进行的工作和采取的措施，总称劳动保护。其基本任务包括：(1)保证安全生产。采取有效措施，减少和消除劳动中的不安全、不卫生因素，改善员工的劳动条件，满足其安全需要。(2)实行女工保护。女职工由于其生理特点，比男性受毒敏感性高，患病率也高，特别是在经、孕、产、哺期，而且女职工的健康关系到下一代的人口素质，因此，对女职工保护意义重大。(3)实现劳逸结合。采取各种必要措施，使职工有劳有逸，有张有弛地工作和学习，保证适当的休息和娱乐。这是劳动力维持再生产的需要，也是提高职工生活质量的需要。(4)规定职工的工作时间和休假制度，限制加班加点，保证劳动者有适当的休息时间和休假日数，使其能保持旺盛的精力。(5)组织工伤救护，保证劳动者一旦发生工伤事故，立即受到良好的治疗。(6)做好职业中毒和职业病的预防工作和救治工作。

---

① 童星，等. 劳动社会学. 南京：南京大学出版社，1992：285.

二、劳动保护的基本内容

(一)劳动时间的规定

对劳动时间的限制是维护劳动者的休息权利、保障劳动者身心健康的重要手段。我国现行的关于职工工作时间和规定的主要内容如下。

1. 工作时间的含义和分类。工作时间是劳动者根据国家法律规定在用人单位从事工作或生产的时间。目前,我国劳动者的工作时间主要有四类:

(1)标准工作时间。这是指由国家法律规定的,在正常情况下,一般员工从事工作或劳动的时间。《劳动法》第三十六条规定,"国家实行劳动者每日工作时间不超过八小时、平均每周工作时间不超过四十四小时的工时制度。"《国务院关于职工工作时间的规定》(1995年修订)第三条规定①:国家实行职工每日工作8小时、平均每周工作40小时,其中把劳动者在一昼夜内工作8小时称为"标准工作日",在一周内工作40小时,即每周工作5天、休息2天,称为"标准工作周"。

(2)缩短工作时间。这是指在特殊情况下对员工实行的少于标准工作时间长度的工时形式。《国务院关于职工工作时间的规定》第四条规定:"在特殊条件下从事劳动和有特殊情况,需要缩短工作时间的,按照国家规定执行。"在我国目前能缩短工作时间的有:矿山、井下、高山、高温、低温、有毒有害、特别繁重或过重紧张劳动;夜班工作;哺乳期的女职工。

(3)计件工作时间。这是指以劳动者完成一定劳动定额为标准的工作时间。《劳动法》第三十七条规定:"对实行计件工作劳动者,用人单位应当根据本法第三十六条规定的工时制度合理确定其劳动定额和计件报酬标准。"即用人单位必须以劳动者在一个标准工作日和一个标准工作周的工作时间内能够完成的计件数量为标准,确定劳动者日或周的劳动定额。

(4)不定时工作时间和综合计算工作时间。《关于企业实行不定时工作制和综合计算工时工作制的审批办法》第四、第五条有明确规定。①综合计算工作时间是因企业生产或工作的特点,劳动者的工作时间不宜以日计算,需要分别以周、月、季、年等为周期,综合计算工作时间,但其平均周工作时间应与法定标准工作时间基本相同。对下列职工可以综合计算工作时间:交通、铁路、邮电、水运、航空、渔业等行业中因工作性质特殊,需连续作业的员工;地质及资源勘探、建筑、制盐、制糖、旅游等受季节和自然条件限制的行业的部分职工;其他适合实行综合计算工时工作制的员工。②不定时工作时间是每日没有固定工作时数的工时形式。对符合下列条件之一者的职工可以实行不定时工作制:企业中的高级管理人员、外勤人员、推销人员、部分值班人员和其他因工作无法按标准工作时间衡量的员工;企业中长途运输人员、出租汽车司机和铁路、港口、仓库的部分装卸人员以及因工作性质特殊,需机动作业的员工;其他因生产特点、工作特殊需要或职责范围的关系适合不定时工作制的员工。

---

① 国务院关于职工工作时间的规定. 中华人民共和国人力资源和社会保障部网站,http://www.mohrss.gov.cn/SYrlzyhshbzb/zcfg/flfg/xzfg/201604/t20160412_237909.html.

2. 延长工作时间。这是指劳动者工作时间超过了法定标准工作时间，包括加班和加点，加班通常指员工在公休假日和法定节日从事工作劳动，加点是指员工在标准工作日以外延长了工作时间。《劳动法》第四十一、第四十二、第四十四、第六十一和第六十三条以及《〈国务院关于职工工作时间的规定〉的实施办法》第七条等都有明确的规定，在以下情况下允许延长工作时间：

（1）由于生产需要延长工作时间。用人单位由于生产经营需要，经与工会和劳动者协商后可以延长工作时间，一般每日不得超过 1 小时；因特殊原因需要延长工作时间的，在保障劳动者身体健康的条件下延长工作时间每日不得超过 3 小时，但是每月不得超过 36小时。企业加班须经工会和劳动者的同意，不得强制。

（2）由于紧急特殊情况而需要延长工作时间。有下列情形之一的，延长工作时间不受上述劳动法的限制：①发生自然灾害、事故或者其他原因，威胁劳动者生命健康和财产安全，需要紧急处理的；②生产设备、交通运输线路、公共设施发生故障，影响生产和公众利益，必须及时抢修的；③法律、行政法规规定的其他情形。但是，各单位在正常情况下不得安排职工加班加点，下列情况除外：①在法定节日和公休假日内工作不能间断，必须连续生产、运输或营业的；②必须利用法定节日或公休假日的停产期间进行设备检修、保养的；③由于生产设备、交通运输线路、公共设施等临时发生故障，必须抢修的；④由于发生严重自然灾害或其他灾害，使人民的安全健康和国家财产遭到严重威胁，需进行抢救的；⑤为了完成国防紧急生产任务，或者完成上级在国家计划外安排的其他紧急生产任务，以及商业、供销企业在旺季完成收购、运输、加工农副产品紧急任务的。

（3）延长工作时间的工资报酬。企业延长职工工作时间的工资报酬支付标准为：①安排劳动者延长工作时间的，支付不低于工资 150% 的工作报酬；②休息日安排劳动者工作又不能安排补休的，支付不低于工资的 200% 的工资报酬；③法定休假日安排劳动者工作的，支付不低于工资的 300% 的工资报酬。

（4）禁止安排在特殊情况下的女职工延长工作时间。企业不能安排怀孕期间或哺乳未满一周岁婴儿期间的女职工延长工作时间和夜班劳动。

（5）用人单位违反了工作时间的法律责任。违法延长员工的工作时间，劳动行政部门给予警告、责令改正或责令限期改正，并可以处以罚款，每违法延长 1 小时工作时间，可罚款 100 元以下。

3. 法定节假日、休息日。《劳动法》第三十八、第四十条以及《国务院关于职工探亲待遇的规定》①《全国年节及纪念日放假方法》②《职工带薪年休假条例》③都明确规定职工节假日和休息日等。

（1）公休日。这是指法律规定或者依法订立的协议规定的每工作一定时间必须休息的

---

①　国务院关于职工探亲待遇的规定. http：//www.gqb.gov.cn/node2/node3/node5/node9/node108/userobject7ai1376.html.

②　全国年节及纪念日放假办法. http：//www.gov.cn/zwhd/2006-09/25/content_397641.htm.

③　企业职工带薪年休假实施办法. http：//www.mohrss.gov.cn/SYrlzyhshbzb/zwgk/flfg/gz/201601/t20160111_231404.htm.

时间。由于我国规定职工每周工作时间不得高于 40 小时，因此一般用人单位实行每周休息两日。

（2）法定节假日。又称"法定节日"或"法定假日"。根据《全国年节及纪念日放假方法》规定，全体公民放假的节日有：新年，放假 1 天；春节，放假 3 天；清明节，放假 1 天；国际劳动节，放假 1 日；端午节，放假 1 天；中秋节，放假 1 天；国庆节，放假 3 日。部分公民放假的节日或纪念日有：妇女节，妇女放假半天；青年节，14 周岁以上的青年放假半天；儿童节，不满 14 周岁的少年儿童放假 1 天；人民解放军建军纪念日，现役军人放假半天。

（3）探亲假。这是指职工享有保留工作岗位和工资，依法探望与自己不住在一起，又不能在公休假日团聚的配偶或父母的带薪假期。探亲假规定可以享受探亲待遇的员工的条件和探亲假期的具体期限如下：职工探望配偶，每年给予一方探亲假一次 30 天；未婚职工探望父母，每年给假一次 20 天，也可以根据实际情况，每两年给假一次 45 天；已婚职工探望父母，每 4 年给假一次 20 天，另外根据实际需要给予路程假；凡实行休假制度的职工（如学校的教职工）应在休假期内，如果休假期较短，可由本单位适当安排，补足其探亲假的天数。上述假期均包括公休假日和法定节日在内，企业或组织可根据实际需要给予路程假。

（4）年休假。这是国家根据劳动者工作年限和劳动繁重紧张程度每年给予的一定期间的带薪连续休假。机关、团体、企业、事业单位、民办非企业单位、有雇工的个体工商户等单位的劳动者连续工作一年以上的，享受带薪年休假。

（5）婚丧假。这是婚假和丧假的简称。员工本人结婚或其直系亲属（父母、配偶和子女）死亡时，可以根据具体情况，酌情给予 1 至 3 天的婚丧假，另给予路程假。

（二）劳动安全技术

劳动安全技术是指在生产过程中，为了防止和消除伤亡事故，保障劳动者生命安全和减轻繁重体力劳动，以及防止生产设备遭到破坏所采取的各种技术措施的总称。

1. 劳动安全规程。国家为此制定了专门的劳动安全技术规程或法律法规，主要包括：（1）工厂安全技术规程。规定了在工厂生产经营活动过程中必须达到的安全卫生方面的基本要求：厂房、建筑物和道路的安全措施；工作场所安全措施；机器设备的安全措施；电器设备的安全装置；动力锅炉、压力容器的安全装置。（2）矿山安全法律制度。《中华人民共和国矿山安全法》①《矿山安全监察员管理办法》②《矿山建筑工程安全监督实施办法》等对矿山企业在生产过程中的安全方面进行了规范，主要有：矿山建设的安全保障；矿山开采的安全保障；矿山企业的安全管理；矿山企业的监督和管理；矿山事故的处理；法律责任等。（3）建筑安装工程安全技术规程。国家对建筑施工安装工程安全技术管理方面提出了一般安全的基本要求，如施工的一般安全要求、施工现场、脚手架、土石方工程、机电设备和安装、拆除工程、防护用品等规定。

---

① 中华人民共和国矿山安全法. https：//www. mem. gov. cn/fw/flfgbz/fl/201708/t20170829_232548.shtml.

② 矿山安全监察员管理办法. http：//www. nea. gov. cn/2011-08/17/c_131055013. htm.

2. 发生事故的原因。发生事故的原因很多，主要有以下几种情况：机械性作用；电的作用；爆炸作用；化学物质作用；温度作用；与地面位置差的作用，以及照明不足、噪声、震动、作业场所条件不良等因素，也会危害人体健康。

3. 预防措施。具体包括技术措施和组织措施。技术措施有：改进生产工艺，实现机械化、自动化；设置安全装置；预防性试验和检验；有计划地对机械设备进行维护、保养和维修，使之保持良好的工作状态；工作场所的合理布局和整洁；采取个人防护措施等。组织措施是指安全技术管理机构的设置、人员的配置和训练，以及工作计划和制度。

（三）劳动卫生

劳动卫生是在劳动中为了改善劳动条件，保护劳动者健康，避免有毒、有害物质的危害，防止发生职业病和职业中毒而采取的措施的总称。

1. 劳动卫生规程。劳动卫生规程是国家为了保护劳动者在生产、工作过程中的健康，防止和消除职业危害而专门制定的各种法律规范，包括各种工业生产卫生、医疗预防、健康检查等技术和组织管理措施的规定。我国有关劳动卫生方面的法规体现在《中华人民共和国职业病防治法》[①]《中华人民共和国安全生产法》[②]中。劳动卫生规程的基本内容有：防止有毒、有害物质危害；防止粉尘危害；防止噪声和强光刺激；防暑降温和防冻取暖；通风和照明；个人防护用品和生产辅助设施；职业病防治。

2. 职业毒害的种类。职业毒害的种类是随着生产技术的发展而不断增加，也随着科学技术的发展而逐渐被人们所认识，并得到控制和消灭。主要包括：（1）与生产过程有关的毒害。主要有化学因素及物理因素的毒害，这是目前引起职业病最为多见的生产性有害因素，是职业病防治的重点。（2）与劳动过程有关的毒害。主要是过长的作业时间，过大的作业强度以及不合理的劳动组织和安排等引起的。（3）与作业场所的一般卫生条件、卫生技术及生产工艺设备的缺陷有关的毒害。

3. 预防措施。在防治职业病和职业毒害两个方面，必须正确认识与处理防和治的关系，高度重视该项工作。主要的措施有：各级政府职能部门和生产部门应组织安全、卫生安全监督网，强化监察；采取技术措施、医疗措施以及加强个人措施。

（四）女职工和未成年工的劳动保护

1. 女职工的劳动保护。对妇女劳动者在劳动市场和劳动过程中实施特殊保护，是保证人类健康繁衍生存和劳动力再生产质量的大事。女职工劳动保护的内容包括劳动就业平等权利和保护女职工在生产中的劳动安全与健康两个方面。这里主要讨论女职工在生产中的安全和健康保护。根据《劳动法》《女职工劳动保护特别规定》[③]《女职工禁忌劳动范围的

---

① 中华人民共和国职业病防治法. http：//www. npc. gov. cn/npc/c30834/201901/aeaec9d8f33343119be1a4df98b9097e. shtml.

② 中华人民共和国安全生产法. http：//www. npc. gov. cn/wxzl/gongbao/2014-11/13/content_1892156. htm.

③ 女职工劳动保护特别规定（国务院令第 619 号）. http：//www. gov. cn/flfg/2012-05/07/content_2131582. htm.

规定》①等，我国对女职工的劳动保护包括如下方面：（1）禁止女职工从事的工作。（2）女职工月经期间不能从事的工作。（3）女职工已婚待孕期禁忌从事的劳动范围。（4）女职工怀孕期禁忌从事的劳动范围。（5）女职工在哺乳期禁忌从事的劳动范围。（6）女职工特殊保护设施的规定。（7）禁止安排在特殊情况下的女职工延长工作时间。

2. 未成年工的特殊劳动保护。未成年工是指年满16周岁未满18周岁的劳动者。针对未成年工处于生长发育期的特点，以及接受义务教育的需要，对未成年工采取特殊劳动保护措施。根据《劳动法》《未成年工特殊保护规定》等，我国对未成年工的劳动保护体现在：（1）未成年工禁忌从事的劳动范围。（2）未成年工患有某种疾病或具有某些生理缺陷（非残疾型）时禁忌从事的劳动范围。（3）未成年工体检制度的规定。企业或组织应按下列要求对未成年工定期进行健康检查，一是安排在工作岗位之前；二是工作满一年时；三是年满18周岁，距前一次体检时间已超过半年。对未成年工进行健康检查，需按规定的《未成年工健康检查表》列出的项目检查。（4）对未成年工的使用和特殊保护实行登记制度。企业或组织须向所在地县级以上劳动行政部门办理登记；未成年工须持《未成年工登记证》上岗；企业或组织承担未成年工的职业安全卫生教育、培训、体检和登记的费用。

（五）劳动保护的组织与管理

劳动者的安全和健康，不仅同安全技术和卫生方面的问题有关，而且与劳动保护管理制度有关。如果劳动保护管理制度不健全，同样会引起劳动者疲劳过度，健康损害，导致伤亡事故。

1. 建立和健全劳动保护制度。为了保护劳动者在劳动生产过程中的安全与健康，国家根据生产过程的客观规律和实践经验总结而制定各种管理制度。《劳动法》第五十二条规定："用人单位必须建立、健全劳动安全卫生制度，严格执行国家劳动安全卫生规程和标准，对劳动者进行劳动安全卫生教育，防止劳动过程中的事故，减少职业危害。"因此，根据劳动法规规定，用人单位应建立的重要管理制度主要包括：（1）安全生产责任制度；（2）安全技术措施计划管理制度；（3）安全生产教育制度；（4）安全生产检查制度；（5）劳动安全卫生监察制度；（6）伤亡事故报告和处理制度；（7）职业病的防治和处理制度。

2. 劳动保护的管理。企业要更好地保护好劳动者的身体安全和健康，必须建立劳动保护制度，但是，仅有制度还不行，还必须认真实施，为此，企业需要做大量的管理工作。具体包括：（1）搞好安全卫生教育工作；（2）建立、健全安全卫生责任制；（3）编制安全卫生技术措施计划；（4）安全卫生生产的监督检查工作；（5）认真做好伤亡事故的调查和统计分析工作。

3. 劳动者在劳动保护方面的权利和义务。只有当劳动者在劳动保护方面既享有权利又承担着义务，才能最大限度地保障其自身的安全与健康。劳动者在劳动保护方面享有的权利有：对用人单位管理人员违章指挥、强令冒险作业，有权拒绝执行；对危害生命安全和身体健康的行为，有权提出批评、检举和控告；用人单位必须为劳动者提供符合国家规定的劳动安全卫生条件和必要的劳动防护用品；对从事有职业危害作业的劳动者应当定期

---

① 劳动部女职工禁忌劳动范围的规定. 劳安字［1990］2 号. https：//www.66law.cn/laws/105614. aspx.

进行健康检查。劳动者应当履行的义务就是在劳动过程中必须遵守安全操作规程。

小　　结

1. 劳动关系是员工与企业或组织之间基于有偿劳动所形成的权利义务关系，本章主要介绍了我国劳动关系的状况、处理劳动关系的原则以及改善劳动关系的意义和途径等。

2. 中国劳动关系发展变化是经济体制改革和经济结构调整的产物。

3. 劳动关系管理是指根据企业的发展要求，制定规范的、合理的制度规则对企业与员工的行为进行规范和监督。这不仅是一种约束也是保证双方合法权益的一种手段。其最终目的都是构建和谐的企业内部关系，以确保企业长远稳定的发展。

4. 企业组织架构从金字塔式的垂直管理变得越来越扁平化，平台用工甚至已模糊了企业边界。在这个过程中，移动互联网技术面临着大数据的冲击，云技术、区块链等一系列技术带来"技术+人力资源服务"冲击，劳动关系呈现三大变化趋势，劳动关系管理面临新挑战。

5. 劳动合同又称劳动协议，是用人单位和劳动者之间确定劳动关系、明确相互权利关系和义务的协议，包括劳动合同的签订、履行、变更和解除，与之相对应的法律是《中华人民共和国劳动合同法》和《中华人民共和国劳动法》。

6. 劳动保护主要涉及员工的聘用与辞退、劳动合同的签订与履行、工作时间与休息休假、劳动报酬与福利、劳动保护、职业培训、劳动纪律和奖惩等具体问题。劳动管理依据的主要法律是《劳动法》以及与之配套的相关法规。

7. 关于劳动争议本章主要介绍了它的种类、产生的原因以及解决的方式（调解、仲裁和诉讼）。

复习思考题

1. 劳动关系双方各自的权利与义务是什么？目前我国建立劳动关系的原则有哪些？
2. 我国劳动关系是如何发展变化的？
3. 劳动关系管理的内涵、内容与措施有哪些？
4. 如何处理劳动合同的建立、履行、变更与解除？
5. 如何区分违反劳动合同的责任？
6. 如何实施集体合同的管理工作？
7. 如何处理劳动争议仲裁和保护劳动者合法权益？
8. 怎样实施劳动保护以及组织与管理？

讨　论　题

1. 移动互联网技术面临着大数据的冲击，云技术、区块链等一系列技术带来"技术+人力资源服务"冲击，劳动关系有哪些变化趋势？

2. 在企业实现雇佣控制到合伙人关系的转变中，劳动关系发生怎样的变化？如何实施管理？

【案例】
"网红"请求确认与经纪公司存在劳动关系①

互联网时代，信息的发布和接收更加快捷和方便，人人都是"目击者"，人人都是"爆料人"，依托视频自拍的网络直播甚是流行，由此也催生了一个新的职业——网络主播。日前，一位网名为阿娇的"网红"女主播与经纪公司闹翻，并将公司告上法院。上海市第一中级人民法院对这起上海市首例网络主播要求确认与经纪公司劳动关系一案二审开庭审理，并当庭宣判，确认双方无劳动关系。

阿娇为一名"90后"女孩，因偶然的机会涉足网络直播行业，并在某网络直播平台的直播房间（网络虚拟空间）做起主播，每天固定时段在屏幕前进行视频表演、直播，吸引众多在线观众围观、赠送礼物打赏，目前订阅粉丝数近60万，拥有很高的人气。

入行之初，阿娇于2016年1月与上海某网络科技中心签订《主播经纪协议》，由该公司安排其在某网站上的指定直播房间主播。协议对阿娇的工作内容、双方权利义务、权利归属、合作费用、收益分配、违约责任等进行了约定，并约定阿娇从事的主播事业包括参与所有游戏或娱乐的线上、线下直播、录制或表演之一切相关演艺事务，以及涉及其名誉、姓名、肖像、表演、著作权之一切相关演艺活动；约定该公司在全世界范围内担任阿娇独家经纪公司，独家享有其全部主播事业的经纪权；协议期限36个月；同时还约定，公司每月向阿娇支付保底收入5000元。

经过经纪公司的包装、宣传，阿娇在网络上逐渐具有了一定的知名度。3个月后，阿娇退出公司在某网站上的指定直播房间，并以公司未按规定为其缴纳社会保险费为由向劳动人事争议仲裁委员会申请仲裁，申请要求：一是确认2016年1月1日至3月31日期间与经纪公司存在劳动关系；二是经纪公司支付解除劳动关系经济补偿金2500元。仲裁委员会对其请求不予支持。

阿娇以相同诉请诉至法院，亦被一审法院驳回。

阿娇不服判决，向上海市第一中级人民法院提起上诉。

在庭审中，阿娇认为双方签订的《主播经纪协议》实际上是劳动合同，协议规定每月保底工资5000元，收益分配三七分，这属于双方对于工资的约定，可以证明双方存在劳动关系。另外，经纪公司未按规定为其缴纳社会保险费，自己有权要求其支付解除经济补偿金。经纪公司则称，双方签订的合同为经纪合同而非劳动合同，劳动关系以人身依附性为基础，阿娇作为网络主播，工作地点自由、不受公司管理，双方不存在劳动关系亦无须支付经济补偿。另外，经纪公司认为阿娇借助经纪公司炒作出

---

① "网红"请求确认与经纪公司存在劳动关系. http：//www.shenbanglawyer.com/index.php？c＝show&id＝17467.

名后，双方合约未满即单方面违约并退出公司为其指定的直播间，阿娇此次诉请法院确认双方劳动关系目的是通过否认双方签订的经纪协议效力，以逃避向经纪公司支付违约金的责任。

◎ 问题

1. 阿娇与经纪公司签订的合同到底是不是劳动合同？他们之间究竟是否存在劳动关系？

2. 阿娇应该如何维护自己的劳动者权益？

第十一章　人力资源外包

【学习目的】

在学习本章之后，你应当掌握如下内容：

1. 人力资源外包的概念与作用及其理论基础。

2. 人力资源外包影响因素、内容、分类以及劳务派遣向业务外包转型。

3. 人力资源外包的过程与模式，以及互联网+"背景下人力资源外包模式创新。

4. 人力资源外包的实施原则。

5. 人力资源外包过程中的风险、识别及其控制。

6. 人力资源外包战略化含义、特点、动因及其决策模型。

7. 人力资源外包战略化的实施要点。

【案例——问题提出】

智联招聘的人力资源外包业务①

　　智联招聘成立于1994年，是国内首屈一指的人力资源服务商，率先将国际先进的人力资源服务理念与经验同中国迅速发展的人才市场实际情况相结合，确保专业、迅速、准确地为企业找到合适人才。2014年6月12日，智联招聘(纽交所交易代码：ZPIN)正式在纽交所挂牌上市。目前业务覆盖了全国200余座城市，拥有40多家分公司，100余家人力资源合作伙伴。其业务主要包括：(1)网络招聘。为个人用户提供网上求职、简历中心、求职指导等个性化服务；为企业客户提供以网络招聘为核心的人才解决方案。(2)猎头服务。它是中国最早的外资猎头公司之一。智联猎头业务遍布全国，已经在北京、上海、天津、深圳、南京、成都、苏州等城市设有猎头部。(3)培训服务。始于2001年，服务范围包括公开课、认证、企业内训及人才测评，为跨国公司、民营企业、国有企业及其员工提供有针对性的培训方案与课程体系。智联培训服务以针对性和实效性为特点，课程涉及战略、营销、管理、团队、人力资源、职业素质等多个方面；同时依托专业化的人才测评服务，完善企业人才招聘、岗位竞聘、团队诊断等核心竞争力提升的重要环节。(4)校园招聘。为企业提供全线的校园招聘产品，服务项目包括：校园招聘解决方案策划、校园招聘在线广告宣传平台、校园内招聘活动的执行和管理、校园内公司品牌的推广、宣传形象设计及礼物制作、校园招聘简历管理系统、候选人的笔试与面试以及人才测评服务。已为戴姆勒·

---

① 整理自 http://hro.zhaopin.com/.

克莱斯勒、卡夫食品、吉百利、丰田汽车、雀巢、英国石油、壳牌等知名跨国企业提供服务。(5)招聘外包(recruitment process outsourcing,简称RPO服务)。提供招聘流程中的全面解决方案,整合招聘渠道,从简历收取、媒体采购到简历集中筛选及笔试、面试等环节,为客户提供一揽子招聘服务。尤其当企业有大批量招聘需求,职位分布广泛,项目时间紧而企业内部招聘人员短缺时,招聘外包是最佳的解决方案。(6)人才测评。借助智联招聘网面向全国,同时依托国内、外顶级人才测评专家和专业机构形成了科学、系统、完善的测评产品和服务体系。网站推出了以任职测评、在职测评、竞职测评以及个人测评为基本骨架的人才测评体系,体现了网站建立和发展的务实性,多种测评手段与测评相关的服务功能的有机匹配性。

传统产业+互联网的快速渗透和人力资源外包市场需求的稳步上涨,使人力资源服务外包市场逐渐走向平台经济道路。截至2016年8月31日,挂牌新三板的人力资源外包为主营业务的人力资源机构为9家,挂牌总数为44家,占比20.5%。智联招聘正是利用人力资源外包服务良好的发展机遇,获得了长足发展。人力资源外包因其具有降低企业运营成本、培育核心竞争能力、专注于自身核心业务与战略性活动、获得外部专业化的人力资源服务与整合高技能的人力资源专家等优势,已成为企业管理中一项新兴内容,日益显示出高速的成长性和市场潜力。但同时也应认识人力资源外包具有多方面风险,企业选择人力资源外包时应进行风险规避与控制。本章将从人力资源外包产生与发展、过程等出发,研究人力资源外包过程中的风险识别和控制,并介绍当今人力资源外包战略化的新发展。

第一节 人力资源外包概述

一、人力资源外包的概念

(一)人力资源外包产生与发展

外包这种管理模式出现在20世纪60年代的美国,但直到20世纪80年代才真正为大众所接受,走向专业化。"外包"一词最早由加里·哈默尔(Gary Hamel)和普拉哈拉德(C. K. Praharad)于1990年在《企业核心竞争力》①中提出,最初主要运用在信息技术外包领域。"外包"(outsourcing)直译为"外部资源",即企业在内部资源有限条件下,将某项业务流程整体或部分委托专门从事该项活动的外部服务商完成,企业自己则专注于最具竞争优势的业务。自20世纪90年代以来,随着经济全球化趋势加强,专业化和社会分工的发展,外包业务逐渐渗透到物流配送、生产制造、营销、研发、审计、人力资源等领域。国外企业纷纷致力于公司重组、流程再造等管理创新,以增强其灵活性和快速反应能力,同时注意整合企业内外资源,以增强其核心竞争力。例如,美国著名的EDS、Mellon Bank Corporation、CSC、IBM、Digital Equipment Corporation、AT&T都相继采用了外包的手段,

---

① Prahaladc K, Hamelg. The core competence of the corporation. Harvard Business Review, 1990, 68 (3):79-91.

欧洲的 Cap Gemini Group 紧跟着也步入业务外包之列。北美和欧洲的许多公司都将人力资源外包当成是节约成本、提高管理效率的制胜法宝[1][2]。在国内，华为公司是比较早开始进行人力资源外包的大型企业，2000 年前后，通过业务外包进一步将非核心业务"砍掉"，这次主要涉及公司的生产环节，包括制造、组装、包装、发货和物流。与此同时，企业人力资源部门逐渐成为企业谋略家、员工领路人及变革发起者[3]，人力资源部门从大量行政类、事务性工作中解脱出来，更多地从事战略性人力资源管理工作，人力资源外包便应运而生。

另一方面，竞争环境日趋激烈使企业更加注重投入产出效益，即怎样以更低成本获得更好、更快的解决方案。因人力资源管理投入收效较为缓慢且不容易直接量化计算，所以企业往往不愿意把有限资金投入其中，而设法寻求价格更为低廉的替代方式。于是，人力资源外包服务公司出现，恰好满足了企业的迫切需要，促使人力资源外包业务的迅速发展。

(二)人力资源外包的概念

外包是指企业为了能够合理利用内外部资源、提高经济效益而动态地利用自身及其他企业功能和服务的过程。早期的学者对外包的定义局限于信息技术外包。如 Richard L. Durm 将外包定义为企业把自身不能有效完成的业务通过合同的形式交给组织外部[4]；Loh 和 Venkatraman 把业务外包定义为"外部供应商在涉及用户组织的信息技术基础的物质资源或人力资源方面作出的显著贡献"[5]。早期对外包没有统一的界定，大多是从降低成本和提升核心竞争力角度来阐释。如美国管理学家 Quinn 认为资源外包就是要有效地支持企业核心战略的实现与应用，改善企业的运作效率与运营业绩，培育企业持续发展的能力[6]；Cole 和 Sharon 认为选择外包是因企业想控制经营成本和提高现金流量以获取最新信息和技术的机会[7]。

人力资源外包与一般业务外包具有一定的共同性。Green Youngblood 和 Gray 将人力资源管理外包定义为：由外部伙伴在重复基础上从事原来由企业内部从事的人力资源任务[8]。Lever 认为人力资源外包是一种从外部外包服务商获得商业服务的长期合同关系[9]。

　①　Butler Maureen G, Callahan Carolyn M. Human resource outsourcing: Market and operating performance effects of administrative HR functions. Journal of Business Research, 2012, JBR-07646: 27-35.

　②　Gospel Howard, Mari S. The unbundling of corporate functions: the evolution of shared services and outsourcing in human resource management. Industrial and Corporate Change, 2010, 19(5): 1367-1396.

　③　Urich D. A New Mandate for Human Resource. Harvard Business Review, 1998, 76(1): 124-134.

　④　Riehard Durm L. ExPloring Outsoureing. Planning Engineering, 1999, 25(2): 67-75.

　⑤　Venkatraman, Loh. Outsourcing of human resource management services in Greece. International Journal of Manpower, 1992, 26(4): 412-414.

　⑥　J B Quinn, Hilmer F G. Strategic outsourcing. Sloan Management Review, Summer, 1994(9).

　⑦　Cole & Sharon R. Outsourcing has its privileges. Business Forms Labels and Systems, 2003, 41(6).

　⑧　Greer C R, Young blood, S A & Gray, D A Human resource management outsourcing: The make or buy decision. Academy of Management Executive, 1999(13).

　⑨　Level S. An analysis of managerial motivations behind outsourcing practices in human resources. Human Resource Planning, 1997(20): 37-47.

不过该定义只是注意人力资源职能外包，而忽视了随着业务外包而发生的原属于企业内部人力资源的外包。本书将人力资源外包定义为：企业通过与外部专业服务商签订合同的方式，将原本由企业内部涉及的人力资源及人力资源管理的工作交由其完成，从而达到整合资源、提高资源效率、增强竞争力的目的。

二、人力资源外包的作用

企业进行人力资源外包是企业成长过程中的必然趋势①。对实施人力资源外包的企业而言，它能更好集中于市场和销售；外部专家能更好进行变革管理和问题解决；提高工作能力和服务质量；节约成本；不在非核心业务上浪费时间精力；甄选高胜任力的雇员以帮助企业增加竞争力②，等等。具体而言，人力资源外包主要具有如下作用：

1. 增强人力资源管理专业性。亚当·斯密指出，劳动分工受到市场容量的限制。市场容量增大是劳动分工进一步增加的前提。知识经济产生出现大量前所未有的以知识为特征的社会化分工，并成为产业链的一个中间部分。人力资源外包正是知识经济下新型劳动分工的体现。人力资源外包公司出现表明人力资源管理理论发展和技术进步，使人力资源管理日渐成为高度专业化的技能。知识专业化使提供这种知识服务有可能成为知识产品，通过市场分工实现其价值。当企业内部无力提供该专业化服务或自主服务不具有规模经济时，人力资源外包是一种有效的选择，避免企业内部过高的人力成本和"协调成本"。通过人力资源外包，由专门公司和专业人士集中处理事务，对外部服务机构来说具有规模效益，对客户公司来说可降低成本，集中自己的资源从事核心业务。

2. 满足企业管理资源不足的客观需求。大多数企业尤其是中小企业面临的主要问题是资源不足。不少企业由于规模限制，没有设置人力资源管理部门，人力资源工作由办公室兼管，有的企业虽然设有人力资源部，但没有人力资源管理专业人员，主要从事一些最为传统的行政性人事活动。由于管理资源不足，中小企业往往没有系统的人力资源管理制度，也不能给雇员提供完备的福利待遇和培训机会，更没有战略人力资源规划，在现实中则表现为难以招聘到高素质员工，关键人员流动率高、员工满意度差。通过人力资源外包中小企业有机会通过利用外部资源弥补自身不足，提高其人力资源管理水平，在人才市场上与其他企业争夺资源。

3. 促进人力资源管理转型。人力资源部的主要职能应是把握大局，为企业制定整个人力资源战略规划。但大部分企业人力资源部门更多时候是作为一个职能部门，为企业提供必要的细微烦琐的事务性工作，如员工招聘、档案管理、工资福利、培训、绩效考评等人力资源管理工作，一直担当的是内部服务供应商和内部顾问的角色。要实现人力资源部向企业策略家的角色变化，促进人力资源管理从事务型向策略型的转变，就要将其部分事务性工作外包出去，让人力资源部门从繁重的低层次、重复性事务中"解脱"出来，专注

---

①　Cooke F L, Shen J and McBride A. Outsourcing HR as a competitive strategy A Literature review and an assessment of implications. Human Resource Management, 2005, 44(4)：13-32.

②　Ernesta S. Motives of Human Resource Management Outsourcing：a Case Study from Lithuania. Economics & Sociology, 2011, 4(1)：116-125.

于比较重要的战略性工作，比如企业的人力资源短期和长期规划、员工生涯管理和企业文化建设等。

4. 构建核心竞争优势。随着企业之间的竞争日益激烈，传统的规模经济在知识经济社会里已不再占有昔日的优势，取而代之的是一些职能简化、规模小、技术含量高的小型的扁平化的企业。企业简化职能、构建核心竞争优势，必将促进人力资源管理部分职能的外包，留下自己最擅长的主营业务，提高组织的核心竞争力。外包的战略动机是专注于核心业务的可能性①，因为企业通过外包低附加值的活动，可将注意力集中于核心活动所创造的核心竞争力②。

5. 促进企业业务流程再造。企业进行彻底的流程再造，将决定权进一步下放到一线员工，使企业的职能部门成为一种为经营单位提供服务的机构。在这种新的组织形式下，其他部门对人力资源管理部门的服务就有了选择性：它们可以选择内部的人力资源部来提供想要的服务，也可以选择外部专门的人力资源机构。这种选择必将导致内部人力资源部门和外部人力资源机构在大部分可以外包的人力资源管理业务上的竞争。竞争的关键将是服务的质量和价格，外部人力资源机构拥有的专业服务和低成本优势将很可能在竞争中取胜。

6. 强化战略人力资源管理。从战略性角度来看，外包将企业有限资源投入到无限的活动中，企业的人力资源部门可以更多参与企业战略的制定，使人力资源部门更专注于核心事务。利用这种外部关系，往往会解决效益和战略支持间相互矛盾的问题，还可以对资源按照其特性和及时性原则进行最佳配置。对那些利用率不高的资源，就不必花费大量资金在组织内部建立和维持，而可以借助于其他组织来获得。专业服务市场的建设和完善，使传统的专业人士向更具适应性的多面手转变，以适应对职业技能越来越广泛的要求。外包的推动力是多方面的，公司对人力资源管理的战略需求、公司管理流程的规范化、网络普及等，但相比之下，根本之处还是在于人力资源部门职能定位的变化。

三、人力资源外包的理论基础

结合人力资源外包产生和发展历程以及运作原理，人力资源外包主要基于如下理论。

(一)劳动分工理论

亚当·斯密因在其《国富论》中创立了"古典"学派而成为自由市场经济之父，他还详细阐述了劳动分工理论(labor division theory)对提高生产率的好处：(1)劳动分工使每个劳动者熟练程度提高；(2)节省工作转换时间；(3)发明许多机械，简化和减少了劳动的复杂性。因此，外包可以看成是劳动分工的延伸，企业把部分业务包给外部的承包商，简化了管理的复杂性，还有助于提高承包商的专业化生产效率。

(二)比较优势理论

比较优势理论(comparative advantage theory)是18世纪末由英国经济学家李嘉图提出。

---

① Prahalad, C. K. and Hamel G. The core competence of the corporation. Harvard Business Review, 1990, 68(3): 79-91.

② Conklin D W. Risks and rewards in HR business process outsourcing. Long Range Planning, 2005, 38(6): 579-598.

该理论认为，在国际贸易中，一国应找出自己优势最大或劣势最小的产品来生产和出口，而进口自己不具备优势或劣势最大的产品。如果每一个国家专业化生产它具有比较优势的产品，那么贸易对两个国家都有利。"比较优势"理论是国际贸易的基础理论。它规定了不同地区或国家进行专业化分工的结构和贸易方向。如果在该理论中用企业来代替国家作为贸易主体，那么就可以用来解释外包：企业 A 与企业 B 相比在 X 和 Y 业务或职能上都有比较优势，如果企业 A 把业务 Y 外包给企业 B，A 和 B 都进行专业化生产，那么，双方都可以通过外包交易获得利益。

（三）交易费用理论

交易费用理论（transaction cost theory）由科斯（Coase）于 1937 年在其《企业的性质》一文中提出。他认为由于交易活动的稀缺性，作为制度安排的市场运行是有一定成本的，这就是市场交易费用。同样企业管理活动也是具有稀缺性的，企业运行也存在一定管理成本，这就是企业内部交易费用。企业边界最合理状态就是市场边际交易费用等于企业内部的边际交易费用①。科斯认为市场行为当中会产生运行价格机制的成本，包括为市场活动顺利进行而支付的谈判和监督约定的成本，未知不确定因素导致的费用，涉及产权的一些费用包括对产权的衡量、界定和保护的费用，这些费用就构成交易成本。如果企业进行活动的内部交易成本小于企业的外部交易成本，企业就应该选择内部交易；如果企业活动的内部交易成本大于企业的外部交易成本，企业就应当选择交易外部化，也就是把交易移给外部组织去完成②。按照该理论，外包是介于市场和企业的中间组织，企业所有者应根据交易成本和自己运作成本最小值做出交易与否的决定，在给定生产要素情况下，企业有三种选择：一是自己从事生产；二是从现货市场购买；三是实行业务外包。企业所有者将根据交易成本和生产成本最小值做出选择，虽然市场机制是解决资源配置的最优办法，但因市场中存在着不完全竞争、信息不对称、不确定性和机会主义行为，这些因素将促使企业寻求资源的内部一体化，当完全内部一体化因竞争的交易成本很高而受到限制时，实施外包合作即最好的选择。

（四）委托代理理论

委托代理理论（principal-agent theory）产生于 20 世纪 60 年代末，是建立在博弈论的基础上的。该理论认为委托代理关系一种契约关系，是由委托人授权代理人为他们的利益从事某种活动，并授予其决定权，而代理人在这一过程中将获得一定报酬。该理论主要旨在设计有效的激励机制，促进代理人在追求个人利益最大化的同时实现委托人的最大效用。不管是经济领域还是社会领域，委托代理关系都普遍存在。该理论认为，委托代理关系是随着生产力大发展和规模化大生产出现而产生的。因为，生产力发展使分工进一步细化，权利所有者由于知识、能力和精力原因不能行使所有的权利了；另一方面，专业化分工产生一大批具有专业知识的代理人，他们有精力、有能力代理行使好被委托的权利。但因委托人与代理人存在非对称信息且二者效用函数不一样，委托人追求的往往是自己财富值的

---

① 　Coase R. The nuture of the film. Economic，1937(4)：385-405.

② 　科斯. 企业的性质//奥利弗. 威廉姆森斯，斯科特，马斯腾. 交易成本经济学——经典名著选读. 北京：人民出版社，2008：5-18.

最大化，而代理人追求自己的工资津贴收入、奢侈消费和闲暇时间最大化，这必然导致两者之间的利益冲突。在没有有效的制度安排下代理人的行为很可能最终损害委托人的利益。

委托代理理论同样涉及风险问题：在企业人力资源外包过程当中，企业和外包商之间可看作一种委托代理关系。需要实施人力资源管理外包的企业就是委托人，外包商就是代理人。虽然二者通过一定的形式比如说合同在一定程度上建立了合作关系，但他们终究是不同的组织，都追求各自利益最大化，企业希望外包所花费的费用低些而得到高质量服务，另一方面，外包商则获得尽可能多的利润。如果出现矛盾，双方都会以自身利益作为行为标准追求利益最大化，会损害对方利益而产生外包风险。

（五）战略管理理论

1. 竞争优势（competitive advantage）理论。波特（Porter）认为①，企业战略选择有成本领先战略、差异化战略和市场集中战略三种。企业应根据其自身特点和市场环境状态选择组织战略。企业战略管理核心在于有效配置企业内外部资源，充分利用市场提供的机遇寻找企业发展最佳路径。采用人力资源外包可以通过合理的运用外部资源，促使企业对内部资源的最合理、最有效配置，发挥企业外部资源和内部资源的协同作用，建立企业竞争优势。越来越多的企业管理者都认识到人力资源管理对企业管理效率、经营绩效和发展，乃至企业竞争力都非常重要，他们希望人力资源管理部门能承担更多企业战略管理者角色。为实现这种角色的转换，需要把人力资源管理职能中标准化、通用型，同时又对企业经营发展影响不大的事务性管理职能实施外包。这些事务性管理职能尽管对组织重要性相对较低，对企业竞争力提升影响也不大，但这些工作常常需要人力资源部门花费大量时间和人力。只有通过外包才能够实现企业内部人力资源部门的战略角色转换。

2. 核心竞争力理论。哈默尔和普拉哈拉德在《企业核心能力》中指出，企业竞争力来源于能够比竞争对手以更低的成本和更快的速度建立核心能力。核心能力是技术、治理结构和集体学习的结合，是一种稀缺的、难以模仿的、有价值的、可延展的能力，是企业可持续竞争优势与新业务发展的源泉。多元化的企业应是核心能力的组合。核心能力应成为公司战略焦点，企业需要通过战略来构造以保持内部资源的一致性②；对具有核心能力的业务进行持续投资，将不具备核心能力的业务进行外包③。外包能使买卖双方从长期关系中获益从而实现双赢④。类似地，企业通过将非核心业务或职能外包，专注于具有核心能力的产品生产或服务。如将物流服务通过合同的形式外包给第三方物流公司，不仅可降低成本而且也可提高质量⑤。对企业来说，即便是核心活动，只要内部没有竞争优势，企业

---

① Porter M E. From Competitive Advantage to Corporate-Strategy. Harvard Business Review, 1987, 65(3)：43-59.

② C. K. Prahalad, Hamel G. The core competence of the corporation. Harvard Business Review, 1990(5).

③ J. B. Quinn, Hilmer F G. Strategic outsourcing. Sloan Management Review, Summer, 1994(9).

④ Richardson H L. Contracts and relationships. Transportation & Distribution, 1995(9)：53-55.

⑤ Maltz A B. The relative importance of cost and quality in the outsourcing of warehousing. Journal of Business Logistics, 1994(2)：45-62.

也应考虑战略外包①。依据核心能力理论(core competence)，企业应该将有限资源集中投放在核心能力上，而将自身不具备核心能力的业务或工作交由外部组织承担，赢得整体价值链的核心竞争力，并能扩大竞争优势。

3. 资源基础理论。异质性的资源是企业获取竞争优势的来源，异质性资源可看成企业核心资源。资源基础理论认为企业在资源方面的差异是企业获利能力不同重要原因，也是拥有优势资源的企业能够获取经济租金的原因。作为竞争优势源泉的资源应具备以下特性：价值性、稀缺性、难以替代性、难以模仿性。企业应当保留企业中具有异质性的资源，而对于一些同质性的资源可以通过市场方式获取。资源是有限的，企业应把资源集中在最能为企业创造价值的领域，一个随意平均分配资源的企业是无法获取市场竞争优势的。企业应当对内部的业务进行分类，根据这些业务对企业竞争力的贡献，区分核心业务和非核心业务，把非核心和对企业贡献不大的业务外包，以便能够更有效地分配企业资源。

第二节　人力资源外包的影响因素、内容、过程与模式

一、人力资源外包的影响因素

人力资源外包影响因素不仅推动了人力资源管理实践设计、交付，提高了关键决策制定效率，而且直接影响人力资源外包的成效②。影响外包的因素很多，其中，最直接的原因是企业想通过实施人力资源管理外包降低管理成本。另外，当企业没有技术或其技术过时，如果不实施外包就必须投入大量资金更新计算机和软件，对员工进行新技术的培训等，而很多外包服务商已对技术进行很大投资，能将其成本分摊给很多客户，如果企业实施外包就会减少投资。从企业实施战略角度看，企业为将资源充分集中于其核心业务，获取更大的竞争优势，也愿意将人力资源管理工作的部分或全部外包。实施人力资源管理外包要考虑的因素如表11-1所示。

表11-1　　　　　**企业实施人力资源管理外包活动的多种影响因素**

外包的原因	符合目标的雇主比例(%)		
	符合目标	不符合目标	不能定
改进成本效益	82	5	13
降低管理成本	75	8	17
利用技术进步/专门知识	82	7	11

---

① McIvor R A. Practical framework for understanding the outsourcing process. Supply Chain Management, 2000(5).

② 任丽莉，等. 人力资源外包研究新进展. 中国人力资源开发，2015(7).

外包的原因	符合目标的雇主比例(%)		
	符合目标	不符合目标	不能定
改进客户服务	70	19	11
调整人力资源职能方向,聚焦于战略/规划	66	15	19
使企业聚焦于核心业务	63	21	16
降低企业日常管理费用	82	9	9
提供更多的服务	47	38	15
职员不够	69	27	4
提高参与者的满意度	54	27	19
缩短对参与者要求的响应时间	59	29	12
控制法律风险/改进遵守法规的情况	53	39	8
提高适应特殊需要的灵活度	51	38	11
提高准确性	49	41	10
使管理成本更明确	45	44	11
执行全面质量管理	17	71	12

资料来源:1996 Outsourcing Survey, Hewitt Associates, Lincolnshire, Illinois.

二、人力资源外包内容与分类

(一)人力资源外包的内容

具有高的价值和独特性的核心人力资源活动不适宜外包,而低战略价值的常规性管理活动就可以外包[1],但有一部分人力资源管理职能通常不通过外包实现,比如与组织人力资源战略相关、组织变革相关、组织结构或具体的人力资源管理政策建立相关的职能[2]。人力资源外包的内容包括:(1)招聘工作中的招聘方案设计、寻找新人员信息、招聘录用(面试预筛选、测试)、求职者背景调查与推荐者调查、雇员租赁、雇用确认等工作内容;(2)培训工作中的员工技能培训、基层管理培训、管理人员培训、安全培训、团队建设、计算机培训等内容;(3)薪酬制定中的职位说明书、职位评价、薪资调查、薪资方案的设计等内容;(4)人力资源管理信息系统中建立计算机处理系统、维护技术性人力资源管理信息系统等内容;(5)组织发展中有关计划制定与发布的培训、继任计划、外出安排等内容;(6)人力资源管理规划中制定人员增长和扩展计划、精简计划、组织发展规划和人力

① Lepak D P, and Snell S A, Virtual HR: Strategic Human Resource Management in the 21st Century Human Resource Management Review, 1998, 8(3): 215-234.

② M Valverade, Ryan G. Distributing HRM responsibilities: a classification of organisations. Personnel Review, 2006, 35(6): 618-636.

资源管理工作的人员配备计划等内容。

（二）人力资源外包的分类

根据交易费用理论与资源经济理论，可以通过人力资源的独特性与价值来衡量外包活动①对人力资源外包进行分类。基于此，有研究者将人力资源管理外包行为分为四类：一是综合性外包活动，如人力资源规划、员工绩效评估等；二是交易性外包活动，如薪资支付、福利管理；三是开发性外包活动，即与人力资本开发相关的活动，如技能开发、培训等；四是获取性外包活动，如招募、选聘等。这种划分对认识不同人力资源管理外包类别和性质具有较强的指导性，它使人力资源管理外包活动与人力资源管理系统结合更为密切②。根据人力资源外包职能可将其分为如下三类。

1. 人力资源管理事务性外包。这是指传统的一般的人事事务，具体包括：代办员工的录用、调档、退工手续、社保开户变更手续、年检手续、外来人员综合保险；受用人单位委托招聘派遣岗位所需人才；代办人才引进、居住证、就业证手续；代理户口挂靠及档案委托管理相关人事手续；提供各类商业保险和福利方案；调解劳动争议等。因其内部交易成本远远大于外部交易成本，随着人力资本不断攀升，企业所有活动都要求以最低成本取得最高收益为目的，加上这类职能的事务性较明显，其技术含量不高和专业技能不强，对这类职能的外包，企业可以委托专业化、优质的人事事务服务机构进行。

2. 人力资源管理职能型外包。这是指人力资源管理中的招聘、培训、薪酬、绩效考核等具体专业性职能的外包。因从事这些职能的人员比较稀缺，随着人力资源优势已成为企业核心竞争力，该类外包对外包商的专业性有较高要求。优秀的外包商提供服务既能节约各人力资源管理职能成本，也能为企业寻找到更专业化人才，做好人才储备和培训，这是当今社会经济发展过程中企业竞争的有力武器。网络招聘和猎头是许多企业引进人才的主要通道。

3. 人力资源战略型外包。这是指涉及企业人力资源政策/法规咨询、人力资源规划、人才资源开发、职业设计、人力资源诊断、人力资源管理咨询、人力资源信息系统（HIS）、企业文化等战略职能的外包。上述独特性强、稀缺性高且在企业中属于战略价值非常高的职能，甚至会直接影响组织绩效及其核心竞争力，这也是人力资源管理创新的重中之重。从直观意义来说这些职能不应外包，但当企业人力资源管理专业性不够时，应根据自身特点和外部竞争对手特点制定相应战略，为避免非专业化人力资源管理对组织绩效产生不良的影响，对规模比较小、自身专业性不足的企业，结合其自身特点将这些业务外包应是一种比较好的选择。当前可承接人力资源战略型外包的外包商很多，如美世、翰威特、韬睿、华信惠悦、智越、HayGroup、DDI 咨询机构；在 HIS 方面，以施特伟、铂金、万古、金益康等为代表的老牌 EHR 企业占据了相当的市场份额，并积累了丰富的客户资源，而东软、用友、金蝶等中国三大上市企业软件提供商凭借品牌、综合实力加入 EHR

---

①　Snell L V. HR：Strategic human resource management in the 21st century. Human Resource Management Review, 1998(8)：215-234.

②　Klaas B S, McClendon J A & Gainey T W. HR outsourcing and its imPact：The role of transaction cost. Personnel Psychology, 1999(52)：113-136.

软件市场加剧了该领域竞争。全球最大的企业软件公司甲骨文(Oracle)并购全球领先的EHR软件企业仁科(PeoPleSoft)之后，成为全球最大的EHR软件提供商，并开始发力中国EHR软件市场，全球第三大独立软件供应商德国SAP公司也早在数年前就开始在中国EHR市场布局。

(三)中国企业劳务派遣向业务外包转型

在我国，随着市场经济快速发展，社会分工日渐趋于专业化，劳动关系形态也在发生着变化。劳务派遣和业务外包作为非典型的用工形态日益普及，因国家对劳务派遣的规范日趋严格，尤其是《劳务派遣暂行规定》出台后，一些企业将大量劳务派遣岗位转化为业务外包。[①]。

1. 劳务派遣及相关法律法规。劳务派遣业务在我国出现于20世纪七八十年代。它是劳动弹性化的产物，属非典型雇佣关系，又称临时劳动、代理劳动及租赁劳动。劳务派遣是指劳务派遣单位以经营方式将招用的劳动者派遣至用工单位提供劳动，由用工单位对劳动者的劳动过程进行直接管理的一种用工形式。劳动派遣一词主要在日本、中国等地使用；欧美等国家和国际劳工组织则一般称为"临时劳动"或"租赁劳动"，并将由此形成的雇佣关系称为"临时雇佣关系"或"三角雇佣关系"[②]。其本质就是将劳动力雇佣和使用分离开来。劳务派遣也叫人事外包或人才租赁等。

针对劳务派遣制度存在着对被派遣劳动者保护不足的天然缺陷，劳务派遣被纳入法制规范领域以来就被严格规制，主要包括：(1)被限定用工范围和用工比例。《中华人民共和国劳动合同法》第六十六条规定，劳动合同用工是我国企业基本用工形式。劳务派遣用工是补充形式，只能在临时性、辅助性或替代性工作岗位上实施。2014年1月24日出台的《劳务派遣暂行规定》中第二章第四条明确规定了用工单位应当严格控制劳务派遣用工数量，使用的被派遣劳动者数量不得超过其用工总量的10%。(2)保护派遣劳动者的法定权益。在劳务派遣三方关系中，劳动者面临"双层雇主"，一旦出现法律纠纷其维权就会遭遇困难。不论各个国家有何法律背景，在对待"雇主责任"时都要求劳务派遣单位和用工单位共同承担。(3)对劳务派遣机构严格管理。合理规范劳务派遣公司直接关系到整个劳务派遣行业的合理有序运行，也关系到对被派遣劳动者利益的保护。各国都有对劳务派遣公司设立的管理措施：对劳务派遣公司设立时实行劳务派遣许可制度；劳务派遣公司设立时有一定的资本要求。

2. 业务外包及其优势[③]。业务外包是指企业将内部非核心和非关键的业务或者职能交由其他企业完成，使自身更专注于核心业务，达到企业不断控制和降低运营成本，充分整合和利用外部资源提高组织效率和效益的目标。其实质就是生产进一步细化分工，达到发包方和外包方双方资源整合和优势互补。业务外包主要具有两个优势：一是能降低和控制企业经营成本。企业将一部分非核心业务外包，外包方在单一外包业务的专业化和规模生产上更具竞争优势，能帮企业降低营运成本，增强资源利用率、产品或服务质量，使双方

---

① 姜坤. 企业劳务派遣向业务外包转型的思考. 企业改革与管理，2019(5).

② 张颖. 关于劳务派遣与劳务外包的探讨. 企业研究，2020(1).

③ 姜坤. 企业劳务派遣向业务外包转型的思考. 企业改革与管理，2019(5).

企业经济效益得到提升；二是降低和分担企业用工风险。如企业受生产间歇期因素影响，阶段性需使用大量临时性和辅助性用工，是企业重要风险控制点。通过向业务外包转型，外包方分担企业用工风险，企业可进一步严控人员入口，增强企业自身抗风险能力，不断适应内外部市场环境所带来的变化。

3. 劳务派遣用工与业务外包的差异。劳务派遣与业务外包有一定的相似之处，都是劳动者为第三方(用工单位)提供劳动成果，但却与第三方不发生劳动关系，而是与派遣单位建立劳动关系。但在管理和实践中，劳务派遣和业务外包两者有一些明显的区别(如表 11-2 所示)。

表 11-2　　　　　　　　　　　　**劳务派遣和业务外包的区别**

名称 项目	劳务派遣	业务外包
适用法律	《中华人民共和国劳动合同法》	《中华人民共和国合同法》
主体不同	按照劳动合同法规定设立的法人实体	个人/法人/其他实体
劳动者管理的责任主体不同	受用工单位直接管理	发包单位对承包单位的员工不进行直接管理
合同标的不同	合同标的一般是人	合同标的一般是事
岗位与比例限制不同	派遣用工不得超过用工总量 10%，且只能在临时性、辅助性或者替代性的工作岗位上实施	无要求
劳动报酬分配原则不同	同工同酬	无要求
对劳动者违法后果不同	承担连带赔偿责任	无
会计处理不同	纳入职工薪酬统计	不纳入
薪酬计算不同	以人为基础，衡量劳动价值的单位是派遣时间	以工作量作为计算标准

资料来源：姜坤. 企业劳务派遣向业务外包转型的思考. 企业改革与管理，2019(5)：72-73.

三、人力资源外包的过程与模式

(一)人力资源外包的过程

人力资源外包活动的过程可以分成五个阶段。

1. 人力资源外包活动选择。在该阶段，企业要调查、寻找有关人力资源管理外包的资料信息，首先要判断到底哪些功能适合外包，哪些不适合；作为决策者，应将每项功能细分成具体活动，然后考虑每一项活动的战略意义；再确定哪些工作可外包。要仔细分析企业人力资源管理外包的实际需要和外部外包市场的现状，使人力资源管理外包活动和企业的整体发展战略相吻合。由于目前我国对于外包行业没有相应完善的法律法规进行规

```
┌─────────────────────────┐
│   人力资源外包活动选择   │
└─────────────────────────┘
             │
             ▼
┌─────────────────────────┐
│  人力资源外包商的选择   │
└─────────────────────────┘
             │
   ┌─────────▼───────────────┐
   │  人力资源外包商的管理   │◄──┐
   └─────────┬───────────────┘   │
             │                    │
   ┌─────────▼───────────────┐   │
   │ 监督评估人力资源外包商绩效 │───┘
   └─────────┬───────────────┘
             │
   ┌─────────▼───────────────┐
   │       退出外包          │
   └─────────────────────────┘
```

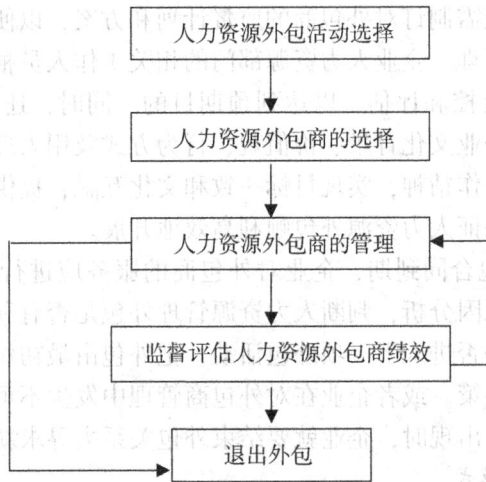

图 11-1　人力资源外包的过程

资料来源：作者绘制。

范，企业在进行人力资源外包选择时还需要考虑其安全性和保密性。

2. 人力资源外包商的选择。在该阶段，企业首先进行成本与收益分析，收益要从多方面考虑外包战略价值，如高质量服务管理水平的实现、风险控制、核心能力的提高及人力资源管理战略的再定位等。另外，外包必须具有真正的、可衡量的明确目标。然后，再在众多人力资源管理外包商中作出选择，与被选定的外包商签订合同，确立外包关系以及适宜外包模式。选择外包商常见的方法如下。（1）总成本分析法。服务商的报价是首要考虑因素，通常的做法是先设定一些限制性的因素，比如服务商的诚信、服务质量标准等，来淘汰不合格服务商，然后在合格服务供应商中选择总成本控制最低的服务商作为企业合作伙伴。（2）多因素效用选择法。通过对服务商的多种因素特征进行综合比较，选择最合适的服务商。该方法在国际贸易、离岸外包中使用较为普遍①。（3）多目标选择法。通过设定多个服务目标，对多个服务商进行综合比较，从中选择出最合适的服务商，该方法比较复杂②。一般事先根据企业需求设定多个不同的标准，先对达不到这些标准的服务商进行淘汰，选择能够同时满足这些标准的服务商进行比较选择。（4）层次分析法（analytical hierarchy process，AHP）。它是美国运筹学家 Saaty 教授于 20 世纪 80 年代提出的一种实用的多方案或多目标的决策方法。其主要特征是合理地将定性与定量决策结合起来，按照思维、心理规律把决策过程层次化、数量化、迅速地在社会经济各个领域内，如能源系统分析、城市规划、经济管理、科研评价等领域，得到了广泛的重视和应用。

3. 人力资源外包商的管理与监督评估人力资源外包商绩效。企业将要外包的人力资

①　Porter A M. Tying down total cost. Purchasing，1993（21）：38-43.

②　Min H. International supplier selection：a multi-attribute utility approach. International Journal of Phisical Distribution and Logistics Management，1994，24（5）：24-33.

源管理活动交给外包商后，就要管理外包商并评价其绩效。在将需要外包的事项交给外包商后，人力资源外包组织需制订对外包商的监督计划和方案，以便及时得到信息反馈，并采取有效措施进行协调管理。企业人力资源部门的相关工作人员根据计划和方案对外包商的工作进度和质量持续监控和评估，以达到预期目的。同时，还需处理好和外包商的关系，使其能更好地了解企业文化背景、价值观、行为方式及用人理念，在相互沟通协调的基础上形成整体的团队合作精神，实现目标一致和文化互融，提供优质服务，促成双方达成长期战略合作关系，保证人力资源外包顺利高效地开展。

4. 退出外包。当外包合同到期，企业对外包商的服务应进行整体评估验收，比较预设目标达标情况并进行原因分析，判断人力资源管理外包是否有利于核心能力培养、整体竞争力增强，以此判断是否进入下一项外包活动，把外包由最初作为经营发展战术转化为企业持续改进的战略性决策。或者企业在对外包商管理中发生不可调和的矛盾，或发现外包商不能完成任务等情况出现时，企业就要结束外包关系去寻求新的合作伙伴。

(二) 人力资源外包模式

企业结合自身特点和人力资源管理特色可采用一种或多种外包模式。除考虑价格因素外，更应对外包商整体能力综合评估，例如外包机构的文化、所设计的方案、在业界的声誉、以前的业绩状况、目前的财务状况、其对本企业所在行业的了解程度等。企业应制定详细周密的外包协议以此来规范和约束对方的行为。一般而言，人力资源外包模式包括如下：

1. 专业雇主组织 (professional employee organization, PEO) 模式。它是由人才租赁公司转变而来，也是美国流行的并专为中小型企业外包的服务[①]。其基本思想是：PEO 雇佣客户企业员工，对这些员工进行管理和提供薪酬；再以有利于企业雇主的租金把员工出租给客户。雇员获利是因 PEO 提供了更好的福利；雇主获利是因 PEO 承担了雇员福利；PEO 获利是由于规模经济导致低成本。PEO 是中小企业外包的人力资源部。除了租赁员工，PEO 还提供一系列人力资源服务，包括工资处理、福利管理、缴税、就业政策和档案管理。PEO 是客户企业的合伙人，因为他们承担涉及员工绩效的合同规定的权利和义务。最大优点在于：它能提供福利多项选择。选择 PEO 的因素包括：是否能提供核心服务，拥有的设备、财务历史和政策，有经验的人员和计算机技术。

2. 应用服务供应商 (application service provider, ASP) 模式。体现了信息技术外包的发展。人力资源软件大量开发使 ASP 在人力资源外包领域也获广泛应用。该模型与外包其他形式存在区别：ASP 出售给人力资源部的只是在线租赁服务。用户购买或租赁软件；服务供应商在自己的地方、在自己的机器上、用自己的人员管理应用软件。应用软件通过因特网获得应用，在线完成工作。ASP 是人力资源自动化和员工自主服务的技术体现。

3. 中心人事代理 (central personal agency, CPA) 模式。它是全面服务供应商。CPA 向需要财务专家的客户提供人力资源咨询服务。提供人力资源 CPA 的公司面临一个挑战：客户怀疑 CPA 是否能成功提供人力资源服务。CPA 和分散型人力资源服务交货模式的传统方案和竞争方案的比较如表 11-3 所示。

---

① Rodriguez C. Outsourcing HR paperwork. The CPA Journal. New York：May 2003. Vol. 73, Iss. 5：10.

表 11-3　　　　　　　　　　　　人力资源服务交货模式的传统方案和竞争模式

传统方案

全中心模式	CPA 提供大多数人力资源服务
半分散型模式	由专家代表部门人力资源单元从事某些职能
分散型模型	大多数人力资源操作分散于直线部门、子单元和直线管理部门；CPA 保留协调、评估/审计和一般政策的权力

竞争方案

CPA 市场服务	部门从 CPA 购买所有或部分服务，支付部门间服务费用；其他组织单元从 CPA 以合同或收费方式购买服务
部门单元市场服务	面向下属其他部门、CPA、外部组织的某些市场服务
CPA 或部门单元采购服务	所有或者部分服务以合同或收费方式从私营或其他组织购买
政府间联盟	面向 CPA、部门的组织间联合市场服务
混合模式	所有潜在供应商竞争提供服务；传统和竞争服务混合提供方案

资料来源：Siegel G. B. Outsourcing personnel functions. Public Personnel Management，2000；225-236.

4. 共享服务中心(shared serviee center，SSC)模式。人力资源专业领域发生重大变化：从外包到共享服务中心和内部呼叫中心；从人员服务到员工自主服务；从基于职能的交易到员工基于事件的交易；从集中数据到网络系统和数据库。SSC 是一种内包模式，内包是外包选择的行为，确认继续使用内部 IT 资源来获得和外包同样的目标。内包(insoureing)是外包决策的代替方案。网络技术对员工服务质量的关注是导致这种战略转变的重要原因。在 SSC 背景下，人力资源职能由部门或业务单元转向重组、流程化和集中。新流程建立在以语音反应系统、网络系统、工作流程和镜像(imaging)为基础的技术上。

5. 临时工(contingent labor)模式。临时工的出现是由于裁员、全球化竞争、技术和市场的快速变化。随着外包趋势增加，典型的大公司由三部分组成：较小规模的核心员工、大量的临时工和供应商网络，形成核心队伍加外援队伍的新型组织结构。存在的不足则是当人才稀缺时，过度依赖关键技能的临时工的公司在竞争中将处于劣势。有学者研究人力资源部规模和临时工关系后提出两个分析模式：权力模型和效率模型。权力模型认为人力资源部规模影响使用临时工的决策；效率模型认为临时工使用影响人力资源部规模。

当前我国常见的人力资源外包模式主要有三种：(1)专项业务外包模式，即部分业务外包模式，是将企业某项人力资源管理职能模块的一部分外包，而其他的由本公司承担。(2)整体业务外包模式，即某项人力资源管理职能被企业整体外包给外包公司，企业也可以保留人力资源部来协调本公司与外包公司的业务，如劳动关系、劳动纠纷、福利保险、合同档案管理、离职办理等。(3)综合业务外包模式，即将多项人力资源管理模块外包给第三方人力资源外包公司，外包给一个或者多个公司，外包一个或者多项职能①。

---

① 蒋晶，等. "互联网 +"人力资源外包服务平台构建与创新. 北方经贸，2018(4).

四、"互联网+"背景下人力资源外包模式创新

顺应以互联网、大数据、云计算为代表的新一代信息技术发展趋势，我国信息化发展水平大大提高。其中，"互联网+"与人力资源服务外包融合发展迅速。

1. "双轮驱动"促使互联网与人力资源服务外包加速融合①。企业经营的各环节基本上都有互联网信息技术的应用。招聘行业是人力资源外包服务"互联网+"进程最明显的一个业态。中国互联网络信息中心的统计显示，人力资源管理中招聘和培训环节是企业在互联网内部支撑类应用中普及率比较高的两类活动。当企业将这些活动外包给第三方人力资源服务机构时，提供外包服务的机构也需要具备相应技术服务手段，并以此进行创新。另一方面，因创新产品和服务、提高竞争力需要，一些人力资源服务外包机构也借助互联网技术，在招聘、猎头、薪酬代发等领域创新。以招聘为例，2016 年，全国各类人力资源服务机构通过网络发布岗位招聘信息 28518 万条，同比增加 15.7%；发布求职信息 59208 万条，同比增加 20.9%。网络招聘和移动互联网络招聘蓬勃发展，导致企业举办现场招聘会的次数，以及参会单位、求职人员人数，都有一定程度的下降②。

2. "互联网+"人力资源服务外包加速发展。随着 IT 技术应用，在猎头行业市场上还出现了云猎头。它集众多猎头公司资源于一体，将人才与企业资源整合，运用大数据，让企业快速找到适合自己的猎头公司。在职业生涯规划咨询领域催生了新的咨询模式和工具，最典型的是在线咨询平台，打破了时间空间界限，私密度更高；在职业测评领域，基于更先进的技术，如大数据分析，让测评得到更有效的信息采集，以便输出更有质量的分析结果。在人力资源和社会保障事务代理行业中，在 O2O(online to offline，线上对线下)模式盛行背景下，出现大量自由职业者，基于移动端的社保代理服务也开始兴起。对培训行业来说，网络直播、云学习、大数据、O2O 模式等元素与人力资源培训相关联，尤其是新冠肺炎疫情防控期间中，依托于移动互联网的网络直播、垂直社区、微课等在培训业很受关注。在人力资源管理咨询行业，一些基于网络甚至是移动网络的管理咨询平台应运而生，如智淘淘，就是一种借助互联网平台，将企业需求与咨询顾问直接对接的模式，有效地提高了企业解决问题的效率，降低了咨询的成本。在人力资源信息软件服务行业，云计算作为"互联网+"的一项核心技术得到逐步应用，其中以云计算为核心的人力资源 SaaS(Software-as-a-Service，软件即服务)和大数据分析正趋向成熟。

3. "互联网+"人力资源外包服务业呈现新特点③。从当前人力资源外包服务业发展看，几乎各业态都借助互联网技术进行创新。多数机构的"互联网+人力资源外包服务"创新正处于探索和尝试阶段。中国人事科学研究院对人力资源服务机构调查结果显示，"产品已

---

①　田永坡. "互联网 +"为人力资源开发配置"赋能". 中国管理科学研究院人才战略研究所. http：//www. zgyrczl. org/index. php? m＝content&c＝index&a＝show&catid＝340&id＝5820.

②　2016 年人力资源市场统计报告. http：//www. mohrss. gov. cn/SYrlzyhshbzb/dongtaixinwen/buneiyaowen/201706/t20170605_271972. html.

③　田永坡. "互联网 +"为人力资源开发配置"赋能". 中国管理科学研究院人才战略研究所. http：//www. zgyrczl. org/index. php? m＝content&c＝index&a＝show&catid＝340&id＝5820.

经成熟并实现预期收益"和"已经商业化，正处在快速成长阶段，但相关产品还没有实现盈利"的情况只占被调查机构的 9.55%。人力资源外包服务业"轻资产"特征正被"互联网+"改变。在传统发展阶段，人力资源外包服务业被认为是典型的"轻资产"行业，开展业务所需资金量较少。随着互联网与本行业融合发展，其"重资产"或"重资本"特征越来越明显。资金、人才成为"互联网+"人力资源外包服务发展关键要素。人力资源外包服务业互联网化发展，使资本要素在该行业中扮演着越来越重要作用。同时，"互联网+人力资源外包服务"的跨界特征也必然导致行业对人才要求越来越高，掌握互联网技术、发展规律、人力资源管理和服务等知识背景和行业经验的复合型人才，成为行业发展的急需紧缺人才。

4. 建立互联网+人力资源外包服务平台。人力资源外包服务平台是指借助互联网技术，通过联通人力资源外包服务供应商、企业和企业员工三者之间服务渠道，实现数据信息共享、提升人力资源外包服务的质量和效益的专业化平台①，为此，可以采取如下措施②：(1)利用 B2B2C 的模式建立第三方平台实现传统人力资源外包服务机构在移动互联网时代的业务升级转型。运用共享经济理念，借助 B2B2C(business to business to customer)模式建立一个第三方平台，把个人端需求与企业端的服务商聚集起来，以此完成移动互联网时代人力资源外包服务业务升级转型，其典型代表有用友薪福社。它打造了人力资源及社保领域的天猫商城，最核心的三大产品包括服务商城、SAAS 平台和查社保，其中查社保提供的是免费服务。用友薪福社将社保领域作为突破口，通过建设薪福平台，以"移动互联网+人工智能"为核心技术，打通企业 HR、企业员工、个人以及社保服务商之间的业务流，撮合双方的合作，整合供需两端各类资源，有效提升了社保服务商的服务质量和服务效率，赢得合作伙伴和需求方的认同。(2)基于数据挖掘和分析人力资源外包增值模式，将作为人力资源外包公司服务模式创新的基础。精准信息的对接模式，即企业信息和个人信息的深入挖掘与分析，是其优势。以人力资源外包模块之一招聘为例，在传统招聘网站上，企业信息由人力资源部门提供，个人信息大多是应聘候选者自己编辑上传，这些信息都不够客观。现今，人们可通过网站获得更加真实可靠的来自企业内部员工对企业的评价，或利用大数据等互联网技术从社交网站上查询并深入挖掘应聘者的信息，以此作为寻求信息对等和雇主与雇员之间信息沟通的渠道。

第三节　人力资源外包的实施与执行

一、人力资源外包的实施原则

一般而言，实施人力资源管理外包应遵循以下基本原则。

(一)建立"以用户满意为中心"质量体系

市场竞争归根到底是赢得用户的竞争。企业应根据市场环境来主动分析市场需求，进

---

① 蒋军生，等. 探析人力资源外包联盟服务平台的设计. 软件工程，2015(5).
② 靳娜. 共享经济趋势下人力资源外包模式创新. 现代营销，2016(12).

行内外部全方位的资源整合，为用户提供最理性的服务和产品。因为用户要求越来越高档化、多样化、个性化，用户购买产品不仅要满足物质上的适用，还要求有周到的服务，得到精神上的满足，因而要赢得用户，就必须做到：一是建立"以用户为主体"的用户服务理念；二是提供质量优异的、全方位的服务。因此，企业建立质量体系，要从"以质量为中心"向"以用户满意为中心"转变。用户满意牵涉企业生产的全过程、全体员工和从经营理念、战略、产品开发、过程控制到员工满意和企业文化的全部活动。因而，企业要使用户完全满意，必须全员参加，建立"以用户满意为中心"的质量体系。

（二）树立"双赢"的合作观念

在合作竞争、联合竞争、协作竞争中，"双赢模式"越来越引起人们的重视。"双赢模式"的具体内容和表现形式，并不是单一的、凝固的，而应是多种多样的。人力资源部门既可以与外包服务商结盟取胜，也可以与竞争对手协作结盟，来充分体现"双赢"。这种"双赢模式"不仅运用在生产制作方面，而且还可在其他许多方面。有的是为了优势互补，共享资源；有的是为了弥补缺陷，分担风险；有的是为了联手角逐市场等。

（三）建立"快速反应"的竞争理念

是否能迅速响应市场需求、快速推出用户需求的产品或服务，越来越成为市场竞争成功的关键。要快速响应用户的需求，必须建立一个良好的需求信息网络和合作伙伴关系网，还必须具备高度的生产柔性和敏捷性。

（四）建立双方均满意的合约

许多外包服务业务以不愉快的结局收场的企业，常常是因为企业未足够留意与外包服务商签订契约内容。契约内容的确定应建立在双方满意的基础上，不能以一方的损失为代价。只有这样，双方才能保持长久的合作关系。

（五）提高管理业务流程标准化程度

标准化是几乎所有业务外包的前提。对外包企业来说，只有实现了标准化，才能实现外包业务的有效转换和衔接；而对外包服务商来说，业务流程标准化是实现规模效益的基础。业务流程标准化能降低交易成本，实现为外包双方带来共同的利益共享和合作双赢的局面。托马斯·达文波特（Thomas H. Davenport）认为[1]，把业务流程变成标准化商品，解决了业务流程外包标准化问题，为业务流程外包扫清障碍，是推动业务流程外包的一个重要动力。企业人力资源管理外包是业务流程外包的一种类型，随着人力资源管理管理专业化和规范化，很多人力资源管理职能操作和执行也成为一种标准化的业务流程。

二、人力资源外包的风险及其识别

尽管人力资源外包已经成为一种流行的业务策略，但其风险也是存在的。德勤咨询公司对 25 家大型企业调查的结果显示，较高的额外成本让企业对服务外包不甚满意。70%的企业抱怨复杂的外包服务过程以及外包服务行业价格的混乱使企业的额外成本大大增加，57%的企业将寻找和选择外包服务提供者所产生的成本看成是业务外包的隐性成本。

---

① Davenport Thomas H. The Coming Commoditization of Processes. Harvard Business Review，2005（6）：100-108.

只有把握好人力资源外包的风险和缺陷，才能做出正确的人力资源外包决策。

(一)人力资源外包过程的风险识别

结合人力资源外包的过程，其各个阶段的风险主要包括以下内容：

1. 人力资源外包活动选择阶段风险。选择阶段的最主要风险来自业务的划分，将不适于外包的人力资源职能外包会对企业运营带来不同程度的风险。人力资源外包的最终目标是实现利益最大化。人力资源外包收益是多方面的，有些可直接观察到，有些是间接的；有些是短期的，有些需要长期才能有回报。根据波特价值链理论，人力资源管理在企业整条价值链中都起着巨大支持作用。作为价值链上的重要一环，人力资源管理一旦因外包而使价值链被分割和碎化，并引起价值链间的不协调甚至矛盾，原来预期的收益难以实现，外包意义也就不复存在。具体而言，人力资源外包活动选择时风险有以下几点：(1)选择偏离外包动机。外包活动选择应建立在明确的外包动机上。许多企业在作外包决策时忽略外包动机，如出于降低人力资源管理成本的目的采取外包，却将企业自身能以更低成本完成的业务外包，造成动机与决策不一致。(2)商业机密泄露的风险。薪酬管理、人力资源规划等涉及企业机密，如果将其外包，遇到信誉不好的外包商，有可能将其泄露给竞争对手，企业具有独特竞争力人力资源管理方法外泄，直接影响企业吸引和保留人才，并给企业造成损失。(3)影响管理工作整体性。人力资源外包可以是全部外包与部分外包。若选择全部外包就意味着企业所有人力资源管理活动都由外部服务商完成，外包商的管理方式、理念等与企业肯定有很多不同，于是人力资源管理职能与企业其他管理职能的整体性、关联性就会减弱。另外，人力资源管理各项工作间都有相互联系，若企业选择将部分工作外包，这部分工作与企业自身完成的其他人力资源管理工作整体性也会受到影响。所以无论哪种形式都会一定程度上影响管理工作的整体性，可能会增加协调和沟通的成本。(4)员工反对或抵制。当企业多项人力资源管理活动外包时，可能会引起人员恐慌。且外包对原有人力资源部门员工更具有不确定性，他们担心失去现有工作或担心被派遣到外包企业后影响其工作前景，受这种心理状态影响，员工工作积极性会下降；有些人甚至会找麻烦，影响外包工作顺利开展，而影响企业发展。

2. 人力资源外包商选择阶段的风险。具体包括如下方面的风险：(1)信息不对称。因信息不对称，企业无法真正了解外包商经营业绩、社会声誉、发展状况、成本结构等，所选择的供应商可能没有资历对外包内容提供服务。(2)外包企业的有限理性。有限理性指主观上追求理性，但客观上只能有限地做到这一点的行为特征。企业的有限理性造成两个不可避免的结果：一是认识的有限理性。人们的理性是有限的，企业管理层进行人力资源外包商选择时就不可能面面俱到，以保持超然的客观性。二是契约的不完善性。企业面临的经营环境充满各种不确定性，企业不可能搜集到所有与外包契约安排相关的信息，更不可能预测未来可能发生的所有变化，从而无法在签订契约前把这些变化讨论清楚、写入契约条款。契约的不确定性既增加了外包的事后成本，也客观上助长了承包商的机会主义行为。(3)外包商的机会主义。所谓机会主义行为是指人们在交易过程中为追求个人利益的最大化，可能通过不正当手段来谋求自身利益。在选择承包商时，企业与承包商之间存在严重信息不对称，承包商可能出于私利，刻意隐瞒自己信息或向企业提供虚假、歪曲信息以谋取自身更大利益。外包业务发生前出现的信息不对称导致了企业逆向选择，即企业可能放弃优质的承包商而错选较差的承包商从而造成外包收益达不到企业预期的要求。(4)潜在的"锁定"风险。"锁定"风险指外包企业无法摆脱与外包商交易关系，除非企业愿意支付高额转移成本。外包商可利用"锁定"效应在外包续约谈判中相要挟，企业将处于要么接受不利契约条款，要么支付昂贵转移成本的两难境地。"锁定"风险直接导致业务外包谈判和决策成本提高，甚至造成新的成本，如重新选择承包商的转移成本等。

3. 管理和评估外包商阶段的风险。对外包商管理阶段其实也是企业与外包商相互适应的阶段，包括文化适应和企业对外包服务本身的适应，比如现有组织机构设置、制度、相关人力资源流程、企业执行力等是否能保证外包服务效果，因为外包成果最终还是要通过企业自身应用和实施发挥效用。在实际人力资源服务外包中，这种双方适应磨合是普遍存在的，而适应程度对服务效果有很大影响。该适应过程中通常的风险包括：(1)激励不当，是指外包企业对外包供应商的激励不足或失当而导致其行为背离外包企业期望的风险。外包的人力资源管理职能能够按质按量按时按预算完成，得力于有效的激励机制。一旦外包企业对外包供应商的激励机制失灵，外包供应商提供的人力资源管理职能就有可能达不到企业的要求。(2)文化冲突。人力资源管理工作与企业文化有密切关系，企业与外包商在地域等方面的差异，使员工在语言、文化上可能存在交流困难。另外，因为企业文化不同，有时工作中出现的一些小问题可能发展成为不可逾越障碍，双方在解决某些问题时就会出现分歧和矛盾。并且这种经过长时间积累形成的文化差异是很难短时间改变的，所以这对企业跨文化管理能力也提出了挑战。(3)道德风险。委托代理理论中有个概念是"败德行为"，指达成契约后，委托人无法观察到代理人的某些不当行为，或外部环境变化仅为代理人所能观察到，委托人很难观察到。在人力资源外包中，即指外包商在有契约保障之后可能采取不利于企业的一些行动，进而损害企业利益。现实中这种行为也具有普遍性。一旦外包服务商和企业关系以契约形式加以确定后，企业就不可能像选择外包商那样全面、细致地了解外包商的运作过程，因此外包商的败德行为就很难被企业发现。(4)缺乏灵活性，是指外包供应商按外包合同向企业提供的人力资源管理职能无法满足外包企业弹性需求而带来的风险。外包企业与外包供应商签订外包合同的根据是当时的人力资源管理职能需求。外包合同开始履行后，时过境迁，企业人力资源管理职能需求可能发生较大的变化，那么刚性合同规定的外包额度就无法满足企业需求，这就为外包企业带来风险。(5)权利和责任分担。企业将一部分或全部人力资源管理活动外包给服务商，就应赋予其相应的权利，同时外包商也要在合同规定范围内完成任务、承担责任。但当合作中不确定因素使权利与责任问题与合同的规定产生差距时，若双方缺少及时沟通与协调就会带来风险。(6)外包商中途破产。如果在外包合同没有终止前外包商破产，企业人力资源管理外包活动就会被迫中止，不得不重新管理人力资源工作或寻找新的合作伙伴。如果没有做好事前准备就会影响企业发展的整体战略，所以企业在外包商选择时要做好这方面风险评估。(7)企业学习能力退化。将人力资源管理活动外包后，企业就会减少关注人力资源管理理论及其实践发展，对相关管理技能学习减少，也失去亲自实践该项职能的条件和机会。同时，人力资源管理部门员工工作已转型，对从前工作不再熟悉，重新学习还需要一定时间。

4. 退出外包阶段风险。该阶段通常包括的风险如下：(1)向独立管理过渡。人力资源管理活动的外包可能会使本企业人力资源管理者放松相关知识技能的学习，除专业知识方法外，做好这一过渡还要求企业配备齐全相关的人、财、物，掌握外包中人力资源管理工作进展等全面情况，重新将原来外包活动纳入企业经营价值链当中。如果处理不好就导致管理混乱，已达到外包成果也会受到影响。（2）草草收尾。外包结束后，外包商要将相关工作重新交给企业，在交接过程中，企业与外包商不可能马上终止合作，可能有些工作还有后续和一些责任承担，如果合同中没有明确条款规定，就会存在责任承担不清。如果处理不当就会形成双方僵局，影响工作正常交接。

三、人力资源外包过程的风险控制

人力资源的外包风险控制是对风险分析、识别后的外包风险采取措施或不采取措施的行为。基于以上对人力资源外包过程中的风险识别，人力资源外包风险的控制主要包括如下内容：

（一）建立人力资源外包风险控制信息系统

两个企业间合作不可避免存在信息沟通障碍，降低沟通效率，即"外部性"问题。外包商与企业在合作领域的有效沟通经常能激发出新的思路，引发创新①。针对"外部性"问题，有学者提出建立外包交互系统——双方建立起桥梁，让外包商负责的那一部分流程与外包企业其他流程更有效地结合在一起，享受内部合作的方便，获得外包的好处。因此，可建立人力资源外包的风险控制信息系统，具体包括以下工作内容：

1. 建立一支专业的外包管理团队负责与外包商的沟通。例如，对人力资源管理职能，一般包括人力资源规划、招聘、绩效管理、薪酬和培训等职能。如果对这些职能全部或部分外包，则外包商负责完成外包任务，外包管理团队负责战略、日常运作、技术、质量、成本控制等管理，相互之间分工明确，不会出现管理盲点，可以很好结合。

2. 成立跨公司工作小组。与外包商的有关人员成立一个经常性的跨公司工作小组，双方共同研究解决人力资源外包出现的困难，商讨如何最大化人力资源外包的效果，如何达成目标。

3. 建立信息共享机制。建立一个强大信息系统去跟进和评估外包商，协调各种商业往来，以提高工作效率。例如，企业人力资源管理系统，通过 Internet 输入、管理相关的员工信息；外包商信息系统，外包企业只需登录到此系统，就可以看到外包商目前所有任务的当前状况。IT 的普遍使用使得外包商与企业浑然连成一体，信息更加透明，沟通变得更加便捷，从而极大地降低了"外部性"问题。

4. 建立多层次的定期沟通。成功的业务外包经验表明，保持企业与外包商双方各级相关人员的个人沟通是十分必要的，从双方最基层的工作人员一直到双方的最高级人员之间，都需要沟通。这不仅能解决一系列问题，还能够使双方保持亲密合作关系。

5. 评估合作关系。目前各行业对外包商考核的普遍做法是采取季度业务回顾制（quarterly business review），并根据考核结果决定是否继续合作，是否扩大或减少外包业务量等。在进行人力资源外包时，对人力资源外包商考核也可以参照该制度定期进行。但

---

① 包炜. 企业人力资源外包的风险防范. 企业经济，2006(11).

要注意的是这种对外包商考核，本质上只是一个公司对另一个公司的考核，即单方面衡量外包商，而不是也去衡量企业有关指标。事实上，企业某些行为也会影响外包商的表现。因此，衡量应该是对等的。尤其考虑到人力资源管理工作性质，如果一味对外包商进行某些数字指标考核，而没有监控其行为过程，往往得到一些虚假数据而失去应有的意义。因此，企业应把自身和外包商放在一起来全面衡量，对双方合作进行客观评价，总结经验教训，以更有效地指导未来的外包实践。

（二）人力资源外包活动选择的风险控制

在确定哪些业务外包时，相关内部因素和外部因素非常多，企业要真正实现有效外包必须权衡各种因素和关系的影响。因此，要建立科学的人力资源外包活动选择流程以降低风险。

按照业务外包一般理论，企业首先需确定其核心业务。核心业务关乎企业核心竞争力，是不应该外包的。大量研究表明，核心业务外包将导致创新能力降低和来自供应商的竞争，从而导致企业绩效降低。对非核心业务而言，也不是所有的都可外包，将来可能成为重要利润来源的业务就不应该外包。IBM 在 20 世纪 80 年代把操作系统和处理芯片外包给微软和 Intel，造就了 IT 界两大巨头，而 IBM 却遭受了 10 年的业绩下滑。该例子就足以说明外包那些将来利润源，可能会导致企业将来利润下降甚至被竞争者淘汰出局。企业在进行外包决策时还需要考虑市场上外包商对外包业务的能力是否较自己强，若外包商能力弱于企业自身，则外包是不明智的。

与其他业务外包原理相同，企业人力资源从业人员认为，把一些非核心的、过于细节化的传统人事管理业务外包出去，将有力提升企业核心竞争力。在人力资源外包活动中，其核心业务是指那些对企业核心竞争力有重要贡献的、涉及企业机密的、企业独有的人力资源管理经验与方法，和与企业战略发展密切相关的人力资源战略规划、薪酬战略等，而非核心业务则体现为工资、福利等作业性管理事务。借鉴其他业务外包中活动选择决策理念，我们可建立起人力资源外包活动选择的流程图，以指导人力资源外包活动选择（如图11-2 所示）。

按照图11-2，在进行人力资源外包活动选择时，首先要确定备选业务是否对企业核心竞争力有重要贡献的业务，是否有关企业战略性人力资源管理工作。其次，要结合企业发展规划，判断该人力资源活动将来是否可能为企业核心竞争力提供重要贡献，比如一些人力资源开发、储备工作，中小型企业一般都选择外包，但如果公司想谋求更大发展，必定要把握好人力资源储备、开发，否则将来公司发展中会面临人力资源短缺的危险。再次，将企业内部完成一项人力资源管理活动与将其外包的成本效率比较。最后，如果以上三项考虑的结果都是否定的，就可以将此项人力资源管理业务外包出去。

（三）人力资源外包商选择的风险控制

人力资源外包商选择在人力资源外包活动中至关重要，它关系到后面一系列人力资源外包活动开展。同时它又包含巨大风险。可利用以下两个策略来做好对其风险控制。

1. 进行充分的事前调查。企业决定对人力资源业务进行外包时，需要对市场上外包商实施充分调查。因信息不对称，企业需要了解外包商更多信息。企业在调查成本和条件允许情况下，可以聘请外部专家对承包商评估。市场调查越充分，外包企业调查成本越

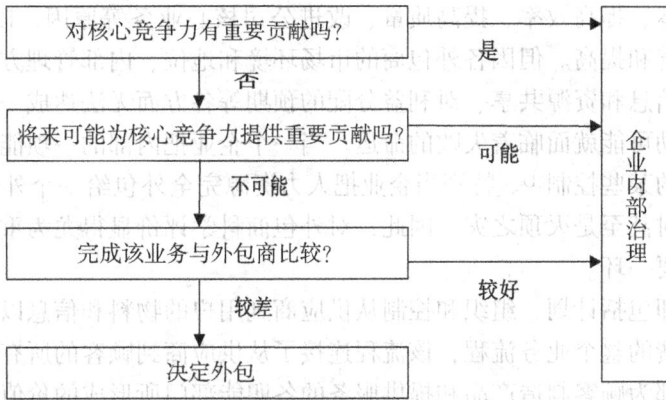

图 11-2　人力资源外包活动选择流程图
资料来源：作者绘制。

大，但外包业务取得合理收益的概率就越大。也就是说，它保证了外包企业从一开始就选择能够取得预期收益的外包供应商。信息调查质量将影响整个外包业务的成败。

2. 做好契约机制设计。契约作为外包双方的主要约束条件，对外包合作顺利开展有着至关重要作用。一个有效的契约设计可帮助企业甄别高效外包商，并在一定程度上避免道德风险问题，促使外包商努力完成外包业务。有研究表明①，高效率的外包商相对于低效率的外包商将选择具有低固定补偿和高激励的契约。因此，企业可分三阶段进行外包商选择：阶段一，企业设定一组契约让备选外包商进行选择；阶段二，外包商选择接受这组契约中的某个契约，企业可借此甄别高效率的外包商，并舍弃其他的外包商。阶段三，企业与该外包商进一步就质量、时间等进行详细磋商，确定最终契约。

最优激励契约设计和契约分阶段实施可在一定程度上解决外包决策中的逆向选择和道德风险，确保外包商努力工作的程度，从而达到预期的效益。契约机制合理设计还能帮助企业避免外包过程中的"锁定"问题。"锁定"一旦形成，无论是更换外包商导致的巨额的沉没成本还是接受原外包商的高额要价，外包成本都将急剧膨胀，使业务外包变得不经济。企业可采取如下的措施进行防范：(1)共同锁定，即企业和外包商共同投资人力资源外包所需的专用性资产，共享收益共担风险。这样锁定是双向的，如果交易终止双方都会有很大的损失，因此，外包双方在谈判中是均势的，双方更愿意保持良好的合作关系。(2)采用多个外包商。企业可通过采用两个或两个以上的外包商来避免被某外包商锁定的危险。但是，多个外包商将使外包业务的协调、控制更加复杂、不确定性增加，所以企业在采用该策略之前需谨慎考虑。

（四）对人力资源外包商的评估与控制

如上所介绍，对人力资源外包商的管理、监督、评估占主要部分，可见对人力资源外包商管理中的相关风险控制对人力资源外包活动的成败起着至关重要的作用。

---

① 郭焱，张世英，等. 战略联盟伙伴选择的激励机制研究. 系统工程学报，2004(10).

　　1. 基于供应链管理视角的人力资源外包商评估。企业在选择人力资源外包商时，主要是基于降低成本、提高效率、提高质量、改进公司核心业务等原因，以实现财务状况、质量和业绩的改善和提高。但因各外包商的市场环境和地位、内部管理方式等不同，以及企业与外包商在信息和资源共享、对利益分配的预期等各方面无法达成一致的原因，整个人力资源外包活动可能就面临着失败的命运。当一个企业把内部的一项能力外包时，它就失去了对该能力的某些控制[①]。特别当企业把人力资源完全外包给一个外包商时，外包失败对企业来说有时甚至是灭顶之灾。因此，对外包商科学评价显得尤为重要，这也是对风险进行控制的重要一环。

　　供应链管理即包括计划、组织和控制从供应商到用户的物料和信息以及从最初原材料到最终产品及消费的整个业务流程，该流程连接了从供应商到顾客的所有企业。供应链包含企业内部和外部为顾客制造产品和提供服务的各职能部门所形成的价值链。其目标是提高用户服务水平和降低总的交易成本，并寻求二者之间的平衡，为客户增加价值并增进供应商之间的效率。人力资源管理也可以看作一条供应链。通过人力资源职能外包战略，将人力资源管理供应链中的薄弱环节交给外部专业公司运营，获取外部供应商的专业技术和更高效率，使人力资源管理供应链更加合理，从而为企业创造更高的价值。

　　人力资源管理活动特点决定企业外包人力资源不是一劳永逸的，所以双方关系是直接的、长期的合作关系，强调共同实现共有计划和解决共同问题，强调相互间的信任与合作。这与供应链管理中供应商与制造商间在一定时期内的共享信息、共担风险、共同获利的由协议确定的供应链合作关系相似。因此，应结合人力资源外包商的独特的行业特点，建立人力资源外包商的综合评价指标体系实施对人力资源外包商的评价控制（如图 11-3 所示）。具体包括步骤：（1）评价业绩。评判外包商的企业信誉、外包业务的完成质量和企业发展前景。因人力资源管理活动的特点，可能外包质量的体现有一定时间上的滞后，所以可以参照以往的外包服务质量，同时注意其外包过程中花费的成本，是否符合合同规定，超支情况、其原因是什么以及是否必要。（2）评价外包业务能力。人力资源外包商的业务能力体现于其是否具备出色完成合同规定任务的条件，包括其是否拥有足够人力资源管理专业人才、专业素质如何，外包商财务状况是否能较好支持其完成任务，以及其他可能影响外包商服务质量的能力因素。另外，还要注意发挥本企业在人力资源外包商开展工作过程的支持协调作用，才有利于其业务能力的完好利用。（3）评价质量系统。这是最为关键的环节。有些活动质量是清晰而可以量化的，比如将工资发放、员工档案管理等活动外包时，可直接从其服务的准确度来评价。但是有些人力资源管理活动的特性使其外包任务完成质量的体现有一个时间上的滞后，比如通过招聘外包到企业工作的员工是否能胜任，并不是在短时间内就能确定的。在该情况下就要企业做好长期的跟踪评估。（4）评价企业环境。对企业文化、政治法律环境的评价尤其重要。如前所指出，在管理外包商阶段，文化冲突风险常常存在，这就需要对人力资源外包商做好文化方面的评价，认识到其文化特点，才更有利于在合作中避免不必要的冲突，更好地达到外包目的。

---

　　① Henderson J C. Plugging into Strategic Partnerships: The Critical Connection. Sloan Management Review, Spring 1990, 31(3): 7-18.

```
                   人力资源外包商综合评价体系
          ┌──────────┬──────────┬──────────┐
      业绩评价   外包业务能力评价   质量系统评价   企业环境评价
```

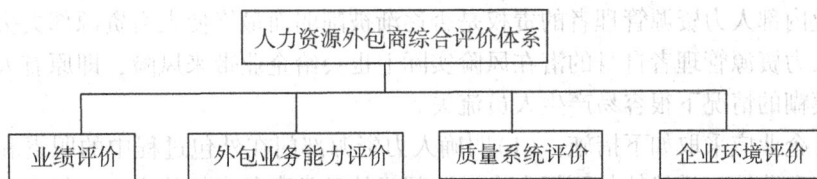

图 11-3 人力资源外包商综合评价指标体系

资料来源：作者绘制。

2. 对人力资源外包商的控制策略。对人力资源外包商可通过如下策略实施控制：(1)控制合约。企业可通过合约方式来规定其和外包合作伙伴双方权利和义务：人力资源外包业务质量标准、执行程序、货款的支付、有关保密的规定与后续合同的续延等。采取合约控制时，应该对所关注的问题做出详尽的规定，避免含混不清给外包业务的合作制造麻烦。外包合同在签订时，为防范合同风险，企业应安排具有相应外包经验和相关法律知识的专业人士参与合同制定和谈判，这些专业人员还要有良好的沟通能力和谈判能力，在与外包商协商、交流中不至于处于劣势，他们要对企业有忠诚度，能将双方权利和义务、责任等最终落到纸上。在合同内容上要明确外包的具体业务、外包服务价格、双方责任和义务、合同期限、外包各阶段的目标和最终目标；要明确违约责任，规定如果外包商未能按要求提供服务时所应承担的责任。同时，合同应具有一定的弹性，允许在技术操作层面进行必要调整以应对某些不确定因素导致的偶然事件发生。(2)控制人力资源管理方法、管理输出。为避免出现道德风险，企业可对相关的、本企业特有的人力资源管理方法予以保护，对涉及企业机密的信息输出严格控制。同时企业通过现场管理，及时了解人力资源外包的准确信息，为防范风险可及时采取相应措施，避免因时滞或信息失真而导致损失。(3)控制激励机制。企业可通过激励手段，如扩大人力资源外包服务范围、向其他企业推荐等，促使外包商提高质量水平，调动外包商积极性，消除因信息不对称或败德行为所造成的风险，实现双赢的局面。

(五)对人力资源外包人员的风险控制

人力资源外包人员即指参与、支持外包商服务企业原有人力资源管理人员。这涉及外包与企业自身人力资源管理职能的关系。企业选择人力资源外包，就必然会产生企业对自身人力资源职能的定位问题，具体包括两方面：(1)如何应对企业自身人力资源职能边缘化。随着人力资源外包的不断发展，外包服务内容已涵盖人力资源的主要职能。因此，选择外包的企业其自身人力资源管理人员从实际工作中获得的经验、知识、技能会越来越少，企业随之产生对外包的依赖性，逐渐使自身人力资源管理能力削弱，可能会造成对外包服务评估能力下降或无法准确认识企业不断变化的人力资源需求，且一旦与外包商合作终止或出现问题，就将给企业带来管理风险。(2)如何为人力资源管理者定位。外包改变了雇佣关系的执行，有可能激发员工的消极心理反应[1]。随着人力资源职能外包范围越来

① Cooke F L, Jie S, and McBride A. Outsourcing HR as a Competitive Strategy? A Literature Review and an Assessment of Implications. Human Resource Management, Vol. 44, No. 4, 2005：413-432.

越大，企业内部人力资源管理者的责权是否逐渐被削弱而最终使人力资源部失去存在的意义？这种人力资源管理者自身的潜在风险实际上也会给企业带来风险，即原有人力资源部门在定位模糊的情况下很容易产生人员流失。

为此，企业应采取如下措施：(1)明确人力资源部门在外包过程中的职责和定位，保证过程参与和监控。虽然外包可把人力资源部门从日常事务中解放出来，但企业人力资源管理人员参与其中和监控绝不可以忽视。(2)不断地参与可保持和提升企业自身人力资源管理能力，使人力资源管理者从与外部专业机构交流中提高自身的业务水平，避免人力资源管理职能边缘化。(3)企业人力资源管理人员更好地行使其战略人力资源管理职责，且通过参与外包过程的学习机会也可提高人力资源部门员工满意度，减少人员流失。(4)人力资源部门要承担起对服务监控和评估职能。作为与外包服务机构接触最为密切、频繁的部门，人力资源部门要建立服务商评估机制，在过程中不断地进行评审、反馈和沟通。(5)建立起文件管理和信息安全保障机制。因大多数信息资料是由人力资源部门披露给服务商的，人力资源部门在与相关部门协作中，要保障企业信息安全，避免机密信息的外泄。

（六）对整个人力资源外包过程的风险控制

尽管前面介绍了人力资源外包过程各阶段的风险控制，但人力资源外包是一个整体性过程，企业须采用一种系统的、全局性的视角实施风险控制。一项人力资源业务外包后，企业面对的不再是企业内部的职工和部门，而是面对外包商，对整个外包活动的控制格外重要，直接关系到整个外包工作的成败。监控是确保外包成功的关键因素之一[1]。人力资源外包过程的风险控制是整个人力资源外包工作的重中之重。它主要是对外包商投机行为的控制。这些投机行为可能是企业对外包商依赖度上升而失去对人力资源外包业务的控制，外包商提高成本；或外包商将企业核心机密透露给该企业的竞争对手；或人力资源外包过程中可能存在的企业和外包商间的文化冲突，等等。这些问题均将使企业外包成本升高而影响企业发展；因企业重新选择外包商的谈判成本、与新外包商的融合成本、管理成本等不确定，企业更换外包商的成本和风险也大增；企业花费时间和精力已得出的人力资源外包成果有可能将付诸东流；竞争对手了解企业核心机密和发展方向后，将会采取有效措施进行防范，企业因此而失去竞争优势。

因此，为避免出现上述风险，企业应与外包商在平等互利基础上协调各自的定位，建立良好的共同发展机制，实现双赢。企业可避免重新选择外包商；外包商也不希望丢掉大客户和在行业中失去信誉。(1)建立人力资源外包小组。为保障外包商的利益，企业可以与外包商协商工作建立工作小组。在专业和非核心人力资源业务上可利用外包商在该方面的优势和资源，让外包商直接参与，增强双方的信任度和员工之间的文化交流；在合同上为外包成本给予一定的灵活性，在出现超支时冷静分析原因，给外包商足够的自主权。(2)防止人力资源外包商的败德行为和投机风险。企业和外包商可以通过合同契约的形式，规定某些情况出现后应负的法律责任，让外包商可以预知违反合同的损失和后果。为防止企业机密被外包商透露给第三方，在合同中也应增加保密条款，必要的惩治措施不可

---

① Boehm B W. Software Risk Management：Principles and Practices. IEEE Software，1991(1)：32-42.

缺少。(3)制定风险策划方案有效控制企业和外包商的文化冲突发生。企业和外包商都应对管理人员和普通员工进行价值观培训，使各方认识到外包的优势，消除各方的优越感，尊重和理解对方的文化，找出不同文化的结合点，求同存异，提高员工对外包活动的认可度。此外，企业还应关注外包商高层变动，财务、人才方面异常变动情况等，以及时做好准备，不过分依赖外包商，防止外包商破产或其他危机给企业人力资源管理工作带来重大影响。

第四节　人力资源外包战略

一、人力资源外包战略的特点

人力资源外包战略可以定义为：基于企业发展战略要求、战略人力资源管理角度，在综合分析企业内外部能力和环境基础上实施企业人力资源外包，旨在通过与战略结合的外包全面提高人力资源管理效用、效率和价值，以提升企业竞争力。人力资源外包战略与传统人力资源外包有很多不同，如表11-4所示。

表 11-4　　　　人力资源外包战略与传统人力资源外包对比

比较内容	传统人力资源外包	人力资源外包战略
出发点	从操作层面出发	从战略规划层面出发
目标数量	往往是满足单一目标	融合到人力资源战略中完成多个目标
目标层次	目标层次较低、单一	追求战略目标的达成、层次较高
外包规模	较小、涉及部分内容	规模化外包，项目化运作
外包内容	多为行政操作等内容	配合人力资源战略，外包内容涉及面广，与整个战略有结构方面的契合
价值衡量	简单操作指标反映外包价值，反映直接	多重考核指标，价值表现较抽象
企业与服务商关系	简单交易关系	战略合作关系
影响	直接输送操作性服务，影响较小	建议、参与、指导，影响较大
风险	较小	较大，需严格控制

资料来源：作者整理。

人力资源外包战略主要有以下基本特点：

1. 以战略人力资源管理为出发点。在对外包进行规划和决策时，企业应充分结合发展战略和人力资源管理规划。比如综合分析目前人力资源管理重点、需要在哪些方面达到怎样的改善、如何利用外部资源最有效率地实施人力资源管理项目、如何与外部服务机构开展合作等，而不是仅仅着眼于操作层面，按部就班地为减少行政事务性劳作和单纯地提高操作效率而进行外包。

2. 外包内容规模化、项目化、结构化。未建立在战略上的传统外包是零星的、结构松散的。但经过规划和项目化构成的外包则往往体现为同外包服务商大规模合作，且互相利用彼此优势资源开展活动。对外包项目的内容、合作机制、外包结构等都做出合理分析和明确规定。传统的人力资源外包往往是为了丢掉企业运作包袱而采取的应急性行为或工作改善，缺乏与战略的结合。

3. 外包目标的综合性和多层次性。战略外包因本身属于人力资源管理战略性规划要求，它与企业内部人力资源管理配合，需要完成诸如改善员工满意度、提高人力资源管理成本效益、完成人力资源管理核心目标、管理企业核心员工、知识管理和企业文化建设等诸多目标，而且外包与内包之间的合作是紧密的、互为支撑和互为补充。目标多层次性则表现在需要达成的目标不仅反映在操作层面的指标上，还反映在战略层面的指标衡量上，满足不同层面的考核需求而开展活动。

4. 企业与外包服务商为战略合作伙伴关系。传统人力资源外包中企业与服务商的关系为简单交易关系；战略化的人力资源外包活动中，双方则是战略伙伴关系。双方通过合作，能实现共享知识、共享资源，实现共同成长和双赢。原本的外包概念就是一个网络化经营的概念，就形成的虚拟网络，发挥外包的交换优势，实现共赢。人力资源外包在传承和借鉴外包概念的时候，由于各种原因，忽略了对于共同合作实现共赢的追求，降低了外包的综合功能，限制了对于外包价值的挖掘。

5. 对外包服务商选择更加严格，要求较高。因企业同外包服务商是战略合作关系，那么选择合作伙伴，比选择普通交易对象的操作更加流程化、规范化，过程也更加严格，且对合作伙伴选择条件也有比较高。尤其是在选择合作伙伴时应特别注意和加强对合作伙伴价值观和经营文化的识别和认同。因为双方合作是建立在战略层面上的，不同的价值观和文化将导致不同战略决策和执行结果。

6. 外包风险较大，需严格控制。外包风险与收益往往是成正比的。人力资源外包战略获取的收益是多方面、综合的；对企业影响也比较大，面临的风险也较大。因此，人力资源外包战略的决策和执行过程需有较强的外包风险控制机制。

二、人力资源外包战略的动因

许多企业采取人力资源外包，选择人力资源外包战略的动因主要包括两个方面：一是企业战略人力资源管理发展需求，二是人力资源外包战略可提升企业优势。

(一)建立系统性、渗透性和前瞻性的人力资源管理

人力资源管理的价值在于其必须直接为企业战略实施提供支持。战略人力资源管理不是单个职能，而是以企业战略与组织绩效为导向，要求企业人力资源管理具有系统性、渗透性、前瞻性。为满足企业发展战略对人力资源管理的系统性、渗透性和前瞻性要求，企业人力资源外包必须采用外包战略化才能够更好地服务于组织发展战略，并帮助企业完成人力资源战略发展目标。

1. 以系统化思维建立人力资源管理体系的需要。从人才招聘、储备到人力资源配置，从培训提升到绩效管理实施，从薪酬设计管理到员工福利体系建立，从组织结构定型到员工职业生涯发展，各方面都是紧密不可分开、互相支持、互为前提，共同协调发展促进企业实现战略人力资源管理目标。从战略角度设计人力资源外包，不打破系统之间的关键联系，才能达到提升效率、资源合理配置的目的。若采取传统人力资源外包，则很容易在结构上和流程上打破这种系统结构，或再造流程及管理模式，这对人力资源管理提出了更高、更多的要求；外包战略化的手段可避免产生诸如混乱、各自为政、目标分散等外包的副作用；充分激发人力资源管理各职能间的协同效应，充分发挥系统间互为补充、互相支撑的作用。

2. 实现人力资源管理战略职能提升的要求。人力资源管理战略职能提升需要"全面参与"企业战略制定和实施。人力资源外包战略一方面可将企业人力资源管理从业者从繁重的行政事务中解放出来，更多地集中于从事人力资源战略管理的工作，提高人力资源管理的渗透度。同时，战略化的外包使服务商的工作从价值和文化角度渗透进企业生产经营，也从服务内容的全面性和规模化上协助企业提高人力资源管理的"全面参与"功能，提升服务质量，帮助企业完成战略目标。

3. 人力资源管理工作前瞻性的需要。人力资源规划和设计要充分预测外部市场变化，把握内部发展战略调整方向。战略化的外包可帮助企业与外包服务商合作，获取有关外部环境发展变化的信息。比如，行业内劳动力市场发展变化、政策变化及对策、人力资源管理领域的发展趋势和前沿，等等。通过把握这些信息来制定人力资源战略规划，适应市场需求，为企业发展提供更加可靠的劳动力供给和人力资源管理支持。甚至，某些大型企业可通过与知名外包服务商的合作，在一定程度上成为人力资源管理相关标准和市场规则的制定者。这无疑会对企业战略和企业人力资源管理的发展产生较大影响，具有很强的吸引力。

4. 人力资源管理发展战略实施的需求。人力资源外包战略为人力资源管理发展战略提供机会和帮助。人力资源管理的发展性战略包括学习战略、人力资源系统建设战略、人力资源信息系统建设战略等，还可包括核心人才发展战略、人力成本精细化核算战略、企业兼并收购人力资源融合战略等。这些发展要求都是系统工程，完全依赖企业单独操作不如发挥外包战略化的杠杆作用，购买专业服务和支持，帮助企业在事关重大的战略发展上取得成果。

(二) 实施人力资源外包战略以提升企业优势

企业实行人力资源外包战略具有如下优势：

1. 迅速提高人力资源管理水平。实施人力资源外包战略，其外包行为是一种战略行为，外包内容覆盖面广、内容完整。对企业整个人力资源管理是一种变革。与服务商确定外包内容、服务方式是一种对人力资源管理规划。实施外包的过程也是一种变革执行过程，对整个人力资源管理体系和流程产生较大影响。同时，利用服务商专业、集中的服务资源可促进人力资源管理水平的提高。

2. 节省企业成本。从交易成本角度看，实施人力资源外包战略可节省交易成本。人力资源管理外包战略因大多采取的是规模化、整体化和结构化的内容外包，因此可减少人力资源管理不同职能之间的内外衔接成本。目前成熟的人力资源外包提供商或拥有适用于人力资源外包战略的产品和配套服务，或有能力利用自身资源和从业经验积累，为企业量身定做外包服务，这些都可以通过这种合作模式来增加双方的获益，减少成本支出。

此外，企业是否采取人力资源外包战略，采取什么样的人力资源外包战略并不仅仅由上述原因决定，不同企业面临的选择环境是不同的。这是一个系统、复杂的决策过程。

三、人力资源外包战略的决策模型

(一)人力资源外包战略的基本模式

企业和外包服务商因产权主体不同，决定各成员之间利益的不一致，制定一套适合的运行模式有效整合双方核心能力决定着外包运行效果以及外包目标的实现。企业应根据自身战略规划、发展阶段、资源实力等特殊要求，选择不同外包伙伴和不同外包模式。根据企业人力资源管理目的、流程和与服务商关系等将人力资源外包战略分成三种基本模式：直线联盟、核心联盟和价值联盟。

1. 直线联盟。企业和外包服务商间合作关系简单，外包活动涉及面相对较窄，相互关系平等。企业外包条件并不十分成熟，但可通过外包来解决直接外包目的之外的一些问题，如降低人力资源敏感度、扁平化人力资源部门组织结构、为下一步人力资源改革做准备等。企业和服务商间的关系也相对松散，市场上可选择的合作者众多。外包关系的建立和解除对企业不构成重大影响。

2. 核心联盟。这是指以某一方为中心，其他一方或者多方的工作围绕该虚拟中心开展，且在一定程度上依附这个中心来安排自身的工作。处于虚拟中心地位的一方对资源的把握和整个外包项目运作起主要作用。虽然外包目的是为了服务于企业人力资源管理，但工作开展的重心和运行规则，则有可能在企业一方，以企业为外包活动开展的中心；也可能在服务商一方，由其主导来进行工作的开展、目的的达成。双方合作关系较紧密，合作失败的成本较大。

3. 价值联盟。这是指在外包活动中企业和外包服务商间的合作关系非常紧密，双方实力和市场地位都处于领先地位。在外包合作关系中双方以自身拥有的核心资源加入合作关系，以通过价值结合开展人力资源外包活动，互相对于对方来说都表现出其他企业不可比拟的合作优势。外包关系对双方的促进都非常大。在未完成外包目的之前，外包关系的解除对双方来说都是重大的损失。

(二)人力资源外包战略模式选择

企业通过对实际情况的分析来选择适合的外包模式是外包活动成功的关键行动之一。人力资源外包战略的决策过程是复杂、难以定量研究的。不仅要考虑自身需求、能力、资源，还要分析外部市场、合作伙伴等诸多因素，而且在运作过程中也可能因环境等影响因素变化，而造成决策的相应变动。主要包括以下步骤(如图11-4所示)：(1)提出企业内部人力资源管理能力评价指标，通过标杆对比法进行单指标评价取值，再通过权重因子分析法进行企业内部能力的综合评价。(2)确定企业发展所需的外部人力资源管理能力指标，并利用标杆对比法和权重因子法进行综合评价。(3)在认识和分析外部环境的基础上，结合企业内、外部人力资源管理能力的综合评价取值比较，从而决定是否实施人力资源外包战略。

動機：
完成戰略任務，提高效率，專注核心業務，提高員工滿意度，獲取先進技術，迅速提高人力資源管理能力，等

行業與市場條件
競爭與技術優勢

內部化　　　否　　　是否外包　　　是

調整界定指標和權重因子，修正企業內部能力的界定

第一階段：企業內部HRM能力界定
1.所需能力界定，即能力指標確定
2.基於標杆對比法的指標評價
3.權重因子分析法的應用

反饋

內部HRM能力綜合評價

重新分析所需外包能力，修正外包能力綜合評價

第二階段：所需外部能力分析
1.外部能力分析
2.基於標杆對比法和權重因子分析法的外部HRM能力評價

外部HRM能力綜合評價

第三階段：基於外部環境分析的內外能力綜合評價比較
1.　外部環境分析
2.　能力比較矩陣
3.　選擇外包模式

直線聯盟，核心聯盟，價值聯盟

是否有合適外包伙伴　　　否
是

確定最合適外包伙伴

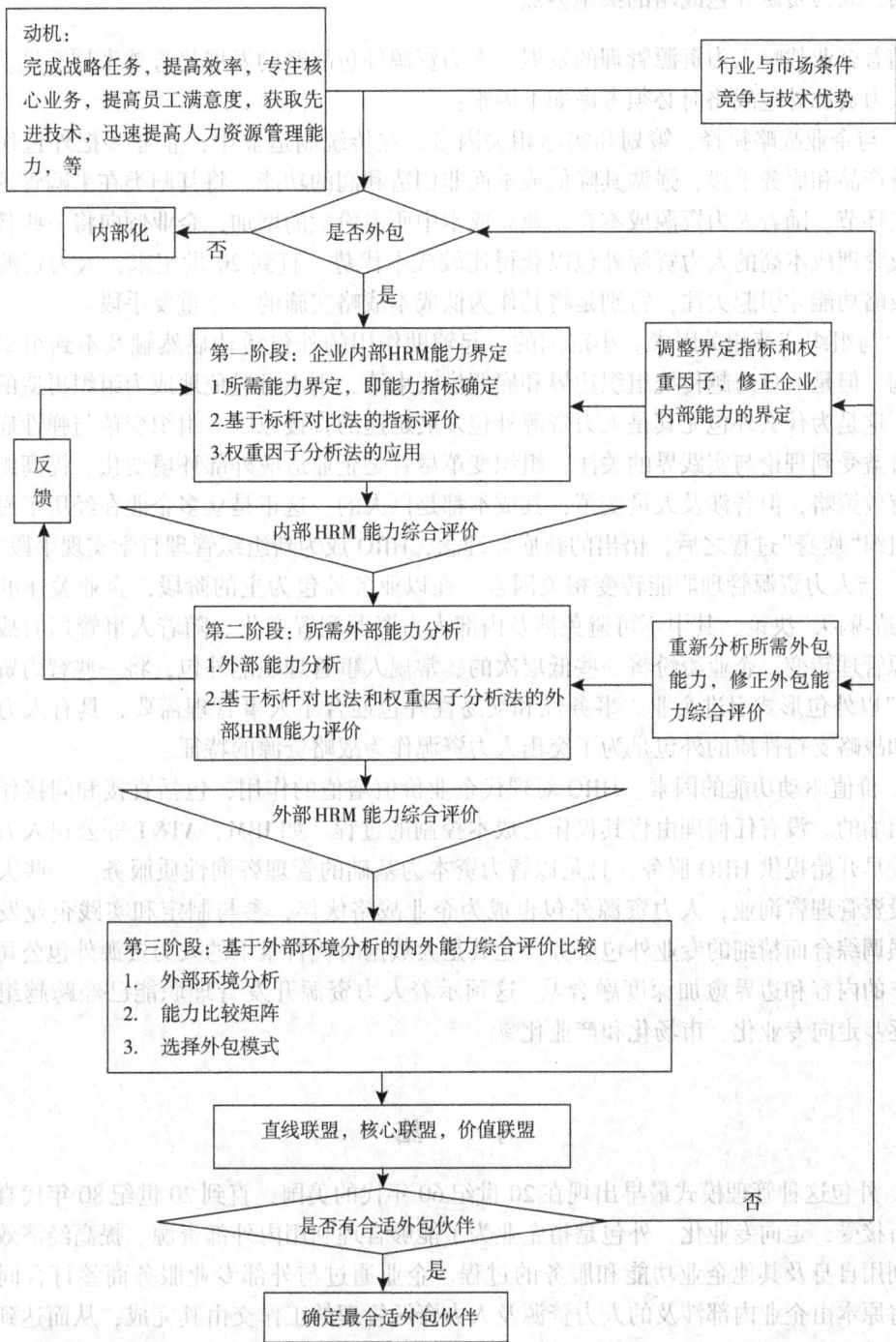

图 11-4　人力资源外包战略的决策模型

资料来源：作者绘制。

四、人力资源外包战略的实施要点

随着企业战略人力资源管理的发展，人力资源外包战略的发展趋势越来越明显。企业实施人力资源外包战略时必须考虑如下因素：

1. 与企业战略抉择、策划和实施相关因素。在传统制造业中，企业多把外包作为辅助主营产品和服务手段，强调其降低成本而非创造利润的功能，将其归类在采购管理和物品供应环节。随着人力资源成本在企业总成本中所占份额的增加，企业倾向将一些替代成本低或管理成本高的人力资源外包以获得比较成本优势。直到 20 世纪末，人力资源管理外包战略功能才引起关注，特别是将其作为低成本战略实施的一个重要手段。

2. 与组织变革相关因素。小范围的、起辅助作用的外包活动显然触及不到组织的内在结构，但是一旦跨越传统组织边界和雇佣模式束缚，则不可避免地成为组织再造的工具之一。这是为什么外包尤其是人力资源外包发展迅速的直接原因。组织变革与弹性雇佣间关系日益受到理论与实践界的关注，组织变革尽管是企业适应外部环境变化、提高组织效率的有效策略，但若涉及人员变革，其成本都是巨大的。这正是众多企业在经历了漫长而痛苦组织"瘦身"过程之后，悟出的新雇佣理念，HRO 成为新组织管理哲学实现手段之一。

3. 与人力资源管理职能转变相关因素。在以业务外包为主的阶段，企业关注的是产品"制造-购买"决策，其中不可避免涉及内部人力资源配置变化。随着人事管理向战略人力资源管理转变，企业纷纷将一些低层次的、常规人事管理职能外包，将一些智力资源和"外脑"以外包形式引进企业。事务性和交易性外包迎合了人事管理需要，具有人力资本性质和战略支持性质的外包是为了突出人力资源作为战略资源的特征。

4. 价值驱动功能的因素。HRO 对现代企业价值增值的作用，包括直接和间接作用是不言而喻的。没有任何理由将其仅作为成本控制的过程。如 IBM、AT&T 等公司人力资源部门较早开始提供 HRO 服务，且是以智力资本为基础的管理咨询性质服务。一些大公司纷纷投资管理咨询业，人力资源外包也成为企业战略伙伴，参与制定和实践企业发展战略，强调综合而精细的专业外包服务。尤其是大数据时代背景下的人力资源外包公司和企业合作的内容和边界愈加深度融合①。这预示着人力资源开发管理职能已经跨越组织边界，逐步走向专业化、市场化和产业化②。

小　　结

1. 外包这种管理模式最早出现在 20 世纪 60 年代的美国，直到 20 世纪 80 年代真正为大众所接受，走向专业化。外包是指企业为了能够合理利用内外部资源、提高经济效益而动态利用自身及其他企业功能和服务的过程。企业通过与外部专业服务商签订合同的方式，将原本由企业内部涉及的人力资源及人力资源管理的工作交由其完成，从而达到整合资源、提高资源效率、增强竞争力的目的。

---

① 彭剑锋. 互联网时代的人力资源管理新思维. 中国人力资源开发，2014(16).
② 李新建. 人力资源管理职能外包及其战略特征探析. 科学管理研究，2004(2)：76-80.

2. 人力资源外包主要具有增强人力资源管理专业性、满足企业管理资源不足的客观需求、促进人力资源管理转型、提升企业构建核心竞争优势、促进企业业务流程再造、强化战略人力资源管理等作用。

3. 人力资源外包主要基于劳动分工理论、比较优势理论、交易费用理论、委托代理理论、战略管理理论等理论基础。

4. 具有高的价值和独特性的核心人力资源活动不适宜外包，而低战略价值的常规性管理活动都可作为人力资源管理外包的内容。

5. 人力资源外包的领域大致可以分为人力资源管理事务性外包、人力资源管理职能型外包、人力资源战略型外包。中国企业劳务派遣向业务外包转型成为必由之路。人力资源外包活动的过程可以分成以下五个阶段：人力资源外包活动选择，人力资源外包商的选择，人力资源外包商的管理与监督评估人力资源外包商的绩效，退出外包。

6. 人力资源外包的模式包括专业雇主组织(PEO)模式、应用服务供应商(ASP)模式，中心人事代理(CPA)模式，共享服务中心(SSC)模式、临时工(contingent labor)模式。顺应以互联网、大数据、云计算为代表的新一代信息技术的发展趋势，我国"互联网+"与人力资源服务外包融合发展迅速。

7. 人力资源外包的实施原则包括：建立"以用户满意为中心"的质量体系，树立"双赢"的企业合作观念，建立"快速反应"的竞争理念，建立双方均满意的合约，提高管理业务流程标准化程度。

8. 针对人力资源外包过程各阶段风险应实施相应的风险控制，确保人力资源外包的成功。人力资源外包风险控制主要包括：建立人力资源外包风险控制信息系统、人力资源外包活动选择风险控制、人力资源外包商选择风险控制、对人力资源外包商评估与控制、对人力资源外包人员风险控制与对整个人力资源外包过程的风险控制。

9. 人力资源外包战略是基于企业发展战略要求、战略人力资源管理角度，在综合分析企业内外部能力和环境基础上实施企业人力资源外包，旨在通过与战略结合的外包全面提高人力资源管理效用、效率和价值，以提升企业竞争力。

10. 人力资源外包战略的特点主要包括：以战略人力资源管理为出发点，外包内容规模化、项目化、结构化，外包目标综合性和多层次性，企业与外包服务商为战略合作伙伴关系，对外包服务商选择更加严格、要求较高，外包风险较大，需严格控制。

11. 人力资源外包战略的模式包括直线联盟、核心联盟、价值联盟。其决策过程有如下步骤：(1)提出企业内部人力资源管理能力的评价指标，通过标杆对比法进行单指标的评价取值，再通过权重因子分析法，进行企业内部能力的综合评价；(2)确定企业发展所需的外部人力资源管理能力指标，并利用标杆对比法和权重因子法进行综合评价；(3)在认识和分析外部环境的基础上，结合企业内、外部人力资源管理能力的综合评价取值比较，从而决定是否实施人力资源外包战略。

复习思考题

1. 人力资源外包的定义与作用是什么？人力资源外包的理论基础有哪些？这些理论

是如何发挥支持性作用的？

　　2. 人力资源外包的内容有哪些？其分类划分如何？

　　3. 人力资源外包有哪些模式？人力资源外包的过程是怎样的？

　　4. 人力资源外包的实施应遵循哪些原则？

　　5. 人力资源外包的过程中有哪些风险？如何对这些风险进行控制？

　　6. 人力资源外包战略的内涵和特点是什么？为什么要实行人力资源外包战略化？如何进行人力资源外包战略决策？

讨 论 题

　　1. 为什么说中国企业选择劳务派遣向业务外包转型是必由之路？

　　2. 结合企业管理理论，请谈谈人力资源外包对企业绩效的影响。

　　3. 你如何看待人力资源外包这一管理趋势？在该趋势下，企业内部人力资源管理部门会发生什么变化？面临什么挑战？该如何为其自身重新定位？

　　4. 结合战略性人力资源管理理论，你对人力资源外包战略有何新的见解？

【案例】

德阳银行的人力资源外包①

　　德阳银行股份有限公司(下称"德阳银行")成立于1998年，是德阳地区唯一一家地方性法人股份制商业银行。经过多年发展，德阳银行不断创新，到2009年末全行总资产达200亿元，贷款100亿元，存款160亿元，分别比上年增长20倍、23倍、16倍，从成立初期亏损4000万元，发展到年盈利1.8亿元，拨备覆盖率达到200%以上。德阳银行已成为西南金融界不可忽视的一支劲旅。

　　在立足地方、快速发展的同时，德阳银行决定在成都设立分行，拓展新市场，谋求新发展。随着公司业务与规模不断扩大，人力资源管理面临的挑战与压力也越来越大。首先，因银行需要给客户提供高品质服务，专业人员需求量大，对客服工作人员要求相对较高，但该工作人群流动率又大，于是，招聘和保留专业员工成了公司人力资源管理面临的一道难题。与此同时，德阳银行由于在用人方面受到人员编制和人工成本的限制，无法满足实际用工需求。部分编制外员工由于长期处于临时工身份，劳动权益难以得到保障。为解决以上难题、企业瘦身，以及节省人力、物力和时间成本，德阳银行决定采用专业人力资源外包服务公司提供的 HR 流程外包服务。

　　在选择人力资源外包服务供应商时，德阳银行首先收集了若干家 HR 外包服务商的信息，包括公司历史、成功实践、长期合作伙伴等。结合自己要外包的 HR 项目，重点圈定了几家外包服务商。之后通过各种渠道(如通过工商局查询企业是否有不良

---

　　① 改写自：银行类人力资源外包成功案例. http://bbs. chinahrd. net/forum. php？ mod = viewthread&tid = 484715.

的记录，对公司服务客户的电话拜访，实地拜访外包商等)对有意向的外包商的资信状况与服务能力进行翔实的调查。综合考虑各种因素后，通过对圈定公司的综合打分，德阳银行认为把此项目外包给搜才智领人力资源有限公司(以下称"搜才人力")性价比最高。搜才人力专为企业提供 HR 流程外包服务，且有与多家银行合作的成功案例，业内口碑良好。

双方签订合同后，搜才人力为德阳银行提供了人力资源解决方案，提供人力资源派遣服务。派遣模式为长期派遣(即派遣协议以签订一至三年为限，期满商续)。派遣岗位涵盖了微贷客户经理、大堂经理、银行柜员、大堂副理、大堂引导员、坐席员、信用卡销售员、后勤人员等各岗位。因为这些岗位工作需要大量员工，但都属于非核心业务岗位，对岗位任职人员专业素质要求相对不高，且具有辅助性、可替代性性质，符合外包岗位条件。

工作沟通时安排经验丰富的驻点管理人员与德阳银行人力资源部和用人部门接口，定期开展工作沟通会，及时协商解决合作过程中出现的问题。员工招聘则根据德阳银行招聘简章要求，通过搜才人力强大人力资源供应渠道体系，在约定期限内供应满足要求的员工。搜才人力除具有强大人才信息资料库，还与四川多家知名高校建立了合作关系，招聘途径多、渠道广、招聘效率高，招聘到的员工素质高。薪酬发放与德阳银行协商制订薪酬福利方案，通过网上支付手段按时发放薪资。

搜才人力还非常注重员工入职培训和职业道德培训。培训内容包括德阳银行及泛亚人力简介、派遣管理模式、企业文化、各项规章制度和岗前专业技能培训等。发放《派遣员工手册》，指导员工在派遣服务期间的日常行为规范。在员工关系管理和维护方面，与员工沟通采取电话沟通、走访、面谈等方式，及时了解员工的思想动态，有针对性地与员工开展沟通。定期沟通反馈与员工沟通意见，征求员工对驻点管理处服务的建议和意见。同时，搜才人力也会定期检查驻点管理处对员工提出问题的响应速度和服务满意度。为增加派遣员工的归属感，搜才人力会在重要节日和员工生日时，为他们送去祝福和礼品，也经常在派遣员工中开展各项户外文娱活动，还定期组织员工体检。不仅如此，搜才人力还非常注重派遣员工的成长与发展，与德阳银行共同商讨促使派遣员工进步和发展的方法策略，争取转正名额等。如此，派遣员工的归属感更强，工作更卖力，工作效率高，员工间关系融洽与团结。搜才人力外派德阳银行的员工已达百名之多，他们每天辛勤耕耘在自己的岗位上，用真心和微笑对待客户，为德阳银行更美好未来而不断地奉献着、努力着。

◎ 问题

1. 德阳银行为什么要人力资源管理外包？

2. 德阳银行是如何选择外包商的？你认为这种选择方式能有效规避外包服务商选择方面的风险吗？

3. 搜才人力是如何对待外派员工的？为什么？

第十二章　国际企业人力资源管理

【学习目的】

在本章学习之后，你应掌握如下内容：

1. 国际人力资源管理的内涵、特点。
2. 国际人力资源管理的环境。
3. 国际企业人力资源政策模式及其选择。
4. 跨国文化背景下人力资源管理内容完成职能的具体方法。
5. 跨国企业人员激励过程和因素分析。
6. 跨文化环境下激励理论的运用及员工的激励办法。

【案例——问题提出】

海外并购，王健林的"管"与"不管"①

2012 年 5 月，万达准备以 26 亿美元全资收购美国第二大院线（American Multi-Cinema，AMC）。当时，公司内外部都有人对此项收购不看好，因为中国是不允许外资进入电影院线的，美国也有类似规定。为能通过美国外资投资委员会审核，王健林找到了原美国驻华大使骆家辉，希望他给外商投资委员会写信推荐。王健林告诉骆家辉，万达没有肩负每年输出多少中国电影的任何计划，购买美国院线纯粹是企业行为，且万达也不准备派人到美国管理被收购公司。不久，美国外资投资委员会通过了万达的并购案。

但是，美国 AMC 公司近 5 年来一直亏损，股东也是换了一茬又一茬，公司员工已彻底失去信心，人们私下议论：万达肯定也会和其他股东一样，坚持不了多久就会把企业转卖出去。为此，王健林飞赴美国，召集总部 400 多名美国员工开会。会上，王健林微笑着宣布如下决定："第一，万达是你们最后一个股东。第二，所有的管理层签 5 年工作协议（美国很少签 10 年、20 年工作协议）。第三，我们管理层经过长期讨论，形成了一个目标责任制，允许再亏损两年。但是有一个条件，只要有盈利，咱们一九分成，万达拿一，员工们拿九。"结果当年不但没有亏损，还盈利了 5000 多万美元，到 2013 年盈利超过了 1 亿美元。

对跨国并购成功经验，王健林总结为："收购公司后要尽量保持原有管理层，靠激励制度而不是靠换人来获得公司的发展。"他认为，面对文化差异，要容忍而不是

---

① 改编自：迟忠波. 海外并购，王健林的"管"与"不管". 中外管理，2016（1）.

改变。例如：万达收购美国世界铁人公司后，遇到了在国内从来没有遇过的事情。铁人公司员工每年7月初到8月中旬固定放假50天左右，这期间公司不能联络员工。而当时，王健林正在推动一个重大赛事，需要铁人公司员工找国际足联审批，错过了就失去了这次机会。但出于对铁人公司企业文化的尊重，王健林没有要求休假的员工停止休假。王健林认为，文化可以不管，但企业管理不能不作为，对公司制定的考核指标，一定不能含糊。在万达收购了AMC之后，王健林要求美方工作人员将400多家影城的收入和成本认真核算，算出了每个影城在每周收入至少达到多少才有可能盈利。随后又设计出了一套管理软件，实现了数字化精准管理，每个影城一周的销售状况都在系统终端汇总，没有完成销售任务就会有黄灯警示出现。王健林说，"我们不允许任何一个影城一直运行到年底才知道自己有没有完成目标，这是不行的。"

在海外并购AMC之前，王健林认真研究吸取了日本公司在管理美国公司上的教训。美国一个娱乐公司董事长对王健林说：日本人不像中国人，任何事情行就说行，不行就说不行。日本管理者不会告诉你行不行，你只能根据和他的长期接触，从言行判断。如果你汇报问题，他说"哦，哦，哦"，那这件事情基本上就是不同意，但是他不会跟你直说。美国文化是牛仔文化，很直来直去的，日本企业很多在美国的并购失败，就是因为不能适应美国的文化。国际人力资源的有效管理是实现国际企业绩效的关键，本章介绍国际人力资源管理环境、特点及其管理过程等内容。

第一节　国际人力资源管理概述

一、国际人力资源管理的内涵与特点

(一)国际人力资源管理的含义

人力资源管理的主要目标是管理和开发人力资源，它涉及人和组织间的全部关系。其基本功能包括招聘、选拔、培训与开发、绩效管理、薪酬管理、员工关系等。如果企业参与国际竞争市场，并将人力资源管理功能应用于国际环境时就是国际人力资源管理，即是企业在跨国经营环境下有效利用和开发人力资源的管理活动或管理过程。所谓国际人力资源管理是指在世界经济一体化趋势下，根据世界各国人力资源管理的理论与实践，在不同文化背景下的人力资源管理，对跨国公司、全球企业中人力资源管理问题进行研究和探讨的一门学科。

实施国际人力资源管理者必须拥有更高的管理技巧来实现公司文化和所在国文化的适应，实现多国籍员工、跨文化组织下人力资源管理的基本目标，最高效地开发人力资源，实现组织目标。

(二)国际人力资源管理的特点

国际人力资源管理较之一般人力资源管理，具有以下特点：

1. 管理对象的多国籍性。一般的人力资源管理施行重点均为国内的员工，随着企业涉入国际化程度的增加，国际人力资源管理的对象会扩展——员工具有多国籍性。一般可以包括三类：（1）东道国公民（HCN）。在跨国企业中，大量的员工来自业务单位（如工厂、销售单位等）所在的东道国的公民。（2）母国公民（PCN），即母公司所在国的公民，或是子公司在第三国设孙公司时的外派人员也可称母国公民。（3）第三国公民（TCN），是指既不是来自东道国又不是来自母国的员工。在多国公司中，通常第三国或是母国外派人员一般属于管理人员和专业人员，一线劳动者多数来自东道国。

2. 管理具有更多的职能。一般人力资源管理所从事的工作主要是人力资源规划、招聘、培训与开发、薪酬与绩效管理、员工福利、劳工关系、工作安全、人力资源系统及政策管理等，而国际人力资源管理还要考虑课税及驻外人员的重配置问题。驻外人员课税主要指如何使同一国家在不同东道国的驻外人员所负担的租税公平，以及减少驻外人员的租税负担等；驻外人员的重配置问题包括驻外事前训练、移民、配偶子女、薪资报酬、回任问题等。

3. 管理更多的异质性功能。一般人力资源管理讨论的是母子公司在同一地区、统一报酬政策及政治经济环境的管理。但国际人力资源管理却涉及母国人员、东道国人员和第三国人员。这些员工可能在同样的地区工作，而可能面临不同的报酬制度、不同的税赋计算、福利津贴等。因此，在单一企业内如何使来自不同地区员工的薪酬、福利计算公平是国际人力资源管理的一大议题。

4. 管理的适应性强。国际人力资源管理必须要有很强的适应能力，才能较好地适应东道国的文化、社会制度、政策法律，否则会有触犯东道国文化标准和价值观念的风险，甚至可能导致违法的行为。为有效地实施人力资源管理，要注意以下问题：（1）如何识别当地有才能的员工？（2）如何招聘员工以及用什么方式去吸引人员申请？（3）如何培训员工？母国培训方式能否适应东道国员工培训？（4）当地人注重什么报酬方式？如何评价？（5）当地法律政策对人力资源管理有影响吗？

此外，国际企业所必须处理的人力资源管理因素主要包括：不同的劳工市场，即每一个国家有不同的劳工及劳动成本组合；国际移动问题，即当国际企业将员工派到国外时，将面临法律、经济、社会及文化适应等问题；管理形态及实务，即由于国家不同造成员工对管理形态认知也不同，因此，国际企业在管理规范及劳资关系处理上须针对此差异采取适当的应对方法；国家取向，即虽然企业目标是为取得全球效率及竞争优势，但员工可能会对个别国家较有兴趣；控制，即距离及多元化因素造成国际企业较国内企业不易控制，且政策也常常偏向希望对国外运营取得较多控制①。

二、国际人力资源管理的客观环境

许多因素影响着国际人力资源管理，主要包括东道国的政治和法律、文化背景、教育水平及经济发展水平等。

（一）政治和法律环境

政治和法律是影响国际人力资源管理的重要因素。各国政治体制特点和稳定性不尽相同，法律体系完善程度也不尽相同，而企业要求在一个政治体制相对稳定、法律体系相对

---

① 李英，班博. 国际人力资源管理. 济南：山东人民出版社，2003：25.

完善情况下经营，所以，国际人力资源管理者首先要对一国政治法律环境充分了解和分析。

世界各国都有自己的有关劳工和就业的法律。比如美国《民权法》，该法第七章规定消除性别和种族歧视，其中包括在就业和工资方面的歧视，要求雇主不得以种族、肤色、宗教、性别或民族出身为理由，对一个申请工作者或一个雇员非法地予以歧视。又如，德国《企业组织法》规定，企业职工委员会是保护职工利益的组织核心，在雇用5名以上具有长期选举权的职工企业中，必须设立企业职工委员会。德国企业职工委员会的参与决定权包括：(1)监督已经制定的维护职工利益的法律的执行情况和劳资协议的执行情况；(2)在社会福利问题(工作时间、假期、工资、住房、劳保和健康保护等)上享有与资方对等的参与决策决定权；(3)享有对企业经营的知情权和咨询权，雇主每季至少要以书面或口头形式向职委会通报一次情况，让雇员了解企业的经营情况。跨国公司往往被各国千差万别的劳工法搞得晕头转向。

几乎所有的东道国尤其是发展中国家，都十分希望外国公司雇用本国公民，尽可能地为本国人创造就业机会。即使在发达国家的美国对外来移民就业问题也有详细法律规定，除非被雇用者具有特殊才能和素质，美国公司想雇用外国人也十分困难。此外，东道国政府还对外国公司中外国人的数量(或比例)进行一定的限制。这种限制不仅是为迫使外国公司雇用东道国人，而且也是为了促使外国公司增加对当地人的培训，把当地人提拔到公司较为重要的管理岗位上。因不同跨国公司行业特点和战略不同，这些规定对跨国公司的国际职员配备政策通常是一种制约。

(二)文化环境

文化环境对国际人力资源管理具有重要影响。这是因为：文化环境决定了影响国际人力资源管理的另外三个因素，即特定的文化底蕴可影响一国的政策和法律，还可以影响人们的价值观念，进而决定人们在国家经济体制和教育上的投入和努力程度；此外，不同文化常常带来人们对人力资源管理的不同理解，因此也就决定了不同人力资源管理实践上的效果差异。文化环境对国际人力资源管理影响涉及国别文化差异。文化差异不仅存在于一国内部更存在于不同国家之间。对跨国公司，要求不同语言、不同宗教信仰、不同行为价值观的人在一起共事其难度可想而知。

1. 文化的内涵。文化是在人类社会的漫长发展中逐渐形成的物质和精神财富，它具有区域性、民族性、多样性、相对性、延续性和整体性等复杂特性①。这里的文化因素是广义文化，主要包括语言、行为价值观、宗教、风俗习惯等②。(1)语言。它是不同文化间存在差异的最明显标记，它反映了每种文化的特征、思维过程、价值取向及其间的人类行为。它是人们相互沟通的重要手段，沟通又在企业管理中起着十分重要的作用。在跨国公司内部，如何沟通不同的语言是相当重要的问题。此外，在国际交往中，跨国公司管理人员还应了解不同文化背景的无声语言。(2)行为价值观。它反映了人们对工作、时间、合作、变革和风险等态度，即各国文化环境与经济环境的差异会导致人们工作动机、价值

---

① 金晶，张慧智．"一带一路"倡议下东北亚区域合作文化认同研究．财经问题研究，2020(2)．
② 戴昌均，许为民．人力资源管理．天津：南开大学出版社，2001：323-328．

观和对时间概念的不同,而不同文化对如何合作以及应对变革与风险的看法也存在很大差异。在一定社会中,人们行为价值观对经济活动有着深刻的影响,因而与跨国公司人力资源管理关系密切。(3)宗教。这是文化的重要组成部分。从宏观层次看,宗教影响着语言、社会结构、经济制度及其他大量社会文化成分;从微观层次看,宗教影响或决定一个社会中团体与个人的行为。只有了解某种宗教,才能更好地透视那些展示在文化表象上的内心世界或思想行为。因此,宗教也是影响跨国公司管理的最常见的因素。(4)风俗习惯。它是人们自发形成的习惯性的行为模式,是一定社会中大多数人自觉遵守的行为规范。风俗习惯遍及社会生活的各个方面。世界上不同国家风俗习惯千差万别,甚至在同一国家里,不同地区也会有极不相同的习俗,从而对人力资源管理产生不同的影响。

2. 文化的管理模式。在国际人力资源管理文化影响因素中,有效理解文化的不同管理模式是非常必要的。这里介绍荷兰文化学者吉尔特·霍夫施泰德(Geert Hofstede)的文化维度模型(Hofstede's model of cultural dimensions)。(1)个人主义与集体主义。它描述了在特定社会中个人与其他社会成员之间的关联程度。在高度个人主义文化下,人们倾向于从个人而不是某个团体成员的角度去思考问题和采取行动。每个人都有强烈的自我意识,对群体和团队的依赖性低;而集体主义下,人们将自己看作团体的成员,对团体归属感较强,并且非常相信和依赖组织。(2)权力距离,指社会地位较低下的群体接受社会权力产生的不平等分配。因为每个国家对权力的理解都不同,因此,所界定的每个维度都有很大的不同。在权力距离较大的国家,文化界定了较大权力差异是可以接受的。在较小权力距离国家,人们强调减少等级差异和不平等。(3)不确定性规避。它表述了不同文化下人们对未来不可预测情况的容忍程度。高不确定性规避下人们具有喜欢确定情况的强烈文化倾向。人们往往需要某种程度上的安全感和关于做事的明确指导规则。在低不确定性规避国家,人们偏好更加灵活易变的不确定性因素。(4)阳刚与阴柔。揭示不同文化下人们所追求目标和所关注焦点有所不同。阳刚型文化下,人们具有在工作、绩效、成就、竞争、金钱、物质等方面占优势的价值观;而阴柔文化指引人们追求生活质量、保持良好的人际关系等。(5)长期与短期导向,显示不同文化价值观对过去、现在或将来的倾向程度。长期导向下,人们强调长远利益,重视节约和坚持,倾向于在未来得到回报。短期导向推崇对过去传统的尊重、注重承担社会责任和履行现在的社会义务。不同国家在民族文化上的差异是十分明显的,这些差异也反映了不同国家的人们所遵循的价值观以及由价值观所决定的行为方式有所不同。这些不同就要求在国际人力资源管理过程中必须对不同国家和地区进行有针对性的差别管理。

(三)教育水平

教育是特定国家将其历史文化延续的一种重要手段。它是一个学习的过程,是传授知识与信息的过程。同时,教育通过特定的人、特定的时间和特定的形式对文化价值观念产生作用。教育包括正式教育和非正式教育两种。正式教育是在学校所受到的正规训练。非正式教育包括在家庭或社会所受到的教育。一个国家劳动力教育和技能水平影响到跨国企业在多大程度上愿意在该地经营以及如何在该地经营。如果不了解一个国家或社会教育水平和教育体系,跨国公司就很难在该国进行有效管理。如果一个国家或地区的教育水平高,企业所有的管理与操作工作均可通过在当地招聘来解决;而在教育水平低的国家,企业要根据当地工人实际能力和习惯强化培训，才能获得具有较高技能水平的雇员。另外，一个国家教育水平和类型决定着跨国公司提供再培训的时间和费用，以及决定着职工的沟通能力。同时，教育体系质量也决定着职工培训程度和类型，影响着分权管理程度和可以采用的沟通体系。

(四) 经济环境

经济因素也是影响国际人力资源管理的重要因素。它主要是指一国的经济发展状况，如对外投资政策、税收政策，以及货币政策等。各国经济状况千差万别。许多不发达国家愿意接受国外投资，为它们日益增长的人口创造就业机会。对跨国公司而言，这些国家劳动力一般比欧美廉价得多，当然这只是一个因素，公司成功还取决于一国货币波动情况以及政府在收入转移等方面的政策。在许多发达国家，特别是一些欧美国家，虽然失业不断增长，但政府对就业管制程度及工资水平依然是相当高的。政府对个人和公司征收的税收也是处于相当高水平。所以，从事国际人力资源管理，必须对一国的经济因素进行认真分析。

三、国际企业人力资源配置政策模式及其选择

(一) 国际企业人力资源配置政策

1. 民族中心政策。这是一种偏向于母国的国籍政策，即选择母国公民担任企业在世界各地海外子公司经理人员，这是很普遍现象。这些重要管理职位通常是子公司总经理或财务经理，以及与技术转移与反馈活动有关的主管部门经理。其优点在于：(1)强化同母公司的联系，能比较好理解母公司战略意图，熟悉母公司经营体制、企业文化和管理风格。母、子公司双向沟通没有障碍，有利于贯彻和实施母公司的经营战略，强化母公司对海外公司的控制。(2)保护技术秘密。由母公司人员担任海外经理，有利于新技术向海外子公司的推广，同时也有利于提高转移效率以及保护母公司商业秘密和专有技术。(3)将有培养前途的管理人员派遣到不同环境的东道国工作，可使其在实践中得到磨炼，为母公司培养起一支具有较高综合素质的国际管理队伍。但是任用母国人员担任海外公司的经理人员也有不足之处：(1)他们奉行的母公司的管理方式因与东道国在文化、宗教、观念上的差异，可能不适合东道国企业，容易与企业员工产生矛盾，也减少了东道国员工晋升高级管理职位的可能性，影响工作有效展开。(2)他们可能忽略东道国市场环境与特点，对当地政府官员、税务与工商部门、工会等缺乏了解，不利于企业公关活动的开展。(3)支付的费用较高。母公司要对派遣到海外工作的经理人员支付高于母公司同级人员工资水平的工资，且要支付较高的跨文化培训费用，而且母公司外派人员需要较长时间才能适应海外的环境，因而最初一至两年的工作效率较低。

民族中心政策比较适用于以下情形：海外公司处于创业阶段；从其他来源得不到称职的管理人员；国外子公司的经营期限是短暂的；东道国是多民族或多信仰的国家，雇佣某民族或某信仰的当地人员会使公司蒙受政治和经济损失；子公司的经营需要密切配合企业的整体战略活动，子公司的自由独立程度较低①。

2. 多中心政策。也称为当地化政策，是指跨国公司聘用东道国当地公民担任子公司

---

① 林新奇. 跨国公司人力资源管理. 北京：清华大学出版社，2015：135.

的重要管理职位，把海外子公司基本上交给当地人管理，而总部的要职仍由母国人员担任。其优点包括：(1)为当地人提供晋升的机会，增加其工作的积极性与避免公司由母国经理或第三国经理担任的高层管理人员频繁变动，有助于保证子公司经营的连续性和稳定性。(2)他们熟悉当地政治、经济、社会文化和法律环境，能有效地与当地政府、银行、税务等部门沟通与交流，有利于企业经营，也便于开展各种公关活动。(3)与任用母国或第三国人员相比，任用东道国人员费用较低，尤其是任用发展中国家的人员费用较低，而且节省了跨文化培训的费用。但是，该方式的缺点也是十分明显：(1)东道国经理人员与母公司在感情联系上比较疏远，对母公司战略目标和管理模式可能缺乏深刻领会，而且在经营哲学和管理风格上可能无法与母公司协调一致。这给母公司实施全球一体化战略带来相当大的困难。(2)因不熟悉母公司所在国的政治、经济、社会文化和法律背景，加上语言上的障碍，会直接影响母、子公司之间的沟通与母公司对子公司的控制。(3)东道国人员在担任了海外子公司的高级管理职务后，很难晋升到母公司的管理层，因而会影响他们的工作积极性。

3. 全球中心政策。这是指在全球范围内选择最合适人选担任母公司和海外子公司经理，而不考虑他们的国籍和工作地点，一般是选择一些职业化的国际经理人员。有些跨国企业为平衡效率和成本，采用更灵活的全球化管理模式：区域中心策略。这些公司的分支机构分布范围较广，人员可跨国流动，但仅在一定区域内流动(如亚太区、美洲区等)，区域管理者一般不能进入母公司管理层，但在所在区域具有极大的自主决策权①。该方式的优点包括：(1)扩大了母公司人力资源的范围，能够在全球范围内选贤纳才，并最终推动公司全球管理团队的发展。(2)职业化的国际经理人员具有良好的职业技术素质和丰富的国际管理经验，因而对国际环境与东道国环境有较强的适应能力。(3)职业化的国际经理人员较少具有民族倾向，能够比较中立地按照国际惯例办事，也不会卷入东道国的民族和宗派斗争。但采用全球中心政策的缺点包括：(1)因第三国的职业化经理不是非常熟悉东道国和公司总部的文化和环境，因而在与当地人员以及公司总部的沟通上存在障碍，可能影响企业的经营效果。(2)在世界范围内分散招聘，进行语言和文化的培训，所需费用很高，而且其工资水平也明显比母国经理人员要高。(3)选择第三国公民担任海外子公司的经理人员容易引起东道国雇员的反感情绪，尤其在那些执行雇员本地化政策的东道国，不利于改善与东道国政府和公众的关系。

随着全球化的发展，许多国际大公司正采用全球员工任用模式，驻外人员(transpatriate)已逐渐取代外派人员(expatriate)。不过这种模式要求公司克服许多障碍，如高水平管理者是否愿意在全球频繁调动、双重的职业压力、时间与费用上的限制、东道国政府与此相冲突的规定、无效的人力资源管理政策。

4. 混合政策。由于上述各种方式都存在着各自不足，因而现在比较多的大型跨国公司倾向于采用灵活的混合政策。一般常见的方式是：在总部主要雇用母国人，在国外子公司则尽可能雇用东道国人员，但高层管理职务仍由母国人担任。在存在地区性组织情况下则可选择母国人、东道国人或第三国人担任不同地区性职务。跨国公司混合人力资源政策

---

① 罗帆. 跨国公司人力资源管理. 北京：清华大学出版社，北京交通大学出版社，2016：89.

还可采用如下办法：（1）选用当地国籍的母国人；（2）选用母国国籍的外国人；（3）选用到母国留学、工作的当地外国人；（4）选用到当地留学、工作的母国人等。这样做的好处是：他们熟悉两国的语言、文化，当跨国公司与东道国在某些问题上发生矛盾时便于协调①。

近年来，还有很多公司运用内部派遣模式在总部与当地公司之间建立联系。内部派遣是拥有全球经验的管理人员被转移到组织总部所在地，以利用其海外商业和文化经验，方便在不同国家运作间的相互联系，并在全球组织中形成跨文化管理团队。例如，雀巢公司将来自世界范围内所有层级的管理者带到瑞士总部以确保它的高管熟悉公司最好的人才。这种内部派遣的员工也能够收获各种关系并相互联系，此外也能获得知识并熟悉公司总部的人员与工作流程②。

（二）国际企业人力资源配置模式的选择③

正如跨国公司所有战略决策一样，人力资源战略模式的选择主要也是根据跨国公司如何对全球与地区的选择问题。

1. 采取当地化战略。在跨国公司努力实现本地化过程中，其战略决策的着眼点就在于如何应对不同国家不同顾客的不同需求。如果跨国公司努力通过在全球范围内开展生产经营活动，将价值链的各个环节放在最有力的国家或地区时，它就是通过寻求规模经济来实现全球化战略。采取当地化战略的公司，重视对当地情况的反应能力。因此，多中心的人力资源战略对每个国家区别对待，从而为增强国家层次的灵活性提供了适当的国际人力资源战略模式。特别是当跨国公司雇用东道国的人员担任公司内各类职位时（包括高层管理人员、职能部门经理、技术人员及一般工人），就为跨国公司了解当地情况奠定了基础。东道国人员通常更了解当地顾客的偏好、分销渠道、政策法规以及社会商业环境所具有的特别因素。也就是说，多种中心的人力资源战略模式更有利于跨国公司当地化战略的实施。

2. 采用国际化战略。国际战略强调价值链上游的全球化，即由母国集中控制的子公司生产和销售几乎不需要进行地方性调整的全球产品。由于需要产品的标准化和集中化控制，因此，民族中心的国际人力资源管理可以提供最有效、最理想的人力资源管理方式。不过实际上采用纯粹的国际战略的公司很少，大多数公司需要综合运用多中心、地区中心或全球国际人力资源管理方式。例如，对高层经理采用民族中心导向的国际人力资源管理，而对当地生产经理采用多中心的管理方法。采用跨国战略的公司几乎毫无例外地采用全球性导向国际人力资源管理。跨国公司需要一个高度灵活性的组织，从而实现其价值链上的区位优势最大化。因此，它就必须选拔和培训具有不同国家背景的经理，使他们能胜任在世界各地的任职。跨国公司经理必须主动地接受全球公司文化，该文化要求经理灵活对待不同的文化和国家社会制度。

---

①　秦辉. 跨国经营与跨国公司. 杭州：浙江人民出版社，2005：497.

②　Deresky H. 国际管理——跨国与跨文化管理. 赵曙明，周路路，主译. 北京：中国人民大学出版社，2015：398.

③　李英，班博. 国际人力资源管理. 济南：山东人民出版社，2003：238.

　　成功的公司对国际人力资源管理导向的选择主要取决于它是否能最好地支持其跨国公司战略的实施。在实际操作中，在考虑采用何种员工配置模式时，还需要考虑其他因素，例如东道国的相关规定、国际化的阶段、企业文化和政策。如很多日本公司倾向于任用母国人员担任海外子公司的管理人员，以保持对母公司企业文化的忠诚。但在松下公司，其员工任用的标准与西方企业相似，主要基于专长、管理能力、国际适应力、语言能力、敬业精神这些指标在全球范围内选拔人才。

第二节　国际人力资源管理过程

　　人力资源管理的国别差异存在的原因，是由于国家背景的不同导致各国在人力资源管理政策和方法上的差异。国家和企业文化、社会制度与风俗习惯相结合，共同影响商业环境和特定的要素条件，进而影响一国人力资源管理的方式和政策。

一、国际企业人员招聘与选拔

（一）跨国公司人员招聘

1. 跨国公司人员招聘的特点。与普通企业相比，跨国企业在人员招聘方面具有如下特点：

（1）更强调招聘理念。招聘理念是指导整个招聘过程和活动的管理思想和企业价值观。许多跨国公司认为，确定一个好的招聘理念对设计和组织更高效的招聘工作至关重要，公司需要花费更多时间和精力来挑选符合企业文化理念的人选。例如，通用电气公司认为总裁最重要的任务就是挑选合适人才并向其投入资源；IBM 公司在招聘员工时也会传播其招聘理念，即公司倾向于招募有可塑性的年轻人，并提倡内部晋升制；英特尔公司招聘人才也许不是学历最高成绩最好的，但一定是与企业价值观一致的人。

（2）全球招聘高管人才和技术人才。跨国公司往往在全球范围内配置其高端人才，其董事会和高管层往往聚集了来自世界各地的经营和法律方面的专家。例如，普华永道称，成本不再是企业在选择本地人和外籍人时主要考虑的问题，取舍标准将完全回归到能力素质。此外，随着跨国公司研发活动的国际化，对国际化科技人才竞争也愈发激烈。除大力吸引科技移民之外，许多跨国公司纷纷在海外设置研发机构，雇佣当地科研人员和技术人才。这种大面积的高管阶层和研发人员国际化的现象是跨国企业人员招聘的显著特点。

（3）海外子公司本土化趋势加大。与核心技术人员与高管人员全球化配置策略相对应，跨国公司海外子公司大部分职位逐渐由东道国本地人才担任。例如，微软公司在开发美国以外的市场时，一般都不外派人员，而是任用更了解当地价值观、工作方式和市场情况的本土人员；西门子公司（中国）的 2 万多名员工中，仅有 1% 左右的外籍员工。

（4）重视人才的软实力。除专业知识和技能之外，跨国企业非常重视人才的软实力，包括个性特征、综合能力、价值观和创造力等。例如，很多日本企业是先根据综合素质和发展潜力录入新职员，然后观察其不同特点和专长，把其放在最合适的岗位上。因此，具有开放思维模式和国际化的管理经验，具备较强的学习能力和跨文化适应能力，成为跨国企业对员工的基本要求。

(5)招聘手段更加多样化。跨国公司的人员结构复杂多样，需要采用不同的招聘和甄选手段招聘不同种类的人员。许多新的招聘手段和测评方法是由跨国公司率先使用。目前，几乎所有跨国公司的招聘过程都设有面试、心理测评等环节，对于高管人员大多通过评价中心来选拔。许多跨国企业充分利用信息化技术快速实现其国际化人才招聘策略。例如，世界500强企业中96%的人才招聘是通过网络实现的；在线简历系统和智能化搜索引擎技术为跨国企业积累了人才数据；多媒体通信技术和决策支持系统大大提高了招聘和甄选效率①。

2. 招聘中的跨文化差异。招聘方面的国别差异主要体现在运用不同招聘战略的偏好上，国家文化、企业文化以及社会制度(如教育体系)对如何招聘员工都有影响。如美国是个人主义文化的代表，报纸广告网络是公认最有效的招聘渠道之一；学院或大学招聘只对专业性或是技术性工作有效；在美国，人们相信只有面向公众和公开的广告是最有效的招聘策略。而韩国，其人力资源管理方式反映一种集体文化，其招聘是一种儒家价值观和西方实用主义结合的混合体系；有人分析韩国招聘多是雇员推荐形式，同时还倾向于向有名大学招聘，更偏爱刚刚出校门的学生而不是有经验者。在日本，大学教授和经理们的个人交往经常是大学生们能在大公司得到好职位的先决条件。

(二)跨国公司人员选拔

实际上，跨国公司人员选拔与人员选用的一般过程没多少差异，关键是因不同文化对选拔中测试标准不同。如美国强调工作求职者的特定技能要与工作要求匹配，公司选拔中注重个人成绩(教育、天赋、经验)，而非某种群体关系，另外美国法律规定为了避免歧视或偏见，选拔过程中的信息必须是有效的，即测试中的要求及相关信息必须与空缺的工作有关。在集体主义文化中，人们在选拔人员时更注重考虑关系，通常考虑用亲属，其标准更重视人员的可信度、可靠性和忠诚。如韩国、日本，就非常注重某种关系来用人。

1. 跨国公司选拔人员的一般标准。跨国公司中人员有很多类，且来源也不同。下面以管理人员为例来说明选拔时的标准。对跨国公司而言，其管理人员应当有充分的适应性和灵活性，不论来自哪个国家，都能与公司的文化很好地融合，且不管全世界的什么地方需要，他们都能胜任。一般地说，跨国公司管理人员的选拔标准为：

(1)业务能力。这是指国外管理人员业务素质及与业务相关的知识水平。国外管理人员要有一定的专业背景，能解决具体的专业问题。管理人员对所在国的经济、法律和政治体制有一定专业性的了解，不仅要了解该国或地区现有的经济、政治、法律的状况，而且对其历史也要有一定的了解。在国外任职，业务能力可能更为重要，因为他们在远离总部的异国，较难随时就有关的技术、专业问题与其他权威人士和专家商讨。在这种情况下，为避免失去稍纵即逝的宝贵商业机会，国外管理人员不时需要根据当地的具体情况，独立做出决策，以便用最有利的方式为跨国公司全球战略目标服务。为了在当地子公司中树立威信，获得国外同事的尊重与认可，他们也必须在业务上过硬。

(2)管理能力。企业所选择的国外管理人员需要具有全面管理能力，包括制定既经济又高效的计划的能力；以合理成本组织所有生产要素的能力；唤起和鼓舞人们信心的能

---

① 罗帆. 跨国公司人力资源管理. 北京：清华大学出版社，北京交通大学出版社，2016：96-97.

力，激励士气的能力；有效的交际能力；控制所有生产要素的能力。需要指出的是，他们还必须具备在不同的社会文化环境中从事综合管理的能力；还应有一定的在公司系统中工作的经历。除了管理人员个人的管理水平以外，跨国公司还要考虑管理人员对本企业整体文化的了解与认同程度。这也相当重要，国外管理人员应能将本公司企业文化同东道国的文化特点相结合，协调总部与子公司之间的生产与经营活动，树立跨国公司的总体形象，扩大影响。日本跨国公司派往国外的管理人员，一般都是在公司工作 10 年以上（以培训为目的的调动除外），因而都非常熟悉公司的经营哲学和公司文化，从而保证了母公司默契配合。

（3）适应能力。这是指国外管理人员适应多种文化、经济和政治环境的能力，具有解决存在于不同文化体制下的业务问题的灵活性。这种能力又可分为客观能力与主观能力。所谓客观能力，是指管理人员是否可以使用当地语言，以及对当地的社会与文化了解的程度。语言是企业管理人员之间沟通的重要工具。跨国公司总部在外派管理人员时应考察该管理人员使用当地语言的能力，或者当地子公司管理人员使用母公司所在国语言的能力。文化是影响外派管理人员能力的另一种主要因素，需要考察所派管理人员对所要去的国家或地区的文化了解的程度。不过，语言与文化是客观存在的，管理人员可以通过学习，进一步了解或改善自己的知识，为更好地适应工作需要作好准备。主观适应能力是指管理人员在新环境面前所表现出来的心理行为特性。它包括性格、对人的理解、情绪稳定、坦率而无偏见、善于分析、宽容与耐心、能与不同背景的人融洽相处、足智多谋、具有外交手腕等。

（4）身心健康及家庭状况。海外管理人员必须拥有良好的身体和精神状态。他们应精力充沛并喜欢旅行。许多国际管理人员一半以上的时间是在世界各地的酒店中度过的，可能在走下越洋飞机后直接参加某个会议，这些都要求除技术能力和心理素质之外的体能特征。另外必须注意的问题是海外管理人员的家庭问题。一般地，外派管理人员年龄在 30～45 岁，大多数已结婚，且有正处于学龄阶段的孩子。这样，要在外国工作，这些雇员除自己应有较强的文化适应性外，他们的家属也必须适应东道国生活环境。管理人员及其家属在工作之外，必须同当地居民打交道。语言障碍、购物方式、生活习惯、学校及教育制度、医疗保健、娱乐设施及交通便利程度等的不同都要求他们进行相应的自我调整。这种自我调整能力是决定管理人员国外工作表现的重要因素之一。当管理人员因工作调动而旅居国外时，受打击最大的是其家人，他们可能失去原来比较满意的工作，参加社会交往并被多种社会群体所接受（归属感）的需要及被他人认可（自尊）的需要可能得不到满足，原来丰富多彩的生活现在变得单调、乏味。此外，子女教育问题也经常成为海外管理人员十分棘手的问题。在法国和日本，雇员不愿到国外任职的主要原因之一就是担心其子女的教育受影响。所有这些家庭问题的复杂程度是决定海外管理人员工作是否成功的重要因素。

（5）动机。所谓动机，即人们从事某一种工作的原动力。有的管理人员内心并不愿到国外工作，还有的管理人员心里也许只是为了到国外作短期旅游，并不愿在国外长期工作，或仅是为一个"曾经在国外任职"经历，对国外工作及获得国外工作经验本身并不感兴趣。具有这些态度和动机的雇员很难保证把其全部精力都放在国外工作上，因而都不适合到国外任职。跨国公司在挑选外派管理人员时，应选拔那些动机正确的候选人。接受外派任务的合理动机因素应包括冒险精神、领先精神、被提升的愿望、改善经济条件的需求。要注意的是，公司管理层在劝说员工到海外工作时，不宜过分渲染有利之处而对不利之处不提。只有选择了真正从心理上接受海外工作的人员才能降低外派失败率。

上述标准只是作为跨国公司国际管理人员应具备的基本素质。在不同行业、不同国家及企业发展不同阶段，跨国公司对其管理人员的要求是不同的。比如，在贸易公司、金融机构等服务行业，跨国公司可能更强调管理人员的文化适应性及人文技能；在制造业，尤其是高新技术制造业，跨国公司则更强调管理人员的技术专长。在海外经营的初期，跨国公司强调管理人员的企业家精神；在增长阶段强调管理人员的推销才干；在企业的成熟阶段则更重视管理人员的控制成本、提高产品竞争能力的素质。

2. 跨国公司国际管理人员的吸收和遴选工作。多数跨国公司遵循"相机抉择"原则（contingency framework），强调在选拔任职人员时，首先，进行职位分析及组织文化特征分析。海外职位分析，即是对急需配备人员的海外职位所有的工作实绩明确列示，然后据以制定担任该职务者所应有的行为规范，进而明确提出需要何种类型人才，还要制定衡量人员行为的准则。其次，组织分析，主要指明企业组织特征，如领导方式、监督管理、奖励制度以及组织文化，这些均是影响人员行为的重要因素。再次，文化分析，分析海外企业所处的跨文化背景，指明哪些因素将影响人员的行为，并提出如何对付的方案。在进行分析后，就要安排职位的候选人，即确定海外主管候选人，着重按其智能、气质、兴趣、预期报酬和企业目标来分析是否适宜于驻外任职，是否有利于公司。先在不同人才来源中预选，再选出候选人，运用一系列的程序筛选。确定候选人工作是跨国公司在公司内外发掘、物色对象的过程。

目前，因跨国公司经营范围非常广泛，需要各种各样专门人才，而且随着跨国公司内外部经营环境的变化，对人员需求也处于不断变动之中，为此，一般跨国公司都有人才登记制度，建立人才储备数量庞大的人才库。所以，跨国公司可从本公司的人才库中选拔海外管理人员。跨国公司还可以在全球范围吸收有才能的管理人员，包括东道国、母国或第三国。高等院校也是吸收人才的来源。从母国的大学和商学院毕业的外国留学生，具备一定的专业知识，了解母国流行的管理模式、经营思想和文化、习惯，又熟悉本国的社会文化环境，因此也是跨国公司招聘国际职员的理想人选。此外，各东道国的商学毕业的高才生也是跨国公司招聘职员的人才来源。

在确定候选人员之后，就是选拔工作。选拔包括收集和分析有关对象的专门资料，对候选人的能力及生理素质，候选人实现预期工作目标的可能性及其对海外就任的意愿进行评估和预测，经常采用的选拔方法有以下三种：（1）测试。测试方法是通过预先制定的测试内容和评价体系来描述个体在知识、技能和生理心理等方面的素质。因测试方法的效度较低，一般被用于常规工作的大面积人员初选，或与其他甄选工具配套使用。对高层职位候选人来说，这种方法不适用。（2）晤谈。高层经理同候选人（包括其配偶）作广泛交谈，已成为遴选人员的最佳方法，这也是跨国公司人事经理们的共识。晤谈的最大作用是能剔除那些不适合在海外任职的候选人。晤谈内容涉及8个方面，即动机、健康状况、语言能力、家庭因素、适应能力、机智与首创精神、事业心和财务状况。人力资源经理根据上述谈话内容再进行分析总结。同候选人及其家属晤谈是目前跨国公司最常用的遴选方法之一。（3）评议中心。这是一种综合性的人才测评技术，是通过一系列科学测评手段对被测对象的心理和行为特点进行评价的方法，其基本实现手段是情景模拟。评议中心同时采用多种手段，如笔试、投射测验、管理游戏、公文筐测验、情景模拟、小组讨论、即席演说、案例分析、事实判断、面谈、绩效评价等，从多方面揭示被测个体的素质结构，可以保证比较高的信度和效度(本书前面第五、第六章均有所介绍)。许多跨国公司都采取评议中心方法。对外派人员，评议中心情景演练必须反映东道国文化与社会背景。

二、跨国公司人员培训与开发

跨国公司选拔、招聘的即将上任的候选人，包括母国、东道国或第三国人，既要具备公司生产、技术和业务专长，又熟悉公司管理风格和经营特点，同时还要能适应东道国社会文化环境，这样的雇员并不多，一般难以适应各种不同的工作职务及环境条件。这时企业就需要有针对性培训以帮助候选人尽快适应环境。同时为保持人员和公司的持续发展以获取竞争力，就需要对人员实施开发，一般通过人才培训计划来实现，为此，需要制定与其公司增长战略相适应的人员发展规划。

(一)培训与开发的文化差异

在任何国家，培训和开发都是重要的，但又存在很大的区别。不同行业、技术、战略、组织结构和当地劳动力市场均影响着企业培训和开发计划与需要。培训最主要的国别差异是国家教育体系的差异，它导致了应聘者在基本技能和工作态度上的差异。各种教育证书的文化价值和用工制度的人力资源管理习惯都影响培训和开发。如在美国，其中等教育薄弱，所以企业在辅助基础教育方面的培训就要加强。又比如在德国，其先进的和标准化的全国职业教育和培训体系为德国工业提供了主要人力资源。据统计，65%以上的15~16岁的德国人都参加了某种形式的职业培训。德国有两种主要的职业教育形式：一是一般或是专业化的职业学校或技术学院；二是双重体系，即在职学徒培训和颁发熟练工人证书的业余职业培训学校结合。这种双重体系是一种公司、工会和国家合作的形式，费用由公司和国家分摊，公司大约是2/3。雇主有法定义务让年轻人离岗培训。此外，国外管理开发主要是针对经理人员的培训。文化背景对培训与开发的影响如表12-1所示。

表 12-1　　　　　　　　　　　　**文化对培训设计的影响**

文化维度	对培训的影响
个人主义	高度个人主义的文化认为人们对练习和提问的参与取决于他们在组织或文化中的地位
权力距离	权力距离大的文化认为培训者应该是专家，培训员应当是发号施令者，对培训有控制力
不确定性规避	高度不确定性规避的文化期望有正式的教育环境，对即兴发挥的风格不大接受
阳刚与阴柔	阴柔文化重视同学之间的关系，在这种文化中女性培训人员不大可能受到抵触
长期导向	在有长期导向的文化中，学员将更有可能接受发展计划和任务安排

资料来源：雷蒙德·A. 诺伊，等. 人力资源管理基础. 雷丽华，译. 北京：中国人民大学出版社，2005：506.

（二）跨国公司人员培训

培训是跨国公司中人力资源管理的重要工作职能。企业必须针对不同对象制定不同培训计划和内容，使外派人员或在东道国招聘的人员尽快适应。

1. 培训对象。在跨国公司中需要培训的对象一般可分为两类：一是公司外派人员的培训，主要是总公司向子公司或孙公司外派管理人员的培训；二是在东道国就地招聘人员的培训，当然包括招聘的管理人员，也包括一般员工。另有不少跨国公司也把外派人员的配偶及子女同样作为培训对象。目的是让他们在异乡安居乐业。

2. 培训方式。主要包括三种：一是公司自设培训机构。每个跨国公司一般都有专门培训部门负责培训。有针对性地制定培训计划，不同地区员工有不同的培训计划。如美国奥南发电机制造公司，在北美有一套培训计划，而在中美、南美、亚洲又各有一套培训计划。因企业自设培训机构对自身战略和发展现状比较了解，培训内容可根据自身需要及时调整更新，因此培训更具针对性，但成本较高。二是专业培训机构。又可分三种，一是在学校的管理学院增加培训内容课程，例如，工商管理学院开设的国际管理类课程；二是专业培训机构，如提供沟通技能和人际关系技能培训等，这类培训计划往往邀请有经验或在某个领域著名的专家授课；三是职前国外训练。为对外扩展，不少跨国公司积极培养驻外业务骨干。该模式强调实践性，由更有经验的上级监督受训者在实际工作中的表现。例如，韩国三星为了拓展国际业务，每年选派驻外人员，在世界各地学习当地语言，熟悉当地的政治、信仰和文化。实践表明，他们的商业意识和办事能力远超没有受过该类培训的人员。

3. 培训的内容。培训内容一般包括跨文化沟通、文化及其对行为的影响、异国文化冲击、组织内部关系的改善和多文化背景下经营效果的提高。同时，学习跨国性责任管理、多文化业绩评估，适应跨国企业经理的角色变化，树立在多文化背景下对生产管理、冲突管理的领导行为的不同观念，培养跨国公司管理人员全球性心智模式和胜任力。

4. 培训的类型。当跨国企业准备派员工到海外工作时，需要对候选人进行培训。按外派时间序列可将培训分为驻外预备培训、启程前教育和抵达后教育；按培训的内容可将培训可分为四层次：第一层次让培训对象了解文化差异，强调文化差异对经济结果带来的影响；第二层次让对象了解人们的态度形成模式，知晓态度是如何影响员工行为的；第三层次为培训对象提供其未来工作所在国家的具体情况；第四层次是为培训对象提供学习语言的技能及自身调整和适应环境的技巧。

5. 海外经理的培训[①]。传统上，跨国公司培训重点是母公司派往国外工作的管理人员，通常是文化敏感性培圳，目的是使母公司管理人员了解其将赴任国家的文化环境，增强对东道国工作和生活环境的适应能力。文化敏感性培训通常包括两个主要内容：一是有关东道国文化背景、文化本质和有别于其他文化的主要特点；二是对东道国文化特征的理性和感性分析能力。实践证明，比较完善的文化敏感性培训能较大程度上代替实际的国外生活体验，使外派管理人员在心理上和应付不同文化冲击的手段上做好准备，减轻其在东

① 秦辉. 跨国经营与跨国公司. 杭州：浙江人民出版社，2005：502.

道国不同文化环境中的不适应或痛苦的感觉。在许多大型跨国公司中，文化敏感性培训通常主要采取如下方式：(1)文化教育，请专家以授课方式系统介绍东道国文化内涵和特征，指导学员阅读有关东道国文化的书籍及资料，为其在新文化环境中工作和生活提供思想准备。(2)环境模拟。通过各种手段从不同侧面模拟东道国文化环境，其目的是把在不同文化环境中工作和生活可能面对的情况和困难展现在学员面前，让其学会处理这些情况和困难的方法，并有意识地按东道国文化的特点思考和行动，提高自己的适应能力。(3)文化研究，通过学术研究和文化讨论的形式，组织学员探讨东道国文化的精髓及其对管理人员思维过程、管理风格和决策方式的影响。该培训方式可促使学员积极探讨东道国文化，提高其诊断不同文化交融中疑难问题的能力。(4)外语培训。语言是文化的一个重要组成部分，语言交流与沟通是提高对不同文化适应能力的一个最有效途径。语言培训不仅仅使学员掌握语言知识，还要使他们熟悉东道国文化中特有的表达和交流方式，如手势、符号、礼节和习俗等。(5)组织各种社会活动。让学员与来自东道国的留学生和工作人员有更多接触和交流的机会。文化敏感性培训虽可提高学员对东道国文化敏感性和适应能力，但并不能保证他们能在东道国有效应付不同文化的各种冲击。外派管理人员必须学会以尊重和接受的态度对待异国文化。切忌用本国文化标准随便批评异国文化，更不能把本国文化标准强加于东道国公民。而且在遇到挫折时要善于忍耐和克制自己，把自己当作东道国文化的承受者，灵活地处理因文化差异产生的各种摩擦和冲突，在建立良好工作关系和生活关系的过程中增强对不同文化的适应能力。(6)对东道国招聘的管理人员的培训。随着跨国经营规模扩大和对高素质人力资源需要的增加，越来越多跨国公司开始重视对东道国当地管理人员的培训，以便其在生产经营各环节管理上达到母公司要求的标准。例如，日本松下中国总部开设了免费外语学习班，从2004年4月起每年从中国选派员工到日本总部研修；有一部分员工被派往松下在欧美的企业工作锻炼。公司把对当地员工的培训作为人力资源开发的重要内容。跨国公司对东道国管理人员培训侧重于生产技术和管理技能。虽然有时也会开设有关公司文化的培训，但文化敏感性培训通常不是重点。有关生产技术的培训一般侧重于转移到东道国的生产技术。培训对象多数是生产部门和质量控制部门管理人员。有关管理技能的培训通常按管理职能进行分类：对营销部门管理人员培训侧重于各种营销、分销、广告和市场调查的管理技能；对财会部门管理人员培训侧重于母国和东道国会计准则的差异、会计电算化方法、财务报表分析和外汇风险分析等。

　　在多数大型跨国公司中，培训与管理人员晋升联系在一起。不同等级的管理人员接受不同类型的培训。所以，管理人员晋升到新的岗位时，往往要通过新培训计划增加所需要的技能。

　　(三)跨国公司人员开发

　　人员开发其实质是对人员潜在能力的开发，包括一般员工和经理人员。不同国家因文化制度差异其开发方式也不同。这里主要介绍经理人员开发或称管理开发。管理开发的核心是公司在组织内部用于培养经理职业生涯的计划。

　　1. 美国企业人力资源管理与开发。在美国，许多公司都有开发管理人才计划，其目的是培养愿意终生为公司工作的合格经理人员。主要步骤如下：首先确定可晋升的有才能的经理；其次是通过一定方式使其与组织对管理人才需要匹配。在实际中，用于管理开发方法很多，如在许多公司，上一级经理人员有责任确定潜在的管理人才；还有公司利用评估中心直接鉴定经理人员，以评估结论确定可晋升或具有高潜质的经理；另外还有公司为有可能进入更高层的下层经理设置"快车道"职业生涯，对快车道经理公司通常在其职业生涯的早期就给予其指派各种富有挑战性的工作，若能获得成功就会迅速晋升。

2. 欧洲各国企业人力资源管理与开发。在欧洲各国企业对高潜质经理开发计划也有不同。如德国认为该计划会破坏基于等级的晋升程序。欧洲最流行的鉴定高潜质经理的方法是提名过程，即由中层经理向上级主管部门推荐。法国公司注重从名校招聘高潜质人才；英国高潜质经理经常是先从贵族公立学校（相当于美国私立高中）毕业，然后再接受正统的高等教育，在英国成为一位"绅士"比拥有技术更重要。在瑞士、瑞典、德国，大约有85%的公司将技术专家视为高潜质人才，英国、法国则不足60%。这说明不同国家对教育及精英特性评价不同。

3. 日本企业人力资源管理与开发。日本企业的管理开发与美国、欧洲各国家企业不同。首先是以年功序列和终身雇佣为基础，日本员工和公司有种特别的亲和关系，公司保护员工，员工回报以忠诚。日本经理招聘人选直接来自大学并作为群体加入公司，确定时更多的是注重个人品质和适应公司文化的潜能。公司对管理的开发也具有长期眼光。管理生涯的最初几年集中学习和融入公司文化，在基础培训后，管理人员在各部门之间流动，以了解公司业务性质并开发工作技能。日本公司很少公开或正式强调某人在经理人员职业生涯的早期就被确定为高潜质经理，公开方式会有损群体和睦。经理们可工作直到退休，所以公司中大多数培训和开发集中于与公司有关的技能，与美国公司不同，人力资源开发投资不被视为个人投资，公司和员工都认为是服务公司利益的投资。

日本公司的管理培训中还有一个特点，即"精神"教育。精神教育强调性格开发，如困难时的忍受力、承担社会责任以及合作的习惯。为此一些日本公司推出了军事化新兵训练中心，经理人员要经过严格体能和心理压力训练。因经理们在完成本科学业后直接进入了公司，工商管理硕士（MBA）等普通管理教育对日本经理几乎没有个人价值。尽管日本一些公司也常派经理到美国或欧洲名校去攻读MBA，但去的目的不是开发个人管理技能，而是希望经理们学习外国市场、语言、文化以及了解竞争对手商业习惯，学成后报效公司。但这种员工对公司忠诚也正在受到威胁，不少在日本的大型跨国公司常常去挖当地经理；加之一些西方学成归来的日本人受西方开发体系的影响，跳槽的日本人也正在增多。

三、跨国公司人员绩效考评与报酬

外派人员的绩效考核非常重要，因为员工与组织之间对绩效任务目标的心理契约会显著影响外派任务的效果[①]。跨国公司经营特点要求其评价和报酬待遇政策应以战略导向为主，但其管理队伍的国际民族特点及其国际流动使其评价和报酬待遇政策制定更加复杂

---

① Cerdin J L, Brewster C. Talent management and expatriation: Bridging two streams of research and practice. Journal of World Business, 2014, 49(2): 245-252.

化。因此，在考核中要十分注重考核对象和考核方法，注重文化对考核的影响。

（一）跨国公司人员绩效考评

1. 跨国公司人员绩效考评的特殊性。因地理位置扩展、产品和人员结构的多元化，使跨国公司人员绩效评估具有不同于国内企业，其特殊性具体体现在以下方面：（1）母公司与子公司利益调配。跨国公司子公司经营往往需要配合母公司整体战略，因而通常不能单纯选取以利润为中心绩效考核指标体系。有时为了整体利益而需要牺牲子公司的短期利益，如为了降低整体税负，跨国公司会通过价格转移将一个国家子公司的利润转移到另一个国家去；或为减少合资企业中东道国的利润分红比例，跨国公司也可能通过技术转让费等手段，人为降低子公司利润水平。另外，跨国公司在全球子公司发展速度和规模并不平衡，需要在全球范围内根据其总体战略统筹调配其资源，也会干扰子公司经营绩效。（2）绩效数据的可比性。因不同国家政治、经济、技术等存在差异，子公司外派人员绩效数据与母公司数据可能不具备可比性。例如不同国家会计准则会改变财务数据的含义，进口关税会扭曲价格，限制解聘员工的劳动法会导致成本居高不下，绩效反馈过程中的数据也可能不可靠，这些因素都给跨国公司绩效评估带来困难。（3）母公司与子公司的绩效沟通。跨国公司可通过信息技术与子公司联系，但因时空距离和文化差异阻隔，其总部还是无法随时掌握子公司各种经营管理问题，也无法充分了解外派人员在外国所面临的实际情况，因此难以对外派人员进行有效的绩效评价。例如，公司对外派人员绩效评价时，可能会依据诸如利润和市场份额等一些客观标准对其绩效衡量，但在当地发生的一些事件（比如政局不稳定等）有可能会影响到外派管理人员的工作绩效，这些情况对母国总部中的管理人员来说却是"隐形的"。

2. 外派人员的绩效考评。基于跨国公司人员绩效考评的特殊性，在设置外派人员绩效考评 KPI 指标时，除了基本 SMART 原则之外，还需要考虑以下问题：KPI 是否与特定战略目标相联系？这些指标如何支持战略目标的实现？指标描述结果是否有直接的责任归属？绩效结果在多大程度上受被评估者日常工作行为控制？是否有稳定数据来源支持指标的评价？数据处理是否导致绩效指标计算结果失真？这些数据能否被人为操纵？[①] 为了克服外派人员绩效考评中的困难，可以采取如下一些方法：（1）把握不同外派工作任务的难度等级。（2）评价标准与战略结合。（3）调整合适的评估标准，如在某些劳工不稳定问题比较突出的国家，"维持积极劳资关系"就显得更加重要。美国外派经理被派往中国工作时就比被派往英国工作的难度更高一些，绩效评价应将这些工作的难度差异考虑在内。（4）将多渠道评估与不同时期评估结合（如表 12-2 所示）。（5）确定评价结果时，在国外当地工作的管理人员对于外派人员绩效评价应被放在更为重要的位置，母国国内管理人员凭借在遥远距离之外对外派人员的感觉所做出的绩效评价应被放在次要的位置。

---

① 罗帆. 跨国公司人力资源管理. 北京：清华大学出版社，北京交通大学出版社，2016：128-129.

表 12-2 外派人员绩效考评的评估渠道、标准和时期

评估渠道	标准	时期
自我评估	达到目标	6 个月和主要项目完成时
	管理技能	
	项目成功	
下属	领导技能	在主要项目完成时
	沟通技能	
	下属发展	
对外派经理和东道国经理的观察	团队建设	6 个月
	人际交往技能	
	跨文化沟通技能	
现场监管	管理技能	在重大项目结束时
	领导技能	
	达到目标	
顾客或主顾	服务质量和及时性	每年
	谈判技能	
	跨文化沟通技能	

资料来源：作者整理。

3. 绩效考评方式的跨文化比较。不同文化和制度对绩效评价影响较大。下面主要从两方面进行分析。(1)个人主义文化下的绩效评价。个人主义文化占主要地位的西方，业绩考核体系为人力资源管理中很多问题提供了合理和公平的解决办法。以美国为例，美国业绩考核体系是典型的信奉个人权利、义务与报酬紧密联系的文化价值观，强调法律和机会上的平等。其业绩考核体系包括四个要素：一是业绩标准反映管理可接受的工作产出的质量或数量目标。二是业绩衡量是按业绩标准对员工进行客观的和比较性评价，通常用评分法。三是业绩反馈，是一种上下级之间沟通，这种沟通在美国有三种形式："讲述与销售"方式是指上级反馈信息并加以评估解释；"讲述与倾听"方式是指上级反馈信息并听取下级反应；"解决问题"方式即上下级共同发现问题并找出解决问题的方法。四是与报酬、晋升、终止等有关的人力资源决策，即业绩考核结果主要用途是什么。据调查，74.9%的美国企业将业绩考核用于报酬决定，其次是业绩的改进、反馈、存档与晋升。(2)集体主义文化中的绩效评价。在该种文化中，年龄和群体内成员身份(如社会地位)是考核中重要因素，也就是说，在人力资源决策中更多考虑个人背景特征而不是个人成就才是合理的。但也不是说业绩信息不重要，员工通常也知道谁业绩好谁不好，因重要的是为群体利益工作，所以一般在奖惩上都是比较间接或含蓄的。经理们更注重群体内的和谐。如在韩国企业，其业绩考核系统的核心是评价和开发符合公司长远利益的"整体人"，在评价工

作业绩的同时，也评价诚实、忠诚和态度。只有对少量高级职位考核时才关注真实业绩和对公司的贡献。有人说日本企业业绩考核是比较综合的，日本企业的人力资源决策（晋升、工资和奖金）基础是职位分级制，比较重资历，但不限于此，也关注绩效，并用业绩考核作为决定报酬的基础。日本企业对业绩和成就看法也与美国企业有别，其考核体系中不只考虑指标或是具体标准，还考虑其他因素，如受教育程度、沟通能力、合作能力、责任感以及工作态度。

（二）跨国公司人员的薪酬

跨国公司外派人员的薪酬管理对许多国际跨国公司也是一个难题。薪酬设计既要考虑外派员工与母国员工之间的差距，又要考虑与当地员工的差距，既要兼顾公平性，又不失激励性①。当然，仅仅是依靠薪酬也没有足够的吸引力来留住人才②。

1. 跨国公司的薪酬设计方法。跨国公司对外派人员实施具有内部公平性和外部竞争性薪酬政策，不但可吸引全球各地优秀人才，而且对企业现有职员起到行为导向功能，提高工作质量和工作效率，降低经营成本。因外派员工在不同国家工作，不同国家物价水平有差别，因此，派到海外员工为维持在本国时的生活标准所需支付的生活费用就不同。为解决这种问题，跨国公司采取的主要方法：在整个公司范围内执行统一的与工作性质相适应的基本工资，再根据员工所在国家和地区的具体情况，用各种专项补贴来实现薪酬的公平性。与在本国国内公司相比，跨国公司派到海外的员工薪酬的公平性在实现上会涉及特殊的国别问题。解决该问题的方法是国际经济中的购买力平价化法，即派出员工的薪酬水平至少应能使他在东道国保持与在本国时相同的住房条件、商品和服务消费水平及储蓄水平，如果出现缺口则由公司来弥补。而且，多数跨国公司对外派人员还实行海外服务奖金或津贴制度。总体而言，对外派人员的薪酬设计主要有如下两种方法：

（1）资金平衡法。这指根据跨国企业母公司所在国家的生活水平和薪酬标准确定企业外派人员工资水平的薪酬体系。其目的是使外派人员在国外能够享受到在母公司相同的工资待遇，保持与母国相同的生活水平，外派人员在派遣地的额外支出通过补贴的方式进行弥补，同时增加财政奖励以激励外派人员接受海外任职。资金平衡法根据住房及公共开支、商品和服务开支、储备金额和税务支出四部分的费用，比较母国和派遣地在这四项支出费用间的差额，来确定外派人员经济补偿。如果派遣地上述费用超过了母国支出水平，则外派人员得到相应经济补偿。如果低于母国支出水平，多出部分一般作为奖金来激励外派人员。该方法是跨国公司外派人员薪酬最常用的方法，其优点是向在不同国家任职的相同国籍的驻外人员提供了平等待遇，与母国薪酬结构挂钩也使驻外人员回国后的安排更加容易。但该方法可能会导致不同国籍的驻外人员之间、外派人员与东道国人员之间的薪酬差距非常大。该方法被绝大多数发达国家跨国公司（北美、欧洲和日本）所采纳，适用于

---

① Paik Y, Parboteeah K P, Shim W. The relationship between perceived compensation, organizational commitment and job satisfaction: the case of Mexican workers in the Korean Maquiladoras. The International Journal of Human Resource Management, 2007, 18(10): 1768-1781.

② Gupta S, Bhaskar A U. Doing business in India: cross-cultural issues in managing human resources. Cross Cultural & Strategic Management, 2016, 23(1): 184-204.

外派到生活水平较低的国家地区。

（2）现行费率法。这指外派人员工资标准以派遣地的市场费率（主要为各种税率叠加）和调查比较结果为准。该方法虽然保留对外派人员在生活费用、税收、定居和住宅方面的补贴，但不保证外派人员无条件维持在母国的生活方式和水平。企业采用世界范围内统一报酬标准，除必要的调整，外派人员和东道国人员的报酬水平不人为拉大，以免造成外派人员额外补贴的浪费，消除因收入差异而造成的矛盾，促进所有工作人员（不论是母国还是东道国）的平等。该方法计算简单明了，有助于让不同国家员工感到薪酬公平，促进其合作。但它有利于外派人员从低收入国家向高收入国家流动，相反流动则比较困难，因此比较适合工资水平相当的国家之间外派。

2. 外派人员的薪酬结构。外派人员的报酬与国内职员的报酬相比，其形式到内容都要复杂一些，计算标准和方式也有差别。薪酬结构包括：（1）底薪。底薪即与雇员所任职务相联系的基本报酬。通常是确定奖励薪金、津贴及其他报酬的基础。底薪确定有两种方法：一是采用本国标准，即与雇员来源国同类职务的薪金水平相联系，依其国籍不同而完全不一致，因而产生不公平问题。二是在本公司系统内各级职务的薪金水平相联系，同级同酬。该做法虽较好地实现了公正，但当跨国公司活动的国家经济发展水平与母国差距较大时，又带来了与当地工资水平悬殊的矛盾，因此需要用奖金和津贴等形式作一定幅度的调整。（2）福利津贴，指与母公司一致的福利项目，如医疗保险、退休金、基本假期和培训计划等。津贴是对员工在海外工作支付的补助，通常包括以下项目：住房津贴、生活费用津贴、税负调节津贴、子女教育津贴、搬迁和调适津贴、探亲津贴、艰苦条件特种津贴。生活费用津贴用于弥补东道国基本生活费用与本国的差额，即商品与服务差价；住房津贴用于保证派出人员获得必要的住房条件，至少不低于在母国的水平；子女教育津贴用于解决国外工作人员的子女在东道国上学的额外学费开支；税负调解津贴是指为了避免出现母国和东道国双重课税的问题。（3）奖金。海外任职人员的奖金通常有两类：一是与业绩相联系的奖金；二是不与业绩联系，只与底薪联系的奖金。奖金包括海外工作奖、满期工作奖、探亲奖等。发放流动工作奖目的是鼓励管理人员在各国外子公司间流动。跨国公司通常采用两种奖金支付方法：一是一次性支付的"流动奖金"，即把奖金与人员流动而不是与国外的工作联系起来。管理人员只有在流动时才能获得奖金。二是"递减奖金"，即管理人员到一个国家后获得的奖金水平，随着在同一国家任职时间的延长而逐年减少，一般在 5 年左右奖金取消。发放满期工作奖的目的是鼓励他们在整个合同期间都在海外工作，通常在合同工作期满时发放。这种奖励适合于建筑业及那些在特定时间或特定工程中需要员工始终坚持在国外工作的行业，还适合于国外艰苦的工作场合。

3. 外派人员薪酬的支付方式。企业对驻外任职人员报酬支付的复杂性主要体现在币种的选择和各币种支付的比例。（1）币种的选择。在外派人员的货币报酬中，币种选择直接影响到其实际收入水平。选择时通常应考虑三个因素：①货币比价，选择币值坚挺的货币计酬对海外任职人员有利；②东道国的外汇管制，若外派人员是到一个实行外汇管制的国家任职，则因在该国外汇不能自由地汇出而给他们自由支配薪酬带来困难；③东道国个人收入所得税政策，有些东道国规定只对外籍人员从当地取得的收入征纳个人收入的所得税，而有些国家则基本上不征收个人所得税。（2）综合性支付方式。这是一种最常见的支付方式，将海外任职人员报酬按一定比例用两种或两种以上货币分别支付，以减少汇率波动导致的收入损失，也避开在征税和外汇管制方面的不利影响。许多跨国公司把海外任职人员的报酬分为两部分：一部分以东道国货币支付，其数额大致等于雇员原来在母国国内用于消费的收入加上其他各项津贴和雇员在东道国应交纳的税款；另一部分以母国货币支付，借记在指定的账户上代雇员储蓄起来，这部分通常是按底薪的一定比例计算。（3）非货币形式的报酬。各种非货币形式报酬对鼓励有才干的雇员到海外任职以及影响其行为、决策等有十分重要的作用：职务提升及令人羡慕的工作岗位的同级调动；获得事业机会；上级器重与认可；顾客或下属肯定评价与尊重；有学习新知识、技术及培养新能力的机会；有出色地完成艰巨工作任务的自我心理满足感等。

4. 薪酬制度的跨文化比较。不同国家对员工的养老金、社会保障、医疗保险和其他各种福利的管理规定存在着很大的差异。有些国家的企业传统上要为员工提供住房、上下班的交通条件和年终奖金，而另一些国家则不是这样。跨国公司中的不同文化对薪酬制度的选择也有不同偏好。例如，美国林肯电气公司在美国成功地实行了以生产率为基础的激励性薪酬体系，包括计件工资和年终奖金等，同样把这些移植到澳大利亚和墨西哥的子公司也取得成功，但当到欧洲时却遇到了极大阻力，所以要注重文化特征与薪酬体系的匹配。在权力体系较大的社会中，薪酬体系要与公司等级观念一致，高低收入水平之间差距应较大，否则要小一点。在个人主义倾向比较严重的社会中，薪酬体系应强调奖励个人的工作成就，而在集体主义倾向比较明显的社会中，薪酬体系的建立应以员工集体或以员工的资历为基础。

（1）美国企业的薪酬制度。美国企业的内外部条件影响员工和经理的工资和薪水。外部因素包括当地和国内的工资率、政府立法及集体谈判的能力；内部因素包括工作在组织中的重要程度、组织的富裕程度或是支付能力以及员工对企业的相对价值。绝大多数公司都有正式、系统的政策来确定工资和薪水。美国是个极富个人主义文化特点的国家，所以公司设计薪酬时十分注重外部竞争。公司的薪酬一般包括工资、奖金以及福利。工作职位等级是确定底薪的基础，工作等级也是公司根据特定工作要求或是相对公司价值大小来决定。报酬增长主要是功绩由决定的。在功绩、资历、一般生活费增长、技能提高等要素中，对所有类型的工作，绩效都是最大的影响报酬增长的因素。由此可见，美国确实是强调个人功绩的典型国家。美国公司福利增长也较快，员工福利主要包括退休金计划、医疗保健福利、保险金、职业补贴、病假和有薪假；社会保障、失业保险、家庭休假和对与工作事故相关的员工给予赔偿保险也是法律要求的。但美国福利低于欧洲一些国家的福利水平。

（2）日本企业的薪酬制度。在日本公司的报酬体系中，基本上是根据职位等级来确定底薪，资历对报酬有较大影响。主要体现在两方面：一是除教育要求外，职位还有最低年龄限制，随员工资历增长，在晋升和报酬增长上有更多优势；二是资历在报酬中的作用是递减的。一般在职业生涯早期资历作用相对较大，而在45岁以后作用减弱。现在，日本企业员工功绩对报酬增长的影响也在增强，既强调工作业绩又强调工作态度。报酬体系的另一个部分是奖金体系。通常一年两次送礼季节，一般员工会得到相当工资30%的奖金收入，好的公司有时可达到基本工资的100%。奖金对报酬体系注入了灵活性，可随财务状态调整。日本福利除法律规定如医疗保险计划、养老金计划等外，因日本公司与员工特别亲和，日本工人可得到像美国或其他西方国家难以想象的福利，例如根据家庭规模而定的住房补贴、免费或低费进入公司拥有的度假胜地、取得高尔夫球俱乐部会员资格、给予交通补助或使用公司汽车和司机。

四、跨国公司的劳动关系

跨国公司的劳动关系比一个国家内的劳动关系要复杂。国与国之间员工与劳动关系的性质不尽相同，各国工会性质和能量也千差万别。跨国公司准备在国外开展业务时，通常需要处理以下与劳动法律相关的问题：职业安全与健康、童工、流动员工、人力资源开发、劳动统计、工作利益、员工的社会计划、生产效率的提升、劳资关系、雇佣标准、工作场所的男女平等。跨国公司需要全面了解并遵守这些国家现行劳动法律、规定和措施；了解国际劳动关系的基本状况。具体包括以下方面的工作：

1. 工会的性质和地位。在跨国公司中，工会影响常常用工会会员密度来衡量。工会会员密度是指一个国家参加工会的工人所占的比例。在不同国家，工会建立基础很不一样。德国工会主要建立在不同地区基础上，瑞典工会建立在国家基础上，法国工会建立在行业的基础上，英国工会建立在工厂的基础上。同时各国历史和制度不同，工会的影响也不同。有的国家工会作用大一些，有的工会作用弱一些。如德国在劳动关系上更加有序一些，在19世纪80年代中期，政府就承认了工会运动的合法性，政府在工会和资方之间起重要作用，有人说德国现在是一种正式的、法律化、低冲突的状态。法国工人缺乏法律保护和工会组织困难导致高度好斗工会的出现。在罢工权利方面，德国比法国更保守，但其在工人代表和劳资的共同决策上却更具进步性。欧洲国家普遍要求公司在董事会中有工会或员工代表，即使要面对全球性竞争，有些欧洲国家的工会也反对修改他们的法律和反对撤销政府保护。在一些南美国家如智利，纺织工人、矿工和木工劳资谈判是被禁止的，只有私人公司才允许谈判，且通常只有25人或人数更多的公司才允许设立工会。美国工会有法律保护始于1935年通过的瓦格纳法案，有人说美国工会从一开始倾向于关注面包、黄油问题，即工资、福利和工作条件，美国工会由大多数员工选举产生，且不与雇主以外其他机构谈判。在亚洲，如日本工会已被吸收到公司组织中并支持资方。韩国工会与政府的冲突性很大，最近劳动立法给予了公司解雇工人更大的自由。自20世纪80年代以来，国际工运走向低潮，很多国家工会会员逐渐流失，尤其在一些发达国家，工会会员数锐减。例如，加拿大工会入会率现为30%左右，英国25%左右，德国不到18%，美国仅11%，法国更是不到9%。这导致许多国家工会组织在其国内的经济政治基础及集体谈判能力削弱，影响力降低，从而使这些国家的就业条件恶化，失业率攀升，职工工资和社会保障减少，贫富差距拉大，贫困化问题日益突出①。

2. 劳动谈判。各国劳动集体谈判的过程差异很大，尤其是政府在其中担当的角色。美国政府一般只有在劳资双方谈判出现僵局，如出现可能会威胁国家经济或公众幸福的罢

---

① 张国峰. 国外工会应对入会率下降的策略分析. 工会理论研究（上海工会管理职业学院学报），2017(5).

工时，才由联邦或州政府官员出面运用权力迫使双方进行解决。在英国和法国，因行业的部分国有化，政府的干涉往往涉及集体谈判的所有方面。在国有化程度较高的国家，即使在非国有的公司中，政府卷入的可能性也很大。在发展中国家，政府普遍派代表出席谈判过程，以保证受教育程度相对较低的员工领袖在面对经验丰富的管理代表时不至于处于不利地位。

3. 国际劳工组织。世界上最为活跃的国际工会组织是国际自由工会联盟（International Confederation of Free Trade Unions，ICFTU），其总部设在布鲁塞尔。与 ICFTU 开展合作的是 20 个国家贸易秘书处（International Trade Secretariats，ITS），实际上是各国相同及相关产业工会的联盟。从管理者角度看，ITS 的意义在于：本地工会能获得 ITS 专家与资源支持。另一个活跃并有影响力的组织是国际劳工组织（ILO），是联合国的一个特别机构，它对国际劳工状况有大量研究，并制定有各种工作条件标准——《国际劳动条例》。该条例随时随地可作为国际劳动标准被引用以要求管理层遵循。

4. 员工参与管理。很多欧洲国家的公司内部都设有职工委员会，有相当详细的法律条款来规定职工委员会的职能。职工委员会提供雇主与工人的基本沟通渠道，通常负责处理员工不满、员工个人问题、内部规章以及影响员工福利的问题。如在德国，法律要求董事会中必须有职工代表，所有超过 2000 人的公司其监事会中的股东代表与职工代表数必须相等。

五、跨国公司的海外遣返

跨国公司外派经理的海外遣返是国际人力资源管理的一个特有内容。外派人员的保留特别是回任安置问题，对于跨国企业来说日益成为一大挑战[①]。根据《全球迁调趋势调研报告》，2008 年至 2012 年 5 年间，跨国公司外派人员在回任后两年内离职的平均比例高达 55%，外派人才流失现象十分严重[②]。虽然公司对如何有利于适应外国环境做出了努力，但遣返后公司大多很少做什么事情，原因是他们认为重新回到本国并且从事国内业务很少会有问题。但实际情况并非如此。在离开几年以后的重新归来过程可能会使遣返人员受到伤害。研究表明，回到本国如果预期的升迁没有实现，可能使经理人员感到特别痛苦。此外，当遣返者发现他不能立即使用在国外得到的经验和技能时就有一种挫折感，继而萌生跳槽意向。所以，如果外派经理遣返后不能得到妥当的安置与发展，会影响海外派遣的积极性和有效性。为此，公司可以如下战略来解决归国问题，具体包括[③]：（1）为归国人员提供战略目标，利用外派人员的经验推进组织的目标，外派人员通常是公司计划利用的信息和经验的优秀来源。（2）建立帮助外派人员的小组，人力资源管理部门和外派人员的上级可帮助外派人员规划回国行为。（3）在外派人员中建立一个提供信息和维持联系的体系，使他能够持续感受到自己是组织这个大家庭的一部分。安排专门人员负责向外派

---

① 冯娇娇，程延园，王甫希. 员工的外派动机及国际人力资源管理政策匹配性. 中国人力资源开发，2017(4).

② 李桂芳，周博然. 跨国公司外派回任失败研究. 天津师范大学学报：社会科学版，2016(1).

③ 李英，班博. 国际人力资源管理. 济南：山东人民出版社，2003：283-285.

人员通报公司当前的变化、信息(包括工作机会)。(4)为归国提供培训和做好准备工作,这种准备可在归国前6个月开始,为下一项任职所做的回国访问和特定培训可缓解转变的难度。成立一个特殊的组织机构给外派人员提供职业生涯规划指导。(5)为外派人员及其家庭的重新融入提供支持。为了缓和归国初期的困难,公司可帮助寻找住房,提供调整时间,如有必要,还可以调整报酬水平。

第三节　跨国公司的人员激励

一、工作激励与国家环境

员工激励同样是跨国公司人力资源管理的重要工作,作为多国公司管理者必须懂得如何激励和领导处于不同文化背景下并对工作怀有不同期望的各国员工。要懂得和实施正确的激励,必须首先了解工作价值和工作意义上的国别差异。不同国家、不同文化的环境背景下,对工作价值和工作的意义理解不同,所以,管理中要用的激励方式也不同。

(一)工作激励

在跨国公司的环境下,要成功激励员工工作,必须了解跨国公司中的员工对工作价值和工作意义的理解,才可以有效地、正确地采用激励手段。

1. 工作价值和工作意义。不同文化背景下的员工对工作价值认识会不同。国外曾做过一次关于"工作意义"(meaning of work, MOW)的调查,调查了8000名来自不同国家员工,对象涉及不同职业,包括专业的、管理的、服务的及生产领域的员工。调查显示,在所调查的国家中,三种主要工作职能占了大约70%的分数(每人给出总分是100分):工作提供了最基本的收入来源、一种有兴趣的活动、与他人沟通的机会。这表明在不同国家人们认为工作大致提供基本相似的职能,但不同国家在工作职能的绝对权重(如日本人在工作提供经济需要方面几乎是德国人的两倍)和同一国家在工作职能的相对权重(德国人在三个工作职能的分配上非常相似)上的认识是不同的。工作的价值事实上被定义为工作的重要性或工作中心性。MOW工作组定义工作中心性为:一个人在其一生中任何给定的时间内工作总体的重要程度。工作中心性显示了工作在一个人一生中同其他活动,包括闲暇、家庭、社团及宗教等相比的重要性。较高水平的工作中心性国家工作时间会更长,容易造就献身事业的员工和高效率的组织。该工作小组还研究了不同国家员工在工作目的上的重要性,调查发现有5个目的被人们认为是主要的,包括丰厚的薪金、工作兴趣(人们真正喜爱的工作)、良好的工作保证、和谐的人际关系和自主权(人们自己决定如何做工作)(如表12-3所示)。该研究结果说明:(1)在某些社会中,工作非常重要且占了一个人一生中的大部分时间,这些人愿意工作较长时间,同时有一种在工作中取得成功的强烈责任要求。(2)所有的人都希望从工作中获取一定收益。不考虑国家因素,金钱是一种必需品但并不充分;激励及从工作中获得的实际利益也许具有更高的优先级。(3)不同国家人们工作的目的是不相同的。(4)成功的多国公司激励战略的第一要点是,理解国家之间在工作职能、工作中心性、工作目的上的优先级的差异。

表 12-3　　　　　　　　　　　　　　七个国家主要工作目标排序

工作目的排序 国家	1	2	3	4
英　国	工作兴趣	报酬	工作保证	人际关系
美　国	工作兴趣	报酬	工作保证	与工作吻合
日　本	与工作吻合	工作兴趣	自主性	工作保证
比利时	工作兴趣	报酬	工作保证	自主性
德　国	报酬	与工作吻合	工作兴趣	提升机会
荷　兰	自主性	工作兴趣	人际关系	多样性
以色列	与工作吻合	人际关系	报酬	自主性

资料来源：约翰 B. 库伦. 多国管理战略要径. 邱立成，等，译. 北京：机械工业出版社，2000：347.

2. 工作基本激励过程。激励是管理者经常要面对的问题。管理者要激励员工完成组织目标，为实现目标，管理者需要适当地选择激励方式，如鼓励（如薪金、晋升、认可）与惩罚（如降薪）以及工作设计（如设计简单或者复杂的任务）等措施。如何选择取决于管理者对激励和对员工的认知。管理者如果认为员工工作仅是为满足自己和家人生存基本需要，他就会采取工资和奖金作为主要激励方式；如果认为员工工作是为了做好一项富有挑战性工作并从中获得满足，管理者就可以分配员工复杂性的、多样性的和有趣的工作。工作激励是管理者为实现企业目标，对不同国籍员工进行环境分析，在认知员工工作价值观、工作目的的基础上，对如何促进员工更好地工作进行方式方法的选择以实现员工和组织目标的行为过程，或是一种管理活动。个人工作激励一般过程如图 13-1 所示。

（二）国家环境

国家环境是一国政治、经济、文化、教育甚至包括伦理道德、民族特征等各种因素总和。它是一个大范畴。这里主要是说明国家环境对工作激励的影响。在工作激励过程中，国家环境中的每个因素对员工工作激励都有影响。这里重点考虑文化和社会制度两个环境因素。文化主要涉及不同国家在不同环境下形成的如工作动机、价值观、行为准则、时间观、风险观、合作观等；社会制度主要是不同国家政策法律方面的规定和措施。

有研究者基于霍夫斯泰德文化维度理论比较分析不同国家员工在工作中最重视的因素后发现，一个国家个人主义水平越高（如美国），员工则更多地考虑其自由、个人成就的机会、工作和生活的平衡；更具有集体主义的国家（如中国和新加坡），员工显然更重视其工作是否完全应用了自己的技能，公司是否给其提供了良好工作环境、额外的福利和培训，与同事的关系是否和谐等；高权力距离文化意味上下级之间的关系是激励因素，而低权力距离则意味着员工更多地被团队工作和与同事的关系激励；高不确定性规避意味着工作安全的需要，而具有低不确定性规避的人则可能被风险机会和快速发展所激励；在男性主义维度高文化中（如日本和墨西哥），高工资、个人成就和工作晋升机会是激励因素，而在女性化文化的国家（如丹麦和瑞典），员工更关注与同事间的关系。

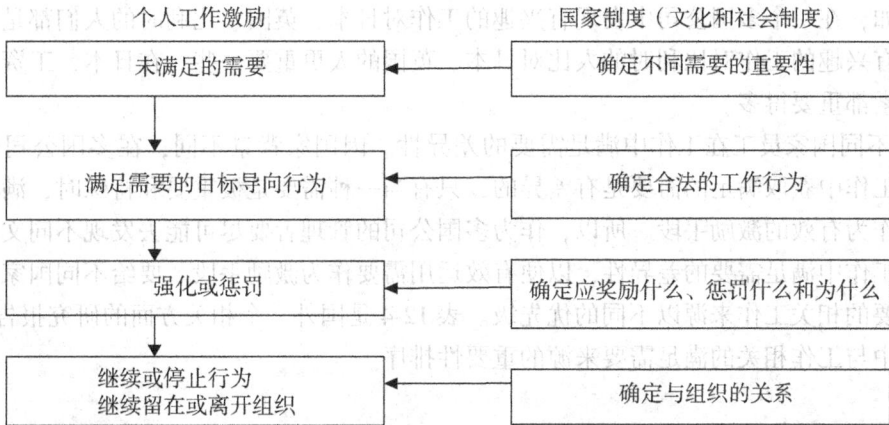

图 12-1　基本的工作激励过程和国家环境

```
个人工作激励                          国家制度（文化和社会制度）

┌─────────────────┐        ┌─────────────────────┐
│   未满足的需要    │◀───────│  确定不同需要的重要性  │
└─────────────────┘        └─────────────────────┘
        │
        ▼
┌─────────────────┐        ┌─────────────────────┐
│ 满足需要的目标导向行为│◀───────│   确定合法的工作行为   │
└─────────────────┘        └─────────────────────┘
        │
        ▼
┌─────────────────┐        ┌───────────────────────────┐
│   强化或惩罚      │◀───────│ 确定应奖励什么、惩罚什么和为什么 │
└─────────────────┘        └───────────────────────────┘
        │
        ▼
┌─────────────────┐        ┌─────────────────────┐
│  继续或停止行为    │◀───────│   确定与组织的关系    │
│ 继续留在或离开组织 │        │                     │
└─────────────────┘        └─────────────────────┘
```

图 12-1　基本的工作激励过程和国家环境

资料来源：约翰 B. 库伦. 多国管理战略要径. 邱立成，等，译. 北京：机械工业出版社，2000：348.

因文化是激励的重要权变因素，跨国企业在引入激励制度时，需要考虑是否符合当地文化背景和社会制度，否则会适得其反。如日本公司通常限制对个人奖励和现金激励，因为它鼓励竞争而非合作；而在中国台湾地区，认可和感情很重要，公司各部门为在年度庆典上获得高级管理层的赞许而竞争；在泰国，个人绩效奖金计划的引进可能会走到小组合作社会范式的反面，可能会导致员工生产绩效下降而不是上升，原因在于员工拒绝彼此公开竞争[①]。

二、跨国公司的工作激励理论

跨国公司的工作激励是为了在多国公司环境下如何运用各种激励理论来开发和激励员工工作，完成组织目标。这里重点介绍激励理论中需要理论、过程理论和行为强化理论在跨国公司中的运用。

(一)激励需要理论在多国环境下的运用

需要理论基于人们在工作中能够满足基本需要假设下。工作主要从两方面激励人们：一是工作能够满足人的基本需要；二是可满足人们有关个人成长的更高层次的需要。运用需要理论要重点把握：需要能否作为工作中的激励手段，在什么情况下需要是有效的激励手段。在多国环境下，需要理论的运用需要面对些问题。

1. 不同国家员工在工作中获取满足的相似性。在不同文化环境中，需要对人的激励具有相似性。也就是说在不考察国家背景情况下，员工工作相关需要是具有相似性的。但也应看到这种相似的不同，即一定的差异性。不同国家的员工对满足工作需要并未赋予相

① Deresky H. 国际管理——跨国与跨文化管理. 周路路，赵曙明，主译. 北京：中国人民大学出版社，2015：460-461.

同的优先级；在相似性情况下，不同国家的人并不认为这些满足需要的重要程度是一样的。例如，在一个多国公司中发现有兴趣的工作对日本、英国、比利时的人们都是最重要的，但有兴趣的工作对比利时的人比对日本、英国的人更重要一些。在日本，工资比其他任何因素都重要得多。

2. 不同国家员工在工作中满足需要的差异性。因国家背景不同，在多国公司中不同员工在工作中获取满足的需要是有差异的，只有当一种需要是极重要和特殊时，满足需要才可以作为有效的激励手段。所以，作为多国公司的管理者要尽可能去发现不同文化背景下员工工作中满足需要的差异性，以便有效运用需要作为激励手段。要给不同国家的员工满足需要的相关工作来源以不同的优先级。表 12-4 是国外一个相关方面的研究报告，对 7个国家中与工作相关的满足需要来源的重要性排序。

表 12-4　　　　　　　　　　　与工作相关的满足需要来源的重要性排序

与工作相关的满足来源	中国	德国	荷兰	匈牙利	以色列	韩国	美国
自我实现需要							
进步	M	M	H	L	H	H	H
能力运用	H	H	H	H	M	H	H
有意义的工作	M	H	M	M	M	M	M
成就	#1	M	H	#1	#1	H
工作兴趣	H	#1	#1	H	H	H	#1
尊重需要							
认可	M	L	M	H	M	M	M
影响	M	L	M	L	L	L	L
尊重	H	M	M	M	H	L	H
社交需要							
工友支持	M	H	H	M	H	H	L
上级支持	M	H	M	#1	H	H	M
交流	L	L	L	M	L	L	L
安全需要							
工作条件	L	L	L	M	L	M	L
奖励	L	L	L	L	M	M	M
保障	L	M	M	M	L	H	M
生理需要							
底薪	L	M	L	H	M	M	L

注：H=上三位；M=中三位；L=下三位；#1=最高等级

表 12-4 显示，不同国家的人并不一定按需要理论来给满足工作需要的来源确定优先级。大部分理论在不考虑国家背景下，较高需要应该更重要。但从表 12-4 中发现，许多自我实现的相关工作来源只有中等的重要程度；只有有兴趣的工作在 7 个国家中是最重要的。另外，多国公司还要考虑不同背景下文化标准和价值制度下员工需要。根据霍夫斯蒂

德研究，不同类型国家文化下的激励因素不同，在高的个人主义文化下，重点满足工作的高层需要（如图 12-2 所示）。

● 文化条件：高权力距离 ● 工作激励尺度：遵从标准和规则、满足领导人道义上的职责。如：墨西哥	● 文化条件：高个人主义 ● 工作激励尺度：自由、有挑战性的工作、提升。如：美国
● 文化条件：高不确定性回避 ● 工作激励尺度：安全、组织层次清晰。如：比利时	● 文化条件：高男性主义 ● 工作激励尺度：报酬、培训机会、成就。如：日本

图 12-2　霍夫斯泰德度量国家文化和工作激励尺度图

3. 在多国环境下应用需要激励理论需关注的问题。具体包括：（1）认识不同国家或当地文化下的工作基本职能。在不以工作为中心的地方，人们从工作以外获得满足，这就限制了满足需要作为激励手段的应用。（2）认识在国家或是当地文化下人们认为最重要的需要。在考虑国家的环境下，需要的优先级是不同的，管理者应识别在工作中存在的满足需要的不同文化差异。（3）同样的需要可能满足需要的来源不同。即使不同文化的人们有相同需要，但他们满足这种需要的来源也不同。如不同文化的人会认为有兴趣的工作是重要的，但对什么是有兴趣的工作可能观点不同。（4）用需要作为激励是有局限的。因为不同国家经济水平，甚至自然条件都大不一样，仅用需要作为激励手段有时是很难判断的。

（二）激励过程理论在多国环境下的运用

过程理论比需要理论更复杂。一般认为激励产生于需要和价值同个人对工作环境信仰的理解和结合。

1. 期望值理论在多国环境下的应用。弗隆 1964 年提出期望值理论三要素，即期望值、成效值和关联值。通常用公式表示为：激励＝期望值×成效值×关联值。期望值是人们努力取得某种成果的个人信念，成效值是努力的结果，关联值是早期努力的结果和后来努力结果之间的联系。期望值理论最适合作为确定员工为什么受到激励和未受到激励的判断工具。作为管理者必须考虑三个问题：员工是否相信其努力会带来工作上成功的业绩；员工是否相信目前某些工作的成功将会使其成功地取得某些有价值的结果；员工是否看重其努力工作的产出。将期望值理论应用于多国公司中有两个关键因素：一是要识别在特定的国家或当地文化环境下人们看重什么样的结果，即多国公司经理必须发现某些对员工具有积极效果的奖励；二是发现在文化上说服员工的方式，使其相信努力将会达到希望的结果。

2. 公平理论在多国环境下的应用。公平理论的核心在于人们期望工作上的努力将会得到公平回报。人们在工作中得到的回报一般包括报酬、福利、认可、职位津贴和声望等。人们工作投入不仅包括工作的数量和质量，还包括年龄、受教育程度、资历和社会地位等。在多国情况下，应用公平理论的首要问题就是考虑一个社会公平标准。重要的是这种标准被人们认同，一旦被认同，基于这种公平标准而建立的报酬体系就会产生激励效果。国外心理学家提出了三种不同文化环境下报酬分配原理，即公平原理(基于贡献)、平均原理(基于报酬平均分配)、需要原理(基于个人需要)。在对三种原理跨国环境下的考察表明：在个人主义文化中盛行公平原理。如美国的奖金制度、目标管理和大多数美国业绩评价系统的管理实践中采用公平标准。在集体主义文化中，平均标准比公平标准盛行。在平均意识很强的社会中，至少对群体和团队的成员来说，群组成员更欢迎平均报酬。在一定条件下需要原理比公平原理盛行。如印度企业管理者宁愿选择基于需要的报酬，而不是基于公平和平均的报酬。在特定的集体主义文化赋予人们需要的价值高于个人贡献价值的观念。另外，在应用公平理论时，要考虑每个人对工作贡献的来源存在信仰上的差别。在某些文化环境中，年龄、社会地位和家族成员的资格也许会比实际努力和工作业绩更重要。

3. 目标设定理论在多国环境中的应用。目标设定理论假设人们想要达到目标，当人们达到或是超过目标时，人们就会产生胜任与满足感；当人们没达到目标时，人们就不会产生实现目标的满足感。所以，只有现存的目标才会产生激励。目标设定理论包含如下内容：设计清晰和特定的目标，员工就会知道管理者期望他们完成什么；制定有困难的但却可以达到的目标，如果目标难度太大，就缺乏完成目标的动力；如果目标太容易达到，员工就不会认真对待目标。提高员工对目标的接受能力。研究表明参与目标制定的员工更容易接受目标。提供取得目标的动力，可以规定在完成目标后给予一定报酬(如薪金与奖金)来提高目标的接受能力。在目标达到过程中提供反馈，为了产生激励，人们必须了解他们在完成目标的过程中做得如何。一些专家认为，目标设定确实可以从正面影响行为。但下属是否愿意同管理者一起制定目标，为群体设定目标和为个人设定目标谁更好存在文化上和期望上的差异。在个人主义文化环境中，如美国，设定个人目标比设定群体目标更有效。从个人主义文化中来的人不愿意为群体成果共担责任。从集体环境中来的人比从个人文化环境中来的人对高层次参与目标设定，会更积极。在集体文化中，参与目标设定会增强员工对目标的主人翁感和责任感。在权力范围很高的文化中，员工参与制定目标不会有正面的影响，员工希望领导者制定目标，然后告诉他们如何去做。

(三)强化理论在多国环境中的应用

强化理论又称刺激理论或诱导条件理论。强化理论的中心是工作绩效与奖励之间的客观联系，而期望值理论强调的是工作绩效的主观联系。强化可分正面强化和负面强化。在管理中应用时其核心是有效条件。有效条件表明人们了解的基本方式。著名心理学家斯金纳提出有效条件的大多数原理。有效条件模式设定行为是结果的函数。如果行为结果令人愉快，行为就可继续下去；如果结果令人不悦，行为就会终止。有效条件的核心是可观察的行为，而不是心理过程影响人们的激励。有效条件模式为：首先是前提和激励行为，行为在前提之后，愉快或不悦的结果在行为之后，如图12-3所示的简单例子。大多数管理人员在应用时，使用正面强化来鼓励管理人员希望发生的行为。为强化行为，管理者进行组织报酬的安排，包括物质报酬(如工资)、利益报酬(如使用公车)、地位回报(如有声望的职位)和社会回报(如表扬)。

在多国环境下应用时，对容易观察的行为如出勤，研究证明，正面强化是有效的，但

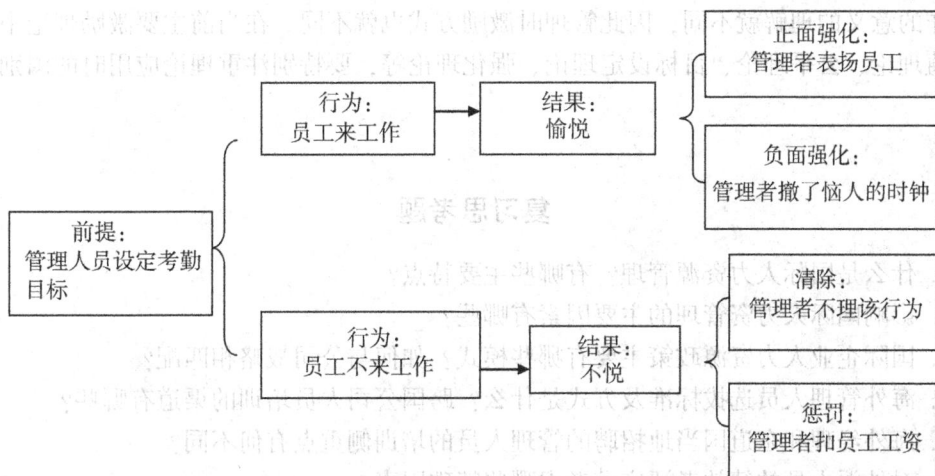

图 12-3 有效条件过程与结果类型的一个管理例证

资料来源：约翰 B. 库伦. 多国管理战略要径. 邱立成，等，译. 北京：机械工业出版社，2000：357.

要在不同国家环境下，找到合适组织的强化方式仍是不容易的。应用时管理者要理解工作价值如何影响潜在回报，更要认识人们将组织回报作为强化方式的可行性。国家文化和社会制度限定了认可和合法的回报。如德国工资是不可以作为特定目标行为的组织回报的。在日本，员工通常认为公开的表扬是令人为难的。所以，在多国文化环境下，人们对工作回报的评价会影响到管理者对强化形式的选择，另外，如经济发展程度和劳动关系体系等社会制度的环境，也影响到不同社会的管理者应用报酬形式的可行性。

小　结

1. 国际人力资源管理是指在多国环境下公司有效利用和开发人力资源的管理活动或管理过程。影响国际人力资源管理的主要因素是东道国政策法律、文化教育以及经济发展的水平。国际人力资源管理具有管理对象的多国籍性、承担更多职能、异质性的功能和更强适应性的特点。

2. 许多因素影响着国际人力资源管理，它主要包括东道国的政治和法律、文化背景、教育水平及经济发展水平等。典型的文化管理模式有：个人主义与集体主义、权力距离、不确定性规避、阳刚与阴柔、长期与短期导向。

3. 跨国公司人力资源配置政策主要有四种模式：民族中心政策、多中心政策、全球中心政策和混合政策。其模式的选择主要取决于跨国公司面对全球和地区选择问题时的战略决策。

4. 国际人力资源管理的国别差异是国家背景不同而导致的。这种国别差异影响公司在人力资源各环节如招聘选拔、培训开发、绩效评价与薪酬等环节上都有较大不同。

5. 跨国公司的人员激励，应注意在国别背景下去运用。国家文化不同，对工作价值与工作的意义的理解就不同，因此管理时激励方式也就不同。在当前主要激励理论中，如期望值理论、公平理论、目标设定理论、强化理论等，要特别注重理论应用时的国别环境研究。

复习思考题

1. 什么是国际人力资源管理？有哪些主要特点？
2. 影响国际人力资管理的主要因素有哪些？
3. 国际企业人力资源政策主要有哪些模式？如何与公司战略相匹配？
4. 海外管理人员选拔标准及方式是什么？跨国公司人员培训的渠道有哪些？
5. 海外经理和东道国当地招聘的管理人员的培训侧重点有何不同？
6. 对外派人员的绩效考评应该考虑哪些特殊因素？
7. 如何通过薪酬方案激励员工到海外工作？
8. 试比较美、日人力资源开发与管理模式。如何比较其绩效评价方式？
9. 激励理论及在多国环境中应用要注意哪些问题？

讨 论 题

中国跨国企业应该如何通过人力资源管理政策支持其全球化战略？

【案例】

中国银行员工的外派动机及政策①

　　中国银行(以下称"中行")成立于 1912 年 2 月，1918 年在我国香港开设了第一家海外分行，开始了其海外经营的历史。1929 年，中行在伦敦设立分行，后来相继在世界各大金融中心开设了分支机构，在全球初步形成了比较健全的机构网络，是中国国际化和多元化程度最高的银行。

　　根据中国银监会统计，截至 2017 年 1 月，中资银行已在境外设立超过 200 家一级分支机构，其中共有 9 家中资银行在"一带一路"沿线 26 个国家设立了 62 家一级分支机构。作为中国唯一一连续经营百年的银行，中行始终是中国国际化程度最高的商业银行，海外资产和利润占比均超过 20%。截止到 2016 年 6 月末，中行海外机构横跨全球 6 大洲 46 个国家和地区，拥有 564 家分支机构，覆盖 18 个"一带一路"沿途国家。截至 2010 年年底，中行海外员工总数约为 1.8 万人，其中外派员工 500 人左右。外派员工在海外员工中占比虽然不高，但因外派员工一般都是管理人员或专业技术骨

---

　　① 改写自：冯娇娇，程延园，王甫希. 员工的外派动机及国际人力资源管理政策匹配性. 中国人力资源开发，2017(4).

干，因此抓好外派人员管理是中行做好海外人力资源管理的重点。

一项研究主要关注了中行员工外派动机及政策匹配问题。研究者对中行 22 名员工进行了半结构化访谈，内容包括：外派意愿、外派动机以及政策建议等。

一位外派香港的归来的管理人员阐述："境外的工资确实还是要比在国内的高，高不少。各家行应该不太一样，但是普遍至少应该是在一倍以上。派出去是翻倍。工资比国内同样职位的要高，高一倍多。国内外的薪酬水平差距很大，有的人外派之后可能不愿意回来。"

一位愿意外派的员工透露："我之所以愿意接受外派任务有一个重要的原因是孩子在国外可以接受全英文的语言环境，教育更好。孩子上初中了有个规划，我就想孩子将来上美国大学，申请出去，那他在境外待 6 年，刚好孩子初中高中完了之后直接考大学，6 年任期结束回来。"

还有位被访者说："我不愿意外派有两个原因，一方面是小孩的教育问题，担心小孩在国外时间久了中文不好，数理基础不扎实，回国跟不上国内进度。另一方面是配偶的职业原因，配偶职业发展比较不错，无法随任。而且自己和老公在国内的工作稳定，外派以后配偶怎么办，孩子上学怎么办，老人怎么办。"

有位年轻员工表示："政策是这样，我们现在要求总行的员工都要有基层工作经历，外派也算，我们现在是要求必须有两年的基层工作经历，那你相当于我要去分行、支行工作两年，但你去境外支行工作也算这个经历，这个是比较重要的一点。咱们这种体制，主要是个人晋升，到了一个瓶颈期，在原来岗位无法晋升，对你造成一定压力和阻碍，要想办法打破平衡，外派就是职业发展的一种机遇。""我们招聘的时候就是小语种招聘，定向的，银行在国际化布局中需要这些人，进来的时候就觉得外派就是自然的事情，做好了准备。年轻刚入职，觉得对自己职业发展有用，也有意愿。"

有不愿外派的员工表示，"担心回国后的职业发展，出去多年后回原单位说不定领导都换了，要重新开始。而且在国外晋升的职级归国后难以找到相应的职位。"有员工甚至说："我看到以前外派人员归国之后往往面临着各种困难和问题。归国后的职位安排难以确定，新职位并不如外派职位，可能被处于搁置状态等。而且在外派期间，外派人员的国家、母公司以及外派人员本身都发生了变化，外派人员往往很难短时间内适应。不仅外派人员的可支配收入可能减少、原有社会地位可能降低，由于文化习惯的改变，回国之后的外派人员有时也会面临反文化冲击。"

……

为了稳定外派人才队伍，增强外派工作的吸引力，中行主要从"派得出、留得住、干得好，归国后的职业生涯"四方面实施外派人员的管理政策。

"派得出"，即要想方设法增加外派人员的供给。中行主要从"选拔制度和员工技能培训"两方面着手。在选拔制度方面，一是由过去单纯通过组织推荐外派员工改变为允许员工个人直接向 HR 部门申请进入外派人才库，不断扩大外派后备人才队伍规模。二是选拔政策是发达地区海外机构缺人，将优先从艰苦欠发达地区外派人员中选拔。在员工技能培训方面，实施外派前的业务拓展培训政策。目前，相比境内业务，海外机构业务规模小，分工不细，外派员工职责范围相对较宽。为拓宽外派人员的业务面，提高业务能力，他们会被安排到相关业务部门或机构实习。

"留得住"。为使外派员工能安心留在当地工作，中行实施相关政策：一是对艰苦欠发达地区外派人员，在薪酬待遇和职业发展方面实施倾斜政策。二是对外派员工放宽假期时限，增加探亲次数，鼓励配偶随任，支持随任未成年子女教育等。例如，为鼓励配偶随任，规定对配偶放弃工作随任的，可给予一定补贴；配偶到当地打算就业，参加相关就业培训的，可报销一定费用；未成年子女到当地接受教育，也可给予一定补贴；允许海外机构为家属购买医疗和人身安全保险。三是由总行提供统一的安全和健康保障计划，保证外派员工在发生意外或生病时能得到及时帮助；鼓励艰苦地区的海外机构采取适当方式，保障员工的饮食卫生安全。

"干得好"。为使外派员工充分发挥作用，干好事业，外派人力资源管理政策主要从培训和职业发展两方面实施。一是通过培训保证外派员工适应工作，把境内行优秀人才派往海外短期工作，通常是3个月到1年，提高其语言能力、文化适应能力和国际业务能力。二是通过职业发展通道刺激员工积极性。

"归国后的职业生涯"。相关政策包括采取海外一体化职级对应、放宽职数限制、定期回国述职和提前安排好外派调回人员的岗位等措施。正如被访者所言，"中行打破过去海内外职级不挂钩的情况，建立了海内外一体化的职级对应关系，规定外派人员调回后参加境内行职位聘任，职级一般不降低"。

◎ **问题**

1. 根据案例材料，请分析中行外派员工动机包括哪些方面？

2. 中行"派得出、留得住、干得好、归国后的职业生涯"四方面外派人员的管理政策有哪些特点？你认为这些政策能够切合外派员工的动机吗？